国家社科基金
GUOJIA SHEKE JIJIN HOUQI ZIZHU XIANGMU
后期资助项目

清史馆
文人群体研究

李思清　著

中华书局

图书在版编目(CIP)数据

清史馆文人群体研究/李思清著. —北京：中华书局，2024.
11. —ISBN 978-7-101-16851-8

Ⅰ. K825.4

中国国家版本馆 CIP 数据核字第 2024EC9196 号

书　　名	清史馆文人群体研究	
著　　者	李思清	
丛 书 名	国家社科基金后期资助项目	
责任编辑	吴爱兰	
封面设计	毛　淳	
责任印制	管　斌	
出版发行	中华书局	
	(北京市丰台区太平桥西里 38 号　100073)	
	http://www.zhbc.com.cn	
	E-mail：zhbc@zhbc.com.cn	
印　　刷	三河市宏盛印务有限公司	
版　　次	2024 年 11 月第 1 版	
	2024 年 11 月第 1 次印刷	
规　　格	开本/710×1000 毫米　1/16	
	印张 37¾　插页 2　字数 598 千字	
国际书号	ISBN 978-7-101-16851-8	
定　　价	158.00 元	

国家社科基金后期资助项目出版说明

　　后期资助项目是国家社科基金设立的一类重要项目，旨在鼓励广大社科研究者潜心治学，支持基础研究多出优秀成果。它是经过严格评审，从接近完成的科研成果中遴选立项的。为扩大后期资助项目的影响，更好地推动学术发展，促进成果转化，全国哲学社会科学工作办公室按照"统一设计、统一标识、统一版式、形成系列"的总体要求，组织出版国家社科基金后期资助项目成果。

全国哲学社会科学工作办公室

目　录

第一编

第二编

插图目录

导　论

　　1914 年 3 月 9 日，袁世凯下令开设清史馆，聘赵尔巽为馆长。一批"通儒"[①]被挑选进入清史馆，后来刊刻印行的《清史稿》便是在他们手上完成的。清史馆从 1914 年成立，到 1928 年《清史稿》发刊，前后十五年中共聘请总纂、纂修、协修、提调等一百余人。在清史馆内，主持纂修事宜的总纂、纂修、协修，主要是清代光绪、宣统年间已有声名的科举文人，本书称之"光宣文人"。其中少数几位成名更早。

　　官方设馆修史的传统，在相当程度上规定了清史馆成员进行历史表述的方式与向度。清史馆成员对"官修正史"与"私家撰述"的刻意区分，表明他们未必全都希望将"私人意见"带入《清史稿》的纂修[②]。

　　人们对《清史稿》的解读，往往着眼于清史馆作为民国修史机构的官方身份。例如，有批评者称清史馆既由民国设立，却表达反民国思想，理应受到指责："试问用民国名义，耗民国金钱，而处处表现反对民国之精神，欲人之无言，其又得乎？"[③]这一批评实际上又把清史馆的文化身份、现实遭际简单化了。虽然抽象的"共和民国"只有一个，但"现实民国"却无时不在变形。抽象的民国一旦成为现实，新的问题随之而生：现实里的"袁（世凯）氏民国""北洋民国"让人失望。正因如此，清史馆成员对"民国"的看法比较复杂。他们对时局的判断，与社会舆论相比并无特别"顽固""反动"之处。质疑"党人"之"革命"成果，在民初相当普遍，不是所有的质疑都等同于坚决对抗。连四川保路运动中站在清廷对立一方的颜楷，都不肯做民国

[①]《大总统令》云："延聘通儒分任编纂，踵二十四史沿袭之旧例，成二百余年传信之专书。"《政府公报》1914 年 3 月 10 日，第 660 号。

[②] 清史馆同人对此是有认识的。《清史稿·交聘年表》序言云："清有中夏，沿元、明制，视海内外莫与为对。凡俄、英之来聘者，国史皆书曰'来贡'。洎道光庚子订约，始与敌体相等。"（《清史稿》卷二一二《交聘年表一》）这说明，清代"国史"将外国使节来访书曰"来贡"，清史馆同人对这样的书法并不认可。

[③] 哀灵《读清史稿回忆补录书后》，《逸经》第 13 期，1936 年 9 月。收入张惠珠辑《有关清史稿编印经过及各方意见汇编》第 3 编，台北国史馆，1990 年，第 198 页。

官吏：

> 民国以后，袁氏窃国，军阀割据，烽烟四起，国事日非，民不堪命，
> 与辛亥革命的宗旨完全背离。楷耻作民国官吏，从事教育，著述鬻
> 字……①

显然，这里的"耻作民国官吏"表露的是对"袁氏民国"的不满，不能等同为
"反对共和"。另外，与时人对清史馆成员普遍"忠清"的判断有所不同的
是，清史馆馆长赵尔巽其实颇支持袁世凯治下的民国（但反对袁氏称帝）。

《清史稿》的"谬误"引发的争议使清史馆成员陷入舆论上的困境，人们
普遍认为这是一群清遗老表达忠清思想的产物。清史馆成员的内部分歧
与《清史稿》中的多重声音，均被批评者有意或无意地忽略了。从中国现代
思想文化史的层面上来看，围绕《清史稿》的这场论争在当时并没有决出胜
负成败，在一个世纪以后的今天，我们有必要对这一场由老辈文化精英集
体参与的修史工程，从更多维度重新回顾。

一

在批评者的批评中，清史馆成员的"忠清"思想与"反民国"立场是互为
因果、两位一体的。以如此斩钉截铁的结论来概括清史馆内一百余位篡
修、协修人员的政治立场，难免以偏概全。清史馆协修袁嘉谷、陈敬第曾明
确主张："革命之党人，共和之原因也，讳言革命则清室之禅让为无名
矣。"②既然清史馆成员中多有认同共和之人，那么《清史稿》中为何还会留
下为人所诟病的"话柄"呢？简单说来，是由于清史馆成员的意见并不一
致。如奭良即建议《清史稿》之史论用"史臣曰"③，在奭良、金梁看来，所写
的"史"，是"大清"之史；"臣"，自然也是"大清"之臣。而清史究竟应该写成
"清代中国史"还是"中国清朝史"，换句话说，是清朝本位，还是中国本位，
这在清史馆内部虽不曾作为一个问题来讨论，但落实到实际的篡修过程

---

①《颜楷事略》，成都市政协文史资料委员会编《辛亥四川风雷》，成都出版社，1991年，第208页。
②袁嘉谷、陈敬第陈清史凡例商榷》，朱师辙《清史述闻》，上海书店出版社，2009年，第163页。
③奭良《史论拟用史臣说》，《野棠轩全集》，《近代中国史料丛刊》第17辑，文海出版社，1969年（据
　1929年吉林奭氏排印本影印），第9—10页。

中，每个人的出发点确有不同。如瑞洵、奭良主笔的《宣统帝本纪》，在涉及辛亥革命的记载时，即表现出一定的敌视情绪。奭良覆勘的《宣统帝本纪》记道："冯国璋力攻汉阳，克之，武昌贼遁。兵停不进。"奭良这儿用的是"武昌贼"一词，正式刊本此句未予保留，当系赵尔巽或柯劭忞总阅时删除①。

　　后来《清史稿》所引发的争议，除了由于对辛亥革命的记载有欠妥之处外，金梁未经馆内讨论、自作主张进行内容上的删改、添加也是重要原因之一。张尔田、朱师辙等清史馆成员均对金梁深表反感，斥其"大吹其修史之功"，"新学小生以其系旗人，熟悉满洲掌故，颇有信其说者"；张尔田担忧长此以往将"使金（梁）一人居功"，而《清史稿》中的所谓"谬误"，却又要由"我辈代为之分谤也"。因"馆员存者不过三数人，今若不言，异日谬种流传，更无有知其底蕴者矣"②。即此可见清史馆不少成员对金梁的严重不满与思想分歧。

　　由于现代中国政局的复杂多变，清史馆同人所处的"权力场"与"机构位置"并非一成不变。政局的变化也是《清史稿》引起争议的重要背景，如尹炎武即认为1928年民国政府查禁《清史稿》的原因，乃在于"南北互纽、内外相倾"③。尹炎武以"纽""倾"这样的动词来描述1930年前后的《清史稿》查禁事件，反映了"知其底蕴"的知情者④对此事的不以为然。正因如此，我们有必要重新审视批评方的批评逻辑。当人们普遍批评《清史稿》是一群遗老表达"忠清"心态的产物，批评此书因"忠清"而不够"客观"、因"忠清"而敌视民国、因敌视民国而反对共和、因反对共和而反对进步，而反对进步也就意味着"反动"时，这样的负面评价也在很大程度上取决于批评者所处的"权力场"与"机构位置"。

　　当然，将《清史稿》引发的争议仅仅归结于政治或权力关系还是远远不够的。清史馆成员的内部分歧已经表明，即使处于完全相同的"机构位置"（清史馆），每个人的文化心态却判然有别。连以什么样的身份进入清史馆，史馆成员也都各有思量，采取了形形色色的应对方式。如沈曾植不肯

①冯明珠主编《清史馆未刊纪志表传稿本》"本纪"第14册，"宣统三年辛亥冬十月庚子"条，沉香亭企业社，2007年。
②张尔田复夏孙桐书，朱师辙《清史述闻》，上海书店出版社，2009年，第223页。
③尹炎武《清史述闻·尹跋》，朱师辙《清史述闻》，上海书店出版社，2009年，第1页。
④《清史稿》遭查禁时，尹炎武在北京任教，"所谓故宫接收委员马衡、俞同奎、吴瀛、沈兼士、萧瑜五人类皆同事"，故尹颇知内情。尹炎武《清史述闻·尹跋》，朱师辙《清史述闻》，上海书店出版社，2009年，第1页。

入清史馆,却愿参与纂修《浙江通志》,他是以顾炎武为榜样的:"偶翻《亭林年谱》,辞史馆而就山东通志局,以为鄙解嘲也。"[1]姚永概愿受清史馆之聘,不认为从事教育、学术为出仕民国;而吴昌绶请缪荃孙推荐入清史馆,却以"和尚出家,又复还俗;老女归阁,仍事妆梳"[2]自解。可见受清史馆聘是否属"嫁",各人的看法不尽相同。

通常认为,清史馆内遗老多,而在溥仪、陈宝琛、沈曾植看来,赵尔巽辈已非同道。清史馆成员在这方面所表现出来的文化心态,其实不只是个人思想的表达,也折射出现代中国知识界(无论新旧、老幼)尚难彻底挣脱传统道德戒律的强力羁绊。道德压力既来自社会舆论,更出自当事人的内心。这也正是艾恺在评价梁漱溟的文化心态时所说的"圣痕"(stigmata)[3]。而民国文人偏爱以此为攻击清史馆成员的"杀手锏":"平心而论,赵尔巽辈,果真心忠于故君,首阳之山,尽多槁饿余地,何必受民国豢养,而自陷于进退失据之境乎? 小册子有既食周禄,又厕殷臣之讥,其言亦未可谓为过也。"[4]可见清史馆成员在现代中国的尴尬处境,知识人的尴尬也见证并凸显了现代中国道德话语的激烈。

除了参与纂修的《清史稿》受到严厉批评,包括清史馆成员在内的光宣文人在文学领域的表现也引起非议。在南社同人看来,政治上的北洋派与诗学上的西江派"罪孽"深重:

> 政治坏于北洋派,诗学坏于西江派。欲中华民国之政治上轨道,非扫尽北洋派不可;欲中华民国之诗学有价值,非扫尽西江派不可。[5]

柳亚子所批评的西江派,大体为南社的上一代人,也即本书所说的光宣文人。而清史馆作为时人所称的"养老院"[6],其"薪"既来自"北洋",其人之

①沈曾植《与吴庆邸书第五十三函》,许全胜《沈曾植年谱长编》,中华书局,2007年,第410页。
②吴昌绶致缪荃孙信,顾廷龙校阅《艺风堂友朋书札》,上海古籍出版社,1981年,第898页。
③艾恺(Guy Alitto)著,林镇国节译《梁漱溟——以圣贤自许的儒学殿军》,收入周阳山、杨肃献编《近代中国思想人物论——保守主义》,时报文化出版公司,1980年,第289页。
④哀灵《读清史稿回忆补录书后》,《逸经》第13期,1936年9月。收入张惠珠辑《有关清史稿编印经过及各方意见汇编》第3编,国史馆,1990年,第198页。
⑤柳亚子《答野鹤》,《民国日报》1917年6月29日。
⑥"遗老之供此差者,按时支薪,并不到馆,亦从未编纂只字焉。故俗亦称清史馆为养老院,志士羞附之,若叶尔恺、章枝诸人。赵虽坚聘不赴,叶且其婚媾也。"语出沃邱仲子《民国十年官僚腐败史》,荣孟源、章伯锋主编《近代稗海》第8辑,四川人民出版社,1987年,第60页。

诗虽不必尽为西江派,但"欲民国诗学有价值",他们似乎也不能自外于被扫尽的行列。

柳亚子对光宣文人还有更尖锐的批评。在《民声日报》"新刊介绍"一栏,柳亚子介绍《林述庵先生遗诗》时,曾点名批评郑孝胥、陈三立:"慨自亡清叔季,文学荒废,气节凋丧,侯官郑孝胥、义宁陈三立,貌饰清流,中怀贪鄙,吐言成章,少苍凉遒上之音,私以艰深自文浅陋,遂提倡所谓江西诗派者。"①

当南社于宣统元年(1909)在苏州诞生以后,这支突起的异军经历了辛亥革命的锤炼与洗礼,很快成为文坛的劲旅。由于南社的革命性,与"北洋""西江"有连的光宣文人,后来渐被叙述为柳亚子和其他南社诗人的对立面②。

问题是,文坛新人对光宣文人的论说与批判,是否在一定程度上误读了、低估了光宣文人的建树?光宣文人如何看待自己与前清、与民国以及与"现代"间的关系?除了清史书写,他们又在诗文中表达了些什么?

光宣文人进入民国、现代以后,在多大程度上转型并如何转型为一位民国文人、现代文人?面对时代风潮,光宣文人是相与日新,还是固执不变?光宣文人的诗文写作,又在何种意义上成为现代文学的一部分?当一个时代被界定为现代以后,我们如何界定、讲述现代内部的非现代成分?当初,光宣文人受到较多的攻击与嘲讽。在后来的历史叙述中,光宣文人由负面讲述渐渐变为不被讲述。如何擦洗这些边缘的、混杂的"执拗低音"③?

寻找答案比提出问题要远为艰难。本书难以将上述问题一一解决,只是希望尽力靠近、揭示那些远去不久的声音。

---

① 《民声日报》"新刊介绍·《林述庵先生遗诗》",1912年2月27日。
② 游国恩等主编《中国文学史》,人民文学出版社,1964年,第444页。
③ 日本学者丸山真男曾在一篇文章《原型、古层、执拗低音》中使用了"古层""执拗低音"等概念。"古层"是来自地质学的术语,"执拗低音"则是音乐学的比喻。古层上面,堆积的是儒、佛、天主教、自由民主主义等等外来思想,但底层即日本本身的文化却一直延续着。在近代日本,欧美近代思想虽然居于压倒性主旋律的位置,但也常常被低音部的某种音律,也就是日本自身的文化思想所修饰,这种低音有时作为背景存在,有时甚至压倒主旋律,有时被主旋律掩盖,但它始终存在。参见葛兆光《西潮又东风:晚清民初思想、宗教与学术十论》,上海古籍出版社,2006年,第7页。

二

讨论辛亥以后光宣文人的生平及著述,通常有两种不同的切入方式。一是从思想层面上讨论其在 20 世纪中国政治文化转型过程中的典型意义;二是从文学层面上讨论其诗文创作的特点与意义。文学层面的讨论又至少有两种取向:一是视为中国古典文学的尾声;二是作为中国现代文学的发生背景。若从论题的类型看,又有人物研究、现象或流派研究之分;人物研究又分群体研究与个案研究。最具代表性的几位清遗老如缪荃孙、郑孝胥、罗振玉、王国维、梁济、陈三立、陈衍等人,及较有影响的诗派如宋诗派、湖湘诗派等历来受学界关注,研究成果相对较多。相形之下,进入清史馆的一批光宣文人却被忽略了。

由于清史馆成员人数众多,既有研究成果深浅不一,较为分散。整体来看,九十余年来有关《清史稿》的研究讨论,主要集中在说明史稿编纂过程、体例与史稿之校勘,而且多以朱师辙《清史述闻》一书披露的资料为基础。也有一些研究利用了当时报刊的相关报道或目前可资利用的档案文献。

概括而言,有关清史馆文人群体的研究史呈现出如下特点:一是人物有显晦,冷热不均。《清史稿》的纂修人员中,有一部分人因在政治、学术或文学领域另有建树(如赵尔巽是封疆大吏,柯劭忞是元史专家,缪荃孙是著名学者),更容易引起注意,研究成果相对较多,更多的纂修人员(如奭良、瑞洵、袁励准、吴广霈等)则几无人问津。近些年情况有好转。二是以局部研究为主,史料尚待发掘。由于清史馆同人中的绝大多数非属热点人物,其生平事迹、年谱资料、诗文创作等尚未有人系统整理,存世资料也多散见于各地图书馆、档案馆、博物馆。至于私家收藏的资料,更是不易查考。这给整体性的研究带来了很大的困难。目前多数学者的研究策略,是一边整理史料,一边分析阐释。三是重"史"轻"文"。现有研究成果多属历史线索的勾勒,对日记、信札、档案史料等比较重视,但对诗文创作重视不够。四是学术评价为政治评价所制约。由于《清史稿》的"政治倾向"屡遭批评质疑,清史馆的纂修人员常被目为"遗老""遗少",不"保守"即"反动",整个人物群体有被脸谱化的倾向。

以下略分不同的时段,对相关研究成果加以回顾。

1914—1928 年,是为第一阶段。清史馆成立,报刊上陆续出现针对清史馆人员组成及清史纂修体例的分析、商榷文章。代表性的文章有易培基《清史例目证误》(《甲寅杂志》1915 年 6 月)、吴士鉴《纂修清史商例》(《中国学报》1915 年 12 月)、于式枚《纂修清史商例按语》(《中国学报》1916 年 5 月)等。

1928—1949 年,是为第二阶段。《清史稿》发刊,继而遭禁,引发新一轮的《清史》研究热潮。围绕《清史稿》纂修之成败得失,各界人士纷纷表达意见。清史馆同人也发表文章回应指责,或参与讨论。代表性的文章有:傅振伦《清史稿之评论》(上、下,《史学年报》1931 年 8 月、1932 年 6 月),孟森《清史稿应否禁锢之商榷》(《国学季刊》1932 年 12 月),容庚《清史稿解禁议》(《大公报·史地周刊》1934 年 9 月)、《为检校清史稿者进一解》(《大公报·史地周刊》1935 年 1 月),徐一士《清史稿与赵尔巽》(《逸经》1936 年 3 月),金梁《清史稿回忆录》《清史稿回忆补录》(《逸经》1936 年 7 月),哀灵《读清史稿回忆补录书后》(《逸经》1936 年 9 月),金梁《答哀灵君论清史稿》(《逸经》1936 年 10 月)等。其中傅斯年《关于清史稿事敬述所见》(致教育部函件,1935 年 11 月 29 日)尤其值得注意。

1949—1978 年,是为第三阶段。中国大陆出版朱师辙《清史述闻》(三联书店,1957 年),作为《清史稿》纂修人员之一,朱师辙在这部著作中除回顾《清史稿》的纂修过程外,还收录了大量有价值的史料。本阶段大陆方面最重要的成绩是《清史稿》的点校出版(中华书局“二十四史”及《清史稿》点校项目实际主持人是后来任中华书局副总编辑的赵守俨,其伯祖父即主持编修《清史稿》的清史馆馆长赵尔巽。祖孙相继,堪称佳话)。

台湾地区方面,张其昀、萧一山、彭国栋等人于 1960 年成立清史编纂委员会,修订增补《清史稿》。张其昀在《清史序》中说:“今兹清史,旨在存一朝之旧典,故于清史稿之原著,不欲大事更张。”又说:“拟就《清史稿》中明清之际,太平天国及民国革命三时期,取材未善及书法失当者,本于中华民国政府之观点,广采近三十年史学专家之认识,逐编审订,妥为修正,期能早日刊布。”[①]经一年的编纂,以《清史》为名,由国防研究院于 1961 年刊

[①]引自彭国栋《清史纂修纪实》,许师慎编《有关清史稿编印经过及各方意见汇编》,中华民国史料研究中心,1979 年。

印。围绕《清史》的重修与出版,曾有热烈的讨论。对台湾地区而言,1978
年并不是第三阶段的终界线。1979 年 4 月,许师慎编辑出版了《有关清史
稿编印经过及各方意见汇编》("中华民国"史料研究中心出版发行);1982
年,《"国立"故宫博物院清代文献档案总目》出版(台北故宫博物院编印),
这两套资料是台湾《清史稿》及清史文献研究、整理的标志性成果。此外,
汪宗衍在香港出版的《读清史稿札记》(香港中华书局,1977 年),对《清史
稿》中的讹误多所订正。

　　1978—2001 年,是为第四阶段。中国大陆的清史研究成果逐渐增
多。研究成果可分三类:一是清史研究;二是《清史稿》的订误;三是《清
史稿》纂修史研究。

　　2001 年至今,是为第五阶段。2001 年 4 月,季羡林、任继愈等 13 位
专家学者联名建议启动清史纂修工程。2002 年 8 月,清史纂修工作启
动。2003 年,《清史》体裁体例研究工作展开,并向社会各界征求意见。
2004 年 1 月,《清史编纂体裁体例讨论集》出版(中国人民大学出版社),
书中收入自 2001 年春天开始在全国范围内正式倡议国家组织纂修清史
的重要文章、文件和报告等,其中有些文章谈到《清史稿》的纂修经过及
学术评价。2007 年,冯明珠主编的《清史馆未刊纪志表传稿本》由台北
沉香亭企业社出版。研究《清史稿》的纂修史,这套资料的价值是不言而
喻的。

　　在第四、五两阶段中,与本书直接相关的研究成果是伏传伟的博士
学位论文《进入民国——清史馆的机构与人事》(中山大学 2006 年博士
论文)。论文以清史馆的"机构"与"人事"为中心,充分利用政府公报、报
刊、日记、年谱、档案等文献资料,对清史馆馆史(官制、经费、馆址、纂述
分工、发刊及查禁等)进行了较为深入、细致的梳理。论文侧重历史线索
的勾勒,资料详实,脉络清晰,是可资借鉴的重要成果。此外,如下论文
也有参考价值:《赵尔巽与〈清史稿〉》(王梦林,《绥化师专学报》1992 年
第 3 期),《〈清史稿〉的纂修及其缺陷》(戴逸,《清史研究》2002 年第 1
期),《清朝修史与〈清史稿〉编纂研究》(秦国经、高换婷,《清史研究》2002
年第 3 期),《清代的国史馆及其修史制度》(邹爱莲,《史学集刊》2002 年
第 4 期),《〈清史稿〉撰述人及其关系考》(刘海峰,《史学月刊》2003 年第
2 期),《〈清史稿〉体例的讨论与确立》(邹爱莲,《清史研究》2003 年 3

期),《〈清史稿〉的编修过程》(韩永福,《历史档案》2004 年第 1 期),《论
〈清史稿〉的进步史观》(刘海峰、李慧,《天中学刊》2004 年第 1 期),《张
尔田与〈清史稿〉纂修》(张笑川,《清史研究》2007 年第 1 期),《〈清史稿〉
纂修始末研究》(邹爱莲、韩永福、卢经,《清史研究》2007 年第 1 期),《金
梁与〈清史稿〉》(赵少峰,《江西广播电视大学学报》2007 年第 4 期),
《〈清史稿〉的编修情况及其史学价值》(王志国,山东大学 2008 年硕士论
文),《夏孙桐对〈清史稿〉撰述经过的研究》(王昌宜,《江南大学学报》
2009 年第 1 期),《金梁与〈清史稿〉》(刘秀荣、张剑锋、赵少峰,《兰台世
界》2009 年第 13 期),《〈清史稿·儒林传〉研究综述》(李兴娟,《边疆经
济与文化》2009 年第 10 期)等。

　　中国台湾学者对清史馆、《清史稿》的研究,同样有重要的收获。2005
年后,庄吉发对清史馆未刊稿本及清代国史馆档案的介绍与对《清史稿》纂
修情形的分析值得重视①,冯明珠对台北故宫博物院与《清史稿》之间的关
系有详实的评述②。陈熙远通过考察《清史稿》的编纂、刊行、遭禁以至拟
议重修的过程,讨论官方书写与传统史学的危机与困境,提出了谁是"官
方"、如何"记忆"的问题③。林志宏认为《清史稿》给予遗民形塑自身政治
认同的空间,其成书过程充满了政治认同的角力④。

　　前述成果均以清史馆、《清史稿》为中心。另外一批论著,同样与本书
的论题相关。赵园《明清之际士大夫研究》(北京大学出版社,1999 年)及
《制度·言论·心态:〈明清之际士大夫研究〉续编》(北京大学出版社,2006
年)研究王朝鼎革与士人心态的精神关联,是具有代表性的优秀成果。秦
燕春《清末民初的晚明想象》(北京大学出版社,2008 年)、林志宏《民国乃

①庄吉发《清史馆与清史稿:清史馆未刊纪志表传的纂修及其史料价值》,(台北)《故宫学术季刊》
　23 卷第 2 期,2005 年;庄吉发《从现存史馆档看清史的纂修》,收入陈捷先、成崇德、李纪祥上编
　《清史论集》(下),人民出版社,2006 年。

②冯明珠《故宫博物院与〈清史稿〉》,(台北)《故宫学术季刊》23 卷第 1 期,2005 年;冯明珠《从〈清
　史〉到〈清史稿校注〉——中华民国政府迁台后编整清史之经过》,收入陈捷先、成崇德、李纪祥主
　编清史论集》(下),人民出版社,2006 年。

③Hsi—yuan Chen, "Last Chapter Unfinished: The Making of the Official Qing History and the
　Crisis of Traditional Chinese Historiography", *Historiography East and West*, 2:2 (2006, Lei-
　den), pp. 173—204;衣若兰《旌表制度、传记体例与女性史传——论〈清史稿·列女传〉贤母传记
　之复兴》,《台大历史学报》第 41 期,2008 年 6 月。

④林志宏《民国乃敌国也:政治文化转型下的清遗民》,联经出版事业公司,2009 年。

敌国也:政治文化转型下的清遗民》(台北:联经出版事业公司,2009 年)、周明之《近代中国的文化危机:清遗老的精神世界》(山东大学出版社,2009 年)、耿传明《决绝与眷恋:清末民初社会心态与文学转型》(复旦大学出版社,2010 年)等著述,对辛亥革命后光宣文人的文化心态均有精彩阐发。黄美娥对近代台湾"古典文人"的研究也有新意,所著《重层现代性镜像:日治时代台湾传统文人的文化视域与文学想象》(麦田出版,2004 年)、《古典台湾:文学史、诗社、作家论》(台湾编译馆,2007 年)两书,蹊径独辟,令人耳目一新。

　　柯娇燕《孤军:满人一家三代与清帝国的终结》中译出版,此书以金梁家族为中心探讨清代历史中的汉化与族群问题①,是金梁研究的重要成果。傅杰主编、复旦大学出版社出版的《学术集林》第 1 辑,内中包括了张尔田、章钰、吴士鉴等人的著作集;孙爱霞编《王树枏文献辑刊》由河北大学出版社于 2020 年出版,共 117 册;《瑞洵集辑笺》收入瑞洵奏议、诗文、外交函牍五百多件②。以上都为相关研究提供了文献便利。

　　近些年中,杨洪升的缪荃孙研究、王昌宜的《清史稿·循吏传》研究、戚学民和肖慧琛对清代国史"儒林""文苑"两传稿本的研究、朱曦林对《清儒学案》纂修史的研究、潘静如的清遗民诗文研究、蔡炯昊的清遗民历史书写研究、周海建对《清史稿》遭禁事件的研究、陶亚敏的金梁研究等,也都取得了重要进展。

三

　　由于涉及的人物、话题众多,本书拟以其中几位关键人物如赵尔巽、于式枚、马其昶、夏孙桐、袁励准、奭良、金梁、瑞洵、朱师辙等为中心,围绕《清史稿》史例讨论、《宣统本纪》纂修、《循吏传》纂修、《艺文志》纂修、涉藏史事记载、辛亥革命史事取舍等具体个案进行考察,并希望将论题限定在以下的讨论框架内:

　　一是通过对具体编纂过程的分析,辨析《清史稿》中的多重声音。《清

---

①柯娇燕著,陈兆肆译《孤军:满人一家三代与清帝国的终结》,人民出版社,2016 年。
②杜宏春、郑峰辑注《瑞洵集辑笺》,黄山书社,2017 年。

史稿》是以清代历朝实录等史料为基础纂辑而成,部分内容纯系照搬,传达的多是当年清廷的官方声音。而《清史稿》体例的讨论、稿本的删削、字句的推敲、史料的去取,则是纂修者个人意见的表达。这些意见,有些属于史馆同人的共识,有些则不是。由于政治文化观念以及族群身份的差异,各人的意见往往不同。本书分析了梁启超、于式枚等关于清史体例的不同主张、蒇良稿本与正式刊本的差异、满汉文人及史馆内外对"清史"的不同想象等等,以此呈现"新史"与"正史"、新派与旧派、旗人与汉人之间的思想交错。

二是将清史馆文人群体置于其同代人——光宣文人——的"集体肖像"内来讨论。通过对光宣文人内部差异的分析,探究清史馆之于光宣文人的不同意义。一旦清史馆同人在清遗民的层面上被无限细分,个体的内心多样性、言行复杂性得以呈现。在清史馆同人中,也有相当一批人并不以遗民自视。因此,表面的姿态与真实的心态之间的重合与乖离,尚待审慎辨析。

三是考察清史馆文人群体与现代中国的多重交涉。光宣文人对前清与民国、传统与现代的观察体验,为我们提供了解读现代中国的另一种路径。辛亥后这群人尽管"西山日迫桑榆暮",但影响还在。政界、学界遍布其门生故旧,呼风唤雨,进退裕如,颇有作为,并非如通常想象的那样边缘化。新旧间时有摩擦碰撞,也时相倚重。读《郑孝胥日记》可发现,胡适、徐志摩等新派"留学少年"与光宣老辈们多有来往。国民党元老于右任与光宣文人叶尔恺(叶曾任清史馆协修)过从甚密[①]。欧阳中鹄与欧阳予倩是祖孙;陈三立与陈寅恪、俞陛云与俞平伯是父子;沈曾植曾对胡先骕多方关照,二人有师徒之谊;郑孝胥与胡适、袁励准与吴宓在民国中均有交往;而民国军政要人如尹昌衡、张作霖、熊希龄、韩国钧均系清史馆馆长赵尔巽旧属;金梁曾担任张学良的老师,1918 年与李大钊、曾琦等发起组织"少年中国学会",又在陈独秀、蔡元培、李大钊等支持下创建"工读互助团"的王光祈,曾得到赵尔巽的悉心关照[②]。近代以来文化人的代际隔阂与思想鸿沟,或许并不像通常描述的那般严重。一时一地的敌我之争,放在一个更长的时段中来考察,更应视为一种父子相承、师友相继、长幼相扶的协力关系。当然,这种协力关系经常是以对抗和竞争为表现形式的。

---

① 1930 年代初于右任在上海的公馆里,叶是"常年食客"。参见《江都文史资料》第 9 辑,1999 年。
② 1914 年,王光祈入北京中国大学攻读法律,赵尔巽安排王到清史馆兼任书记员。

光宣文人的文化心态,也折射出民国时代的思想风气。清史馆同人多以万斯同自比,认为预修《清史》不等于效力新朝,这种尴尬心态正折射出当时的主流舆论。不仅旁观者认为赵尔巽等清朝遗臣食"新朝俸"于大节有亏,即便在清史馆同人自己看来,也因处于道德弱势而不易应对来自各方面的质疑与诘问。时人对赵尔巽任清史馆馆长就颇有讽刺:"预为死后求佳传,羞向生前说旧恩。当日遗山真失计,但营亭子不臣元。"①普遍的逻辑是,既然以"清遗民"自居,就该践行节义、做"死事之臣",以"无愧于前朝"。时为民国司法总长的梁启超建议拟修《清史》设"死节传"以宏奖节义,避居上海的于式枚坚决反对。于式枚认为辛亥之事迥异于宋、明,"时局既殊,学说又变",意思是说,清遗民身处的环境与明遗民大有不同,不必踏上"必死之路"。由于感同身受,于式枚这批旧派更容易理解光宣文人的两难处境②。

尽管于式枚对民国风气似有肯定,强调"学说又变",但这并不意味着"共和民国"的思想学说已经足够"进步"。"新派"的逼死主义所表现出来的言论暴力,非但不"新",反而更旧。在学界同人的努力下,长期以来被二元对立、线性进步、革命话语等"历史叙述"建构出来的新旧界限,已得到相当程度的拆解。当然,这种拆解与还原,并不是解构价值、消泯是非,而是回到起点,重新认识光宣文人在一个内外交困、新旧杂陈、异议蜂起、政局动荡、战乱频仍的历史转折时期曾经扮演的历史角色,以及他们曾经发挥的"群枢"性作用。

---

① 林庚白《孑楼诗词话》,张寅彭主编《民国诗话丛编》第 6 册,上海书店出版社,2002 年,第 115 页。
② 关于辛亥鼎革之"特殊",不少光宣文人有与于式枚类似的意见。郭则沄曾记:"……晤菫斋、槐楼诸老,则谓'共和之制非鼎革,公仆之任非贰臣,帝号依然,宫廷无恙,亦无殉国理',山人不敢置一辞也。"《郭则沄自订年谱》,马忠文、张求会整理,凤凰出版社,2018 年,第 37 页。菫斋、槐楼,当即张元奇(1860—1922)、陈懋鼎(1870—1940)。二人所言有两重意蕴:一是民国乃以"共和"取代旧制,出仕民国者应以"公仆"视之,不能算"贰臣";二是清帝逊位后仍居紫禁城,旧臣无需殉国。

第一编

第一章　舫斋载笔:清史馆文人群体的形成

从 1914 年袁世凯下令开设清史馆,到 1927 年国民革命军北伐成功、清史馆解体于无形,这一修史机构历时达十五年之久,几与北洋政府相始终。清史馆成立后,赵尔巽受聘出任总裁、馆长。此时,因辛亥革命之故,光宣文人原在京师或各地各类机关如京师大学堂、学部或各省提学使司等处任职者自动解职。除逊清皇室挑选部分翰苑文人任南书房行走或懋勤殿行走外,另有一批人参与纂修《德宗实录》及《宣统政纪》,更多的光宣文人则避处租界或杜门家居,处于赋闲状态。因此,清史馆的成立引起了很多人的注意。此后,耆宿硕儒联翩而至,光宣文人于"舫斋"内外修史、咏诗,盛况空前①。

进入清史馆的这批文人,尤其是担任总纂、纂修、协修等职者,均成名于清代光绪、宣统年间。辛亥革命之前,这些人身居政坛、学坛或文坛要津。辛亥革命后,这批政士、文人失去安身立命的空间与舞台,他们不仅在政治上陷入无职无权状态,甚或薪尽粮绝,在经济上也困顿无依②。很多人年老体弱,处境堪哀③。因此,清史馆不只为他们提供了秉笔立言、青史留名的机缘,来自北洋政府的高薪,也为他们解决了基本的衣食问题。

一、清史馆之议设

清史之修,始倡于 1914 年,时袁世凯任中华民国大总统。由于袁世凯

---

① 清史馆旧址在今故宫东华门内,史馆成员诗文中多称之"舫斋"。吴士鉴挽赵尔巽诗中即有"舫斋回首辄凄然,卅载京华万事迁"之句。《无补老人哀挽录》,铅印本,1928 年。首都图书馆藏。
② 吴昌绶主动请缪荃孙推荐入馆。1914 年夏,吴昌绶致缪荃孙函中说:"倘可介绍史馆一席,则友朋之乐,自胜于他。"另一函说:"绶本非宽裕,不能无吃饭碗,又不欲再入热恼[闹]场。仲仁、书衡、授经诸君,关爱最切,欲为谋一席地。鄙意颇愿分史馆微糈,兼可为吾师做驿递。姑听诸公办去,倘果有头绪,尚赖吾师一言方妥,容再密陈。目下绶以无过而离路事,闲住数月,原亦无妨,不过对于外观,博一空名亦好。"顾廷龙校阅《艺风堂友朋书札》,上海古籍出版社,1981 年,第 897—898、883 页。
③ 恽毓鼎仅被聘为"名誉协修",未获机会参与史事,颇感失落:"余虽不敢自命史学,然沉潜廿四史垂三十年,其中义例得失知之颇审。赵次老仅以名誉协修相待,不全与闻史事,亦无从强以相聒矣。"史晓风整理《恽毓鼎澄斋日记》,浙江古籍出版社,2004 年,第 709 页。

施行诸多复古举措,故这一年被称为中华民国的"复活"年:

> 去年中华民国之历史,可一言以蔽之,曰复活。科举死久矣,去年
> 乃有考试知事之举,是科举复活也。相国之在清朝,固已同日溘逝矣,
> 而东海(引按:徐世昌)为国务卿,则有相国之称,是相国复活也……他
> 如祭天祀孔之典礼、老爷大人之名称,无不同时复活。①

这时,逊位后的清室仍住紫禁城。民国政府因"追惟让德"而对清室多方表
达善意。1914 年,袁世凯主导下的北洋政府决定纂修"清史",并建议约法
会议在增修约法时将优待清室及满蒙回藏等族条款一并起草。

这年 1 月,媒体开始有政府设置清史馆的报道②。而熊希龄等以国务
院、各部总长名义正式向大总统递交请设清史馆的呈文,是在 2 月 3 日。
呈文如下:

> 国务会议议决特设清史馆,延聘专员分任编纂,请鉴核批示施行。
> 为呈请事:

> 在昔丘明受经,伯厔司籍,春秋而降,凡新陈之递嬗,每纪录而成
> 编。是以武德开基,颜师古聿修《隋史》。元佑继统,欧阳修乃撰《唐
> 书》。盖时有盛衰,制多兴革,不有鸿篇巨制,将莫以窥前代典章之盛,
> 备后人考镜之资。况大清开国以来,文物粲然,治具咸饬,远则金川请
> 史,青海论兵,拓土开疆,历史之光荣犹在;近则重译通商,诏书变政,
> 鼎新革故,贞元之绝续攸关。洎乎末叶,孝定景皇后尤能洞观世运,俯
> 察舆情,宣布共和,与民更始。用能成法、美文明之治,洵足追唐、虞揖
> 让之风。我中华民国追惟让德,于大清皇室特颁优待条文,崇德报功,
> 无微不至。惟是先朝记载,尚付阙如,后世追思,无从观感。及兹典籍
> 具在,文献未湮,允宜广召耆儒,宏开史馆,萃一代人文之美,为千秋信
> 史之征。兹经国务会议议决,应请特设清史馆,由大总统延聘专员,分
> 任编纂,总期元丰史院,肇启宏规,贞观遗风,备登实录,以与往代二十
> 四史同昭垂于无穷。所有议决拟设清史馆缘由,理合呈请鉴核,批示
> 施行。③

---

①觉迷《中华民国之去年》,《大公报》1915 年 1 月 5 日。
②《熊总理拟请设清史馆》,《盛京时报》1914 年 1 月 31 日。
③《政府公报》1914 年 2 月 5 日,第 628 号。

这份呈文,从四个层面论证了纂修清史的意义:一是"凡新陈之递嬗,每纪录而成编",也就是说,易代修史是中国的传统,这样做的目的,既可以"窥前代典章之盛",又可以"备后考镜之资"。二是清代"文物粲然,治具咸饬",前能开疆拓土,后能维新变政,近又宣布共和、愿行揖让,确有可纪。三是民国肇造,如能宏开史馆,广召耆儒,"萃一代人文之美",照金梁的说法,"亦开国应有之盛典也"①。四是强调修史本身之于文化传承的重大意义,即"元丰史院,肇启宏规,贞观遗风,备登实录,以与往代二十四史同昭垂于无穷"。

袁世凯随即批示道:"所请特设清史馆,延聘专员分任编纂,事属可行,应准照办。"②3 月 9 日,袁世凯正式颁发了设置清史馆的《大总统令》:

> 查往代述作,咸著史篇,盖将以识兴革之所由,资法鉴于来叶,意至善也。维大清开国以来,文物典章灿然具备。远则开疆拓土,有关历史之光荣。近则革故鼎新,尤系贞元之绝续。迨共和宣布,让德昭垂,我中华民国特颁优待条文,允彰崇德报功之典。特是记载尚阙,观感无资,及兹文献未湮,征求宜亟,应即准如所请,设置清史馆,延聘通儒,分任编纂,踵二十四史沿袭之旧例,成二百余年传信之专书,用以昭示来兹,导扬盛美,本大总统有厚望焉。③

《大总统令》虽然措辞有所变化,但基本上是将熊希龄等呈文中谈到的四点意义,依次重述了一遍。

二、清史馆馆长之延聘

官修清史既然意欲"萃一代人文之美,为千秋信史之征""以与往代二十四史同昭垂于无穷"④,对纂修人员的要求自然不低。不论是熊希龄等所说的"广召耆儒"⑤、袁世凯批示中提到的"延聘通儒"⑥,还是金梁所倡

---

① 一息(金梁)《熊总理请修清史论》,《大公报》(天津)1914 年 2 月 3 日。
② 《政府公报》1914 年 2 月 5 日,第 628 号。
③ 《政府公报》1914 年 3 月 10 日,第 660 号。
④ 《政府公报》1914 年 2 月 5 日,第 628 号。
⑤ 《政府公报》1914 年 2 月 5 日,第 628 号。
⑥ 《政府公报》1914 年 3 月 10 日,第 660 号。

议的"修旧史"宜"用旧人""集耆儒"(金梁特地提到"海滨"之"故臣"、"逸处"之"遗老")①,均表明人们对清史馆撰述人员有着特定的角色期待。

据《时报》得到的消息,袁世凯组织清史馆意在安置前清故臣,比如劳乃宣和于式枚②;而天津《大公报》又有拟派徐世昌、陆润庠为清史馆总裁的说法③。此外,也有拟聘康有为的传闻,"修订清史一席,大总统前曾致电康南海,请其来京担任,刻已接康覆电,允任其事,惟尚未声明北上之期云"④。但康有为终未与其事,据陈灝一分析,"世凯为收拾人心,拟畀以清史馆之任,有为力辞,谓倘修《清史》,则世凯首为罪人,不能无一言。世凯必不容,宜莫能为也"⑤。

在舆论界的猜测中,梁启超、章太炎、王闿运也都是热门人选:"政府确将开清史馆,议案略谓:……总裁多拟任公。"⑥"清史馆总裁一席……又拟章太炎氏,章又不就。"⑦"王湘绮到京多日,尚未正式就史馆之任,据闻总统请其纂修国史,则云民国无史可纪;请其兼修清史,则云自有魏收第二。是湘绮之不愿担任作史也明矣。"⑧

图1　清东三省总督赵尔巽⑨

据知情人透露,徐世昌推荐的馆长候选人是王先谦、柯劭忞。叶德辉致缪荃孙函云:"闻士可言,清史馆已聘赵次山作馆长,岂《宋史》必待托克托而后能修耶!"信中提到的士可,即陈毅,湖北黄陂人,清季曾任学部参事、图书馆纂修、法律馆纂修、

①一息(金梁)《熊总理请修清史论》,《大公报》(天津)1914年2月3日。

②《清史馆组织之丛谈》,《时报》1914年6月15日。

③《清廷编订清史》,《大公报》(天津)1914年2月1日。

④《康有为允任修史之传闻》,《大公报》(天津)1914年2月8日。

⑤陈灝一《睇向斋逞臆谈·康有为梁启超》,陈灝一《睇向斋秘录(附二种)》,中华书局,2007年,第109页。

⑥《政府确将开清史馆》,《申报》1914年1月29日。

⑦《重要机关之重要人物未确定》,《顺天时报》1914年3月13日。

⑧《闲评一》,《大公报》(天津)1914年4月26日。

⑨《革命战事记》附"清东三省总督赵尔巽(照片)",《东方杂志》1911年第9期。

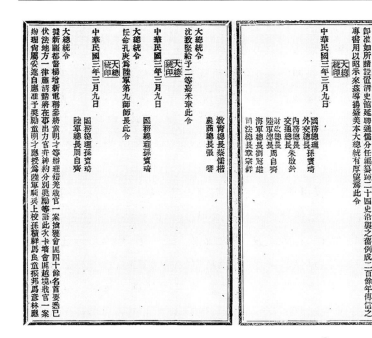

图 2　批准设立清史馆的《大总统令》[1]

宪政馆统计科员，入民国后任北洋政府总统府秘书等职，颇晓内情。托克托，即元代主持纂修《宋史》的丞相脱脱。叶德辉以赵尔巽任清史馆长与脱脱主修《宋史》作比，言下有不以为然之意。叶德辉又说："初闻东海（按即徐世昌）保荐旧人有王葵园及凤翁为总裁之说，此因王有《东华录》，柯有《新元史》，成效昭然，似足以餍人望。何为其计不行，是可怪也。"[2]

最终确定的馆长人选是赵尔巽。1914 年 3 月 9 日，袁世凯致函赵尔巽："有清一朝，典章具备，且值政治更张之会，尤关历史考镜之资。兹据国务院呈请设置清史馆，业予照准。凤谂执事学识渊深，谙习掌故，用特竭诚延聘，充任馆长。务希慨允担任，襄兹盛举。熏沐以请，无任祷祈。"[3]经过一番犹豫之后，赵尔巽决定接受馆长一职。馆长聘任遂告一段落。

赵尔巽，字次珊，号无补，原籍奉天铁岭，隶汉军正蓝旗。祖父达纶时遂家居山东泰安。父文颖，生四子，长尔震，次即尔巽，三尔丰，四尔萃。同

①《大总统令》，《政府公报》1914 年 3 月 10 日，第 660 号。
②钱伯城、郭群一整理，顾廷龙校阅《艺风堂友朋书札》，上海人民出版社，2018 年，第 689 页。
③万仁元、方庆秋主编，中国第二历史档案馆整编《中华民国史史料长编》(4)，南京大学出版社，1993 年，第 127 页。

治十三年(1874),与兄尔震同登进士第,并改庶常,散馆,授编修。光绪五年(1879),充湖北乡试副考官。八年(1882),迁监察御史,数疏陈时政,请译俄罗斯旧进书,又请收回醇亲王值军机成命,为时所称。十三年(1887),外补贵州石阡府知府,旋移贵阳,图治甚锐,对上司诤而不阿。人称"赵太守寡妇面孔,不可当也"。二十一年(1895),擢安徽按察使。二十四年(1898),移陕西按察使,未就任,迁新疆布政使。行次肃州,李夫人道卒。二十五年(1899),母又卒,乃至泰安会葬。二十七年(1901),服阕入京,授山西布政使。至山西权摄巡抚,请变通军流罪名,遍设习艺所,多纳才士为幕僚。二十八年(1902),擢湖南巡抚。次年至任,以张鹤龄管学务,宽革命之禁。又注意州县词讼,详为条教,刻为成书。三十年(1904),调迁户部尚书。三十一年(1905),日俄战后,任盛京将军。三十三年(1907),以徐世昌为东三省总督,罢赵尔巽,改授四川总督,旋又改任湖广总督。三十四年(1908),仍迁四川总督。宣统三年(1911),代锡良为东三省总督。辛亥革命起,被推为奉天保安会会长。民国成立后,改称奉天都督。民国元年(1912)十一月,辞职,退隐青岛。民国三年(1914)五月,兼参政院参政。四年(1915),袁世凯称帝,封为"嵩山四友"之一。六年(1917),宣统复辟,任为弼德院顾问大臣。十四年(1925)二月,任善后会议议长。五月,任临时参政院议长。十五年(1926),国民军退往南口,赵尔巽与王士珍等组织北京临时治安维持会,维护北京秩序。十六年(1927)九月三日,病殁于北京,享年八十有四。赵身短体瘦,口如悬河,治事颇明敏。凡三娶,始张,继李,继孟,皆无所出,以侄世基为子,又前卒。为置嗣,年七十得一子,小字曰天赐[①]。

　　赵尔巽之父文颖(1813—1854),字鲁斋,在阳谷知县任上被太平天国北伐援军杀害。事后,文颖之父达纶、弟文龙等搜集资料编成《文颖阳谷殉难事实》一书。此书咸同间曾印过一次,后由赵尔巽于光绪十九年(1893)再度刻印,其四子赵尔丰于光绪三十四年(1908)又石印一次,皆有识跋[②]。

　　在金梁后来补辑的《清史稿补》(又名《清遗民传稿》)中,赵尔巽是四类人物中的第二类。凡"辛亥后卒而未见再出者"为第一类,归入"本传";凡"虽曾再出而实有所为者"为第二类,称"附传";凡"辛亥前卒而清史未列

① 贾逸君编《民国名人传》,岳麓书社,1993 年(据北平文化学社 1937 年版排印)。
② 车吉心等主编《齐鲁文化大辞典》,山东教育出版社,1989 年,第 612 页。

者”为第三类,称“补传”;凡“人尚生存,而可保始终者”为第四类,称“别传”。第一类中有宝熙、陈宝琛、朱益藩、郑孝胥、罗振玉、李家驹、柯劭忞、温肃、陈三立、夏孙桐、缪荃孙、马其昶、陈衍、章钰等;与赵尔巽同属一类的有马良、严修、陈宧、贵福四人;而第四类中的代表人物为陈夔龙、章梫。在金梁所建构的评价体系中,赵尔巽是被置于相当尴尬的位置的。金梁肯定赵尔巽虽“出”而实有所“为”,称赵“暂留旧镇,实备东巡。其修《清史》,亦为存国故,卒成一代完书。苦心孤诣,自与污命变节者有间”①。不过仍将他列为与陈宝琛等人不同的一类,并在评语中特地加上“待论定”三字。金梁的“待论定”,其实也是一种“论定”。

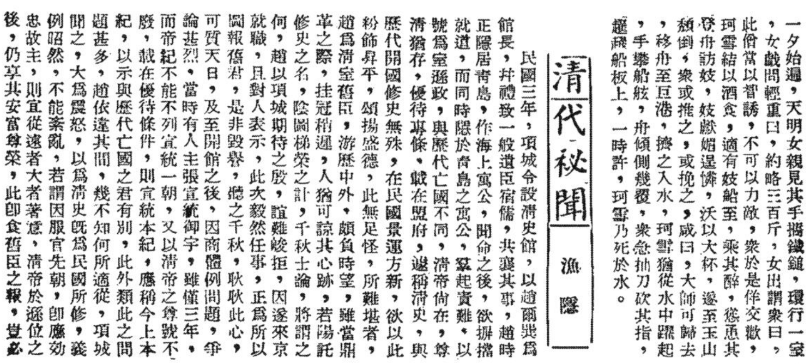
一夕始遍,天明女親見其手攜鐵鏈,環行一室,女戲問輕重曰,約略三百斤,女出謂衆曰,此僧當以智誘,不可以力敵,衆於是佯交歡,珂雪結以酒食,適有妓船至,乘其醉,慫恿其登舟訪妓,妓獻媚逞憐,沃以大杯,遂至玉山頹倒,衆或推之,或挽之,咸曰,大師可歸去,移舟至巨港,擠之入水,珂雪猶從水中躍起,手攀船舷,舟傾側幾覆,衆急抽刀砍其指,趯踊船板上,一時許,珂雪乃死於水。

清代秘聞

漁隱

民國三年,項城令設清史館,以趙爾巽爲館長,并禮致一般遺臣宿儒,共襄其事,趙時正隱居青島,作海上寓公,聞命之後,欲拚擋就道,而同時隱於青島之寓公,羣起責難,以號爲室遜政,與歷代亡國不同,清帝尚在,尊清猶存,優待專條,載在盟府,遽稱清史,與歷代開國修史無殊,在民國景運方新,欲以此粉飾昇平,頌揚盛德,此無足怪,所難堪者,趙爲清室舊臣,游歷中外,頗負時望,雖當鼎革之際,挂冠稍遲,人猶可諒其心跡,若陽託修史之名,陰圖梯榮之計,千秋士論,將謂之何,趙以項城期待之殷,誼難峻拒,因遂來京就職,且對人表示,此次毅然任事,正爲所以圖報舊君,是非毀譽,聽之千秋,耿耿此心,可質天日,及至開館之後,因商體例問題,爭論甚烈,當時有人主張宣統御宇,雖僅三年,而帝紀不能不列宣統一朝,又以清帝之尊號不廢,載在優待條件,則宣統本紀,應稱今上本紀,以示與歷代亡國之君有別,此外類此之問題甚多,趙依違其間,幾不知何所適從,項城聞之,大爲震怒,以爲清史既爲民國所修,義例昭然,不能紊亂,若謂因服官先朝,即應効忠故主,則宜從遠者大者著想,清帝於遜位之後,仍享其安富尊榮,此即食舊臣之報,豈必

图 3　渔隐《清代秘闻》记清史馆②

按:当时报章对清史馆开馆、人员聘任、纂修经过等有一些报道。其中,有涉及清史馆内幕者,应系内部知情人士透露。直到 1940 年代,关于清史馆、赵尔巽的议论,仍不时见诸报章。此篇对赵尔巽就任清史馆馆长之尴尬,有所评议:“所难堪者,赵(尔巽)为清室旧臣,游历中外,颇负时望,虽当鼎革之际,挂冠稍迟,人犹可谅其心迹,若阳托修史之名,阴图梯荣之计,千秋士论,将谓之何,赵以项城期待之殷,谊难峻拒,因遂来京就职,且对人表示,此次毅然任事,正为所以图报旧君,是非毁誉,听之千秋,耿耿此心,可质天日。”“渔隐”当为化名,作者不详。

在馆长人选尚未尘埃落定时,曾有人在报章发表文章,对王闿运、赵尔巽两位候选人加以对比。作者先从撰人及征信两个角度比较古今史书的

①金梁《清史稿补》,自印本,1942 年。

②渔隐《清代秘闻》,《五云日升楼》1941 年第 8 期。

差异："古有史官，历代不废。然今所传之史，大半属于私家之述作。自唐而后，始多官书。论其征信，纪实逊古远矣。"进而说到清史馆馆长人选问题："民国既建，议修《清史》。始以湘潭王闿运董其事，而王氏至今优游故里，未尝任职。或传赵尔巽将代之。以文章言，赵已不逮王。且赵昔为清室显官，其私之也，宜慎于王矣。然藉令《清史》而成于王氏，亦未为足征。野多君子，必有踪迹前修者，或犹及见之乎！"①作者认为赵尔巽有两点不如王闿运：一是赵为前清显宦，修史可能有"私"；二是赵氏文章功底不如王。当然，他对王闿运能否胜任，也是持保留意见的。

也曾一度有传闻清史馆组织及编制有变，不设馆长，"但设总裁四人，以分总其事，均由大总统礼聘"。又传闻总裁除已聘赵尔巽外，拟聘者另有于式枚、陈宝琛、恽毓鼎三人："除赵氏已受聘定外，其所拟聘者，即于式枚氏，及今清宣统帝师傅陈宝琛氏。其他一人，则恽毓鼎氏。于氏因不就参政，故以此畀。恽氏素有文学名，或云其骈文尤为擅胜，遂亦得膺此重聘。现大总统已特电于氏，并派员致意陈、恽二氏。大约皆能得其许可。"②

三、初期馆务运转

自1914年3月9日政府决定设立清史馆并敦聘赵尔巽出任馆长以来，清史馆各项事务陆续开展，馆务渐入轨道。

一是择定办公场所。方案有二：一是租赁房屋，二是利用相关部门既有馆舍。赵尔巽先后考察了前清国史馆、实录馆原址，也察看了各相关公所办公用房，认为均颇合用，但是需要修缮。虽然修缮需要经费，但仍比另行租房要俭省。赵尔巽呈文称："窃清史馆需用房屋，现经内务部朱总长（按即朱启钤）约同勘看前清国史馆、实录馆及各公所等处房屋，颇为合用。两馆档册近在咫尺，调阅、保存均极便易。其大院中路原有照墙，只须添砌两边隔断，即完全归入内务部所管范围之内，尤为相宜。"赵尔巽认为，清代国史馆、实录馆是清史馆馆址之上选，但是需要略事修缮，而修缮需要经费。故他在呈文中又说："惟房屋稍形残破，量加修改，不无需费。一修之

①子宋《评修清史事》，《神州》1914年第2期。
②《清史馆组织之详情》，《教育周报（杭州）》1914年第46期。

后,较外间租房之费所省实多。"另外,不止修缮房屋需要经费,其他开馆事宜也有花费:"开办之始,一切均须筹备。拟先请领开办费银二万元,撙节支销。无论余存若干,仍归将来需年经费项下列收,以昭核实。"1914 年 6 月 30 日,大总统袁世凯批令:"交财政部查照拨发。"①

二是聘人。下节详述。

三是议订工作章程及史例。据当时报章报道,清史馆第一次会议由赵尔巽主持召开,到者二百余人。会议主要内容便是讨论修史进程及入手办法,以及撰述原则、史书体例等。除馆长赵尔巽外,王闿运、梁启超、严复、吴士鉴等均有发言②。除讨论进行办法、修史体例以及阅档、撰稿外,赵尔巽还十分注意清史馆在馆人员的集体生活。比如,他曾倡议史馆人员勤练书法。有报道称:"清史馆馆长赵次珊,以馆中人物多系名宿,工书法者尤夥。现拟创设字会,令在馆人员,于公余之暇,临池练习。善书者,固不致抛荒,学书者,亦可期进步。此亦最近政界之雅事也。"③

四是征书。清史馆对征书一事十分郑重,其征书启事是由政府以"命令"形式下达各省,请各省遵照执行的。《政府公报》就此登载《大总统告令》④,全文如下:

据清史馆呈请特颁征书命令以备清史资料等语。有清一代文献称盛,或记闻搜轶,野史有亭。或问俗考言,辀轩有录。凡兹私家著述,散之则片玉零缣之偶现,萃之皆石室金匮之遗闻。当兹文馆宏开,官书待香,必将搜珍艺海,采干词林,藏古之家、绩学之士,当必闻风兴趣,乐观厥成。著各省巡按使,派定专员,除《四库全书》著录外,凡属关于有清掌故及有关清史书籍,无论已刊未刊,就近征集,随时送交该馆,以备审择。如有关清史重要,足供采用之书,其著书之人,无论存没,并由该馆呈请表彰,用昭激劝。布告遐迩,咸使闻知。此令。

(大总统印)

中华民国三年九月二十八日

国务卿徐世昌

---

①《政府公报》1914 年 7 月 3 日,第 775 号。
②《清史馆第一次会议》,《学生》1914 年第 5 期。
③《清史馆提倡写字》,《新民报》1915 年第 1 期。
④《大总统令》,《政府公报》1914 年 9 月 28 日,第 862 号。

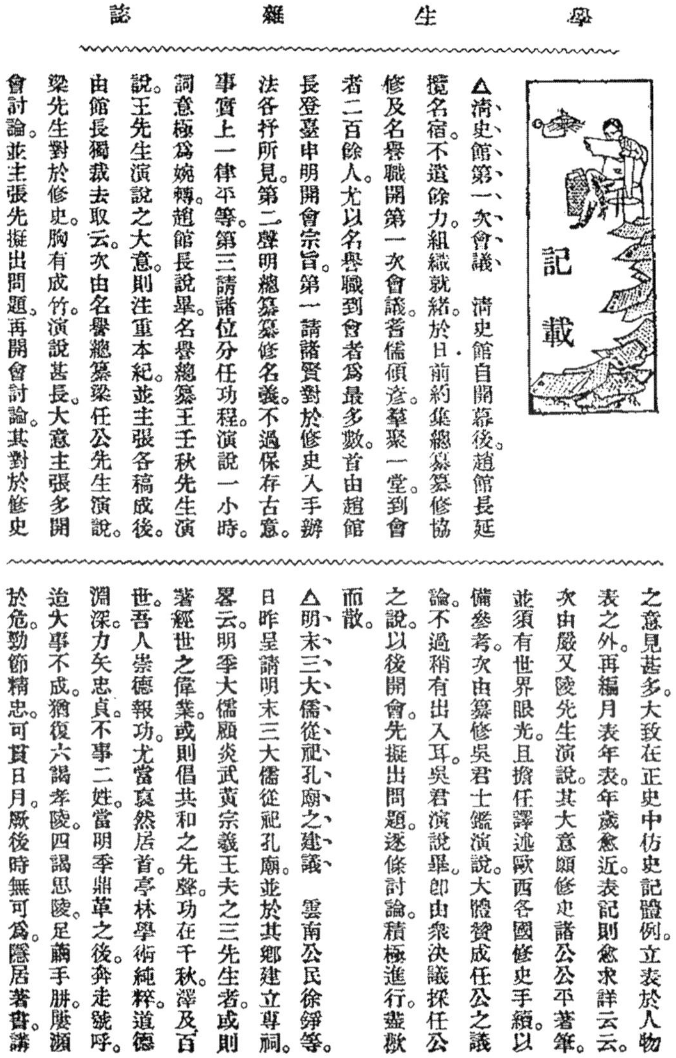
學生雜誌

記載

△清史館第一次會議　清史館自開幕後。趙館長延攬名宿。不遺餘力。組織就緒。於日前約集總纂纂修協修及名譽職開第一次會議。耆儒碩彥。萃聚一堂。到會者二百餘人。尤以名譽職到會者爲最多數。首由趙館長登臺申明開會宗旨。第一請諸賢對於修史入手辦法各抒所見。第二聲明總纂纂修名義。不過保存古意。事實上一律平等。第三請諸位分任功程。演說一小時。詞意極爲婉轉。趙館長說畢。名譽總纂王壬秋先生演說。王先生演說之大意。則注重本紀。並主張各稿成後。由館長獨裁去取云。次由名譽總纂梁任公先生演說。梁先生對於修史。胸有成竹。演說甚長。大意主張多開會討論。並主張先擬出問題。再開會討論。其對於修史之意見甚多。大致在正史中仿史記體例。立表於人物表之外。再編月表年表。年歲愈近。表記則愈求詳云云。次由嚴又陵先生演說。其大意願修史諸公公平著筆。並須有世界眼光。且擔任譯述歐西各國修史手續。以備參考。次由纂修吳君士鑑演說。大體贊成任公之議論。不過稍有出入耳。吳君演說畢。即由衆決議採任公之說。以後開會。先擬出問題。逐條討論。積極進行。盡歡而散。

△明末三大儒從祀孔廟之建議　雲南公民徐錚等。日昨呈請明末三大儒從祀孔廟。並於其鄉建立專祠。略云。明季大儒顧炎武黃宗羲王夫之三先生者。或則著經世之偉業。或則倡共和之先聲。功在千秋。澤及百世。吾人崇德報功。尤當褎然居首。亭林學術純粹。道德淵深。力矢忠貞。不事二姓。當明季鼎革之後。奔走號呼。迨大事不成。猶復六謁孝陵。四謁思陵。足繭手胼。屢瀕於危。勁節精忠。可貫日月。厥後時無可爲。隱居著書。講

二十九

图 4　《学生》杂志报道清史馆第一次会议①

同时，清史馆也发布征书通告，称："本馆现修大清史书。拟征求私家传纪碑铭墓碣各种名著，以供作传、列表之参考。凡在大清二百数十年之中，上自名公巨卿，下逮山林隐逸，以及齐民之中，凡有忠孝节义一行可传，曾经硕彦名流，著有上项文字者，其后代裔孙见此通告后，务将原文并著者

①《清史馆第一次会议》，《学生》1914 年第 5 期。

姓名照钞一通,邮寄北京东华门内清史馆查收。既可表扬先烈,兼有助征访之不逮。本馆实厚望焉。"[1]

此后一两年中,各省纷纷响应,进送各类书籍、文献。《政府公报》屡有报道。甚至宗教界也派员与清史馆接洽。中华续行委办会得知清史馆计划于拟修"清史"内设立宗教志,故向清史馆致专函,询问可否由教会方面负责撰写"基督教大纲",撰成后呈送清史馆。清史馆复函表示赞同,函中有"基督教之在我国关系甚大,若能由教会将基督教大纲史略著为论说,尤所欢迎"等语。中华续行委办会遂于四月一日召集寓沪会员讨论相关事宜,并指定季理斐博士、文显理博士及该会干事负责此事[2]。据朱师辙回忆,《外教志》(按即《宗教志》)由协修叶尔恺主撰,叶氏曾撰成喇嘛、基督、回教各一卷,但《宗教志》最终并未保留,稿皆未用。颇为遗憾[3]。

四、纂修及职员之选任

根据《清史稿》关外本、关内本所列职名表,清史馆各类在职人员共117人。其中两本均载者79人,仅见于关外本者31人,仅见于关内本者7人。

实际上,清史馆实聘人数,远不止关外本、关内本职名表中所列出的人数。以下10人也曾到馆工作:何震彝(后来添聘者,到馆未久病故),谢绪璠(后来添聘者,任收掌),黄葆奇(后来添聘者,任收掌),容濬(后来添聘者,任收掌),曹文燮(后来添聘者,任收掌),文柄(后来添聘者,任收掌)[4],左霈(朱师辙称清史馆功课簿中有左霈,仅撰《地理志》湖南一卷,关内、外本职名皆未列;因《地理志》湖南部分后由唐恩溥重撰,故左霈撰稿未用[5])。此外,许受衡、陈年、吴燕绍三人也曾参与《清史稿》的撰稿工作,关外本金梁校刻记中均曾提及。

中国国家图书馆所藏《清史馆职员》名册中,也有关外本、关内本职名

---

①《清史馆通告》,《政府公报》1914年10月30日,第893号。

②天路客《中华续行委办会与清史馆》,《兴华》1915年第15期。

③朱师辙《清史述闻》,上海书店出版社,2009年,第44页。

④以上六人,据章钰、张尔田、夏孙桐、朱师辙四人"录注本"。朱师辙《清史述闻》,上海书店出版社,2009年,第212—220页。

⑤朱师辙《清史述闻》,上海书店出版社,2009年,第47页。

表所不载者,名单如下:柏增、宝琪、博圣时、曹经沅、陈宝鎏、椿祺、存玺、董熙麟、董煐麟、冯光□、龚景韶、黄复、惠湘、金世淇、冷家骥①、刘树□、刘廷棣、鲁元勋、律振声、麒佩、饶文龙、任瑞斌、商作霖、尚毓芬、史锡嘉、王彦、王宗熙、王希文、王育仁、文棩、吴寰、谢清儒、徐之钧、许霮厚、俞德均、张厚珩、张嵩振、赵仁麟。共 38 人。除曹经沅等人外,多为缮写及庶务人员。沃邱仲子提到的清史馆人员中,叶景葵、庆均(字博如)二人未见载于关外本、关内本及《清史馆职员》②。

以上总计 167 人。

资料显示,除以上 167 人以外,仍有多人曾在清史馆工作过:

(1)孙诒棫(1880—1925)。字季芃,号季重,孙锵鸣六十四岁所生第十子。宋恕妻弟。伯父孙衣言,从兄孙诒让。孙诒棫 1914 年春赴北京,到清史馆工作。有《呈赵次山总裁》诗云:"前朝三百年间事,国论邦交几变迁。欲使子长成信史,犹期君实有长编。虚名谬列四门荐,不学深惭三世传。犹幸西斋遗录在,敢随柱史一周旋。"1917 年秋,任国史编纂处纂辑股通史编辑。1925 年夏,染疾殁于北京,年四十岁。其侄孙宣辑有孙诒棫遗著《观云室稿》,又名《孙季子诗录》,现藏温州博物馆,起庚子(1901),迄癸亥(1923),录诗四百五十九篇③。

(2)吴闿生。据李诚(曾师从马其昶、姚永朴)回忆,吴闿生也曾与修清史。在馆期间,曾为其父吴汝纶应否立专传事与赵尔巽争执,遂辞职④。

(3)王光祈(1892—1936)。字润峪,笔名若愚,四川温江人。父亲早卒。九岁入塾读书,后得四川总督赵尔巽(赵曾受业于王光祈祖父、清季著名诗人王泽山)资助,入成都第一小学。1912 年入北京中国大学读法律。在读期间,曾在清史馆兼职。1918 年毕业后,先后任成都《群报》和《川报》

---

① 朱师辙称:"余民国八年所抄《馆员录》尚有冷家骥展其一人,然馆中未存稿,大约校勘兼协修一类。"朱师辙《清史述闻》,上海书店出版社,2009 年,第 219 页。按:冷家骥曾参与清史《卓行传》《列女传》的纂修。庄吉发《清史馆与清史:清史馆未刊纪志表传的纂修及其史料价值》,《文献足征——第二届清代档案国际学术研讨会》会议论文,台北故宫博物院,2005 年;衣若兰《旌表制度、传记体例与女性史传——论〈清史稿·列女传〉贤母传记之复兴》,《台大历史学报》第 41 期,2008 年 6 月。

② 沃邱仲子《民国十年官僚腐败史》,荣孟源、章伯锋主编《近代稗海》第 8 辑,四川人民出版社,1987 年,第 60 页。

③ 易瑶瑶《孙诒棫》,余振棠主编《瑞安历史人物传略》,浙江古籍出版社,2006 年,第 216—218 页。

④ 李诚《桐城派文人在清史馆》,《江淮文史》2008 年第 6 期。

驻京记者。1918 年 6 月 30 日,与李大钊、周太玄、曾琦等在北京发起少年中国学会,被推举为筹备处主任。学会正式成立于 1919 年 7 月 1 日,任执行部主任。直到 1920 年赴欧留学,少年中国学会的会务主要由王光祈主持①。据倪平欧忆述,王光祈在京就读中国大学法律专科期间,"课余工作于清史馆,即以所得为学费生活费"②。

(4)赵叔超。曾在清史馆任职,经朋友刘厚之介绍与作家老舍的三姐结婚。这在老舍传记资料中有记载,"刘厚之还亲自做媒,让老舍的三姐嫁给了他在清史馆工作的朋友——旗人赵叔超"③。

(5)刘赞廷。名永燮,河间人。清末钟颖率军入藏,任边军顾占文营督队官。1914 年任边军分统,驻江孜。1919 年,前川都督熊克武调其入川,筹议边防。1921 年解甲归田。1923 年,入清史馆。1929 年,入蒙藏委员会。1931 年西康达结(大金)、白利两寺之乱,随唐柯三前往调解,助力颇多。曾检钞赵尔丰所存之档案,积成巨帙,加以诠释,并自著笔记④。

(6)黄维翰(1867—1930)。字申甫,号稼溪,江西崇仁人。光绪二十一年(1895)进士,授兵部主事。外任黑龙江呼兰府知府,调绥化知府。宣统二年(1910)改龙江知府。辛亥后任清史馆纂修。所撰《稼溪集》五卷(诗草三卷、文存二卷),民国十年(1921)南昌刻,首都图书馆藏。前有民国九年(1920)自序,黄大埙、陈浏序,题辞者有华焯、程炎震、王树枏、高树等,末有魏元旷跋。存诗百六十七首,自光绪二十一年(1895)迄民国九年(1920)。民国八年(1919)作《饯岁》称:"五十三年何卒卒。"⑤

(7)宋玉奎(1872—1920)。字星五,又字惺吾,辽宁辽阳人。少年苦心攻读,虽未中举业,然其词笔简劲,功力颇深。1912 年参与编辑《奉天共和辑略》,1914 年被聘为清史馆协修。后去吉林为成多禄家庭教师,宾主唱和相得。1916 年应聘奉天文学专门学校主讲,后任省署文书。由于久遭

①周鸿、朱汉国主编,郝瑞庭等分卷主编《中国二十世纪纪事本末附卷·人物》,山东人民出版社,2000 年,第 43 页。
②倪平欧《光祈北平生活之一段》,收入左舜生等《王光祈先生纪念册》,沈云龙主编《近代中国史料丛刊》第 19 辑,文海出版社,1966 年,第 29 页。
③石兴泽、刘明《老舍》,中国社会出版社,2006 年,第 21 页。
④王尧等《中国藏学史(1949 年前)》,民族出版社、清华大学出版社,2003 年,第 121 页;杨长虹《〈刘赞廷藏稿〉研究》,《中国藏学》2006 年第 4 期。
⑤柯愈春《清人诗文集总目提要》,北京古籍出版社,2001 年,第 1958 页。

困境,年四十八岁而终。著有《宋星五先生遗著二卷》①。

　　(8)王崇源与邓杰臣。台北故宫博物院藏清史馆未刊稿本中,有王崇源、邓杰臣二人所纂《清史天文志》②。

图5　《清史天文志》王崇源、邓杰臣稿本及柯劭忞覆阅手迹③

　　按:王崇源、邓杰臣二人合编《月五星相距增星黄道经纬度表》共两卷,此为上卷。稿本首页有柯劭忞手写覆阅意见,建议将此表列为《天文志》之末卷。《清史稿》刊本未收此两卷。

　　另据章钰、张尔田、夏孙桐、朱师辙四人的记录,以下数人也曾受聘清史馆,关外本、关内本均不载:

　　沈曾植(受聘总纂)

　　宝熙(受聘总纂)

　　樊增祥(受聘总纂)

　　劳乃宣(受聘纂修兼总纂)

　　李瑞清(受聘纂修兼总纂)

　　耆龄(受聘纂修兼总纂)

　　于式枚(受聘纂修兼总纂)

①王庆丰编注《关东爱国诗词选》,辽宁人民出版社,1999年,第68页。
②冯明珠主编《清史馆未刊纪志表传稿本》"志"第1册,《清史天文志》,沉香亭企业社,2007年。
③冯明珠主编《清史馆未刊纪志表传稿本》"志"第1册,沉香亭企业社,2007年。

王乃徵（受聘纂修兼总纂）

谢远涵（受聘纂修兼总纂）

朱钟琪（受聘纂修兼总纂）

温肃（受聘纂修兼总纂）

宋书升（受聘协修）

唐晏（受聘协修）

宗舜年（受聘协修）

安维峻（受聘协修）

王庆平（受聘校勘兼协修）

以上16人虽曾受聘，但均未到馆[①]。其中，安维峻1925年去世，以谏官身份入载《清史稿》列传，与吴可读同传。《清史稿》赞曰："维峻崇朴实，尚践履，不喜为博辨，尤严义利之分。归后退隐柏崖，杜门著书，隐然以名教纲常为己任。每谈及世变，辄忧形于色，卒抑郁以终。"另外，前贵州巡抚嵩崑之子庆博如，或亦曾受赵尔巽之聘任职清史馆[②]。

清史馆拟聘而未受聘者，目前知道的还有叶德辉、傅嵩炑。

叶德辉（1864—1927），字奂彬，湖南湘潭人，光绪十八年（1892）进士，授吏部主事，旋乞假返乡，研治经学、小学，著有《书林清话》等。叶德辉之所以不应聘，一因对赵尔巽在湖南倡导新政有不满。叶德辉致缪荃孙函云："此次修史，柯凤翁曾以赵公明意张罗，辉随却之。一则此公在湘养成革命，一则不知文学何能屈宋衙官。"二因对修史体例有不同意见。他说："即以史例论，辉以为清朝有儒学无儒林，儒林绝于《南北史》，唐以下不能有此名，阮文达以理学为上卷，经学为下卷，辉殊不谓然。今修史因之。辉如在局，必力争改变，是又一刘知几也。道学亦党锢之别名，今成理学一派，辉亦别有论说。以为汤、陆尚在大列传，张杨园、陆桴亭尚入隐逸，顾亭林、李二曲同为前明逸民，而亦不能混入一传。李二曲受圣祖褒嘉，于隐逸则相宜，于逸民则有愧。亭林开有清二百余年之经学，然不以为逸民，而以为儒林，不足以遂其初志也。"信中所谓汤、陆在"大列传"，指汤斌、陆陇其二人入载《清史稿》，列为专传。张杨园即张履祥，陆桴亭即陆世仪。叶德

---

① 朱师辙《清史述闻》，上海书店出版社，2009年，第212—220页。

② 沃邱仲子《民国十年官僚腐败史》，荣孟源、章伯锋主编《近代稗海》第8辑，四川人民出版社，1987年，第60页。

辉不赞成二人入"隐逸",也不以李颙入载"逸民"、顾炎武入载"儒林"为然。

陆世仪、张履祥、李颙三人最终入载《清史稿·儒林一》,未知与叶德辉建议是否有关。顾炎武仍在"儒林传",见载于《清史稿·儒林二》。叶德辉甚至劝缪荃孙、柯劭忞勿应清史馆聘:"辉往时劝公不应聘,劝凤翁勿帮忙,亦重二公之意。"①

傅嵩炑(1869—1929),字华封,四川叙永人。在家乡招募团丁,承办团练。1903年,赵尔丰署任永宁道,受赵赏识。次年,赵尔丰任建昌道,邀为幕僚。此后随赵行军作战。1911年,赵尔丰署四川总督,被举荐为代理边务大臣。四川保路运动中,曾率少数卫队往救,兵败被执,受到护理四川都督胡景伊礼遇。民国成立后,"以清朝遗老自居,有人劝他出山任职,均遭到拒绝,并乘间返回古蔺故居","由于他对赵尔丰怀有深厚的感情,因此,他曾到北京去探访赵尔丰的后代。在京期间,袁政府军政要人曾邀他任职,赵尔巽亦聘请他为清史馆馆员,他都谢绝了"。著有《西康建省记》②。

由上可知,清史馆实际聘任的各类人员,约在200人左右。

当然,也有出现在名单之上但并未到馆者,简朝亮(1851—1933)即是一例。简朝亮字纪季,号竹居,广东顺德人,二十四岁时从朱次琦学,"成诸生,绝意科举,以授徒为生,并专心著述。辛亥革命后,清史馆长赵尔巽聘为纂修,不就"③。郑逸梅也曾谈及:"关外本之《清史稿》,列简朝亮为纂修,实则当时馆长赵尔巽聘之,简力辞不就,非纂修也。"④张尔田亦云简朝亮"未到馆"⑤。此外,王以慜、齐忠甲、陈毅、李葆恂、李焜瀛等人也未到馆。

至于清史馆所聘名誉类职务,目前尚未有确切的统计。当事人如朱师辙曾说,"此外尚有名誉总纂、纂修、协修甚众,然实未预撰述之列",而"时贤铭状间有列清史馆衔名者,多为名誉之职"⑥。到底有多少人受聘担任名誉职务,朱师辙并未提及。目前可以考知者有那桐、袁克定、严修、恽毓

①钱伯城、郭群一整理,顾廷龙校阅《艺风堂友朋书札》,上海人民出版社,2018年,第693—694页。
②陈一石《傅嵩炑》,任一民主编《四川近现代人物传》第4辑,四川大学出版社,1987年,第115—121页。
③王广西、周观武编《中国近现代文学艺术辞典》,中州古籍出版社,1998年,第1065页。
④郑逸梅《郑逸梅选集》第3卷,黑龙江人民出版社,1991年,第236页。
⑤章钰录,张尔田补,夏孙桐改,朱师辙注《清史馆馆员名录》,朱师辙《清史述闻》,上海书店出版社,2009年,第219页。
⑥朱师辙《清史述闻》,上海书店出版社,2009年,第47页。

鼎、熊会贞、张宗祥等人。

　　清史馆开馆时曾邀张宗祥(1882—1965)担任名誉协修①。朱师辙后来晤张宗祥于杭州,证实张宗祥确实一度受聘为名誉协修,"史馆第一次开会曾参预,后辞聘"②。张宗祥当时还建议《外交志》可请钱恂、李家驹二人主笔,但钱恂并未参与纂修。据张宗祥分析,大约是因为赵尔巽"虑念朒(钱恂)先生之傲",故"虽亦相邀,不欲以撰述委之,嗣后遂不复进一言"③。

　　李家驹(1871—1938),字柳溪,广州驻防汉军旗人,光绪二十年(1894)进士。历任京师大学堂提调、湖北学政、东三省学政、京师大学堂总监督、署理学部左侍郎、资政院总裁等职。李家驹参与了《邦交志》的纂修,但仅关外本职名表列为总纂,关内本失载,未知何故。

---

① 《张记》,朱师辙《清史述闻》,上海书店出版社,2009 年,第 1 页。
② 朱师辙《清史述闻》,上海书店出版社,2009 年,第 178 页。
③ 《张记》,朱师辙《清史述闻》,上海书店出版社,2009 年,第 1 页。

第二章　隐成文派:清史馆的人事结构

清史馆内"政士"与"文士"的分野较为分明。前者数量不多,但多主事、管钱,是主导力量。"政士"以赵尔巽为首,有周肇祥、陈汉第、邵章、金还、袁金铠、金梁等人,多为赵尔巽旧属。"文士"则以柯劭忞、缪荃孙、马其昶、夏孙桐等人为中心,数量更多,负责具体的撰述工作。而吴廷燮则政、学两栖。"政士"之所以进入清史馆,多半由于其人兼具"文士"所长,如邵章、金梁均属既有文名又能任事之人。空挂虚衔的当然也有,如袁克文等即是。各方大体能相处无碍。

一、赵尔巽主导下的人员聘任

从袁世凯决定聘赵尔巽出任清史馆馆长的那一刻起,赵尔巽便与清史馆结下了不解之缘,清史馆的人事结构也留下了鲜明的赵氏印迹。这一点,时人及后人均已注意到。

沃邱仲子曾将清史馆人员约分"赵之私人""前清遗老""旗籍文人""真实学者"四派:

> 赵之私人若金还、叶景葵之流一派也;前清遗老,若沈子倍[培]、秦幼衡之流,一派也;旗籍文人若庆博如之流,又一派也;真实学者,若张孟劬之流,亦一派也。第二派以僚友旧谊,第四派赖之以编书;第一派多富人特藉此挂名朝籍;第三派则与赵有连者,盖庆父嵩昆,曾任黔抚藩,尔巽官知府,赖其荐达也。他可类推。遗老之供此差者,按时支薪,并不到馆,亦从未编纂只字焉。故俗亦称清史馆为养老院,志士羞附之。若叶尔恺、章梫诸人,赵虽坚聘不赴,叶且其婚媾也。①

---

① 沃邱仲子《民国十年官僚腐败史》,荣孟源、章伯锋主编《近代稗海》第 8 辑,四川人民出版社,1987 年,第 60 页。

此处所说"叶尔恺坚聘不赴"不完全准确，因为叶尔恺事实是参加了纂修工作的①。至于沃邱仲子所谓"赵之私人"，其中金还确实受聘担任清史馆提调，但叶景葵未见载于清史馆职名表，或曾短暂参与。

也有学者认为，清史馆主要由桐城古文派和八旗派两部分组成："桐城古文派以柯劭忞为首，八旗派以赵尔巽为首。在实际撰述中，桐城派多主文，八旗派多主义；汉人主汉传，旗人主满传；汉人重列传，旗人重本纪。但是，两派之成员因多来自清朝官宦，就歌颂清朝、宣扬忠君而言，则是一致的，故昔日之门户之见，即两派之学术旨趣在清史馆中渐趋一致。综合而言，两派之成员关系较为密切，诸如父子相随，兄弟相从，乡邻同呼，师生相望，同学相应，可谓人才济济。"②

在人员聘任上，赵尔巽还是执行了较为严格的标准。如请缪荃孙担任清史馆总纂，便属众望所归。因清代国史馆所纂《儒林》《文苑》《循吏》《孝友》《隐逸》五传初稿，原出缪荃孙手③。夏孙桐即曾感慨，"光、宣两朝一代结局，关系尤重，国史本传不如先朝之矜慎，私家议论又多党派之偏私，所谓定、哀之间尤难着笔……"④光宣文人四方游历，宦海浮沉，多曾与闻朝政，熟谙清代掌故，由他们执笔纂修《清史》，或不免各有偏私，但总不致过于隔膜。光宣文人在这方面的优势，非荒江野老、终于庶僚者所能具备。

清史馆内，王式通、吴璆是袁世凯身边人物，而袁克定"以项城子干求而得为名誉职"⑤。吴廷燮除曾为赵尔巽旧属外，与项城袁家另有姻亲关系⑥。也有一脉以缪荃孙为中心，如夏孙桐（二妹夏藕孙嫁缪荃孙）⑦、吴士鉴、吴昌绶均与缪荃孙关系密切。前引沃邱仲子之说，称金还、叶景葵为

---

① 据朱师辙所记，叶尔恺撰有"宗教志"喇嘛一卷、基督一卷、外教回教一卷。朱师辙《清史述闻》，上海书店出版社，2009年，第27页。

② 刘海峰《〈清史稿〉撰述人及其关系考》，《史学月刊》2003年第2期。

③ 夏孙桐《缪艺风先生行状》，《观所尚斋文存》卷四，中华印书局，1939年，铅印本。

④《夏孙桐上清史馆长论清史稿现尚不宜付刊书》，朱师辙《清史述闻》，上海书店出版社，2009年，第138页。

⑤ 朱师辙《清史述闻》，上海书店出版社，2009年，第65页。

⑥ 1912年底，吴廷燮之女吴瑗"适项城袁伯森克棠，文诚公之从孙"。据吴廷燮《景牧自订年谱》，北京图书馆《北京图书馆藏珍本年谱丛刊》第188册，北京图书馆出版社，1999年，第302页。按："文诚公"即袁保恒，袁世凯堂叔父。

⑦ 缪荃孙、夏孙桐、沈曾植均有姻亲关系。沈曾植是李传衍姐夫，李传衍与缪荃孙则是连襟（夏孙桐二妹夏藕孙适缪荃孙，三妹适李传衍）。参见许全胜《沈曾植年谱长编》，中华书局，2007年，第5页；夏孙桐《两妹事略》，《观所尚斋文存》卷七，中华印书局排印本，1939年。

"赵（尔巽）之私人"，其中叶景葵不止与赵尔巽关系密切（曾佐赵尔巽山西巡抚及盛京将军幕府），而且与吴庆坻、吴士鉴为姻亲。吴庆坻为叶景葵表母舅，吴士鉴为其表兄①。

此外，檀玑是赵尔巽甲戌科同年；陈敬第与陈汉第是兄弟。朱方饴是朱祖谋之子，娶夏孙桐第三女纬璘。余嘉锡是陈田女婿。桐城派一系中，姚永朴、姚永概为姚莹（姚莹与梅曾亮、管同、方东树均姚鼐高足，号"姚门四弟子"）之孙；马其昶则是姚永朴、姚永概姐夫②。姚永概、方履中为儿女亲家③。柯劭忞乃桐城名宿吴汝纶女婿④。

协修唐邦治则是毛遂自荐入馆的。唐邦治仕途不畅，"五赴秋闱，仅得一次备荐，而科举废矣"。1915年，唐邦治考取县知事，分发到山西，却无知事职可任，乃佐治交城、吉县六年，"自知为官途弃材……遂浩然归里"。时和友人《秋吟》诗一首："冉冉云山投策晚，沉沉风雨绕弦哀。为儒稍识诗书味，用世深惭袜线才。"1920年，唐邦治携自撰《清代内外大臣表》手稿12册，前往北京东华门内清史馆，求见馆长。蒙赵尔巽接见，并留稿审阅。赵尔巽、吴廷燮阅后均表赞赏，遂留唐邦治于馆内阅读图书档案。1922年春，唐邦治受聘为清史馆协修，专任表事⑤。

二、所聘多出甲科

据《清史稿》关外本、关内本所列职名，清史馆 92 位纂修人员中，进士出身者计 50 位，超过半数；行政庶务人员也有 3 位（提调李经畲、邵章，文牍科长伍元芝）是进士出身。13 位总纂（含馆长、总阅）中，有 10 位进士。

---

① 叶景葵著，柳和城编《叶景葵文集》，上海科学技术文献出版社，2017 年，第 679 页。
② 金梁《清史稿补》"马其昶"条，《清史稿补》，1942 年铅印本。首都图书馆藏。
③ 1915 年，姚永概夫人、方履中夫人先后怀孕，两家交好，遂指腹为婚。次年，姚夫人生姚定国，方夫人生方兰苕。姚定国进学堂，方兰苕读私塾。1934 年二人成婚。胡同怀《岁月印痕》，合肥工业大学出版社，2014 年，第 46—47 页。
④ 陈恒庆《归里清谭》（又名《谏书稀庵笔记》）记柯劭忞："太史（即劭忞）元配于氏，为予表妹；继配为吴挚甫先生之女。过门后，嘱太史带往寺内前室灵前行礼，见太史所作挽言悬于壁间，嗤其语句多疵。则夫人学问，又加太史一等矣。"参见徐一士《谈柯劭忞》，《一士类稿》，中华书局，2007 年，第 160 页。
⑤ 殷光中《唐邦治先生传略》，《古邑史踪——丹阳历史文化专辑》，《丹阳文史资料》第 10 辑，上海三联书店，1994 年，第 193—197 页。

故清史馆内共有进士 53 人,兹以中式时间先后为序整理如下:

(1)赵尔巽(1874 年,二甲)

(2)檀玑(1874 年,二甲)

(3)缪荃孙(1876 年,二甲)

(4)张仲炘(1877 年,二甲)

(5)郭曾炘(1880 年,二甲)

(6)于式枚(1880 年,二甲)

(7)李岳瑞(1883 年,三甲)

(8)柯劭忞(1886 年,二甲)

(9)秦树声(1886 年,二甲)

(10)王树枏(1886 年,三甲)

(11)宋伯鲁(1886 年,二甲)

(12)陈田(1886 年,二甲)

(13)瑞洵(1886 年,二甲)

(14)杨钟羲(1889 年,二甲,榜名钟广)

(15)史恩培(1889 年,三甲)

(16)夏曾佑(1890 年,二甲)

(17)王以慜(1890 年,二甲)

(18)吴怀清(1890 年,二甲)

(19)刘树屏(1890 年,三甲)

(20)夏孙桐(1892 年,二甲)

(21)叶尔恺(1892 年,二甲)

(22)吴士鉴(1892 年,一甲二名)

(23)顾瑗(1892 年,二甲)

(24)蓝钰(1892 年,二甲)

(25)李哲明(1892 年,二甲)

(26)李家驹(1894 年,二甲)

(27)何葆麟(1894 年,二甲)

(28)齐忠甲(1894 年,二甲)

(29)秦望澜(1895 年,二甲)

(30)胡嗣芬(1895 年,二甲)

（31）吕钰（1895 年，二甲）

（32）万本端（1895 年，二甲）

（33）喻长霖（1895 年，一甲二名）

（34）俞陛云（1898 年，一甲三名）

（35）袁励准（1898 年，二甲）

（36）邓邦述（1898 年，二甲）

（37）方履中（1903 年，二甲）

（38）陈敬第（1903 年，二甲）

（39）陈毅（1904 年，二甲）

（40）张启后（1904 年，二甲）

（41）王大钧（1903 年，二甲）

（42）章钰（1903 年，二甲）

（43）金兆丰（1903 年，二甲）

（44）张书云（1903 年，三甲）

（45）刘焜（1903 年，二甲）

（46）商衍瀛（1903 年，二甲）

（47）吴璆（1903 年，三甲）

（48）袁嘉谷（1903 年，二甲）

（49）李景濂（1904 年，三甲）

（50）金梁（1904 年，三甲）

以上任撰述。

（51）李经畲（1890 年，二甲）

（52）邵章（1903 年，二甲）

（53）伍元芝（1892 年，三甲）

以上任执事。

曾受清史馆之聘，但关外、关内两本及《清史馆职员》均不载的人员中，也以进士为主体，包括叶景葵（1903 年，二甲）、何震彝（1904 年，三甲）、谢绪璠（1898 年，二甲）等。

章钰、张尔田、夏孙桐等人提到的受聘但未到馆的 16 人中，进士出身者有 13 位：

劳乃宣（1871 年，三甲）

樊增祥(1877 年,二甲)

沈曾植(1880 年,三甲)

安维峻(1880 年,二甲)

王庆平(1890 年,二甲)

王乃徵(1890 年,二甲)

宝熙(1892 年,二甲)

耆龄(1892 年,二甲)

宋书升(1892 年,三甲)

谢远涵(1894 年,三甲)

李瑞清(1895 年,二甲)①

于式棱(1898 年,二甲)

温肃(1905 年,二甲)②

余下的 3 位非进士是朱钟琪、唐晏和宗舜年。

三、"僚友旧谊"

清史馆内有几位贫病翰林,得到了赵尔巽的特别关照,如檀玑、陈田等。檀玑与赵尔巽是甲戌科(1874)进士同年,檀"在翰苑三十余年,虽升迁至侍讲,然未得一差,清苦异常"。庚子事变发生,"两宫西幸,徒步谒行在,遂得福建学差"。在福建学政任上,檀玑因涉嫌舞弊为御史叶芾棠弹劾,受革职处分:"按临兴郡,即有官亲院差向士子交通关节,约定赠卷获售者,谢以三百金,然皆为投机性质,并直接买卖赠荐卷后,将荐批抄出以为获售阅卷之凭证,不符者不给酬,故隽者十之三四,不验者十之五六。盖场前探查文章之有声誉而家道又殷实者,向之包揽入彀,十人中总有一二人获售,彼遂不劳而获一笔太平钱也。"③虽然当地风气如此,但檀玑也有包庇纵容

① 李瑞清曾致函却聘。其《与赵次珊却聘书》云:"十月十九日,瑞清顿首次帅执事:瑞清,有清之皋(按:同"辠")臣也,偶漏天网,苟全首领,偷处海隅,纛为作业,尚何面目珥笔奉册,从诸君子后乎? 久已黄冠为道士,不复愿闻人间事矣。幸鉴丹忱,特回宠命,聘书并呈,临笺惭皇。"李瑞清《与赵次珊却聘书》,李瑞清著,段晓华点校整理《清道人遗集》,黄山书社,2011 年,第 38 页。

② 资料依据《清史稿》各版本《职名表》、《清史馆职员》(中国国家图书馆古籍馆藏)、《明清进士题名碑录索引》(朱保炯、谢沛霖编著,上海古籍出版社,1980 年)。

③ 宋幼石《科场轶事等》,《莆田文史资料》1993 年第 18 辑。

之过。

辛亥革命发生，檀玑在致赵尔巽的信中说："慨想孤竹采薇之风，永怀仲连蹈海之节，四顾茫茫，愤懑填胸。"并谈及自己的生活状况："数月以来，贫病交迫，欲行则舟车无费，欲住则薪米无资，全家廿余口困守此间，势将坐毙。奈何！""皖城故居掳掠一空，非弟晚一家也。昔贤云'饿死事小'，晚衰朽余生，委填沟壑，亦何足惜。惟眼前稚子弱孙，愁苦之状，殊不忍言。病起枯坐，岁暮怀人，冬尽春回，千万为国珍重。"①这封信写于1911年12月15日（农历），既反映了檀玑心境、处境的悲凉，也表明他与赵尔巽私交颇深。清史馆开馆后，赵尔巽曾专程登门拜访檀玑，邀入史馆。

赵尔巽对其甲戌同年多怀存问之心，当时的报纸上曾有报道："及清史馆开幕之年，（赵尔巽）年已七十有三，犹复步行拜客……是年次老（赵尔巽）一日之间，曾步行拜客四家，此四家者，盖同治甲戌同年，彼时只余四人也。其人为陆凤石、王少农、檀斗生、延子澄。"②檀斗生即檀玑。辛亥后以遗老身份留居北京的陈田，因家贫曾借住僧寺中。其入清史馆，自然也是赵尔巽关照的结果。

清史馆中，金还、叶景葵、邓邦述、吴廷燮、史恩培、袁金铠、陈汉第等，均曾为赵尔巽幕友；曹经沅、余嘉锡、王光祈等系赵尔巽提携呵护的门生晚辈；奭良是赵尔巽表侄；孟昭墉则是赵尔巽夫人孟氏之胞兄；刘济是赵尔巽外甥。所以时人有此议论："或谓事务员某某，皆其戚谊，故出入赵邸若私室，且时共内眷为麻雀戏。"③

邵章是深受赵尔巽器重的人才。赵尔巽就任东三省总督后，曾保荐邵章以提学使记名留用，襄助赵尔巽办理东三省学政。赵尔巽奏称："各国教育之所以普及，固由学制之美备，亦其教育行政之能力有以致之。臣历见各省办学官绅，不尠明通之士，而求其深明教育，兼具行政之才者，实属罕觏。兹查有四品卿衔、翰林院编修邵章在浙江原籍办蚕桑师范各校，十有余年，成效卓著，已蒙恩赏加卿衔。其学术湛深，久邀圣明洞鉴。臣前在湖广总督任内，奏调该员充法政学堂监督，整顿士习，条理秩如，办法极为完备。此

---

① 檀玑致赵尔巽函，中国第一历史档案馆藏赵尔巽档案全宗，胶片号113。
② 《赵次老详细事略》（七），《顺天时报》1927年9月15日。
③ 沃邱仲子《民国十年官僚腐败史》，荣孟源、章伯锋主编《近代稗海》第8辑，四川人民出版社，1987年，第61页。

次到东，因法政学堂规则亟须整顿，又复电调该员由籍来奉，委充监督，以收驾轻就熟之效。方今朝廷提倡教育，亟应选拔人材，以资器使。该员洞明学理，抱负宏远，识力兼到，确有经验，实不愧教育行政之才。"①对邵章评价极高。清史馆修史进入第三阶段后，负责"收束史稿""与撰稿各员接洽"等协调联络事务的，正是1920年受赵尔巽之聘兼任清史馆提调的邵章②。

伍元芝原为浙江候补知府，光绪三十一年（1905）因涉"浙江抚藩案"而被革职，永不叙用。赵尔巽与伍元芝"素无一面之识"。当赵尔巽出任东三省总督后，"需才自辅"，故多方征召人才。这时有幕友向其推荐伍元芝。如赵尔巽在奏折中所云，"寅僚之中多有力保该革员者"，故奏调伍元芝前来东省面试考察，随即留用。宣统三年（1911），赵尔巽又上奏，为伍元芝请求销去"永不叙用"字样。奏称："该革员自光绪三十二年经臣奏留当差，本因著有异常劳绩，经臣列保在先，复在南洋襄办军政，并办理调查自治各局。核其当差年分，前后接自，已逾五年，亦与部章销去永不叙用之例相符合。"③此奏获准。可知赵尔巽于伍元芝有知遇之恩。清史馆开，伍元芝受聘担任清史馆文牍科长，深受赵尔巽信任和倚重。

朱钟琪、金还、周肇祥、邓邦述等，也是赵尔巽在东三省任上延揽入幕的人才，情形与邵章、伍元芝近似。赵尔巽在宣统三年（1911）呈递的一份奏折中，同时提到朱、金、周三人。在这份奏折中，赵尔巽保荐朱钟琪（原由山东候补道试署奉天度支使）署理奉天民政使，保荐金还（原任四川补用道）署理奉天度支司，保荐周肇祥（新授劝业道）代替新近离任的熊希龄署理奉天盐运使④。同一时期，邓邦述亦受赵尔巽保荐，署理吉林民政使⑤。四人后来得入清史馆，或任纂修或任庶务，自然是赵尔巽赏识提携的结果。

以上诸人中，朱钟琪是颇为特殊的一位。他确曾受聘清史馆，开馆之初也参与了修史体例的讨论，撰有《拟修清史目例》⑥。但并未见载于《清史稿》关外、关内各本"职名表"。这很可能与他1916年即辞世，未能更多参与之后的纂修有关。朱钟琪除与赵尔巽有僚属关系，还与赵尔巽的弟弟

①《内阁官报》（闰六月初七日），1911年，第1348号。
②邵章《伤盦自订年谱》，《伤盦遗稿》，1953年油印本。
③《内阁官报》（九月十八日），1911年，第77号。
④《内阁官报》（十一月初九日），1911年，第127号。
⑤《内阁官报》（十一月初七日），1911年，第125号。
⑥朱师辙《清史述闻》，上海书店出版社，2009年，第165—169页。

赵尔萃义结金兰。朱钟琪又是上文提到的叶景葵的岳丈[1]。

四、各有所尚，隐成文派

清史馆纂修人员的兴趣十分广泛，缪荃孙、吴昌绶等精于版本目录之学，柯劭忞、张尔田专攻史学，柯劭忞亦邃于经学。马其昶、姚永概、王树枏以古文名家，瑞洵、奭良、金梁则熟谙满蒙史事、清宫掌故。

当然，私下里也不免互有褒贬。如夏孙桐即称奭良"论事刻深，喜与人立异，又文笔差弱，不长于编纂"[2]；朱师辙后来指责金梁擅改《清史稿》时曾引赵尔巽的话批评金梁"学问浅薄"[3]；吴昌绶对桐城派颇有微词，"秾纤外自具风骨，浑朴中能见性情。强学单寒何太苦，平生文派薄桐城"[4]；夏孙桐也对桐城末流评价不高，在为姚鼐《惜抱轩文集》所撰"提要"中，夏孙桐说："……其文派于清季传衍益广，根柢浅薄者，墨守绪言，或涉于空廓少实义，贻优孟衣冠之诮。"[5]奭良对柯劭忞有所不满："馆中人物以'史学专长'见推，宜莫柯劭忞若，以有《新元史》在也。奭良乃深讥之。"[6]未知所讥为何。吴士鉴在致缪荃孙信中谈及馆内人事时说："次老（引按：赵尔巽）往来京津非不热心，而同馆人多，恐难团结一气，将来局面正不可知"，"吾辈有可与共事者，有不可与共事者，惟有临时斟酌而已"[7]。此言也印证了馆内人事的"营垒""派别"确实存在。

在时人眼中，文士又有南北之分。北派如王树枏、秦树声、李岳瑞；南派如缪荃孙、吴士鉴、俞陛云、章钰。章钰等与严修在天津组城南诗社，报上有《城南十子歌》即称章钰"式之南派亦清刚"[8]。

① 光绪二十年（1894），叶景葵在济南续娶朱钟琪之女朱昶（1875—1937）。柳和城编著《叶景葵年谱长编》，上海交通大学出版社，2017年，第26页。
② 夏孙桐《史馆满洲三君传》，朱师辙《清史述闻》，上海书店出版社，2009年，第224页。
③ 朱师辙《清史述闻》，上海书店出版社，2009年，第67页。
④ 吴昌绶《梅祖庵续诗四十首》之十二，《松邻遗集》卷六，刻本，1929年。中国国家图书馆古籍馆藏。
⑤ 夏孙桐《〈惜抱轩文集十六卷 后集十卷 诗集十卷 后集一卷〉提要》，中国科学院图书馆整理《续修四库全书总目提要（稿本）》第10册，齐鲁书社，1996年，第263页。
⑥ 徐一士《关于清史稿》，收入许师慎辑《有关清史稿编印经过及各方意见汇编》，中华民国史料研究中心，1979年，第636页。
⑦ 吴士鉴致缪荃孙函，顾廷龙校阅《艺风堂友朋书札》，上海古籍出版社，1981年，第459页。
⑧ 王揖唐《今传是楼诗话》，张寅彭主编《民国诗话丛编》第3册，上海书店出版社，2002年，第360页。

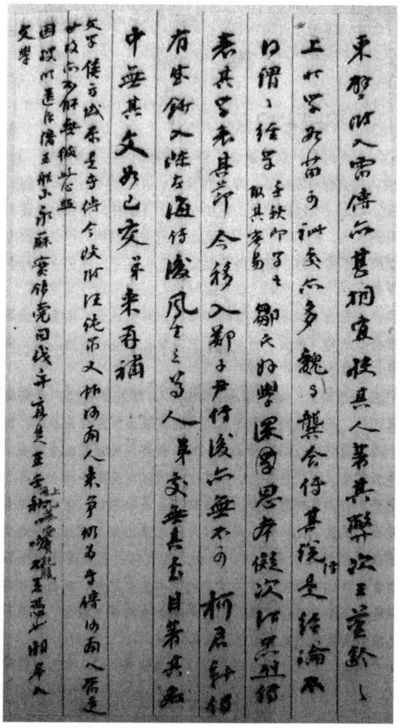

图6　缪荃孙致吴士鉴函谈学人入传

按：缪荃孙此函约写于1915年7月中。函云："东壁附入雷传，亦甚相宜。收其人，著其弊，次王萱龄之上。时学如苗，可訾处亦多。魏与龚合传，其说经是经论，不得谓之经学。（壬秋即学之，取其容易。）邹氏好学深思，本拟次江忠烈传，表其学，表其节，今移入郑子尹传后亦无不可。柯君新传有望钞入陈左海传后，凤生之尊人，弟处无其书，目著其名，中无其文，如已交，弟来再补。"又云："《文学》侯方域原是专传，今改附汪钝翁，又怕河南人来争，仍为专传。河南人当道，世故亦不能无，彼此心照。因搜明遗臣，翻王船山《永历实录》，党同伐异，直是王壬秋口吻，不足凭也。湘皋入《文学》。"①

南派又分江浙派、桐城派。马其昶、姚永朴、姚永概皆为桐城人，又同为吴汝纶高足，而柯劭忞是吴汝纶女婿。江浙文士中，除一部分为赵尔巽旧属外，多以缪荃孙为核心（如夏孙桐、吴昌绶、吴士鉴等）。金梁虽为南人，其治学却近于北派。在《清史稿》编纂过程中，南方学者对"北学"之"寥寥"颇觉失望。在与缪荃孙商量崔述（东壁）可否入传时，吴士鉴说：

> 其（按即崔述）所著书，虽无家法，而北学除通州雷、肃宁苗、昌平王三人外，尚觉寥寥。东壁久已悬人心目之中，能否增附于雷传之下，以餍北人之望，而免他日北人攻南之弊。此中消息极微眇，佺非助北学，乃所以护南学耳。②

缪荃孙复函表示同意，认为："东壁附入雷传，亦甚相宜。收其人，著其弊，

①陈东辉、程惠新编著《缪荃孙致吴士鉴书札考释》，浙江古籍出版社，2023年，第75—77页。
②吴士鉴致缪荃孙函，顾廷龙校阅《艺风堂友朋书札》，上海古籍出版社，1981年，第453页。

次王萱龄之上。时学如苗，可訾处亦多。"①吴士鉴认为"北学"仅雷学淇（顺天通州人）、苗夔（直隶肃宁人）和王萱龄（顺天昌平人）三人差强人意②，而将崔述附雷学淇传后，也不过是为了照顾北人的"面子"，即吴士鉴所谓"以餍北人之望"而已。之所以这样处理，乃是为避免因南方学者入传过多而引起北人指责，"所以护南学耳"。可见南、北学人之间的分野确实存在。这一分野，既是历史的，也是当下的。当下的分野，正是历史分野的延伸与投射。

当然，江浙一脉的缪荃孙、夏孙桐等，也与桐城派有渊源。夏孙桐母姚太夫人为姚鼐后人。夏孙桐自幼受教于姚太夫人，又与缪荃孙为同乡，夏孙桐三妹嫁缪荃孙，故二人又兼姻戚。

南方学者中，桐城派与江浙派的联络相对较为密切。如桐城派姚永朴即曾与江浙派朱孔彰（江苏长洲人）同修《两淮盐法志》于凤阳③。朱孔彰、朱师辙为父子，朱家世习桐城古文，朱方饴为朱师辙堂兄，夏孙桐三女纬璘适朱方饴，故朱师辙与夏孙桐格外亲近。秦树声为固始桐城派传人，朱师辙为其门下弟子，且为其婿④。

清史馆同人中，柯劭忞与杨钟羲、戴锡章相交颇厚。某年柯劭忞邀王国维小酌，座上即有杨、戴二君⑤。柯治元史，戴治西夏史，二人治学兴趣颇多共通处。

由于史馆所聘以专家名流为主，虽有总纂、纂修、协修之分，薪俸也有差异，实无高下尊卑之别。馆内人员地位平等，各有功课。当然，也不免有些散乱，前期尤甚。朱师辙说："虽有总纂、纂修、协修之名，不过以前清官阶、资历略分等级支薪，而实皆平等，撰述并无统属，各自为政，不相联系。"又说："自民国三年开馆，经费充足，聘人最多，故撰稿亦极夥，然漫无头绪，虽议有体例而无总阅之人，总纂与协修等皆无联络统系，故人各为政，总纂

①陈东辉、程惠新编著《缪荃孙致吴士鉴书札考释》，浙江古籍出版社，2023年，第75—77页。
②雷学淇、苗夔、王萱龄三人均收入《清史稿》卷四八二《儒林三》。王萱龄、崔述二人附雷学淇传后，苗夔附龙启瑞传后。
③姚永朴《朱仲武孔彰与予同修〈两淮盐法志〉于凤阳四月以事返金陵赋赠》，姚永朴《蜕私轩集》卷一，北京共和印刷局，1917年。
④邹爱莲、韩永福、卢经《〈清史稿〉纂修始末研究》，《清史研究》2007年第1期。
⑤柯劭忞致王国维函，中国国家图书馆古籍馆编《国家图书馆藏王国维往还书信集》第2册，中华书局，2017年，第497页。

与协修实平等,稿之能用与否无人过问……"[①]

虽然史馆成员地位平等,但是由于年龄、阅历、资望的大小高低,而形成了年龄上的梯队,史馆成员的职衔也大体与他们的年龄相称。

第一代如赵尔巽、缪荃孙均生于 1850 年以前,稍后是王树枏。至夏孙桐、吴廷燮等可算第二代。袁金铠属政界中人,不以文名,他与张尔田、金梁等为第三代。曹经沅、王光祈、余嘉锡等年轻后生则属第四代。前两代人年高望重,多任总纂、纂修;后两代人年富力强,多任协修或庶务。而后两代人又多在康、梁维新学说及严译《天演论》的思想熏陶下成长[②]。而讨论"文学的清史馆",少年才俊曹经沅是不可绕过的重要角色。曹经沅承赵尔巽"宠渥"[③],得入清史馆与耆硕相接,商兑旧学。除了羡慕并庆幸能得附史籍之简尾以传千秋令名外,曹经沅更感兴趣于史馆同人的文学生活。相形之下,曹对于清史纂修几无参预,因曹本质上不是史家,而是诗人。清史馆里的年轻人中,除了曹经沅,另外两个人日后也将发挥重要的作用,一个是朱师辙,另一个是金梁(金梁入馆很晚,与朱师辙情况不同)。

当然,清史馆成员也可以依据另外的标准分类。如伏传伟便依据其人与前朝关系之亲疏将清史馆成员大致分为四类:一、忠于清室者,进行复辟活动或紧随逊清皇室,基本不参与民国事务;二、与清室、民国均保持一定关系,在二者之间求生存;三、在民国政府为官,对清室仍有感情;四、既不出仕民国,也与清室无来往牵连[④]。

第一类人物中,有忠清且反对民国者,也有忠清但不反对民国,只希望维持优待条件者。忠清且反对民国者有劳乃宣、沈曾植、郑孝胥、李瑞清、温肃等人,此数人除郑孝胥外,清史馆均曾聘为总纂或纂修,结果无一到馆。此外,曾受聘为清史馆纂修的顾瑗曾参与张勋复辟,复辟失败后辞馆。

---

① 朱师辙《清史述闻》,上海书店出版社,2009 年,第 1、45 页。

② 钱基博 1930 年前后曾谈及梁启超及其"新民体"文章的影响:"迄今六十岁以下、三十岁以上之士夫,论政持学,殆无不为之默化潜移者,可以想见启超文学感化力之伟大焉。"可见,1870—1900 年间出生的一代,在思想与经历上较具内在同一性。1891 年出生的胡适即曾谈到他读严译《天演论》的情景。参见钱基博《现代中国文学史》,上海世纪出版集团、上海书店出版社,2007 年,第 284 页;胡颂平《胡适之先生年谱长编初稿》第 1 册,联经出版事业公司,1984 年,第 59 页。

③ 曹经沅《述志呈无补师四首》其四有"吾师独厚我,宠渥亦何优"语,"无补"即赵尔巽。《借槐庐诗集》,巴蜀书社,1997 年,第 33 页。

④ 伏传伟《进入民国——清史馆的机构与人事》,中山大学 2006 年博士论文。

第二类以于式枚、郭曾炘、宝熙为代表。在《清史稿》关外本职名录中，于式枚署总阅，郭曾炘署总纂。至于宝熙，虽曾受聘总纂，但各本均不载①。实际上，于式枚、郭曾炘、宝熙三人均曾或多或少参与过清史馆的工作②。

　　光宣文人对清史馆的不同态度，反映了光宣文人之间的思想分歧。不过，这种分歧貌似冲突对立，有如水火，实则无非"五十步"以较"百步"而已。大多数人的抉择都或多或少地伴随着内心的冲突。有时甚至出现言行不合、前后不一的情形。至于夏孙桐、吴廷燮、吴昌绶等人，又当别论。如夏孙桐即视修史为"客游乞食"："武昌肇乱，遂致改革之变。避地上海者两年。有采旧望招之出仕者，谢之。而无买山归隐之资，不得已客游乞食，膺聘佐修《清史》。自问学无根柢，第久官词曹，略谙掌故，手纂嘉、道、咸、同四朝列传及《循吏》《艺术》两汇传，共盈百卷，因当事迫欲汇稿印行，亦未尽修订惬意。史事既竣，又佐东海徐氏（按即徐世昌）辑《清诗》（按即《晚晴簃诗汇》）及《清儒学案》。卖文为活，仅供馕粥。"③夏孙桐用"不得已"这样的措词来解释自己的出处进退，隐约透露了其内心的波折。

　　出仕民国者被当时的主流舆论视为"贰臣"，而不视为公民对国家文化事业的正面参与，这正反映了传统的道德戒律对知识人的无形羁绊。时代虽已进入共和民国，但"忠臣—贰臣"的道德标尺，仍对清史馆同人构成挑战。光宣文人不避"贰臣"之讥，认真参与民国初年的学术文化建设，这在客观上形成了与传统道德的对话。至于当事人遭遇的诸种困扰，也是留给后人思考的重要命题。

---

①据章钰、张尔田、夏孙桐、朱师辙四人"录注本"。朱师辙《清史述闻》，上海书店出版社，2009年，第212—220页。

②吴庆坻致缪荃孙信中所说："十一日开审查体例会，先延定十四人，郭（曾炘）、宝（熙）、吴、章、金兆蕃、姚永朴、王式通、陈敬第、袁嘉谷，吴廷燮未入席，梁启超、钱恂、夏曾佑，右名誉三人，李家驹不到。"吴士鉴也称："瑞臣（宝熙）绝不言史事，终日买卖书画，近将为人拉入本会，亦大苦事。"参见顾廷龙校阅《艺风堂友朋书札》，上海古籍出版社，1981年，第228、457页。

③夏孙桐《观所尚斋文存·自述》，《观所尚斋文存》卷末，中华印书局，1939年铅印本。

第三章　铅椠暂了:清史纂修的分期与分工

经过前后十五年、三个阶段的辛苦工作,尤其是第三期十数人的整理汇总和金梁付印前的删改增补,清史纂修终于蒇事。今日看到的"未能完善"的《清史稿》,正是在一个较为动荡的时代氛围和频繁的人事更迭中勉力完成的。个中滋味,只有个中人方能体味。当《清史稿》付梓后,金兆蕃于1928年离京南归,夏孙桐感慨万端:

> 云龙追逐久相亲,四异三同试拟伦。火急书成输健者,酒阑客散羡归人。田园最是初还乐,铅椠犹多未了因。得失寸心吾辈事,桑榆珍重史亭身。[1]

三年前马其昶离馆南归时,夏孙桐也曾有过同样的感伤心情:

> 方姚绪论盈天下,今日宗风大畅时。介士投戈争北面,岛人修贽亦先施。独从元赏标三昧,未肯卮言附九师。定稿晚年看纸贵,醇醇至味几人知。
>
> 益簪史局数经秋,未及汗青同白头。鼙鼓渔阳今见惯,弦歌匡邑且忘忧。娟娟风露留人桂,浩浩烟波迟客鸥。一曲南飞尽尊酒,何年赤壁共扁舟。[2]

"益簪",指朋友相聚。所谓"得失寸心吾辈事",所谓"未及汗青先白头""醇醇至味几人知",道尽了"史局"纂修生涯的苦乐悲欢。

一、修史三期

清史馆成员在回忆《清史稿》成书过程时,多极言其前期之散乱无序。夏孙桐将修史经过分为三期:"第一期全无条例,人自为战,如一盘散沙。

---

[1] 夏孙桐《送金筱孙南归》,夏孙桐《观所尚斋诗存》卷二,中华印书局,1939年。

[2] 夏孙桐《赠马通伯时将南归同人饯之且为寿》,夏孙桐《观所尚斋诗存》卷二,中华印书局,1939年。

后乃议整理,先从列传着手,是为第二期。"①到第三期时,"馆中同事多已他去,留者重行分配"②,这留下的人员有:

馆长　　赵尔巽

兼代馆长　　柯劭忞

总纂　王树枏

总纂　吴廷燮

总纂　夏孙桐

纂修　金兆蕃

纂修　章钰

纂修　金兆丰

协修　俞陛云

协修　吴怀清

协修　张书云

协修　李哲明

协修　戴锡章

协修　奭良

协修　朱师辙

校勘兼协修　　孟昭墉

提调　李经畬

提调　陈汉第

提调　金还

提调　周肇祥

提调　邵章

再加上袁金铠(总理史稿发刊事宜)和金梁(办理史稿校刻),一共23人。

在关内本的职名表中,以上23人是分行单书的,"正本职名自馆长赵尔巽至提调邵章皆每人一行,除馆长先卒外,余皆修史终事之人,故特书之。后复列总纂四人、纂修十二人、协修三十七人,或病故、或先离馆,未终事之人"③。除去赵尔巽、袁金铠、孟昭墉和6位提调,实际参与纂修工作的

---

① 夏孙桐致张尔田函,朱师辙《清史述闻》,上海书店出版社,2009年,第221页。
② 夏孙桐致张尔田函,朱师辙《清史述闻》,上海书店出版社,2009年,第221页。
③ 朱师辙《清史述闻》,上海书店出版社,2009年,第64页。

只有 14 人，加上金梁共 15 人。这 15 人中，除柯劭忞是兼代馆长、金梁办理校刻外，其余 13 人常在一起研析讨论，奭良戏称"十三人行"[1]。

第三期分工如下：

柯劭忞：总阅本纪，整理"儒林""文苑""畴人"诸传，独撰"天文志"，指导天文台人员撰"时宪志"。第一、二期中专撰"天文志"，兼撰有列传。

王树枏：志归总阅，结束"地理志"，修正"属国传""遗逸传"。第一期撰列传，第二期与柯劭忞总阅整理咸、同列传。

吴廷燮：表归总阅，"大学士""军机大臣""部院大臣""疆臣""藩部"诸表皆其所编，加以修正。第一、二期除撰表外，尚撰有"地理志"内蒙古之一部分，亦撰有列传，又高、仁、宣、文、穆宗本纪亦其初稿。

夏孙桐：总阅列传，自嘉道以后咸同光宣皆归之，后光宣无暇顾及，由金梁增补付印[2]。汇传则"循吏""艺术"二传皆其所撰，"忠义"初亦拟有条例，后交章钰整理。第一期中多撰嘉道等列传及汇传，第二期中专任修正嘉道两朝列传，又撰"艺术传"。

金兆蕃：任列传，清初至乾隆列传总阅。原定夏孙桐总阅列传，夏推荐金兆蕃分任。汇传"孝义""列女"亦归整理。第一、二期中曾与邓邦述合撰太祖各本纪及清初各传及康乾列传。

章钰："忠义传"归整理，第一、二期编辑"艺文志"。

金兆丰：同光列传修正，"礼志""职官志"皆归整理，第一、二期亦任同光列传及"职官志"。

俞陛云：专任"兵志"，第一、二期亦撰"兵志"。

吴怀清：整理"食货""河渠""交通"诸志，第一、二期中皆任列传。

张书云：整理"乐""舆服""选举"诸志，第一、二期中亦任列传。

李哲明：仟本纪，穆宗、德宗二纪皆归整理，第一、二期亦任列传，又辑"食货志"之田制。

---

[1] 1927 年，俞陛云、李哲明、金兆蕃三人逢六十寿，奭良作《三人行》诗，诗前小序称："丁卯之岁，阶青、星樵、钱孙三君六旬初度，同人醵饮藕香榭为介寿焉，赋诗纪之，名曰'三人行'，亦曰'十三人行'。"奭良《野棠轩诗集》卷三，收入王伟勇主编《民国诗集丛刊》第一编 25（文听阁图书有限公司，2009 年，据民国十八年吉林奭氏铅印本影印），第 47—49 页。

[2] 朱师辙称，夏孙桐原来承担光宣列传，后来"无暇顾及"，遂"由校刻之人以原稿付印"（《清史述闻》第 39 页），此言不确。其实金梁对光宣列传有所增补，非以原稿付印。参见金梁《光宣列传叙》，金梁辑《光宣列传》，铅印本，1934 年。

戴锡章:"邦交志"归其整理,第一、二期间任列传。

奭良:任本纪,佐柯劭忞。前期亦任列传,曾修正"诸王传"。

朱师辙:任"艺文志"整理,第一期中曾撰列传一百七十余篇,第二期佐柯劭忞、王树枏整理咸同列传,又协助夏孙桐修正嘉道列传。

孟昭墉:专任校对。第一、二期曾任列传①。

以上是第三期纂修人员。

第二期纂修人员比第三期约多一半,除第三期人员外,尚有:

缪荃孙:任顺康二朝列传,未毕病故。第一期曾与于式枚等人上开馆办法九条。又撰"儒林""文苑传"及臣工列传。

秦树声:专任"地理志",未终编病故。

马其昶:任光宣列传,又修正"儒林""文苑传",史稿印时用其"文苑传";"儒林"仍用缪荃孙稿。

吴士鉴:任顺康列传,后未到馆。第一期曾辑"艺文志"长编,撰"皇子世表""公主表",又分任"地理志"贵州、新疆各一卷。

张尔田:继缪荃孙任顺康列传,与夏孙桐同定康熙朝大臣传目,仅成图海、李之芳传一卷南旋。第一期曾撰"地理志"江苏一卷,又撰"后妃传""乐志"。

姚永朴:佐马其昶任光宣列传,第一期亦撰列传,又"食货志"之盐法、户口、仓库诸篇。

王大钧:佐夏孙桐任嘉道列传,第一期曾纂"选举志"之制科、擢荐。

邓邦述:佐马其昶任同光列传,第一期曾同金兆孙编太祖、太宗、世祖、圣祖、世宗本纪,又撰宗室、王公、皇子传。

张启后:任"选举志",前期任列传。

邵瑞彭:到馆未留稿即去。

方履中:到馆未留稿即去②。

以上是《清史稿》纂修最为关键的第二、三阶段中,纂修人员的撰稿情形。因第三期诸人自始至终均参与,故先叙之。介绍第二期时,只叙第三期之外诸人。

---

① 朱师辙《清史述闻》,上海书店出版社,2009年,第39—40页。
② 朱师辙《清史述闻》,上海书店出版社,2009年,第40—41页。

二、列传的纂修

　　因纂修任务艰巨，同人所撰史稿质量参差不齐，可用者少，不可用者多。列传成稿尤难。史馆同人为纂修列传花费的时间、精力较多。

　　列传的纂修，大致可划为四阶段：一是开馆初期的传目讨论阶段；二是分头撰写阶段（1914—1922），此阶段持续的时间最长。第二阶段中，"经费充足，聘人最多，故撰稿亦极夥，然漫无头绪，虽议有体例而无总阅之人"，"稿之能用与否无人过问"[①]。

　　　　按：清史馆添聘邵章为提调后，赵尔巽致函周肇祥，解释邵章虽名为"提调"，实为"纂修"，并非以邵章取代周肇祥。

　　第三阶段，也就是整理分任期（1922—1925）。这一阶段最为关键。负责"收束史稿"及"与撰稿各员接洽"等具体事宜的，是1920年受赵尔巽之聘兼任清史馆提调的邵章[③]。朱师辙也称这一阶段乃"邵章（伯絅）一人专司其事"[④]。在邵章的主持下，始有"再议列传统一之举"[⑤]。1922年春，史馆开会议定统一列传，到会者有柯劭忞、王树枏、夏孙桐、马其昶、姚永朴、奭良、金兆蕃、张尔田、金兆丰、王大钧等十余人。

　　据邵章的记录，讨论结果如下：

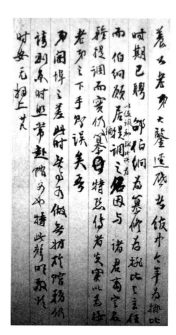

图 7　赵尔巽致周肇祥手札[②]

　　1. 臣工传脱稿之期限

　　（甲）全传脱稿期以壬戌年旧历十二月为限。

①朱师辙《清史述闻》，上海书店出版社，2009年，第45页。
②李慧、张泽林编《清末民初名流书札》，线装书局，2009年。
③邵章《倬盦自订年谱》，《倬盦遗稿》，1953年油印本。
④朱师辙《清史述闻》，上海书店出版社，2009年，第41页。
⑤朱师辙《清史述闻》，上海书店出版社，2009年，第45页。

（乙）全年分三期交稿，旧历四月终一期，七月终一期，十二月终一期。

2.臣工传分卷方法与叶数

（甲）不分子卷。

（乙）每卷极多以四十叶为限。

（丙）归卷格式仍照前议仿《明史》例。

（丁）专传界限从严。

3.附传之体例

（甲）附传以不提行为原则。其不能不提行者仍可提行。

4.传论之办法

（甲）每卷一论。

（乙）所拟之论别纸附各卷末，以备总阅时参考。

5.功课担任之进行

（甲）天、崇、顺治二月终可毕，由奭君召南（按即奭良）接办"诸王传"。

（乙）康熙朝添请邵君次公（按即邵瑞彭）相助。（据朱师辙称，邵瑞彭并未撰传稿，欲补"儒林""文苑传"，亦未果。）

（丙）乾隆朝请章君式之（按即章钰）相助。（朱师辙称，章钰实未担任，仍纂"艺文志"，由他人助金兆蕃纂成。）

（丁）咸同朝请朱君少滨（按即朱师辙）相助。（柯劭忞、王树枬与朱师辙共同整理咸同列传，柯、王二人时有意见，朱师辙"调停其间"。后夏孙桐重加删定。）

6.清稿之办法

（甲）第一次传稿，由各人自觅书手缮写，按千字小洋一角，由馆计算。

（乙）第二次传稿，俟阅定后由馆缮写。①

虽然制订了上述统一列传的办法，并预计于一年内竣事。但由于政局动荡，纂修工作时有停顿，大约用了两年时间才粗略就绪。到1924年，"时局益乱，因直奉之战，东华门常闭，诸人散者益众，馆务停顿尤多"。这期间

---

① "清史馆统一列传办法"，邵章记录。朱师辙《清史述闻》，上海书店出版社，2009年，第41—42页。

经费无着,史馆同人的纂修工作"多义务性质"①。

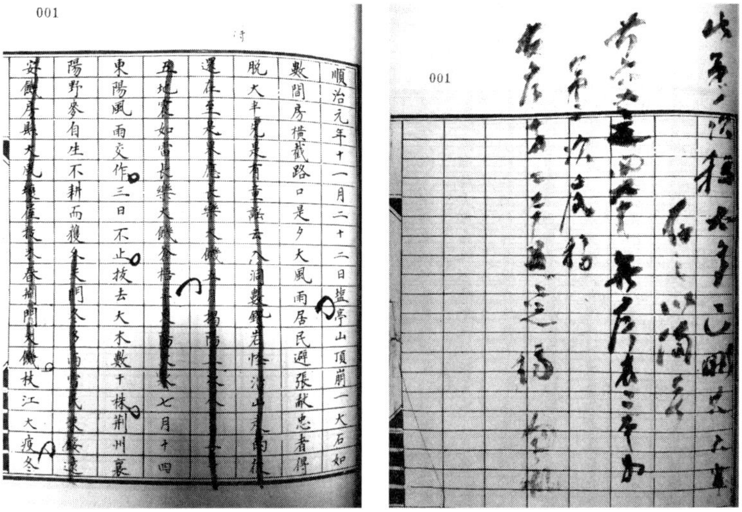

图8　《清史灾异志》稿本柯劭忞覆阅意见②

　　按:此为《清史灾异志》稿本之一。上有柯劭忞覆阅意见,曰:"此
第一次稿太多,已删去大半。"经与《清史稿》刊本比对,此稿本当为付
印底本。稿本内容见于《清史稿》卷四三《灾异志四》,稿本上划线删除
的内容亦未删除。

　　1926年起为第四阶段,即收束阶段。这一阶段,清史馆内仅剩二十余
人。好在这二十余人"比较谙练","撰述渐有秩序"③。到了1927年夏,金
梁担任《清史稿》发刊事宜。据金梁称,当时"稿皆未齐,惟列传一类,乾隆
以前归金君兆蕃,嘉庆以后,归夏君孙桐,分任复辑,较为完整"④。

　　以下是各朝列传及汇传的分纂情形:

　　乾隆以前列传。顺康两朝列传初由缪荃孙纂辑,又由张尔田继任。张
尔田接手后,曾与夏孙桐共同商定康熙朝大臣传目。但张尔田未能久任,
很快就离京南下,"仅成图海、李之芳传一卷南旋"⑤。张尔田离开后,乾隆

①朱师辙《清史述闻》,上海书店出版社,2009年,第42页。
②冯明珠主编《清史馆未刊纪志表传稿本》"志"第1册,沉香亭企业社,2007年。
③朱师辙《清史述闻》,上海书店出版社,2009年,第42页。
④金梁《光宣列传叙》,金梁辑《光宣列传》,1934年铅印本。
⑤朱师辙《清史述闻》,上海书店出版社,2009年,第40页。

以前列传交由金兆蕃编纂。

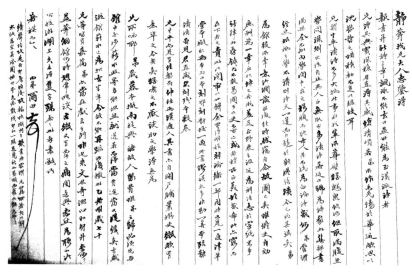

图9　张尔田手札谈史馆纂修及薪俸[1]

　　按：此为张尔田致王国维手札。内云："弟为馆役所牵，意绪阔落，非复往时。然窃自念故国已矣，惟修史自效，庶酬万一。幸《后妃传》已告成，差足正野乘之诬。近为《刑法志》，于宣统末争新律者，香录尤不敢苟。国可亡，史不可亡。或者，稍存正义于几希。此亦穷而在下者之责也。""弟岁暮本拟南旋，与诸故人聚首。惟弟之归，必须先与馆中交涉。薪水照寄，方能坦然就道。若不得当，首途当又从缓矣。去岁沍馆，薪水已为扣去半年。今故不能再蹈此复辙也。"按："馆"，即清史馆。《后妃传》《刑法志》，即《清史稿·后妃传》《清史稿·刑法志》，均由张尔田纂修。另据"乙老明岁七十，兄等皆有佳篇，弟亦当在献言之列"一句，可知此函写于1919年。乙老即沈曾植，友朋为沈曾植七十寿献诗是在1920年。

　　嘉道咸同四朝列传。夏孙桐辑。其中咸同两朝列传，在夏孙桐接手之前，曾由柯劭忞、王树枏共同总阅、整理[2]。夏孙桐接手后，每完成初稿常与奭良商榷。夏孙桐说："余辑嘉道咸同四朝列传，脱稿后辄就（奭良）商

①中国国家图书馆古籍馆编《国家图书馆藏王国维往还书信集》第5册，中华书局，2017年，第1884—1886页。
②朱师辙《清史述闻》，上海书店出版社，2009年，第40页。

榷，签校成帙，多获其益，其偏宕之论，亦未从之。"①

光宣两朝列传。列传中，尤以光宣两朝最为棘手。光宣列传初由马其昶、姚永朴担任，后由夏孙桐归总整理；夏孙桐又转给金梁。据金梁称，夏孙桐在《清史稿》发刊前夕"以光宣两朝不及兼顾"，将所撰光宣列传"零散数十篇"交给金梁，"所阙尚多，无人接办"②，终由金梁增删而成。当时，金梁负责《清史稿》校刻，既要补辑儒林、文苑、遗逸等传，又要兼顾光宣两朝列传。经过三个多月辛苦编纂，临近端午节时，金梁始将光宣列传补辑完毕，共 38 卷、250 传，正传、附传共约 400 人③。

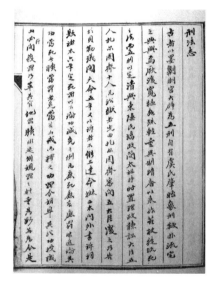

图 10　张尔田（采田）《刑法志稿》④

按：《刑法志稿》第一卷，纂修人张采田，即张尔田。该稿正文共 158 页，有多处修改增删痕迹。故封面有"请先付钞"字样。经文字比对，张尔田所辑《刑法志稿》与《清史稿·刑法志》不同，二者无继承关系。可知张稿未被采用。

汇传。（1）"后妃传"出张尔田手。（2）"儒林传"和"文苑传"，缪荃孙、

①夏孙桐《史馆满洲三君传·奭良》，《观所尚斋文存》卷四，中华印书局，1939 年铅印本。

②金梁《光宣列传叙》，金梁辑《光宣列传》，1934 年铅印本。

③金梁《光宣列传叙》，金梁辑《光宣列传》，1934 年铅印本。

④冯明珠主编《清史馆未刊纪志表传稿本》"志"第 9 册，沉香亭企业社，2007 年。

马其昶各自纂辑。两传均由马其昶负责修正,但《清史稿》付印时,惟"文苑传"出马其昶手,"儒林传"仍用缪荃孙原稿①。(3)宗室、王公、皇子传由邓邦述纂辑②。(4)"孝义""列女"由金兆蕃整理。(5)"忠义传"由章钰整理。(6)"遗逸传"由王树枏修正,后由金梁补辑。(7)"艺术传"由夏孙桐整理。

此外,吴士鉴曾任顺康列传;金兆丰曾参与同光列传的纂辑修正;吴廷燮、吴怀清、张书云、李哲明、戴锡章、奭良、朱师辙、孟昭墉、王大钧、邓邦述等亦曾参撰列传。最后担任列传总阅的是夏孙桐,夏孙桐又推荐金兆蕃与其分任,由金兆蕃总阅清初至乾隆部分。

三、乡贤及戚友入传

列传纂修中值得注意的一点,是清史馆同人对戚属、同乡等的处理。史馆同人多注意收集乡邦文献,对乡先贤的表彰也不遗余力。如四川南溪人董清峻(1875—1925)在清史馆的职务名义上是"校勘",其实也曾参撰列传。曾起草杨应元传、吴廷刚(谥壮勤,吴虞的曾祖父)传③,而杨、吴二人均是董清峻的四川同乡。杨是四川省叙永县人,吴是成都人。又如,清史馆纂修、湖北蕲水人陈曾则所撰郭沛霖传,长达1400余字④。郭是湖北蕲水人。

再如柯劭忞曾为1916年去世的山东同乡徐坊撰墓志⑤,而徐坊亦作为陆润庠、世续、伊克坦、梁鼎芬、劳乃宣、沈曾植六人之"附传"见载于《清史稿》:

> 徐坊,字梧生,山东临清州人,巡抚延旭子。少纳赀为户部主事。光绪十年,法陷谅山,延旭逮问,下刑部狱。坊侍至京师,入则慰母,出则省延旭于狱,橐馈之事,皆自任之,布衣蔬食,言辄流涕。延旭戍新疆,未出都卒,坊扶枢归葬,徒行泥淖中,道路叹为孝子。二十六年,奔

---

① 朱师辙《清史述闻》,上海书店出版社,2009年,第40页。
② 朱师辙《清史述闻》,上海书店出版社,2009年,第41页。
③ 董清峻《清史吴壮勤公传》,民国十七年(1928)排印本。参见成都市图书馆编著《成都市古籍联合目录》,成都市图书馆内部出版,1992年,第220页。
④《清史稿》卷四九〇《忠义四》。
⑤《徐坊墓志》,胶西柯劭忞撰文,天津徐世昌书丹,闽县陈宝琛篆盖。中国国家图书馆藏。

赴西安行在。明年,扈驾返,以尚书荣庆荐,超擢国子丞。鄂变起,连
上五封事,俱不报。逊位诏下,遂弃官。旋命行走毓庆宫,坊已久病,
力疾入直。未几,卒,谥忠勤。①

与同传陆润庠等六人相较,徐坊功业偏弱。而徐坊入为清室毓庆宫行走,
也是在宣统逊位后。徐坊长女适前翰林院编修史宝安。史宝安时为《德宗
实录》馆纂修官(1909 年清廷诏修《德宗实录》,1921 年书成),又与修《宣统
政纪》。史宝安与柯劭忞、陈宝琛、徐世昌均有交谊。徐坊得入《清史稿》,
当是多种因素促成的结果,很可能得到了柯劭忞的支持。

有些列传,则请传主的门生来起草。如张伯桢(兼任清史馆名誉协修)
是康有为门生。1927 年 10 月,清史馆拟为康有为立传,曾委托张伯桢起
草康有为"事略"。张伯桢于次年 2 月草成《康南海先生事略》,缮呈清史
馆。1932 年正月,张伯桢将旧稿删定,改名《康南海先生传》付梓②。

后人的褒奖宣传,也使父祖入传成为可能。如《清史稿》卷四五二有
《唐锡晋传》。唐锡晋是唐宗愈、唐宗郭③之父。而唐宗愈曾助时任户部尚
书的赵尔巽创办户部计学馆,并担任教习。又随赵尔巽赴沈阳创办东三省
法政学堂,任总教习。1914 年,时任宣武上将军的冯国璋和江苏巡抚齐耀
琳,向中央呈文请将故绅唐锡晋功德事宣付清史馆立传,并请建专祠,且颁
祭文。同年 11 月 4 日,大总统袁世凯批令"内务部转行知照",并为之撰写
祭文。唐锡晋募款赈灾,"自乙亥至辛亥,凡三十有七年,其赈地为行省八:
山西、河南、江苏、山东以及陕西、湖南,东至吉林,西至甘肃,其赈款过百万
以上。义赈之远且久,无过锡晋。殁后众思其德,受赈各省咸请立祠祀
之"④。尽管其人确有事迹可传,但唐锡晋事迹能够广为人知,也离不开唐
氏兄弟的努力。

最为敏感的,则是戚属入传。在清史馆纂修人员中,多有前清显宦或
名儒的后代。如邓廷桢曾孙邓邦述,吴振棫曾孙吴士鉴,琦善之孙瑞洵,俞
樾之孙俞陛云,邵懿辰之孙邵章,陶模之子陶葆廉,李鸿藻之子李焜瀛,李

①《清史稿》卷四七二。
②张伯桢《南海康先生传》,《沧海丛书》第 2 辑,1932 年刻本。
③唐宗郭系孙雄门生。据俞寿沧《常熟孙吏部传》,卞孝萱、唐文权编《辛亥人物碑传集》,团结出版
　社,1991 年。
④《清史稿》卷四五二。

鹤年之子李葆恂，李瀚章（大学士李鸿章兄）之子李经畲，姚莹之孙姚永概、姚永朴，姚莹孙女婿马其昶。这种现象多出现于前后两个有较为密切的人事衔接的朝代。如萧子显（萧道成孙）入梁以后，作为南齐宗室纂修《南齐书》，可谓"家史"与"国史"合而为一。而《魏书》的作者魏收主持修史，所推荐的史官多是趋奉自己的人，凡事由魏收专主。书成后，议论纷纭，被称为"秽史"。魏收借修史来酬恩报怨，他公然宣称："何物小子，敢共魏收作色，举之则使上天，按之当使入地！"凡是史官的祖先姻戚，"多列史传"，"饰以美言"，还有受贿行为①。魏收的做法则走向了另一极端。

张宗祥当初曾向知友邵章、吴昌绶感慨："不问志、表如何，即以列传论，老太爷传不太多乎？""盖民国要人，其祖父行谊、事业虽极寻常，大都有传也。"②张宗祥曾受邀任清史馆名誉协修，并参加了清史馆组织的几次"史例"讨论会，又与邵章、吴昌绶关系密切，对史馆内幕多所了解。他既然说清史馆为民国要人之祖先姻戚作佳传，当有所据。后来有批评者认为《清史稿》"不奉民国正朔""敌视民国"，倘考虑到《清史稿》中的"老太爷传"意在向民国要人"献殷勤"，即可明白纂修者的良苦用心及其与民国当局的微妙关系。

当然，张宗祥不满的只是为民国要人之父祖立传，实则史馆同人也极留意本人戚属入传的可能性。在《清史稿》既定的框架内，以何种方式表彰先人，为祖辈父辈留"佳传"于国史，清史馆同人很是用心，也有得天独厚的条件。

这其中，有些是符合条件的，也有不合条件但设法挤入的。按照清代国史列传的标准，为某人立传，要么此人官阶二品以上，要么因特殊功业由各界陈请朝廷宣付史馆。而三品以下之外吏一经陈请，概入《循吏传》③。至于《儒林传》《文苑传》虽不受官阶限制，但若列入某人，究须此人有相当水平的著述，方可不惹争议。当然，普通人若要进入传统正史，并非毫无机会。《循吏传》即侧重中下层官员④；《忠义传》《孝义传》《列女传》同样向普

---

① 中华书局编辑部《魏书·编辑说明》，《魏书》，中华书局，1974年。
② 张宗祥《张记》，朱师辙《清史述闻》，上海书店出版社，2009年，第1页。
③ 夏孙桐《清史循吏传编辑大意》，《观所尚斋文存》卷六，中华印书局，1939年铅印本。
④ 夏孙桐称："吏治专在亲民，以守令为主。汉之黄霸，唐之韦丹，官至丞相节度，仍入'循吏'。《明史》则以终于庶僚为断。古今各有宜也。今用《明史》例，量为区别。由守令至监司而政绩显于郡邑者，入'循吏'；其监司不由守令荐擢及虽由守令而监司任内政绩尤著，皆归'臣工列传'。"夏孙桐《清史循吏传编辑大意》，《观所尚斋文存》卷六，中华印书局，1939年铅印本。

通人敞开。不过，循吏、忠义、孝义、列女是专题性汇传，要突出特定的道德主题。并不是所有普通人都能通过转化为道德符号而进入"国史"，这需要很多外在的条件。而家属、后世所起的作用，尤其关键。

清史馆内，柯劭忞、袁励准、袁嘉谷、金梁、朱师辙等均很留意《清史稿》中的家史书写。馆外如徐世昌亦曾为其母求入清史列女传[①]，郑孝胥也曾代叶玉麟（浦荪）斡旋[②]。吴汝纶之子吴闿生、李慈铭之子等都曾为此有所争取。

缪荃孙致冒广生函中谈到李慈铭入传事："李莼客列一传于'文苑'，以陶子缜附之，似乎公道。其子力争要'儒林'。问经学有著作否？钞来日记数十段，皆掇拾陈言，万不能谓之经学。莼客曾自言经学少功夫。只可不管。所上折子（全钞来），亦不如朱蓉生、屠梅君，'文苑'尚不愧也。兄以为何如？"[③]陶子缜，即陶方琦；朱蓉生，即朱一新；屠梅君，即屠仁守。在致吴士鉴函中，缪荃孙亦谈及此事："又李越缦列之'文苑'，而陶仲彝力争'儒林'，不知两传有何轩轾？越缦经学过于湘绮，而只有《经说》数篇，殊不相合。从前谈过，条理通贯，别无专书，放下再说。"[④]陶仲彝，即陶在铭。

另据李诚（曾师从马其昶、姚永朴）回忆，吴汝纶之子吴闿生也曾与修清史："认为其父（汝纶）在李文忠（鸿章）幕府中，左右国家大计，应列入专传中。赵馆长说：吴汝纶何人？为何能在专传中？闿生很气愤地向馆长辞职。桐城马、姚诸老也都攘臂相助，此事在清史馆中，掀起一场轩然大波。结果，吴汝纶还是列在《文苑三》中。"[⑤]金梁曾在《庚午感逝诗》中写他将吴汝纶传补入《清史稿·文苑传》，吴闿生（北江）"匍匐十里，登门三谢"[⑥]。

朱师辙发现其祖父朱骏声在《清史稿》关外本中被列为钱大昭之附传，非常气愤：

> 清代小学桂、段、朱、王四大家，先祖《说文通训定声》为尤著，张文

①徐世昌《韬养斋日记》"丙辰四月十三日"条，天津图书馆出版社，2004年。
②郑孝胥日记1924年10月9日记道："至清史馆，为叶浦苏致公呈、家传，求为其立传；访赵次山、金仍珠，皆不遇……闻林琴南卒，即往临之，敛甫毕，犹未入棺。"《郑孝胥日记》第4册，中华书局，1993年，第2018页。按：赵次山即清史馆馆长赵尔巽。金仍珠即金还，任清史馆提调。
③《冒广生友朋书札》，上海书画出版社，2009年，第230页。
④陈东辉、程惠新编著《缪荃孙致吴士鉴书札考释》，浙江古籍出版社，2023年，第66页。
⑤李诚《桐城派文人在清史馆》，《江淮文史》2008年第6期。
⑥金梁《庚午感逝诗》，金梁《息庐咏史》，金梁自刊，1937年铅印本。

襄《书目答问》加以按语谓"此书甚便学者",清"儒林"桂馥、段玉裁、王筠皆有正传,岂有反以最著之一人为钱大昭之附传?且先祖出钱竹汀先生门,以附竹汀尚不谓当,况与钱大昭素无往来,学术不相涉,而为附传可乎?①

朱师辙怀疑抄稿者"误连为一","校对者若有学术常识,即当查原稿改正,金梁因无此常识,原不足责"。朱师辙认为,在缪荃孙《儒林传》原稿中,朱骏声必为正传:

> "儒林传"为缪筱珊先生稿,必不致误……先祖原为正传尚有一证,当先君之卒,史馆同人谓余当呈请立传,时缪先生唁函附言:"'儒林'为弟修,令祖已有专传,令尊事实由弟附令祖传,可不必再呈馆长矣。"余乃未陈请,此亦足证先祖本为正传也。②

朱师辙遂向代馆长柯劭忞申诉,请改朱骏声为正传。柯劭忞说:"令先祖当然为正传,固无待论,即附令尊传目亦属正当。"③然而,朱师辙虽得柯劭忞允准,但也只在目录中将朱骏声调整为正传格式,正文却未及抽换(仍为钱大昭之附传)。这一点,恰被李宗侗发现,成为《清史稿》"十九项罪证"中的第十二条:

> 十二曰目录与书不合也。如《儒林传二》,目录朱骏声传独立,而附其子孔彰。试检其书,则《儒林传》卷二末,朱骏声又附入钱大昭传。④

金梁对此曾有回应:

> 所谓目录不合,则有人私改,而转引为词也。⑤

可见,朱师辙对目录的调整,又被金梁反击为"私改"。今中华书局点校本《清史稿》以关外二次本为工作底本,朱骏声仍为钱大昭附传。

对乡贤及戚友的重视,不独《清史稿》为然。例如徐世昌曾组织人手编

---

① 朱师辙《清史述闻》,上海书店出版社,2009年,第72页。
② 朱师辙《清史述闻》,上海书店出版社,2009年,第72—73页。
③ 朱师辙《清史述闻》,上海书店出版社,2009年,第72页。
④ 故宫博物院请行政院禁止《清史稿》发行呈文(李宗侗执笔),《华北日报》1929年12月24日。
⑤ 金梁《清史稿回忆录》,《逸经》第10期,1936年7月;许师慎辑《有关清史稿编印经过及各方意见汇编》,中华民国史料研究中心,1979年,第640页。

纂《晚晴簃诗汇》，即在信中提请不要漏掉了柯劭忞之兄、母：

> 柯凤孙之兄亦能诗，不知其有诗集否？便中问凤孙一声，其太夫
> 人之诗，当已选入矣。①

收信人很可能是夏孙桐。

以上所反映的，是"正史"纂修过程中曾经遭遇的诸多考验。一部《清史稿》遂染上了太多的民国印迹。尽管史馆成员在民国时代获得了书写与表达的相对自由，然而社会环境的牵扰及形形色色的"笔削"，仍不免使一部《清史稿》显得新旧杂陈、众声喧哗。

四、纪志表分工及衍生著述

据金梁《清史稿校刻记》及朱师辙《〈清史稿〉本纪撰人表》，本纪的纂修经历了初稿、复辑两个阶段。初稿分工如下：

（1）太祖至世宗五朝：邓邦述、金兆蕃

（2）高宗至穆宗五朝：吴廷燮

（3）德宗及宣统二朝：瑞洵

复辑分工：

（1）太祖、圣祖、世宗、仁宗、文宗、宣统六纪：爽良

（2）穆宗、德宗二纪：李哲明复辑。

最后由柯劭忞统稿、删正②。

金梁《清史稿校刻记》及朱师辙《〈清史稿〉本纪撰人表》对志、表的分工均有记述（见下表）。

值得注意的是，两人的说法并不完全相同，且二人所记各有不完备之处。如韩朴存也参与了《礼志》的纂修③，二人均漏记；金梁除漏记韩朴存外，还以一个"等"字略去了李哲明。

---

① 付幸整理《徐世昌手札中所见〈清诗汇〉资料》，《晚晴簃诗话》，傅卜棠编校，华东师范大学出版社，2009 年，第 1534 页。
② 金梁《清史稿校刻记》，《清史稿》第 48 册，中华书局，1977 年，第 14738 页；朱师辙《清史述闻》，上海书店出版社，2009 年，第 23—24 页。
③ 韩朴存纂《礼志·嘉礼》（稿本），收入冯明珠主编《清史馆未刊纪志表传稿本》"志"第 3 册，沉香亭企业社，2007 年，第 2185—2247 页。

金梁所记《乐志》的纂修者漏掉了何葆麟;《舆服志》的纂修者漏掉了胡嗣芬;《选举志》的纂修者中以"等"字略去了王大钧、陈敬第和金兆丰等人;《河渠志》的纂修者中以"等"字略去了胡嗣芬、万本端等人;《刑法志》的纂修者中以"等"字略去了李景濂、张尔田二人;《邦交志》的纂修者中以"等"字略去了骆成昌、李岳瑞(朱师辙则漏掉了刘树屏)。至于《地理志》的纂修者,金梁漏记尤多。而《外戚表》撰者骆成昌,金梁误记为吴士鉴。

《清史稿》志表分工表

	类别	朱师辙《清史述闻》所记	金梁《清史稿校刻记》所记	备注
志	天文志	柯劭忞	柯劭忞	
	灾异志	刘师培初稿,柯劭忞再阅	柯劭忞	
	时宪志	柯劭忞指导,钦天监天文台职员编	柯劭忞	
	地理志	秦树声(直隶),韩朴存(奉天、吉林、黑龙江)、张尔田(江苏)、吴广霈(安徽)、田应璜(山西)、骆成昌(山东)、秦树声(河南)、吴怀清(陕西)、李岳瑞(甘肃)、金兆丰(浙江)、蓝钰(江西)、张仲炘(湖北)、唐恩溥(湖南、广东)、胡嗣芬(四川)、张书云(广西)、袁嘉谷(云南)、吴士鉴(新疆)、吴廷燮(内蒙古、外蒙古)、吴燕绍(西藏)	秦树声原稿;王树枏复辑	
	礼志	张书云、李哲明、万本端、王大钧分纂	张书云、王大钧、万本端等	
	乐志	张尔田、何葆麟分纂	张采田	

续表

	类别	朱师辙《清史述闻》所记	金梁《清史稿校刻记》所记	备注
志	舆服志	胡嗣芬、何葆麟分纂	何葆麟	
	选举志	张启后、朱希祖、陈敬第、王大钧、金兆丰、张书云分纂	张启后、朱希祖、袁励准等分稿;张书云复辑	
	职官志	骆成昌、金兆丰	金兆丰、骆成昌、李景濂、徐鸿宝等分稿;金兆丰复辑	
	食货志	姚永朴、袁励准、蓝钰、吴怀清、李哲明、张启后分纂	姚永朴、李岳瑞、李哲明、吴怀清分稿	
	河渠志	何葆麟、胡嗣芬、万本端、吴怀清分纂或复辑	何葆麟等原稿	
	兵志	俞陛云、骆成昌分纂	俞陛云、秦望澜、田应璜、袁克文等分稿,俞陛云复辑	
	刑法志	李景濂、张尔田分纂	王式通等分辑,后用许受衡稿	
	艺文志	吴士鉴(长编九本)、章钰(分类)、朱师辙(改编整理)	章钰、吴士鉴原稿,朱师辙复辑	
	交通志	罗惇曧	罗惇曧等分稿,吴怀清复辑	
	邦交志	吴广霈、骆成昌、李岳瑞、戴锡章	李家驹、吴广霈、刘树屏等分稿,戴锡章复辑	
	宗教志	叶尔恺		刊本未收
	氏族志	骆成昌		刊本未收
表	皇子世表	吴士鉴	吴士鉴	
	公主表	吴士鉴	吴士鉴	
	外戚表	骆成昌	吴士鉴	金梁误记
	诸臣封爵世表	刘师培	刘师培	

续表

类别		朱师辙《清史述闻》所记	金梁《清史稿校刻记》所记	备注
表	大学士年表	吴廷燮(何葆麟原稿)	吴廷燮	
	军机大臣年表	吴廷燮(唐邦治原稿)	唐邦治	
	部院大臣年表	吴廷燮	吴廷燮	
	疆臣表	吴廷燮	吴廷燮	
	藩部世表	吴廷燮	吴廷燮	
	交聘表	刘师培		刊本收入,改名《交聘年表》
	宰辅表	何葆麟(纂枢府一卷)		刊本未收
	建州表	金兆蕃		刊本未收

资料来源:朱师辙《清史述闻》、金梁《清史稿校刻记》等。

关于《礼志》的纂修分工,除以上提到的线索外,还可据台北故宫博物院所藏清史馆稿本了解更详细的分工情形①。兹将各稿及纂人整理如下:

礼志吉礼　第一卷　李哲明覆辑

礼志吉礼二　李哲明覆辑

礼志三　吉礼三　李哲明覆辑

礼志四　吉礼四　李哲明覆辑

礼志吉礼　第一卷　张书云编辑,成禹山缮

礼志吉礼　第二卷　张书云编辑,联星垣缮

礼志吉礼　第三卷　张书云编辑,张志云缮;右上书:"共二十九页计一万零四百六十一字"

礼志吉礼　第四卷　张书云编辑,刘德泰缮

礼志吉礼　第五卷　张书云编辑,陈金如缮

礼志吉礼　第六卷　张书云编辑,赵世枫缮

---

①冯明珠主编《清史馆未刊纪志表传稿本》"志"第2、3册,沉香亭企业社,2007年。

礼志吉礼　第七卷　张书云编辑,董英缮

礼志吉礼　第八卷终　张书云编辑,于吉谦缮

礼志嘉礼　第一、二卷　万本端纂,赵九如缮

礼志嘉礼一　韩朴存纂

礼志凶礼一　王大钧纂,黄泽缮

礼志凶礼二　王大钧纂,马骏良缮

礼志凶礼三　王大钧纂,张伯杰缮

礼志军礼　万本端纂

礼志宾礼　万本端纂,陈恩吉缮

关于《职官志》的纂修分工,朱师辙《清史述闻》记由金兆丰、骆成昌二人分纂。据台北故宫博物院所藏清史馆稿本,除"职官志·内务府"由骆成昌纂外,其余均为金兆丰所纂。这应是初稿编纂时的分工。金梁记《职官志》由金兆丰、骆成昌、李景濂、徐鸿宝等分稿,金兆丰复辑,大约是后一阶段的分工。

关于《食货志》的纂修分工,由台北故宫博物院所藏清史馆稿本可知,朱师辙、金梁所未记的编纂人,还有孟昭墉。

以下是各稿及纂人:

食货志　公主、宗室、外藩俸　孟昭墉辑

食货志　世爵、世职俸　孟昭墉辑

食货志　赏俸　孟昭墉辑

食货志　廉工(续,附世俸)

食货志　京饷　孟昭墉辑

　　　各省兵饷　一　孟昭墉辑

　　　各省兵饷　二　孟昭墉辑①

　　　各省兵饷　三　孟昭墉辑

　　　各省兵饷　四　孟昭墉辑

食货志　京官公费　孟昭墉辑

食货志　京官公费(续)　孟昭墉辑

食货志　外官公费(续)　孟昭墉辑

---

①此本封面右上有"统送吴总纂核办"字样。

食货志　出使经费　孟昭墉辑

食货志　各项经费(续,宣统年)　孟昭墉辑

食货志　征饷　同治元、二年　孟昭墉辑

食货志　征饷　同治三年　孟昭墉辑(内文首页框格外右下方标"吴寰缮"三字)

食货志　兵饷续　光绪、宣统年　孟昭墉辑

食货志　征榷上　吴怀清　恭辑

食货志　征榷下　吴怀清辑

食货志　钱法一　初稿(未署撰人,应为蓝钰)

食货志　钱法二　初稿　蓝钰

食货志　矿产　张启后

食货志　赋役　吴怀清补辑(题名页右侧框格外标注"业已另抄　新修正本须另缮"诸字)①

清史馆未刊纪志表传稿本中,有关《河渠志》的稿本有如下几种:

河渠志　直省水利　上、下　何葆麟

河渠志　永定河　何葆麟

河渠志　黄河　第一卷　胡嗣芬

河渠志　黄河　第二卷　胡嗣芬

河渠志　黄河　第三卷　胡嗣芬

河渠志　海塘　何葆麟(题名页右下标"张志云缮")

黄河案牍　光绪十四年(题名页右上标"第五册　摘《东华录》")

黄河案牍　光绪十五年至光绪十七年(题名页右上标"第六册　摘《东华录》")

黄河案牍　光绪十八年至光绪二十二年(题名页右上标"第七册　摘《东华录》")

黄河案牍　光绪二十三年至宣统三年十月(题名页右上标"第八册　光绪摘《东华录》　宣统摘《政治官报》")②

①冯明珠主编《清史馆未刊纪志表传稿本》"志"第4、5、6册,沉香亭企业社,2007年。
②冯明珠主编《清史馆未刊纪志表传稿本》"志"第6、7册,沉香亭企业社,2007年。

图 11　孟昭墉《食货志·征榷》初纂本①

按：此为清史馆《食货志》稿本之一，孟昭墉辑。封面有"初纂本非修正丁卯六月初八日交"及"存柜未交吴向之"等字样。表明这是孟昭墉所纂修的初稿，尚未修正，亦未交吴廷燮（向之）覆勘。交稿时间为 1927 年（丁卯）六月初八日。

由上可知，金梁记《河渠志》系用何葆麟等原稿，说明代馆长柯劭忞及金梁本人在《清史稿》付印前并未改动何葆麟等人的原稿。但是以上列出的稿本，并非最后定稿。如胡嗣芬纂《河渠志》"黄河"部分，与《清史稿》刊本内容并不一样，文字上也没有继承关系。说明这是纂修过程中形成的抄本，之后又有新的纂修本。

编纂《清史稿》时，史馆同人利用馆藏档案资料另有其他编著。

张尔田《清列朝后妃传稿》（二卷）即成于任清史馆纂修时。张尔田负责乐志、刑法志、地理志江苏部分、图海传和后妃传的编写。所辑后妃传稿未被《清史稿》刊用，故另行加工，于 1927 年成书，1929 年刊行。该书为绿樱花馆平氏墨版，线装二册。

---

①冯明珠主编《清史馆未刊纪志表传稿本》"志"第 5 册，沉香亭企业社，2007 年。

图 12　吴怀清补辑《食货志·赋役》与张启后辑《食货志·矿产》①

　　按：朱师辙记《食货志》由姚永朴、袁励准、蓝钰、吴怀清、李哲明、张启后分纂；金梁记《食货志》由姚永朴、李岳瑞、李哲明、吴怀清分稿。由清史馆所藏张启后辑《食货志·矿产》抄本，可知张启后确实参加了《食货志》的分纂。吴怀清补辑的《食货志·赋役》抄本封面有"业已另抄"及"新修正本须另缮"字样，可知此抄本为早期初纂稿。另外，清史馆另有吴怀清所辑《食货志·征榷上》及《食货志·征榷下》。

　　吴昌绶所辑《清帝系后妃皇子皇女四考》五卷，1917 年成书，当年刊刻，线装一册。吴昌绶为清史馆协修。书中选录玉牒、实录、清会典、清通考、御制文集等各书资料，分帝系、后妃、皇子、皇女各编，每编一卷，并附年表一卷。

　　唐邦治也撰有《清皇室四谱》四卷。唐邦治系清史馆协修，他查阅《实录》《本纪》《列传》《会典事例》《宫史》《玉牒》《御制文集》及私家文集，遇有不同说法，则排比考证，然后择善而从。与吴昌绶《清帝系后妃皇子皇女四考》一样，唐邦治将所收人物分成列帝、后妃、皇子、皇女四类。此书完成于 1922 年，次年由上海聚珍仿宋印书局出版。

①冯明珠主编《清史馆未刊纪志表传稿本》"志"第 6 册，沉香亭企业社，2007 年。

　　当然，清史馆成员的相关著述并不都成书于纂修清史时期，有些是在清史馆成立以前就刊刻面世了的，如吴廷燮《同治以来督抚年表》（1875）、《光绪建元以来督抚年表初稿》（1875）、《东三省沿革表》（1898），朱孔彰《咸丰以来功臣别传》（1898）等。吴廷燮还有《明督抚年表》《唐方镇年表》《晋方镇年表》《北宋经抚年表》《南宋制抚年表》等著述，涉及唐、宋、明诸朝代。

　　清史馆同人也留下了不少有关边疆史与民族史的著述，如戴锡章《西夏纪》、吴燕绍《清代蒙藏回部典汇》①等。柯劭忞精研蒙古史、元代史，所纂《新元史》甚至被列入正史，占据了"二十六史"中的一席。

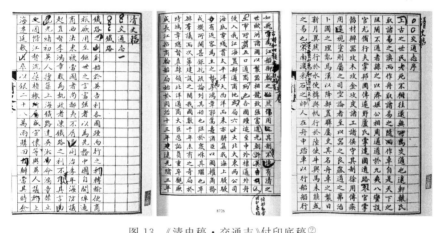

图13　《清史稿·交通志》付印底稿②

　　按：据清史馆未刊纪志表传稿本，《清史稿·交通志》之"路政""邮政""船政""电政"诸稿本封面均署"协修罗惇曧纂"。

　　上右、上中两图，为《交通志·序》付印底稿。

　　上左图，为《交通志一》正文第一页，亦为付印底稿。

　　经与《清史稿》刊本对照，底稿上的删改提示均已照改。

　　金梁的《光宣列传》也有影响。《光宣列传》刻于1934年，所收内容，是

---

① 按：吴燕绍虽非清史馆正式成员，但《清史稿》"藩部"之西藏部分，是用吴燕绍稿。参见金梁《清史稿校刻记》，《清史稿》第48册，中华书局，1977年，第14739页。又按：吴燕绍《清代蒙藏回部典汇》从清代各朝圣训、起居注、上谕、奏章等内汇辑整理出有关蒙古、西藏和回部的史料，由吴燕绍之孙吴锡祺交予中华书局于2005年出版，全套书共75册。
② 冯明珠主编《清史馆未刊纪志表传稿本》"志"第10册，沉香亭企业社，2007年。

《清史稿》列传中的光宣两朝部分①。除人物传记外,吴昌绶、金梁、袁励准均留意收集整理诗词、掌故、书画等方面的文献,如袁励准《中秘日录》即是②。

清史馆同人中,夏孙桐、张尔田、朱师辙三人最注重馆史资料的收集整理,如朱师辙编著的《清史述闻》、张尔田在燕京大学讲述的《清史稿纂修之经过》③等,均为研究清史馆及《清史稿》提供了珍贵的史料和线索。

图 14　张尔田致周大辅函④

　　按:此为张尔田致周大辅(1872—1932?)函。大辅,江苏常熟县人,字左季,号都庐,别署老左、乌目子民、虞山里民、句吴周四、鸽峰居士、鸽峰外史、鸽峰樵子、鸽峰草堂主人、鸽峰墓祠守者、小螺旅人等,为清末民国年间著名文献大家。⑤

---

①金梁辑《光宣列传》(四十卷,前编二卷),1934 年。中国国家图书馆古籍馆藏。

②袁励准《中秘日录》,中国国家图书馆古籍馆藏邵锐据袁励准手稿抄录本,封衣有西谛(郑振铎)朱笔题记:“是书为近人袁励准撰,未刊传于世。邵铭生君从手稿录出,予方从事于搜集溥仪携出故宫之书画,得此足资稽考。西谛。一九五二,七,三〇。”

③张尔田《清史稿纂修之经过》,王钟翰笔录,燕京大学《史学年报》第 2 卷第 5 期,1938 年。

④《浙江图书馆藏名人手札选》,浙江人民出版社,2000 年。

⑤参见郑伟章《常熟周大辅鸽峰草堂钞书藏书知见录》,《版本目录学研究》2015 年卷。

第四章　想象与书写:围绕史例的讨论之一

史实、史例与史义的关系,虽然理论上易于达成共识,但在实际编纂中难于一概而论。章学诚对此早有论说:"鸿编巨制,取多用弘,创例仅得大凡;及其从事编摩,时遇盘根错节,必须因时准酌。例以义起,穷变通久,难以一端而尽。"[①]又说:"夫史为记事之书,事万变而不齐,史文屈曲而适如其事,则必因事命篇,不为常例所拘,而后能起讫自如,无一言之或溢也。"[②]由于不同的撰述人可能会采取不同的处理方式,因此清史馆非如外界所言是由忠清遗老组成的统一阵线。在具体篡修过程中,他们各持己见,分歧多于"统一"。馆内馆外、政学各界围绕清史体例的讨论,也反映了不同的思想文化倾向。

一、民初清史撰述

民国知识界的清史研究,是由多支力量、从多个层面展开的。这多支力量,包括民国当局组织的官方队伍如清史馆,包括逊清皇室组织的《宣统政纪》编纂班子,更多的则是学界或民间的自发力量,如但焘翻译稻叶君山《清朝全史》、萧一山个人独撰《清代通史》即是。

多个层面,则指文献整理、史学研究、各类公私撰述及文学创作等。从文学角度看,较值得注意者有:(1)民国初年对清人诗文集的整理出版,如梁启超、金还 1916 年左右整理出版金和的《秋蟪吟馆诗钞》等,这样的例子不胜枚举。(2)学术界对清代思想、学术、文学的历史总结,如梁启超《清代学术概论》[③]、张

[①] 章学诚《与邵二云书》,《校雠通义》,古籍出版社,1956 年,第 83 页。
[②] 章学诚《书教下》,《文史通义》,古籍出版社,1956 年,第 15 页。
[③] 梁启超《清代学术概论》1920 年 11 月—1921 年 1 月连载于《改造》杂志(第 3 卷第 3、4、5 号),名为《前清一代中国思想界之蜕变》;单行本修改后由上海商务印书馆列入"共学社史学丛书"出版 (1921 年 2 月初版,10 月再版,1922 年三版,1924 年五版,1925 年六版,1927 年七版,国难后一版于 1932 年),始名为《清代学术概论》。因梁氏当时拟写《中国学术史》,清学史为其中第五部分,故加副题"中国学术史第五种"。

宗祥《清代文学》[①]、姜书阁《桐城文派评述》[②]等均是。(3)以清代历史、人物为主题或素材的各类诗文、小说、戏曲创作等。民国年间究竟有多少文学作品涉及清代史事,尚不曾有确切的统计。商务印书馆"说部丛书"二集有德菱《清宫二年记》便被作为历史小说出版[③],即是一例。理论上讲,诗歌类作品中的咏史诗、怀古诗,小说类作品中的历史演义,涉及清代史事的肯定会有不少。至于以清代史事、掌故为题材或论据的散文、杂文,更是不可胜数。

由于清代有近三百年(若从努尔哈赤天命元年即 1616 年算起,至 1912 年清亡,共 296 年)的时间跨度,而相关著述又涉及不同的专业领域,所以史学界通常将鸦片战争以前的清代史,归入"古代史";鸦片战争以后则划入"近代史"。划入"古代史"的部分,又常与明史并称"明清史"。而"近代史"部分,又以鸦片战争史、太平天国史、捻军史、中法战争史、中日战争史、戊戌变法史、义和团运动史、辛亥革命史等为研究的热点。从著述形式上看,有专著,也有单篇论文。涉及的领域更是丰富多彩,有通史、政治史、经济史、军事史、农民战争史、民族史、宗教史、社会生活与社会问题史、学术思想史、文化史、艺术史、教育史、文学史、语言文字史、科学技术史、地方史和历史地理、中外关系史、华侨史、清史方法论与史料学等[④]。

五四前后,记载光绪、宣统两朝史事及辛亥革命的著述比较多,且以私家撰述为主。涉及光宣两朝者如《光绪建元以来督抚年表初稿》(吴廷燮,出版年不详)[⑤]、《光绪金载》(魏元旷,潜园类编本,1924 年;魏氏全书本,1933 年)、《光绪大事汇鉴》(赵炳麟,赵柏岩集本,1922 年)、《宣统大事鉴》(赵炳麟,赵柏岩集本,1922 年);关于辛亥革命者如《辛亥革命始末记》(渤海逸民,1912 年)、《中国革命纪事本末》(郭孝成,商务印书馆,1912 年)、《辛亥革命大事录》(草莽余生,1912 年)、《光复粤垣记》(李准,1912 年)、《无锡光复志》(钱基博,1913 年)、《武昌纪事》(陈征言,云南图书馆,1914 年)、《辛亥鄂城纪略》(于渐逵,1916 年)、《辛亥四川路事纪略》(诵清堂主

---

① 王云五等主编《万有文库》,上海商务印书馆,1930 年。

② 王云五等主编《万有文库》,上海商务印书馆,1933 年。

③ 德菱女士著,陈贻先、陈冷汰译《清宫二年记》,商务印书馆,1914 年。书内有译者陈贻先识语及陈冷汰跋语。

④ 中国社会科学院历史研究所资料室编《1900—1975:七十六年史学书目》"例言"和"目次",中国社会科学出版社,1981 年。

⑤ 中国社会科学院历史研究所资料室编《1900—1975:七十六年史学书目》,第 44 页。

人，1915年）、《光复军志》（龚翼星，1917年）、《碧血黄花集》（林森，1919年）、《辛亥革命史》（高劳，商务印书馆，1923年）、《辛壬春秋》（尚秉和，历史编辑社，1924年）、《辛亥革命史》（东方杂志社编，商务印书馆，1925年）等。记辛亥革命者，多对革命持认同立场。而《辛亥殉难记》（吴自修撰，金梁补，1935年）则记死于辛亥革命中的清朝官吏，角度有所不同。吴自修，即吴庆坻，清史馆总纂吴士鉴之父。王树枏也撰有《武汉战纪》（新城王氏陶庐丛刻本，1919年），涉及辛亥革命。金梁、王树枏均曾供职清史馆。

值得注意的是，20世纪20年代中期以后以"社会""唯物""民族""革命"为主题的历史著作增多。如《中国民族革命运动史》（恽代英，泰东图书局，1927年）、《唯物史观与民生史观析论》（童行白，上海南华图书局，1929年）、《中华民族革命史》（杜冰波，上海北新书局，1930年）、《中国革命史》（新新书局，1927年）、《中国革命史》（印维廉，世界书局，1928年）、《近代中国民族革命运动史》（林朝杰，大东书局，1933年）、《生物史观与社会》（常燕生，上海大陆书局，1933年）、《中国五千年革命史》（黄克谦、孙季武，1927年）、《中国五千年革命史》（刘横起，中华书局，1927年）、《外族侵略中国史》（傅运森，商务印书馆，1934年）、《中国社会史研究》（熊得山，上海昆仑书店，1929年）、《中国社会史》（易君左，世界书局，1934年）及陶希圣的《中国封建社会史》（上海南强书局，1929年）、《中国社会之史的分析》（上海新生命书局，1929年）、《中国社会与中国革命》（上海新生命书局，1929年）、《中国问题之回顾与展望》（上海新生命书局，1930年）、《中国社会现象拾零》（上海新生命书局，1931年）等。

史学方法论的探讨也成为热点。代表性的著述有《历史哲学》（朱谦之，泰东图书局，1926年）、《历史哲学大纲》（朱谦之，民智书局，1933年）、《史地新论》（杨鸿烈，北京晨报社，1924年）、《史学要论》（李守常，商务印书馆，1924年）、《史学研究法》（姚永朴，商务印书馆，1914年）、《史学研究法大纲》（李泰棻，北京武学书馆，1920年）、《中国历史研究法》（梁启超，商务印书馆，1925年）、《中国历史研究法补编》（梁启超，商务印书馆，1930年）、《历史研究法》（何炳松，商务印书馆，1927年）等①。此外，《国史概论》（葛陞纶，上海会文堂，1914年）、《我之史谈》（陈卜勋，陈氏聚星草堂，1916

---

① 中国社会科学院历史研究所资料室编《1900—1975：七十六年史学书目》，第1—4页。

年)、《校史偶得》(陈宝焕,1919 年)、《帝王春秋》(易白沙,中华书局,1924
年)、《读史论略二卷》(上海大东书局,1929 年)、《史学丛书》(吕诚之,中山
书局,1929 年)等著述,均见证了当时史学观的变迁。

　　清代通史、史论或史料方面的著述,值得重视的还有《清史要略》(陈
怀、孟冲,北京大学出版部,1920 年;中华书局,1931 年)、《康熙政要》(章
梫,1910 年)、《满夷猾夏始末记》(杨敦颐,上海新中华图书馆,1912 年)、
《清史讲义》(汪荣宝、许国英,商务印书馆,1913 年)、《清史纲要》(吴曾祺
等,商务印书馆,1913 年、1921 年)、《清史纂要》(刘法曾,中华书局,1914
年、1931 年)、《清朝全史》([日]稻叶君山著,但焘译,中华书局,1915 年)、
《清史纪事本末》(黄鸿寿,文明书局,1915 年)、《清代史论》(蔡锷,上海会
文堂,1915 年)、《心史丛刊》(孟森,商务印书馆,1916—1917 年)、《清史拾
遗　甲编》(许国英,1917 年)、《清鉴易知录》(许国英,藻思堂刊本,1917
年;石印本,1923 年)、《清皇室四谱》(唐邦治,上海聚珍仿宋印书局,1923
年)、《清史纪事本末》(钱通朋,上海国学社,1923 年)、《清建国别记》(章炳
麟,自刊,1924 年)、《清宫史略》(金梁,1933 年)等。其中,《清皇室四谱》和
《读史论略》的撰者唐邦治,《清宫史略》的撰者金梁,均曾供职清史馆。

　　划入"近代史"范畴内的清史著述,较有代表性的如《中国四十年来大
事记》(梁启超,中华书局,1914 年)、申报馆组织编写的《最近之五十年》
(申报馆,1923 年)、《中山出世后中国六十年大事记》(半粟,上海太平洋书
店,1929 年)等。至于针对特定时段、特定领域的专题性研究,更是层出不
穷、不可胜数①。

　　由上可见,较早的清史研究成果,多以传统学人的私家撰述为主。
1920 年代以后,受过新式教育、服务于高校或科研机构的学人越来越多。
如《清代通史》(北京中华印刷局,1923 年出版卷上二册,后陆续出版卷中、
卷下)的作者萧一山、《清朝前纪》(商务印书馆,1930 年)和《明元清系通
纪》(北京大学,1934 年)的作者孟森均是。国立中央研究院、故宫博物院、
中山大学语言历史研究所等新型学术研究机构的出现,也推动了清史研究
的发展。故宫博物院文献馆编辑出版了《雍正朱批谕旨不录奏折总目》
(1930 年)、《清军机处档案附录》(1930 年)、《清军机处档案目录》(1931

━━━━━━━━━━

① 可参阅中国社会科学院历史研究所资料室编《1900—1975:七十六年史学书目》,"下编"各专题。

年）、《清代文字狱档》（故宫博物院、北平研究院，1931—1934 年）等清代史料。《庄史案辑论》（朱襄廷，1926 年）则由中山大学语言历史研究所刊行。中央研究院历史语言研究所编辑、商务印书馆出版的《明清史料》，到 1936 年已经先后推出甲编十册、乙编十册、丙编十册；《清开国史料考》（谢国桢，1931 年）和《清初史料》（马文升，1933 年）的刊行者则是北平图书馆。中华书局组织出版的《清史列传》（1928）也引人注目①。

掌故、野史一类著述，如《清稗类钞》（徐珂，商务印书馆，1917 年）、《清朝野史大观》（小横香室主人编，中华书局，1917 年）、《满清野史二十种》（胡蕴玉等，1920 年，成都昌福公司第四次印，收录《满清兴亡史》《满清外史》《中法兵事本末》《中日兵事本末》《割台记》《戊壬录》《庚子国变记》《拳变余闻》《胤禛外传》《发史》《多铎妃刘氏外传》《汉人不服满人表》《都门识小录（摘录）》《述庵秘录》《故宫漫载》《庆亲王外传》《贪官污吏传》《所闻录》《清华集》《清末实录》等），上海文明书局出版的"稗史丛书"中收有《太平天国轶闻》（进步书局编辑，初版，1915 年；再版，1917 年；八版，1933 年）、《清代声色志》（进步书局编辑所编辑，初版，1915 年；三版，1920 年；六版，1928 年；七版，1930 年）、《清代野记》（坐观老人编辑，无版年）、《康熙南巡秘记》（蟫伏老人编辑，初版，1916 年；四版，1920 年；五版，1922 年；七版，1926 年；八版，1928 年）②，另如《清代伶官传》（王芷章，北平中华印书局"二渠村舍丛书"，初版，1936 年；再版，1937 年）③等，均反映了人们对清史的浓厚兴趣。

除本土学者的著述纷纷出版，国外学者的相关书籍也被翻译进来。上海中华书局推出"清外史丛刊"，收入《庚子使馆被围记》[［英］朴笛南姆·威尔（Putnam Weale）著，陈冷汰、陈诒先译述，1917 年]、《乾隆英使觐见记》（［英］马戈尔尼著，刘半农译，1917 年）、《清室外纪》（［英］濮兰德、白克好司著，陈冷汰、陈诒先译，1917 年）、《慈禧外纪》（［英］濮兰德、白克好司著，陈冷汰、陈诒先译，1917 年）、《慈禧写照记》（［美］卡尔著，陈霆锐译，1917 年）④，表现了出版界对域外清史成果的关注。

---

①中国社会科学院历史研究所资料室编《1900—1975：七十六年史学书目》，第 31—62 页。
②上海图书馆编藏《中国近代现代丛书目录》，1979 年，第 872—873 页。
③上海图书馆编藏《中国近代现代丛书目录》，1979 年，第 13 页。
④上海图书馆编藏《中国近代现代丛书目录》，1979 年，第 858—859 页。

　　从以上简要的描述可以看出《清史稿》成书前后清史研究与撰述的风气。《清史稿》的特殊性，也正是在这样的著述风气与格局中体现出来的。

　　首先，《清史稿》是与以上所有著述不同的一部纪传体断代全史。《清史稿》是对清代历史的整体记录，涵盖包括政治、经济、文学艺术、中外关系等各个领域，保留了传统纪传体正史的总体格局，与现代意义上的政治史、经济史、军事史、文学史取径不同。其次，《清史稿》政治立场的多元性。虽然历来多有对《清史稿》"敌视民国"这一立场的批评，而其实清史馆内部的意见并不相同（这一点下文详述）。再次，《清史稿》的官助私修性质。清史馆虽由北洋政府官方设置，实际上在具体的修纂过程中，馆方与官方一直处于相对疏离的状态，写什么、怎么写，官方很少过问。明修《元史》、清修《明史》时，皇帝均曾以各种方式表示关切。据孙承泽《春明梦余录》，明修《元史》时，"笔削皆取上裁"，"见文稍深古者，辄芟去，曰：恶用是，独即旧志为书可矣"①，"上"即朱元璋。清修《明史》更甚。刘承干所编《明史例案》卷一即收有清代前中期诸帝对明史馆臣的诫谕，如《世祖章皇帝谕》《圣祖仁皇帝谕》《圣祖仁皇帝敕谕》《世宗宪皇帝谕》《高宗纯皇帝谕》《高宗纯皇帝御批通鉴辑览》等均是②。馆臣必须时刻调整姿态以顺应"今上"的"喜好"，慎勿偏离"本朝"的立场。清史馆则有所不同。朱师辙曾说："自民国三年开馆，经费充足，聘人最多，故撰稿亦极夥，然漫无头绪，虽议有体例而无总阅之人，总纂与协修等皆无联络统系，故人各为政，总纂与协修实平等，稿之能用与否无人过问……"③

　　因此不妨说，《清史稿》的纂修固然受到民国政局动荡的影响，但在思想、立场、史例方面，基本不曾受到外界的干扰。张元济所说的"禁网既弛"④，感慨的也是晚清民初思想界的相对宽松。这与清修《明史》时帝王的热衷参与、累下诏令形成鲜明对比。清史馆后期经费不敷，政府无力补给，经赵尔巽向各路军阀求助才得以勉强维持。这也与清修《明史》的情况大为不同。尤其是《清史稿》最后的覆辑校刻阶段，时势迫促、人各为战，如光宣两朝列传甚至多未成稿，是金梁在匆忙中整理汇纂而成，既未经馆内

---

① 孙承泽《春明梦余录》，北京古籍出版社，1992年，第167页。
② 刘承干编《明史例案》，民国四年（1915）刘氏嘉业堂刻本。
③ 朱师辙《清史述闻》，上海书店出版社，2009年，第45页。
④ 张元济《校史随笔》，上海古籍出版社，1998年，第5页。

讨论、馆长总阅，官方也不曾"监修"。

　　史学界对清史馆成员的清史学成绩及《清史稿》的价值，也有客观的描述。如认为《清史稿》"仍不失一部纪传体的大书。在保存史料，阐明清史方面仍有可取之处。历经六七十年之时间检验，仍被史家目为第25史或26史。该书可谓是世纪初清史研究的一项突出成就"①。此外，清史馆成员的其他著述，如吴廷燮《明史纪事本末讲义》（萃升书院讲义本，沈阳作新书局，1931年）也值得注意，该书虽是对谷应泰《明史纪事本末》原书加以阐释，但有增有删，有改正，有议论，它是通过每篇后的"按语"表达史见的。其中"矿税之弊按语"及"甲申殉难按语"，皆涉及建州女真之事，实是清朝崛起史，是清朝最为忌讳，而谷应泰原书所未谈到的。吴廷燮还有《建州表》（《东北丛刊》13、14期连载，1931年），将明末建州女真崛起过程按大事年表形式加以表达。此间出版的还有金梁《清宫史略》（1933年自刊本）。清史馆成员还有经济史方面的撰述，如吴廷燮《清财政考略》（1914年）、王树枏与翟文选等《东三省盐法新志》（东三省盐运使署本，1928年）。文化史方面有杨钟羲《雪桥诗话》40卷（求恕斋丛书本，1923年）共160万字，是一部论述清代诗歌的专著。地理掌故及其他方面的著作则有金梁辑《奉天古迹考》（1915年印本）等。自清亡以后出现了整理出版清代档案、典籍的热潮，其中金梁主持的《满洲老档秘录》（自刊本，1933年）较受重视。吴廷燮的《明实录钞》更是值得注意的大型工程，此书计244册，是作者从《明实录》中精心摘录的有关辽事之史料。1929年吴廷燮将此书赠与辽宁省立图书馆（今沈阳市图书馆）。东北沦陷时期以伪满当局名义影印出版的122函、1220册的《大清历朝实录》（1933—1937年）也不能不提②。

　　清史馆成员中，有专力治史者如柯劭忞、戴锡章、吴廷燮，更多的人员则属先有文名而受清史馆之聘，然后才进入清史研究领域的，如金梁、张尔田、唐邦治等。清史馆成员对当时新起的史学思潮虽不陌生，但传统正史的体例框架对《清史稿》的无形制约也是显而易见的。在1930—1940年代，金毓黻、曾繁康、周予同、金灿然、张绍良、齐思和等学者都曾撰文评述

---

① 张玉兴《不断深入的清史研究》，收入张伟主编《20世纪辽宁史学》，辽宁大学出版社，2001年，第47页。

② 张玉兴《不断深入的清史研究》，收入张伟主编《20世纪辽宁史学》，辽宁大学出版社，2001年，第47—49页。

过晚清民国数十年间的史学流别①。清史馆成员的治史风格,大体近于金毓黻所描述的"史料搜集而整理"一派,而非"新史学之建设及新史之编纂"一派②。

二、正史传统与新史想象:以晏开甲、梁启超、于式枚为例

由于梁启超的新史学主张富有新见,而清史馆所聘又率多旧人,所以社会各界对清史馆一直有质疑、不满的声音。晏开甲上书一事,发生在清史馆开馆的第三年。

1916年7月22日,晏开甲上书时任大总统黎元洪,对袁世凯支持、赵尔巽主导下成立的清史馆班底表示不满,希望敦聘梁启超为馆长。晏开甲是湖南地方名流,曾任蒋翊武(武昌起义领导人之一)的塾师。1916年,他应是在湖南澧州中学堂任职③。又据说,晏开甲"于辛亥年为清华大学助教,辛亥革命后流落京城",南归后,"潦倒而死"。晏开甲辞世后,王育道撰挽联云:"跃马作燕赵游,慷慨悲歌,剩有侠情寄儿女;作书得晋唐髓,风流歇绝,再无大笔写烟云。"④可知晏开甲是一位既有旧学根柢,又对新学怀有好感、寄以期待的知识人。

晏开甲希望看到的,是一部"创中外史学新奇之特色"的不一样的清史。他认为清史馆内尽是"胜代玉堂人物、兰台金闺之选",这些"工为馆阁体"的"昔之台谏侍从","但能点缀太平、雍容歌颂,殆未足与于千秋作者之林也"。

对清史纂修的方式、进度、体例,晏开甲也有异议:"岁月再更,尚无端绪,但闻蒐寻史乘、调查档案,而其体例之泐诸报章者,率不出前史窠臼。至于新政、新学、工艺、实业亦复搜集,国外轶闻又分遣能读各国及满、蒙、回、藏书者,译成文字,以备参考。以此断之,其为义例之陈旧,编帙之积重,其成书当不下千百卷。其蒇事亦必经数十年。充栋连屋,望之生畏。则惟有束之高阁已耳。"

①参见周文玖《我国二十世纪三四十年代的史学评述》,《史学理论研究》1999年第2期。
②金毓黻《最近史学之趋势》,金毓黻《中国史学史》,河北教育出版社,2003年,第382页。
③澧县地方志编纂办公室编《澧县志》,社会科学文献出版社,1993年,第572页。
④谷向阳主编《中国楹联大全》,吉林教育出版社,1994年,第420页。

晏开甲极力举荐梁启超担任馆长,他认为,若修一部理想的清史,非有"高出一世之眼光"不可:

　　　　窃见新会梁启超,学有渊源,淹贯新籍,历涉外洋,所至考其文献掌故,故于东西国历史,皆能洞若观火,心知其意。其所订中国新史学规模,刻之《饮冰室文集》者已窥豹一斑矣⋯⋯正以晚近数百年史书臃肿繁重之积弊,必得新会出而振刷之。以海涵地负之才,抒石破天惊之论,刊落浮辞,独标新义,如此则字句简、蒐罗富、卷轴省、义例精,萃古今文学美富之巨观,创中外史学新奇之特色,收万国之精英,备百代之龟鉴。群智国能,所关匪细,以较前馆长之规画,其为得失,相去不可以道里计矣。①

晏开甲所能设想的理想"清史",特点是"字句简、蒐罗富、卷轴省、义例精","萃古今文学美富之巨观,创中外史学新奇之特色"。换句话说,晏的思考较多集中在内容的多寡、义例的新旧等层面上。

在清史馆内部,也有人担心《清史》被修成爱新觉罗一姓的家谱。袁嘉谷、陈敬第于开馆之初即提醒同人,"中国旧史大都详朝廷制度,略于民间礼俗,《史记》独多言民事,千古称之,今宜扩而充之,凡民间礼俗之大、居处饮食之细,及一切日用之于风教有关者,良窳得失,灿然无遗。考其原委,上补前史之阙;明其变通,下征进化之美,庶几免一姓家谱之诮乎"②。

袁嘉谷、陈敬第提到的"一姓家谱之诮",渊源于梁启超倡导的"新史学"。1902 年,梁启超发表《新史学》一文,对"中国之旧史"作了严厉的批判:"试一翻四库之书,其汗牛充栋浩如烟海者,非史学书居十六七乎?上自太史公、班孟坚,下至毕秋帆、赵瓯北,以史家名者不下数百,兹学之发达,二千年于兹矣!然,陈陈相因,一丘之貉,未闻有能为史界辟一新天地,而令兹学之功及于国民者,何也? 吾推其病源,有四端焉。"梁启超认为这"四端"是:(1)"知有朝廷而不知有国家",(2)"知有个人而不知有群体",(3)"知有陈迹而不知有今务",(4)"知有事实而不知有理想"③。

---

① 《晏开甲请任梁启超为清史馆馆长呈》(1916 年 7 月 22 日),张黎辉、蒋原寰、王文彬、岳宏、张茂鹏编辑《北洋军阀史料·黎元洪》卷一〇,天津古籍出版社,1996 年,第 446—449 页。
② 《袁嘉谷、陈敬第清史凡例商榷》,朱师辙《清史述闻》,上海书店出版社,2009 年,第 156 页。
③ 刘梦溪主编,夏晓虹编校《中国现代学术经典·梁启超卷》,河北教育出版社,1996 年,第 541—542 页。

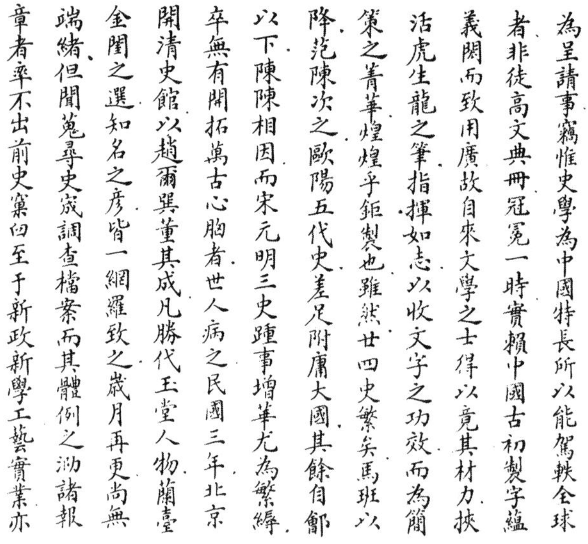

章者率不出前史窠四至于新政新學工藝賞業亦
端緒但聞蒐尋史裒調查檔案而其體例之泐諸報
金閨之選皆一網羅致之歲月再更尚無
開清史館以趙爾巽董其成凡勝代王堂人物蘭臺
卒無有開拓萬古心胸者世人病之民國三年北京
以下陳陳相因而宋元明三史踵事增華尤為繁褥
降范陳次之歐陽五代史差足附庸大國其餘自鄶
策之菁華煌煌乎鉅製也雖然廿四史繁矣馬班以
活虎生龍之筆指揮如志雖然廿四史之功效而為簡
義閎而致用廣故自來文學之士得以竟其材力挾
者非徒高文典冊冠冕一時實賴中國古初製字蘊
為呈請事竊惟史學為中國特長所以能駕軼全球

图 15　晏开甲呈文①

按:呈文共 10 页,此为第 1、2 页。

　　陈怀也在其叔父陈黻宸创办的上海《新世界学报》上发表《方志》一文,
认为"史者民之史也",叹息"夫民于史亦微矣,我中国之史于民亦略矣"②。
稍后,梁启超作《中国历史研究法》与《中国历史研究法补编》二书,通论史
学理论与方法。又作《清代学术概论》与《中国近三百年学术史》二书,专论
清代思想学术。

　　梁启超《中国历史研究法》自序云:"近今史学之进步有两特征:其一,
为客观的资料之整理:——畴昔不认为史迹者,今则认之;畴昔认为史迹
者,今或不认。举从前弃置散佚之迹,钩稽而比观之;其夙所因袭者,则重
加鉴别以估定其价值。如此则史学立于'真'的基础之上,而推论之功,乃
不至枉施也。其二,为主观的观念之革新:——以史为人类活态之再现,而
非其僵迹之展览;为全社会之业影,而非一人一家之谱录。如此,然后历史
与吾侪生活相密接,读之始能亲切有味;如此,然后能使读者领会团体生活

<hr />

①《晏开甲请任梁启超为清史馆馆长呈》(1916 年 7 月 22 日),张黎辉、蒋原寰、王文彬、岳宏、张茂
　鹏编辑《北洋军阀史料·黎元洪》卷一〇,天津古籍出版社,1996 年,第 446—449 页。
②陈怀《方志》,《新世界学报》1902 年第 7 期。

之意义,以助成其为一国民为一世界人之资格也。"①

李大钊曾将二十四史视为"陈编",他说:"吾兹之所谓历史,非指过去的陈编而言。过去的陈编,汗牛充栋,于治史学者亦诚不失为丰富资考的资料,然绝非吾兹之所谓活泼泼的有生命的历史。"②

李大钊将"过去的陈编"与"活泼泼的有生命的历史"对举,认为前者的价值在于提供了"丰富资考的资料",但并不能称之"历史"。他设想中的历史应该是"活泼泼的""有生命的"。《清史稿》的价值,后来也是在"史料"而非理想史书的意义上受到肯定的:"惟清代约三百年间的史事,缺少全面而有系统的记载,此书可以满足某些要求,故解放后与二十四史同样予以点校刊行。"③

晏开甲对梁启超推崇备至,其实史馆内部对梁启超的意见也未怠慢。当梁启超《清史商例第一稿》分九次连载于天津《大公报》上④,于式枚即曾专就梁的意见有所商榷。从梁启超所拟《清史》篇目可以看出,他确有独标新义的用心,只是梁的意见在史馆内响应者无多。朱师辙称:"各家所上史例多数偏于旧史体裁,独梁启超建议颇偏重创新史体裁,众以《清史》为结束旧史体裁,不妨依据旧史稍广类目,乃有于晦若答梁任公修史商例一文……"⑤于晦若,即于式枚。张尔田也曾向王钟翰说起,当时"体例未定,建议蜂起。梁启超所言尤夥,然多不中义例,卒从荃孙之议,而略加变通"⑥。

后来林损在评价陈怀的《清史要略》⑦时也曾对梁启超有所批评:

梁启超以科学治史,而史化为夷矣;王国维以玺贝治史,而史流于

①梁启超《中国历史研究法》,收入刘梦溪主编,夏晓虹编校《中国现代学术经典·梁启超卷》,河北教育出版社,1996 年,第 219 页。

②李大钊《史观》,《李大钊选集》,人民出版社,1959 年,第 287 页。

③王树民《中国史学史纲要》,中华书局,1997 年,第 186 页。

④梁启超《清史商例第一稿》,《大公报》(天津)1914 年 10 月 13—16 日、21 日、26—28 日,11 月 9 日。

⑤朱师辙《清史述闻》,上海书店出版社,2009 年,第 3 页。

⑥王钟翰《张尔田师谈清史稿纂修之经过》,王钟翰《清史补考》,辽宁教育出版社,2004 年,第 172 页。

⑦陈怀的《清史要略》出版于 1920 年(北京大学出版部印本,后又于 1931 年由中华书局出版);陈怀另著有《中国近百年举要》,也于 1920 年由北京大学出版部印行(后又于 1930 年由中华书局出版)。

艺矣；吾友张孟劬(尔田)非不知史，而以文灭其质；象山陈伯弢(汉章)
先生，史学之巨擘也，亦以博溺其心。若夫评骘、辑录、校雠之侪，又无
庸议焉。盖即以怀最详于史事，兴衰治乱之故，剀切敷陈，能深明乎
《春秋》之义者也。①

林损对梁启超"以科学治史"而"史化为夷矣"的批评，表明他对梁启超提倡
的新史学有所不满。所谓"夷"，大约指的是"外夷"，是以"科学""新学"为
特征的"西化"。

梁启超在《大公报》发表的《清史商例第一稿》，后被朱师辙收入其《清
史述闻》中，改题《梁启超清史商例第一书》。朱师辙加了两处按语，是对梁
启超意见的直接评价。

第一处按语谈的是表、传问题。梁启超认为："人表所以存人也，凡其
人言论、行谊，无关于国运之污隆、无资于民俗之法戒者宜勿为立传，省杂
传以尊史体，斯其第一义矣。然有不容并其姓名略历而泯之者，欲广其途
而永其传，惟表是赖，人表之作，此其职志也。"朱师辙对此表示赞同："省杂
传颇有见地，《清史稿》杂传太多。"②

第二处按语与志有关。梁启超认为，"全史精华惟志为最"，所拟志目
有 26 篇之多。梁启超将"食货志"细分为贡赋、户役、征榷、盐法、钱法、国
用六志，朱师辙在"贡赋志"下加按语道："'贡赋'至'国用'六志，皆由昔日
'食货志'分出，似太繁。"③

梁启超"省杂传以尊史体"的意见，也是史馆同人的一致看法。吴廷燮
说："立表既多，立传自少，事增文省，无过于兹。"④金兆蕃也在建议立"执
政表""大学士表"和"各部尚书表"之后补充说："入以上三表者不必皆有
传，宜即于表中附注里籍、科目及所终之官。"⑤吴士鉴说："列传以国史馆
本传为依据，本传限于官阶，不论其人之足传与否，例得入传，其中既无勋

①林损《孟冲先生墓表》，参见胡珠生《清史两种·前言》，陈怀撰，胡珠生点校《清史两种》，上海社
　会科学院出版社，2006 年，第 3—4 页。
②朱师辙《清史述闻》，上海书店出版社，2009 年，第 95 页。
③朱师辙《清史述闻》，上海书店出版社，2009 年，第 98 页。
④《吴廷燮上清史商例》，朱师辙《清史述闻》，上海书店出版社，2009 年，第 115 页。
⑤《金兆蕃拟修清史略例》，朱师辙《清史述闻》，上海书店出版社，2009 年，第 131 页。

绩又无章奏更无著述者皆从删削,将其人散列于大臣、疆臣表中。"①而梁启超将"食货志"一分为六的设想,朱师辙认为"似太繁"。

朱师辙的按语表明,在史馆同人看来,梁启超的意见可取者不"新","新"者则多不可取。而于式枚与梁启超的讨论,则反映了"新史"倡导者梁启超守"旧"的一面。于式枚是赞成修清史却不愿入馆的光宣文人中最典型的一位。清史馆开馆时,寓居上海的于式枚与缪荃孙、秦树声、杨钟羲、吴士鉴、陶葆廉等人联名给清史馆递交《谨拟开馆办法九条》,于氏虽署名在缪荃孙后,列第二位,但内容多出其手笔②。

附:梁启超《清史商例》与于式枚按语对照表

序次	梁启超《清史商例》	于式枚按语	备注
1—1	两摄政王合传或疑近于滑稽。	同意:"不为滑稽,不为病也。"	按:此处梁启超原文为设问,后有梁氏自答,亦认为两摄政王合传不为病。
1—2	明遗臣传[第四]、明遗民传[第五]。此欧史著"唐六臣传"例也,遗臣如郑成功、李定国,遗民如王夫之、顾炎武、黄宗羲等,凡《明史》无传者入焉,从其所安也。	部分同意。	
1—3	死节传。有清宏奖节义,而死事之臣希于前代,惟其希也,仿欧史例特著斯篇。	不同意。"近代死事之臣……实不得谓希","不必特仿欧史,示微意、发孤愤矣"。	
2—1	一家之中祖孙、父子、兄弟各有特别勋业者,宜各自为传(原注:如张英、廷玉,傅恒、福康安之类),其余列入附传。	部分同意。	

①《吴士鉴陈纂修体例》,朱师辙《清史述闻》,上海书店出版社,2009 年,第 149 页。
②伏传伟《进入民国——清史馆的机构与人事》,中山大学 2006 年博士论文。

序次	梁启超《清史商例》	于式枚按语	备注
2—2	前史于每卷传后或用赞，或用论，班、范用赞，近代用论。今断用论，惟应候全史告成、分卷确当后，再由数人分任之。盖结论乃综论此卷之人，分卷未定，不能累短较长也。	不同意："作传不作论，再由数人分任，当时修《明史》原有此例，然非古法，既云结论乃综论此卷之人，则此卷已定，分合各有义例，自应一手办理，不应分属他人。倘竟分开，万一不好，即弄成《元史》之有传无论矣。"	
2—3	班、范史传名字并书，后世修史往往脱漏，《明史》则或书或不书，史馆旧稿皆不书字。今宜通体书字，若无私家传状碑铭者，恐不免阙如之憾。	同意："向来国史诸臣传无不书字，近例乃一律刊除，以示尊严，实非古法。"	
2—4	逆臣传。国初诸藩始降终叛，宜列为"叛臣传"，前人有《四王传》一卷，盖益以孔有德，可为撰传之根据。惟孔有德则应在列传内。	不同意。赞成吴廷燮的意见："吴君向之议删'叛臣传'最为有见，开国之君臣，谁非前朝之叛逆？""由前论之，吴平西为明臣，孔、尚、耿皆明贼也；由后论之，吴为逆首，孔、尚、耿则完臣也。功罪相衡，并无轩轾，不必提出一孔有德以示区别。"	
2—5	所拟删者，奸臣、逆贰、洪孟诸人，皆有殊勋，开国资之，中叶贬之。若循此例，晋、唐之初不将无臣，宜在删削。	同意："此论至为公允"，"唐以前忠臣义士，有必死之心而不必有必死之事"。	

续表

序次	梁启超《清史商例》	于式枚按语	备注
2—6	一在求实。蒋录睿王尊父谥曰帝,王录删之。理密之废、隐志之曹、张广泗柴大纪之狱、伍拉纳广兴之辟、王鼎自裁、建瀛不死,凡此之类皆宜详考。	同意:"据文而书,自是旧例,或于传附载异说,疑以传疑可也。"	
2—7	本纪十二皆宜书名,《汉书》不书帝名,非也。史以传远,不书奚传?	同意:"纪例俱存,不待置议。"	
2—8	记载宜有通史之意也云云。	不同意:"一代之史自应守断代之例。"	
2—9	地理志,民国成立后所改地名,并宜分别注明,如《汉志》附注之例。	不同意:"今史断自宣统三年为止,以后所改地名自有专史。"	
2—10	分地志为二部,一本国地理志,一世界地理志。	不同意:"此于限断之例未合。"	

读到梁启超《清史商例第一稿》后,于式枚遂致函国务卿徐世昌表示不同看法①。于式枚的意见是以加"按语"的形式表达的,按语共十三处,前三处针对梁氏第一书,后十处针对第二书。

十三处按语中,有六处不同意,两处基本同意。梁启超《清史商例》涉及的内容不止以上所列,于式枚既然选择以加按语的形式表达意见,说明这十三处是他较为关注的方面。我们由此大致可以看出二人史例观的分歧。

首先,于式枚比梁启超更恪守传统史例。如梁启超希望拟修的清史"有通史之意",于式枚认为"一代之史自应守断代之例";梁启超主张《地理

---

①"不意日前于(式枚)忽邮寄文件若干于徐相国,启视则为于对于梁任公所著清史体例之评论,援古证今,清辩滔滔……徐相国甚为喜悦,交赵馆长以备参考,为修史之一助也。"《清史馆近闻》,《时报》1915年6月15日。

志》对民国后所改地名宜加附注，于式枚则认为不必；等等。梁启超意在突破旧史例的约束，于式枚则坚持自己的"正史想象"。

其次，对历史人物的评价，于式枚表现得比梁启超更为宽容。梁启超认为："国初诸藩始降终叛，宜列为'叛臣传'。"于式枚表示反对，于更赞成吴廷燮的意见："吴君向之议删'叛臣传'最为有见，开国之君臣，谁非前朝之叛逆？"

再次，于式枚反对过度宣扬忠孝节义。梁启超主张拟修清史设"死节传"，在梁看来，虽然"有清宏奖节义"，但清代的"死事之臣"比以前的朝代要少，"惟其希也，仿欧史例特著斯篇"。于式枚表示反对，并予以反驳："近代死事之臣……实不得谓希。""不必特仿欧史，示微意、发孤愤矣。"

由上可见，"新史学"的倡导者梁启超反倒比通常视为"遗老"的于式枚表现得更为保守。梁启超这一耐人寻味的"后转"，反映了新、旧思想的错综。梁启超时任北洋政府司法总长，由思想界巨子变为政府要员，在权力场内完成由边缘到中心的位移；于式枚辛亥后以遗老身份寓居上海，由中心退为边缘，对主流价值观倒多了一分警惕和质疑。

当然，也不能排除梁启超有迁就正史的考虑。例如梁启超曾担心清史成于众手，非如司马迁、班固、范晔、陈寿等一人独纂，"全书成于一人之手，详略相避犹有别裁"。因此，类似洪秀全太平天国起义、捻军起义（梁启超称"发、捻之难，清代第一大事也"），"其召祸之远因、近因、主因、从因，中间变迁蔓延、响应枝别，以迄次第荡平，宁疆内外，出谋肆力，得失之林，苟非别置专篇精心结撰，则无论附诸谁氏之传皆有所未安，勉为散载，终末由彻中边而具首尾，推之他事亦复有然"。所以梁启超特别希望变通史例：

> 若孤行鄙意，雅思于纪、传、表、志之外，更立纪事本末数篇，以弥斯憾。

但他又马上否定了自己的方案，原因是这样将"自紊""断代正史之例"，他说：

> 本史既以结马、班以来断代正史之局，未容自紊其例，则惟有规复马书表事之法，各表前后序论于事之本末因果可以详述罔遗，义例既无踳驳之嫌，传后良得鉴观之益，此启超语表例所以独断断于兹也。[1]

---

[1]梁启超《清史商例第一书》，朱师辙《清史述闻》，上海书店出版社，2009年，第94页。

可见梁启超也不免自觉接受"正史想象"的规约。

　　除于式枚与梁启超的"纸上争论"稍显尖锐外,内部讨论并无波折。据清史馆名誉协修张宗祥回忆,馆中为讨论史例曾"集会数次",虽然"言人人殊",但"大体不甚相霄壤"[①]。也就是说,大家的意见基本一致,并无严重的意见分歧。

三、"内"与"外":史例观的冲突

　　在具体的纂修过程中,清史馆成员关于"史例"的感触更为丰富多样。这与全馆范围内的大规模讨论很快达成共识有所不同。

　　吴昌绶辑清代后妃史事,自觉"颇有兴味",虽然他的眼前任务是修清史,不过,他仍然想要"广搜另成一私家记载"。他清楚地意识到,"史传自有体例",与他想象中的撰述并不完全相符[②]。

　　金兆蕃 1927 年 6 月 24 日(旧历)编成晋王李定国传,而李定国正卒于该日,故金兆蕃写有绝句六首以抒感慨:

其一

《宋史》周臣旧例通,奇男端合冠群雄。

溪烟箐雨艰难迹,比似崖山又不同。

其五

斧钺森严甲乙编,褒忠新诏一时宣。

牵连姓氏书难尽,别录还应史外传。

"别录还应史外传"句下有金兆蕃自注:"初意以《胜朝殉节诸臣录》中得谥而《明史》未有传者,于苍水传后附见姓氏,都计五百五十六人,连纸书不能尽,乃仅取苍水同事数人附焉。"[③]这是不能"尽如我意"的又一个例子。

---

① 朱师辙《清史述闻》"张记",上海书店出版社,2009 年。

② 吴昌绶《吴松邻舍人遗札》,中国国家图书馆善本部藏。

③ 金兆蕃《安乐乡人诗集》,沈云龙主编《近代中国史料丛刊续编》第 12 辑,文海出版社,1975 年,第 126 页。

金梁也曾回忆说,他在刊刻《清史稿》时,"一切不问,但以史例衡之,有合史例者用之,不合史例者舍之,久始稍定"①。在《近世人物志》前言中,金梁又称:

> 欲考人物,仅凭正传,既嫌过略;兼述野史,又虑传误;皆不必尽为信史也。昔校《清史》,深感其难,《光宣列传》力矫斯弊,乃采及近人日记,终为史例所限,亦不能尽如我意也。

> 近年所出名人日记,如翁文恭、李越缦、王湘绮、叶缘督诸家,为时所重,足与曾文正日记并传。其中知人论世,发潜搜隐,实可补正史所不及。翁、李、王、叶,《史稿》四传,皆经我手,世目翁为权臣,而《翁传》兼写德宗,君臣一德,遂成贤相,竟不能见怙权之迹。李伤匪类,王叹无行,叶较自好,亦复多偏,而《儒林》《文苑》,胥为通儒,非观日记,不克睹其真像也。

金梁所感慨的"终为史例所限",指的是正史对日记一类文献的采择利用并不十分鼓励。

张尔田《清列朝后妃传稿》刊行后,普遍认为此书史料翔实、考证谨严,但也有人提出批评。一是认为此书隐讳"太后下嫁"之事,一是对晚清政变记载太略。对于前一批评,张尔田称:"历史事实最重凭据,苟无真凭实据,而但信传闻之说,则史家未敢负其责,顾不如暂时缺疑之为愈矣。"对于后一批评,张尔田认为:"孝钦一传,于当时秕政,何尝不掇载无遗,所以不及详述者,则后传体例宜然。"②

尽管以上感慨均关"史例",具体内容却不一样。吴昌绶感慨的是正史篇幅对纂修人的限制。因为他想"广搜"后妃史事,但正史的容量有限,只好当作个人著述,"另成一私家记载"。张尔田、金兆蕃的感慨与吴昌绶大体相似;而金梁感慨的是不采野史、日记不足以呈现人物"真像",之所以不能过多采择,也是受到了"史例"的规约。所以金梁自称他所纂辑的《光宣列传》未能"尽如我意"。

清史馆成员有关"史例"的感慨过于具体,而深刻、尖锐的见解来自馆外。

---

① 金梁《清史稿回忆录》,《逸经》第 10 期,1936 年 7 月;许师慎辑《有关清史稿编印经过及各方意见汇编》,中华民国史料研究中心,1979 年,第 639 页。
② 张尔田《与大公报副刊编者书》之四"论清列朝后妃传稿",《学衡》第 71 期,1929 年。

例如黄宗仰即注意到"史例"有可能造成的思想束缚，他说："中国绵历四千余年，其首创言论权者，厥维孔氏。孔氏之作《春秋》也，年经月纬，纪信传疑，实为后世报纸之滥觞。昧者不察，相沿为一家一姓之记载，而史例起焉。史例起，而中国之言论无权，盖已久矣。"

黄宗仰清醒地意识到"史例"已不仅仅是一种书写的"格式"，更是一整套稳固、强大的价值体系，"欧西先进诸国，以言论为物产，以报纸为运输，其言论自由，如以物产中之种种天然品，人为品，日藉报纸运输于国民耳目前，俾研究其良窳、工拙、盛衰、消长之理由，故令国民咸乐便利，而智识日辟，闻见日新，能翼戴其国于长治久安之地。吾国专制积重，前乎此者，虽稍稍有言论权之萌芽，而春风所吹不敌乎野烧之烈，生而不秀，秀而不实，遇者痛惜，谈者欷歔。然共和目的卒赖此，秀而不实之数报纸群相鼓荡以达之，其力讵不谓伟欤？"[1]黄宗仰的意思是，"史书"和报纸一样，应该是自由言论的载体。

在民初倡导思想自由、言论自由的背景下，徐天啸在其所撰《神州女子新史》中试图有所创新。他不再以有清列帝为纪年标尺，而是以"明臣起义时代"代替"明末清初"，目的是"以示明纱之未绝，亦窃幸我中国之未亡"。又以"太平建国时代"指涉清代的相应时段。至于晚清时代，则以民国纪元前若干年为纪年，摒弃光绪、宣统的纪年方法。"其以明人起义和太平天国作为朝代分段，不以清代的兴起或清朝为分期与名称，不承认满人政权，可见在历史叙述的时间架构上，其所依循的'正统观念'与反满种族思想。"[2]徐天啸的做法带有较强的政治性，相形之下，黄宗仰对言论自由的追求意义更为深远。

《清史稿》刊行之后，民国知识界对《清史稿》的批评，亦多以"史例"为言。如易培基指责清史馆用"亡清遗老"主其事、"以诽谤民国为能事"[3]；

---

[1] 黄宗仰《〈神州日报〉五周年纪念祝词》，原载《大共和日报》1912年5月16日。收入黄宗仰著，沈潜、唐文权编《宗仰上人集》，华中师范大学出版社，2000年，第40页。

[2] 衣若兰《革命、女权与史学：〈神州女子新史〉论析》，《近代中国妇女史研究》第17期，2009年。

[3] 《清史稿》出版后之翌年，即1929年，故宫博物院院长易培基呈文国民政府行政院，建议禁止《清史稿》发行，《清史稿》遂成禁书。易培基在呈文中说：此书"系用亡清遗老主持其事……彼辈自诩忠于前朝，乃以诽谤民国为能事，并不顾其既食周粟之嫌，遂至乖谬百出，开千百年未有之奇……故其体例文字之错谬百出，尤属指不胜屈。此书若任其发行，实为民国之奇耻大辱"。许师慎辑《有关清史稿编印经过及各方意见汇编》，中华民国史料研究中心，1979年，第228—229页。

陈象恭认为《清史稿》的编纂者都是些"遗老",是站在"奴为主言"的立场来纂辑的①。陈登原也说:"盖以旧史体例而言,瞻徇胜国者有之矣,未有曲诽新朝,至于如此之烈者也?且《史稿》之编者已知'清史为旧史结束,以后将别创新史';则固当知继此而兴者,已非一姓一家之朝,何得寄其痛詈,昌言不忌如斯!"②

与易培基、陈象恭的观点相似,金毓黻也批评《清史稿》内清朝而外民国的写法有违史例:

> 修史例有内外之分,如《春秋》为鲁史,亦为孔子所述,故称"鲁"为"我",如隐八年曰"我入祊",桓十八年曰"葬我君桓公"是也。又传亦尝称"鲁"为"我",如曰"故仲子归于我"是也。后世修史者,亦有内外之辞,其于易代之时亦然,如新朝修胜朝史,必以新朝为内,胜朝为外,如《通鉴》之称宋太祖为"我太祖"是也。清人修《明史》,称清兵曰"大清兵",其叙清代诸祖宗,皆冠以"我"字,此定例也。独《清史稿》不然,其叙民国开创之革命党人,概以清廷为内,而以党人为外……③

金毓黻的观点很有代表性。

李诚(马其昶、姚永朴弟子)也不赞同其两位老师在《清史稿》中所持的立场:

> 自唐代以来,新兴王朝给胜国修史,一切立论,总是站在新兴王朝的立场,只有《清史稿》是例外,修清史的人,大都是清朝遗老,所以处处维护清朝,而且反对民国。姚(永朴)有自清史馆南归的诗云:"一朝史笔万年鉴,圣德神功那可芟?凤翔宁非逢道泰,龙潜只为顾民岩。但令谟烈稽文武,岂必存亡辨楚凡。杜宇春深啼不断,好归江上荷长镵。"真是典型的遗老口吻。④

此处所引姚永朴诗,诗题为《自清史馆归志感》。

---

① 张惠珠辑《有关清史稿编印经过及各方意见汇编》第 3 编,国史馆,1990 年,第 570 页。
② 陈登原《读清史稿偶记》,收入许师慎辑《有关清史稿编印经过及各方意见汇编》,中华民国史料研究中心,1979 年,第 658 页。
③ 金毓黻《读清史稿札记》,《国史馆馆刊》1948 年第 3 期。收入许师慎辑《有关清史稿编印经过及各方意见汇编》,中华民国史料研究中心,1979 年,第 671—672 页。
④ 李诚《桐城派文人在清史馆》,《江淮文史》2008 年第 6 期。

但是，金毓黻、李诚等批评者对"史例"的理解，与清史馆同人的理解存在偏差。针对哀灵的观点，金梁即曾有所辩驳，认为哀灵不懂"史例"。

恽毓鼎的看法近于金梁，他认为，修某朝之史，史家即以某朝为主人公：

> 在农会借得《清外史》一册……其事之偏僻失实不必论，且以义例言之，凡后代人为前朝修史，所修者某朝，即以某朝为主人翁，如梁、齐、陈、周四史，皆出唐人手，而客主不同，称其君曰"天子"，曰"上"，曰"朝廷"，称他国曰"入寇"，曰"陷"。内其国而外他国，义例当然也……今观《清外史》于列圣庙号上皆标一"清"字，甚至直呼帝名，而"满朝""满帝""清廷"等字满纸，可议处必丑诋之不遗余力，而善处则一字不书，其不公平如此！若使此种人执笔而修清史，则是非倒置不堪问矣。呜呼！史事岂可轻畀耶！①

这与易培基、陈象恭等人的看法完全相反。

以前朝为内，或歌颂眷恋前朝的忠义之士，这在封建王朝时代并不容易。清代纂修《明史》时，馆臣对此即多有顾虑。潘耒（1646—1708）特别强调眷念明代的忠臣义士，尤其是明末抗清人士的事迹应大书特书，"当时有许多人对此犹豫不决。潘耒多次引历代史书编修的经验教训来说明"②。潘耒说：

> 齐高帝敕史臣为袁粲立传，欧阳永叔修《五代史》以不传韩通取讥，元修《宋史》，文天祥、陆秀夫、谢枋得之属皆大书特书，列之《忠义》。此往事之章章著明者。而或者以为疑，其亦不详于前史之例矣。明有天下三百年，其亡也，食其禄者死其事，其身可杀，其名不可灭也。
>
> 天子仁圣，特命词臣纂修《明史》，数下诏书，宽忌讳之条……褒忠表节，何谦何疑？特患闻见之不详，捃摭之失实耳。③

可见，新朝修前朝史，褒奖忠于前朝的忠臣义士也是有前例可循的。

---

①史晓风整理《恽毓鼎澄斋日记》，浙江古籍出版社，2004年，第700页。

②叶建华《论清初明史馆臣的史学思想》，收入姜胜利编《〈明史〉研究》（"20世纪二十四史研究丛书"），中国大百科全书出版社，2009年，第224页。

③潘耒《赠吴子班序》，潘耒《遂初堂文集》卷九，约康熙四十九年（1710）刻本。前有潘耒弟子许汝霖康熙四十九年所撰《序》。哈佛大学哈佛燕京图书馆藏本。

相反,新朝修前朝史却颂扬本朝,却曾受到嘉庆帝的惩罚。清代嘉庆时曹振镛等奉敕修《明鉴》,"于万历、天启载入先朝开创之事,又加按语颂扬,于体例均为未合",嘉庆帝将副总裁侍郎秀宁降为侍卫,前往新疆换班,正总裁曹振镛等各予薄罚,并要求"另行纂辑"①。可见清代的情形颇为特殊。其特殊之处,并不在于明史馆臣不熟悉潘耒所列举的前例,而在于朝廷对前例的态度捉摸不定。

清史馆同人认为修清史当以清朝为"内",批评者则称"新朝修胜朝史,必以新朝为内,胜朝为外",针锋相对的论争反映了传统正史"史例"的复杂性。以新朝为内有屈从或迎合之嫌,而以胜朝为内则容易卷入金梁所说的"史案"②。相形之下,批评者的批评意见倒显得过于"迎合",是对曹振镛等人书写心态的自觉复制。难怪金梁对哀灵的批评不以为然。意外的是,金梁等人对"胜清"的关切,后来又受到溥仪的嘲谑。

通常认为,梁启超的"新史学"较具"现代性","梁启超既贬正史为朝廷家谱,故提倡国民的历史,以配合现代国家之兴。旧时代人称朝廷为国家,旧国史即朝代史;而梁氏的新国史,则犹如西方所谓的'民族国家'史(national history)"。有学者认为,"新史学"貌似与旧国史有别,但"中央史观并未中断",只是内涵有所不同而已:"如民族主义取代了春秋大义,党权取代了君权",然"旧传统中的官修意识、正统论以及强干弱枝观念犹在,在在稳固新的中央史观"。在高涨的民族国家意识之下,历史也必然是"国家的记忆",正如旧国史是"朝廷的记忆"一样:

> 于是一部中华民国史,仍然反映以孙中山为核心的中央史观。民国史事与人物的评判多以孙为指标,往往出现顺孙者倡,逆孙者亡的春秋笔法。③

北伐成功后新民国文人对《清史稿》的批判,显然不脱"中央史观"的痕迹。

学术研究和历史撰述的空间架构是多种多样的,地方史、区域史,以及打破国别、民族界限的帝国史、教会史、思想史、战争史等等均是,《清史稿》

---

① 《清史稿》卷一六《仁宗本纪》,嘉庆二十三年(1818)五月。
② 金梁《丁丑自述诗》其五自注云:"丙寅(按:1926年)入东华,重修《清史》,次年校刊毕。复有史案,再赴沈。"金梁《息庐咏史》,金梁自刊,1937年铅印本。
③ 汪荣祖《史学九章》,生活·读书·新知三联书店,2006年,第111页。

属于民族史和国家史的类型,这种民族史学的模式在西方也属常见。"历史学家在从事历史研究时首先把自己看成且扮演着英国的、法国的、德国的、俄国的和美国的历史学家"①,这种"想象"和"扮演",说明历史学家笔下的文本之"倾向"与历史学家本人的真实思想之间,有着某种耐人寻味的"距离"与"缝隙"。

新史学的倡导者梁启超主张拟修清史设"死节传",却遭到通常认为"保守"的于式枚的激烈反对,梁启超的这一建议,很可能是"想象"和"扮演"的结果。袁世凯在设置清史馆的大总统令中有"踵二十四史沿袭之旧例,成二百余年传信之专书"②的提法,梁启超、奭良(曾建议《清史稿》之史论用"史臣曰"③)等人在史例讨论中均或多或少地表现出"踵"二十四史"沿袭之旧例"的倾向。

---

①于尔根·科卡《国际历史学会:历史学家如何超越民族史、国别史》,《消解历史的秩序》,山东大学出版社,2006年,第72页。
②《政府公报》1914年3月10日,第660号。
③奭良《史论拟用史臣说》,《野棠轩全集》(《近代中国史料丛刊》第17辑),文海出版社,1969年(据吉林奭氏1929年排印本影印),第9—10页。

第五章　变局与创例:围绕史例的讨论之二

开馆时各家商讨修史体例的相关文献,多已经朱师辙整理,收入其《清史述闻》一书。这些文献,有的可在中国国家图书馆古籍馆查得原稿,如卢彤的条陈。当然也有未收入《清史述闻》者,如常荣《拟修清史管见》等。兹据中国国家图书馆古籍馆所藏相关文献,以及朱师辙《清史述闻》所录商例文章,将其中有关史例创变的建议与意见加以概括和分析,以见当时学人对清史编纂体例的创见与思考。

一、史例商讨概况

开馆之初,同人就修史过程、办法、史例多有商讨。袁嘉谷、陈敬第就"进行之方"提出六项建议:一、讨论体裁;二、征求史料;三、分认编纂;四、详注出处;五、润色定稿;六、酌定期限①。其中,一、二、三、五均是就进行步骤而言。第一项即为讨论体裁。

体裁问题即史例问题。关于史例问题的商讨,清史馆是从两个途径着手进行的:一是集会商讨,二是征集书面建议。据张宗祥回忆,"馆中集会数次,言人人殊而大体不甚相霄壤"②。可知众人的意见在大方向上是基本一致的,较易达成共识,但每个人的具体意见又不尽相同。

当时报章对清史馆第一次会议曾有报道,会上有多位专家谈到史例。报道全文如下:

　　　　　　　　清史馆第一次会议

　　　　清史馆自开幕后,赵馆长延揽名宿,不遗余力。组织就绪,于日前约集总纂、纂修、协修及名誉职开第一次会议。耆儒硕彦,群聚一堂,

---

① 《袁嘉谷、陈敬第陈清史凡例商榷》,朱师辙《清史述闻》,上海书店出版社,2009年,第163—165页。

② 《张记》,朱师辙《清史述闻》,上海书店出版社,2009年,第1页。

到会者二百余人，尤以名誉职到会者为最多数。

首由赵馆长登台申明开会宗旨。第一，请诸贤对于修史入手办法各抒所见。第二，声明总纂、纂修名义，不过保存古意，事实上一律平等。第三，请诸位分任功程。演说一小时，词意极为婉转。

赵馆长说毕，名誉总纂王壬秋先生演说。王先生演说之大意，则注重本纪，并主张各稿成后，由馆长独裁去取云。

次由名誉总纂梁任公先生演说。梁先生对于修史，胸有成竹，演说甚长。大意主张多开会讨论，并主张先拟出问题，再开会讨论。其对于修史之意见甚多。大致在正史中仿《史记》体例。立表于人物表之外，再编月表、年表。年岁愈近，表记则愈求详云云。

次由严又陵先生演说。其大意愿修史诸公，公平着笔，并须有世界眼光。且担任译述欧西各国修史手续，以备参考。

次由纂修吴君士鉴演说。大体赞成任公之议论，不过稍有出入耳。

吴君演说毕，即由众决议采任公之说。以后开会，先拟出问题，逐条讨论，积极进行。尽欢而散。①

上述报道虽较简略，但也提供了不少重要信息。如到会者有二百余人，以名誉职到会者为最多。如职名分等不过"保存古意"，纂修中一律平等。如王闿运主张重视本纪、梁启超主张效仿《史记》体例、严复强调"须有世界眼光"等。

众人以书面形式递交的史例商榷意见，多由朱师辙抄录，收入其《清史述闻》一书。《清史述闻》自卷六至卷一三，所载均为当时他在馆中见到的史例商榷文献，共八卷。篇目如下（括号内为下文引用时的简称）：

一、于式枚等拟开馆办法九条（下称"于式枚等'办法'"）。本篇系于式枚、缪荃孙、秦树声、吴士鉴、杨钟羲、陶葆廉六人合撰。所拟九条办法，分别是：(1)搜档册；(2)采书籍；(3)仿《明史》；(4)勤采访；(5)办长编；(6)三品以下臣工，仍用阮元"儒林""文苑传"例；(7)所采事实须注出处；(8)事实各书所载不同，须折衷附考异于下，将来另成专书，用钱谦益例，即名"国史考异"；(9)书全用《明史》例，亦有增删。

---

① 《清史馆第一次会议》，《学生》1914 年第 5 期。

二、于式枚等《拟目》（"于式枚等'拟目'"）

三、梁启超清史商例第一书（"梁启超"）

四、于式枚修史商例按语（"于式枚等'按语'"）

五、吴廷燮上清史商例（"吴廷燮"）

六、金兆蕃拟修清史略例（"金兆蕃'略例'"）

七、金兆蕃上清史馆长第一书（"金兆蕃'一书'"）

八、金兆蕃上清史馆长第二书（"金兆蕃'二书'"）

九、夏孙桐上清史馆长论《清史稿》现尚不宜付刊书（"夏孙桐'论'"）

十、吴士鉴陈纂修体例（"吴士鉴"）

十一、袁嘉谷、陈敬第陈清史凡例商榷（"袁陈"）

十二、朱钟琪拟修清史目例（"朱钟琪"）

十三、袁励准、王桐龄上纂修清史管见书（"袁王"）

十四、张宗祥陈纂修清史办法（"张宗祥'办法'"）

十五、张宗祥撰《史目榷》（"张宗祥'目榷'"）

十六、张宗祥撰《清史目拟》（"张宗祥'目拟'"）

十七、朱希祖拟清史宜先修志表后纪传议（"朱希祖"）

十八、刘树屏陈述"邦交志"意见书（"刘树屏"）

十九、卢彤条陈征集书籍及分类纂办法（"卢彤"）

另外，朱师辙《清史述闻》卷三收录了朱师辙本人撰写的改纂清史"艺文志"说帖（简称"朱师辙改纂"），卷四收录了朱师辙本人撰写的重编清史"艺文志"经部说明（简称"朱师辙重编"），以及夏孙桐所撰清史"循吏"编辑大意（简称"夏孙桐'循吏'"）。

以上共二十二篇。再加上中国国家图书馆古籍馆所藏常荣撰《拟修清史管见》（下文简称"常荣"）一篇[1]，共二十三篇。这些文献，是我们将要重点分析的基本文献。本章在引用这些文献时，均括注简称。引自《清史述闻》的，同时注明所在的页码。

---

[1] 常荣《拟修清史管见》，铅印线装本，约1914年。中国国家图书馆古籍馆藏。下引本篇不另出注。按：据常荣此文中所述，他是汉军旗人，先入读师范学堂，毕业后就读历史地理专科两年，故对《清史》之修甚为关切。他说："对于中外历史一门，虽无深造之功，而研究之余，未尝不留心于掌故之学。今幸逢夫子大人职修《清史》，开馆之初，生以食践之大义所关，对于此次修史，苟有一得之愚，即当冒作刍荛之献。兹特就管见所及，实有不可不注意之三大要点。请为我夫子大人缕细以陈之。"

二、清史作为"变局"

关于清史纂修，同人均认为其事重大、时机可贵，史例方面当有折衷因创，以与清代的"变局"相应。对于清代内政、外交的看法，同人也基本一致。诸家均十分强调清史相对于此前历朝历代的重大变化。

关于**修史时机及时代思潮之"新"**。常荣陈《拟修清史管见》，开篇即言修清史时机与历代修史之不同："伏以此次修订《清史》，千条万绪，着笔良难。既逢五大洲革命之乱潮，又开千百年共和之创局，文献俱存，迥非寻常抱缺守残、踵修胜朝遗史者所可同年而语。"常荣说《清史》纂修适值"千百年共和之创局"，这是强调修史时机、时代思潮之"新"。

关于**清朝史事之"新"与"异"**。常荣又言有清一代内政外交之剧变："前清中叶，道咸之间，外患荐至，实千古之创局，不尽关于内政之得失。以数千年闭关自守之国，突来不可思议之外患。挟传教、通商两大难题，迫我深闭固拒之人民，以公认稍有不遂，则坚枪利炮以随其后。即使中国英武之君，如汉武、唐太之流，生当其冲，亦苦于应付之无术，况我雍、乾之后，承平日久，民不知兵，遽欲迎此列强学战之潮流，而期其不深陷于劣败之漩涡中也，得乎？"这是强调清代政治的变局，即道咸以降海禁大开，列强环伺，清政陵夷，堪称"千古之创局"。故清代政治之得失，"不尽关于内政之得失"，也受到外部力量的严重冲击。是为修史客体——清史——之"新"与"异"。诸家于此多所论列，不再一一。

关于**因时代变化而变化的文献新类型、新形态**。卢彤在条陈书籍征集办法时指出："今日文轨大同，报馆林立，日报、周报及各种杂志尤足藉资参考，用补公家之未备。"（卢彤，第 207 页）在谈到各省舆图的征集时，卢彤说："胡文忠据内府底本为《一统全图》，颇称详博，其后新化邹代钧网罗旧闻，参互中西，成《中外全图》，实为舆图之大观。"（卢彤，第 208 页）在谈到名人小照及手迹征集时，卢彤说："近世泰东西各种史籍均有肖像……今纂修《清史》，似宜于中国各正史外别创新例，将名人肖像、手迹及最有关系之图画刊印简端，则名人精神事迹均赖是而永传千古矣。"（卢彤，第 208 页）卢彤提到的日报、《中外全图》、国外史籍附印的肖像，均属文献新类型、新形态。

关于刊印方式之新。卢彤在谈及刊印事项时,讲了三点意见:(1)活版铅字,以亚铅版排印全史,法简而捷,舛误亦易检正。所遗纸版,并便存留;(2)铜版地图。地图用铜版镌刻,上以石付印。(3)镌刻钢版。专印肖像及各名胜(卢彤,第210页)。这里谈到的文字用亚铅版排印,地图用铜版石印,肖像及名胜用镌刻钢版印,均是就《清史》印刷方式提出的新要求。

以上四点,同人虽皆重视并留意,但最终未尽落实。地图、肖像、名胜之类图像并未入史,故刊印用铜版、钢版之议自然落空。文献方面,主要依据的是官方史料,报刊资料利用较少。清代史事之"新",同人尽量在史目及行文中加以体现、落实,但也有未能落实者,如"宗教志"即未立。至于修史时机之"新",实为一时之感受、一己之愿景。民国初年,政局多变。"新"则"新"矣,乱亦不免。清史馆后期经费都难落实,匆促中仅成一"稿",火速付梓,得以行世,实属不易。

三、纪、传体例商讨

关于本纪纂修,诸家多所论列。自世祖至德宗诸纪,意见基本一致。分歧主要在两端,即开国诸纪及宣统帝纪。

意见一:本纪自清太祖、太宗始。吴士鉴、袁嘉谷、陈敬第、朱钟琪等均持此见。吴士鉴所谈,涉及史料来源、开国诸纪(尤其是太祖、太宗及四祖事迹)的处理,他认为:"天命、天聪两朝已成混一区夏之基,宜仿北魏圣武、平文之例,冠以太祖、太宗本纪,至于四祖事迹,皆当叙于太祖本纪之中。"(吴士鉴,第140—141页)袁嘉谷、陈敬第就本纪纂修提了三点建议:其一,本纪应从清太祖始,"清自布库之嗣,奕业著称,至太祖而帝业兴,世祖而帝业成,与元太祖、世祖正同一例,《元史》始太祖,《清史》亦始太祖,可勿疑义"。其二,本纪十二帝皆书帝名,不必如《汉书》本纪仅书庙号不书帝名。若不书名,"名曰敬之,其实非也,史以传远,不书奚传?"(袁陈,第156页)

意见二:世祖以前称"序纪"。这是张宗祥的意见,与上述吴士鉴、袁嘉谷、陈敬第等人意见有同有异。张宗祥说:"自满洲发源至太祖皆列'序纪',仿《魏书》之例也。"为何不可立为"本纪"? 张宗祥的理由是:"未主中夏,事实仅关一部,则本纪所不能容;发祥东北,非明廷之臣子,则'序纪'所不可少。"张宗祥又在注中云:魏与清未主中国之前,"魏、清之名未立,为史者自不能另立一名，若殷、周之类，故不如用'序纪'之法为宜也"（张宗祥"目拟"，第190页）。《清史稿》最终采取的方案是太祖、太宗均立本纪，祖考事迹均载入太祖本纪。

意见三：宣统帝纪的处理。袁嘉谷、陈敬第就本纪纂修所提三条意见，第三条是关于宣统帝本纪的。二人认为："（宣统帝纪）可仿《元史》泰定帝之称，或仿《史记》称'今上本纪'。"（袁陈，第156页）张宗祥意见相同："宣统帝纪，历年虽短，实一朝兴废所关；元号标名，援前史泰定之例。纪述止于让位，明此后之无关谥号以及享年，待他时之补载。"张宗祥又为之补注云："宣统帝纪有谓宜附德宗纪之后者，然三年之中大事几不胜书，允宜专列一篇。有谓宜名幼帝、少帝、末帝者，然清廷逊位实因国体改更之故，与前史不同，国名改矣，帝号仍在，将来宣统未必终于孺子，幼、少等号皆为不妥。至此后事实既与国事无关，则清室一姓谱牒之职非国史所宜书矣。"（张宗祥"目拟"，第190页）综合以上意见，可知三人均赞成专立"宣统帝本纪"。

意见四：特例之处理。袁励准、王桐龄提出了两类特例，慈禧太后为一类，两摄政王多尔衮、载沣为一类。关于慈禧，"依《史记》吕后、《前汉书》高后、《旧唐书》则天皇后、《新唐书》则天顺圣武皇后例当列入本纪，依《后汉书》和熹邓皇后、《宋史》章献明肃刘皇后、宣仁圣烈高皇后例当列入列传"。二人提议："可否名从其实，仍列孝钦于本纪。"关于后者，"准《史记》例当列入列传"，若如此，"则顺治、宣统两朝大政又苦于无所附丽"，"应如何变通之处，敬候钧裁"（袁王，第170页）。张宗祥不赞成帝后立纪，他对《史记》立"吕太后本纪"持批评态度。他说："少主时虽吕后称制，然共主犹存，何必再分一纪乎？凡关系朝政者附'孝惠纪'中，其余则'外戚世家'中。"至于为何不可立慈禧为本纪，张宗祥说："孝钦擅政，实亡清室……孝钦于德宗，初立之际则两宫听政，庚子之后仍以垂帘之名诏天下，虽实权在握，名则不居，且自穆宗后未尝一日无君，与吕后实不同矣。"（张宗祥"目榷"，第179—180页）

关于传。

在正史中，列传一向占据最大体量，其纂修至为繁难。其难至少有四。涉及面广、工作量大，是为一难；依功绩、造诣、身份等对人物进行分类，是为二难；同一类人物中，判定高低、区别主次，是为三难；纂修人员分头纂修尚属容易,各传间的呼应、互见,以及避免重复或遗漏,需要同人间较为高效的协作与配合,是为四难。

观《清史稿》刊本可知,列传的纂修虽不无可议处,但整体质量尚好。其列传之佳者,傅振伦曾有论列。至于赞论之"得体",更是得到傅振伦的肯定①。

关于列传体例的讨论,主要集中在分类、定性及称名上。最易解决的是称名,较难解决的是分类,最难解决的是定性——即对人物品行之优劣等次、成就贡献之大小高低,以及重大历史事件的评价问题。前文在对比梁启超、于式枚的意见时,曾涉及二人关于列传的不同看法。这里再谈四个相关问题。

其一,特殊传目之称名。这里涉及的,便是称名问题。袁嘉谷、陈敬第提醒,不必如旧史专立"奸臣""叛臣""逆臣""流贼"等名目,只需"将各传诸人列诸篇末,不别为之标目,则吴、耿、洪、杨之传,亦不必别为标目"(袁陈,第162页)。《清史稿》对称名问题的最终解决办法,便是不称名,一如袁嘉谷、陈敬第所建议的那样。

其二,关于新设传类。《清史稿》除循吏、儒林、文苑、忠义、孝义、艺术、畴人、列女、土司、藩部、属国等传标出类名外,其余各传均不标示类名。不过,在开馆之初的体例讨论中,同人提出了不少类传名目。如张宗祥建议设"党人传",他说:"党人者,专为前清政治革命杀身诸公而设也,诸人之志专在改革政体,实与叛逆不同,若不列传,则清廷让位之举实出无名,故必宜增,而戊戌政变被戮者附焉。"(张宗祥"目拟",第193页)袁嘉谷、陈敬第也建议设"党人传",二人认为:"革命之党人,共和之原因也,讳言革命则清室之禅让为无名矣,故革命党人与吴、耿、洪、杨自图帝王者自殊,宜仿《后汉》'党锢'之例别为一传,但又非党锢之事,故酌易为'党人'。"(袁陈,第163页)袁励准、王桐龄则就传类提出更多名目,如"新学家传""教育家传""实业家传""客卿传"等。其中,"客卿传"的提议颇值得注意。二人对"客卿传"解释如下:"清室勃兴,登庸人才不拘国籍,国初之汤若望、南怀仁,乾嘉间之艾启蒙、郎世宁,最近之戈登、赫德等,或以学术显,或以武功显,或以财政显,皆以欧洲民族为中国大臣,既不便如汉唐书旧例附入名臣传,而

---

① 傅振伦《〈清史稿〉评论》,朱师辙《清史述闻》,上海书店出版社,2009年,第244—247页。

人数甚多,关系我国政治、文化者甚巨,亦不便如《元史》例屏马哥博罗不载,兹拟特立此篇,凡外国民族为中国登庸者皆归入此类。"(袁王,第175页)

其三,关于议设而未设传类。《清史稿》未设"宦官传""佞幸传",后来因此而受到学者批评:"清代佞幸大臣家奴,如冯铨之刘次菴,明珠之刘仪舟、安歧,和珅之刘全诸人,均以家主贪墨而至暴富,或结交权势,或通文墨,此种特别现象均应详记,今书不载,疏漏也。""又,清初宦官执事,总管权重,中世刘金、阎进喜身御林清之乱,末叶安德海、小德张、李莲英等权阉得宠,均应编著,吴、袁、张三氏倡议立传,今竟不行,是其失也。"①

其四,关于部分人物之定性。如某人该入《儒林》还是《文苑》,以及立为正传还是附传之类问题,均涉及人物的评判、分类与定性,需要斟酌、评估。虽然《清史稿》多数列传未标名目,但也体现了以类相从的原则,所从者何"类",其实也隐含着定性。这也是后来引起争议较多的方面。

整体而言,《清史稿》于诸传的处理尚属妥当。傅振伦的评价是:"本书(按即《清史稿》)汇传之目一十有四,尚不为多。传九至二百六十二为列传二百五十五卷,各以时次,颇得史意……凡一、二品以上者均不分类别,依时次之,其次要者则附出之。卷二六一吴三桂附耿精忠、尚之信及孙延龄,卷二六二述洪秀全,则仿前史叛逆传末之例也,然苟以此二卷并朱氏(森、一桂、毛里、明月、洪英)、林爽文、林清、王三槐等为载记以详之,尤为得体。"②

四、志、表体例商讨

朱希祖提交的修史建议中,对志、表极为重视。他说:"纪、表、志、传,史之四科,其来久矣,然作史之难莫难于表、志。表祖《世本》,志出《三礼》,非通经述罕能撰述,其难一也。表之科条旁行斜上,志之条贯致远钩深,理在博综,文贵核实,其难二也。"他还比较了纪、传与志、表在写法上的不同:"纪、传品藻,易耀华而炫长;表、志礨括,必敛才以就范也。"所以他建议先

①傅振伦《〈清史稿〉评论》,朱师辙《清史述闻》,上海书店出版社,2009年,第270页。
②傅振伦《〈清史稿〉评论》,朱师辙《清史述闻》,上海书店出版社,2009年,第270页。

难后易,即先修志、表,再纂纪、传(朱希祖,第195页)。

关于志之纂修,意见颇为纷繁。兹择其要,分三种情形介绍如下:

其一,新志增补较具共识者。

外交志、邦交志。同人均赞成增设"外交志"或"邦交志"。金兆蕃说:"海通以后,与东西诸国以干戈玉帛相见,国之大事,古所未有,情事万变,《交聘表》不能尽也,宜立'外交志'。"至于写法,金兆蕃也有建议:"和战本末,综其首尾,一役之终必有条约,谨记事目,其详散见在事诸人传中,有互证,无复述。"(金兆蕃"略例",第130页)梁启超对"邦交志"写法的建议是:"上篇述彼我情势及通好始末,下篇类分条约,撷其窾窍,宜与'和战年表'互为详略。"(梁启超,第100—101页)朱希祖也说:"明以前无对外平等礼,故史家于外国皆立传,清则与东西友邦缔约通使,交涉至繁,论谊既非判尊卑,论事尤关系强弱,是宜综有约、无约诸国,凡有交涉事而世界称为独立国者概立一志。"(朱希祖,第200页)

吴士鉴建议增立"交涉志",该"志"实与"外交志""邦交志"相近。吴士鉴称:"海禁既开,交涉沓至,东西各国订立约章,为前代所未有,凡夫通商之约、勘界之约、行船之约与夫特别条约,皆宜胪举纲要,国别为篇。"既然以国别为篇,则存在孰先孰后的问题。吴士鉴说:"若以远近而论,当先同洲之国,次及欧美",即先亚洲、后欧美。吴士鉴对此似有动摇,故又说:"再三思之,似宜以订约之先后为次。"至于纂修"交涉志"可资参考的资料,吴士鉴有颇为详细的列举。他说:"其取材以《约章汇纂》及外务部旧档案为主,若日本交涉则有黄遵宪之《日本国志》,俄国交涉则有何秋涛《朔方备乘》《曾惠敏公集》、钱恂《中俄界约斠注》、施绍常《中俄国际约注》、李金镛《珲瑴偶存》、许景澄函稿,均当日国际交涉实在情形及订约之关系,所当慎重纂辑,至《林文忠政书》,曾文正、李文忠及诸疆臣奏疏,均宜注意。既国别为篇矣,其有数国共同一约者,亦宜互见。"(吴士鉴,第147页)

宗教志。金兆蕃说:"国有宗教,所以齐民俗、坚民志,是其中有权焉。我执其权则人为我用,黄教是也;人执其权则我为人用,耶教是也。宜立'宗教志'。"写法上可"略举其源始,详陈其流极,与《魏书》'释老志'陈义固不同科,回教宜附见"(金兆蕃"略例",第130页)。朱希祖的意见更详,所谈可归纳为三个要点:一是前史宗教设志及命名的情况。他说:"《魏书》始志'释老',《元史》又传'释老',其时二者交崇,罕拜他教,作史创例,命名惟宜。"二是清代的宗教状况。他说:"清代则释、老而外,兼盛回、耶,喇嘛播教于蒙、藏,可兰守教于西域,种尚然也,耶教则友邦缔约允行,又新旧分科,专以广播彼教为事,而交涉乃繁,安得不志。"三是清代宗教的支派或变异。他说:"他若道教之演为八卦、白莲,酿成拳乱;洪秀全冒上帝教之名,流毒半壁,均不能以教论,削而不论。若开封挑筋乃犹太之别宗,泰州孟子非播传而成派,苗蛮拜物尤局囿于一隅,附载数言,非许为教。"(朱希祖,第200—201页)朱希祖所言切中肯綮,对清代宗教发展脉络的梳理也见卓识。其中,洪秀全拜上帝教"不能以教论",也是很重要的见解。

邮传志。增立"邮传志"是同人共识。梁启超认为:"自昔驿传已为要政,今则路、电、邮、航实管国命,议者多欲别立专志,某亦从同。"(梁启超,第99页)朱希祖说:"'邮传志'古无所承,昔所谓邮传,马政、驿递、台站数事而已,故可统于兵,今则曰航路、曰铁路、曰电线、曰邮信,事事取法于外,即事事与外人相干,虽事起同光,为时不久,然一代要政不可不志。"(朱希祖,第199—200页)

国语志。梁启超称"国书志":"国书为一代制作,今则满人中解者不及万一矣,鼎革以往,沦湑盖所共睹,《清史》不纪,后何述焉? 故以殿群志之末,其蒙古文、唐古忒文等亦附见,志所自,且从其类也。"(梁启超,第101页)

教育志、新学志、兴学志。三志相关,由不同的学人提出,所论不尽相同。关于"教育志",张宗祥认为:"同文(馆)、方言(馆)未兴之前,则宗学、国学暨选举、书院之法皆宜胪列,咸同以后则学堂之制更所宜详。"(张宗祥"日拟",第192页)"新学志"是袁励准、王桐龄二人提出:"近世新学输入中国颇为发达,'艺文志'后拟加一篇,名曰'新学',凡一切形上、形下之学问,本非中国固有新自他国输入者,俱归入此类。"(袁王,第172页)"兴学志"由吴十鉴提出,他说:"海通以还,怵于外患日迫,当周知四国之事,于是首设同文馆于京师,上海、广州次第设方言馆,南北洋设武备学堂、陆师学堂,福州设船政学堂,戊戌后京师始设大学堂,辛丑和议告成,诏各直省遍设各等学堂,乙巳设学部,颁布学堂章程,大辂椎轮至此始具。"除此之外,另有各部所办的专业性学堂:"他如外务部所辖之俄文学堂,度支部所辖之财政学堂、银行学堂,兵部所辖之陆军学堂、水师学堂,虽督抚创办,不为部所直辖,然其事隶于兵,法部所辖之法律学堂、邮传部所辖之交通传习所、农工商部所辖之工业学堂无不同时并举，树厥风声，此五十年来兴学之大凡也，允宜钩元提要，历叙改革兴举之次第，为'兴学志'一门。"（吴士鉴，第144页）相较而言，张宗祥所谓"教育志"，比吴士鉴所说的"兴学志"以及袁励准、王桐龄二人提出的"新学志"涵盖范围要广，因为"教育志"也包括了清代前中期的宗学、国学、选举、书院等，而"兴学志""新学志"专指新学。

其二，新志增补之特殊建议。

不同于上文提到的邦交志、邮传志、宗教志等众皆积极响应，下面的建议虽有新意，但附议者无多。

古物志。此议出自梁启超。梁启超先从西方的古物观念谈起："欧人嗜古成癖，先民手泽若为国宝，用夸厥邻，岂惟桑梓之恭，实增肯构之念，文物淬厉，继长增高，职此之由。""肯构"，指房屋建造，语出《尚书》。梁启超继而充分肯定清儒在此方面的成就："清儒汲古之勤，过绝曩代，其所鉴识大率可宗。"然后阐释设立古物志的意义："本史之作，将以结二千年旧局，语其文物以诏方来，夫文物所寄岂惟经籍，建筑、彝器、雕刻、书画其显象也，窃谓宜特立'古物志'以为'艺文'之配，就此四端择其见存，于今尤异，而足称国宝者著录焉，此实不朽之盛事也。"（梁启超，第100页）梁启超主张增立"古物志"，以之与"艺文志"相辅、相配，这是相当超前的看法。之所以未被采纳，原因是多方面的。至少纂修人员不易觅得，因为古物研究为专门之学，需要长时间的积累，方可有专深的造诣。梁启超自己也说："若其别裁之例，蒙非专家，不敢有云。"（梁启超，第100页）建议归建议，古物志的纂修难度也是不容回避的。

都市志。这也是梁启超的建议。他认为："全史精华，惟志为最。"（梁启超，第97页）；之所以设"都市志"，是因为中外时势的发展变化："泰西自百年来，国力所趋悉集都市，世运之变此其主因。海通以还，波靡及我，互市诸岸，实管国脉，利病所受，来日方滋，今拟别为一志，上自京师、省会，下逮诸岸，旁及腹地各大市集，详纪其位置形便及今昔变迁之态，以附'地理'之后，盖附庸蔚为大国矣。"（梁启超，第98页）

象纬志。此为吴廷燮提出。他说："日月薄蚀，彗孛飞流，古经所书，今日迷信，《通考》'象纬'，几次末帙，有前知矣。"（吴廷燮，第125页）《清史稿》最终立有《灾异志》，但未立"象纬志"。

此外，在梁启超建议设立的诸志中，颇多新名目，如"水利志""物产志"

"贡赋志""户役志""征榷志""盐法志""钱法志""国用志""乡政志"等。这些志目，或与旧有诸志交叉，不必增立；或分类过细，可并入相关各志中，故最终并未采纳。

其三，纂修进程之建议。

这类建议较多。在谈到《食货志》的纂修进展时，夏孙桐说："'食货志'各门多袭国史旧志，道光以后之事初稿多未详载，应补者甚多，不知如何处置。"（夏孙桐，第139页）这是强调道光以后典章制度有变，而已纂修的志稿对此记载有限，需要增补。另外，刘树屏有关"邦交志"的意见、朱师辙有关《艺文志》改纂及重修的说帖，均有价值。本书其他章节将有讨论，此不赘述。

关于表。这方面的建议也不少，如下三点值得注意：

其一，用新法制表。

如袁嘉谷、陈敬第二人建议"表宜以统计之法定之"，并解释道："史表之重由来远矣，惟自《史记》之后尚未扩充而全备，今统计之学大明，自宜采用，俾一览而易知。"（袁陈，第159页）

其二，增加数量。

如卢彤就建议"宜多作表"。他说："本纪、世家、列传、八书，其体尚矣！然无表以纪之，则其事繁而纲难举。太史公仿周谱谍，作十表，后世史家多效法之。表多，则传可省。此作史良法也。拟仿史公年表例，以年为经，以月、日为纬，分行详列，与正史互为出入，与列传相为表里。暗师司马《通鉴目录》遗意。既得全史纲领，又便学者检寻。"（卢彤，第208页）

其三，增加门类。

袁嘉谷、陈敬第认为："表宜多分门类以补列传之省略"，"表少传多，旧史之通病也，今欲传少则表必不容不多"，"如皇子、公主、宗室、外戚，旧史颇多别为列传，兹拟概从省略，但一一列表注明"。袁嘉谷、陈敬第建议，外交、政治等方面的大事，也可以列表："更有进者，清朝开拓之广、交涉之关系、大乱之戡定、政治之变迁，俱昭然在人耳目，宜并仿顾栋高《春秋大事表》之例，别立一表，以示来兹"（袁陈，第159页）。朱钟琪所拟修清史目例中，建议增加"使臣表"等（朱钟琪，第166页）。袁励准、王桐龄也建议增加"使臣表"："近世外交之冲繁为历代所未见，出使大臣一职关系国家前途甚巨，各国视之与将相同重，其临时、特派之全权大臣，尤与国家之盛衰存亡有密切关系,兹拟特立一表,凡钦差出使各国大臣、钦命全权大臣、钦命头等全权大臣等,凡执行国际关系之使臣,其姓名、官秩、驻扎地点或临时暂驻地点,及其在职年月之长短,一一载之,以与'外交志'互相参考。"二人还建议增加"外使表":"驻扎我国或一时派赴我国之各国使臣,与国际上有密切关系,兹拟特立一表,以与'外交志'互相参考。"(袁王,第173页)

关于《清史稿》诸"志"之纂修及拟目情况,朱师辙曾有总结。他说:

> 《清史稿》志目十六,《明史》志目十五,是《明史》志目《清史》皆有,惟改"五行"为"灾异"、"历"为"时宪",而并"仪卫"于"舆服",则《明史》目十五,《清史》并为十四,而增"交通""邦交"二志,《清史》目十六实用于氏(式枚)等拟目,惟删"国语"一目,而从"兵"志中之铁路、轮船、电报、邮政分出为"交通志",乃从吴士鉴、金兆蕃等所议,而梁启超、吴廷燮、袁励准、王桐龄、朱希祖、朱钟琪等亦有立"邮传志"之议,此则从众议而独立者也。①

朱师辙指出,仅"交通""邦交"二志为《清史稿》新增。

张宗祥、袁励准、王桐龄、吴士鉴等建议新增的"教育志""新学志""兴学志",也未能增设。尽管未能专立各志,但相关内容并未遗漏。五口通商以后各级各类新式学校的开办情形,在《清史稿·选举志》"学校二"中有详细的记载。

由以上的回顾可知,《清史稿》在体例及拟目方面主要承袭了传统正史尤其是《明史》的格局,同人关于史例创新及变化的诸多设想未尽付诸实践。尽管如此,这些讨论所体现出来的学术创造精神,依然值得重视,留下了一代学人的珍贵思考。

---

① 朱师辙《清史述闻》,上海书店出版社,2009年,第18页。

第六章　历史与价值：
《清史稿》中的话语叠加

开馆之初，首定体例，这几乎是清史馆成员的共识。姚永朴说："若入手之方，首在定体例。必体例立，乃可使承修者各就所长，分任一二类。"①在传统正史的体例与框架内，史料之多寡与史实之考辨当然重要，不过，更受重视的毋宁说是"史识"，是"义理"，即对历史、人物、事件的看法②。

檀玑即明确主张"风世"，认为"循吏"应多收："后世史传《循吏》失之稍滥，然旁搜博采，藉以风世，宁详无略也。"③又认为《清史》宜立"权幸传"："《明史·阉党传》特笔也，诛凶奸于既死，颇得《春秋》遗意。仆私议《清史》宜立《权幸传》，意亦本此。"④

金兆蕃说："立臣子之朝而笔削其君父之事，隐恶扬善，礼在则然。非博览详谘，宽搜而严取，孰隐孰扬，无可考见。二百六十年中，士夫直笔，诎于文网，民间妄语，流为丹青，所见异辞，所闻异辞，所传闻异辞。是非在彼，去取在我。"⑤金兆蕃所说的"笔削""去取"与"隐恶扬善"，强调的也是"义理"。

清史馆开馆之初，王树枏在向外界介绍"大臣列传"的纂修时，也有类似的表态。当时有报道云：

> 清史馆自开馆以来，已经年余。对于修史之第一难题，即清代大臣传也。其原因以他种问题范围皆较狭，编纂者尚易着手。惟"大臣传"一门，必合二百余年掌故。熟悉底蕴，且于各人身分上之考查，详悉无遗，方有下手处。昔日该馆曾遍访海内名流，得一名实相副之人于式枚者，担此巨任。不幸于氏卒于沪上。近乃新聘名儒王觐卿先生

---

① 姚永朴《与清史馆论修史书》，姚永朴《蜕私轩集》卷三，北京共和印刷局，1917年铅印本。
② "昔刘子元谓作史必具三长，曰才，曰学，曰识。窃谓'识'者，义理也；'学'者，考据也；'才'者，词章也。无义理则识偏，无考据则学疏，无词章则才陋。三者皆史家之所忌，而就中'识'尤为本。"姚永朴《与清史馆论修史书》，姚永朴《蜕私轩集》卷三，北京共和印刷局，1917年铅印本。
③ 檀玑《篆竹斋诗》第46首（"潸"韵）自注，京华印书局，1918年。
④ 檀玑《篆竹斋诗》第4首（"支"韵）自注，京华印书局，1918年。
⑤ 金兆蕃《安乐乡人文》卷五，1951年铅印本。首都图书馆藏。

继续斯职。各报多已登载。《时报》记者昨曾面晤王氏，叩以对于修史之意见。王氏言：史册流传，原为褒贬前人，劝惩后人起见。鄙人于修"传"一节，原无用心于其间。但即有清一代之大臣，内如宰相及各部长官，外如督抚、巡抚、封疆大吏，善者褒之，恶者贬之。据实直书，俾当代情事，显传后人。则余之能事毕矣。①

王树枏明确强调："史册流传，原为褒贬前人，劝惩后人起见。"

图 16　王晋卿（树枏）生前照像②

按：金梁撰《袁王合记》一文，刊载于《实报半月刊》，文内附王树枏照片及遗墨照各一张。文云："（王晋卿）少有文名，从黄子寿、吴挚甫游。以进士改知县，历川、甘，累至新疆布政使。罢官后，寓故都，修《清史》，总纂志、传。《地理志》及近代列传，均出其手。常言：'近人作文，多以文为主，而吾独写实。为人作《传》，岂可失其真乎！'"可知王树枏虽注重"褒贬"，但强调基于事实，作《传》不可"失其真"。文中称王树枏"从黄子寿、吴挚甫游"，黄子寿，即黄彭年。吴挚甫，即吴汝纶。

金梁在其执笔的《清史稿》之《遗逸传》"序论"中也说："太史公《伯夷列传》，忧愤悲叹，百世下犹想见其人。伯夷、叔齐扣马而谏，既不能行其志，不得已乃遁西山，歌采薇，痛心疾首，岂果自甘饿死哉？清初，代明平贼，顺天应人，得天下之正，古未有也。天命既定，遗臣逸士犹不惜九死一生以图再造，及事不成，虽浮海入山，而回天之志终不少衰。迄于国亡已数十年，呼号奔走，逐坠日以终其身，至老死不变，何其壮欤！今为《遗逸传》，凡明末遗臣如李清等，逸士如李孔昭等，分著于篇，虽寥寥数十人，皆大节凛然，足风后世者也。至黄宗羲等已见《儒林传》，魏禧等已见《文苑传》，余或分见于《孝友》及《艺术》诸传，则当比而观之，以见其全焉。"③这段话中，"大

①《清史馆聘员纂修大臣传之纪闻》，《国学杂志》1915 年第 5 期。
②《王晋卿生前照像》，金梁《袁王合记》，《实报半月刊》1936 年第 12 期。
③《清史稿》卷五〇〇《遗逸一》。

节凛然,足风后世"是点题的一句。

由于"风世"的关怀过于迫切,《清史稿》中的史实常被附加了鲜明的意义。这在《忠义》《列女》等传中表现得格外突出。这一方面反映了清史馆同人对官修正史的理解、想象与认同,另一方面也反映了正史"史例"对纂修人员的潜在规约。前者导致了身份虚拟和话语因袭;后者造成了史料的选择性使用与倾向性解读。在话语叠加的过程中,史料与价值之间的裂隙始终存在。

一、作为官方话语的"刲臂疗亲"

官阶、功业、忠节、孝义,在传统正史的框架内,普通人物被书写的可能性仅此数端。在《清史稿》纂修成书的 20 世纪 20 年代,忠孝节烈已经深受来自新文化运动阵营的激烈质疑与抨击。但在很多光宣文人看来,更为紧要的课题,倒是设法强调、维护上述屡被批评为迂执的价值立场。

为什么要立"忠义""孝友"等传? 姚永朴的看法是:"大抵'忠义'之流,即《论语》所谓'见利思义、见危授命、久要不忘平生之言',与'可以托孤寄命而临大节不可夺'者;'孝友'则《孟子》所谓'终身慕父母'者。其人若不表章,何以维持世道? 议者或谓可并之'卓行',不知'卓行'已散见诸传中,与其以此名篇,究不若分立《忠义》《孝友》两传之为得也。"[1]姚永朴强调的,是通过表彰忠义之士以"维持世道"。

出于"风世"之心,清史馆成员普遍注意忠孝节烈行为的表彰。如记崇绮之妻瓜尔佳氏:"先于京师陷时,预掘深坑,率子散秩大臣葆初及孙员外郎廉定,笔帖式廉容、廉密,监生廉宏,分别男女,入坑生瘗,阖门死难。"[2]记袁励准祖母左锡璇:"事亲孝,父病,刲臂和药进。"[3]记凤瑞之子文梁:"年十三,母病危,剖心以救,母愈,文梁竟卒。"[4]

金梁笔下的"后海女子"[5]和《辛未十义诗》中吟咏过的惠兴,都是忠、

---

①姚永朴《与清史馆论修史书》,姚永朴《蜕私轩集》卷三,北京共和印刷局,1917 年铅印本。

②《清史稿》卷四六八。

③《清史稿》卷五〇九《列女二》。

④《清史稿》卷四九九《孝义三》。

⑤金梁《清史稿补》"后海女子"条,《清史稿补》,1942 年铅印本。首都图书馆馆藏。

义的典型:"雁过留声人过影,贞心毅力仰天褒。惠兴女学今犹在,谁记当年想九霄。"(其七《义伶》)诗下有金梁自注:"惠兴女士遗言有曰:'雁过留声,人过留名。'御赐'贞心毅力'扁额,勒石校前,至今犹在。"①

《清史稿》在《列女传》②中记载了不少名姓不详的女子:

> 武昌女子,不知其姓氏,在贼中号为朱九妹。咸丰间,洪秀全破武昌,驱以东,至江宁,杨秀清欲纳之。女侍饮欢甚,潜置毒酒食中进秀清,持之急,秀清察有异,磔死。(《清史稿》卷五一○《列女三》)

> 沧州女子,亦不知其姓氏,同治七年,张总愚北攻沧州,其党得此女,献总愚,总愚使执役。女袖出剪刺总愚,伤其臂,群贼集,立醢之。(《清史稿》卷五一○《列女三》)

> 长山铺烈妇,无姓氏,不知何许人。李自成南奔,驱荆、襄之民以从,妇与其夫俱被掠。行至江夏长山铺,其夫道殣,妇仅余一珥,出以乞人求瘗其夫,有少年应焉。瘗既,竟欲强其妇从去,妇入穴枕其夫恸哭,触颡流血,以土自掩,曰:"乞并瘗我!"众挽之不起,日暮,风雨至,乃委去。平明往视,则血被面死矣,众因并瘗之。(《清史稿》卷五一一《列女四》)

除了写入《清史稿》,更多的节孝事迹散见于各种地方志、碑传等文献中。如王树柟曾撰《丁孝妇传》:

> 夫人自来归之年,逮于翁姑之殁,未尝斯须去左右也。己亥之冬,姑汪太夫人病革,刲臂和药救之,不愈,终身引为戚焉。言之未尝不流涕也。夫人又尝为其考资政公两刲左臂,受旌于朝,夫人则曰:"此伤心之事。"非其志也。夫人既善事其亲,而相夫教子,尤有仪法,为里人所矜式。③

---

① 金梁《息庐咏史》,金梁自刊,1937 年铅印本。

② 衣若兰曾查阅台北故宫博物院藏清史馆稿本《列女传》,发现其纂修人有骆成昌、吴怀清、戴锡章、奭良、黄翼曾、柯劭忞、金兆蕃、冷家骥、赵世愚等人。衣若兰根据上述几位纂修人员在馆时间推测,《列女传》可能先由骆成昌、吴怀清等人初编,再由金兆蕃最后汇整定稿。《清史稿》正式刊本《列女传》共四卷,共收录正、附传 619 篇。第一卷以贤孝女性居多,第二卷以贞女为主,第三、四两卷则为大量的烈妇、烈女。参见衣若兰《旌表制度、传记体例与女性史传——论〈清史稿·列女传〉贤母传记之复兴》,《台大历史学报》第 41 期,2008 年 6 月。

③ 王树柟《丁孝妇传》,《陶庐文集》,沈云龙主编《近代中国史料丛刊》第 28 辑,文海出版社,1967 年,第 848—853 页。

丁氏"刲臂和药"的至孝之举令人震惊。此事不止一次发生,她后来又为其父"两刲左臂",因此而"受旌于朝"。王树枏评价道:"昔刘子政之传《列女》也,首重母仪。诗曰:'其仪不忒,正是四国。'乌虖,时至今日,仪之忒甚矣。安所得如夫人者,为四国一正也。夫人卒于辛亥三月朔日,春秋五十有五。"①这位丁孝妇,即言敦源(1869—1932)的妻子丁氏。

夏孙桐记其母姚若蘅五十岁以后"积劳成赢疾",后病情增剧,"几濒于危",时年二十一岁的二妹夏藕孙"刲臂和药进,医治获安"②。五年后,夏孙桐这位妹妹嫁给了刚刚丧偶的缪荃孙。夏孙桐还在诗中写过一位"刲臂作脯"的冯氏族姑:"女箴闺范今榛芜,巾帼灵光不可无。孝慈礼法作世模,兼懿嫟者惟吾姑。幼而敦敏性特殊,咏絮簪花为亲娱。十年不字恋庭除,木兰曹娥慕古徒。濒嫁刲臂作脯胸,留以疗母母病愈。至诚感格到发肤,论孝宁得称为愚。"③

诗中一个"愚"字值得注意,不妨视为夏孙桐的质疑。"孝"到极致,以至成"愚",既然如此,夏孙桐为何还要在诗中咏叹不已?在夏孙桐看来,"女箴闺范今榛芜,巾帼灵光不可无"。可见夏孙桐的目的之一是风世。

另一位光宣文人恽毓鼎也有相同的担心。辛亥年武昌起义后,"上海妇女组成一队,共六百人,欲举旗北犯,为程逆批驳"。恽毓鼎为此忧心忡忡:"此等狂荡妇女,必不能孝翁姑,必不能安其室。世之欲张女权者,必先受其妻女之害。"④恽毓鼎将"张女权"看作"孝翁姑""安其室"的对立面,并没有看到现代政治与现代道德的进展及其价值。

不止传统文人如此。类似的习惯性认同,也出现在通常被视为更具"现代思想"的蔡元培、张元济、梁启超等人身上。蔡元培1902年1月2日《日记》记一黄氏女刲臂事:"黄氏女,名世振,字浣芗,丁丑正月五日丑时生,幼为父钟爱,故不缠足。十六岁,以母病,抚养仲弟五六年,又抚其妹。十七岁,以父病笃,刲臂和药。自学画,以父老家贫,尝彻夜作画,鬻钱以度

---

① 王树枏《丁孝妇传》,《陶庐文集》,沈云龙主编《近代中国史料丛刊》第28辑,文海出版社,1967年,第851页。
② 夏藕孙(1860—1933),字镜涵,年二十六嫁缪荃孙为其继室。1933年秋逝世于上海。参见夏孙桐《两妹事略》,夏孙桐《观所尚斋诗存》卷七,中华印书局,1939年排印本。
③ 夏孙桐《冯氏族姑七十寿诗》(作于丙寅,1926年),夏孙桐《观所尚斋诗存》,中华印书局,1939年排印本。
④ 史晓风整理《恽毓鼎澄斋日记》,浙江古籍出版社,2004年,1911年11月2日(阴历)。

日,目光为之耗。天性之挚,吾所仅见也。"①张元济于1937年次韵金梁《六十自述诗》时,称许金梁之"忠孝":

> 我自识公逾卅年,久闻忠孝两堪全。
>
> 家声未替终臣满,母教难忘旧氏钱(君母姓钱)。
>
> 老去情怀聊学画(君自称瓜圃老人),少时心事欲擎天(君童时谒彭刚直,彭以"三潭印月"四字属对,君答曰"一柱擎天")。
>
> 一腔热血今犹昨,漫说南阳只苟全。②

至于梁启超以"殉"期许蔡锷,虽无关忠孝,但"士"的"节烈"也是"节烈"之一。袁世凯谋称帝之前,梁启超"出秘计以脱其弟子蔡锷于羁","俾之出走而起兵云南,讨袁世凯之罪。蔡锷之走,启超则与把臂约曰:'行矣勉旃。事幸而捷,吾党毋以宠利居成功,不猎官,不怙权,还读我书。败则以死殉之,不走租界,不奔外国。'蔡锷诺,请如命"③。

　　刲臂疗亲一类行孝之举,在清代并不鲜见。《清史稿》卷三四七《罗思举传》提到思举"为父母刲股,痕凡七"。直到民国时期,仍有刲臂疗亲的记载。有一位名叫臧荫篪的作者曾记:

> 癸亥之春,见母氏臂有创痕二寸许连接着,大骇,母潜告之曰:"此所以疗尔父也!去岁尔父病危,予夕祷于神,出左臂,刲之寸许,肉脱而缩,黏于棉,寻之无所得,复刲之。是时予病初起,腕肢无力,肉连不下,乃支臂于床,尽力斯[撕]之,又得寸许,觅前所刲者,并纳药中,家人无知者。"又示以刲臂之刃,及裹创之棉帛,犹血痕班班,不忍一视。小子闻其言,睹其物,已痛心断肠,泣下沾襟矣!因忆吾父之疾,在壬戌六月,始则便血,既则怔忡头眩,历秋冬,至腊月初十之夕,势危殆,舌色焦紫,母氏戚然曰:"阴将绝矣!以始衰之年,而患斯疾,殆哉!"因遣小子辈于外室,自支药鼎,次日父便血顿减,诸疾亦寻瘳。此后母氏常背人裹左臂,当时小子无知,尝见之而不觉也,至是始问而得状,臂肉抑良药欤?母氏曰:"世固有毁身疗所亲者,岂赤心足以动天地,至诚足以感神明乎?盖性之所亲,情之所急,往往不衷于理,而求倖倖于

①高平叔《蔡元培年谱长编》,人民教育出版社,1996年,第227页。
②张元济《读史阅世》,陕西师范大学出版社,2007年,第205页。
③钱基博《现代中国文学史》,上海世纪出版集团、上海书店出版社,2007年,第299页。

万一,非臂肉能医病也,予固知其愚而为之者再矣。予年十九,侍尔外大父官枣阳,外大母以事返里,时值盛暑,外大父以祈雨致病,昏不省,医各异辞,予无所从,乃以臂肉和绿豆汤饮之,愈。至尔父之疾,屡欲再试,苦无间,及为之,创痕接矣!”复指左臂示小子,迄今思之,历历犹在目前也! 后四年,外大母病目,将瞽,母氏复以臂肉进,目少明,然则母氏知其不可必而为之者,殆性情之所急欤? 抑天果有知,而感我母氏之诚也! 父尝以此语金坛冯梦华先生,先生叹曰:“毁身疗亲,或有验有不验;其不验者,诚未至也。诚至而不验,事或有,理所无矣。其知有父与夫之疾,而不恤其身,一诚之所至,验不验,固无损益于其人也,而况屡试屡验者乎?”小子既悲母氏之劳,复感先生之语,谨书此以志之。[①]

以上文字颇为生动地呈现了社会大众对“刲臂疗亲”的态度。“小子”半信半疑,“母氏”似“信”而实“疑”,冯梦华先生则充当了道德劝谕者的角色。

“癸亥”是 1923 年,“壬戌”是 1922 年,据上文可知作者的母亲臧氏刲臂以疗夫病,是在 1922 年腊月间。

二、忠孝节义与“道德的型”

蔡元培、张元济、梁启超等人对“忠”“孝”“殉”的肯定性言说,提醒我们有必要分析这类保守话语的外在意义与言说主体的思想实际之间有可能存在的复杂关系。

首先,需要辨析言说主体的思想实际。这比较困难,但并非毫无入口。忠、孝之类的道德实践与理论言说,新文化阵营的批判已经相当深入。梁济自杀后,《新青年》杂志于 1918—1919 年中刊载了几篇富有深度的讨论文章。陶履恭的文章说:

后世儒家一派的伦理对于殉国——实在是殉皇室——的忠臣,殉夫的节妇,殉贞洁——片面的贞洁;因为身体的一部分接触了不正当的外物,就把身体全部分的机能都毁坏,这就是妇人的贞洁——的烈

---

① 臧荫篪《家母刲臂纪事》,《无锡国专季刊》1933 年第 1 期。

女,都竭力的奖励颂扬。道德家、史学家更拿殉国、殉夫、殉贞洁三种事砚验一代之气风。历史、志书都特别记载这忠臣烈妇的事迹。积久竟把自杀变成一种形式的道德。

陶履恭认为这种"形式的道德"是一种"奴隶的道德",原因是它"只有因袭从俗,没有独立选择"。陶履恭进而分析道:

> 倘使一个人有一种觉悟,具彻底之人生观,觉得万事皆不如一死为当,这是个人的行为,正如我上边所说的,无道德之可言。倘使把殉节看做一种道德的型(type),那亡国大夫、寡妇和被奸污的女子都应该模仿,并且受世上的褒奖,这就是形式主义的道德,我们是绝对的反对的。[1]

陶履恭认为梁济的自杀,正是"由于彻底觉悟之自杀",不是模仿式的自杀,"所以他的行为,是无所谓合乎道德与否的"。即便如此,陶履恭仍认为梁济的自杀是出于一种"误谬的观念",即"梁先生深信自杀可以唤起国民的爱国心",这是因为:

> 国是一个抽象的名词,原来没有什么可爱。我们所爱的是同在这个抽象名称里头的生灵……"爱国心"这个名词常用为骗人的口头禅:君主用他保护皇室,帝国主义者用他保护资本家的利益,民国的执政者用他保护他们自己的势力。[2]

在陶履恭看来,梁济另外一个错误的思想是"拿清朝当做国家","拿清朝当做几千年的文化":

> 他(梁济)说"我为满朝遗臣,故效忠于清",并且拿民国之人当效忠于民国做比拟。民国之人所效忠的是民国,不是民国的政府。政府不过是人民的一个政治机关;无论他是清朝或是民国的,一个人绝不能为人民的政治机关殉死的。这是政治上的常识,因为东方人习于孔孟的政治哲学,伏在专制政体下长久了,所以把政府和国家的区别都

---

① 陶履恭《论自杀》,《新青年》第 6 卷第 1 号,1918 年 1 月 15 日。又见梁济著,黄曙晖编校《梁巨川遗书》,华东师范大学出版社,2008 年,第 294—295 页。
② 陶履恭《论自杀》,《新青年》第 6 卷第 1 号,1918 年 1 月 15 日。又见梁济著,黄曙晖编校《梁巨川遗书》,第 295 页。

分不清。[1]

尽管如此,陈独秀仍然赞许梁济有"真诚纯洁的精神"[2],胡适则表示"对于他老先生不能不发生一种诚恳的敬爱心"[3]。蔡元培感慨黄氏女刲臂和药为"天性之挚",张元济称扬金梁"忠孝两堪全",与陈、胡之称许梁济基于相同的考虑。即使"道德的型"并不可取,但"抽象名称里头的生灵"经常使人不由得心生无限的"怜"与"爱"。这是情感与理智间的矛盾。

基于同样的原因,清史馆纂修陈曾则将湖北蕲水同乡郭沛霖事迹写入《清史稿·忠义传》。咸丰九年(1859)六月,捻军张潆联合陈玉成众数十万再攻安徽定远,郭沛霖分守小东门。总兵惠成出战不利,郭沛霖督众严守八昼夜。后力惫回寓,"啮指血书'正大光明自尽'六字于壁,复乘马出,提刀巷战。贼四面纵火,悍贼从后刺之,伤足坠马,阵亡"。《郭沛霖传》且附熊五纬、王培荣二人:"时同守定远者,为候补知县王培荣。培荣,湖北罗田人。尝在籍与举人熊五纬练团剿蕲水土匪,五纬战死,培荣中二十七创,不退,卒复蕲水县城。与沛霖同时殉难,尸失,家人即以从前所遗中创血衣葬之。"[4]王培荣入载《清史稿》,成为湖北罗田东安王氏家族的至高荣耀。1920年王氏族谱修成,王培荣族侄王世鼎连赋两诗,第二首有"珠申国史尽臣节,藤子山前峙御碑"之句。诗后自注,记其族伯父笃之先生(按即王培荣)事见《清史稿》忠义列传[5]。王氏族谱又记:"笃之君事又有见于新修《清史稿》忠义列传者,其传为纂修蕲水陈曾则撰。"[6]

其次,刲臂和药、妇女殉节、文士殉道、武士死国原属不同层面的论题。同一类型的事例也有不同情形。有死于主观,有死于客观;有死于道德,有死于武力。不分青红皂白地笼统批判很容易流于空泛。如时人在讨论"贞操问题"时即颇注意区分"妇女不愿再嫁"的不同情形:有些是出于"妇女从一而终""夫死不能再嫁"等传统思想的束缚。也有些纯属情感问题,与道

---

①陶履恭《论自杀》,《新青年》第6卷第1号,1918年1月15日。又见梁济著,黄曙晖编校《梁巨川遗书》,第291页。

②陈独秀《对于梁巨川先生自杀之感想》,《新青年》第6卷第1号,1918年1月15日。又见梁济著,黄曙晖编校《梁巨川遗书》,第298页。

③《新青年》第6卷第4号,1919年4月15日。又见梁济著,黄曙晖编校《梁巨川遗书》,第305页。

④《清史稿》卷四九〇《忠义四》。

⑤《湖北罗田东安王氏庚申族谱》卷二二之二,1930年铅印本。

⑥《湖北罗田东安王氏庚申族谱》卷二三之一,1930年铅印本。

德律令无关，——"若妇女根本不愿再嫁，这就是妇女的自尊心"①。

以刲臂和药、刲股疗亲、割肝疗疾为例。其实清代官方对这种愚孝行为是否旌表也颇费踌躇。起初，清廷认为割股疗亲、卧冰求鱼之类，其情可悯，其行可嘉，偶加旌表。后来效仿者日多，顺治九年（1652）遂认定"割股或致伤生，卧冰或致冻死，恐民仿效，不准旌表"。雍正六年（1728）又打破成例，对割股疗亲而致死的孝子，以其救母心切，故格外原情，加以旌表，《嘉庆会典事例》中记：

> 雍正六年谕：福建巡抚常赉奏称：罗源孝子李盛山割肝救其母，母病愈后，李盛山伤重身故，请加旌表。部议以割肝乃小民轻生愚孝，自无旌表之例，应不准行。朕念割肝疗疾，事虽不经，而其迫切救母之心实属难得，深可怜悯，已加恩准其旌表矣。②

后来又续有旌表，如咸丰十一年（1861）江苏省甘泉县监生汪如松割臂疗亲，因伤殒命，予以旌表；同治四年（1865）湖南省永定县孝子吕敦孚年方七岁即割股疗母，官方认为"髫龄至性，当非立异沽名，应予旌表"③。既否定其愚孝，又悯其至情，可见官方对刲臂疗亲的态度是颇为矛盾的。

对于"割股疗亲"，近代有识之士均指其为"庸行"，"不可为训"。黄彭年《记何氏三世刲股事》云：

> 道光初年，先名宦公（按即黄辅辰）病，先母左淑人尝刲臂和药以进；厥后亡室刘安人为予病亦为之；淑人病，安人又为之。事载家乘《贤母录》。同年何君小宋（按即何璟）见之，有感其容，喟然而叹曰："是岂所谓奇行哉！吾视之则庸行矣。"因述尊上云陔先生病，母孙太夫人刲股事，亦在道光初。厥后其妻吴夫人为姑孙太夫人病为之；其女弟嫁于章者，为夫病为之；其子辉章为母吴夫人病为之；其女嫁于吴者，未嫁时为母吴夫人病，凡四为之。
>
> 彭年尝考古之论者，鄂人之对曰："毁伤绝灭，黩政妨义，不可以为

① 胡行之《社交文化失调中的妇女问题》，(上海)《民国日报》1929年1月23日。
② 《嘉庆会典事例》，参见高洪兴、徐锦钧、张强编《妇女风俗考》，上海文艺出版社，1991年，第555页。
③ 《光绪会典事例》，参见高洪兴、徐锦钧、张强编《妇女风俗考》，上海文艺出版社，1991年，第555页。

训。"韩愈之文曰:"母疾,止于烹粉药石以为事,未闻毁伤肢体以为养,苟不伤于义,圣贤当先众而为之。"是以刲股为不合于道也。

姚涞著论非之曰:"出于至诚,发于忠孝,肝脑可涂,腰领可断,何况于一股?且视其亲之疾痛疮痏,而大不忍之心生焉,无可奈何而自残,以求其亲之生,是必笃于义烈,而非诡与激者所能袭也。"

侯朝宗申之曰:"忘身事君,竭力事亲,而必谓之诡与激,则世之诵《诗》读《书》之人所谓诚然而安然者,果何为也?"

汪琬又申之曰:"相縻以虚名,相涂以文具,此风俗所以日偷,而急难危亡之时所以无臣子也。顾以毁伤灭绝议孝子,论者之过也。"

姚鼐又申之曰:"至情不可抑遏,岂寻常义理辞说所能胜哉?故曰求仁得仁。"

由鄂人、韩氏之说,是"不敢毁伤"之义也,常也;由两姚氏、侯氏、汪氏之说,是"不敢有其身"之义也,变也。不守其常,是戕贼也,戕贼其生,非孝也;不尽其变,是坐视也,坐视其亲之死,非孝也。夫不忍死其亲之心,人皆有之,特赋性有缓有急,故其见于行也,有庸有奇。行其心之所安,而各得其性之所近,固不必其尽同也。妇人之于夫也,亦然。善夫朱子之言曰:"割股若诚心为之,不求人知,亦庶几。"斯言为得其中矣。[1]

黄彭年发现,刲股、刲臂以疗亲,在当时较为普遍。他在详考历来有关此事的不同观点后,提出了一个颇为"中立"的看法,他说:"行其心之所安,而各得其性之所近,固不必其尽同也。"

黄彭年也提到,他的朋友"何君小宋"(何璟)对刲股、刲臂是持怀疑和批判态度的,视之为"庸行"。至于清代官方对此事的态度与政策,黄彭年说:

国家定例,割股或致伤生,恐民仿效,不准旌表,而仍许奏闻。是以百余年来,子为亲、妇为夫与姑,往往有邀恩于常格之外者。圣人之教人也,示以经常之要道,而曲谅其遇变之苦心。犹之烈妇捐生,不在旌扬之例,而无不邀破格之褒,仁之至,义之尽也。或者因朱子"不求

---

[1] 黄彭年著、李华年编《陶楼诗文集》第2册,贵州人民出版社,2020年,第319—320页。

人知"之言,辄诋奇行为要誉。夫教诚非为名也,然使为名而孝,不犹愈于不孝者乎? 经曰"非孝者无亲",是固不足与辨。偶阅邸钞,见何君为孝女汪韩氏请旌疏,记忆前事,辄论述之,寄何君,且附家乘后焉。①

黄彭年的态度其实是比较矛盾的。他似乎也不以刲股、刲臂为然,但他又为之辩护。他说:"或者因朱子'不求人知'之言,辄诋奇行为要誉。夫教诚非为名也,然使为名而孝,不犹愈于不孝者乎?"认为即使至孝行为意在求名、要誉,也比不孝强。黄彭年光绪间先后官陕西按察使、署布政使,后又迁江苏布政使、湖北布政使,晚年掌教保定莲池书院。黄彭年博识多通、嗜学能文,是负有时望且思想开明的高级官员。他的见解,大体可以视为当时官方及知识界的主流观点。

虽然"不准旌表",但"仍许奏闻",这就是清朝政府的态度。其结果是一种对于"抽象名称里头的生灵"的"怜"与"爱",战胜了理智层面对"愚孝"的否定,选择了予以"旌表"的歧途。由此制造了陶履恭所批评的不正常的"道德的型(type)"在现实生活中的恶性循环。

第三,新文化阵营对传统道德的激烈批判,反过来促进了人们对传统道德的固执维护。光宣文人对道德的强调,是包含着深切的历史关怀的,"例如历史上妇女讲节烈,男子讲气节。'节'本身是一政治意义的东西……儒家一向是想用道德来控制政治,驯服赤裸裸的权力,宋儒尤其如此,强调'理'尊于'势'"②。这与新文化同人对传统道德的批判,处于不同的层面。光宣文人多为科举时代的进士,有经世致用的儒家情怀,看问题的角度带有自上而下的特征,强调社会的稳定与思想秩序的整饬。余英时所说的儒家希望以道德来规驯政治、规驯赤裸裸的权力即是一例。面对辛亥革命以后的军阀混战,光宣文人起而宣扬传统道德,其实包含了对"群氓""武人"的不满与试图矫正的用意。所以梁济说:"彼新说持自治无须君治之理,推翻专制,屏斥奴性,自是一说,我旧说以忠孝节义范束全国之人心,一切法度纪纲数千年圣哲所创垂,岂竟毫无可

① 黄彭年著,李华年编《陶楼诗文集》第2册,贵州人民出版社,2020年,第319—321页。
② 余英时《关于中国历史特质的一些看法——1973年11月在新亚书院"中国文化学会"的讲演》,余英时《史学、史家与时代》,广西师范大学出版社,2004年,第114—115页。

贵,何必先自轻贱,一闻新说,遂将数十年所尊信持循者弃绝,不值一顾。"①可惜的是,"法度纪纲"只对庶民产生了约束之效,"群氓""武人"是不吃这一套的。

新文化同人的目标,是希望活生生的个体从专制体制及道德体系的束缚与戕害中挣脱出来,着眼于个人的独立自由与人性的舒展解放。

例如周作人曾注意到"附在许多活人身上的野兽与死鬼"②,这里的"兽"与"鬼",是指旧传统、旧礼教,指那些"张眼露齿,口咽唾沫"的"道学家"和"天地君亲师"③。周建人认为,"道德是需要的,但不需太专化"④。在周建人看来,产生于和农业社会相适应的家族制度下的陈腐道德,不但不曾减弱,反而如不散的魂灵还活在人间,所以他感慨:"中国现在假道学的空气浓厚极了,官僚和老头子不必说,就是青年也这样。"⑤

事实上,批判传统道德是五四前后的时髦话语。陈慎言(1887—1958)在小说《故都秘录》中也曾以戏谑的笔触,描写一位清遗老钱湘老母被火烧伤,钱湘遂到"同德道院"求取"神方",结果"神方"内容是让他"刲臂和药疗治",害得这位遗老进退两难。心知事涉滑稽,不合医学常识,但又不能因此被人嗤笑,只好灵机一动,想起医院手术多用麻醉药水,遂向表侄李小青要来一瓶:"先命大姨太把他左臂袖子挽起,将臂膊上下,用绷布扎紧,露出中间一寸长臂肉,将要来的药水,涂了许多,然后命在当天设下香案,把药罐放在当中,预备当天刲臂。"儿子们纷纷来劝,钱湘将众人斥退,刲臂时,钱湘明知众人在各处偷看,佯装不知,心里想:

> 这件事给家人看了,自己这样年纪,还肯刲臂和药,足资观感,传出去,给戚友知道,也很体面。⑥

在"蘸了许多麻药,擦在臂上"之后,终于刲下一小块臂肉用以煎汤。结果老太太喝了这含有麻醉药水的药汤一命呜呼。忠孝与愚昧共同酿成了令

---

① 梁济《敬告世人书》,梁济著,黄曙晖编校《梁巨川遗书》,第54—55页。
② 周作人《我们的敌人》,《语丝》第1卷第1期,1924年11月。
③ 周作人《我们的敌人》,《语丝》第1卷第1期,1924年11月。
④ 周建人《阻滞进步的旧习惯堆积之为害》,《语丝》第4卷第13期,1928年4月。
⑤ 周建人《阻滞进步的旧习惯堆积之为害》,《语丝》第4卷第13期,1928年4月。
⑥ 陈慎言《故都秘录》,江苏广陵古籍刻印社,1998年(据上海四社出版部1933年版影印),第143—150页。

人嘘唏的悲剧。鲁迅则引一则旧笑话以鞭笞此类做法:"昔有孝子,遇其父病,闻股肉可疗,而自怕痛,执刀出门,执途人臂,悍然割之,途人惊拒,孝子谓曰:割股疗父,乃是大孝,汝竟惊拒,岂是人哉!"①鲁迅在《狂人日记》中也借狂人之口说道:"记得我四五岁时,坐在堂前乘凉,大哥说爷娘生病,做儿子的须割下一片肉来,煮熟了请他吃,才算好人。"②可谓对礼教吃人的深刻揭露。

与光宣文人的想法相似,《申报》有位作者甚至愤激地说:"自从新思潮一来之后,就有推翻这'孝'的举动。在我个人的意见看来,何论怎样,总是不可破坏的。"③有学者认为:"这些论述当然显得中庸、折衷;他们在批评'陈义太高,或立说过新'时,也不自觉地居于'旧文化'的立场。但事实上他们并不主张在'新'、'旧'之间严分畛域,或者说针对激进和欧化的倾向而竭力弥补文化的断裂,维护本土文化的价值。"④这一分析是有道理的。

新文化阵营是将传统作为一个"整体"进行彻底性的颠覆的。光宣文人的态度,却是有批判性的扬弃。但是,光宣文人对旧道德的重建企图,因为缺乏西学及新学话语的支撑,经常显得不堪一击。

1914年,陈三立在天津《大公报》发表《晏孝子》一文。这篇文章的特殊意义在于其间透露出来的批判意识。陈三立首先肯定地介绍了晏孝子的孝行:

> 晏孝子,德安人,母思食豕肝,贫不能具,乃走江上,刲己肝,裹创归,烹而食母。未几死。县人惊叹,上其事于官。旌之。

然后评价道:

> 忠孝之行,贞于其心,繁曲百变而将之。古今割臂股及肝疗母事尚矣。类皆计无复之,不惜杀身以存其亲,犹曰伤道而不可训焉。晏孝子者奚为哉。

①鲁迅《"题未定"草(一至三)》,这则笑话见于清初石成金所著《传家宝》的《笑得好》初集,题为《割股》。《鲁迅全集》第6卷,人民文学出版社,2005年,第370页。
②鲁迅《狂人日记》,《鲁迅全集》第1卷,人民文学出版社,2005年,第454页。
③小锦《谈孝》,《申报》1924年3月9日。
④陈建华《从革命到共和:清末至民国时期文学、电影与文化的转型》,广西师范大学出版社,2009年,第161—162页。

　　陈三立将矛头指向了孝子殉身的社会机制,"母非濒危而幸以拯其死也,豕肝微,易致,其术多矣"。只因母亲想吃猪肝,贫而不能买,便"刲己肝"烹熟以献,如果都慕"晏孝子之义"而效之,则"天下之为父母,亦危矣哉"。

　　陈三立进而分析,"彼晏孝子之为人,盖必捐忿疾贫骚怨不平之气,满衍于中而不乐其生,偶以母之所须,动其积愤,起而相激,遂以自戕而取逞于俄顷者也"。陈三立又举同乡黄文岸"刲股肉"献母以食为例,感慨"蚩蚩之氓"的生计无着:"文岸为人佣以食母,岁饥无所得佣,母餍而病,思食肉糜,日夜认文岸趣具食,文岸负手绕阶,仰天而悲。夜半刲股肉,巨戴淋漓提釜中,明日创裂死。"[1]

　　陈三立虽然表达了对孝子殉身的担忧,但并没有否定"孝道"本身。郑孝胥甚至在主政伪满期间,大力表彰节孝[2]。在郑孝胥所倡言的"王道政治"中,"国家道德"也是要义之一。郑孝胥说:"十九世纪以来,列国之豪杰莫不有征服世界之大志,或以兵力,或以财力,或以劳工之力,皆无所就。今满洲国兴,倡言王道,而日本助之,此乃国家道德之联合。苟能以国家道德联合世界,此即与国家道德征服世界何异?"[3]

　　学界已注意到,在文学领域人们也热衷于谈论忠孝节烈:在清末民初人们热衷谈论的晚明女性故事中,"名妓""女英雄""节烈妇女"三种人物类型最受青睐:"晚明妇女身当乱世的节烈与死亡,在晚清更是获得大力的渲染表彰。由于无意之中所显现的对于女性'以死救国'的严厉要求,使得此种残忍的记忆转而成为一种文本的肆虐。女性之死被赋予了前所未有的沉重而崭新的'纲常'意义,而非简单的'节烈'要求。"[4]这一观察提醒我们,"文本的肆虐"被赋予了"崭新"的"纲常"。

　　1929年的(上海)《民国日报》上,也有文章对孙中山先生所说的"恢复旧道德"进行界定:

　　　　在"恢复旧道德"的问题上,我们应该知道,总理所谓"恢复旧道

---

[1]陈三立《书晏孝子》,(天津)《大公报》1914年7月2日。
[2]郑孝胥日记1933年5月20日记道:"至文教部,授与各代表孝子、节妇褒状及奖品。"《郑孝胥日记》第5册,中华书局,1993年,第2461页。
[3]郑孝胥日记1933年5月18日,《郑孝胥日记》第5册,中华书局,1993年,第2461页。
[4]秦燕春《清末民初的晚明想象》,北京大学出版社,2008年,第27页。

德",是相对的,并不是绝对的;比方现在所谈的"忠",是忠于国,使人生一种责任心,并非是在皇帝时代的忠于个人而做"奴颜(婢)膝"的勾当。除此以外,我们更须明白"恢复旧道德"和"恢复旧礼教"是绝对风马牛不相及的两件事,大家应该严防将死的封建势力混进了神圣的革命阵线![1]

将"道德"两分为"封建道德"与"革命道德",也反映了现代中国各派政治力量对道德话语的演绎、争夺与试图再造的努力。这也是重建道德的方式之一。

三、道德言说与历史见证

对清史馆同人而言,历史虽然承载着价值,但历史本身也有超越价值的客观性、独立性。因为对历史事实做负面的道德判断,不等于否认过往事件的真实存在。陈慎言小说《故都秘录》中的钱湘,生活中未必不有。这样的事实如何处理?清史馆同人所面对的,正是这样一种道德化的历史,如果处理不当,也就不可避免地被引入历史的道德化。类似的难题也出现在《忠义传》《孝义传》《循吏传》的编纂中。

光宣文人通过忠义书写表达出来的道德关怀,当然也渊源于强大的史学传统。这种史学传统,姚永朴在《史学研究法》中称之为"阐幽","夫阐幽二字,首见《易·系辞传》,盖欲发明人之所不见也"。姚永朴分"阐幽"为三类:一曰"表微",二曰"推见至隐",三曰"发潜德之幽光"。关于"推见至隐",姚永朴举朱子之斥扬雄、欧阳修之讥冯道为例。不过,这样一来,是否过于严苛,有失恕道?姚永朴也有此担心:"夫善善从长,恶恶从短,而史家乃有此义,得无近于讦以为直乎?"但之所以如此,在姚永朴看来仍是为了劝世,"然不如此不足以防民,史固为万世世道人心计也"[2]。

倘从政治实践层面而非思想观念层面来看,"忠义""循吏"之于中国历史的正面意义也不必否认,如余英时在考察中国历史上大小传统之间的互动互渗时指出:

---

①韩维邦《恢复旧道德的界说》,(上海)《民国日报》1929 年 4 月 6 日。
②姚永朴《史学研究法》"史义",时代文艺出版社,2009 年,第 150 页。

两汉循吏所推行的教化政治便曾大有助于大传统在中国的传授,所以《后汉书·循吏传序》特用"导德齐礼"的话来描写他们。一般而言,大传统的传播人是哲学家、经典学者、神学家、牧师等人,但在中国文化史上,我们还得加上循吏,他们化成民俗,把大传统的中心价值播散到各地,特别是边远地区。由于汉代是第一个长治久安的统一王朝,因此循吏的贡献尤为卓著。《两汉书》[①]"循吏传"中纵不免有溢美之词,而大体事实是不必怀疑的。[②]

正如没有了《循吏传》的《后汉书》可能不是"客观的历史"一样,一部删除了《忠义传》《循吏传》《列女传》的《清史稿》,也未必可以抵达"最后的历史"(ultimate history)。"新史学"的倡导者梁启超在为清史馆所拟的清史列传目次中,除"列女传"外,甚至建议设置"死节传""卓行传""孝友传""叛臣传""群盗传"等更为细化的名目[③],这种主动迁就"史例"的做法,大概与汤斌所说的"修史与专家著述不同,专家著述可据一人之私,修史必合一代之公评,未可用意见也"[④]出于相似的考虑。

除了"道德"意义上的风世关怀,《清史稿》中的忠孝节烈书写也与历史书写的特性有关。英国史学名家艾尔顿(G. R. Elton)曾说过:"若无好的内容,再用墨雕饰,也不会讨好(Unless the substance is good,the appearance,painted even an inch thick,will not lease)。"[⑤]汪荣祖认为艾尔顿此言与刘知几的意见有共通之处:

> 就此而言,刘知几所谓若无异闻奇事"而责史臣显其良直之体,申其微辞之才,盖亦难矣",与英人所说,实貌异心同。然则,隐晦之道也应包括略去无足轻重之往事,亦如西人所谓,无须记邻猫昨夜生子诸事。[⑥]

"邻猫生子"的说法,也被清史馆纂修张尔田引述,以支持自己的如下观点:

---

①按:即《汉书》《后汉书》。
②余英时《从史学看传统——〈史学与传统〉序言》,余英时《史学、史家与时代》,广西师范大学出版社,2004 年,第 104 页。
③梁启超《清史商例第一书》,朱师辙《清史述闻》,上海书店出版社,2009 年,第 101—104 页。
④于式枚《清史商例按语》,朱师辙《清史述闻》,上海书店出版社,2009 年,第 106 页。
⑤参见汪荣祖《槐聚说史阐论五篇》,《史学九章》,生活·读书·新知三联书店,2006 年,第 171 页。
⑥汪荣祖《槐聚说史阐论五篇》,《史学九章》,生活·读书·新知三联书店,2006 年,第 171 页。

> 史之为道，重视变而不重视常……又史之为用，一方面既以供给
> 研究学术之材料为标准，则对于已往表现之事实，凡非材料所必需，或
> 寻常之事，载之不胜其载者，自不能不加之以选择，如邻猫生子之类是
> 也，反之如邻猫生鸡，则史家又不能不载，古史所以多重灾异者，盖由
> 于此。（……即如《汉书》有《五行志》，自刘知几以后，诘难纷纷，不知
> 班固此志亦不过纪载当时有此一种议论耳，其理之是非，史家本无容
> 心也。）①

正史中的忠孝节烈事迹之所以多呈现为极端的状态，与史书"重视变而不
重视常"、不记"邻猫生子"的特点不无关系。

《清史稿》也不能不受制于其所据以为"实录"的碑铭传状。李翱《百官
行状奏》称："凡人之事迹，非大善大恶，则众人无由知之。旧例皆访问于
人，又取行状谥议以为依据。今之作行状者，非门生，即其故吏，莫不虚加
仁义礼智，妄言忠肃惠和，如此不唯处心不实，苟欲虚美于所受恩而已……
臣今请作行状者，但指事说实，直载其词，善恶功绩，皆据事足以自见
矣。"②《忠义传》中的忠义事迹，限于时间精力，史馆成员自不能一一查核。
史源的倾向性、准确性也在相当程度上决定了《清史稿》的倾向性、准确性。
因此，《清史稿》中的忠孝节烈话语在一定程度上也是这些百官行状所形塑
的结果。

此外，在明清史籍强调妇女践行节烈的风气中，《清史稿·列女传》比
《明史》增加了"才女"与"母仪"两类，"此与《明史·列女传》只重视女性贞
烈而不讲求才能，并着重女性为'妇'的角色，而忽略为'母'的角色，实大不
相同"③。由此又可看出清史馆成员女性观、价值观的新变。而金兆蕃
1925 年前后所作《吴烈女诗》，表面看是在表彰节烈，实则出于对"甲子兵
乱"的愤懑，因为这位吴烈女（名蕙心）家在"松江郭外"，"甲子兵乱水死"，
诗中如"金瓯已作瓦注掷，侬自爱侬盈尺璧。携妹出村村径窄，何来兵子岸
赤帻""跳赴门前止水碧，侬死得全死何惜。怪云翳天日之夕，桃李冰霜恣

---

① 张尔田《与大公报文学副刊编者书》，原载《学衡》第 66、71 期。收入许师慎辑《有关清史稿编印
　经过及各方意见汇编》，中华民国史料研究中心，1979 年，第 771、774 页。
② 王溥《唐会要》卷六四《史馆下》，中华书局，1960 年，第 1110 页。
③ 衣若兰《旌表制度、传记体例与女性史传——论〈清史稿·列女传〉贤母传记之复兴》，《台大历史
　学报》第 41 期，2008 年 6 月。

狼藉"等句①，在在表现着诗人的哀惋叹惜。不只"道德"本身是历史的组成部分，对"道德"的言说也可以成为历史的见证。正是在列女传、烈女诗中，受损害的下层民众间接地发出微弱的声音。金兆蕃诗中又有"如女死者几千百"的感慨，所关切的，自然不再仅仅是"道德"，更何况"道德的历史"也是"历史"②。

至于如何从忠孝节义中提取如杜赞奇所说的"有助于现代的发展"③的"传统"因素，在史书中如何以更合理的方式记载作为历史事实的"忠孝节烈"，则是至今仍在讨论的话题④。

四、存真、讳饰与话语叠加

《四库全书总目》"凡例"云："论史主于示褒贬，然不得其事迹之本末，则褒贬何据而定？"⑤此言即在强调，详考史事之本末，是为"褒贬"之前提，价值与史事不可脱离。但是，无论为史事附加价值，还是为价值铺排史事，都将由于"示褒贬"的意图存在，而染上了较强的主观性。

---

① 金兆蕃《吴烈女诗》，《安乐乡人诗集》，约 1931 年刻本。首都图书馆藏。

② 柯娇燕在评述金梁嗣祖母王依氏的旌表经过时曾言："地方志，甚至《八旗通志》等典志中，充满着千篇一律的贞节女子的'传记'，篇幅虽大但空洞无物……"柯娇燕认为，王依氏作为一个类似的案例被记载下来，其重要意义或许在于这一"记载"本身，因为"清代很少有妇女（包括王依氏）的名字被记录下来"。柯娇燕著，陈兆肆译《孤军：满人一家三代与清帝国的终结》，人民出版社，2016 年，第 94 页。

③ 杜赞奇认为有些儒家传统是具有现代价值、有助于现代发展的。杜赞奇著，王宪明等译《从民族国家拯救历史：民族主义话语与中国现代史研究》，社会科学文献出版社，2003 年，第 80 页。

④ 如有学者认为，"中国传统的编纂体裁与它所容纳的历史客体是统一的，不可分割的"，"体裁不是跨越时间的绝对形式，而是隶属于一定的历史时代，反映一定的社会形态"，"对于《清史稿》中的孝义、忠义、列女等传，有人主张均可不要。但也有学者提出了不同意见，认为仍须保留，可进行一些必要的删定，以求展现清代历史的原本面貌"〔国家清史编纂委员会体裁体例工作小组《清史编纂体例调研报告》（2003 年 5 月），《清史编纂体裁体例讨论集》（上），中国人民大学出版社，2004 年，第 150、159 页〕。董守义认为，《清史稿》忠义、孝义、列女等传，"张扬封建道德精神，诚不足取，然亦可展示封建道德如何毒害人之精神，如何残害妇女，此亦清代社会之事实"。在杜家骥的设想中，新修《清史》所设《妇女传》可为恪守贞节类女性立传，"从角度上根本区别于旧史之表彰性质，而是客观地反映当时妇女的人生价值观、妇女乃至社会的伦理道德观念"〔董守义《清史编纂体例之我见——为古典史学的终结划句号》、杜家骥《关于新修大型清史体裁体例问题之思考》，参见《清史编纂体裁体例讨论集》（上），第 317、324 页〕。

⑤ 永瑢等撰，纪昀等纂《四库全书总目》"经部"，广西师范大学出版社，2019 年，第 61 页。

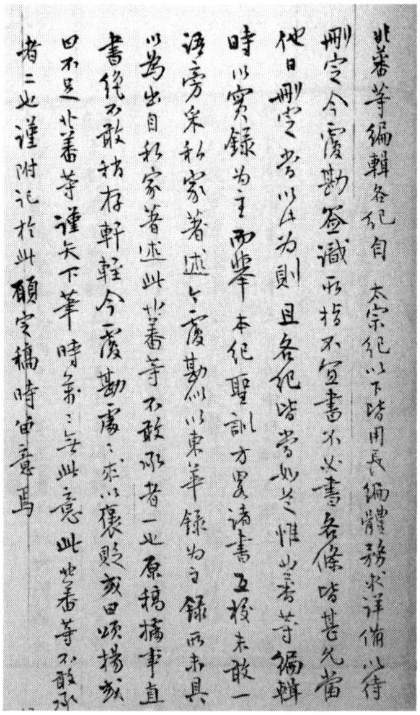

图 17　金兆蕃《圣祖本纪》稿本签识①

按：金兆蕃写在《清史稿》稿本上的这则签识表明，清史馆同人并非尽如批评者所批评的那样"内清室而外民国"。根据馆内分工，金兆蕃与邓邦述共同纂修自清太祖（努尔哈赤）至世宗（胤禛，年号雍正）五朝本纪。初稿完成后呈请覆勘，柯劭忞在覆勘时颇为讲求微言大义，故在稿本上写下很多修正意见。对于柯劭忞提出的修正意见，金兆蕃一方面表示认可，一方面又否认自己执笔时意存褒贬。

细读《清史稿》，会发现历史书写与价值表达的关系并不紧密牢固，而是存在着不少缝隙。加之《清史稿》成于众手，各种话语重叠交织，呈现出较鲜明的混杂特征。有时候连关于事实的记载，都存在着不确或矛盾的现象。

所谓"话语叠加"，是指纂修人员在编纂过程中通过对具体史实的加工处理所试图表达的言外之意，亦即《四库全书总目》"凡例"所说的"示褒贬"。

首先要介绍的是纯事实叠加。

尽管清史馆同人有"风世"的用心，但作为"支持文本"的"历史"常常不尽真实。当然，这未必出于纂修者的"故意"。金梁在回应批评者的指责时曾说：

> 论《清史稿》者，对于清初记事，尤指为讳饰，而不知史有史例，不能如野史新闻之随笔妄记也，《清史》体例，实仿《明史》。记事则以《实录》为本，务求征信，可疑者宁阙者，必不得已，或出以附见，或参以互证，意在存真，此亦修史者之常识也。②

①冯明珠主编《清史馆未刊纪志表传稿本》之《圣祖本纪》，沉香亭企业社，2007 年，签识页，第 740、741 页之间。

②金梁《清史稿回忆补录》，《逸经》第 10 期，1936 年 7 月。收入许师慎辑《有关清史稿编印经过及各方意见汇编》，中华民国史料研究中心，1979 年，第 641—642 页。

金兆蕃编纂本纪时,下笔极为谨慎。他在与邓邦述共同执笔纂修太祖至世宗五朝本纪时也曾申言:

> 兆蕃等编辑各纪,自太宗纪以下,皆用长编体,务求详备,以待删定……据事直书,绝不敢稍存轩轾。今覆勘处处求以褒贬,或曰颂扬,或曰不足,兆蕃等谨矢下笔时万万无此意。①

金兆蕃之所以声言"不敢稍存轩轾",以及金梁回应质疑时所谓"意在存真",均是为了追求史书之"信",并非如哀灵所推测的"为清室讳"。客观上未能做到,原因有很多,但至少金兆蕃、邓邦述在执笔时并没有"为清室讳"这样的意愿。

金梁、金兆蕃的表白,说明读者和作者对同一文本的"表达动机"可以有完全相反的理解。而哀灵坚持认为,《清史稿》有"为清室讳"的嫌疑:

> 夫清之《实录》,其前数朝(由天命至雍正),经过若干次之删削,稍研究清代故实者,莫不知之。根据此种多次删削之《实录》,尚有何征信之可言? 此姑勿论。查清世祖以前,当为明代事,明崇祯以前之明代《实录》,撰《清史稿》者,何以绝不采用乎? 此而言不为清室讳者,宁非自欺欺人之尤者耶!

哀灵质疑清代《实录》的可靠度,理由是它们"经过若干次之删削"。哀灵又说:

> 此外金君在《回忆录》中,对于评《清史稿》者,以时制为言,意颇不满。夫时制固不足概评议《史稿》之全,然试问用民国名义,耗民国金钱,而处处表现反对民国之精神,欲人之无言,其又得乎? 若易地而观,其意气自可释然矣。平心而论,赵尔巽辈,果真心忠于故君,首阳之山,尽多槁饿余地,何必受民国豢养,而自陷于进退失据之境乎? 小册子有既食周禄,又厕殷臣之讥,其言亦未可谓为过也。褥暑汗淋,不能详引例证,匆率书此,自问近于多事,当求金君与阅者其有以谅矣。②

---

① 冯明珠主编《清史馆未刊纪志表传稿本》之《圣祖本纪》,沉香亭企业社,2007 年,签识页,第 740、741 页之间。

② 哀灵《读清史稿回忆补录书后》,《逸经》第 13 期,1936 年 9 月。收入张惠珠辑《有关清史稿编印经过及各方意见汇编》第 3 编,国史馆,1990 年,第 198 页。

结合金梁、金兆蕃的态度来看,会发现哀灵的批评虽然指出了《清史稿》的客观缺点,但哀灵对执笔人的动机,却做出了不太被当事人认可的推测。

其次再说价值叠加。

实际上,所谓的"纯事实叠加"很难做到,至少读者已经习惯了从史书中寻求"微言大义"。而在"纯事实"的取舍和堆叠过程中,纂修者的主观倾向性总是不可完全避免的。

价值叠加的常见方式有如下三种:

一种是增加史实或文献。如《清史稿》卷四七二《陆润庠传》将陆润庠批评"游学诸生"的奏稿大段录入:

> 宣统元年,(陆润庠任)协办大学士,由体仁阁转东阁大学士,充弼德院院长。皇帝典学,充毓庆宫授读,兼顾问大臣……又言:"游学诸生,于实业等事学成而归者,寥寥可数,而又用非所学。其最多者惟法政一科。法政各国歧异,悉就其本国人情风俗以为制。今诸生根柢未深,于前古圣贤经传曾未诵习,道德风尚概未闻知,袭人皮毛,妄言改革;甚且包藏祸心,倡民权革命之说,判国家与君主为两途,布其党徒,潜为谋主。各部院大臣以为朝廷锐意变法,非重用学生不足以称上旨,遂乃邪说诐行,遍播中外,久之必致根本动摇,民生涂炭。"①

陆润庠的意见,与吴庆坻后来致函缪荃孙反对《清史稿》另立《兴学志》(吴氏函云:"兴学专志万不可,此痛心事也。")②可为同调。增加的史实或文献,如果角度有别,这也意味着引入了观察历史的更多维度。

价值叠加的第二种方式是修改字句。如《清史稿·宣统本纪》宣统元年(1909)九月记"韩人安重根戕日本前朝鲜统监伊藤博文于哈尔滨",据清史馆《宣统本纪》稿本,此句原为"韩人安重根刺杀日本前朝鲜统监伊藤宪博文于哈尔皇滨","戕"字原为"刺杀",且句中衍"宪""皇"二字。"刺杀"旁注有两行小字:"以鎗击毙"(按:"鎗"同"枪")和"以药弹狙击",另有签识云:"重根一条据秦总纂云只须改一戕字即得,盖本诸《春秋》宣

---

① 《清史稿》卷四七二。
② 参见林志宏《民国乃敌国也:政治文化转型下的清遗民》,联经出版事业公司,2009年,第140—141页。

十年'邾人戕鄫子于鄫'……戕字，卒暴之名。鎗、毙字样，新名词不应入本纪，其言似可采，特照述之，以备择。"①秦总纂，即秦树声。《清史稿》正式刊本"刺杀"二字果从秦树声之议，改作"戕"字。这类个别字句的修改，反映了纂修者对"本纪"书法的恪守，通过对《春秋》《左传》书写传统的对接传达了特定的思想倾向。

其实，对于秦树声的意见，《清史稿》并未贯彻始终。同样是在《清史稿·宣统本纪》中，宣统三年（1911）有如下一条记载：

> 革命党人以药弹击杀广州将军凤山。

此句在瑺良所修《宣统本纪》初稿中原为：

> 将军凤山被戕于广州。

原稿已用"戕"字，竟被改回"以药弹击杀"。

以上两处同类事例的不同处理方式，是值得深思的。"戕"字是古的，"以鎗击毙"和"以药弹狙击"的刺杀方式（包括刺杀工具）却是现代的。"戕"字之改在一定程度上造成了语言表述与史事之间的脱节。从这样的意义来说，"新名词不应入本纪"的原则未必不可以打破。

另外，如批评者所指出的，《清史稿》记民国以后事有时不以民国纪年，只标干支。这与《明史》的做法不同②。这些"常识性的错误"，也被认为别有用意。死于民国六年（1917）的前清署湖北布政使梁鼎芬，《清史稿》说他"丁巳"卒，谥"文忠"；死于民国九年的前清两广总督周馥，《清史稿》说他光绪三十三年（1907）告归，越十四年卒，谥"文忠"。金梁所刊《清史稿》为死于民国十二年的复辟主角张勋立传，记其谥号曰"忠武"。

溥仪身边的文人大都如此。如溥仪逊位后任清室南书房行走的王国维，于民国十六年在北京沉湖自尽，遗折中称这一天为"宣统十九年五月初三日"。又如袁励准《濮伯欣属题高宗御制〈冰嬉赋〉卷》诗中自注谈其曾于1922年受命"检校中秘书画"，即不书民国年号，而称"宣统壬戌"。郑孝胥

---

① 冯明珠主编《清史馆未刊纪志表传稿本》之《宣统本纪》，沉香亭企业社，2007年，第12134、12137页。
② 《明史》将明遗臣之死于清朝者，均书清朝年号。如写史可法死于顺治二年，张肯堂死于顺治九年，曾樱死于顺治六年。《清史稿》则未尽如此。

1928 年为袁励准诗撰序,落款亦书"宣统戊辰七月"①。这些"反对民国"的"证据",自然也被视为一种价值叠加。

价值叠加的第三种方式是利用"结构"。如金梁将王国维补入"忠义传"而非"儒林传";李慈铭之子希望其父入《儒林传》,缪荃孙只允入《文苑传》②;李瑞清原拟入逸民传③,后改附《文苑传》。何绍基、何绍京(何绍基弟)、何维朴(何绍基孙)后均属此类。将李瑞清与何维朴相提并论,《清史稿》的说法是因李瑞清"与维朴同时以书名海上者"。显然,清史馆为李瑞清立传,意在表彰其忠义,书法倒在其次。《清史稿》如此措词,可谓用心良苦。这种结构层面的调整,在纂修者看来,或是权衡史例的结果,或有微言大义的考虑。

不过,有些似乎带有明显价值叠加意图的行为,在当初未必如此。例如武训该入《卓行传》《忠义传》还是《孝义传》中,意见并不统一。将人物一生复杂多元的行事经历,归入某一类特定的主题汇传中,并不总是那么恰如其分。庄吉发曾对照台北故宫博物院所藏清史馆冷家骥所纂辑之《卓行武训列传》,对《武训传》的纂修情况有所分析。

《卓行武训列传》原稿内容如下:

> 武训,堂邑人,丐者也。初无名字,咸呼曰武七。后有司以其殷殷训诲也,因名之曰训。(《山东通志》)

> 训,幼孤贫,随母行乞,得钱必市甘旨以奉母。七岁丧母,事兄友于。(陈代卿撰《家传》)

> 稍长,且佣且乞,常自恨不识字,以兴设义学为己任,佣乞所得钱,辄寄富家代权子母,铢积寸累,殆三十年,益以官绅所助施,遂至钜万,置地二百三十亩有奇,行乞如故。(《通志》)

> 或得蒸饼,仅食其碎,完者售之,不枉费一文,滥缕蔽骭,昼乞夜

---

①袁励准《恐高寒斋诗》,1930 年朱印本。中国国家图书馆古籍馆藏。

②缪荃孙致冒广生函云:"李莼客列一传于'文苑',以陶子缜附之,似乎公道。其子力争要'儒林'。问经学有著作否? 钞来日记数十段,皆掇拾陈言,万不能谓之经学。莼客曾自言经学少功夫。只可不管。所上折子(全钞来),亦不如朱蓉生、屠梅君,'文苑'尚不愧也。兄以为如何?"上海博物馆图书编《冒广生友朋手札》,上海书画出版社,2009 年,第 230 页。

③台北故宫博物院图书文献处清史馆传稿第 7916 号即李瑞清传,标注为"逸民传卷三"。

织。同邑贡生杨树坊为储积日久,劝令娶,训曰:"有妻子将耗吾赀,是义学终不得立也。"竟不娶,与树坊商设义学于柳林庄,费钱四千余缗,尽出所积田为经常费。学分二级:蒙学,请诸生教之;经学,延名孝廉主之。开馆日,训先拜塾师,次编[遍]拜生童,具盛馔飨师,己则屏立门外,俟宴罢乃啜其余,云乞人不敢与师抗礼也。常往来塾中,值师昼寝,默跪榻前,师觉惊起,自后无复尔。遇学生游戏,亦如之,群相戒毋嬉,生徒有不谨者,训闻知,至泣劝之,皆感愧自励。(郭春煦撰《兴学碑》)

尝至馆陶,见寺僧了证设学鸦庄,赀不足,立捐钱数百缗助其成。复积金千余,建义学于临清,皆以武训名塾。(庄洪烈撰《遗像记》)

邑有孀妇张陈氏,家贫,割肉奉姑,训予田十亩,以资其孝养。遇孤寒,辄假以钱,终身不取,亦不以告人。光绪二十二年,殁于临清义塾庑下,年五十九。病革,闻诸生诵读声,犹张目而笑。邑人感其义,勒像于石,归田四十亩于其侄奉祀,山东巡抚张曜、袁树勋先后请给匾建坊,入祀孝义祠。(《国史孝义传》、贾品重撰《墓志》)[1]

冷家骥纂辑《卓行武训列传》稿本后,又附载"考异"云:

考异:《事实册》训捐良田百九十余亩,《通志》二百三十余亩。按:训卒后,邑人曾拨祭田四十亩归其侄,是必取诸二百三十余亩之内。夫尽其田,训之志也,除祭田,邑人之义也,从《通志》地数为当。[2]

由此可知,现藏清史馆《卓行武训列传》稿本的纂辑,所依据的资料包括:《山东通志》、陈代卿撰《家传》、郭春煦撰《兴学碑》、庄洪烈撰《遗像记》、《国史孝义传》等。从引用资料中入祀"孝义祠""忠义祠"等字样来看,《武训列传》可入《孝义传》,亦可入《忠义传》。就其兴设义学等事迹而论,亦可入载《卓行传》。光绪二十二年(1896),即武训逝世当年,当地乡绅还曾呈请山东巡抚转奏朝廷,希望将武训奉祀乡贤祠,未能成功。后来才获批准,改入

---

[1]《清史馆档》,冷家骥纂辑《卓行武训列传》,第 8063 号。参见庄吉发《清史馆与清史稿:清史馆未刊纪志表传的纂修及其史料价值》《文献足征——第二届清代档案国际学术研讨会》(会议论文),台北故宫博物院,2005 年。

[2]《清史馆档》,冷家骥纂辑《卓行武训列传》,第 8063 号。参见庄吉发《清史馆与清史稿:清史馆未刊纪志表传的纂修及其史料价值》《文献足征——第二届清代档案国际学术研讨会》(会议论文),台北故宫博物院,2005 年。

忠义祠①。

也就是说,武训既可入"孝义"或"忠义",也可入"卓行",任何一种归类都会被视为某种价值的叠加。而事实上史馆同人亦受归类之困扰,不尽出于道德鉴戒的考虑。

当然,话语叠加并不总是同向的,也经常呈现出各种层面的冲突。

有些属行文方面的自相矛盾。由于《清史稿》成于众手,成稿后匆忙付印,所以书中自相矛盾处颇多。如《文苑传·序》说:"兹为《文苑传》,其已见大臣及《儒林》各传者,则不复著焉。"而《谢启昆传》既见于卷三五九(列传一四六),又见于卷四八四《文苑一》(附《邵远平传》之后),所以傅振伦批评"既与序例抵牾,又为重出,殆书成之后,删削尚有未尽也"②。

有些则属史实冲突,如《清史稿》对嘉庆即位的记载即有自相矛盾处。《宗室禧恩传》记:

> 仁宗崩于热河避暑山庄,事出仓猝,禧恩以内廷扈从,建议宣宗有定乱勋,当继位。枢臣托津、戴均元等犹豫。禧恩抗论,众不能夺。会得秘匮朱谕,乃偕诸臣奉宣宗即位。

禧恩建议旻宁继位表明:嘉庆生前并未就立嗣之事在大臣中公布,禧恩建议时也未公启鐍匣,否则,托津、戴均元等就不会"犹豫"而不表态。所谓"公启鐍匣,宣示御书"之说,存在矛盾,大可存疑。禧恩只是内务府大臣,按"家法"他没有资格"建议旻宁继位"。可是他又为什么违背"家法"而这样"建议"?

《清史稿·托津传》记载:"仁宗崩于热河避暑山庄,事出仓猝,托津偕大学士戴均元,手启宝盒,奉宣宗即位。"

《清史稿·戴均元传》也记载:"扈从热河,甫驻跸,帝不豫,向夕大渐。戴均元,乾隆进士,官协办大学士、军机大臣、上书房总师傅。均元与大学士托津督内侍检御篋,得小金盒,启,宣示御书立宣宗为皇太子,奉嗣尊位,然后发丧。"

这两条记载,与《宗室禧恩传》记载不一致。包世臣所撰《戴公(均元)

---

①黄清源、姜林祥《武训评传》,山东大学出版社,1991年,第156—157页。

②傅振伦《清史稿评论》,收入许师慎辑《有关清史稿编印经过及各方意见汇编》,中华民国史料研究中心,1979年,第546页。

墓碑》文，记载当时寻找并开启鐍匣的情状："甫驻跸，圣躬骤有疾不豫，变生仓猝，从官多皇遽失措。公与文恪督内臣检御箧十数，最后近侍于身间出小金盒。"①这段文字表明，在嘉庆临终时，由托津、戴均元督促太监翻箱倒柜寻觅鐍匣，最后是由近侍找出的。

若据《清史稿·宗室禧恩传》，是禧恩建议立旻宁，托津、戴均元均犹豫，说明当时并未找到鐍匣。托津、戴均元开启金盒时，也没有记载当事人旻宁在场②。人们对此事的真伪产生怀疑。当然，这样的冲突性记载因留有缝隙，反倒为后人探究历史真相提供了线索。

有些则是价值冲突。如上文提到，《清史稿》记民国以后事有时不以民国纪年，只标干支。但赵尔巽《清史稿发刊缀言》文末落款，分明署的是"中华民国十六年丁卯八月二日"。可见《清史稿》文本中充满了各种层面的思想冲突。

除了史实和价值的添加，也有"删减"（可称"负叠加"）。如对奭良《宣统本纪》稿本的删改便是"负叠加"。这是言论姿态的内部调整，反映了言说主体与历史客体在对话过程中的摩擦碰撞与调和。

清史馆同人在《清史稿》中的确投入了较为浓重的道德关怀。但这种道德关怀实非光宣一代中的传统文人所独有。李泽厚即曾注意到，严复、林纾、梁启超、鲁迅、胡适等一批相对西化的学人，其"观念意识"与"行为模式"也有很大的距离，"对家族制度和传统家庭可以进行激烈的批判否定，但在行为上仍然在一定程度上遵循着对父母、兄弟、妻子的传统规范和要求"③。陈独秀、胡适、徐志摩对梁济殉节的称赞，也提醒我们注意"发言行为"的不周延性，"正如普通中国士人多少都相信一些风水，却贱视'风水先生'一样，士大夫'赏玩'的内容与其尊信推崇的内容实有根本的区分"④。

正因如此，真实的历史（尤其是思想史）并不是一元的、单向的。作为人物群体的清史馆，属于杜赞奇所说的"具有多种政治群体表述的社会"，

①孟森《清史讲义》，岳麓书社，2010年，第333页。
②参见王思治《"鐍匣"与旻宁（道光帝）继统》，收入陈捷先、成崇德、李纪祥主编《清史论集》上卷，人民出版社，2006年，第49—54页。又可参阅崇年《正说清朝十二帝》"道光帝旻宁"一节，中华书局，2006年。
③李泽厚《中国现代思想史论》，生活·读书·新知三联书店，2008年，第13页。
④罗志田《裂变中的传承：20世纪前期的中国文化与学术》，中华书局，2009年，第9页。

但这种多向性群体在后来的历史叙述中终被改造为"单一的社会统一体"①。事实上,这种对历史之多向性向单一性的改造,只是在文字、想象的层面上完成的,真实的单一性并不存在。显然,中国近现代以来体现于文学史、革命史等各类历史叙述中的线性历史,是在类似《清史稿》式的话语与价值的叠加或删减中完成的。即便如此,后人仍能从中发现历史表述的多重性。而话语与价值的叠加或强调,反过来也常唤起人们对事实真相的探究热情②。

---

① 杜赞奇著,王宪明等译《从民族国家拯救历史:民族主义话语与中国现代史研究》,社会科学文献出版社,2003年,第54页。
② 1842年5月,清朝在与英国的乍浦之战中失利,时任乍浦副都统长喜被传当了逃兵。观成、麟瑞父子通过编印"殉难录"的方式为长喜辩白,认为长喜非但未逃,而且督战甚严。在驻防旗营陷落后,长喜还曾试图自杀。另据后来的分析,乍浦旗人在此战中异常英勇,"在英国指挥官们看来,乍浦一战是他们在鸦片战争中所遭遇到的最顽强、也最令人震惊的抵抗⋯⋯"这或可从侧面佐证观成、麟瑞的论断,即长喜是英勇的,非传言所谓胆怯之徒(柯娇燕著,陈兆肆译《孤军:满人一家三代与清帝国的终结》,人民出版社,2016年,第131—134页)。按:观成、麟瑞父子为长喜辩护,固是出于某种"价值"考量——倘若长喜声名受损,也影响到驻防旗人的整体声誉。但这一辩护也补充了史实,并提供了丰富的观察视角。

第七章　前臣入史：清史馆同人与"纯忠"之辨

与《明史》相较,《清史稿》评骘历史人物的尺度有所放宽,这便是《清史稿·洪秀全传》赞论中所说的"不必以一时之是非论定":

> 秀全以匹夫倡革命,改元易服,建号定都,立国逾十余年,用兵至十余省,南北交争,隐然敌国。当时竭天下之力,始克平之,而元气遂已伤矣。中国危亡,实兆于此。成则王,败则寇,故不必以一时之是非论定焉……①

在清修《明史》中,李自成、张献忠是为"流贼"②。洪秀全与李、张相类,均为失败的起义领袖,然《清史稿》虽为洪秀全立专传,却不以"流贼"之类词汇为之标目,即尽量不做政治判断。这与《明史》馆臣对待李自成的态度形成对比。金梁曾对《明史》以李自成、张献忠为"流贼"的书法不以为然:"清修《明史》历三朝,善取班《书》义自昭。新室不为留载记,仿传流贼讵无聊。"(《论史八》)③这种不以"一时之是非"论定的姿态,表明清史馆成员看待历史人物的态度趋于多元和包容。

尽管如此,他们仍然遭遇过难题。关于明末李振声是否可为"忠臣"、能否在《清史》中适度为其昭雪,便是这些难题中的一个。

一、《明史》中记载的李振声

李振声在《明史》中先后出现三次,均记载为"降臣"。

第一次出现,是在《宋一鹤传》内。宋一鹤殉节,是在崇祯十六年(1643)正月。一个月前,即崇祯十五年(1642)十二月,李自成攻下襄阳、荆州,焚献陵。十六年(1643)正月,"李自成陷承天,巡抚都御史宋一鹤、留守

---

① 《清史稿》卷四七五。
② 张廷玉等《明史》卷三〇九《流贼传》,中华书局,1974 年。下同。
③ 金梁《息庐咏史》,金梁自刊,1937 年铅印本。

沈寿崇等死之"①。关于宋一鹤的事迹,《明史》有较详细的记载:

> 一鹤起乡举,不十年秉节钺,廷臣不能无忮。御史卫周胤上疏丑诋一鹤。一鹤屡建功,然亦往往蒙时诋……一鹤亦连疏引疾,帝疑其伪,下所司严核。先以襄阳陷,夺职戴罪,至是许解官候代。趋救汝宁,汝宁城已陷。(崇祯十五年)十二月,襄阳、德安、荆州连告陷,一鹤趋承天护献陵。陵军栅木为城,贼积薪烧之,烟窜纯德山。城穿,一鼓而登,犯献陵,毁祼殿。守陵巡按御史李振声、总兵官钱中选皆降,遂攻承天,岁余,明年正月二日,有以城下贼者。城陷,一鹤自经,故留守沈寿崇、钟祥知县萧汉俱死,分巡副使张凤翥走入山中。②

其后即附有同时殉难的沈寿崇、萧汉传,并附及"降"于李自成的守陵巡按御史李振声:"振声,米脂人。与自成同县而同姓,自成呼之为兄,后复杀之。"③

李振声第二次出现于《明史》中,是在卷二七五《解学龙传》内。解学龙是扬州兴化人,明万历四十一年(1613)进士。天启二年(1622),擢刑科给事中;崇祯元年(1628)起历任户科都给事中。历迁太常少卿、太仆卿、右佥都御史,巡抚江西。崇祯十二年(1639)冬,擢南京兵部右侍郎。崇祯十七年(1644)五月,"福王立于南京,召拜兵部左侍郎。十月擢刑部尚书。时方治从贼之狱,仿唐制六等定罪"。解学龙议定的定罪办法如下:

> 其一等应磔者:吏部员外郎宋企郊,举人牛金星,平阳知府张嶙然,太仆少卿曹钦程,御史李振声、喻上猷,山西提学参议黎志升,陕西左布政使陆之祺,兵科给事中高翔汉,潼关道佥事杨王休,翰林院检讨刘世芳十一人也。④

其后是"二等应斩秋决者"四人、"三等应绞拟赎者"七人、"四等应戍拟赎者"十五人、"五等应徒拟赎者"十人、"六等应杖拟赎者"八人。六等而外,另有"其留北俟后定夺者"十九人,"其另存再议者"二十八人,"其已奉旨录

---

①《明史》卷二四《庄烈帝二》。
②《明史》卷二六三《宋一鹤传》。
③《明史》卷二六三《宋一鹤传》。
④《明史》卷二七五《解学龙传》。

用者"十人①。在这份应该处分的"从贼"名单中，李振声被列为最严重的"一等应磔者"。

李振声第三次见载《明史》，是在卷三〇九《流贼传》中：

> 自成在中州，所略城辄焚毁之。及渡汉江，谋以荆、襄为根本，改襄阳曰襄京，修襄王宫殿居之……牛金星教以创官爵名号，大行署置……六政府侍郎则石首喻上猷、江陵萧应坤、招远杨永裕、米脂李振声、江陵邓岩忠、西安姚锡胤，寻以宣城丘之陶代振声为兵政府侍郎。其余受伪职者甚众，不具载。②

在李自成公布的"六政府侍郎"名单中出现，这是李振声不能洗刷的罪证。但《明史》这段记载也留下了"缝隙"："寻以宣城丘之陶代振声为兵政府侍郎"，即在暗示李振声其实并未就任所谓"兵政府侍郎"。

二、李振声与《表忠录》

根据小桑坪李氏老谱所记，李振声的祖先系陇西成纪（今天水市秦州区）人，汉飞将军李广之后。宋初，为抗击西夏兵南侵，振声的祖先戍边，在米脂狮子坬一带安营扎寨，此后世居米脂。李振声先祖李杰，明举人出身，以县丞累迁至四川潼川府通判。高祖李具善举人出身，嘉靖年间曾任安徽太和县知县。曾祖李时达，太学生。祖父李贡朝，庠生。父李茂盛，以岁进士先后任户县、陇州、华州学正、开封府周王府宗学教授等职。崇祯十五年（1642），上谕准李茂盛从祀乡贤。其"明乡贤碑"至今完好无损，现保存在李自成行宫③。

李振声九世孙李蕴华，光绪十四年（1888）举人、十八年（1892）进士，历任四川合江等县知县，后擢任会理州、忠州、绥德州知州。作为李振声的后裔，李蕴华欲为先人辩白，故将记载李振声"降贼"原委的《表忠录》呈交王树枏、马其昶、吴怀清、夏孙桐等清史馆同人，以期昭雪。

---

① 《明史》卷二七五《解学龙传》。
② 《明史》卷三〇九《流贼传》。
③ 李保林《米脂忠烈士魂殒荆襄：明湖广巡按李振声》，《榆林日报》2016 年 10 月 22 日。

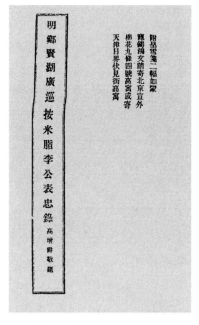

图 18 《明乡贤湖广巡按米脂
李公表忠录》①

按：此《表忠录》小册由高增爵题签。小册上另印有："附呈雪笺二幅，如蒙宠锡鸿文，请寄北京宣外棉花九条四号高寓，或寄天津日界伏见街高寓。""高寓"，应即高增爵寓所。

李蕴华家族七房皆李振声之后，李蕴华所在的四房居城内，业儒；其余六房居乡村，业农。先人的书策一直保存在长房，"然农家但束置高阁"，没有人知道《表忠录》尚在。清同治六年（1867）时，"回匪犯县境，村被毁，匪去后，长房伯叔捡点什物，无存者，惟于灰烬中得是《录》及许公墨迹"，长房遂送到县城李蕴华家②。在《表忠录》卷前，有高增爵的题签，同页右上方另印有征文小启："附呈雪笺二幅，如蒙宠锡鸿文，请寄北京宣外棉花九条四号高寓，或寄天津日界伏见街高寓。"可见，主持"表忠"一事的，不只是李振声后裔李蕴华，还有另一位米脂人高增爵③。

《表忠录》所收文章如下：

1. 顺治庚寅时任米脂县知事所撰《节烈录序》

2. 李上林、陈明盛《见闻侍御李公节烈录》

3. 雪苑陈明盛先生《吊公诗》

4. 陈明盛《节烈记略》

5. 河滨逸老白曰可《节烈录跋》

6. 顺治七年翰林院学士朱之俊撰《李侍御忠烈传》

①《中华历史人物别传集》第 24 册，线装书局，2003 年。

②高增爵《读陈子明盛节烈录感言》，《明乡贤湖广巡按米脂李公表忠录》，《中华历史人物别传集》第 24 册，线装书局，2003 年。

③高增爵（1863—1932），字劢农，陕西米脂人。与王树枬为挚友："劢农孝友诚笃，素讲经世之学。光绪壬辰进士，授内阁中书，保升知府，累官四川巡警道，历两川四府两道，廉明正直，不畏强御，所至有声，民爱之如慈母……吏治为全蜀第一人。"王树枬《陶庐老人随年录》，中华书局，2007 年，第 94 页。

7. 孙必达撰（石玉营书、王麟表篆）《赐进士出身湖广巡按李公墓志铭》

8. 提督陕西学政许荪荃疏请以明故湖广巡按李振声入祀乡贤（缩印许荪荃亲题条幅）

9.《陕西通志》卷六一《忠烈门》所收《李振声传》

10.《米脂县志》所收《李振声传》

11.《明史·宋一鹤传》相关段落及高增爵按语

12. 高增爵《读陈子明盛节烈录感言》

13. 王树枏《书李侍御节烈录后》

14. 马其昶《书明史宋一鹤传后》

15. 施纪云《书明米脂李御史表忠录后》

16. 胡玉缙《明乡贤湖广巡按米脂李公表忠录书后》

17. 吴怀清《李公表忠录跋》

由《表忠录》提供的史料可知，李振声虽在李自成营内居留时间较长，但并未受职，且最终被害。李振声与李自成为米脂同乡，又同姓，所以李自成"铁骑百万"进逼承天城下时，李振声"嚼齿誓众，谋死守"。城被攻下后，李自成命不得加害李振声，"贼下令敢伤公者斩，因被获"。

关于李振声被获后的情形，李上林、陈明盛称：

> 贼闻公至，鼓掌曰："大兄为我得天下，事定矣。"初二日，贼具书奉役使五十人，锦衣数十袭，金银酒器四十种，他物称是。公悉投之地，裂其书，不报。午刻贼以肩舆强迎公，既见，贼先下拜。公长揖厉声曰："汝本吾邑一驿卒，今造弥天之罪，若能悔罪归命，我尚可为尔请命，否则请速杀我。"贼无愠色，仍送归馆驿。

> 间日贼来起居，请宴会，坐间公谕贼曰："天命不可妄干，汝若悔罪归命，尚可转祸为福，不然，汝曹无噍类矣。"贼答以"本意初不及此，愿同吾兄终归故乡耳"。公厉声曰："吾不顾身家矣。"嗣后每燕（宴）辄醉，醉则唾骂。乃拨舟送襄阳，令右营刘体纯善事之。公以癸未正月初七日至初九日移寓檀溪寺，恒终日静坐。

> 二月，贼由湖南移檄襄阳，求铸铁匠天文生。公闻之，叹曰："朝廷遂无一旅可用兵，使狂贼猖獗如此。"一日，贼檄受公官，公投之地，面壁长吟，有"黄阁若闻今日诏，清流虚负往时名"之句。

> 贼知公终无降意，伺察日严。其年七月二十八日，孙督师勒兵渡

江,为讨贼计,右营移公裕州城内,日夜严卫之。或传公在襄阳逃逸未
遂,又传公有书通孙督师。一日,贼请公出城,公知其意,遂沐浴、正衣
冠,曰:"今日当了吾事。"出裕州南门,贼曰:"请爷下马。"公掀髯笑曰:
"我知之矣,容拜别。"于是下马,向东九拜,高声曰:"臣无状不能讨贼,
贻君父忧,死不瞑目矣。"又向西北九拜曰:"不孝振声不能事亲伏腊扫
墓矣。"遂遇害于裕州南门外西数武城下拦马墙内。义之者,扶土墙掩
之,时癸未九月二十八日未时也。①

其实,《明史》所记与李上林、陈明盛的说法并不矛盾。问题的关键,是《明
史》用了一个"降"字。

李振声的后人对这一记载非常介怀,如夏孙桐所言,"孝子慈孙痛心累
世","诚足使九原不瞑、千古太息者也"②。而李蕴华、高增爵印行《表忠
录》想要洗刷的,也正是这"降"字。

三、引决、速死与纯忠

李振声究是降臣抑是忠臣? 面对基本清晰的史实,每个人做出的解读
却有微妙的差异。

在王树枏看来,《明史》成于乾隆四年(1739),陈明盛《节烈录》已经先
出一百余年。而翰林院学士朱之俊撰《忠烈传》、陕西学政许荪荃疏请入祀
乡贤,均在《明史》成书之前。雍正十三年(1735)《续修陕西通志》已经显然
表其忠烈,"岂当日修史者采访有不及,而其子孙式微,无力以上达欤?"王
树枏进而分析道:"公之初至郧城也,即书'生离妻子,死报国家'八字于壁。
公按承天,便道省亲墓,即指墓旁一地示其子隆曰:'脱不测,葬吾于此。'盖
公之心判一死决矣。且公赴楚之时,闯屠中州,驱贼南下,同事皆缩朒不敢
往,公独毅然请行。至则仅一月而承天陷。使当日者,公稍存一趋避之心,
则固可以不往。乃明知往而必死,及其被执也,反腼然媚贼以求生,虽至愚
者不为,而谓公为之耶。虽然,公之求生易,求死难。闯之必欲生致公者,
其意特欲为族姓光宠耳。而公则尊之为兄,不闻也;事之以殊礼,不顾也;

①李上林、陈明盛《见闻侍御李公节烈录》,《明乡贤湖广巡按米脂李公表忠录》。
②夏孙桐《书明末米脂李御史表忠录后》,《观所尚斋文存》卷三,中华印书局,1939 年铅印本。

裂书毁物，询詈百端，其速求一死之心，乃益加厉焉。犯之而贼不以为忤，教之而贼不以为狂，迁之襄阳则曰善事之，移之裕州则曰严防之。贼之千计百虑，以求公之不死者，几及一年。始不获已，而后从公之志焉。"王树枏感慨道：

> 善乎万季野之言曰："史之难为，久矣。"非论其事，知其人，具见其表里，则吾以为信。而人之受枉者多矣。吾尝读《五代史》，南唐刘仁赡死守寿州，未尝降也。薛《史》则以其上表乞降，世宗并有加官赠恤之典，故列之周书。若非欧《史》详为辨明，则仁赡大节，受诬千载矣。公之冤，何以异于是。

王树枏又称颂李振声裔孙李蕴华，"独愤其先世受《明史》一时之诬，皇皇焉，汲汲焉，一若负深诟大痛，终其身不可以为人，而必求其得一当而后已"[1]。

马其昶则以"圣人之论人也，许管仲九匡之功，而不取匹夫沟渎自经之小"为李振声被获后"不自引决"辩护：

> 谅侍御不幸与闯贼同宗，见糜之久，不自引决，其意盖欲有所为也。以彼凶残嗜杀，犹慕族望，知所敬礼，则因其一瞬之明，导而诱之于善，天下生民之祸，或可稍纾。势不复济，而从容就死无憾。与气矜而激，发于一朝者，孰为难易乎？

马其昶且指出，《明史》载李振声与钱中选"皆降"有误，"中选实自杀，非降贼，亦见《明史稿》"[2]。

马其昶认为李振声"不自引决"是为了劝谕李自成，"导而诱之于善"；这与王树枏强调李振声有"速求一死之心"的观察有所不同。施纪云的意见与马其昶相近，认为李振声有"开示顺逆""谕以反正"之心，"说不能入"，才"通书督师以图贼"[3]。

夏孙桐读完《表忠录》后，一开始认定李振声系"捐躯殉国"之"忠臣"。夏孙桐批评明史馆臣于此事"独忽之"，并感慨"载笔者可不慎欤""夫作史

---

① 王树枏《书李侍御节烈录后》，《明乡贤湖广巡按米脂李公表忠录》。
② 马其昶《书明史宋一鹤传后》，《明乡贤湖广巡按米脂李公表忠录》。
③ 施纪云《书明米脂李御史表忠录后》，《明乡贤湖广巡按米脂李公表忠录》。

之事难言之矣""信乎作史之难"①。后来,夏孙桐又表现出难以论定的犹疑。犹疑之后,仍认为《表忠录》不足以推翻《明史》的记载。夏孙桐称:"余修清史,见兵事殉难诸人,每有异议,恩怨爱憎各别,毁誉因之而偏。且干戈扰攘之际,事不尽为众所目击,展转传说,歧中有歧。即疏奏不尽可信,无论污蔑之词难免。即昭雪之文,岂尽确哉!"②

夏孙桐对李振声及《表忠录》在评价上的犹疑,反映了道德想象与历史书写之间的制约关系。历史不是不偏不倚地记录一桩又一桩真实发生的事实,而是选择与特定的道德教化主题有关的部分事实。

在《明史》和《清史稿》的既定框架内,像李振声这样的情形,由于未能"速死"而被疑不够"纯忠",故失去了被正面书写的可能。尽管清史馆成员对李振声的遭遇深表同情、惋惜,但终未突破史例的规约为"纯度"不够的"忠臣"李振声立传。论证李振声之"忠"之所以如此曲折,关键在于人们对"忠"的理解不同。其实李振声在李自成营内的经历,事实原很清楚。但人们又似乎觉得李振声在"忠"的方面,其"典型性"不如宋一鹤。

即便清史馆成员不全然以清廷的立场为立场,不再视李自成、洪秀全为"贼"为"匪",但殉臣是否"纯忠"仍是可否入《忠义传》的重要标准。夏孙桐之所以认为《表忠录》不足以推翻《明史》的记载,多半出于这样的怀疑:李振声之"忠"显得不够斩截、鲜明,至少不如宋一鹤自经而死那么决绝。

四、史实之上的道德关切

当然,王树枬、夏孙桐等人并没有"纯忠"的提法。这个词出现,是在清史馆协修袁嘉谷的笔下。

在《清史稿·忠义传》中,有一位云南的张舜琴,任昆明县训导十八年,"官卑而职简"。闻辛亥革命消息仰药自杀。在清史馆协修袁嘉谷看来,这才是"纯忠"的典型。张舜琴事迹,见载于《清史稿》卷四九六《忠义十》:

> 张舜琴,字竹轩,云南石屏州人。举人,选昆明县训导。讲正学,

---

① 夏孙桐《书明末米脂李御史表忠录后》,《观所尚斋文存》卷三,中华印书局,1939年铅印本。
② 夏孙桐《书明末米脂李御史表忠录后》之"自记",《观所尚斋文存》卷三,中华印书局,1939年铅印本。

尚名节，士皆敬之，擢顺宁府教授。事继母孝，迎养学舍，颜其堂曰"不冷"。监师范学校，人疑舜琴改平时宗旨，及观其学规严肃，一准礼法，皆翕服。外国教习亦佥曰："张先生正人。"学使叶尔恺调充学务议绅。变作，有令剪发，即夕阖户仰药死。

这位张舜琴，实是袁嘉谷的岳父。

袁嘉谷在《师友传》中曾记张舜琴事迹，并将张舜琴与"以汉人殉旗而纯忠"的陆钟琦相提并论。在同一篇文章中，袁嘉谷又提及贵林（翰香）：

> 辛亥九月，旗营解。翰香殉。或曰：翰香早首鼠，虽以旗人殉旗，犹非纯忠。[1]

意在批评贵林因"首鼠"而不能"纯忠"。贵林非属"纯忠"，似乎失去了进入《清史稿》之《忠义传》的可能性。而实际上，由于《清史稿》尺度放宽，贵林被写进了《忠义传》，与张舜琴在同一卷（《清史稿》卷四九六）中：

> 贵林，字翰香，满洲正红旗人，杭州驻防。官协领，与浙人士游，有贤名。浙兵变，驻防营犹抗拒，相持二日。浙人劝罢战，招贵林出营议事垂定，有陷之者，谓旗营反覆不可信，且诬贵林署毒各坊巷井中，变军诱之出，枪毙之。同出者，子量海，举人存炳，佐领哈楚显，同被戕。

贵林初与浙军议和，属"投降"之举。之所以被害，盖因浙军怀疑其"降"有诈，"反覆不可信"。照袁嘉谷的意见，"宜不得与世公、松公、朴公并重也"[2]。这儿提到的世公是世增，松公是松寿，朴公是朴寿，均为辛亥革命中殉清的满洲人。

耐人寻味的是，袁嘉谷本人并不"忠清"[3]，他也反对将《清史》修成爱新觉罗一姓的家谱。他和陈敬第开馆之初即提醒同人，"中国旧史大都详朝廷制度，略于民间礼俗，《史记》独多言民事，千古称之，今宜扩而充之，凡民间礼俗之大、居处饮食之细，及一切日用之于风教有关者，良窳得失，灿

---

① 袁嘉谷《师友传》，《袁嘉谷文集》（一），云南人民出版社，2001年，第424页。

② 袁嘉谷《师友传》，《袁嘉谷文集》（一），云南人民出版社，2001年，第424页。

③ 袁嘉谷辛亥革命发生时在浙江任上，于1911年9月14日（农历）日记中，袁记道："风云愈急，到院上会议。绅界到者数人，然均有难言之隐。余主张剪发，改中华国，用黄帝纪元，以消众谋，此亦下策也。"袁虽认为"改中华国"是"下策"，但"下策"也是其所主张。袁嘉谷《辛亥宣统三年日记》，《袁嘉谷文集》（三），云南人民出版社，2001年，第551页。

然无遗。考其原委,上补前史之阙;明其变通,下征进化之美,庶几免一姓家谱之诮乎"①。表现出不同于正史的"新史想象"。

　　然而,在袁嘉谷看来,《忠义传》又恐怕是张舜琴最恰切的去处。针对岳父之死,袁嘉谷感慨道:

　　　　明之亡也,滇人薛大观以秀才殉明。《明史》列之《忠义传》,读史者咸惊异,以为大臣不死,亲臣不死,而仅仅一秀才死。先生广文耳,世多轻其官,鼎革之际,盖无一责先生以死者,而先生竟死。视大观之忠义,殆无愧色。自唐设广文以来,迄清中叶,官卑而职简,往往争赞仪,渎职守,广文遂为世讥笑。清既亡,官亦俱亡。幸有先生,结千年广文之局……卒之日,自挽语曰:"惭对君亲师,尚留此白发数茎,为广文先生写照;伤心前今后,谁禁我青山一卧,任造化小儿安排。"②

袁嘉谷提到的"以秀才殉明"的薛大观,事载《明史》卷二七九:

　　　　初,由榔之走缅甸也,昆明诸生薛大观叹息曰:"不能背城战,君臣同死社稷,顾欲走蛮邦以苟活,不重可羞耶!"顾子之翰曰:"吾不惜七尺躯,为天下明大义,汝其勉之!"之翰曰:"大人死忠,儿当死孝。"大观曰:"汝有母在。"时其母适在旁,顾之翰妻曰:"彼父子能死忠孝,吾两人独不能死节义耶?"其侍女方抱幼子,问曰:"主人皆死,何以处我?"大观曰:"尔能死,甚善。"于是五人偕赴城北黑龙潭死。次日,诸尸相牵浮水上,幼子在侍女怀中,两手坚抱如故。大观次女已适人,避兵山中,相去数十里,亦同日赴火死。③

袁嘉谷对岳父殉清的解读并无新意:"死其心,死其官。一千年,一广文。揭二十五史忠义之传,表于其阡。上亘三光,下昭九原。"④

　　袁嘉谷表彰岳父的殉清行为,并不意味着他希望亲人赴死,但面对那孤忠决绝、既已远逝的"生灵"(即使死于"误谬的观念"),袁嘉谷们不可能无动于衷。在这个意义上,入载正史《忠义传》恐怕是对死者和生者的共同

---

①《袁嘉谷、陈敬第陈清史凡例商榷》,朱师辙《清史述闻》,上海书店出版社,2009年,第156页。
②袁嘉谷《张竹轩先生墓铭》,卞孝萱、唐文权编《辛亥人物碑传集》,团结出版社,1991年,第610页。
③《明史》卷二七九《吴贞毓传》之附传。
④袁嘉谷《张竹轩先生墓铭》,卞孝萱、唐文权编《辛亥人物碑传集》,团结出版社,1991年,第609—
　　610页。

慰藉。

另外一个例子是金和与张继庚(金和妻从弟)。金和(1818—1885),清史馆提调金还的父亲。金和、张继庚事见《清史稿》卷四九三《忠义七》:

> 张继庚,字炳垣,江苏江宁人……咸丰三年,从布政使潘铎守长沙。围既解,料贼必东窜,辞归省母。江宁布政使祁宿藻方筹守御,稔其才,招与谋。继庚虑兵不足,增募壮勇,举诸生李翼棠等统之。明年(咸丰四年),贼至,请仿古火城法,于城内开壕积薪,城上筑两墙,为孔以出火器。城下两旁设牛皮栅,伏精兵以堵贼。时宿藻已卒,总督不能用。二月,城陷,继庚率众巷战,从弟继辛及李翼棠、侯敦诗等皆死。继庚赴水不沉,旋陷贼中,为书算。自念死志已决,欲将有所为,乃以母托戚友,变姓名为叶芝发,阳与贼暱,尽得其虚实。会钦差大臣向荣军至,因与诸生周葆濂、夏家铣及钱塘人金树本谋结贼为内应,而使金和、李钧祥、何师孟出报大营。有张沛泽者,悍贼也,同谋而中悔,首其事,家铣死之,继庚以伪名免。
>
> 九月,复遣人上书向荣,言:"水西门贼所不备,有船可用,太平门近紫金山,越城亦易为力,缘城贼辜皆受约束。"既得报,益结死士张士义、刘隆舒、吕万兴、朱硕龄等,以待大军。书七上,屡约屡爽。城中人情汹汹,事垂泄,继庚泣谓其友曰:"事急矣!"夜缒入营,痛哭自请师期,诸将皆感动。张国樑欲留之,继庚不可,归而大军复以雨雪不果至。他日继庚出,遇沛泽于途,哃曰:"此叶芝发也!"执赴贼所,施严刑,不为动,徐曰:"我张炳垣,书生耳,焉预他事?沛泽食鸦片,惧我发之,乃诬我耶?"贼搜之,信,遂杀沛泽,继庚被絷不得出。
>
> 明年(咸丰五年)二月,金和等引官兵易贾人服入城,与诸生贾钟麟等伏神策门,杀巡更贼,以斧断木栅,毁其半,贼惊走。亟举炮,六品军功田玉梅及敢死士张鸦头先众上城,斩守贼十余人,援贼麕至,玉梅跳免。大索城中,鸦头被获,穷诘不得主名,乃益榜掠继庚,楚毒备至。时庐州知府胡元炜降贼在坐,继庚跃起谓曰:"若官江南,宁不知江南人孱弱,非老兄弟合谋,谁敢为内应者?"老兄弟,贼中呼楚、粤人之悍勇者也。贼信其言,继庚索贼官册一一指,贼辄杀之,横尸东门者三十四人。贼旋悟,曰:"中汝计矣!"令速杀之。继庚临死,色不变,呼天者三,成绝命词,有云:"拔不去眼中铁,呕不尽心头血,吁嗟穷途穷,空抱

烈士烈。杀贼苦无权,骂贼犹有舌。"遂车裂以死。事闻,赠国子监典籍,建专祠,予世职。①

《清史稿》这段文字中,涉及金和的部分未尽符实。

据当事人金和在《江宁死事诗十四首》中的记载,张继庚更名叶芝发,以诈降太平军名义进入其营,尽得虚实。张继庚遣人上书清军将领向荣,谋为内应。金和记咸丰五年(1855)时,"(张继庚)乃约二月五日杀神策门守贼,纳外兵。外兵未赴……"②《清史稿》则记:"二月,金和等引官兵易贾人服入城,与诸生贾钟麟等伏神策门,杀巡更贼,以斧断木栅,毁其半,贼惊走。"③张继庚是金和妻从弟,虽然金和确曾潜出金陵城,入江南大营向荣幕中报告金陵城内的虚实,并称城内张继庚已结数千人谋为内应,但向荣并未采纳其策。金和居向荣营内仅一个月,即失望离营。金和甚至劝阻张继庚:"癸丑(咸丰三年)十一月,余闻君(张继庚)与营中往来,自全椒急驰书缓之。盖余留营中几一月,有以虑其事之必不成矣。"④金和自离开向荣江南大营后,便将伺机从城中逃出的妻子安顿于全椒,自己出馆于时居泰州姜堰的原两江总督陆建瀛次子陆钟江之府⑤。

也就是说,咸丰三年十一月时金和已在全椒,且致信劝阻张继庚起事;稍后又出馆于泰州,并不在南京。故《清史稿》记咸丰五年(1855)"金和等引官兵易服入城",与史实不符。至于《清史稿》张继庚传中提到的"张鸦头",即"张丫头"⑥。金和是清史馆提调金还之父,《清史稿》张继庚传未必出金还之手,或是馆中同人有为其尊者揄扬的用意?而《清史稿》之所以有此误载,很可能出于对束允泰《金文学小传》的误读。束允泰记金和入向荣江南大营一月中,"使人潜与继庚约,从之者颇众"。而实际上,"从之者颇众"仅指众人愿为内应而已,并非从金和易服入城,因束允泰下文又有"既定期,官兵不至;再约,又不至"的记载⑦。

---

① 《清史稿》卷四九三《忠义七》。
② 金和《江宁死事诗十四首·诸生张君继庚》,金和著,胡露校点《秋蟪吟馆诗钞》,上海古籍出版社,2009年,第154页。
③ 《清史稿》卷四九三《忠义七》。
④ 金和《江宁死事诗十四首·诸生张君继庚》,金和著,胡露校点《秋蟪吟馆诗钞》,第154页。
⑤ 胡露《秋蟪吟馆诗钞·前言》,金和著,胡露校点《秋蟪吟馆诗钞》,第4页。
⑥ 金和《江宁死事诗十四首·张丫头》,金和著,胡露校点《秋蟪吟馆诗钞》,第153—154页。
⑦ 束允泰《金文学小传》,金和著,胡露校点《秋蟪吟馆诗钞》"附录二",第448页。

第八章　满洲四君：旗人与《清史稿》之编纂

清史馆内的旗籍学人主要有赵尔巽、杨钟羲、瑞洵、奭良、成昌等。其中，赵、杨是汉军旗人。较多参与具体纂修工作的清史馆旗籍成员，除赵尔巽外，主要是瑞洵、奭良、成昌三人。夏孙桐曾撰《满洲奭良、瑞洵、成昌三君传》，三人再加上后期主持《清史稿》校刻的金梁，是为"满洲四君"。

在《清史稿》纂修过程中，"满洲四君"尤其是奭良、瑞洵、金梁三人均发挥了较为重要而特殊的作用。在清史馆内部，尽管纂修人员学术上、人格上各自独立平等，做出重要贡献的纂修人员不下三十人，旗人、汉人在认同"五族共和"这一点上并无二致，但旗籍学人由于族群身份、角色地位、现实处境与汉族学人有所不同，故在纂修过程中也的确表现出不太一样的心态与关切。

一、"今人对于清朝，每每视为异族"

辛亥革命的成功在一定程度上得益于"革命党人社会动员的成功"，而"社会动员的主要手段是制造舆论"，"排满"正是"革命鼓吹的主旋律"[1]。在《仇满横议》中，宁调元指出："中国者，中国人之中国，非异族所得有之中国，亦非异族所能代理之中国也。"[2]宁调元所谓"异族"，即指满族。刘师培也说："中国者，汉族之中国也；叛汉族之人，即为叛中国之人，保汉族之人，即为存中国之人。"[3]

---

① 章开沅《辛亥革命时期的社会动员——以"排满宣传"为实例》，《社会科学研究》1996年第5期。
② 宁调元《宁调元集》，湖南人民出版社，2008年，第452页。
③ 申叔（刘师培）《论留学生之非叛逆》，《苏报》光绪二十九年五月二十七日。近些年来的研究显示，所谓"汉族"也不是自然生成之物，而是在树立边界、区隔内外的国族建构过程中被"发明"出来的族群范畴。杜磊（Dru Gladney）便指出："汉族"或"汉民"本质上是一个近代的现象，是随晚清反满革命的政治运动而出现的。Dru C. Gladney, "Representing Nationality in China: Defiguring Majority/Minority Identities", *Journal of Asian Studies*, 53-1(Feb. 1994), p. 99. 参见沈松侨《振大汉之天声——民族英雄系谱与晚清的国族想像》，《"中研院"近代史研究所集刊》第33期，2000年，注130。

　　由于满汉畛域的存在,清亡以前,汉族文士竞言排满。清亡以后,排满思潮虽有消歇,但满汉芥蒂并未迅速消除。表现在清史纂修领域,便是满洲文士不放心将清史交由汉人来写。

　　一息(金梁)为此忧心忡忡:"今日修史不易,而清史之修为尤难。"金梁认为清史之修有"公""信""直"三难。何谓"公"? 金梁说:"修史唯公,不可稍有私意参乎其间。今人对于清朝,每每视为异族,感情用事,信口讥评,褒贬不当,是非莫定,徒快一时之意,而致失万世之平。"何谓"信"? "修史以信为主,一代之事,唯史是传,真伪所系。今既异视清室,秉笔之时,不免有所好恶。而信史又乌从得? 其难二也"。何谓"直"? "异代修史,不患不直。患在直非其正。于此既多异视,于彼讵能直书? 抑扬之间,每从曲笔。而欲求直史之出,不可见矣。其难三也"①。可见,金梁所深为不满者,乃在"今人对于清朝,每每视为异族"。在他看来,修清史之所以有三"难",原因均出于"异视"。

　　金梁认为,清史之修,人事上应请"故臣",体例上应从"旧史":

　　　　欲救其误,道唯得人,海滨不乏故臣,逸处更多遗老,修旧史,用旧人,广集耆儒……尤有要者,今修清史,当从旧(史)之体裁,万不可徒慕新史之形式。君主民主,世移时异,以前清一代,为中国数千年来君主史之结局,而自民国纪元,别创共和之史,庶几各得其宜也。②

金梁的看法并不孤立,袁世凯检选馆长及史馆成员后来的纂修思路与他的意见不谋而合。

　　但是,用旧臣修清史亦未必即能排除"异视"。如清史馆协修、赵尔巽甲戌科同年檀玑即认为:"汉逮宋均以权相、强藩篡夺而得天下,宋以后局一变,元继宋、明继元、清继明,此中外代兴之局也。变为中外大同之局,或未可知焉。"③檀玑的意思是,从汉代到宋代的代兴是内部问题,而元、明、清三朝均属"中外代兴",元代和清代被理解成"外"。这与金梁的想法有所不同。

　　而政府对清室的"优待",则引起了汉族文士的措辞机敏的"抗议"。在

①一息(金梁)《熊总理请修清史论》,(天津)《大公报》1914年2月3日。
②一息(金梁)《熊总理请修清史论》,(天津)《大公报》1914年2月3日。
③檀玑《葖竹斋诗》第65首("真"韵)自注,京华印书局,1918年。

天津《大公报》的"杂录"栏,刊出了一份《戏拟汉族人民上约法会议书》:

> 顷闻贵会奉大总统命,将优待满蒙回藏条件,订入《约法》,永远不失效力。逖听之下,不胜艳羡。窃维中华民国者,五大民族所共有也。义务之分配,五族共担之。则权利之享受,亦应五族共霑之。譬之于家,一父生五子,皆能成立。其家固有良田千亩,广厦万间,特以债务累累,势将破产,不得不由五子出而料理。其长子,则入款多而负债亦多,其余诸子,则因入款少而负债独少。论情,则长子应多得田产若干;论理,则父债子还者,父产亦应子得,不得薄于此而厚于彼也。此理至浅,妇稚皆知。今我汉族,长子也,满蒙回藏,庶子也。《约法》者,犹一家之家规也。为家主者,亦既邀集亲族,大开宗祠,订立万世共守之家规,自应一视同仁,无分厚薄。今乃对于负债多之长子,则置之脑后;对于诸子,则曰:此四子,吾所最疼爱也。吾曾命长子月贴费用以资其衣食者也。吾在固无虑,特恐百年以后,若辈将为长子所欺,不如订入家规,永永遵守。而亲族因慑于家主之命,亦遂附和其说。此宁得谓情理之平乎? 今诸公之订《约法》,亦何异于是?[①]

这则"杂录"的作者,还起草了"汉族优待条件"若干条,"恳请贵会一并订入《约法》,并加'一世二世万世子子孙孙永远不失效力'一语,以为保障。我汉族人民,无任感戴之至"。条文如下:

> 一、汉族人民于纳税以后,许其免出代议士;
> 一、汉族人民准其担偿新旧国债;
> 一、汉族人民得以卖男鬻女供给政府之挥霍;
> 一、汉族人民准其但尽义务免享各种权利;
> 一、汉族人民如不愿为本国人得入外国籍;
> 一、汉族人民子弟免其受国民教育之义务;
> 一、汉族人民之土地准其献给政府作为出卖品。[②]

　　虽是戏言,但所表达的想法带有相当的普遍性。满、汉文士对于"清

---

① 《杂录・戏拟汉族人民上约法会议书》,(天津)《大公报》1914 年 4 月 25 日。
② 《杂录・戏拟汉族人民上约法会议书》,(天津)《大公报》1914 年 4 月 25 日。

室优待"的不同立场、不同想法,与他们对"清史"的立场、看法有着内在的一致性。当然,是否"优待清室"是一个政治问题、实践问题,而将"清史"置于怎样的历史脉络中来叙述,却是更不易处理的思想文化问题。

在革命一方看来,满清政府对革命党人的残害令人发指,《远东报》一篇署名"元"的文章在回忆"中国革命之惨史"时,指责政府对沈荩、徐锡麟、秋瑾、禹之谟等人的摧残,认为这些人"以求人道之故,乃竟不受人道之诛杀以死"①。尽管如此,作者仍认为这是一群"不法官吏"所为,非朝廷之过:"顾朝廷是好朝廷,百姓是好百姓,要使吾民勿忘者,此辈不法之官吏耳。此辈不法官吏不诛尽,不足以立国,不足以保种。吾民其念之。他日无论立宪,无论共和,勿尽举此辈残忍贼作民长也。"②作者既对清廷多有恕辞,更对立宪、共和深怀期待。诚如西报所观察:"革命之宗旨,并非争执政权,实欲效法欧洲文明,为中国政治上特开一新纪元。现在多数华人与政府为难,必欲组织新政体而后已。"③故辛亥革命后,很少有人质疑抽象的"革命",但普遍反感"革命"之"激烈"。上引《远东报》一文的作者即自称:"记者素主和平主义,而不取乎激烈主义者也。"④光宣文人在其诗文中对现实多持不满,但这并不等于反对"共和"。况且他们的子辈,多已致力于新民国的建设。如报界即注意到张彪的女婿、儿子是"革党"中人:"然而张彪之婿之子均效命于革命党,虽不忠于乃父,则已较张彪为进矣,亦足盖父之愆、干父之蛊。"⑤

"元"虽然批评满清政府残害革命者的狠毒,但他所表达的还是各打五十大板的折中立场。因为他的结论是"朝廷是好朝廷,百姓是好百姓",坏只坏在一群奴隶打手、不法官吏手上。联想到《远东报》若有若无的亲满立场(金梁辛亥后曾参与该报笔政),"元"先生的真实身份,说不定是满洲人中的改革派。当然,他的意见,也在很大程度上代表了前清一大批满汉达官的心声。如果联系到《清史稿》对"革命惨史"的忽略,我们又不能不说,

—————————

① 元《中国革命之惨史》,《远东报》宣统三年十月二十日。
② 元《中国革命之惨史》,《远东报》宣统三年十月二十日。
③《西报论革命风潮》,《远东报》宣统三年十月十九日。
④ 元《中国革命之惨史》,《远东报》宣统三年十月二十日。
⑤《庸何伤乎张彪》,《远东报》宣统三年九月二十二日。

"元"先生的折中化了的清史想象,究竟与清史馆纂修人员有所不同。《清史稿》所呈现的,是一个不一样的"辛亥"。

二、瓜尔佳氏金梁及其满洲记忆

瑞洵、奭良主纂的《宣统帝本纪》,由于赵尔巽、柯劭忞等在正式刊行前的删改增补,可能引起争议的内容已被最大限度地剔除。金梁在付印前的最后时刻未经集体讨论而对《清史稿》施加的大幅度"手术",迅速被清史馆同人发现。当《清史稿》被国民政府以敌视民国为由禁止发售时,《清史稿》的"反动性"更引人瞩目。

金梁当年曾与谭延闿"打赌",说:"我自著书君治国,百年再看孰功多。"①欲以著书立言为一生志业,这颇可见出金梁的志趣。辛亥后金梁之所以刻意经营诗文、著述,是因为他相信文字的力量。当然也在无奈中寄托了自己的太多隐衷,也还有期待。金梁曾任溥仪小朝廷的内务府大臣,曾多次上书议政,表白复兴清室的愿望,故向被视为一位"复辟分子"。他不止有复兴清室的愿望,且戏言自己曾有自建"新国"的奇想②。

金梁在《清史稿》校刻过程中的作为非但无人认可,甚至遭到史馆同人的抵制与反对。更由于朱师辙等人的斥责与揭发,而成为不光彩的角色。

在很多人看来,金梁在清史馆的地位并不重要,他的正式身份是"办理史稿校刻",居清史馆职名表末位,是个不起眼的角色,"金梁乃一校对,见人极恭顺,无权干涉人,人亦并不许其干涉,仅印《稿》时偷改人稿,人皆不知……"③

---

① 金梁《息庐咏史》,金梁自刊,1937 年铅印本。
② 1946 年秋,金梁在《严觉之诗叙》中写道:"尝发奇想,假我十万人,横行中国,得觉之为我草檄,驰告中外,自南自北,无思不服,后来祸乱,不待三年,早消弭矣。其时有刘大同者,号疯子,亦我奇客,曾遣长白设治,乃忽创议就白山建新国,令吾为之主,吾亟驰书阻之。及今思之,恨不联严、刘为陈吴,自王海外,而坐失此奇机也,惜哉惜哉! 吾今日何忽及此,见者得勿疑为疯语乎? 不知乃觉之近函,将刊其诗草,索为之叙。而刘疯适来,年近八十,犹如少壮,见而笑曰:觉之自刻诗草,有暮气矣。昔二人同官东省,皆各著奇怀,今一南一北,无由合并。而回首旧游,恍如重聚,河山入梦,能勿发今昔之感邪?"见中华博物网金梁手迹藏品图片。
③ 朱师辙《清史述闻》,上海书店出版社,2009 年,第 31 页。

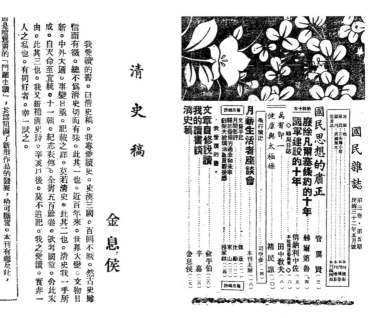

图 19　金梁评价《清史稿》为"我爱读的书"①

按:《国民杂志》开设专栏"我爱读的书",金梁应征撰文。文中对《清史稿》有三点评价:"古史虽信而有征,总不为《清史》信而有味。此其一也。近百年来,世界大变,文物日新,中外大通,事变日亟。记载之详,莫若《清史》。此其二也。《清史》我一手所成,自天命至宣统,十一朝,纪、志、表、传,全书五百余卷。欲考国故,舍此末由。此其三也。"最后又说:"我之爱读,实非一人之私也。有同好者,幸一试之。"

其实,金梁对自己在《清史稿》刊刻过程中发挥的作用一直是相当自负的。约 1937 年前后,金梁曾有自嘲诗:"《明史》成于万季野,《清史》败于金息庐。百年如许留遗直,待画《万金论史图》。"(《万金论史图》)将自己比作布衣修史的万斯同。另一诗则以元好问自比,表达其留心故国文献的衷情:"跸路荒凉怕再经,金源遗迹久飘零。遗山独忍遗臣泪,太息西风野史亭。"(《野史亭》)②

这些自我称许的诗文行世后,引起清史馆同人的激烈反应。张尔田即曾致信夏孙桐,表达不满:

①金息侯(梁)《我爱读的书:清史稿》,《国民杂志》1943 年第 5 期。
②金梁"近作三十二绝",《息庐咏史》,金梁自刊,1937 年铅印本。

　　闻（金梁）近日又出笔记多种，无非大吹其修史之功，新学小生以其系旗人，熟悉满洲掌故，颇有信其说者。今得尊书大明真相，演讲时当详告诸生，无使金一人居功而我辈代为之分谤也。①

朱师辙后来回忆史馆同人发现金梁所刊《清史稿》对原稿多有擅改时，大家的反应是：

　　众阅毕皆哗然，谓金梁"总阅"之名谁人与之，而偷改他人之稿以售其私，竟欲将《史稿》窃为己撰，宁非无耻，究不知其扪心自问，能无愧于心乎？②

朱师辙又说：

　　至十七年国民政府北伐方亟，馆中赶印《史稿》，代馆长及编纂诸人益无暇问馆事，金梁乃乘时局纷扰之际，恣其伎俩，偷将各人之稿增改，复将卷首职名任意开列，又私作《校刻记》，窃称"总阅"，俱未呈明馆长核准，任意发刊，无人知之。及北伐告成，书方印竣，金梁方得意，以为《稿》已印就，时局如此，史馆将结束，纵将来发现偷改，木已成舟，谁人能再更改？③

即此可见清史馆成员之间的内部矛盾。

　　在时人或后人眼里，金梁的"浮躁沉不住气"是出了名的：

　　金梁，满洲瓜尔佳氏，驻防杭州，清末进士，做过新民知府。他是十足的政客，但手腕并不高明。民国后在东北没搞出名堂，便去找溥仪，经郑孝胥一推荐，做了郑的副手，也和郑一同下台。但他对人称溥仪赏他少保衔，人遂称为金少保。他的笑话很多，《我的前半生》记他在溥仪出宫后一场戏剧性的"痛哭"，最引人笑，我也把他写入《庭闻忆略》了。他给溥仪上了许多奏折，推荐大量复辟人才，真正糊涂到了发昏，也遭到载沣的骂。④

　　⋯⋯⋯⋯⋯

---

①张尔田致夏孙桐函，朱师辙《清史述闻》，上海书店出版社，2009年，第223页。

②朱师辙《清史述闻》，上海书店出版社，2009年，第61页。

③朱师辙《清史述闻》，上海书店出版社，2009年，第60页。

④罗继祖《我的祖父罗振玉》，百花文艺出版社，2007年，第281—282页。

　　金梁这个人很无聊,满族瓜尔佳氏,杭州驻防,清末进士,做过新民府知府。民国后,和东北军阀张氏父子打得火热,郑孝胥援引他入内务府,当了一任内务府大臣,他不仅帮郑孝胥搞整顿,还给溥仪上了许多奏折,保荐人才。溥仪出宫后,他的奏折被发现,登上报纸。他很好出风头,对外宣称溥仪面赏他少保衔,所以人便以"金少保"呼之,他写过一副自寿对联,下联记不得了,上联是"古今三少保,宋岳明于空洒血",竟以岳飞、于谦自比,真是大言不惭。①

这强调的是金梁的"成事不足"。至于金梁的为人,其实也有很多好评:"实际金(梁)表面和罗(振玉)、王(国维)感情都不错","如(金梁)与罗同办京旗赈,设东华银行。罗每到津,皆住行内。又金对王也甚殷勤"。只是罗振玉、王国维二人"深知"金梁之"用心","不引为知己"而已②。

朱师辙在《清史述闻》中一边痛斥金梁,一边仍承认他的谦恭平和:

　　当洁珊(按即袁金铠)来馆后,以时有政治往还,不克常居史馆,乃以私人约金梁息侯帮忙,为求一馆职,赵馆长仅予一校对之名。金梁迁入史馆代洁珊发刊事务时,颇有议之者,然金梁貌极恭谨,众亦不复谓其怀有野心。③

江亢虎为金梁六十寿和诗,则对金梁赞誉有加。赵元礼《藏斋诗话》云:

　　江亢虎和《金息侯先生六十自寿诗》二律云:"俊游回首卅余年,志业如君自可传。野史亭成焚谏草,故侯瓜熟卖文钱。眼中桑海通三世,梦里觚棱隔一天。历尽劫灰身健在,瓦偏先碎玉能全。""编诗犹记义熙年,一卷新骚万口传。沽上烟波容泛宅,湖滨风月不论钱。霸才无主闲知命,灵感如神傥格天。周甲婆娑长散秩,转从投置得安全。"音节高亮,和韵中杰作也。④

前引张元济1937年次韵金梁《六十自述诗》,也称许金梁"忠孝两堪全",说

---

①罗继祖《我的祖父罗振玉》,百花文艺出版社,2007年,第134页。
②罗继祖《我的祖父罗振玉》,百花文艺出版社,2007年,第282页。
③朱师辙《清史述闻》,上海书店出版社,2009年,第60页。
④赵元礼《藏斋诗话》卷下,张寅彭主编《民国诗话丛编》第2册,上海书店出版社,2002年,第287页。

他"一腔热血今犹昨"①。

图20　《宣布复辟文件中之金梁》②

按:金梁此像,刊于 1925 年《图画时报》。像左有其小传,曰:"梁,字锡侯,满洲人。即戊戌上书西太后、中外喧传之瓜尔佳也。前清进士、御史,以知府保道员、副都统。曾为张作霖之政务厅长。清室任为少保、内务府大臣。"

金梁(1878—1962),苏完瓜尔佳氏,字锡侯、息侯。满洲正白旗人,杭州驻防。曾倡办东文学社、泗水蒙学校藏书会。1904 年进士,历任内廷中书、京师大学堂提调、警察厅知事、奉天旗务总办、新民知府等职。1916 年任奉天省政务厅长,1924 年充清廷内务府大臣,1928 年任东三省博物馆委员长,主管沈阳故宫内的东三省博物馆的一切事宜。新中国成立后,任国家文物部门顾问③。瓜尔佳氏是清初八大家之一。据金梁《瓜尔佳氏忠孝节义合传序》中的考证,瓜尔佳以部为氏,原作"夹谷",或作"加古",又作"古里甲",后经清廷改定为"瓜尔佳"。清代官书未能尽改,所以有些书中

①张元济《读史阅世》,陕西师范大学出版社,2007 年,第 205 页。

②《宣布复辟文件中之金梁》,《图画时报》1925 年第 267 期。

③沈广杰《金梁年谱资料选编(1908—1931)》,武斌主编《沈阳故宫博物院院刊》2006 年第 2 辑,中华书局,2006 年。

有时"瓜"写作"关",也写作"高","古"写为"顾",也写作"胡""古""汪",所以瓜尔佳又衍生出关、高、顾、胡、汪等姓。其中,关姓最为著名,"纪继簪缨,日益光大,当时有'关满朝'之称"。由于清朝将八旗子弟分派各地,作为"驻防",瓜尔佳氏也未能例外。金梁所在的杭州瓜尔佳氏,"先自京迁杭,继调乍浦,继复归杭州,前后二百余年",至1908年时,杭州驻防中的瓜尔佳一族已传至九世,"一门长幼已七十余人"①。

金梁在辛亥以后扮演的角色是多重的,谋士、隐士、遗老、史家、诗人,异常活跃,连溥仪也认为他是一个捉摸不透、变化多端的人。习见的负面评价既多出于对金梁的偏见或误读,又低估了他在现代中国思想文化史上的特殊意义。金梁的最大贡献,是在民国以后整个社会普遍敌视满洲(尤其是复辟派)的语境中,固执坚忍地致力于清代历史中满洲成分的记载与建构。

首先是家族史的书写。1908年金梁写成《瓜尔佳氏忠孝节义合传序》,十五年后,金梁又为《瓜尔佳氏九忠四节三孝图》作《跋》,将南迁乍浦、杭州的瓜尔佳氏一支中的"世传忠孝"者,归纳为九忠、四节、三孝。以下为"九忠":

1. 高高祖乌巴海(信勇公),任京口副都统,卒于军。清廷为赐谥立祠。
2. 曾伯祖舒通阿(威毅公),任汉军都统,殉节。清廷为赐谥立祠。
3. 伯祖观续,咸丰庚申阵亡,葬忠义冢,奉旨入祀昭忠祠,赐世职。
4. 从伯父竟成,咸丰庚申阵亡,葬忠义冢,奉旨入祀昭忠祠,赐世职。
5. 从伯父文瑞(果毅公),咸丰庚申殉节,葬忠义冢,清廷为赐谥立祠。
6. 从叔父彬瑞,咸丰庚申殉节,葬忠义冢。
7. 伯父麟瑞(忠节公),乍浦副都统,奏办军务。咸丰辛酉阵亡,入祀昭忠祠,赐世职。
8. 叔父鼎瑞,道光壬寅之难,投池死,葬乍浦盛家桥祖墓。
9. 叔父云瑞,咸丰辛酉陷于敌,被害,葬忠义冢,奉旨入祀昭忠祠,赐世职。

"四节"分别指其高曾祖母文太夫人、曾祖母邵太夫人、嗣祖母王依太夫人和从嫂邢夫人(松梁之妻)。而"三孝"则为其祖父观成(苇杭公)、姐姐

---

① 金梁《瓜尔佳氏忠孝节义合传序》,金梁《瓜圃丛刊叙录》,1924年铅印本。

画梁（织云女史）和弟弟文梁。

　　李鸿章曾为金梁家族《节孝传》题诗："江南有奇才，杀贼誓以死。功遂忽辞归，故知非常士。寄我《节孝传》，嗣母王依氏。夫殁翁独存，坚请翁继娶。一脉承大宗，莫抚他人子。再造矢真诚，天竟延其嗣。胡为巾帼中，而能见及此。奇节萃一门，此母有此子。名教重纲常，忠孝与节义。千秋不可泯，一一垂青史。"①据金梁所述，其祖父观成，"官蜀，民为立生祠，弃官归孝，事邵太夫人，孺慕终身。居丧，哀哭瞀目，称至孝"；其姐姐画梁，"先妣病，割股进。先父病，祷天，以身代。时以善画，诏入宫供奉，辞之。父愈，竟死"；其弟弟文梁，"天性奇孝，先母钱太夫人病，弟方十三岁，竟效剖心疗疾，是年死"②。

　　其次，是致力于他心目中理想"清史"的建构。金梁要写一部排除了"异视"的"国史"。一方面，金梁将他的家史尽可能写入《清史稿》，如他的祖父观成、叔父云瑞、父亲凤瑞，均以伯父麟瑞附传的方式入载《清史稿》卷四九二《忠义六》。传文如下：

　　　　麟瑞，字霭人，满洲瓜尔佳氏，乍浦驻防。父观成，官南川知县，有德政，蜀人为立生祠，称小关庙，以关、瓜音通也。麟瑞以笔帖式历印务章京。咸丰十一年，贼犯乍城，从副都统锡龄阿出督战，偕弟凤瑞、云瑞手燃巨炮纵击，贼惊却，拔出难民无算。城陷，麟瑞率众巷战，力刃数贼，贼环攻，被枪，殁于阵。赠副都统，予世职，祀昭忠祠，谥忠节。云瑞陷贼不屈死。凤瑞出从李鸿章军，转战江、浙，攻和州、含山，以百骑计破贼万余，鸿章尝称为非常人。克太仓等处皆有功，赠将军。麟瑞督战时，本为副都统，护印至死不释。后其子柏梁官乍浦副都统，莅任拜印，启视，斑斑犹见血痕云。

　　金梁堂兄柏梁则另立专传，入载《清史稿》卷四五三。该卷为十五位满洲将军、都统合传。《柏梁传》云：

　　　　柏梁，瓜尔佳氏，字研香，满洲正白旗人，杭州驻防。父麟瑞，咸丰末阵亡乍浦。柏梁少从其叔父凤瑞出，隶李鸿章军，转战江、浙。攻太仓州，柏梁自南门先登。复攻苏州，战于黄天荡，阵斩悍目。攻嘉兴、

---

①金梁《瓜尔佳氏九忠四节三孝图跋》，金梁《瓜圃丛刊叙录》，1924 年铅印本。
②金梁《瓜尔佳氏九忠四节三孝图跋》，金梁《瓜圃丛刊叙录》，1924 年铅印本。

宜兴、江阴、金坛,柏梁皆有功。改隶胜保军,战江北,屡捷,累保至协领,赏花翎。杭州克复,调归驻防,补协领。承历任将军办理营务,善庆尤倚任之。光绪中,驻防初设洋枪队,以柏梁充全营翼长,兼掌兵司。规画营制,均照新军式训练,纪律肃然。叙劳,以副都统记名。入觐,奏对称旨。以晓畅戎机、训练出力,赏头品服。驻防旧有旗仓,久为兵燹,柏梁请拨款重建。旋授乍浦副都统。乍浦驻防营毁于粤乱,副都统驻杭州。柏梁莅任,岁至乍浦巡视海防。以劳卒。赐恤如制。

凤瑞为金梁之父。《凤瑞传》入载《清史稿》卷四九九《孝义三》,《凤瑞传》内附载金梁弟文梁。传文如下:

> 凤瑞,字桐山,瓜尔佳氏,满洲正白旗人,乍浦驻防。粤寇来犯,与兄麟瑞战御。城陷,麟瑞阵殁,见《忠义传》。凤瑞改隶李鸿章军,转战江、浙,屡有功,而太仓一役尤著。初,李军以乏饷不用命,凤瑞力保盗魁贺国贤,国贤本盐商,官诬杀其兄,乃为盗。凤瑞与其兄善,责以大义,立出十万金助饷,并率所部奋攻城,遂克太仓州。国贤后官至总兵,凤瑞以笔帖式积功累保副都统,赏花翎。

> 江南平,调归杭州,遂隐居不仕。时难民遍地,凤瑞先于上海、青浦设厂施衣食,为谋栖宿,分遣归里。复奉诏招集旗人归防安插,恢复营制。建昭忠祠,立忠义坟。凡杭、乍两营死者逾万人,尸骨狼藉,躬督检埋,分建两大冢于两地。勒碑致祭,列入祀典。又采访姓名,汇刻《浙江八旗殉难录》。乍浦副都统锡龄阿全家同殉,其仆石某独负其幼子出,乞食养之。凤瑞见而言于巡抚薛焕,奏请抚恤,为赋《义仆行》,给赀送归。

> 凤瑞义侠,好行善,岁收租谷数百石,必尽散之穷乏,数十年如一日,众称善人。卒年八十有二,赠将军。

> 凤瑞博学,工书画,游迹遍天下,尝自刊玉章,曰"读万卷书,行万里路"。著有《老子解》《如如老人诗草》及《殉难录》等。子四,文梁年十三,母病危,剖心以救,母愈,文梁竟卒。

女性家族成员中,金梁嗣祖母王依氏入《清史稿》卷五〇九《列女二》,附及曾祖查郎阿、嗣祖父图斡恰纳。传文云:

> 图斡恰纳妻王依氏,满洲人,乍浦驻防。图斡恰纳,瓜尔佳氏,早

丧母，寻亦卒，无子，嗣绝矣。父查郎阿谋为立后，王依氏曰："子他人子，终非骨肉，不足奉大宗，愿翁娶继室。"查郎阿感其意，娶于邵，生子观成。观成生七月，而查郎阿卒，王依氏哀姑少寡，奉养甚谨，躬操作助姑抚孤。既遘疾，犹不自逸，事辄代其姑。卒时观成已举乡试，以子凤瑞为兄嗣，未百年而子孙繁衍至百余人。[①]

综上，金梁家族入载《清史稿》专传者为堂兄柏梁，传文约 310 字；入载《忠义传》者为伯父麟瑞，传文约 270 字；入载《列女传》者为嗣祖母王依氏，传文约 180 字；入载《文苑传》者为祖父观成，传文约 30 字，入载《孝义传》者为父亲凤瑞，传文约 490 字。可谓用心良苦。

另一方面，金梁在《清史稿》中也尽可能多地留下更多旗籍臣工及文人的史迹，如在《清史稿》卷四八六《文苑三》中，金梁增补了如下一段：

> 道、咸以来，满洲如观成，字苇杭，瓜尔佳氏，有《瓜亭杂录》《语花馆诗集》。鄂恒，字松亭，伊尔根觉罗氏，有《求是山房集》。震钧，字在廷，改名唐晏，瓜尔佳氏，有《渤海国志》《天咫偶闻》。英华，字敛之，赫佳氏，正红旗人，博学善诗文，工书法，著书立说，中外知名。有《安蹇斋集》《万松野人言善录》等。蒙古盛元，字恺廷，巴鲁特氏，有《南昌府志》《杭营小志》《怡园诗草》。汉军宗山，字歊梧，鲁氏，有《窥生铁斋诗集》《希晦堂遗文》。皆以诗文名。

金梁所增补的以上诸人中，既有蒙古旗人盛元，也有汉军旗人宗山，更多的则是满洲文人，如鄂恒、震钧等。其中观成是金梁祖父，英敛之是金梁知交。此外，金梁更通过撰写《清史稿补》、增补吴庆坻《辛亥殉难记》等方式，表达他对作为中国历史一部分的满洲史、旗人史的关注。

三、清史馆内的满汉分野

奭良（1851—1931），字召南，贵州按察使承龄之孙。奭良绩学而不工制义，困于场屋，起家为奉天县令，荐擢东边道，恃才招忌，屡踬屡起，历任山西河东道、湖北荆宜施道、江苏徐州道，遭国变去官。性豪侈，历官皆称

---

① 《清史稿》卷五〇九《列女二》。

膏腴,挥霍无余资,去官后卖宅犹得万余金,未三年已罄。清史馆开,赵尔巽招备顾问,于满洲文献、十朝掌故矢口指陈,不待翻检陈籍。赵尔巽安排奭良先从金兆蕃见习本纪,后从柯劭忞助述列传。在馆五年,助金兆蕃修正前五朝本纪,主纂诸王传,分任康、乾两朝臣工列传。与奭良颇多交往的夏孙桐后来回忆说:

> (奭良)论事刻深,喜与人立异,又文笔差弱,不长于编纂,至讨论之事则时有独到也。余辑嘉、道、咸、同四朝列传,脱稿后辄就商榷,签校成帙,多获其益,其偏宕之论亦未从之。①

奭良生于咸丰元年(1851),二十八岁入仕,辛亥革命时已六十一岁。他兼擅诗词,颇有成就,"是清末民初文坛上有影响的人物"②。其《野棠轩词集》四卷,共收词117首。多和韵酬唱、题画寄慨之作,豪放雄浑与婉约清丽并存,所作多能切意。奭良有赞扬明朝抗清将领熊廷弼的词,题为《永遇乐·题熊襄愍狱中诗卷》,有"公行矣,犹遗翠墨,曝光海宇"之句。又有《满江红·奉题岳忠武王画像》四首,第三首写道:

> 南渡奠存,只荡里、蒸尝勿歇。经历代,崇封峻祀,少酬英烈。一展丹青窥器宇,十分坦白光风月。拍衷丝不忘旧山河,情綦切。
> 墨经义,衣如雪。精忠宇,痕不灭。但庞言丑正,金陀微缺。长脚人人瞋切齿,紫阳喋喋盲涂血。指阶前、铁铸数么麽,文犹阙。

张佳生认为"尤能反映满人对汉族英雄的态度,反映出清代满、汉关系的另一个侧面"③。奭良又有一首《惜余春慢·社题分咏慈仁寺松》:

> 莲社台空,琳宫尘黯,犹说虬枝天矫。浓阴帀地,黛色参天,多少俊流临眺。更有僧寮寓公,祠比三高,人同四皓。想霜严雪洁,秦封不到,竦然云表。　　曾几日、灰劫相寻,化为龙去,剩见孙枝烟绕。灵山会散,胜境陵迁,一角表忠残照。为问清斋有无,输与枣花,游骢时到。看蟠根高节,当秋无奈,著书人老。④

---

①夏孙桐《满洲奭良、瑞洵、成昌三君传》,朱师辙《清史述闻》,上海书店出版社,2009 年,第 223 页。
②张佳生《清代满族诗词十论》,辽宁民族出版社,1993 年,第 304 页。
③张佳生《清代满族诗词十论》,辽宁民族出版社,1993 年,第 304—305 页。
④张佳生《清代满族诗词十论》,辽宁民族出版社,1993 年,第 305 页。

这首词以松为喻,写清代之兴衰,并发出了"著书人老"的感喟。

但满洲人的心态,也并非全都如此外露。清史馆另一位满洲文人成昌有所不同。成昌,山东布政使崇保子。又名骆成昌(满人增汉姓),字子蕃,一字湟生,号子和、南禅,萨克达氏,满洲镶黄旗人。光绪戊子举人,夏孙桐曾与交游:

> 少凭门阀,交游征逐,裘马甚都。性耽风雅,从王半塘游,入词社,余于半塘座上识之,屡共文酒之会。庚子人日招半塘及张瞻园、朱彊村诸同社饮于西华门外酒楼,余亦在座,席散同游旃坛寺,观古佛像,未几义和拳乱起,联军入京师,寺毁于火,佛像亦归灰烬,此尤足系人追念者也。嗣是瞻园、半塘先后南游,彊村亦出视学粤东,风流云散,余遂未与复见。后乃共事史馆,则已摧锋落机,无复曩时意气,知其去官北归,购田宅于京西涞水,避嚣隐迹,续娶少艾,家政为所持,只身寄居正阳门外逆旅,藉馆谷自给,布衣蔬食,同于寒素,每见辄话旧游,唏嘘不已。居恒郁郁,史事未终病卒,无子,家亦衰落矣。①

成昌的仕途并不显达,在前清时由兵部郎中补授江南道御史,官至夔州知府。工画山水,民国二年(1913)隆裕太后去世,参与葬礼。

据《八旗文艺编目》载,成昌著有《醉六堂诗集》《湟生诗稿》。今存《子蕃遗稿十六种》(不分卷),另附二种,稿本,北京大学图书馆藏②。

成昌在清史馆所做的工作主要有:(1)纂修《地理志》之山东部分③;(2)《职官志》之"内务府"部分④;(3)《兵志》之《马政》《八旗》部分⑤;(4)《艺文志长编》之《八旗》部分⑥;(5)《邦交志》之《日斯巴尼亚》(即西班牙)部分⑦;(6)《邦交志》之《瑞典》《挪威》部分⑧。

与瑞洵、奭良、金梁三人不同,成昌更像一位纯粹的文士,他擅为诗钟,

---

① 参见夏孙桐《满洲奭良、瑞洵、成昌三君传》,朱师辙《清史述闻》,上海书店出版社,2009 年,第223—224 页。

② 柯愈春《清人诗文集总目提要》,北京古籍出版社,2002 年,第 1966 页。

③ 台北故宫博物院编印《故宫博物院清代文献档案总目》,台北故宫博物院,1982 年,第 51、52 页。

④ 台北故宫博物院编印《故宫博物院清代文献档案总目》,第 76 页。

⑤ 台北故宫博物院编印《故宫博物院清代文献档案总目》,第 134、135 页。

⑥ 台北故宫博物院编印《故宫博物院清代文献档案总目》,第 157 页。

⑦ 台北故宫博物院编印《故宫博物院清代文献档案总目》,第 158 页。

⑧ 台北故宫博物院编印《故宫博物院清代文献档案总目》,第 159 页。

词学南宋,尤其推重姜夔、周密,追求格律严谨、字句精美,受浙西词派影响较深。如:

玉京秋　用草窗韵

　　罗带阔。年来更消瘦,惜春心切。乱红落尽,惊看新叶。门掩梨花几树,诉东风、休摧香雪。伤离别,绿窗鹦鹉,替人先说。袖薄余寒犹怯。烛高烧、银屏影缺。画角声声,吹残前梦,轻歌应歇。浅草迷天,叹客里、谁惜芳菲时节?蜀弦咽。鹃血空啼夜月。①

虽然生活在局势动乱的时代,但其词作通常写得比较隐晦纤曲②,与金梁诗文之辞气外露有所不同。

　　虽与修《清史稿》,成昌也未如金梁一样过分措意于家史。其父崇保官至山东布政使,比金梁家族更有机会入传,但《清史稿》中未见有崇保之传。

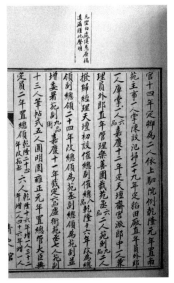

图21　骆成昌《清史稿·职官志·内务府》稿本③

　　按:上两图,右为稿本封面,左为内文一页。编纂者为清史馆协修骆成昌。骆成昌,即成昌。

---

①叶恭绰编《全清词钞》,中华书局,1982年,第1873页。
②张佳生《清代满族诗词十论》,辽宁民族出版社,1993年,第303页。
③冯明珠主编《清史馆未刊纪志表传稿本》"志"第4册,沉香亭企业社,2007年。

四、五族共和与"异视"之墙

清史馆内若隐若现的满汉分野,是辛亥后整个社会族群关系的一个缩影。金梁内心的殷忧,乃是有所见、有所感而生,并非毫无来由。

世纪之交时,革命党人关于族群问题的诉求并不仅仅限于把满族"他者化","传说中作为民族象征的黄帝开始主导 20 世纪前数十年民族主义话语,一直到 1941 年都继续被官方尊为种族始祖和民族的奠基者",种族主义者动员"现存的文化象征"构建了一面"群体之墙",把满洲挡在墙外。"将汉族重建为民族主体必然威胁到其他非汉族的群体"①,金梁所担心的"今人对于清朝,每每视为异族",正是有感于晚清以来的"排满"思潮的尖锐激烈。

应当承认,汉满之间的矛盾在民国成立后确是缓和了,满、蒙、回、藏的"中国人"身份也无人异议。在历史研究的层面上看,中华民族作为政治、文化共同体的形成史并不复杂。但是,由于民族问题常被利用为政治工具,人为的"异视"使问题变得复杂。满汉一家、五族共和的观念,是在民国以后才真正成为汉人的心理现实,若以此视角观照有清一代历史,以致将清代前、中期清廷对汉族的压抑视而不见、避而不谈,也有违历史的真实。

尽管满汉化合观在辛亥革命后渐渐成为主导性的意见,而且满洲文人与汉族文人在"国家认同"(认同多民族国家的中国、五族共和的中国)方面并无差异,但在现代中国,一直存在着政治、文化层面的满汉分野。这是晚清排满思潮的延续与反弹,也由于民国政局的错综复杂而时隐时现。这种满汉分野,至少表现在以下几个方面:

一是满洲地位迅速下降,政治、经济方面的优势地位荡然无存,满洲人在情感上有被遗弃之感。"谁愿意瞪着眼挨饿呢! 可是,谁要咱们旗人呢! 想起来呀,大清国不一定好啊,可是到了民国,我挨了饿!"——话剧《茶馆》中的松二爷在民国初年回答别人问他"能写会算,难道找不到

---

① 杜赞奇著,王宪明等译《从民族国家拯救历史:民族主义话语与中国现代史研究》,社会科学文献出版社,2003 年,第 66 页。

点事儿作"的时候,所做的如是慨叹,其实正道出了众多下层旗人的心中悲情①。

二是普通民众的排满心理并没有随民国建立、五族共和而真正消除。如郭沫若曾这样谈起赵尔巽:"他在清朝末年要算是一位有数的重臣。他是汉军旗,便是他的祖先本是汉人而投降了满人的。这种'奴才'对于他的'主子'——当时的大官或一般的满人都称清室为'主子',称自己为'奴才'——自然要表示两倍的忠诚了。"②作家冰心在读罢老舍遗著《正红旗下》后,也曾坦言自己少年时对旗人的反感:"我自己小的时候,辛亥革命以前,因为痛恨清皇朝政府的腐败无能、丧权辱国,作为汉族一分子,又没有接触过任何一个'旗人',因此我对于旗人,不论是贵族是平民,是统治阶级还是被统治阶级,是一律怀有反感的;这种认识,直到后来在参加革命活动和社会活动中,接触到一些旗人以后,才逐渐有所改变。"③

三是满汉文人的人生归宿,也多受到族群身份的制约影响。旗人如杨钟羲、金梁等,在 1930 年代以后多与伪满有连,便是一个例子。

1990 年代中期,"新清史"成为美国以及西方近年中国史研究中最重要的趋势之一,出现了一批代表人物及代表作品,再次影响了中国学界。强调清代历史中的"满洲"元素,剖析清朝统治与历代汉族王朝的区别,这是近年来美国清史学者的新思路。他们侧重讨论清朝统治中的非汉族因素,对"中国""中国人"以及"中国民族主义"的基本概念和基本准则提出挑战,并对"中华民族"及国家的认同提出质疑④。尽管如清史学界最近的研究成果指出的,近现代国家意义上的"中国"概念是在清朝统治时期才出现的,中国各族人民从民族认同到对统一国家的认同,经历了几千年漫长岁

---

① 可惜在该剧搬上舞台的时候,老舍原作中的台词"谁要咱们旗人呢!"被改成了"谁要咱们这号儿的呢!"其意已经不再强调彼时满族人遭到的民族歧视,而似乎是在揶揄松二爷这类人物因游手好闲惯了,没有劳动能力,而为社会排斥。参见关纪新《老舍民族心理刍说》,《满族研究》2006 年第 4 期。

② 郭沫若《反正前后》(《沫若自传》第 1 卷《少年时代》),《郭沫若全集》第 11 卷,人民文学出版社,1992 年,第 211 页。

③ 冰心《读老舍遗著〈正红旗下〉》,《民族团结》1979 年第 3 期。又收入卓如编《冰心全集》第 7 卷,海峡文艺出版社,1994 年,第 89 页。

④ 可参见刘凤云、刘文鹏编《清朝的国家认同——"新清史"研究与争鸣》,中国人民大学出版社,2010 年;刘凤云《"新清史"研究:不同凡响的学术争鸣》,《中国社会科学报》2010 年 10 月 14 日。

月的积淀与整合,在清朝统治的三百年间,才最终成为定局①。而顺治三年(1645)清朝祭祀历代帝王增入汉族之外辽太祖、金太祖、金世宗、元太祖,这一做法"隐含着这样的历史依据,即中国历史是汉族与其他民族共同创造的,换言之,中国的主人包括汉族与其他民族"②。

　　但清朝官方的愿望始终受到挑战。雍正朝发生曾静策动岳飞后裔岳钟琪造反案,官方发现曾静的反清思想,是受到浙江人吕留良解释《春秋》大义在于"华夷之辨大于君臣之伦"的影响。雍正年间对明朝怀故国之思者仍不在少数,民间动辄以朱三太子为名造反,并不认同清朝统治中国得天下之正的说法③。以致雍正帝对因华夷之辨而产生的对清朝的"殊视"与"异心"感到头疼:

　　　　夫我朝既仰承天命,为中外臣民之主,则所以蒙抚绥爱育者,何得以华夷而有殊视?而中外臣民,既共奉我朝以为君,则所以归诚效顺,尽臣民之道者,尤不得以华夷而有异心。④

清廷在这一点上的态度是矛盾的。一方面强调华夷一体,希望全体臣民之间不得"有殊视""有异心"。另一方面,又极力固化旗人、满人与其他族群(尤其是汉族)之间的身份差异。乾隆的做法尤甚⑤。

　　到了晚清民初,对满洲的"异视"与雍正时代已有不同。首先,对清朝作为一个统一的多民族国家之于中国历史的重要意义,人们的认识并无分歧。排满话语中的激烈言论(如章士钊称,"扶清灭明之吴三桂、耿继茂、尚可喜;助满洲奸灭太平王之曾国藩、左宗棠、李鸿章……谄媚那拉氏枉杀中国义士之张之洞"均为"真汉奸"⑥;杨毓民称清朝统治中国"惨毒浮于暴秦"⑦),更多地出于对一姓王朝专制统治的抗议。这正是清帝退位后"仍

---

① 郭成康《清朝皇帝的中国观》,《清史研究》2005 年第 4 期。
② 常建华《国家与认同:清史研究的新视角》,《清史研究》2010 年第 4 期。
③ 参见常建华《国家与认同:清史研究的新视角》,《清史研究》2010 年第 4 期。
④ 《清世宗实录》卷八六,雍正七年(1729)九月癸未。
⑤ 参见柯娇燕的分析。柯娇燕著、陈兆肆译《孤军:满人一家三代与清帝国的终结》,人民出版社,2016 年,第 24—25 页。
⑥ 章士钊《汉奸辨》,《章士钊全集》第 1 册,文汇出版社,2000 年,第 158 页。
⑦ 杨敦颐《满夷猾夏始末记》,新中华书馆,1912 年铅印本;"中华文史丛书"第 9 辑,华文书局,1969 年。

合满蒙汉回藏五族完全领土为一大中华民国"①而舆论界几无异议的原因。这也从一个侧面证明汉人的"排满"并非排斥作为同胞民族的满族,而是希望推翻一姓一家的集权制度。

其次,进入民国后,由于满汉地位的变化,"异视"开始成为满洲文人(如金梁)的话语策略。不论是雍正帝对"殊视"的驳诘,还是清亡后金梁对"异视"的担忧,都有意忽略了满洲作为统治阶层历来享有的政治特权。在清亡以前,排满是弱者向强权的挑战;清亡以后,复辟人士以排满属"民族异视"为名试图恢复爱新觉罗氏的统治,侧重言说清帝逊位、让权民国的"让德"及逊位后遭受的"不公正待遇",同样是对民族话语在策略意义上的利用。

第三,文化与政治的纠结使同一文化内部的族群分野,演变成民族国家间(中国与日本,及角色特殊的"伪满")的敌我对立。设若逊帝周围复辟派的"抱怨"仅停留在思想或学术的层面,例如金梁在《清史稿》中大量增加满洲历史文化内容、组织人员翻译满文老档,甚至补辑《辛亥殉难记》以追怀辛亥革命中殉清的文武百官,都不足以引起非议。但是金梁、袁金铠等人还直接策划、参与了宣统复辟与伪满建国的政治运作。虽然后来金梁发现局势不容乐观而"退隐"津门,但他思想中的满洲本位以及对中华民国的不满是显而易见的。也因此,对《清史稿》的学术评价,难免受到政治评价的影响。

金梁在《〈清史稿补〉序》中称:

> 是编初拟名《清遗民传稿》,继改《遗臣》,又改《遗逸》,见者皆有疑问,终乃定名曰《清史稿补》。因原意本为《清史》补传,且《史稿》之成,实出一手,名正言顺,似可无疑。仍分四类,一,辛亥后卒而未见再出者,曰"本传";二,虽曾再出而实有所为者,曰"附传";三,辛亥前卒而《清史》未列者,曰"补传";四,人尚生存,而可保始终者,曰"别传"。②

金梁担心有人怀疑他的"清遗民传"立传标准太过宽松,遂解释道:

> 或疑所录过宽,余初草《例言》,即谓以严格论,必如夷齐始得入

---

①《宣统政纪》卷七〇,宣统三年(1911)十二月戊午。
②金梁《清史稿补》(附《清诗补》),1942年铅印本。首都图书馆藏。

传,今有几人? 且即如夷齐薇蕨,何异周粟? 叩马亦复干人,求仁得仁,讵甘饿死? 盖大义所关,不容坐视。欲洁其身而乱大伦,岂忠臣孝子所忍出哉。但有所为,虽污伪命,亦当略迹原心,死且不辞,何论降辱。若偶托农商,或暂谋教育,辄即屏削,然则顾绛躬耕,傅山卖药,以及孙、王讲学,皆作罪人,又岂仁人君子所忍言哉。或又疑生人入传,余《例言》亦谓虽生如死,不妨附录以待论定,亦以辛亥至今已三十余载,存者无多,宁复变志? 且旌表贞节例限三十年,正可援此以为解。①

金梁对自己的做法深怀信心,相信"明逆贰""定是非"之日终将到来:

> 尤有说者,顺康开国,参用明臣,雍乾一统,始明逆贰,现尚是非莫定之秋,若不激扬,焉能振励? 呜呼,此又岂圣君贤相所忍弃者哉。昔修《清史》,有人欲删《宣统本纪》,余以《春秋》定哀、《史记》今上为说,始成一代完书。今作是编,实补史阙,不忍再遗。体例不严,吾甘负责。知我罪我,听之而已。②

表面上看,金梁在《清史稿补》中对人物的取舍尺度是"大仁""大义",但金梁的做法实质上却体现为一种满洲本位主义,而非五族共和意义上的中国本位。

中国毕竟不是满洲的中国,清史也不只是忠清臣民的"忠义史"。对"史例"的讨论只解决了清史整体框架,却并没有就历史观念与政治立场达成共识。一方面,正史想象与新史想象在学术、思想层面的冲突,并没有推动具体的编纂实践的整体转型。另一方面,《清史稿》因成于众手,也留下了内部冲突与协商的痕迹。

或许,以上的分析又不免多少有些误解了满洲文人。因为这个五族共和的中国,也是金梁的中国。汉族文士视清帝为"客帝"、满族为"异族",——但金梁在写到明代皇帝的时候,何尝视他们为异类? 汉族是他的兄弟,中国是他的中国。隆裕皇太后主张逊位,金梁称之"女中尧"。以"尧"比拟隆裕,这当然是满洲充分汉化、中国化的结果:

---

① 金梁《清史稿补》(附《清诗补》),1942年铅印本。首都图书馆藏。
② 金梁《清史稿补》(附《清诗补》),1942年铅印本。首都图书馆藏。

> 天下为公事岂遥,而今真见女中尧。
>
> 唐虞揖让翻新样,优待增修第几条。[1]

当逊帝溥仪并未真正受到民国"优待"、生计与安危均成严重问题时,金梁的忧虑是相当深切的。溥仪流离辗转,金梁想起的是明代的建文皇帝:

> 最怜逊国建文君,夜度鬼门有几人。
>
> 左右从亡谋食苦,何暇恢复论中兴。[2]

在金梁看来,满洲完全进入中国文化、中国历史的肌理脉络。当君主立宪与共和立宪被作为同样的正面价值进行讨论的时候,金梁所设想的君主立宪也是代表了进步方向的方案之一。而共和立宪最终战胜了君主立宪,"次进步"成为"最进步"的对立面,于是君宪论者的进步性被忽视了。

光宣文人普遍反感种族主义话语。王柯的分析表明,康有为民国后所作的诗文中,"汉""中国""清王朝"等字眼混淆不分,林志宏称:"这适可佐证满汉意识并未在其内心生根。"[3]此外,林志宏还注意到,清遗民如何藻翔、张其淦、郑孝胥均反感当时盛行的种族主义言论:

> 一个最明显的实例,便是广东遗民何藻翔有诗说到:"不嫌迎立异族主,宁惟感激先朝恩。"张其淦对此也深表赞同,认为民国政府既云"合五族为共和",何以沦落三纲于草莽? 他心目中理想的国度,不仅种族间既要合作,而且人之纲纪宜存;至于高举孔孟之语,藉此申论夷夏之辨,实属荒谬。厌恶种族说法,揭橥君臣大义,郑孝胥亦持如是观。从他的日记中看到,1913 年 9 月汤寿潜(1857—1917)有意在杭州建朱舜水祠,并藉朱氏的种族言论,设立学社,用以自解排满的说法;后来汤曾向郑氏求诗,却遭严厉拒绝。[4]

这在一定程度上表明,在清遗民看来,与其过度区分种族的立场,不如强调

---

① 此诗写于 1924—1926 年中。金梁《息庐咏史》,金梁自刊,1937 年铅印本。

② 此诗写于 1924—1926 年中。金梁《息庐咏史》,金梁自刊,1937 年铅印本。

③ 王柯《"汉奸":想象中的单一民族国家话语》,(香港)《二十一世纪》,总第 83 期(2004 年);林志宏《民国乃敌国也:政治文化转型下的清遗民》,联经出版事业公司,2009 年,第 147 页。

④ 何藻翔《为曼宣题康弼德丁巳五月围城中吟卷后》(《邹崖诗集·附年谱》);张其淦《辛亥殉难记跋》(《松柏山房骈体文钞》卷四);《郑孝胥日记》(第 1484 页)。均参见林志宏《民国乃敌国也:政治文化转型下的清遗民》,联经出版事业公司,2009 年,第 147—148 页。

君臣之义。《清史稿》成于清遗老之手，表达遗民的一致意见，从这样的角度解析《清史稿》，颇可提取清史馆同人的内在统一性，"透过《史稿》展现清遗民的认同，可以说是他们的共识"①。这种"共识"既可于作为文本的《清史稿》中找到证据，也可在执笔者的自我剖白中发现线索。前者如"林纾和严复两人纪传的编排，亦为遗民藉由《史稿》表示政治意识的例证"②。根据时人的观察，这是因为林氏笃念先朝，故清史馆诸遗老引为同道，故以"佳传报之"。而严复虽以清室遗臣服官民国，然躬身筹安会之举，大节终究有亏，与林纾适成强烈对比③。另一个例子是金梁在关外本中"乘时增改内容和卷数，窜入张勋、康有为与张彪（1861—1927）三人传记"，金梁的动机"与忠于清室的政治认同是分不开的"④。至于执笔者的自我剖白，林志宏引奭良建议《清史稿》之史论用"史臣曰"及吴庆坻致函缪荃孙反对《清史稿》另立《兴学志》（"兴学专志万不可，此痛心事也"）为例⑤。

上述观察揭示了清史馆与《清史稿》的"忠清"一面。林志宏据以分析清遗民"共识"的四项例证中，除吴庆坻反对另立《兴学志》外，其余三项（林、严纪传的编排，张、康传记的窜入及史论用"史臣曰"的建议），均为清史馆内满洲成员（金梁、奭良）的意见表达。通过对《宣统本纪》成稿过程的分析，我们发现，清史馆成员的政治认同并不一致。

不妨说，《清史稿》中存在着"满洲史""清朝史"和"中国史"三种历史想象的错综交织。这种错综与交织，显然并不基于单一的"忠清"观念、"遗民"立场，而是清史馆成员的多元认同在具体编纂中不断碰撞、协商、争鸣、存异的结果。清史馆成员中，宋伯鲁、李岳瑞戊戌政变中曾遭革职、永不叙用；夏孙桐在湖州知府仕上无以施展、引疾辞去。至于吴廷燮、金兆蕃均在民国任职，他们"忠清"的程度并不相同，深浅有无不能一概而论。即使族群身份全同的"满洲四君"，也由于所受"皇恩"深浅不一，命运遭际有别，对狭义的"朝廷"也有不同的心理反应。这样多歧的心态，自然也会投射到《清史稿》的编纂之中。

---

① 林志宏《民国乃敌国也：政治文化转型下的清遗民》，联经出版事业公司，2009 年，第 140 页。
② 林志宏《民国乃敌国也：政治文化转型下的清遗民》，联经出版事业公司，2009 年，第 141 页。
③ 徐凌霄、徐一士《凌霄一士随笔》，山西古籍出版社，1997 年，第 430 页。
④ 林志宏《民国乃敌国也：政治文化转型下的清遗民》，联经出版事业公司，2009 年，第 142 页。
⑤ 林志宏《民国乃敌国也：政治文化转型下的清遗民》，联经出版事业公司，2009 年，第 140—
　141 页。

第二编

第一章 《清史稿》对辛亥革命的记载

郑孝胥既然说"共和"为"佳名美事"而人为"有义之物",说明很多人之所以在"共和"与"复辟"之间徘徊,并非全都出于明哲保身的犬儒主义,也不能狭隘地理解为首鼠两端、毫无立场的"立身之道"。在当时,"拥护共和"与"依恋逊清"均具有道义层面、价值层面的正当性,而这两种正当性不可以一身而兼之。困惑与游移多由此生。

除了个人的进退出处颇费思量,作为"史官"的清史馆同人始终面对另外的难题:当《清史稿》涉及辛亥革命前后史事时,他们将如何处理"拥护共和"与"依恋逊清"的价值冲突? 事实上,最终呈现在《清史稿》内的,仍然是多维史料的混杂与价值论断的两难。清史馆同人对辛亥革命的反应虽有不同(如瑞洵、金梁、奭良、叶尔恺、董清峻等人有抵触心理;金还、陈敬第等倾向共和;夏孙桐、吴昌绶等态度较为中立;袁励准虽在逊清皇室供职,实不热衷政治),但清史馆终究被外界视为"反对民国"的大本营——起初只是推测。当《清史稿》问世后,官方派员审查,找到了确凿的文本"罪证"。当然,这些纸面上的"罪证"也往往情形不一、事出有因,不可一概而论。参与《清史稿》编纂及发刊的部分当事人如金梁也曾出面否认与反驳。

一、"反民国"与禁售案

《清史稿》的"谬误"呈现为不同的层面,简单说来,不外思想层面与技术层面(两个层面的界限并不明晰。因技术操作有时也表达思想;思想倾向则多有赖于技术性处理。至于姓名、字号、生卒年月、籍里、仕履等具体史实的疏误,则与思想无关)。1929 年 12 月 24 日的《华北日报》第 2 版刊登一则"本市消息",题为:

> 赵尔巽等所编之《清史稿》
> 反革命　反民国　蔑先烈
> ——故宫博物院请行政院禁止发行呈文

这则"消息"前有按语说:"故宫博物院对于《清史稿》一书,曾聘史学专家,详加审查。其审查结果,发现反革命、反民国、藐视先烈、体例不合、简陋错误等十九项。业已呈请国府行政院,禁止永远发行。"①并将该呈文全文披露。震动一时的《清史稿》禁售事件自此正式发端。

故宫博物院这则呈文的执笔者,是时任故宫博物院秘书长的李宗侗。李宗侗是李鸿藻之孙、李焜瀛之子,又是易培基(时任故宫博物院院长)的女婿。关于这则呈文的写作背景,李宗侗后来回忆道:

> 这是我在四十余年前所作的请查禁《清史稿》一文,原稿久已不存,最近由台大历史系研究生何烈为批评《清史稿》及清史,得见民十八年旧报,特抄录一份,旧稿重见我之喜可知也……后来故宫博物院同人名义上担任审查《清史稿》而实际上无人负责,到了民十八年国民政府又数次电责催办,院中无法,只好由我这秘书长担任。费了半月之力翻阅《清史稿》全书,找出十九条证据作成呈文如上,其实若多费些时间,必能找出更多证据也。②

李宗侗的父亲李焜瀛曾作为清史馆协修出现在《清史稿》关外本职名表中,实未到馆③。

呈文将《清史稿》的疏误归结为三个方面:"总之,此书除了反革命文字以外,其中无非错误忽略,及体例不合等项。"抛开具体史实方面的疏误不论,《清史稿》最惹争议之处,便是如《华北日报》这则报道标题中的九个大字所指出的:反革命、反民国、藐先烈。《清史稿》中有关辛亥革命的书写,在当时即是各方关注的焦点。除李宗侗执笔的故宫博物院呈文外,傅振伦、孟森、陈登原、金毓黻等人在文章中也均对《清史稿》中的辛亥革命史事有过专门分析。

因故宫博物院审查《清史稿》乃受国民政府之正式委托,所以这篇呈文带有浓厚的官方色彩,也为之后的《清史稿》讨论预设了方向、奠定了基调。此前虽也有人谈到《清史稿》的"缺陷",但像呈文这样主要从政治角度进行

---

① 《华北日报》1929 年 12 月 24 日。
② 李宗侗《查禁清史稿与修清代通鉴长编》,收入许师慎辑《有关清史稿编印经过及各方意见汇编》,中华民国史料研究中心,1979 年,第 815—816 页。
③ 父辈主持纂修的史书遭子辈严厉批驳,这与后面将谈到的代际交涉可相参看。李宗侗先生后来在台湾成为史学名家。

批判且措辞如此激烈的,尚属首次。1928 年,《清史稿》发刊后不久,叶恭绰曾在俭德储蓄会进行学术讲演,在评价《清史稿》的缺点时只指出两点:一是"体例的草率",二是"材料的缺乏"①。此后的批评者便不免受到故宫博物院呈文所定政治基调的影响,如傅振伦在谈到《清史稿》"不奉民国正朔"及列传中"盛称遗老,鼓励复辟"的问题时,其观点、例证均因袭了故宫博物院的呈文②。后来对《清史稿》的批评,遂开始集中到政治方面,"《清史稿》作为民国史官所修清史,却站在清室遗老立场上,内清室而外民国",这几乎成为学界普遍认可的学术定论③。

国民政府对《清史稿》之审查颇为重视,这使得《清史稿》刊行后的命运显得格外坎坷。故宫博物院提交禁售呈文是在 1928 年 12 月,早在半年之前的 6 月 28 日,清史馆即由故宫接收委员马衡、俞同奎、吴瀛、沈兼士、萧瑜等人暂行接收。7 月 17 日,清史馆协修朱师辙接到马衡等人公函,希望朱师辙应邀担任临时图书点查员,代馆长柯劭忞力劝朱师辙出任其事。

与此同时,清史馆同人发现金梁对《清史稿》多所增补、删削,遂在宣武门内大街头发胡同口鸿运楼饭庄召集会议,讨论处置办法。与会者有柯劭忞、王树枏、夏孙桐、金兆丰、张书云、戴锡章、奭良、朱师辙等人,最终议定将金梁"窃改者"抽换(如卷首《职名表》更换,金梁《校刻记》抽去,等等),"惟时间匆促与经费困难,只重要数处先行抽换",由朱师辙负责将拟抽换者交付重印。抽换后的版本是为《清史稿》关内本,朱师辙称之"正本"④。

这年 10 月,曾为赵尔巽旧属、供职于清史馆的刘赞廷向国民政府递交呈文,建议将处于封存状态的《清史稿》启封发售,以资归结。刘赞廷对赵尔巽的艰辛努力深致敬意,呈义中谈及赵尔巽为刻印《清史稿》曾以私人名义先行筹垫两万元,如启封发售,一则"供诸民众,共见共闻,俾得详尽之批评,以便正确之修订",一则"赵故馆长苦心筹垫之款,亦可藉此清还"⑤。

---

① 叶恭绰《清史应如何纂修》,收入许师慎辑《有关清史稿编印经过及各方意见汇编》,中华民国史料研究中心,1979 年,第 536—544 页。
② 傅振伦《清史稿评论》(上、下),《史学年报》第 1 卷第 3、4 期,1931 年 8 月、1932 年 6 月。收入许师慎辑《有关清史稿编印经过及各方意见汇编》,中华民国史料研究中心,1979 年,第 544—610 页。
③ 关于《清史稿》的评价史,可参秦宝琦《关于清史稿的纂修与评论简述》,《清史研究通讯》1982 年第 1 期。
④ 朱师辙《清史述闻》,上海书店出版社,2009 年,第 61—62 页。
⑤ 刘赞廷呈国民政府请启封清史稿史册发售归结文》,收入许师慎辑《有关清史稿编印经过及各方意见汇编》,中华民国史料研究中心,1979 年,第 223 页。

　　国民政府收到刘赞廷呈文后,遂提交国民政府第四十九次国务会议议决。11 月 29 日,国民政府训令北平故宫博物院,令将《清史稿》及清史馆所存书籍悉移南京在案,且派文官处文书局科长彭晟及书记官二人、书记一人前往北平点验接收。此后,围绕《清史稿》之移京、禁售与检校,政府要员之间函电往来,各持己见,争议纷纷。故宫博物院理事长李煜瀛、中央委员张继、故宫博物院院长易培基均先后致电国民政府,请求暂缓迁移清史馆书籍,建议暂存故宫博物院以便编辑清史长编。12 月 13 日,国民政府再度致电故宫博物院,要求仍依前议,迅速全数点交移京①。前述由李宗侗执笔、以易培基名义提交国民政府行政院的禁售呈文,就是在这样的背景下酝酿提交的。

　　故宫博物院的呈文引起行政院重视,行政院遂据易培基呈文向蒋介石请示(行政院的意见是“《清史稿》永禁发行,长编准其完成”);国民政府第五十七次会议议决后,于 1930 年 1 月 4 日电令易培基,限其“于民国十九年一月内负责悉数移京,毋得延宕”。2 月 16 日,国民政府训令行政院“《清史稿》严禁出售”。3 月 13 日,易培基向行政院呈报,表示将遵令点交清史馆所存《清史稿》及重复书籍②。

　　以上是为《清史稿》之“禁售”阶段。禁售是最好的宣传,知名度大增的《清史稿》引起了社会各界的浓厚兴趣。由于“各机关纷纷请领”,行政院不得不改变原定方针,决定实行在特定范围(主要是政府各机关、全国各主要图书馆、高校及科研机构等)流通的办法。于是,自 1934 年 11 月起,《清史稿》进入了“分存”“检校”阶段。

　　1934 年 11 月 23 日,行政院呈请国民政府,请发《清史稿》并由行政院派员检讨并签注改正意见;国民政府决定将《清史稿》交由各机关“分存”,并拟定了分存办法。行政院安排参议吴宗慈负责检校《清史稿》之纰漏,1935 年 11 月 23 日,行政院向国民政府报告派员检校结果,“计成检正表九册,补表六册,计八种”③。与此同时,教育部也遵照行政院密令,将《清史

---

① 参见许师慎辑《有关清史稿编印经过及各方意见汇编》,中华民国史料研究中心,1979 年,第 225—228 页。

② 参见许师慎辑《有关清史稿编印经过及各方意见汇编》,中华民国史料研究中心,1979 年,第 233—239 页。

③ 参见许师慎辑《有关清史稿编印经过及各方意见汇编》,中华民国史料研究中心,1979 年,第 239—244 页。

稿》交由"中研院"历史语言研究所傅斯年所长审阅。1935 年 11 月 29 日，傅斯年撰成《意见书》一份，并在吴宗慈所撰《检校清史稿初步述略》上以"眉识"方式有所商榷①。

据傅振伦透露，傅斯年的意见有六条：（1）永禁为势所不能，目下问题，仅为以如何方式解禁，或以如何方式修改之耳。（2）重修清史，自是国家应做之事，然非以长久之时期、大量之消费、适当之人选，恐不能济事耳。（3）据《清史稿》为底本重修之，可不必也。（4）《清史稿》之伪南明、伪太平、伪民国，及藐视革命党人之处，尽改正之，此外一切仍旧。此项办法，轻而易行，更简便，速成省费。（5）该《史稿》不妨仍准书店印行，惟当以教育部部长名义，发表《序文》，责令书商，列诸卷首。（6）《检校述略》可酌取之，列入卷首②。

二、《清史稿》中的辛亥革命

《清史稿》对辛亥革命、对革命党人的记载，向来是各界关注与讨论的焦点。早在《清史稿》的"禁售"阶段，傅振伦即在《史学年报》发表了《清史稿评论》（上、下，1931 年 8 月、1932 年 6 月）。稍后，孟森在《国学季刊》发表了《清史稿应否禁锢之商榷》（1932 年 9 月）；容庚在《大公报·史地周刊》发表《清史稿解禁议》（1934 年 9 月）。进入"检校"阶段后，容庚又在《大公报·史地周刊》发表《为检校清史稿者进一解》（1935 年 1 月）。1936年，《逸经》（半月刊）又先后刊出徐一士、金梁、哀灵等人的文章，使有关《清史稿》的讨论越来越深入。

傅振伦、孟森在各自的文章中均曾谈到《清史稿》中的辛亥革命书写。傅振伦意在对全书进行系统、全面的学术评价，孟森则侧重辨析《清史稿》是否有必要"禁锢"。二人的文章主旨，均与李宗侗执笔的故宫博物院呈文有所不同。孟森的文章非但与故宫博物院呈文异趣，简直就是针锋相对。

故宫博物院呈文共列举《清史稿》之十九项谬误：（1）反革命；（2）藐视

---

① 教育部部长王世杰呈行政院，并转陈"中研院"书面意见。傅斯年《关于清史稿事敬述所见》，收入许师慎辑《有关清史稿编印经过及各方意见汇编》，中华民国史料研究中心，1979 年，第 245—247 页。
② 傅振伦《三论清史稿》，《文化先锋》1946 年第 8 期。

先烈;(3)不奉民国正朔;(4)例书伪谥;(5)称扬诸遗老,鼓励复辟;(6)反对汉族;(7)为满清讳;(8)体例不合;(9)体例不一致;(10)人名先后不一致;(11)一人两传;(12)目录与书不合;(13)纪表传志互相不合;(14)有日无月;(15)人名错误;(16)事迹之年月不详载;(17)泥古不化;(18)浅陋;(19)忽略①。在这十九项谬误中,前七项均与辛亥革命有关。呈文指出:

> 辛亥双十武汉革命,实中华民国建国之始,而《清史稿》本纪二十五,竟书曰宣统三年八月甲寅,革命党谋乱于武昌。又《瑞澂传》亦书曰:越月,武昌变起。先是党人谋乱于武昌,瑞澂初闻报,惊慌失措,漫不为备。又《恒龄传》:恒龄抵宜昌,鄂乱作。夫赵尔巽等受民国政府之令而修清史,竟谓建国为作乱,其反革命之意,莫此为甚。

又说:

> 国民革命军北伐进展之速,凡系国民,皆深庆幸,而《王国维传》,书曰:丁卯春夏间,时局益危,国维怨不自制,自沉于颐和园。于我军进至两湖之时,而曰时局益危,诚何居心。

以上为"反革命"之证。至于"藐视先烈",呈文举例说:

> 革命之成,先烈之功居多。凡系民国人民,宜何等钦仰。而《张曾敭传》,于徐烈士锡麟则书曰:刺恩铭,而不标其革命之历史,意谓其非革命。于秋瑾烈士即书曰:阴谋乱。而尤奇者,彭烈士家珍之杀良弼也,路人皆知,而《良弼传》,竟书曰:一日,良弼议事归,及门,有人遽掷炸弹,三日而卒。曰有人而不指明彭烈士者,盖取《春秋》称人贱之也之意,其藐视先烈,抑何其深。

呈文指出的第三、四、五三项罪证,是"不奉民国正朔""例书伪谥"及"称扬诸遗老,鼓励复辟":"史稿所记诸事,自入民国以后,只用干支,不用民国某年字样","溥仪退位以后,安能再颁谥典。溥仪行之,是反民国。诸人修史大书之,亦是反民国。如《陆润庠传》:赠太傅,谥文端。《世续传》:赠太师,谥文端。《伊克坦传》:谥文直。《梁鼎芬传》:谥文忠。《周馥传》:谥悫慎。《锡良传》:谥文诚。《王国维传》:谥忠悫。赠也,谥也,莫不大书特书","满清既亡,以前诸臣竞以遗老自居。殊不知在清为遗老,在民国则为叛徒。政府不事追求,已属宽大,安能再示奖励,是劝人复辟也"。

而第六、七两项,则涉及满汉问题,即"反对汉族"和"为满清讳":

> 太平天国立国十余年,实汉族之光荣,修史者当然不宜歧视。乃《曾国藩传》,即曰:粤寇破江宁,据为伪都,分党北犯。《洪秀全传》,则曰:僭号太平天国。又曰粤匪,曰贼,曰陷某地,曰伪某王,曰犯我军,皆否认我民族之反满清也。

> 本纪中于文字狱之惨酷,甚尠记载。于汉族之革命则不表扬,于清政之暴虐则不详载,何足以宣昭百世也。①

孟森在《清史稿应否禁锢之商榷》一文中也罗列了《清史稿》中与民国有关的内容,并尽最大努力地给予"理解之同情"。故宫博物院呈文视为"反革命"铁证的"革命党谋乱于武昌"(《清史稿》本纪二十五《宣统皇帝本纪》)一句,孟森认为:

> 此有"谋乱"字、"诛"字,是否为有抵触民国之嫌,可付讨论,观诏文盛奖瑞澂,可知为原来史料,若为有爱于清而发,则瑞澂决不为所称许矣。

在孟森看来,《宣统本纪》此处之所以出现"诛""谋乱"等字,应是所据官书史料原即如此。《清史稿》自宣统三年(1911)九月以后,连日书"新军变",孟森的解释是:

> 清亡于新军,为第一主因,新军由清廷作养而成,故称"变",是本书书法。

而《宣统本纪》于宣统三年(1911)八月又记:"张彪以兵匪构变,弃营潜逃,夺湖北提督,仍责剿匪。"对此处所谓"匪""构变"等字,孟森称:

> 此所谓"匪",似指兵以外之构变分子而言,但用官文书原文,其中又无指名之人,则史料固以多存真相为贵,前史于无指名之人,不能尽为兴朝致敬,则往往然矣,应否有嫌,仍举出俟定。

孟森纯粹从学术角度进行评析,而避免做简单的价值判断,因此较能

---

① 《华北日报》1929 年 12 月 24 日。

体察《清史稿》相关行文的背景与成因。若联系到本书第三编第一章对《宣统本纪》不同版本的比较分析,会发现孟森的判断较符合清史馆同人的思想实际。例如孟森认为:

> 在馆秉笔诸人,当时采清代旧望,来者多以元遗山自况,用修史以报故君,故疑其内清而外民国,此诚有之,但意主表扬清室,与敢于触犯民国,并非一事,其可疑与否,当据书中内容而言,不当以揣测之故,湮没甚富之史料,此审查之不可少也。[①]

孟森反对将"表扬清室"与"触犯民国"混为一谈。本书第三编将要谈到,《宣统本纪》奭良稿本中"新军变"之"变"字,原为"叛"字。这一字之改,确实反映了纂修者无意触犯民国。这个"变"字,已是经过一番折衷、调适之后的用词。

《清史稿》中的微言大义,有时不免被过度解读或片面解读。傅振伦在批评《清史稿》"断限""最不整齐"时,也曾怀疑:"若谓彼等心怀满清,则黄宗羲,顾炎武,孙夏峰,王夫之之伦,又何非明代遗民,又何列入清史耶。且史稿成于十六年八月,而汤生(引按:辜鸿铭)卒于十七年春,亦草草列入,尤属可笑。"[②]傅振伦本意在于批评清史馆同人既然"心怀满清",便不应该自毁史例,将黄、顾、孙、王等明代遗民列入《清史稿》。这个反证恰恰证明:清史馆同人纂修《清史稿》的宗旨,并不仅仅在于"心怀满清"。

三、革命史事之取舍及其原因

《清史稿》之所以给人以抵触民国、反对革命的印象,主要原因有三:一是未为革命党人立传,在涉及徐锡麟、秋瑾等人史事时,用了"得伏诛"及"阴谋乱"等字眼。徐锡麟之见于《清史稿》,计有两处,一在《德宗本纪》中:"(光绪三十三年五月)安徽候补道徐锡麟刺杀巡抚恩铭,锡麟捕得伏诛。"[③]一在署安徽巡抚恩铭传中:

---

① 孟森《清史稿应否禁锢之商榷》,《国学季刊》第3卷第4期,1932年9月。收入许师慎辑《有关清史稿编印经过及各方意见汇编》,中华民国史料研究中心,1979年,第610—613页。
② 傅振伦《清史稿评论》(上、下),《史学年报》第1卷第3、4期,1931年8月、1932年6月。许师慎辑《有关清史稿编印经过及各方意见汇编》,中华民国史料研究中心,1979年,第602页。
③《清史稿》卷二四《德宗本纪二》。

恩铭，字新甫，于库里氏，满洲镶白旗人，锦州驻防。以举人纳赀为知县，累官至知府。光绪十一年，权知兖州，晋道员。二十一年，改官山西……三十二年，署安徽巡抚……是时廷议行新政，锐意兴警察，于是承上指[旨]，整顿巡警学堂。适王之春荐道员徐锡麟才，遂畀以会办……明年夏，巡警学生卒业，恩铭诣校试验，锡麟乘间以枪击之，被重创。知县陆永颐锐身救护，先殒。锡麟令经历顾松闭校门，不从，亦毙之。从者负恩铭还署，遂卒。事闻，赠太子少保，谥忠愍，予皖省建祠，赏骑都尉兼一云骑尉世职，子咸麟袭。恩铭既死，锡麟亦被获。

锡麟者，浙江山阴人。就学日本，以赀为道员。志在谋绾军队，便起事，仓卒发难，卒被擒僇。阅数年，复有孚琦、凤山被刺事。[①]

秋瑾事迹，见载于浙江巡抚张曾敭传中：

张曾敭，字小帆，直隶南皮人。同治七年进士，以编修出知湖南永顺府……光绪二十年，除福建盐法道……三十一年，调抚浙江……三十三年，颁下法律大臣沈家本试行诉讼法，曾敭言："中国礼教功用远在法律上，是以尊亲之义，载于礼经。汉儒说论语，亦谓纲常为在所因，此各省所同，浙不能异者也。浙西枭匪出没，浙东寇盗潜滋。治乱国用重典，犹惧不胜，骤改从轻，何以为治？此他省或可行，而浙独难行者也。"于是逐条驳议之。

是年秋瑾案起。秋瑾者，浙江女生言革命者也，留学日本，归为绍兴大通学校教师，阴谋乱。曾敭遣兵至校捕之，得其左验，论重辟，党人大哗。调抚江苏，俄调山西，称疾归。家居十四年，卒，年七十九。[②]

除个别用词有争议外，《清史稿》所记与史实并无出入。所以孟森曾说，《清史稿》列传凡涉及革命史事时，措词多很慎重：

列传自二百五十六（引按：即卷四六九，首为《恩铭传》），至二百六十，凡五卷，所叙诸臣，皆与革命相涉，其措词较本纪尤慎，于革命军概称民军，于四川争路起事之同志会军，概称同志军，无轻蔑语，惟二百六十卷，关外本，为张勋、康有为传，关内本并已删之……

①《清史稿》卷四六九《恩铭传》。
②《清史稿》卷四四九《张曾敭传》。

列传二百八十二,即《忠义传》十,所叙诸人,皆殉革命之难者,其
措词之慎亦同。①

至于《清史稿》对党人事迹记载较少,除史例所限外,孟森的解释是由
于史料缺乏:"党人秘密起事,历年旋起旋败,党史未布,无从参考,只以当
时奏报为据,即在今日国民,亦未能确指其孰为党中所指挥也。"孟森仍举
徐锡麟为例:

> 如光绪三十三年,五月,丙辰,徐锡麟之刺恩铭,止书安徽候补道,
> 尚未揭革命党人之名也。②

当时既未揭革命党人之名,清史馆所据又多属官方奏报,"史料固以多存真
相为贵,前史于无指名之文,不能尽为兴朝致敬"③,《清史稿》未曾埋没徐
锡麟、秋瑾之名,已属难能可贵。

第二个原因是为张勋、康有为立传,且将王国维列入《忠义传》。事实
上,对张(勋)、康(有为)、王(国维)、梁(济)等人的评价与定位问题,在现代
中国一直争议不断。《清史稿》对此诸人的处理方式,只是反映了当时思潮
的混杂。

直到1925年时,人们的政治与文化认同也并没有形成所谓的"正统",
《京报副刊》一篇文章抱怨说:"清朝末年,像我这样在国内当学生的小孩
子,每容易起一种小孩子的傻思想,以为要改革这死气沉沉的中国,老实说
起来,革命固然好,立宪也未尝不好,他们跑在前头的两股人马,何必丢开
了后面的大多数人,却在那里浪费精力于你挤我,我挨你呢? 如果两方通
力合作,一面设法推翻那黑暗的专制政治,一面又设法灌输智识于国内的
大多数人,中国的局面不是早该焕然一新了么?""你以为中国改变了局面
以后他们两种思想已经分了胜负了么? 事实上还是没有。革命党可以严
厉的问立宪党一句:'现在革命到底成功了,你难道还有什么话说么?'但是
立宪党也未始不可以答说:'到底是人民程度不够,所以革命成功了十四

① 孟森《清史稿应否禁锢之商榷》,《国学季刊》第3卷第4期,1932年9月。收入许师慎辑《有关清史稿编印经过及各方意见汇编》,中华民国史料研究中心,1979年,第616页。
② 孟森《清史稿应否禁锢之商榷》,《国学季刊》第3卷第4期,1932年9月。收入许师慎辑《有关清史稿编印经过及各方意见汇编》,中华民国史料研究中心,1979年,第616页。
③ 孟森《清史稿应否禁锢之商榷》,《国学季刊》第3卷第4期,1932年9月。收入许师慎辑《有关清史稿编印经过及各方意见汇编》,中华民国史料研究中心,1979年,第612页。

年,中国还是这副旧样子。'"①《京报副刊》另一篇文章也说:"国体变更已十四年了,这十四年中的事,静心推想起来,无奇不有的:什么项城称帝呀!张勋复辟呀!可是这两个人已入了黄土了。不幸今年又发现金、康、江复辟的证据,以及章士钊复古的运动。咳!乱七八糟的,明年后年不知还要演出什么怪剧哩?""复古和复辟的罪,两相比较,我说没有什么轩轾的。复辟是网罗人才,收拾人心,复立旧王,而行专制;复古呢,是摧残教育,反对新文化,复科举,行古道,在时间轨道上开倒车。两者的恶是一样大的,罪是一样重的。"②

在1920年代,批评辛亥革命并不被视为"触犯民国",官方也毫不介意。陈三立在为俞明震诗集所作序文中说:

> 余尝以为辛亥之乱兴,绝羲纽,沸禹甸,天维人纪寝以坏灭,兼兵战连岁不定,劫杀焚荡烈于率兽。农废于野,贾辍于市,骸骨崇邱山,流血成江河,寡妻孤子酸呻号泣之声,达万里,其稍稍获偿而荷其赐者,独有海滨流人遗老,成就赋诗数卷耳。③

如此激烈、尖锐的批判文章,即登在1921年1月8日出刊的《甲寅周刊》第一卷第三十九号上,题作《觚庵诗序》。显然,袁世凯、徐世昌、段祺瑞主政之下的"民国",与南京国民政府主政下的"民国",在言论层面的"禁忌"是不一样的。正因如此,在国民革命军北伐告成之前,人们接受逊帝,依恋胜朝,"初不自以为乖违,亦未遭政府之防禁","当日听之,亦见宽大,不似列朝于授受间,务存仇视","故清史之得成于民国,得有此旷荡无箝制之高风,其中自有因果"④。由于孟森注意到了民国成立后前十四五年中社会思想之混杂性及质疑革命的"合法性"("未遭政府之防禁"),所以他对《清史稿》中的各种"倾向"持谅解态度。

而"同人意见,不免参差"及"随印随发,前后竟不遑兼顾"⑤,则是《清

①伏园《清末思想界状况的再现》,《京报副刊》第187号,1925年6月22日。
②潘瀛江《复古和复辟》,《京报副刊》第260号,1925年9月5日。
③陈三立《俞觚庵诗集序》,陈三立著,李开军校点《散原精舍诗文集》,上海古籍出版社,2003年,第943页。
④孟森《清史稿应否禁锢之商榷》,《国学季刊》第3卷第4期,1932年9月。收入许师慎辑《有关清史稿编印经过及各方意见汇编》,中华民国史料研究中心,1979年,第617页。
⑤金梁《清史稿回忆录》,《逸经》第10期,1936年7月。收入许师慎辑《有关清史稿编印经过及各方意见汇编》,中华民国史料研究中心,1979年,第639页。

史稿》于民国"有欠顺应"的第三个原因。张勋、康有为入传是金梁的意见，史馆同人发现后迅即删除。同人之间这种意见的"参差"，由于时势迫促，来不及从容讨论，不免留下诸多"话柄"。规模如此庞大的一部《清史稿》，想要在短时间内使所有措词"顺应"当局，金梁等人即使想到，也未必能够做到。所以金梁说"前后竟不遑兼顾"，也是实情。

　　清史馆同人对"辛亥革命"的态度，难免有抵制心理，但对"辛亥革命"的目标与结果——共和，其实较为认同。而"现实民国"的动荡不宁，又使人们开始怀疑共和的虚幻性，认为时局尚不如六朝、五代。由此产生失望与不满的情绪[①]。一部分光宣文人（尤其是通常所说的忠清遗民）始终怀有强烈的兴复期待。同时，不论是认同共和、服务民国，还是希望复辟、眷恋胜国，清史馆同人都不同程度地遭遇吴梅所说的"晚节"难题。尽管他们在进退出处方面多所对立、相互揶揄，现实生活中却是频繁往还，并没有想象中的明晰的刚性界限。

　　清史馆同人的复杂感受在《清史稿》中不免有所流露。《清史稿》引发的争议使清史馆同人陷入另一重困境。在今天看来，《清史稿》所呈现的，确是"不一样的辛亥革命"，但也不能笼统地视为清史馆同人"敢于"反对共和、反对民国。由于记载史事的角度不同，《清史稿》留下了光宣文人有关现代中国的特殊记忆，这又在某种意义上成全了《清史稿》作为史学文本的独特性。例如从《清史稿》卷四九六《忠义十》中，可以发现民国、共和来之不易——不止包含了故宫博物院呈文所说的革命先烈之功，处于革命对手方的清朝官兵也在这场意义深远的革命中失去了生命。这也是历史的一部分。

---

① 费树蔚一家的遭遇，足可见证"民国"并非总在"进步"中。费树蔚之子费巩因批评国民党一党专制，于1945年被国民党杀害。费家在当地是世家名门，柳亚子是费巩表兄。参见《费巩生平与著述》，《费巩文集》，浙江大学出版社，2005年，第614—628页。

第二章　清史馆同人与辛亥鼎革

1904年，马其昶在《读伯夷列传》一文中写道："周有天下，天下宗之，二人(伯夷、叔齐)者，乃独饿死。韩愈氏称其非圣人，而自是穷天地、亘万世不顾，则其行不为当代士论所嘉与可知矣。而孔子顾亟称其为人。"马其昶认同孔子而非韩愈的观点，他感慨道："天命既改，易商而周，悲夫！伯夷饿死，颜渊早夭，人能宏道，无如命何！"

值得注意的是，马其昶此文并非仅为称赞伯夷、叔齐之品行，而是分析贤人之声名显晦与著书的关系，进而强调史笔的重要性。由于孔子对伯夷的欣赏，其事迹才有了"声施后世"的机会。尽管马其昶说古之仁圣贤人之所以孤行其志，并不是为了流芳百世："其轸戾顿萃于身世间者，曷尝有所冀幸于后。"但是，倘这样的事迹不有流传，"后来者曷以劝焉？"而这正是立言的意义，"且所贵乎立言者，为其能树立，持独见，不碌碌随俗，佝偻为常说云尔也"。正是有了文字，"人类之生世者，皆有所托命"[1]。

马其昶当然想不到，不几年后，同样的难题会摆在他的面前。是立言以劝世，还是效法伯夷西山采薇、孤行其志？1914年5月参政院成立，马其昶与赵尔巽、王树枏、柯劭忞、秦望澜等均出任参政。稍后，又有袁金铠、刘师培等被增选为参政。清史馆同人并没有效法伯夷、叔齐。在"领土国家"的时代，既没了悠然采薇、远离王权的"西山"，也不可能有"不知有汉、无论魏晋"的"桃花源"。当然，马其昶以学者身份出任参政院参政和清史馆总纂，时人并无非议。这与王闿运、赵尔巽等人的迭遭讥刺大不相同。但这并不意味着马其昶内心毫无波澜，因为他的妻弟姚永概与他做出了完全不同的选择。当总理段祺瑞以高等顾问官聘、总统徐世昌邀入晚晴簃诗社时，姚永概谢不肯入，且答曰："吾如处女，少不字，老乃字耶？"[2]姚永概所言，在当时的光宣老辈中是较为主流的看法。尽管实际践行的人未必

①马其昶《抱润轩文集》卷二，刻本，1923年(据柯劭忞序)。首都图书馆藏。
②姚永朴《叔弟行略》，《蜕私轩续集》卷三。又见卞孝萱、唐文权编《民国人物碑传集》卷一一，团结出版社，1995年。

很多。

冯煦为陈夔龙《庸菴尚书奏议》所撰《序》云："武汉事起,土崩瓦解,弃城而图存者相望也……当是时,倾覆帝制之声盈天下,如火燎原,不可向迩。有效孤忠者几于举世非之。公独以只身犯大难,可谓嶷然不欺其志者矣。"[②]冯煦此言道出三个事实:(1)取消帝制,实行共和,是当时众望所趋的大势。(2)忠于清室的"效孤忠者",所面对的舆论压力之大,由"举世非之"四字可以想见。(3)"举世非之"而仍有一群老辈文人甘愿以身"犯大难",这又说明遗老之"孤忠",自有其强劲不竭的内在动力。

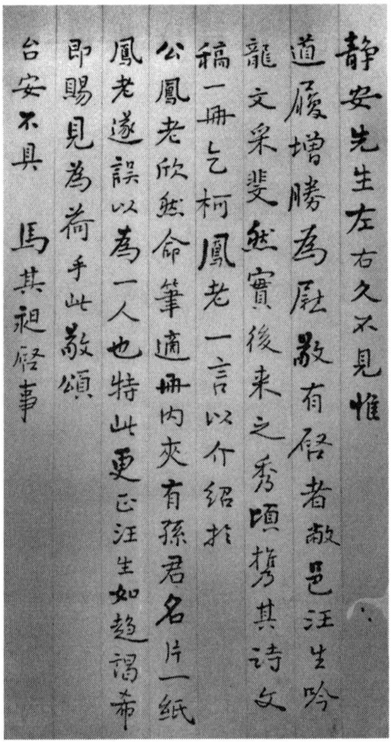

静安先生左右久不见惟道履增胜为愿敬邑汪生吟龙文采斐然实后来之秀顷携其诗文稿一册乞柯凤老一言以介绍扵公凤老欣然命笔适册内夹有孙君名片一纸凤老遂误以为一人也特此更正汪生如趋福希即赐见为荷手此敬颂台安不具 马其昶启事

图 22　马其昶致王国维函[①]

按:此系马其昶所写便函,介绍其同乡汪吟龙携诗文稿拜访王国维。汪吟龙曾请柯劭忞从中引介,柯劭忞因见诗册中有孙君名片,误以汪君为孙君。马其昶遂写此函以为说明。

一、辛亥革命对清史馆同人的影响

辛亥革命发生时,包括后来的清史馆同人在内的光宣文人由于所处的地位不同,遭遇和选择也各不相同。大体而言,在南方各省如四川、江苏、湖北、云南、浙江等省供职者多受冲击。北京文人则相对平安无事。当然,个人的遭遇除受制于环境,也与思想性格有关。金兆蕃即分各省督抚为"贤""悍""黠"三类:"武昌事起,各行省新军皆应之。督抚贤者以身殉,或

---

①中国国家图书馆古籍馆编《国家图书馆藏王国维往还书信集》第 2 册,中华书局,2007 年,第557 页。

②陈夔龙著,俞陛云编《庸菴尚书奏议》,沈云龙主编《近代中国史料丛刊》第 51 辑,文海出版社,1966 年,第 5—6 页。

奉身以退;悍者附新军;黠者首鼠持两端。"①当然,实际情形并非这三种类型所能概括。

时任云南提学使的叶尔恺被起义军抓获后,被人打落了牙齿、剪掉了辫子②,还曾服毒自尽(未遂),金梁称赞叶尔恺"临难不苟,视死如归",记他"辛亥服毒自尽,既绝复苏,今忍饿穷居,至死不变,仍与刘承干、章梫时有规画"③。

瑞洵在劝赵尔巽勤王的信中称自己"自武昌失守后,忧悒无状,遂发旧疾",瑞洵请赵尔巽"设法抵制","力排共和","万不可稍涉附和",且自恨"无拳无勇,恨不立斩草除根",并称赞蒙古王公极力反对共和,"虽不能力,然忠愤可喜"。瑞洵还提醒赵尔巽"红胡亦可用以杀仇"④。

奉天新民府知府金梁闻知武昌起义消息,星夜入都,陈说大计,但当道不从:"忽报秋风起,披缨夜入京。满城飞乱叶,一剑自孤行。"诗后自注:"辛亥变起,星夜入都,上下惶惑,百说莫应,痛哭而行。"⑤

署浙江布政使袁嘉谷则同情革命,"主张剪发,改中华国,用黄帝纪元,以消众谋"⑥。

清史馆文牍科长伍元芝清末曾为两江总督端方幕僚,辛亥革命时与樊增祥、马相伯设法保全九镇新军:"幸当时金陵名士伍兰荪先生(按,伍字兰荪)曾充前任江督端方之军政幕宾,对革命深表同情……当日保全九镇新军,即保全革命之元气,伍兰荪、樊增祥、马相伯三公之功不可没也,光复南京三公实与有力焉。"⑦

而时在苏抚程德全幕中的成多禄,闻知程德全欲宣布独立,"上书以七

---

① 金兆蕃《朱小汀墓志铭》,《安乐乡人文》卷六,铅印本,1951 年。首都图书馆藏。按:朱小汀即朱彭寿。

② "叶为人顽固,官僚气又重,任昆明南门外体育学堂老师之夏伯留平日很恨他","遇到叶被押送,将人讲武堂,就上前把他的牙齿打落";杨蓁反感李经羲、叶尔恺二人的"顽固","便把两人辫子剪掉"。参见李鸿祥《增补云南辛亥革命回忆录》,《玉溪市文史资料》1991 年第 7 辑。

③ 《清室阴谋复辟之铁证・金梁举贤才折》,《国闻周报》1925 年第 31 期。

④ 《清代档案史料丛编》第 8 辑,中华书局,1982 年,第 135 页。

⑤ 金梁《壬子自述诗》第 10 首,金梁《息庐咏史》,金梁自刊,1937 年铅印本。首都图书馆藏。

⑥ 袁嘉谷《辛亥宣统三年日记》,《袁嘉谷文集》(三),云南人民出版社,2001 年,第 551 页。

⑦ 参见程家模《南京陆军第九镇起义始末》,《辛亥江苏光复》,《江苏文史资料》第 40 辑,《江苏文史资料》编辑部编印,1991 年。另,伍元芝与缪荃孙、樊增祥、李瑞清、屠寄、陈庆年均常往还。参见《陈庆年〈横山乡人日记〉的部分摘编》,《丹徒文史资料》第 4 辑,政协丹徒县文史资料研究委员会编印,1987 年,第 48 页。

不可力争";当程最终宣布独立后,成多禄"去之沪滨,贻书与程公诀别,并却其赆金,拂衣北还"[1]。

易顺鼎遂有"莲社人居晋宋间","使我茫然莫知其所以"[2]的感慨。檀玑更是在诗中怅触不已:"褞袍季不耻,箪瓢颜屡空。萧然环堵中,结驷惠子贡。宪言贫非病,高歌意微讽。味道耽真乐,那复知馁冻。王霸为儿惭,黔娄剩妻恸。陶公《贫士诗》,境断纷华梦,鉏金挥不顾,管宁趣殊众。"[3]诗中"鉏"字同"锄"。管宁、华歆园中锄菜,地中有片金,管宁挥锄不顾,典出《世说新语》。在另一首诗的自注中,檀玑如此自嘲:"袁简斋诗'自笑匡时好才调,被天强派作诗人'。渊明高介,结想羲皇;子美忠爱,许身稷契。其意量远矣,诗又何足言。"[4]

超然物外的,是返回安徽歙县里居的许承尧:虽然迭遭时变,"惊破同光耆旧梦,西陲霜气压霜檐",但诗人自得其乐,深感"金迷纸醉仙宫阙,不及穷乡数亩田"[5]。

李瑞清辛亥后避居上海,易服为道人。鬻书自给,门下诸生闻之,寄钱米以资之。李瑞清复书曰:"蜷处沪滨,鬻书糊口。卧病逾月,执笔昏眴,几至辍业。又丧一侄女,年十八矣……乃承吾二三子远道寄书,殷勤慰问。于流离颠沛之中,以节衣缩食赀,以相归遗。不图居今之世,见此风义也。然君子之所以待仆,其情义至周且渥矣。然令仆何以自处耶!……今吾子家有啼饥号寒者,推解以恤我,我犹受之,天将不佑我矣。"弟子馈赠之钱米,受也不是,却也不是:"诚令辞受两难也。"[6]

赵尔巽的位置最为关键。武昌起义前一天,赵尔巽正为巡察吉、黑两省抵达哈尔滨,刚欲启程赴齐齐哈尔,突接清廷关于武昌起义的电报,让他速回奉天"妥慎防维,毋稍疏忽"。赵回奉天后马上通告各司、道、厅、局、处及陆军各镇、协,以及吉、黑两省首脑,要求他们"不动声色,广布侦探,防患

①《哀启》,《成多禄集》,吉林文史出版社,1988年,"附录"第20页。
②钱基博《现代中国文学史》,上海世纪出版集团、上海书店出版社,2007年,第160页。
③檀玑《菉竹斋诗》第62首("送"韵),京华印书局,1918年。
④檀玑《菉竹斋诗》第98首("屑"韵),京华印书局,1918年。
⑤许承尧著,汪聪、徐步云点注《疑庵诗》,黄山书社,1990年,第108页。
⑥李瑞清《与诸门人谢寄钱米书》,李瑞清著,段晓华点校整理《清道人遗集》,黄山书社,2011年,第38—39页。

未然，严密侦访，免生事端”[①]。赵尔巽同时做了几件事：一是晓谕军民“勿轻惑浮言，自相惊恐”[②]；二是与蓝天蔚共同署名发表《致武昌起义诸君书》，表明态度，希望不要“满汉相仇，自为戕贼”[③]；三是欲将近在城外的第二混成协统领蓝天蔚（革命党人）调离奉天；四是在袁金铠（时任谘议局副局长）的建议下于1911年11月12日成立“奉天国民保安会”；五是在袁金铠推荐下，调张作霖（时任前路巡防营统领、洮南镇守使）率骑兵入卫省城；六是向清廷奏报保安会的成立情形，求得支持和谅解[④]；七是趁清廷免去蓝天蔚统领一职之际，委派蓝天蔚入关考察。此外，赵尔巽还与袁世凯内阁保持密切联系，密电往来，互通声息。清廷宣布逊位后，前由赵尔巽、袁金铠派往北京准备参加内阁会议并探听消息的曾有翼、王荫棠、李树滋等请赵尔巽“电［内］阁力争，以冀挽回于万一”[⑤]。

后来被赵尔巽聘入清史馆的瑞洵、袁金铠、金还等人，在武昌起义后均纷纷致信赵尔巽，陈说进退大计。袁金铠建议相机而动（甚至主张反对共和）[⑥]，金还、叶景葵则劝赵尔巽速退[⑦]，家人也劝退[⑧]。张謇、汤寿潜、熊希龄、陈汉第等人除劝赵尔巽促成共和外，还建议赵“以死谢清”、忠义“两全”（七个月后张謇解释说此函不知何人所发，列名人多不知情）[⑨]。赵尔巽自己的意见则是以保全领土为主，他向叶景葵解释自己何以不能速退：“大变

①李侃《赵尔巽与辛亥革命前后的东北政局》，《李侃史论选集》，中华书局，2002年，第389页。

②《清代档案史料丛编》第8辑，中华书局，1982年，第8—9页。

③《清代档案史料丛编》第9辑，中华书局，1982年，第5—6页。

④李侃《赵尔巽与辛亥革命前后的东北政局》，《李侃史论选集》，中华书局，2002年，第388—393页。

⑤《清代档案史料丛编》第8辑，中华书局，1982年，第132页。

⑥《袁金铠拟东三省反对共和十二条》，《清代档案史料丛编》第8辑，中华书局，1982年，第208页。

⑦金还致赵尔巽电云：“务乞坚持婉谢，仍以保卫土地为主，余不预闻。”叶景葵先后致赵尔巽电云：“默观时局，为吾帅计，非退不可……我帅两袖清风，家累太重，但诸郎皆明白事理，以后生计好自为之，帅竹杖芒鞋，所需有限，门生故吏，如葵之不肖者，尚足以薄力所得供游山之资”；“共和诏下，并美唐虞，千载美谈，中国幸福。乃闻妄人阻挠我帅，力劝拥戴亲贵，借助外人。是动天下之兵，以三省为孤注，生为戎首，死受恶名，破国亡家，岂徒杀身而已！我帅仁明，决不出此。惟盼早日退休。万千翘企。”此信发自青岛。《清代档案史料丛编》第8辑，中华书局，1982年，第137、111、188页。

⑧《赵尔萃致赵尔巽电》：“今日谁家天下？官为守，君为尧舜，众主共和，王无可勤，义无可举。苟有妄动，即是攘夺，转为南北公敌。败一己之忠清，扰通国之治安，于义云何？即为奉计，兄去奉必安，兄在奉必危，且人逐我，而我犹迟迟，能无贻恋栈讥邪！三日无复，弟决来奉。”此信发自承德。《清代档案史料丛编》第8辑，中华书局，1982年，第188页。

⑨《清代档案史料丛编》第8辑，中华书局，1982年，第192、193、273页。

岂无能救？……一举足而乱作，一坐镇而境安，宜何择焉！退则必退，但有其时耳。诸公勿躁扰，把晤不远也。"①

光宣文人的分化，在1915—1916年又呈现出新的特点。袁世凯帝制自为的酝酿策划，是在1915年。王树枏记道："（1915年）六月二十五日杨度、严复、孙毓筠、刘师培、胡瑛等创立筹安会，谋复帝制，以媚袁世凯。十一月五日代行立法院决定国体票数，推戴袁世凯为皇帝，改明年为洪宪元年。严复、刘师培素有文学盛名，从此一文不值矣。余上书力劝袁收回成命，不然必召天下之兵，陆军次长徐树铮争之尤力，袁皆不答。参政蔡锷微服出京，驰回滇省起兵相抗，黔、滇、粤、桂各省皆相继独立。"②缪荃孙因受"拉拢"，遂引起朋辈讥议，王国维1916年5月致罗振玉信中说："报又载艺风事，可笑之至，世有此人，真读书者之羞也……昨日《时事新报》谓炮台变兵已由艺风托人经手以七万元买收枪炮，前此要求南京不派兵进攻，亦由党人以劝进事啗猲老艺，并诱以利，使联名电宁，宁即以疏通责彼，亦许以酬报，此等恐未必尽实，然空穴来风，亦有以致之也。"③信中"艺风""老艺"均指缪荃孙。

尽管学界对袁世凯的评价正在发生变化④，但袁世凯帝制自为的做法确为时议所不屑。除王树枏、徐树铮外，赵尔巽也对袁世凯敬而远之。10月15日，报载赵尔巽请辞清史馆馆长一职："已于日昨呈请大总统，请辞去清史馆长及参政各缺，以便赴津养疾。"⑤12月20日，袁世凯发表申令，以徐世昌、赵尔巽、李经羲、张謇为"嵩山四友"。外界有传以樊增祥继任清史馆长之说："徐、赵、李、张四公既经元首封为嵩山四友，自不得再任职务，故日前特任陆征祥为国务卿以继徐后；赵之清史馆长内定以樊樊山氏继任，俟得其同意，即行发表；至于张之水利局总裁一席，有简徐世光氏继任之

---

①《清代档案史料丛编》第8辑，中华书局，1982年，第189页。
②王树枏《陶庐老人随年录》，中华书局，2007年，第77页。
③《王国维全集·书信》，中华书局，1984年，第73页。
④"袁氏其人被几代史学家描写成反革命、民国独裁总统、企图称帝。事实上，袁氏是帝制时代中国最积极倡导现代化的人，当然是按照日本模式。研究袁世凯的首屈一指的专家恩尼斯特·杨认为，袁氏即使在最保守的时期，仍是追求实现民族主义梦想的现代化运动的一个组成部分。"杜赞奇著，王宪明等译《从民族国家拯救历史：民族主义话语与中国现代史研究》，社会科学文献出版社，2003年，第88页。
⑤《赵尔巽呈请辞职》，《盛京时报》1915年10月16日。

说。"①樊樊山,即樊增祥。

二、进退抉择之纷扰

总体而言,辛亥后包括清史馆同人在内的光宣文人的处境颇为尴尬,以下几方面的因素均影响到他们的进退抉择。

一是对时局的判断。许多人以为武昌起义之变,"只是一时的混乱",如汪兆镛诗中写道:"垂老逢兵革,浮家海一湾。未应真瓦解,尚或望珠还。"这说明汪心存期待,相信"不久之后,清室的统治便可恢复原状"②。

二是个人的政治身份。如赵尔巽、叶尔恺、袁嘉谷等人身为各省要员,属于被革命的对象,众所瞩目,抉择更难;而夏孙桐、吴昌绶等人或已退职或位末名卑,受到的影响就小些。

三是所属族群。汉人(如金还、叶景葵等)多倾向共和,满、蒙文人(如瑞洵、奭良、金梁等)、汉军旗人(如成多禄)及东三省文人(如袁金铠)的心态则远为复杂。

四是经济条件和选择机会。饶富买山之资、不受"饥驱"之苦者,不必为生计考虑,取舍进退自然从容许多。

五是心理认同。有的光宣文人纯粹由于对仕途的厌恶而不愿出仕民国;有些则出于对民国要人(如袁世凯)的反感而不愿出仕民国。类似这样的情形,并不意味着其人反对共和。如宋慈抱记陈三立"惟以共和政体,与历代君主易姓有殊,于要津俊彦,时相往还"③。陈三立便是自己不肯出仕,但也不反对共和的一个。

当然,不论以上哪种情形,辛亥革命导致了光宣文人个人生活及心境的巨大变化,自是毋庸置疑的。清史馆同人当年多身处要津,因辛亥革命而失去舞台,他们观察时事的视角有所不同:"窃观潮流之趋势日横,上下之感情日坏,溷浊至于此极,善良何以自容? 感恋故乡,徘徊歧路。"④这是后来担任清史馆收掌兼校勘的董清峻在辛亥革命发生不久后的感喟。

①《嵩山四友之替身》,《新闻报》1925 年 12 月 27 日。
②彭海铃《汪兆镛与近代粤澳文化》,广东人民出版社,2003 年,第 95 页。
③宋慈抱《陈三立传》,陈三立《散原精舍诗文集》"附录上",上海古籍出版社,2003 年,第 1207 页。
④董清峻致赵尔巽函之二,中国第一历史档案馆赵尔巽全宗档案,胶片 112。

　　舞台之失,不只导致抽象的感情与心态之改变,还出现了更让人头疼的现实问题:"长安居既苦不易,蜀道行又值正难。欲留不能,求归未得。"①"长安"借指北京,"蜀道行"指回到家乡四川。董清峻日后经赵尔巽关照,入清史馆任收掌兼校勘。清史馆校勘兼协修孟昭墉是赵尔巽夫人孟氏的胞兄,也获赵尔巽照顾,得入清史馆,多少也是出于生计方面的考虑②。曾任清史馆协修的陈田③,辛亥后以遗老身份留居北京。因家贫,以平日所收明人别集全售给日人④。陈田身后萧条,端赖当年友好为凑赙金⑤。其与沈曾植同年(1850)出生,同年(1922)去世,经济状况则不如沈曾植⑥。杨守敬辛亥后"跳出走上海,鬻书为活"⑦。况周颐家中无米,曾赋诗解嘲,"方清末造,周颐故以文学有大名,端方总督两江,礼致入幕,又优以税差。既入民国,窜居海上无所事,室人以无米告,占《减字浣溪沙》云:逃墨翻教突不黔,瓶罍何暇耻罄盐,半生辛苦一时甜。　　传语枯萤共宁耐,每怜饥鼠误窥觇,顽夫自笑为谁怜"⑧。熙鸿甫(喜塔拉氏)与瑞洵为世交,二人晚年(1934)相见,不胜嘘唏。瑞洵有诗曰:

> 断问亲宾久,知交复有谁。
> 与君相见日,是我就衰时。
> 学养已深造,言谈无费词。

---

① 董清峻致赵尔巽函之二,中国第一历史档案馆赵尔巽全宗档案,胶片112。
② 按:孟昭墉,关外本署任校勘,关内本署任校勘兼协修。
③ 陈田曾与吴怀清合辑"户口"十一册,另有八行纸清缮本"户口"五十四册;又与李哲明辑"屯垦",台北故宫博物院藏其与李哲明合辑"屯垦"八册,自道光元年至同治十一年;"屯垦"三十一册,自清初至同治朝。另有"屯垦"九册。台北故宫博物院编印《故宫博物院清代文献档案总目》,台北故宫博物院,1982年,第81—84页。
④ "陈松山给事田辑《明诗纪事》百余卷,所收明人别集五百余种、总集二百余种。国变后,贫不能出都,乃以此七百余种之书全售于日本人。先是,张菊生闻陈书至沪,将筹二千金购之,未及议值,而先为东人所得。惜哉!"吴庆坻《蕉廊脞录》,中华书局,1990年,第150页。
⑤ 陈田去世稍早于沈曾植。陈去世后,沈曾援手相助。《求恕斋友朋书札·沈曾植(第十四函)》:"松山给谏直声满世,身后萧条,公此义助,儒林均感。即汇叔蕴,先此代谢。"又陈夔龙亦致函沈曾植,告以"松山赙金已凑得五百元,适得其世兄告急病,近况不了,已商之朱晓南观察,即由渠所办银行汇京(不取汇水)较为直捷……"均见许全胜《沈曾植年谱长编》,中华书局,2007年,第510页。
⑥ 当然,沈曾植经济上也面临诸多困难。1920年初,沈曾植致函罗振玉:"去年舍间多故,债负累累。今年拟仿艺风例,斥卖图书,齿牙余论,不能不望公之助我。一笑一叹,此信遂亘两年,颓唐乃尔,又一叹也。"许全胜《沈曾植年谱长编》,中华书局,2007年,第488页。
⑦ 陈三立《宜都杨先生墓志铭》,马卫中、董俊珏《陈三立年谱》,苏州大学出版社,2010年,第391页。
⑧ 钱基博《现代中国文学史》,上海世纪出版集团、上海书店出版社,2007年,第211页。

独怜生计乏,犹藉笔耕支。

——《赠熙鸿甫(其一)》

瑞洵感慨熙氏"昔为贵公子,今亦与走相若,既贫且贱",但又与自己不同,因熙氏"尚谋研田生活,不似走之惟耽诗酒,与屠沽伍"(瑞洵《赠熙鸿甫(其二)》自注)[①]。

生计问题不只涉及衣食住行,还有政治动荡大背景之下的人身安全[②],甚至陷入"话语权"丧失之窘境。而这一点,向为文人所介怀。费树蔚的一篇墓碑文字引起叶圣陶的批判[③]。叶圣陶所言固有道理,费树蔚字里行间的酸涩也值得后人细心体察。不过,一个显而易见的事实是:光宣文人笔下的"光宣",连同他们自己,已经与遗老、复辟、宗社、反动等污名化的字眼粘连在了一起。无论他们笔下的"光宣"如何"承平",已不足据以抨击现实、对抗革命。

光宣文人不得不承认生命的有限性。不论他们如何"抱道待时",留给他们的时间已经无多。根据谢慧贤的观察,"至 1300 年(即大德四年),宋朝遗民已绝不构成一个分隔而可见的社会群体。无论就其对宋朝忠心的概念以及对元朝态度的转变而言,他与包括贰臣在内的一般江南士人并无多大差异"[④]。从宋亡到大德四年,前后不过二十年时间。这是宋元之际遗民活动的时间跨度。元明之际的遗民,不仅有蒙古、色目遗民,亦有汉族遗民。据萧启庆先生分析:"其中汉族遗民大多出身士大夫阶层,蒙古、色目遗民亦是如此。就社会背景言之,其家族累代仕元而本身亦曾任官者占绝大多数,与元室渊源甚深。"[⑤]"本身亦曾任官""与元室渊源甚深"的元遗民,占明初元遗民的绝大多数。而清初明遗民的情形又如何? 从如下的一段话可以看出,鲁迅对新兴王朝之遗民群体存在的时间跨度,曾有幽默而

---

① 瑞洵《犬羊集》,刻本,1934 年。首都图书馆藏。

② 四川保路运动时,赵尔丰向周善培感慨:"官我是做伤心了。朝廷既不要四川,我拿着四川有什么用? 但是交了兵权政权,四川人不谅解我,谁保护我呢?"参见周善培《辛亥四川争路亲历记》。收入戴执礼编《四川保路运动史料汇纂》,"中研院"近代史研究所,1994 年,第 65 页。

③ 叶圣陶《读〈重修甘将军庙记〉》,《苏州评论》第 1 期(1926 年 1 月 20 日),后收入叶圣陶散文集《脚步集》,又收入《叶圣陶集》第 5 卷,江苏教育出版社,1988 年,第 216—219 页。

④ 参见萧启庆《宋元之际的遗民与贰臣》,萧启庆《内北国而外中国:蒙元史研究》,中华书局,2007 年,第 157 页。

⑤ 萧启庆《元明之际的蒙古色目遗民》,萧启庆《内北国而外中国:蒙元史研究》,中华书局,2007 年,第 183 页。

又深刻的论断。鲁迅说:"这是明亡后的事情。凡活着的,有些出于心服,多数是被压服的。但活得最舒服横恣的是汉奸;而活得最清高,被人尊敬的,是痛骂汉奸的逸民。后来自己寿终林下,儿子已不妨应试去了,而且各有一个好父亲……"[①]"寿终林下"的遗民父亲,与"不妨应试去了"的儿子,发生在家庭内部的这种交叉效忠、双重认同使我们看到:历朝遗民历来为史家、士人所认同、称述,但遗民个体对故国的效忠是有限的,这既是时间的有限性(二十年,恐怕是一位遗民从决定"遗"到"死"的平均时间长度),也是文化的有限性(相对于政治的绝对强力)。当然,与持久的文化力量相比,政治的绝对强力又是短暂的、有限的。

遗民之"遗",甚至无法、也不必由他的儿子来接续。这或许有助于我们认识遗民现象的一体两面。清遗民的存在,自然也存在类似的情形[②]。在李劼人长篇小说《大波》中,听说宣统帝逊位而"掉下了眼泪"的,多是作过京官和"在皇帝身边跪着说过话"的人[③]。这"跪着说过话",即是"遗民"之所以成为遗民的"履历前提"[④]。而寿命的长度,则是遗民成为遗民的自然条件、生理条件。比如,辛亥后去世的丘逢甲(1864—1912)、周景涛(1865—1912)、顾印愚(1856—1912)、吴保初(1869—1913)、黄绍第(1855—1914)等,即因生命的过早终止,而无由进入"遗民"话题之讨论视野。而去世略晚的严复(1854—1921)、胡朝梁(1879—1921)、沈曾植(1851—1922)、吴庆坻(1848—1924)、冯煦(1844—1927)、王树枏(1852—1936)、陈宝琛(1848—1935)、陈三立(1853—1937)等,得与民国有错综复杂的命运交错,因之更易引起后人的分析兴趣。当然,他们入民国以后的活动时间,平均起来也不过二十余年。

三、"晚节"难题

"光宣""民国"都是政治概念,关联着前后两个被认为整体异质的政治

---

① 鲁迅《且介亭杂文附集·半夏小集》,《鲁迅全集》第 6 卷,人民文学出版社,2005 年,第 618 页。

② 金兆蕃之子金问泗曾任特派江苏交涉员,王树枏与民国政要刘若曾为儿女亲家,等等。

③ 李劼人《大波》,《李劼人选集》第 2 卷,四川人民出版社,1980 年,第 1350 页。

④ 这批遗民的心理逻辑更为具体、细腻。王源之父王世德为清初明遗民,原为崇祯帝宫中侍卫,明亡后以遗民终老。因与崇祯有接触,故感情尤深。与出于抽象的忠君理念而做遗民不同,王世德这类遗民另有念旧的情感成分在内。

段落:清朝与中华民国。历史虽已因辛亥年的枪声而震荡,大到疆域、历法、领袖,小到个人的发辫、衣着都有改变。不过,除了在枪声中倒下的烈士(革命者可载入革命史,忠清的"反革命者"则入《辛亥殉难记》),更多的生命还在同一片土地上思想、言说(自言自语或者攻击辩论)。政治时间的转换(新朝、旧朝)与具体的个人生命有着太多的参差交错①。"光宣"共三十七年(其中光绪三十四年,宣统三年)。巧合的是,不断"新生"的民国(从南京临时政府、北洋政府到南京国民政府)也是整整三十七年。前后两个三十七年有诸多不同,诸如前皇权后民主,前专制后共和,等等。光宣文人除了大体认同这样的"进步",也比年轻一辈更多一些质疑。在他们看来,历史并不总是沿着进化的阶梯攀升,每一日都在"进步"②。

　　进入民国以后,"国朝"变为"胜清",个人与清的关系,在很多人那里成为一个需要慎重思考应对的问题。而清之于民国的特殊意义,正在于它无处不在:学术上成为课题(官方修清史、学堂讲清史)、思想上成为标尺(风操节概、出处进退)、政治上成为界线(忠逆敌我、遗老贰臣)、文学上成为表现对象(野史、笔记、清宫词等等),而这一切又都转化为道德符号、行动标签,渗入并成为当事人的日常生活。吴梅曾经感慨过:"余生于清光绪十年甲申七月朔又二十二日午时。二十八岁,为宣统辛亥,是年清亡,自以先世重望,不敢妄求仕进,南北授徒,聊以糊口。"③二十八岁的吴梅不过虑及"先世重望",尚且如此。六十八岁的赵尔巽在前清"膺重寄,守陪都,上结主知,下孚民望"④,辛亥后不免有着比吴梅更深重的内心纠结。

　　在另一首诗中,吴梅又曾谈及"晚节"话题:"玉壶襟抱爱高寒,多少通人晚节难。放胆文章汾酒辣,低头齑粥越梅酸。"⑤光宣文人梁济、王树枏、夏孙桐、章钰等,均遇到了类似的"晚节"难题。

①大致与光宣、民国相始终者,人数之多,不必怀疑。这可依全国人口总数结合年龄系数做纯粹的数学估算。汪辟疆《光宣诗坛点将录》点评光宣诗坛较有影响的诗人190余位,入民国后仍然在世的有140余。
②梁济自杀即出于对辛亥革命后时局的失望。梁济曾自问:"殉节之事,何以迟至数年?"又自己解释说,清亡即死,"纯然为清朝亡国,目的太小",他不愿"糊糊涂涂牺牲此身",要"看明世局弊害",特别是"观察明白民国是何景象"后再采取行动。参见罗志田对梁济心态的分析(罗志田《对共和体制的失望:梁济之死》,《近代史研究》2006年第5期)。
③吴梅《瞿安日记》卷一,《吴梅全集·日记卷上》,河北教育出版社,2002年,第1页。
④董清峻语,董致赵尔巽函,中国第一历史档案馆藏赵尔巽档案全宗,胶片112,案卷号611—613。
⑤吴梅《寓斋即事寄吴门故人》,《吴梅全集·作品卷》,河北教育出版社,2002年,第44页。

　　梁济清末任职于内务部,由内阁侍读署民政部主事升员外郎。在部五年,一直为候补司员,未尝补缺①。中华民国元年(1912)中秋前一日,梁济上书内务部,申请退职②。递交申请书的次日起,即不再赴署上班。一个月后,曹经沅(纕蘅)、汪兆镛(玨斋)奉调入内务部,与梁济之辞职正相衔接。

　　梁济 1859 年生,时年 54 岁。而汪兆镛、曹经沅二人分别生于 1875年、1891 年,时年 38 岁、22 岁。曹经沅之调入与梁济之退出,这一场景出现在新成立不久的中华民国的内务部。曹经沅踌躇满志,而梁济则心情郁郁。作为政治界标的辛亥,在曹经沅的人生轨迹上并没有留下“划痕”,而梁济将在“划痕”的困扰下走完余生。这道“划痕”之轻重有无,已然引发诸多饶有兴味的讨论。我们注意到,辛亥后在世的光宣文人中,凡曾荣登前清进士榜、受朝廷恩遇者,多呈现出深刻的心理“划痕”。这道“划痕”,既是其本人出仕民国的心理障碍,也是辛亥后整个社会月旦人物、品藻士类的核心尺度,也因此成为光宣文人无法挣脱的历史原罪,终其余生均在咀嚼、消化。

　　共和来临,道宽路阔。由前清臣民,一变而为国民,——从纯粹的理论角度看,这未始不是一部分光宣文人心底的念想③。由于政治选择的差异,辛亥后光宣文人加速分化,当年进士同榜,今日形同陌路。梁济辞职时,比梁济年长七岁的王树枏(1852—1936)、年长两岁的夏孙桐(1857—1941)也各自辞职来京。与梁济之选择殉清不同,王树枏、夏孙桐等走上了另外的道路。梁济挑战道德,王、夏则更愿意栖身学术。其栖身之处,即是清史馆④。

————————

①《宪政最新搢绅全书》“民政部衙门”,宣统辛亥秋季。京都荣宝斋刻本。哈佛大学哈佛燕京图书
　　馆藏本。
②梁济《呈内务部陈请退职书》,梁济著,黄曙晖编校《梁巨川遗书》,华东师范大学出版社,2008 年,
　　第 189 页。
③清史馆协修袁嘉谷辛亥革命发生时在浙江任上,在 1911 年 9 月 14 日(农历)日记中,袁记道:“风
　　云急急,到院上会议。绅界到者数人,然均有难言之隐。余主张剪发,改中华国,用黄帝纪元,以
　　消众谋,此亦下策也。”袁虽认为“改中华国”是“下策”,但“下策”也是其所主张。袁嘉谷《辛亥宣
　　统三年日记》,《袁嘉谷文集》(三),云南人民出版社,2001 年,第 551 页。
④清史馆同人除在史馆任编纂外,也多有在馆外兼职者。史馆后期经费骤减,同人生计困难,兼职
　　尤其普遍。

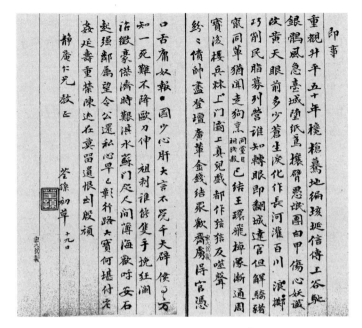

图 23 缪荃孙《即事》四首①

按：此诗系缪荃孙写示王国维《即事》诗四首之手稿。诗云："攘臂愚氓团白甲，伤心妖谶改黄天。眼前多少苍生泪，化作长河灌百川。"感时事之艰屯，愤懑不平之气洋溢于字里行间。又云："纷纷债帅尽登坛，广荤金钱结众欢。齐虏得官凭口舌，庸奴报国少心肝。大言不觉千夫辟，债事方知一死难。不降欧刀伸祖制，谁能双手挽狂澜？"诗人心系家国，对活跃于政坛的"债帅""庸奴"等宵小之辈颇为不屑。然而，纵使"欧刀"在手，"祖制"重伸，狂澜讵可挽乎！

王树枏除 1914 年受聘为清史馆总纂外，还受徐世昌（时任国务卿）之聘，纂修《大清畿辅先哲传》，"设局于畿辅先哲祠，备清史取裁也"；徐世昌 1920 年设晚晴簃诗社，"召集诸遗老选录清诗"，王树枏亦均参与②。最尴尬的要属宋育仁，"国变后，絜眷遁迹茅山，后入张勋幕，谋复辟被逮，解回原籍"③。

①中国国家图书馆古籍馆编《国家图书馆藏王国维往还书信集》第 2 册，中华书局，2017 年，第460—461 页。
②王树枏《陶庐老人随年录》，中华书局，2007 年，第 76、79 页。
③王树枏《陶庐老人随年录》，中华书局，2007 年，第 93 页。

在光宣文人看来,"衰世""乱世"之下,士人之出处进退,即便相对逼仄,但仍有多种选择。晋陶渊明之归园田居、宋陆秀夫之负君蹈水、清初万斯同以布衣修史,均被光宣文人视为范例。对夏孙桐、王树枏而言,进入清史馆已是"退"①。沈曾植则不肯进清史馆,以避"贰臣"之嫌。1915年春,浙江省欲重修《浙江通志》,聘沈曾植为总纂。沈曾植因此引顾炎武以为同调,"偶翻《亭林年谱》,辞史馆而就山东通志局,以为鄙解嘲也"②。

魏元旷感同身受,谈及光宣文人的进退出处,笔下尤多体贴:

> 刘廷琛(幼云)避居青岛。诸旧人尝同事者,亦多避荒穷野。宁愚③、一山④、商云汀⑤辈辄相依岛上。"零落江湖尚主宾",身世犹可少慰,未若云表孤冥,益增寂寞耳。《奉怀穆如先生》云:"飘零白发鹖冠危,老去南雷尚乞师。灰死人心寒窘手,万方一慨欲何之。"穆如,前督臣升允也。⑥

> 帝逊位五年,宗人府署犹存,宁愚食俸如故。一山赠句云:"一个汉官新室外。"无国而有官,盖亦古今异事。仍得策名旧君,实较诸遗臣为幸。⑦

成多禄"自国变后不问时事,间与遗老名流结社联吟。卜筑都城西隅,曰'澹园',林木幽翳,图史环列,日啸咏于其中,意豁如也"。成多禄自订年谱止于宣统三年(1911),自叙谓"既无东海衔木之能,又鲜西山作歌之节,泯然无闻,浮生若赘,即至八十、九十亦不过一忍辱翁耳,虽有甲子曷足纪哉?"⑧1926年前后,柯劭忞欲荐成多禄出任国史馆典籍厅厅长,成多禄谢不肯任,且和柯劭忞诗曰:"玉韫椟中容焕发,松为涧底或盘困。思量老女

---

① 1930年,章华(曼仙)去世,王树枏闻讯写道:"国变后,(章曼仙)浮沉宦海,为贫而仕,非其志也。"对章华的这一评价也可以视为王树枏的夫子自道。王树枏《陶庐老人随年录》,中华书局,2007年,第91页。

② 沈曾植《与吴庆坻书第五十三函》,许全胜《沈曾植年谱长编》,第410页。

③ 宁愚,即叶泰椿,原字鹤巢,后改宁愚。魏元旷《蕉庵诗话》:"绍唐言顷岁海内知交,多有改易其名字者。予所知,则扶常改名耿,字黑庵,号草夫;鹤巢称宁愚;建屋称鲁民;华澜石更号持盦;绍唐亦以退庐称。"张寅彭主编《民国诗话丛编》第2册,上海书店出版社,2002年,第9页。

④ 按:章梫字一山。

⑤ 按:商衍瀛字云汀。

⑥ 魏元旷《蕉庵诗话》,张寅彭主编《民国诗话丛编》第2册,上海书店出版社,2002年,第23页。

⑦ 魏元旷《蕉庵诗话》,张寅彭主编《民国诗话丛编》第2册,上海书店出版社,2002年,第24页。

⑧《哀启》,《成多禄集》,吉林文史出版社,1988年,"附录"第20—21页。

终难嫁,羞对牵丝月下人。"①

无独有偶,清史馆同人中的姚永概、吴昌绶也有"老女难嫁""老女归阁"的说法。姚永朴曾写其弟姚永概:"入民国,总理段公祺瑞以高等顾问官聘,总统徐公世昌招入晚晴簃选诗,弟笑谢曰:'吾如处女,少不字,老乃字耶?'顾殚心教育。"②有趣的是,姚永概以应清史馆聘为"不嫁",不过是殚心教育学术而已。而吴昌绶请缪荃孙推荐入清史馆,却自认为是"嫁"了——吴昌绶以"和尚出家,又复还俗;老女归阁,仍事妆梳"③自解。可见受清史馆聘是否属"嫁",姚永概与吴昌绶的想法有所不同。

通常认为,清史馆内遗老多。而在溥仪、陈宝琛、沈曾植看来,赵尔巽辈已非同道。相形而下,袁励准的处境较为"优越"。袁既受聘入清史馆,且在逊清皇室供职,既能"尽忠",又可修史,心态上自如许多。袁励准曾受溥仪之命,检校宫内所藏图籍,在翻阅南唐顾闳中画韩熙载夜宴图卷时,对韩氏之"妇人醇酒"生活不无羡慕:"熙载丁衰世,当时欲举为相,遂以声伎自污。卷中熙载故事凡五:首段据床饮啖,意至豪迈;二段伐鼓;三段据床携四美杂坐,侍女奉金盆盥手;四段端坐,袒胸挥扇;五段伫立鼓次,手握鼓搥。以上熙载像均峨冠长髯,神宇伟岸,仍复儒雅之极。歌伎数十人,群奏古乐,窈窕有致。宾客亦极盛,少长咸集……献献长夜之饮,有信陵君妇人醇酒之意焉!"④尽管韩氏生活方式有令人向往之处,但袁励准不过聊发感慨而已。

倒是金梁后来在天津与京剧名伶金又琴相识,流连于文酒之会,其做派颇近于韩熙载之"以声伎自污"。而樊增祥则在出任袁世凯政府参政院参政之余,日从袁克文赋诗征歌,或与易顺鼎等人一起观剧,放浪狭邪,不修边幅⑤。樊增祥曾有夫子自道:"一朝兵事起,乃与国同休……再拜谢军府,衰年乏远猷。我亦匪夷齐,我亦匪伊周。惟闻尧舜世,其下有巢由。"

①成多禄《辞典籍厅再和柯凤老寄怀宋芝田长兄之作》,《成多禄集》,吉林文史出版社,1988年,第544页。

②姚永朴《叔弟行略》,姚永朴《蜕私轩续集》卷三。又见卞孝萱、唐文权编《民国人物碑传集》卷一一,团结出版社,1995年。

③吴昌绶致缪荃孙信,顾廷龙校阅《艺风堂友朋书札》,上海古籍出版社,1981年,第898页。

④袁励准《中秘日录》,中国国家图书馆古籍馆藏邵锐据袁励准手稿抄录本。

⑤涂晓马、陈宇俊《樊樊山诗集·前言》,樊增祥《樊樊山诗集》,上海古籍出版社,2004年,第4页。

(其三)①

光宣文人不止受"他者"抨击，由于内部分化，也不免相互揶揄。光宣文人在进退出处方面所承受的来自朋辈、同侪的压力，似乎更令当事人介怀与难堪。盖因忠义的宣传者习惯于将忠义绝对化、狭隘化。黄维翰曾如此讽刺出仕民国的"亲贵"们：

> 黄维翰(申甫)《甲寅都中感事》诗："鼎湖龙去事仓皇，沧海难寻旧植桑。惭愧田横门下客，旁穿茔穴殉先王。""逡巡北面自称臣，一代雄文托《美新》。不负金川门一恸，布衣龚翔汝何人。"《观剧》云："院本新翻费剪裁，一时名角尽登台。鱼龙曼衍天魔舞，祗向昆明演劫灰。""名角"者，本言为有名之脚色，班中皆书作"名角"。俗呼出色者为"尖子"，或谓"角"即"尖"义。又云："搣笛宫墙偷听得，天家多少不凡才。"则直刺诸亲贵之登场，非比前首别有所指也。②

1929 年，郑孝胥为温肃《津楼话别图》题诗，同样感慨于忠义之不存："从亡寥寥才几人，居者行者同苦辛。《政要讲义》书已毕，何异晨夕承咨询。我闻遗民多避地，岛族独能重忠义。丈夫不死天所留，不用临歧挥别泪。③惟"从亡者"或避地之"遗民"方存忠义，郑孝胥此言意在称扬温肃，兼抒一己之块垒；实则时人无不愿将忠义二字挂在口头，以为批判或标榜工具。就表现形式而论，同是清室旧臣，金梁践行"忠义"的方式，与袁励准颇有不同。康有为之忠义，与陈宝琛亦不同④。这多少有些"遗民山头主义"。

溥仪在其回忆录中曾说，袁世凯设立清史馆"擢用前清旧臣"及祀孔、采用三卿士大夫官秩等是令"孤臣孽子们感到兴奋的事情之一"⑤，但同是"兴奋"，关切却不同。在溥仪笔下，陈宝琛对赵尔巽出任清史馆馆长的反应激烈：

> (陈宝琛)每提到给民国做官的那些旧臣，他总是愤愤的。像徐世

---

①樊增祥《夏日园居杂诗》，《樊樊山诗集》，上海古籍出版社，2004 年，第 1765 页。

②魏元旷《蕉庵诗话》，张寅彭主编《民国诗话丛编》第 2 册，上海书店出版社，2002 年，第 13 页。

③郑孝胥《为温毅夫题津楼话别图》，《海藏楼诗集》，上海古籍出版社，2003 年，第 378 页。

④陈宝琛反对予康有为谥号。据《郑孝胥日记》(中华书局，1993 年)民国十六年(1917)二月廿九日："报言，康有为以廿八日卒于青岛，上欲赐恤，陈宝琛谏，谓康宗旨不纯，且有'保中国，不保大清'之说；郑孝胥奏曰：'德宗赍志抑郁以终，实受康有为之害。戊戌之狱，他日当付朝议定之。'"

⑤溥仪《我的前半生》，群众出版社，2007 年，第 63 页。

昌、赵尔巽这些人,他认为都应该列入《贰臣传》里。在他的嘴里,革命、民国、共和,都是一切灾难的根源,和这些字眼有关的人物,都是和盗贼并列的。[1]

溥仪还写道:

前东三省总督赵尔巽被任为清史馆馆长,被陈师傅等人视为贰臣,他自己却自言自语地宣称道:"我是清朝官,我编清朝史,我吃清朝饭,我做清朝事。"当局也不以为怪。[2]

赵尔巽的"自言自语"在溥仪半含嘲讽的笔下显得迂阔、滑稽。赵尔巽原话是否如此,是在怎样的语境下说的,今已不可指实。溥仪显然将赵尔巽漫画化了。

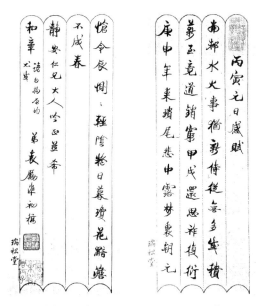

图 24　袁励准致王国维函(诗稿)[3]

按:此为 1926 年(丙寅)袁励准致王国维函,系抄录其《丙寅元日感赋》诗。诗云:"南都水火事犹新,侍从无多感积薪。至竟道销穷甲戌,还思祚复衍庚申。年来琐尾悲中露,梦里朝元怆令辰。恻恻轻阴疑日暮,琼花黯澹不成春。"

---

[1]溥仪《我的前半生》,群众出版社,2007 年,第 47 页。
[2]溥仪《我的前半生》,群众出版社,2007 年,第 64 页。
[3]中国国家图书馆古籍馆编《国家图书馆藏王国维往还书信集》第 5 册,中华书局,2017 年,第 2125 页。

当然,光宣文人的内部分歧主要是理论层面的,在实际生活中,并没有想象中的剑拔弩张、刀光剑影。他们在现实生活中的交往,有时表现出让人惊讶的融洽,虽然这些人后来被归入不同的阵营。"读《郑孝胥日记》,就能发觉那时的友朋之间,虽然好多人在政治上各为其主,而在私谊上却仍亲密往来,未必是彼此划清界限、壁垒分明的。如陈散原反对日寇入侵,于民国二十六年(1927)八月初十绝食而死。海藏即作《怀陈伯严》诗云:'一世诗名散原老,相哀终古更无缘。京尘苦忆公车梦,新学空传子弟贤。流派西江应再振,死灰建业岂重然? 胡沙白发归来者,会有庐峰访旧年。'"①"又考其时各家交往,如赏识钱公(钟书)的李拔可,少年时曾做过海藏的秘书,海藏任伪职后,还一直与之频繁通讯;梁鸿志以汉奸罪被逮入狱,李与章士钊都仍与之频繁唱酬。却从未有人责备过他们敌我不分的。倒是文学或学术观点不同,却往往会因争执而反目成仇、不能自解的,其怨且结至下一代而愈烈。能如胡适之那样,与蔡孑民争《石头记》,与梁任公争学术观点,虽然当时也有些情绪上的不快,而终无损彼此间的友谊,这种光明正大的风度却是自古罕见的。"②郑孝胥也记1937年底陈三立之孙陈封可来信:"求为介绍于北京新政府。"③

袁世凯称帝时期,革命党与反对帝制派群集上海,而复辟党与清室遗老,亦以上海为中心地,"宴会来往,俨然一家,其反对袁世凯则两方一致也"④。李瑞清曾作趣语:

> 昔赵江汉与元遗山,相遇于元都,一谈绍兴、淳熙,一论大定、明昌,皆为之呜咽流涕,实则各思故国,所哀故不相侔。吾辈麕集淞沪,复辟排满,处境不同,其不为李骞期则同,皆不赞成袁氏帝制自为也,吾辈其金、宋两朝人乎。⑤

赵江汉即赵复,由宋入元;元遗山即元好问,由金入元。二人"呜咽流涕"虽

①刘衍文《陈石遗与郑海藏》,刘衍文《寄庐茶座》,汉语大词典出版社,2004年,第83页;《怀陈伯严》诗见《郑孝胥日记》(一九三七年农历十月初七日),中华书局,1993年。
②刘衍文《陈石遗与郑海藏》,刘衍文《寄庐茶座》,汉语大词典出版社,2004年,第83页。
③《郑孝胥日记》(一九三七年十一月二十一日),中华书局,1993年。
④刘成禺《清道人轶事》,《世载堂杂忆》,辽宁教育出版社,1997年,第117页。
⑤刘成禺《清道人轶事》,《世载堂杂忆》,辽宁教育出版社,1997年,第117页。

同,但"所哀"不同。当袁世凯称帝时,复辟派眷恋前清,革命党则试图恢复共和民国。可见,各派的"道德认同"完全一致(所谓"处境不同,其不为李骞期则同"),而政治认同则"五光十色"。辛亥革命爆发后两年,孟森见郑孝胥,郑孝胥也说:

> 世界者,有情之质;人类者,有义之物。吾于君国,不能公然为无情无义之举也。共和者,佳名美事,公等好为之。吾为人臣,惟有以遗老终耳。①

郑孝胥的说法表明,作为"人臣",他之所以决定效忠于"君国",是出于"情"和"义"的考虑,并非厌恶"共和"。与劳乃宣所说的忠臣不事二君乃是"宇宙通理"②相较,郑孝胥的意见更为具体。李瑞清以赵复(江汉)与元好问(遗山)入元后各思故国(宋、金),喻光宣文人虽共同反袁(帝制自为),但动机大不相同。李瑞清的趣语已足以呈现光宣文人在民国初年的政治处境:"宣统""洪宪""共和",瞬息万变,扑朔迷离。"洪宪"自是众矢之的。而复辟与共和的纠缠,却因势均力敌而有着漫长的相持。

而溥仪笔下陈宝琛对赵尔巽的嘲讽,也只是抽取了历史中的一幕而已。倘仅凭这一幕推断陈宝琛与赵尔巽的关系,必将陷入一叶障目的误区。因为据温肃年谱记载,赵尔巽1924年在京设宴欲招待温肃(温以病未赴),居间介绍人便是陈宝琛③。可见光宣文人即使政见不同,实际生活中也并没有清晰的敌我界限。

四、米自社会舆论的道德评说

光宣文人认同共和,是为顺应潮流,但因此又将不能尽"忠"于前清,以致舆论或责以"逃",或责以"降"。辛亥革命甫一发生,舆论即对名流政要多有批评,《远东报》一篇文章指责"今日之大吏"不能尽心为国家一筹,"一

---

①《郑孝胥日记》第3册,中华书局,1993年,第1356页。

②劳乃宣《明耻》,《刘宗伯先生年谱序》,《桐乡劳先生遗稿》,文海出版社,1966年,第115、201—202。

③温肃《清温侍御毅夫年谱》,商务印书馆,1986年,第18页。

旦祸乱当前，临难苟免，逃者逃，降者降，曾无一人有大臣风度者”①。该报另有“小言”一则，题为《庸何伤乎张彪》，批评张彪不能“殉难”：

前月有谣传张彪殉难事
记者窃疑之
以为张彪果能殉难
则可荐升与士大夫旧诗书
之族并论矣
毋亦便宜张彪
既而知张彪仍偷生于世界
则仍还之张彪一奴隶身分而已
庸何伤乎张彪
…………
呜呼张彪汝何舍不得一副
臭皮囊
脱尔一副贱骨相②

这批政要甚至被论者冠以“几个老腐败”“老朽”“老不贤”之恶谥：

新政府，旧政府，其声洋洋盈耳。旧政府惯用一般老朽，固不足责矣。何以自称为新民国者，亦仍不脱此几个老腐败也？……抑此老不贤之督抚，在旧政府则化为朽腐，在新政府则化为新奇欤？诚所不解！③

《远东报》一篇题为《大倒账》的小说，写某处茶座中有二人谈话，黑胡须者埋怨辛亥革命道：“兄弟前年进京，也花了上百万的银子买得一个盐运史

①元《论今日之大吏》：“设当日乱机未甚蔓延之时，朝廷诚得有一二大臣为之忠告，改弦易辙，收回将散之人心，则其乱势尚不至如此日急也……乱势披猖，曾无一人为之画计，亦无有一督抚进一良言者……一旦祸乱当前，临难苟免，逃者逃，降者降，曾无一人有大臣风度者。而所留者尚复不敢为国家进一谅直之言。呜呼，痛大臣如此，而国事尚可问哉。”“犹忆拳乱之初，尚有为国事而进言被诛者，若袁、许、徐三忠，世人至今犹称之也。当景皇帝被谗之时，刘忠诚以一人独抗废立之议，至今人犹贤之也。而今大吏何为哉。乃竟不敢于祸乱甫萌之际，尽心为国家一筹，为国家一言，吾不敢为诸大臣怨，吾惟为吾国哀耳。痛哉，吾国之大臣，风节可谓扫地矣。”《远东报》宣统三年(1911)九月二十一日。

②《庸何伤乎张彪》，《远东报》宣统三年九月二十二日。

③《吾所不解》，《远东报》宣统三年十月初四日。

[使]，做不了一年，本钱没有捞回，就闹了这一下子，叫人急得要死。别的不要讲，我们的钱是挥霍惯了的，如今没了刻扣敲剥的来路，开销还省不了。"花胡须者道："老哥真讲的透亮，我们官场中人，现在真有这样的苦处，怪不得张勋张大人要合[和]革命党拼命了。咳，张大人真可以算得我们的代表。"①字里行间的反讽，形成了对张勋勤王之正当性的解构。

辛亥革命之初是如此，北洋政府时期如此，南京国民政府时期仍旧如此。光宣文人在现代中国，一直未能幸免于道德审判。林庚白曾言：

> 逊清遗老，什九貌为忠孝，而以民国法网之宽，得恣所欲言。在北洋军阀时代，以一身出入于清室与民国者，又指不胜屈。"笑骂由他，好官自为"，此辈遗老，亦庶几矣。曾履川有《落花》四首，于此辈遗老，极讽刺之妙致。其第二首有云："岂谓摧残关宿业，只应零落看终场。江山故国空垂涕，风雨高楼且命觞。"其第四首有云："极呼后土终何补，欲逐前溪不自由。养艳昔曾张锦幔，酬恩倘似堕珠楼。"皆辞意深刻，声调激越，直类《春秋》笔法矣。记梁众异所作绝句，间或近此者。如："预为死后求佳传，羞向生前说旧恩。当日遗山真失计，但营亭子不臣元。"盖为赵尔巽受命民国，就清史馆总裁之职而作也，并志之。②

1930 年马其昶去世，章太炎在挽联中仍不忘讽刺赵尔巽及《清史稿》：

> 一朝史事付萧至忠，虽子玄难为直笔。
>
> 晚岁文章托李退叔，想颖士别有胜怀。

上联讥赵尔巽主修清史，并对《清史稿》表示不满；下联指马其昶门人李国松③。曾履川、梁鸿志（众异）、章太炎对遗老及赵尔巽的讽刺，颇使人感受到口诛笔伐之严峻。林庚白谈到的"民国法网之宽"，即刘大鹏所谓"各行其志不能强，维新人所谓之'自由'是也"④。

相较于政治上的冲击，光宣文人在思想、言论层面承受的道德压力似更严重，以至于身为清史馆纂修的张尔田不得不反复借诗言志，像是在"撇

①逄《大倒账》，《远东报》"短篇小说"栏，宣统三年十月十三日、十月十六日。
②林庚白《孑楼诗词话》，张寅彭主编《民国诗话丛编》第 6 册，上海书店出版社，2002 年，第 115 页。
③徐一士《关于清史稿》，收入许师慎辑《有关清史稿编印经过及各方意见汇编》，中华民国史料研究中心，1979 年，第 637 页。
④刘大鹏《退想斋日记》（1914 年 11 月 17 日），山西人民出版社，1990 年，第 199 页。

清"自己与清史馆的关系。张尔田在《乙卯南归杂诗》(共十八首)中写道:

> 老去然藜照汗青,归来深愧草堂灵。
> 江南塞北俱千里,谁识东方是岁星。(第一首)

> 敢夸橐笔到金銮,依旧花移日八砖。
> 凝碧池头春草合,别开驰道属天安。(第四首,原注有"清史馆在东华门内,即国史馆旧址"等语)

> 白衣宣至白衣还,我比廉夫不汗颜。
> 莫羡骑牛周柱史,蓬莱原在海东山。(第十六首)

吴宓认为,张尔田《乙卯南归杂诗》"正可见先生之志事与行谊也"。吴宓且为张尔田《乙卯南归杂诗》第十六首诗加按语道:"首句出《明史·杨维桢传》。末句谓清史馆非清高之所。"①入清史馆修清史并不被时人视为"光彩"之事,张尔田入馆却不敢"自以为荣",正是社会舆论的间接作用。罗振玉的反应更为典型:

> 予初至京都,寓田中村,与忠悫(引按:王国维)及刘氏婿同居,屋狭人众,乃别赁二宅以居两家……予寓田中村一岁,书籍置大学,与忠悫往返整理甚劳。乃于净土寺町,购地数百坪,建楼四楹,半以栖眷属,半以祀先人、接宾友。门侧为小榭四间,楼后庖湢奴子室数间。植松十余株,杂卉木数百本。取颜黄门观我生赋语,颜曰永慕园。寻增书仓一所,因箧中藏北朝初年写本大云无想经,颜之曰大云书库。宅中有小池,落成日,都人适有书,为赵尔巽聘予任清史馆纂修,既焚其书,因颜池曰洗耳池。②

罗振玉认为接获清史馆聘书是受到了污辱,既焚烧了赵尔巽送来的聘书,又将宅中小池命名曰"洗耳池"。然后,罗振玉又写信告诉缪荃孙:"都中亦有召玉入史馆者,垂白老妪,不胜粉黛,已谢媒人矣。"③

类似的道德惯性不止表现在光宣一代人身上,稍年轻的一代如叶圣陶

---

①吴宓《空轩诗话》,《吴宓诗话》,商务印书馆,2005年,第185—186页。
②罗振玉《集蓼编》,收入陈平原、王风编《追忆王国维》,中国广播电视出版社,1997年,第23页。
③顾廷龙校阅《艺风堂友朋书札》,上海古籍出版社,1983年,第1011页。

等也在试图遵照经时代"洗礼"后的"新道德"体系向光宣文人发起批判。1926 年初,叶圣陶批评"我们苏州的所谓'绅士'"费树蔚在《重修甘将军庙记》中希望"去奉一个皇帝,自己预备作永久的奴隶"。1924 年秋冬,江南战乱,"他郡邑多痈烂",而苏州独得免,费树蔚曾参与其间的斡旋:"予盖屡与其役,而心知非神不为功。"叶圣陶说这篇文字"可以表显绅士阶级的无廉耻,无是非":

> 所谓"屡与其役"者是什么? 无非向甲军阀哀颜乞怜,回过来又向乙军阀偷送秋波,唯一的目的在表白苏州人是奴隶,是"顺民"而已。幸而"终得免",便欢欣歌舞说"岂非天哉! 岂非天哉!"他们哪里敢说一句人民该说的话,当然更不敢有什么实际力量的裁制——其实说他们不敢已把他们看高了,他们根本上就不是人民,只是"顺民"! 只是奴隶!
>
> 这篇文字又可以代表几千年来的传统思想,就是在民众的上头,应该有一个阶级叫做"民牧"。这实是野蛮时代的情形,不幸我们的祖先总当它天经地义。流传到这位作者,他就本此观念作文。[1]

费树蔚为避免战祸波及苏州而进行的积极斡旋,被叶圣陶认定是向各路军阀"偷送秋波""哀颜乞怜"。因费树蔚这篇文字同遭批判的还有清史馆协修邓邦述,因为《重修甘将军庙记》系由费树蔚撰文,邓邦述手书。在叶圣陶的批评文章中,费、邓二人的名字是同时出现的。

其实,叶圣陶在批评费树蔚时说到的"去奉一个皇帝"的想法,是"进步"还是"反动",在民国初年也不能一概而论。张勋 1917 年复辟时主张"君主立宪",康有为表示反对,主张"虚君共和"[2]。可见,张勋、康有为虽同是希望"去奉一个皇帝",但性质本不相同。梁启超面见熊希龄时说:"政治不修,基于贵胄盲从妄作,无预汉族之人。我辈宿主保皇,德宗虽不在人间,幼帝无知,监国昏闇,后死者之责益重。今持民主共和之趋者众,殊不

---

[1] 叶圣陶《读〈重修甘将军庙记〉》,《苏州评论》第 1 期(1926 年 1 月 20 日)。后收入叶圣陶散文集《脚步集》,《叶圣陶集》第 5 卷,江苏教育出版社,1988 年,第 216—219 页。

[2] "时民军决行共和,廷议主立宪,而有为创虚君共和之议,以'中国帝制行已数千年,不可骤变,而大清得国最正,历朝德泽沦浃人心,存帝号以统五族,弭乱息争,莫顺于此'。内阁总理大臣袁世凯徇民军请,决改共和,遂下逊位之诏。有为知空言不足挽阻,思结握兵柄者以自重,颇游说当局,数年无所就。丁巳,张勋复辟,以有为为弼德院副院长。勋议行君主立宪,有为仍主虚君共和。事变,有为避美国使馆,旋脱归上海。"《清史稿》卷四七三《张勋康有为传》。

适国情。即论共和,亦当虚君为治。"①当"民主共和"取得最后胜利,对"虚君共和"的批判,也就由于政治正确而占据了舆论上的绝对优势。"虚君共和"当初的进步性被忽略了②。

对光宣文人最犀利、最有影响的批评,出自鲁迅。1922 年春,历史博物馆将大内档案残余卖给北京同懋增纸店,售价四千元。其后又由罗振玉以一万二千元买得。1927 年 9 月,罗振玉又将它卖给日本人松崎。金梁曾在《东方杂志》发表《内阁大库档案访求记》一文③,蒋彝潜也在《北新》半月刊发表《论档案的售出》一文,鲁迅说:

> 我觉得他们的议论都不大确。金梁,本是杭州的驻防旗人,早先主张排汉的,民国以来,便算是遗老了,凡有民国所做的事,他自然都以为很可恶。罗振玉呢,也算是遗老,曾经立誓不见国门,而后来仆仆京津间,痛责后生不好古,而偏将古董卖给外国人的,只要看他的题跋,大抵有"广告"气扑鼻,便知道"于意云何"了。独有王国维已经在水里将遗老生活结束,是老实人;但他的感喟,却往往和罗振玉一鼻孔出气,虽然所出的气,有真假之分。所以他被弄成夹广告的 Sandwich,是常有的事,因为他老实到像火腿一般。蒋先生是例外,我看并非遗老,只因为 Sentimental 一点,所以受了罗振玉辈的骗了。你想,他要将这卖给日本人,肯说这不是宝贝的么?④

鲁迅说,内阁大库档案"正如败落大户家里的一堆废纸,说好也行,说无用也行的","更何况现在的时候,皇帝也还尊贵,只要在'大内'里放几天,或者带一个'宫'字,就容易使人另眼相看的,这真是说也不信,虽然在民国"。鲁迅虽然颇想"叙出我所目睹的情节",可是因为"牵涉着的阔人很有几个","没有敢动笔"。鲁迅文中讽刺"Y 次长"(袁希涛,1915 年到 1919 年间先后两次任北洋政府教育部次长)和"C 参事"(蒋维乔,1912 年至 1917 年间先后三次任北洋政府教育部参事)"忽然都变为考古家了","凡有我们

①陈灨一《睇向斋逞臆谈》,《睇向斋秘录(附二种)》,中华书局,2007 年,第 111 页。
②耿云志先生曾对比分析革命党与立宪派辛亥革命之前的论争,认为"革命党人也认识到民主共和与君主立宪并无本质上的对立,只是方法、途径何者适合中国国情的问题"。耿云志《从革命党与立宪派的论争看他们的民主思想准备》,《近代史研究》2001 年第 6 期。
③金梁《内阁大库档案访求记》,《东方杂志》第 20 卷第 4 号,1923 年 2 月 25 日。
④蒋彝潜《论档案的售出》,《北新》(半月刊)第 2 卷第 1 号,1927 年 11 月 1 日。

检〔捡〕起在桌上的，他们总要拿进去，说是去看看。等到送到的时候，往往比原先要少一点，上帝在上，那倒是真的"。鲁迅最后总结说：

> 中国公共的东西，实在不容易保存。如果当局者是外行，他便将东西糟完，倘是内行，他便将东西偷完。而其实也并不单是对于书籍或古董。①

鲁迅此文写于 1927 年 12 月 24 日。文中对罗振玉、金梁的批评，也有将光宣文人脸谱化、类型化的倾向，当然鲁迅的洞察，自有其深刻的一面。

民国之取代清朝，在后人看来，与明朝之取代元朝颇多可比性。也正是在这一点上，民初清遗民与明初元遗民极具相似性。元朝为一多元族群之社会。在元廷采行的族群等级制之下，共有四大族群，即蒙古、色目、汉人、南人。汉人、南人同属汉族，构成被统治的多数族群，而蒙古、色目则为少数统治族群。由于各族群身份有高下，获得的政治经济权益有大小，"其与朝廷之关系及其对元朝覆亡之反应自然有所不同"②。钱穆、劳延煊、郑克晟等先生在探讨元明之际文士思想与动向时，对明初汉族遗民的心态曾有分析。钱穆《读明初开国诸臣诗文集》正续二篇指出，元末文士，不论仕明与否，皆不忘故主，对元室依回思念，并无重光中华的欢欣之情，这意味着，臣民视忠君之道重于华夷之辨。因此，钱穆先生批评明初文士"拘君臣之小节，昧民族之大义，距孔子春秋之义尚远"。劳延煊《元明之际诗中的评论》指出，元明之际的文士皆尊奉元朝为正统王朝，元亡以后对元朝皆有故国之思，对于张士诚则有深厚的同情，而对于朱元璋则多表厌恶③。

郑克晟《元末的江南士人与社会》考察了元朝对江南士人的优惠政策及江南士人的优裕生活④后，进而分析了元末江南士人的三种动向：一是

---

① 鲁迅《谈所谓"大内档案"》，《语丝》（周刊）第 4 卷第 7 期，1928 年 1 月 28 日。
② 萧启庆《元明之际的蒙古色目遗民》，萧启庆《元朝史新论》，允晨文化实业股份有限公司，1999 年，第 121 页。
③ 萧启庆《元明之际的蒙古色目遗民》，萧启庆《元朝史新论》，第 121 页。
④ 郑克晟先生引《五茸志逸随笔》卷七所载史料，谓由于元朝"法网疏阔，征税极微"，因而当时僻处海上的松江地区"颇称乐土"，"富民以豪奢相尚，云肩通裹之衣，足穿嵌金皂靴"，江南富室"一家雄据一乡，小民慑服"，当时都称他们为"野皇帝"，死后建坟，也都俗称"某王坟茔"。而《南村辍耕录·浙西园苑》也谈到元朝江南地区的园苑盛况。嘉兴一带顾姓、陈姓的花园，每年"春二、三月间，游人如织"；嘉兴吴氏花园名竹庄，"有池陂数十亩，天然若湖"，园中有水及宫殿，"构亭水心，潇洒莫比"。参见郑克晟《元末的江南士人与社会》，《东南文化》1990 年第 4 期。

支持张士诚政权,希望"保境安民"(以戴良、王逢为代表);二是不参加张吴政权,对朱明政权亦无好感(以杨维桢为代表);三是参加朱明政权,且对明朝建立有功勋者(以宋濂、刘基为代表)。郑先生认为,这三类人"都在相当程度上怀念元朝,而与明政权格格不入"。而江南士人多认同张士诚而对朱明政权无好感,因为"张士诚重视江南士人的作用,重用文人;他的割据自保的保守战略,正符合江南士人'保境安民'需要"①。

其实,当辛亥鼎革之际,光宣文人在进退出处方面的困惑,远在元初宋金遗民、明初元遗民之上②。首先,民国取代清朝,是以共和取代专制,与此前的明清异代大有不同。这也是时人多次强调过的,如由云龙曾说:

> 辛亥革命,以一姓专制举而还之万众共和,与前此易代,迥[迥]然不同。凡为中华民人,均应欣喜不置。其有以食人之禄,忠人之事为言,然依恋逊清,守其效忠小节,不愿再仕民国,甚或以身殉之者,固听其自全素志。而必执大节以相绳,引忠义以相责者,亦苛论吹毛,可不必也。③

"一姓专制"与"万众共和",孰优孰劣,早已是人所共知的政治常识。1915年11月的《小说月报》上,一篇新体弹词《西泠剧》也说过:"今民国之于让清,犹明代之于有元,不闻有死节之臣者,何也? 国为中国之国,人皆中国之人,譬诸房屋土田,祖宗失之于前,子孙赎之于后,方庆幸之不遑,哓哓胡为者? 况续轩辕五千年之世系,光华夏数万里之版图,天与人归,正也。揆诸明末清初之世代,不可以一概论之。"④正因为"拥护共和"与"依恋逊清"均具有道义层面、价值层面上的正当性,而这两种正当性不可以一身而兼之,这对光宣文人而言,确是一大难题。

其次,民初光宣文人之依恋逊清,由云龙从"食人之禄,忠人之事"的角度表示谅解,但光宣文人由于经历晚清以来的思想文化洗礼,脑海中比明

① 郑克晟《元末的江南士人与社会》,《东南文化》1990年第4期。
② 此仅就内心冲突而论。若从外部政治文化环境而言,民初远胜明初,毕竟民国是以"共和"取代清朝之"一姓专制"。此外,辛亥后光宣文人有租界可以避居,生存及安全均无后顾之忧。参见熊月之《辛亥鼎革与租界遗老》,《学术月刊》2001年第9期。
③ 由云龙《定庵诗话续编》,张寅彭主编《民国诗话丛编》第3册,上海书店出版社,2002年,第637页。
④《西泠剧》第四回"寿筵祭文",《小说月报》第6卷第11号,1915年11月。

初元遗民多了现代意义上的"国家"概念,知道朝廷与国家的区别所在。他们的"忠清"行为,在社会舆论看来,只是忠于故君而已。明清时代作为正面价值宣扬的"忠君"之举,在民国初年已经破绽百出,不堪一击。这增加了光宣文人的"忠清"难度。

再次,赵尔巽等人在民国初年的政治处境,已经与元初宋金遗民、明初元遗民大为不同。虽然同样有出仕机会,但所面对的社会现实、政治局势,其复杂的程度远胜明初。真是"退"亦不能"尊道","出"亦难于"行道"。所以郑孝胥答沈曾植诗中有"老向穷途道更穷""守死自甘等丘貉"等语①。这与当年许衡、刘因的境况大为不同。昔许衡仕元,积极建议实行"汉法"(实即儒家治国之道),刘因却采取与元王朝不合作态度。陶宗仪《辍耕录》中记许衡于中统元年(1260)应召赴都时,刘因问他:"公一聘而起,毋乃太速乎?"许衡回答:"不如此,则道不行。"至元间,刘因两次辞官,有人问他为什么,他说:"不如此,则道不尊。"②光宣文人遇到的困境有甚于此,固然各人之进退自有理据,不过无论是进是退,都不免成为时人嘲弄的对象。

此外,在光宣文人那里,还存在着"现实民国"并非"理想民国"的情感落差。新的中华民国并没有带给人们想象中的共和与大同:"五色旗才摘下来,打着青天白日旗的又彼此厮杀起来,今天甲乙联合反丙,明天乙丙又合作倒甲,情形和从前并没有什么两样。"③溥仪的说法在当时有一定的代表性。

张謇早在 1913 年就曾说过:"以势言之,专制之推翻,以为国民党之武力乎? 辛亥年冬,东人观战者云,是以口舌革命;西人论政者云,是以心理革命。公理在人,不容为讳。"在张謇看来,辛亥革命前后国民之所以"倾脂竭髓,饷军资械,奔走响应,绝不反顾",是希望看到"政治之革新"与"兵祸之速解"。但是,结果非如所料:

> 及见所谓志士所谓伟人者,风云倏忽,荣悴顿殊。宫室车马子女玉帛之奉,过于昔日之王侯,剽略劫勒叫嚣隳突之风,甚于平常之军队,司法则但闻以尊人道者纵淫盗,财政则但于供行政者竭输将。实

---

① 郑孝胥 1912 年 4 月 11 日日记,《郑孝胥日记》第 3 册,中华书局,1993 年,第 1411 页。
② 邓绍基《元代文学史》,中国社会科学出版社,2007 年,第 304 页;柯劭忞撰,张京华、黄曙辉总校《新元史》,上海古籍出版社,2018 年,第 3528 页。
③ 溥仪《我的前半生》,群众出版社,2007 年,第 194 页。

业则有大气磅礴之铁道,教育则有专事分利之法学,商以风鹤时惊而
重困,民以法纪荡尽而逾偷。①

于是,辛亥革命前排满的激烈俨然已成旧事,舆论对清室开始有了某种程
度的同情与声援。掌握政柄的权贵们与清室关系密切,"吴佩孚曾上书向
我称臣,张作霖向我磕过头,段祺瑞主动地请我和他见过面"②。康有为甚
至在给吴佩孚的信中说:"中华之为民国,以清朝让之,非民国自得之也",
"国民党人私下亦无不以复辟为然"③。共和(民主立宪)与"复辟"(理想形
式为君主立宪),竟一度成为人们政治抉择中的两难。无奈中有人大胆设
想:"南方设立共和政府,期以三年为限,以观实效。北方采用君主立宪。
如果三年后北方安靖,而南省扰乱,则将共和政府撤销;反之,南方倘若秩
序井然,而北方政治败坏,则北方亦须将政府加以改革,最后南北政权仍归
统一。"④

　　正因如此,并不是所有光宣文人视民国之取代清,一如明朝之取代元。
直到1920年代,郭曾炘还如此讽刺民国时局:"今日之扰攘不定,并六朝、
五季而不如乎!"⑤身处"五代式民国",人们的复辟期待不绝如缕。在民国
必胜者眼里,清遗臣只能是清遗臣。而在复辟派看来,"清"既未亡,宣统尚
在,何"遗"之有?在这样的前提下,以习见的遗民框架来讨论包括清史馆
同人在内的光宣文人,难免后设叙事的成见。这种成见不易觉察——所有
视前朝臣子为"遗民"的心态,总是以对新朝的拥护(至少是认同)为内心潜
意识。问题是,新朝的合法性实为新朝自我论证的结果。而这种自我论
证,是将思想、文化与政治完全同一化的结果。

　　在民国时代,虽然政体为"共和",但政治层面(尤其是执柄者)的"专
制"心态依然未减。更何况,政权更迭之在中国,实是所有士人的共同困
境——无论新贵,还是遗老。因为,不只朝代更迭会产生大批遗臣,一朝之
内,皇帝、总统的更替也会产生理论上的遗臣,所谓"一朝天子一朝臣"。问

①张怡祖编辑《张季子九录》,第209—210页。
②溥仪《我的前半生》,群众出版社,2007年,第151页。
③溥仪《我的前半生》,群众出版社,2007年,第147页。
④许珏《上陈伯潜侍郎辛亥十二月》,《复庵遗集》卷五。参见林志宏《民国乃敌国也:政治文化转型
　　下的清遗民》,联经出版事业公司,2009年,第211页。
⑤郭曾炘《邴庐日记》,《中华历史人物别传集》第72册,线装书局,2003年,第852页。

题的复杂性在这里①。光宣文人的保守立场,传达出来的与其说是一种敌视民国的"反动",不如说是一种置身于历史漩涡中的自我调适,以及深隐其中的政治方向上的不确定感②。政局的含混增加了文人进退抉择的难度,所谓"为万一时留退步"——既是"保守",也表现了士人内心深处的忧虑与困惑③。

当然,光宣文人对故国的留恋,在当时并不总是遭遇揶揄,似乎肯定的意见更占主流。连敌对的一方也有向所谓保守立场靠近的倾向,如尹昌衡即曾有如下表白:

> 衡少微贱,小就于前清,位不过偏裨,俸不过五斗。然当末季横流,群才思逞,竞谈革故,尚论鼎新。衡以清刚之品,雄辩之口,见重于当世,旧友劝以阴谋,时贤勖其思变。衡以食禄忘忠,怀义不忍,严拒至于祚改。
>
> 幼帝龙潜,天后凤逸,蜀城无帅,巴士沦胥,然后涕泣抚军,从手捍患。犹复视满族如赤子,护旗营以孤身。不戮一夫,转馈万镒。稽首北拜,臣节今终。是衡不负清也。回首清季疆臣,咸以衡风节出群,池中必变,手力扼而目侧视,岂不悲哉!④

清史馆馆长赵尔巽之弟赵尔丰死于尹昌衡之手,尹因之被外界视为辛亥革

①《明史》赞论中,对建文朝臣趋附成祖,即多有议论。可见一姓一朝一时代之内,也有遗民现象。章炳麟挽黎元洪,下署"中华民国遗民章炳麟挽",也是一例。参见钱基博《现代中国文学史》,上海世纪出版集团、上海书店出版社,2007年,第84页。

②宗方小太郎对中国"士风"之习丁"观望"多有体察。据《宗方小太郎文书》报告第三百八十八号《宣统复辟运动》大正元年(1912)12月14日:宣统复辟的根据地在青岛和上海。在青岛以恭亲王(溥伟)为中心,前邮传部侍郎于式枚、前京师大学堂监督刘廷琛、前御史王宝田等,为之热心倡导。在上海,以江苏阳湖绅士恽祖祈(七十一岁)、恽毓昌父子活动最为积极,和军人张勋、徐宝山、张怀芝、张作霖等有联络,并与升允、长庚、梁鼎芬、辜鸿铭、李经羲、锡良等声气相通,旧官吏缙绅大夫之流多属之。有的人似与北京宫廷暗通消息,但他们有志于此却缺少毅力,似多在观望形势以确定方向。此为中国独有之士风,不足为怪(《近代史资料》总第48号)。罗振玉致王国维函中,也曾请王代向沈曾植"面申抱道待时之旨"(《罗振玉致王国维札》1916年3月24日,许全胜《沈曾植年谱长编》,第418页)。

③刘衍文读《郑孝胥日记》后曾感慨:"《日记》中记录了张勋'复辟'失败后,不少遗老的复辟'大清'之心依然未死,甚至连在国民政府中据高位、握兵权者亦摇摆不定、多怀贰心,不时与逊帝暗通声气,屡献殷勤。"刘衍文《陈石遗与郑海藏》,刘衍文《寄庐茶座》,汉语大词典出版社,2004年,第63页。

④尹昌衡《上总统暨总理书》,《止园丛书》第1集第3册《止园文集》,1918年1月初版,南京商务印书馆代发行,第8页。中国国家图书馆古籍馆藏。

命之功臣。尹却向北京执政当局剖白,表示其恪尽臣节、不负清室之心。
儒将不同于武夫,尹昌衡的自讼、自辩呈现的,是辛亥后知识界普遍遭遇的
政治鼎革带来的思想裂隙。

第三章　清史馆同人与现代中国

"桐城谬种""选学妖孽"，这是五四一代向光宣一代发起总攻时的贬抑之词。然而，虽然古典诗文之创作遭遇全方位的挑战，但光宣文人在政治、文化领域的优势和影响并没有消失。倘若我们回到文学现场，检视光宣文人身处于中的诗文领域时，会发现古典的力量依然相当强大，并且不断获得新生力量的支援。当然，力量强大并不是价值判断，只是对历史原生态的一种描述，也许光宣文人的思想既不现代，也不进步，但"不进步之对立面的形象模糊及不值一顾，已直接影响到进步力量的清晰和魅力。有时候，我们史学言说中的'主流'已带有虚幻的悬想性（当然多数不是研究者有意为之），未必即是当时当地真正的主流"[①]。实际上，自叹"笃老"的光宣文人尽管"西山日迫桑榆暮"，但并非如通常想象的那样，是在一个暮气沉沉的"集体肖像"中了却残年。相反，他们的门庭内弟子辐凑、车马喧喧，热闹的程度超出后人的想象。且看1935年（乙亥）发生在苏州的一幕：

> 乙亥浴佛日，为陈丈石遗八十寿诞。是翁老当益壮，强饭健谈，意态如五六十人。是日四方冠盖往吴门祝寿者，不下数十人。有堂会，其女弟子魏新绿演《文昭关》之伍员及《坐官》之杨延辉，老伶工贾福堂演《捉放曹》之曹操，赵栖云演《女起解》之苏三，申影明星徐琴芳演陈宫唱《落店》，极一时之盛。[②]

除了陈衍这样的文坛耆宿足以聚拢人气，光宣文人的吟咏酬唱也得到了现代传媒的鼎力承托。天津《国闻周报》每期专设的两页《采风录》，便是光宣文人的公共舞台。《采风录》十年连载，作者三百余人，传士大夫之雅致，雍容揄扬，盛况空前。五四以来对"传统"的激烈批判，反倒刺激并促进了传

① 罗志田《见之于行事：中国近代史研究的可能走向——兼及史料、理论与表述》，《历史研究》2002年第1期。

② 钱仲联《梦苕庵诗话》，张寅彭主编《民国诗话丛编》第6册，上海书店出版社，2002年，第284—285页。

统文人在"传统"旗帜下的再度集结,并且引起了新文化阵营的注意①。

一、桐城派的"败退"

　　法国批评家贡巴尼翁称,"每一个人都将在一个集体肖像中被理解"②,由于自然法则造成的新陈代谢和政治文化转型导致的士人流动,光宣文人置身于中的"集体肖像"不断出现结构刷新,不同时段的"集体肖像"呈现出不同的样貌。

　　首先值得注意的是,1920年代以研习文言诗为职志的各类诗社依然层出不穷。据胡迎建对民国文坛之传统一脉的梳理,当时结社写诗的,如1920年北京大学校园有"亢慕义斋",实即马列主义研究会,主要有李大钊、罗章龙、贺天健、高君宇、王荩美等20余人。他们喜好诗词,登山临水,时有题咏,其活动延续到1927年。1925年2月北京稊园诗社雅集于江亭(陶然亭),在京百余人参加分韵赋诗。北京以外,如1924年1月傅熊湘在长沙发起成立的南社湘集也颇有声势。正如《晨报》一篇文章所说:"中国的旧诗并没有破产,我们依然要去研究。"③新诗人闻一多也在给梁实秋的信中发出"唐贤读破三千纸,勒马回缰作旧诗"(《废旧诗六年矣,复理铅椠纪以绝句》)的感慨。后来他还发表《诗的格律》一文,主张诗要注重"音乐的美"(音节)、"绘画的美"(词藻)、"建筑的美"(节的匀称和句的均齐),批评否定诗的音节、韵律的片面论调,并说:"恐怕越有魄力的作家,越是要戴着脚镣跳舞,才越跳得痛快,跳得好。"1918年,《国学》杂志在日本东京创刊,由国学扶轮社发行,载有梁鼎芬、易顺鼎等人的诗。1925年,章士钊主编的《甲寅》复刊,连载汪辟疆《光宣诗坛点将录》,轰动旧体诗坛,成为当时

---

①1928年,胡适至少三次晤郑孝胥,其中一次求郑为其父书墓碣(4月21日),一次与徐志摩同赴郑寓观郑作字(5月6日),一次与陈三立、郑孝胥、陈夔龙、夏敬观等人夜聚(5月4日);1929年,胡适又访郑孝胥(11月27日),且赠郑孝胥《唐仵君墓志》(11月28日)。均见中国历史博物馆编,劳祖德整理《郑孝胥日记》,中华书局,1993年。按:《唐仵君墓志》,即《大唐故文林郎仵君墓志铭》。

②安托瓦纳·贡巴尼翁著,郭宏安译《反现代派——从约瑟夫·德·迈斯特到罗兰·巴特》,生活·读书·新知三联书店,2009年,第11页。

③蒋鉴璋《今日中国的文坛几年来目睹的怪现象》,《晨报》(副刊)1925年4月10日。

颇有影响的诗学专著①。

　　除了说明"旧诗不曾消失"这样的基本事实，我们还可以通过数据统计，进一步观察辛亥以后光宣文人群体的社会身份与内部结构。而光宣文人之于现代中国的意义，不只取决于其诗文对于中国现代文学的意义。当光宣文人成为特定的文化象征，被社会舆论视为李大钊所说的"群枢人物"②时，光宣文人的"德性"优势弥补了他们的"知识"弱势。那些并无新意的"规范知识"、甚至五四前后一度让人极为厌弃的"道德"，也逐渐复苏："人们以为丢掉了它（传统），却更加感到了它的必要，它的美。时间恢复了它的碎片，人们像德拉克马或《圣经》中的迷途的羔羊一样地欢迎它。"这是阿尔贝·蒂博代（1874—1936）对法国大革命后现代与传统的关系所做的分析，在蒂博代看来，从1913年开始，法国大革命和浪漫主义在与传统断裂的同时，也反常地帮助了传统③。

　　这样的分析也适用于五四以后的中国。尽管贡巴尼翁之所以引述蒂博代的话，是为了讨论"反现代派"对传统价值的回护及其意义，贡巴尼翁所说的传统主义者和"反现代派"是指夏多布里昂、普鲁斯特、波德莱尔等这样一批"躲在文学中"的"反现代的天才"。而光宣文人有所不同，尽管光宣文人也是传统主义者和"反现代派"，但夏多布里昂、普鲁斯特等人是在深入现代内部以后的反戈一击，这与《学衡》同人对《新青年》同人的批判有相似之处。而光宣文人是被认为并没有真正进入"现代"的"反现代派"。因此，光宣文人的"反拨"与"抵抗"总是显得脆弱无力。例如林纾在致蔡元培的信中对新文化的批评，便坦率承认自己虽知古文之不可废，却道不出其何以"不可废"，被新文化同人视为笑柄。而林纾在小说中借"荆生""妖梦"形象的创造以表达其忧愤，也被解构为老羞成怒者的失态。严复则满怀信心，不屑与新人一辩："世间万事，无逃天演，革命时代，学说万千，然而施之人间，优者自存，劣者自败，虽千陈独秀，万胡适、钱玄同，岂能劫持其

---

① 胡迎建《民国旧体诗史稿》，江西人民出版社，2005年，第15页。

② 李大钊曾说："一群之中，必有其中枢人物以泰斗其群，是曰群枢。"他认为，拯救国群，要靠这些君子型的群枢人物。李大钊《风俗》，朱文通等编辑《李大钊全集》第一卷，河北教育出版社，1999年，第667—671页。

③〔法〕阿尔贝·蒂博代《三大传统美学》，〔法〕安托瓦纳·贡巴尼翁著，郭宏安译《反现代派——从约瑟夫·德·迈斯特到罗兰·巴特》，生活·读书·新知三联书店，2009年，第5页。

柄,则亦如春鸟秋虫,听其自鸣自止可耳。林纾辈与之较论,亦可笑也。"①

与林纾的心态、处境颇为相近的,是清史馆内的几位桐城派文人。晚清时期,除赵尔巽力行维新外,清史馆内不少成员在当年也热衷介绍西洋新学,所谓"清至光宣,汉宋之学式微矣,举国学子,咸以输入海外文化为事"②,像马其昶这样的桐城古文家也表现出趋新姿态。1904 年前后,马其昶完成《重定周易费氏学》初稿("集虚草堂本"),1919 年时又改定重刻(抱润轩刻本)③,据书末马其昶"附记"云:"初稿间取泰西新说以证明易象,后以科学夙未研求,惧涉附会,遂刊除焉。世有博通君子,赓续为书而发明之,固所望也。"④

马其昶由十五年前的热衷于汲取西学,一变而为 1919 年前后的"惧涉附会"、尽弃"泰西新说",与其说是退守,不如说是归真,是回到自己应在的位置。马其昶对自己这一变化的解释,是"科学夙未研求",这样的解释是坦率的⑤。

由趋新而退守的转变,也发生在王国维、郑孝胥等人身上。周明之在其论著中曾以一章的篇幅,讨论梁济、王国维、罗振玉和郑孝胥四人辛亥革命之前的"开明的态度和改变的热情",称他们为"新思想的先锋"⑥。辛亥革命后,王国维的治学途径发生了变化。他抛弃了以前所从事的文哲之学,而专治考证之学,"而且极可注意的一点乃是静安不仅不再从事于文哲之学,而且甚至有意避免去谈到他以前所从事而且热爱过的哲学与文学"⑦。

与马其昶在治学上的退守心态相应,桐城派文人的社会角色也面临着严峻挑战。当章太炎门生纷纷出任北大教职后,首先受到影响的便是桐城派。马其昶、姚永朴等人在清史馆内的生活,表面上是平静的,但由于在北

---

① 钱基博《现代中国文学史》,上海世纪出版集团、上海书店出版社,2007 年,第 342 页。

② 卢前《卢前文史论稿》,中华书局,2006 年,第 165 页。

③ 书内马其昶《自序》作于己未(1919)孟夏,此本之刻,当不早于 1919 年。

④ 马其昶《重定周易费氏学》,《续修四库全书编辑委员会》编《续修四库全书》第 40 册,上海古籍出版社,2002 年。

⑤ 本编第八章有对马其昶《重定周易费氏学》一书的具体分析,可参。

⑥ 周明之《近代中国的文化危机:清遗老的精神世界》,山东大学出版社,2009 年,第 10—38 页。

⑦ 叶嘉莹《从性格与时代论王国维治学途径之转变》,收入周阳山、杨肃献编《近代中国思想人物论——保守主义》,时报出版公司,1980 年,第 219 页。

大受到的种种冲击,他们内心的起伏也是不难想见的。

桐城派在清史馆内备受敬重,这与他们在北大的境遇对比鲜明。1914年姚永朴受聘清史馆纂修,又应聘为北京大学文科教授,"先后著《文学研究法》四卷、《史学研究法》一卷、《蜕私轩集》五卷、《史事举要》七卷"①。次年春,姚永概也来到北京②;1916年,马其昶受聘任清史馆总纂③。1922年春,清史馆开会讨论统一列传事宜,预议者有柯劭忞、王树枏、夏孙桐、马其昶、姚永朴、奭良、金兆蕃、张尔田、金兆丰、王大钧等十余人④。这十余人中,有四人属桐城派文人圈。在《清史稿》编纂的关键阶段,属桐城一系的柯劭忞、王树枏、马其昶、姚永朴均参加讨论,可见桐城文派在清史馆中的地位与影响。其中,姚永朴为姚莹(姚莹与梅曾亮、管同、方东树均为姚鼐高足,号"姚门四弟子")之孙,马其昶则是姚莹的孙女婿,故姚永朴、姚永概皆马其昶妻弟⑤。而王树枏、马其昶与二姚均曾受知或受业于吴汝纶,柯劭忞则是吴汝纶女婿。

桐城派与北京大学的关系,学界已有细致的观察。如陈以爱围绕北大研究所国学门的研究,即曾特地分析桐城派与北大的离合及其文化象征意义⑥。成立稍早、约略同期结束的清史馆,与北大研究所国学门不只有学术人事上的牵连,更共同受到政局的深刻影响。当然,影响的方式和结局是不同的,清史馆要更幸运些,——《清史稿》之校印成功,直接受益于奉系军阀张作霖的资助。而国学门同人的星散,却是张作霖控制下的北洋政府行政干预的结果。两机构之受益、受损,共同见证了现代中国学术发展的坎坷曲折及政局动荡之下学术与学人的命运遭际。

1913年年底前,章太炎的门生沈尹默、沈兼士、钱玄同、马裕藻、朱希祖皆已进入北京大学。而姚永朴、林纾已在该年3月双双辞去北大教职。11月,姚永概又辞去北京大学文科教务长一职,只担任一般教员。从那时起,"桐城派的势力在北大已是日落西山","这说明在辛亥前归国的太炎门

---

① 《桐城县志》,黄山书社,1995年,第824页。
② 姚永概《〈陶庐文集〉序》,王树枏《陶庐文集》,"陶庐丛刻"之十六,1915年。
③ 《桐城县志》,黄山书社,1995年,第18页。
④ 朱师辙《清史述闻》,上海书店出版社,2009年,第217页。
⑤ 金梁《清史稿补》"马其昶"条,《清史稿补》,1942年铅印本。首都图书馆馆藏。
⑥ 参见陈以爱《中国现代学术研究机构的兴起——以北大研究所国学门为中心的探讨》,江西教育出版社,2002年。

生,在五年之间,已经从沿海的省立中学,陆续进入首都的最高学府;同时也显示出19世纪末留学日本的新一代知识分子,终于取代了旧功名出身的桐城派文人,成为北大文科的新兴势力"①。黄侃、刘师培相继进入北大文科后,二人共同称扬六朝文章,时人视黄、刘为与桐城派相对立的一派:"刘、黄之学,以研究音韵、说文、训诂为一切学问之根……文章则重视八代而轻唐宋,目介甫、子瞻为浅陋寡学。其于清代所谓桐城派之古文家,则深致不满,谓彼辈学无所根,而徒斤斤于声调。更借文以载道之说,假义理为文章之面具,殊不值通人一笑。"②

朱希祖1916年开始在北大国文门主讲文学史课程,也对桐城派展开攻击。朱希祖在讲义中公然斥桐城派为"空疏之士",又谓桐城派祖师方苞、姚鼐当年之所以与治朴学者为敌,为的是"掩其不知经术之耻"。陈以爱认为,"朱氏的文学主张与刘、黄虽非同调,但在攻击桐城派时,他们却是同一阵线上的战友"③。面对刘师培、黄侃的批评,时在北大的姚永朴"自倚老耄,不肯置辩",终于在1917年底辞去教职④。

在清史馆内,属于章太炎一系的刘师培、朱希祖却先后"辞退"⑤。二人之"辞退",是馆方劝退,还是主动辞职,目前尚不能指实。而姚永朴1917年底辞去北大教职后,在清史馆却受到相当礼遇。这说明桐城派与太炎门生的角力,"战场"不只一处,胜负也不在一时。据姚塘(姚永朴孙)回忆:

> 民国三年,先考、季父相继病卒京邸,不孝孙塘,生方二龄,随母氏奉王母归里,府君独留京师。教育总长张公一麟[麐],有硕学通儒之举,府君致书固辞,文载《蜕私轩集》内。惟清史馆长赵公次珊,具礼聘清史纂修,诺之,成《清史稿》四十余卷。⑥

姚永朴、姚永概之先后退出北大,原属个人"固辞",与年龄、心境、志趣均有

①陈以爱《中国现代学术研究机构的兴起——以北大研究所国学门为中心的探讨》,第10—11页。
②《请看北京学界思潮变迁之近状》,原载《公言报》(1913年3月18日),转引自高平叔编《蔡元培全集》第3卷,中华书局,1984年,第276页。
③陈以爱《中国现代学术研究机构的兴起——以北大研究所国学门为中心的探讨》,第12页。
④陈以爱《中国现代学术研究机构的兴起——以北大研究所国学门为中心的探讨》,第12页。
⑤朱师辙《清史述闻》,上海书店出版社,2009年,第41页。
⑥姚塘《姚仲实行述》,卞孝萱、唐文权《民国人物碑传集》,团结出版社,1995年,第735—736页。

关系，又有清史馆为归宿，或许不必一概归因于北大或太炎门生的排抑（当然这也是重要原因之一）。

后世学人愿意视北大为学风枢纽，以其风气转移为整个社会风气转移

的象征。时人钱基博亦持同样视角，称姚氏兄弟"既不得志于京师大学，则入徐树铮之正则学校，树铮又败，永朴、永概相偕南归，永概以民国十四年卒。永朴旋受聘为东南大学教授，而文章意气亦衰矣"[2]。这样的观察自有道理。

按：姚永概撰《清史拟稿》，七卷，钞本，一册[3]。今藏安徽省图书馆。系姚永概任清史馆协修时编纂的清代人物传稿，传主有费扬古、孙思克、年羹尧、岳钟琪、张广泗、阿桂、倭仁、王士祯、阮元、徐丰玉、彭玉麟等二十余人。这些传稿，未被《清史稿》刊用。

图 25　姚永概《清史拟稿》钞本[1]

若回到 1913、1914 年前后的时势环境中，又或许，相较于北大，"清史馆纂修"一职对桐城文人同样有特殊意义。姚永朴"固辞"北大、愿受清史馆之聘，可为佐证。柯劭忞作为桐城派名宿吴汝纶的女婿、清史馆总纂，在北京大学研究所国学门列名导师，可见，现实中的桐城学人仍受相当敬重。因"桐城文章"与"桐城学术"本非一事。姚从吾 1963 年曾在写给其学生萧启庆的信中说："我在北大念书时，颇得名师指导，如屠敬山，柯凤荪，张相文先生，都是我大学时代的导师……所谓乾嘉朴学，是朝夕挂在嘴上的。"[4]屠敬山即屠寄，柯凤荪即柯劭忞。

至于朱希祖批评方苞、姚鼐当年之敌视朴学，乃在于"掩其不知经术之

①安徽省图书馆编《安徽省图书馆藏桐城派作家稿本钞本丛刊·姚永概》卷三，安徽大学出版社，2020 年，第 881 页。
②钱基博《现代中国文学史》，上海世纪出版集团、上海书店出版社，2007 年，第 141 页。
③可参张秀玉《姚永概〈清史拟稿〉考论》，《湖南人文科技学院学报》2015 年第 3 期。
④王德毅《姚从吾先生年谱》，《台大历史学报》第 1 期，1974 年 5 月。

耻",姚永朴兄弟作为桐城后人固受牵连,但朱希祖之矛头所向,究非今日之桐城学人。柯劭忞、马其昶兼擅经史、著述等身,其学术地位、声望并不因北大之喜好亲疏而有所减损。陈三立说:"风气不同,文体亦异,旧从其旧,新从其新。"①姚永朴"自倚老耄,不肯置辩",舆论上甘处下风,视为"没落"自然未尝不可。反过来看,又或许出于对其个人学术文章的"自信"及对他人意见的宽容。

马其昶在清史馆十余年②,与王树枏交谊甚笃,"朝夕谭艺相得,各出所著文评骘当否",以至让马其昶感慨万端:"呜呼! 文事之轻于天下久矣。况世变日亟,曾不能抒谟建议,乃抱其陈朽之业,互慰寥寂。"③"学者贵自得而已","不得于今,必有传于后,此犹有竞心焉"④,王树枏特地引述马其昶此言,想是出于内心的共鸣。

二、《采风录》的兴起

桐城派的"败退"成为一个意义深远的文化象征。在新文化阵营的描述中,光宣文人已是溃不成军,再无回天之力。不过,我们会发现光宣文人仍有自己的舞台。并且,光宣文人似乎失去了"话语权",但这种"失去"反倒在某种意义上成为他们的力量。例如贡巴尼翁就曾以反现代派文人的经验为例,分析"输"与"赢"的辩证关系。贡巴尼翁称:"反现代派玩输就是赢的游戏,因为它的忧郁的经验给它提供了不可动摇的修辞的自卫手段。在世界中的失败是文学事业的无限推进的可能条件。"⑤光宣文人也正是在这样的意义上回到了文学的世界。虽然"知识"优势被认为"丧失",但传统士大夫的"雅致"在现代中国依然可以焕发神采。更重要的,是诗文回到了文学本位,成为抒写心怀、吟咏情性的最佳凭借。光宣文人的诗文固然

---

① 参见汤志钧《民国人物碑传集·序言》,卞孝萱、唐文权编《民国人物碑传集》,团结出版社,1995年,第 3 页。

② 王树枏《桐城马通伯先生墓志铭》,卞孝萱、唐文权编《民国人物碑传集》,团结出版社,1995 年,第597 页。

③ 马其昶《〈陶庐文集〉序》,王树枏《陶庐文集》,"陶庐丛刻"之十六,1915 年。

④ 王树枏《桐城马通伯先生墓志铭》,卞孝萱、唐文权编《民国人物碑传集》,团结出版社,1995 年,第598 页。

⑤ 安托瓦纳·贡巴尼翁著,郭宏安译《反现代派——从约瑟夫·德·迈斯特到罗兰·巴特》,生活·读书·新知三联书店,2009 年,第 520 页。

仍不免于载道,但更成为他们的日常生活,因此诗中也就更多了一些个性与自我。

光宣文人以怎样的方式回到了文学世界?《采风录》中留下了大量的诗史线索。吴宓在1935年初撰辑的《空轩诗话》中曾称《采风录》是"中国旧体诗之最后逋逃薮"[①],"最后"和"逋逃薮"这样的称赞也隐含着一个悲观的判断,因为吴宓恐怕意识到这是以光宣文人为主力的最后的"演出"。耄耋之年,余日无多,热闹的酬唱难掩晚景之凄凉。

《采风录》的编者曹经沅,也是清史馆的一员。他后来主编《国闻周报》(属天津《大公报》系)的《采风录》副刊前后10年,共出508期(1927年7月3日第4卷第25期起,至1937年8月16日第14卷第32期,署"国风社选")。在1933—1934年间,曹经沅时在南京国民政府行政院秘书兼高等文官考试委员任上,曾组织或参与多次大规模的诗人雅集,如1933年农历三月曹经沅召集的"上巳莫愁湖禊集"即是。同年7月29日陈三立主持的庐山"万松林"诗会(编辑有《癸酉庐山雅集诗草》),也曾极一时之盛。

根据国风社汇印的《采风录》第一集(汇编1927年7月至1931年6月《采风录》所刊诗词)和第二集(汇编1931年7月至1933年6月《采风录》所刊诗词),前六年中亮相《采风录》的诗人共有340人之多。其中,第一集作者共255人,第二集新增作者85人。

通过对这份名单的分析,我们发现几个值得注意的现象:一是在这340人中,至少可以将其中的97人明确界定为"光宣文人"。这一界定的依据有二:一是看是否被钱仲联先生主编《清诗纪事》[②]收入;二是看是否入选汪辟疆先生《光宣诗坛点将录》[③]。这97人中:

(1)同时见于两书者有陈方恪、陈三立、陈曾寿、邓镕、樊增祥、傅增湘、郭曾炘、何振岱、黄节、江瀚、李宣龚、罗惇曧、冒广生、闵尔昌、潘飞声、三多、孙雄、汪荣宝、王树枏、吴用威、夏敬观、夏寿田、许承尧、严修、杨增荦、杨钟羲、曾广钧、曾习经、章炳麟、赵熙、郑孝胥、朱祖谋、诸宗元等33人。

(2)仅见于《清诗纪事》者有陈毅、陈懋鼎、陈训正、丁传靖、段祺瑞、冯开、傅岳棻、关赓麟、光云锦、郭则沄、贺良朴、胡汉民、胡先骕、黄濬、金梁、

---

①《吴宓诗话》,商务印书馆,2005年,第254页。
②钱仲联主编《清诗纪事》,江苏古籍出版社,1987—1989年。
③汪辟疆撰,王培军笺证《光宣诗坛点将录笺证》,中华书局,2008年。

金天羽、金兆蕃、靳志、李景堃、李宣倜、梁鸿志、廖道传、林志钧、孙道毅、汪兆镛、王国维、王式通、吴梅、夏继泉、夏仁虎、夏孙桐、徐珂、杨圻、姚华、姚永朴、叶恭绰、由云龙、袁嘉谷、袁励准、曾念圣、章梫、章士钊、赵椿年、郑沅、郑孝柽、周学熙、周学渊、卓孝复等48人。

(3)仅见于《光宣诗坛点将录》者有陈衍、陈宝琛、陈夔龙、陈世宜(匪石)、陈祖壬、程颂万、黄侃、柯劭忞、李翊灼、廉泉、林思进、乔曾劬、邵瑞彭、王守恂、袁思亮、周达等16人。事实上,光宣文人不止上述97人,例如清史馆纂修金兆丰、章钰,协修李哲明,提调周肇祥等均有作品在《采风录》发表,却不在以上的名单中。

二是在这340人中,有前清进士61人:陈宝琛、樊增祥、何刚德、郭曾炘、朱祖谋、陈夔龙、柯劭忞、王人文、王树枏、余肇康、陈三立、曾广钧、陈懋鼎、朱益藩、李哲明、夏孙桐、曾习经、张元济、赵熙、赵启霖、孙雄、郑沅、黄维翰、林开謩、卓孝复、傅增湘、陆增炜、王守恂、夏寿田、杨增荦、袁励准、赵椿年、陈敬第、陈曾寿、郭则沄、郭宗熙、胡嗣瑗、金兆丰、靳志、林步随、邵章、王丕煦、王震昌、吴璆、袁嘉谷、章钰、陈宗蕃、方兆鳌、关赓麟、金梁、李景铭、林世焘、蒲殿俊、宋育德、谭延闿、许承尧、姚华、张茂炯、张学宽、章梫、陈毅。这61人中,有不少未被钱仲联《清诗纪事》和汪辟疆《光宣诗坛点将录》收入,因此,《采风录》中的光宣诗人总数还要再增加一些。

三是在这340人中,有南社社员21人。他们是:陈宝书、陈懋鼎、陈世宜、胡先骕、黄复、黄节、黄侃、李澄宇、林学衡、刘成禺、卢铸、陆丹林、潘飞声、邵瑞彭、寿鑈、汪东、吴梅、奚侗、谢无量、徐珂、杨天骥。这21位南社社员无一进士,受清史馆之聘者也仅邵瑞彭一人。南社成员中虽然有相当数量的光宣文人,但与曾考中进士的主流光宣文人相比,他们的人生道路和职业取向呈现出不同的一面。即使年龄和教育经历差异不大,但由于遭遇不同,表现出来的思想倾向也有不同。

四是清史馆成员与《采风录》的关系。曹经沅后来虽未出现在《清史稿》关外、关内两本的职名表中,但中国国家图书馆所藏清史馆职员表显示,开馆之初的前六七年中,曹经沅一直是清史馆的正式一员。因此,曹经沅主持的《采风录》,也成了清史馆同人刊布诗词的重要平台。在《采风录》发表作品的清史馆成员,除曹经沅外,另有陈毅(清史馆协修)、陈敬第(协修)、郭曾炘(总纂)、金梁(校刻总阅)、金兆蕃(关外本署总纂,关内本署纂修)、金兆丰(纂修)、柯劭忞(总纂、代馆长)、李哲明(协修)、邵章(提调)、邵瑞彭(协修)、王式通(纂修)、王树枏(总纂)、吴璆(协修)、夏孙桐(总纂)、杨钟羲(纂修)、姚永朴(纂修)、袁嘉谷(协修)、袁励准(纂修)、张尔田(纂修)、章钰(纂修)、周肇祥(提调),共22人。

　　五是主流光宣文人和南社文人绝大多数在第一集中即已出现,第二集新增的85人中,以更年轻的一代为主(如胡先骕、江亢虎、林学衡、刘永济、吴宓等均是)。不同诗学主张的诗人由五四时期的对峙,渐渐产生对流,并在某种程度上有合流的迹象。虽然我们在《采风录》中没有看到胡适的名字,但胡适与郑孝胥、王揖唐的交往也可以证实我们的判断[①]。胡适多次拜访郑孝胥,表现了对光宣文人的敬重。而郑孝胥对胡适"以语录之体,推行于诗文"的肯定之辞,也表达了光宣文人奖掖后生、乐观其成的文化姿态。

三、从介入到淡出:光宣文人的社会角色

　　光宣文人的影响在政界也有体现。以下是1912到1927年间清史馆成员参加的政治活动,可以看出光宣文人的多重角色及其于民国政局的介入程度:

　　(1)1913年4月8日,第一届国会第一期常会召开。清史馆成员中的李景濂(直隶代表)、邵瑞彭(浙江代表)、陈敬第(浙江代表)、金还(蒙古代表)为众议院议员;齐忠甲(吉林代表)、田应璜(山西代表)、袁嘉谷(云南代表)为参议院议员。

　　(2)1913年12月15日,政治会议召开。议长李经羲,副议长张国淦。樊增祥和宝熙受总统府特派。清史馆成员夏孙桐为江西代表,齐忠甲为吉

[①] 约1929年前后,郑孝胥致胡适信云:"适之先生左右:承惠赠大著三种,久欲求观,乃辱见赐,幸甚! 宋儒语录,出于佛氏,窃疑诸儒说理,喜用此体,如鲠在喉,今当于文学史中求之。先生乃欲以语录之体,推行于诗文,用意雄劲,横绝一世,但使措辞妙绝,读者感动,与古何异。仆虽浅陋,自许识者当不后叔向之识明也。翌日北行,携之海中参之,感谢无量! 孝胥载拜。"中国社会科学院近代史研究所中华民国史组《胡适来往书信选》(下),中华书局,1980年,第485页。另,王揖唐如此谈起胡适:"余友胡适之,壹襄《章实斋年谱》,援引详博,艺林所称。"可见二人有交。见王揖唐《今传是楼诗话》,张寅彭主编《民国诗话丛编》第3册,上海书店出版社,2002年,第487页。

林代表,秦望澜为甘肃代表。

(3)1914年3月18日,约法会议召开。选举孙毓筠为正议长,施愚为副议长。清史馆成员袁金铠(奉天代表)、邵章(浙江代表)、柯劭忞(山东代表)、田应璜(山西代表)、秦望澜(甘肃代表)、王树枏(新疆代表)与会。

(4)1914年5月26日,参政院成立。院长黎元洪,副院长汪大燮。清史馆文人圈中的李家驹、于式枚、熊希龄、严修、梁启超、宝熙、陈汉第、王揖唐、赵尔巽、锡良、宋小濂、刘若曾、冯煦、樊增祥、杨守敬、王树枏、马其昶、严复、王闿运、柯劭忞、秦望澜等任参政。1915年,溥伦任参政院院长,清史馆文人圈中的江瀚、袁金铠、徐鼐霖、刘师培(署王闿运缺)等被增选(或补缺)为参政。

(5)1916年6月29日,黎元洪下令恢复民国元年《约法》,续行召集国会,8月1日正式复会。是为第一届国会第二期常会。清史馆成员李景濂、邵瑞彭、陈敬第、金还仍为众议院议员;齐忠甲、田应璜仍为参议院议员;袁嘉谷退出。

(6)1917年11月14日,临时参议院成立。议长王揖唐,副议长那彦图。清史馆成员齐忠甲、田应璜、秦望澜均为议员。而议员中的徐鼐霖、成多禄二人,则与清史馆成员交往密切。

(7)1918年8月12日,安福国会(新国会)成立。参议院议长李盛铎,副议长田应璜。清史馆文人圈中的赵元礼、成多禄、杨寿枏、邓邦述、梁鸿志、宋伯鲁、秦望澜任议员。众议院议长王揖唐,副议长刘恩格;清史馆文人圈中的王树枏、郭象升、常赞春任议员。

(8)1922年8月1日,第一届国会复会。清史馆成员中,除田应璜仍为本届常会参议院议员(山西代表)、李景濂仍为众议院议员(直隶代表)外,邵瑞彭、陈敬第、金还三人不再担任①。

清史馆成员作为政要、名流的"主流"地位由上可见,所以时人有"朝士纷纷半旧人"②的说法。当然,在上述名单中出现者并非都热衷政治。柯劭忞清末中进士后,授翰林院庶吉士,历官翰林院侍读、贵州提学使、学部

---

① 以上均参见刘寿林编《辛亥以后十七年职官年表》,中华书局,1966年。
② 草夫《重入都观剧》:"银雀钿蝉动地春,九城歌管逐番新。缘何不尚贞元乐,朝士纷纷半旧人。"参见魏元旷《蕉庵诗话》,张寅彭主编《民国诗话丛编》第2册,上海书店出版社,2002年,第10页。

右参议、京师大学堂经科监督（曾署总监督）、典礼院学士、懋勤殿行走、山东宣慰使；民国成立后，"为宣统侍讲，以孤忠自鸣。隐居不仕，以著述自娱"，虽先后被选为参政院参政、约法会议议员，均未就任①。杨守敬被推为参政院议员后，因"穷老无所归"才"强人都委蛇就列"，但杨守敬表现得很不积极："故事议员资口辨，务诘难锋出相长雄，次者亦稍搀说得失或起立举臂示向背，独传历岁时终隐几嘿不发一语者，先生也。"②光宣文人之孤忠自鸣、狷介自持，是得到舆论较多推崇的。

1925 年的善后会议恐怕是清史馆成员在中国权力体系中的谢幕演出（两年后赵尔巽谢世，时局又变，光宣文人由舞台中心渐趋边缘）。1925 年 2 月 9 日，善后会议召开预备会，到会会员 119 人。会议推举年龄较长的王树枏（清史馆总纂，时年 74 岁）为临时主席。在这次会上，时年 82 岁的清史馆馆长赵尔巽以 95 票的绝对优势当选为善后会议议长③。

此后，善后会议共开会二十二次，最终议决了《国民代表会议条例》（共六章三十九条）、《军事善后委员会条例》（共十六条）、《财政善后委员会条例》（共十六条）。这二十余次会议，清史馆馆长赵尔巽作为议长，清史馆成员金兆蕃（代表张载扬）、邵章（代表夏超）、陈能怡（代表陆洪涛）、王树枏（代表杨增新）、邵瑞彭（个人会员）作为代表或会员，基本上全程参加（偶尔请假）。除以上六人外，又有吴廷燮（兼清史馆总纂）出任善后会议专门委员会经济门委员。1925 年 7 月，临时参政院成立。议长、参政赵尔巽，副议长、参政汤漪。清史馆成员王树枏、邵瑞彭、陈汉第、邵章、袁金铠、周肇祥等任参政。

在以上议政机关中，清史馆成员多处重要位置。而赵尔巽的政治才干与声望，及其与民国军政要人如袁世凯、徐世昌、熊希龄、段祺瑞、张作霖等人多年形成的公私交谊，均相当有力地保证了清史馆能够基本不受干扰地潜心纂修、持续运转。在具体的纂修过程中，清史馆也较少受到意识形态层面的干预。

---

① 王森然称柯劭忞："先后虽经袁、徐、段，诸氏，屡聘其出山，终清高自持，不求仕进。"王森然《近代二十家评传》，上海书店出版社，1996 年，第 53 页。
② 陈三立《宜都杨先生墓志铭》，马卫中、董俊珏《陈三立年谱》，苏州大学出版社，2010 年，第 391 页。
③《善后会议公报》第 2 期，1925 年 2 月。

　　除了公务关系,光宣文人的亲缘、学缘脉络也很重要。如王树枏与张继的私交即曾在《清史稿》遭禁时发挥缓冲作用,据王树枏之孙王会庵回忆:"张继之父,曾在莲池书院肄业,与先祖有先后同学之谊,过从甚密。张继每见先祖口呼老伯,执礼甚恭。"当《清史稿》遭查禁时,王树枏住宅后院书房抵作欠薪分发的七十部《清史稿》被军警搜得,"(军警)验得属实,遂在门窗上各贴封条,并命不得妄动,静候处理"。王树枏嘱家人勿惊,当即致函张继,请其援手,"数日后北平军警又来我家拆去封条,市党部也派要员道歉,说是误会"。不久王树枏以百元一套售出,七十套售得七千元,"积年欠薪,得以偿还"①。

　　当然,从更大的范围内来看,辛亥后光宣文人在政治及文教界的地位是呈下降趋势的。政局更迭再加上生老病死,新人取代旧人,这样的新陈代谢原属正常。辛亥革命之前的数年中,虽然清廷诏停科举,广设新学,但新学堂仍在科举文人的管理之下。

　　仅以京师大学堂为例。从 1902 年到 1912 年,先后出任该校行政或教学职务的张百熙(1902 年 12 月 15 日上奏折报明京师大学堂师范馆定于 12 月 17 日正式开学)②、吴汝纶(任京师大学堂总教习)③、韩朴存、罗惇曧(韩、罗二人任京师大学堂编书局分纂)、王乃徵(任京师大学堂医学馆襄办)④、袁励准(1903 年任京师大学堂斋务提调,任至 1907 年秋)⑤、李家驹(1906 年 2 月 15 日任京师大学堂总监督,任至 1907 年夏)⑥、金梁(1906 年应李家驹之邀,任京师大学堂庶务提调,任至 1907 年夏)⑦、刘焜(任京师大学堂国文教员,任至 1908 年底)⑧、金兆丰(1907 年底任京师大学堂教务提调,任至次年年底)⑨、刘廷琛(1908 年任京师大学堂总监督)⑩、喻长霖

① 王会庵《清史馆遗闻》,《古都艺海撷英》,北京燕山出版社,1996 年,第 493 页。
② 郝平《北京大学创办史实考源》,北京大学出版社,1998 年,第 366 页。
③ 郝平《北京大学创办史实考源》,第 339 页。
④ 郝平《北京大学创办史实考源》,第 328—329 页。
⑤《京师大学堂教职员名单》,参见郝平《北京大学创办史实考源》,第 323、331 页。
⑥ 郝平《北京大学创办史实考源》,第 368 页。
⑦ 郝平《北京大学创办史实考源》,第 328 页。
⑧ 郝平《北京大学创办史实考源》,第 339 页。
⑨ 郝平《北京大学创办史实考源》,第 330 页。
⑩ 郝平《北京大学创办史实考源》,第 369 页。

(1908年任京师大学堂庶务提调,任至同年十一月)①、柯劭忞(1909年任京师大学堂经科监督,任至民国元年四月。其间曾代刘廷琛署理京师大学堂总监督)、商衍瀛(1909年任京师大学堂高等科监督,任至民国元年四月,其间曾兼任教务提调)②等均是科举文人。

1910年,林纾、江瀚、陈衍、胡玉缙、马其昶、姚永朴等也进入京师大学堂,担任经文科教员。同时来校任教的还有章梫(经、文两科教务提调)、江瀚(毛诗教习)、胡玉缙(周礼教习)、戴德诚(左传教习)、王仁俊(尔雅、说文教习)、孙雄(文科监督)、林纾(文科教习)、陈衍(史科教习专讲记事本末)、饶叔先(专讲通鉴辑览)、王仁俊(说文教习,兼充科学教习)、蒋黻(音韵教习)③等,也大体上属于传统文人。

此外,1906年学部奏派的谘议官如刘若曾、陈宝琛、张謇、郑孝胥、汤寿潜、王树枏、梁鼎芬、严复、孙诒让、缪荃孙、汪康年、陶宝廉、陈三立、罗振玉、韩国钧、宋小濂、钱恂、熊希龄、罗正钧、叶景葵、屠寄、夏曾佑、胡玉缙等人均为传统文人④。

1906年各省学政裁撤后改设的提学使,几乎清一色进士出身。他们是张鹤龄(提学奉天)、吴鲁(吉林)、张建勋(吉林)、陈伯陶(江宁)、周树模(江苏)、沈曾植(安徽)、朱益藩(山东)、锡瑕(山西)、孔祥霖(河南)、刘廷琛(陕西)、陈曾佑(甘肃)、杜彤(新疆)、姚文倬(福建)、支恒荣(浙江)、汪诒书(江西)、黄绍箕(湖北)、吴庆坻(湖南)、于式枚(广东)、李翰芬(广西,署理)、叶尔恺(云南,署理)、陈荣昌(贵州,署理)等,均为进士出身。当然也有举人,如直隶提学使卢靖;有拔贡,如署理四川提学使方旭,方旭为安徽桐城人⑤。

后来登上历史舞台的胡适一代,此时正在传统文人执掌的学堂里读书。1905年,十五岁的胡适始进澄衷学堂,此时该学堂监督便是光绪三十年甲辰(1904)恩科进士章梫(一山)⑥。就是在这里,胡适读到了严复翻译的《天演论》和吴汝纶编选的《古文读本》,"其中第四册全是古诗歌。这是

---

① 郝平《北京大学创办史实考源》,第331页。
② 郝平《北京大学创办史实考源》,第327—328页。
③《教育杂志》1910年第4期,参见郝平《北京大学创办史实考源》,第325页。
④ 方向东《孙诒让学术年谱简编》,《孙诒让训诂研究》,中华书局,2007年,第183页。
⑤《大清搢绅全书》,光绪三十二年丙午(1906)冬季,京都荣录堂,1906年。哈佛燕京图书馆藏。
⑥ 胡颂平《胡适之先生年谱长编初稿》第1册,联经出版事业公司,1984年,第59页。

我第一次读古体诗歌,我忽然感觉很大的兴趣。病中每天读熟几首。不久就把这一册古诗读完了"[1]。1910年8月16日,二十岁的胡适始作为第二次考取庚子赔款留学美国的七十名学生之一,由上海坐船到美国去。

辛亥革命发生之后,光宣文人原任官职自动解除,相当一批人选择了归隐。不过就整体来看,直到1917年前后,光宣文人在学术界仍居主流地位。如京师大学堂1912年改名北京大学后,严复任校长[2],姚永概即应严复之聘,出任北京大学文科学长。姚永概与同在北京大学任教的林纾"旨趣相同,结为知己"[3]。这一年,受教育总长蔡元培之聘出任北京法政专门学校校长并兼任临时教育会议议员的邵章[4],也是进士出身。

四、新旧之间:缓进与激进的代谢

民国初期选举出来的参、众两院议员中,科举出身者占半数以上。据统计,1912—1913年共选举参、众两院议员862人。通过对其中背景可知的499人(部分议员的背景资料无法完全查得)进行分析,发现两院议员的平均年龄为36.45岁。就教育背景而论:51.5%的人有传统功名,48.5%的人为完全新式教育出身。在具有传统功名者中,22.57%的人又在国内接受新式教育,40.86%的人又出国留学,15.57%的人未再受新式教育。在完全新式教育出身的人当中,36.78%的人在国内受教育,63.22%的人曾出国留学[5]。

这一组数据,透露出两个重要的信息:一是在传统功名(包括一批较年轻的光宣文人,尤其是最后两科进士)的议员中,大部分均又继续接受过新式教育(占22.57%)或出国留学(占40.86%),仅"15.57%的人未再受新式教育"。也就是说,在民国初年的政治舞台上,接受新式教育(含出国留学)者,占总人数的81.17%[6]。二是这接受"新式教育"的81.17%的议员,

①胡适《自述》,参见胡颂平《胡适之先生年谱长编初稿》第1册,联经出版事业公司,1984年,第70页。
②郝平《北京大学创办史实考源》,第369页。
③《桐城县志》,黄山书社,1995年,第825页。
④邵章《伧盦自订年谱》《伧盦遗稿》,1953年油印本。
⑤参见《中华民国建国史》第2篇《民初时期(三)》,台湾编译馆,1987年,第545页。
⑥传统功名中受新式教育者占总人数的32.67%(51.5%×63.43%),再加上完全新式教育出身的48.5%,故曾接受新式教育的议员为总人数的81.17%。

作为"五四"之前的一代人，他们基本上是在传统科举体制下成长起来的，然后又大多同时接受了新式教育或出国留学。这一批人加上比他们更早的一两代人，共同构成了现代中国最初的上层"知识人"群体。

而这，正是新文化赖以发生的土壤。这也同时佐证了罗志田的观察："就已经发生的史实而言，新文化运动时期的旧派对新派基本未取进攻态势，则那时新文化人所感知到的传统的压迫，恐怕更多是一种假想型的，具有相当程度的虚悬想象(imaginary)意味。"[1]胡适后来自己承认，正是钱玄同提出的"选学妖孽"和"桐城谬种"两句口号，"为文学革命找到了革命的对象"[2]。所以才需要新文化阵营自编自演一出王敬轩(钱玄同化名)痛骂"新青年"的双簧戏。即便如此，"桐城""选学"一方依然不置一词：

> 从他们打起"文学革命"的大旗以来，始终不曾遇到过一个有力的敌人。他们"目桐城为谬种，选学为妖孽"，而所谓"桐城、选学"也者，却始终置之不理。因之，有许多见解他们便不能发挥尽致。旧文人们的反抗言论既然无闻，他们便好像是尽在空中挥拳，不能不有寂寞之感。[3]

"空中挥拳"的比喻非常形象，郑振铎的描述恰恰折射了新文化阵营对光宣文人的想象，确有"虚悬想象"的意味。光宣文人的"反动"与"溃退"，正是"虚悬想象"的结果。

尽管1910年代上层知识人的"思想结构"已经悄然变化，这种变化也意味着现代中国的整体变化。但是，由于光宣文人对自我文化位置的设定是在新、旧之间，这样的中庸选择，也决定了他们日后的文化命运。

约在1905年左右，樊增祥如此劝诫两位年轻学子(一举人，一增生)："今之所谓新学者，学人之美，并其丑者而亦学之；去己之短，并其长者亦去之。不分事势之缓急，不揣程度之高下，人人自命为识时之俊杰，而其无识与八股诸公同，而祸且益烈焉……将来诸君出洋，文武、实业总期各有一得，而终身不忘为大清国人，则善矣。"[4]——不新不旧，亦旧亦新，"新学

---

①罗志田《裂变中的传承：20世纪前期的中国文化与学术》，中华书局，2009年，第93页。
②罗志田《裂变中的传承：20世纪前期的中国文化与学术》，中华书局，2009年，第93页。
③郑振铎《导言》，《中国新文学大系·文学论争集》，上海良友图书公司，1935年，第6页。
④樊增祥《批潼关厅举人陈同熙蒲城县增生王其昌禀词》，《樊山政书》，中华书局，2007年，第420—421页。

家"遭其骂，"八股公"挨其批，两不讨好，宜乎光宣文人之被新人视为"守旧"耶！

尤其是政、学两栖的光宣文人，受政治时局之牵连更属无如奈何。既然当选参政院议员，当然要受社会舆论的监督，甚至批评："吾知诸君于世界大事，非不目了彼埃、印、波兰之前车毁[殷]鉴，非不原原本本，殚见洽闻，徒以来自戎间，起自学界，一旦猎跻高位，不觉移其气体，惑于尊荣，自署为逍遥公，安乐先生，而又适处北京冶人之炉，与专制旧魔合同而化，乃掷死生存亡于北冰洋之外，遑计民国。不知民国四万万人，皆随诸君一掷而去耶？吾恨不能先举诸君投畀豺虎，嗟何及矣！"①黄宗仰除了批评参议院议员与"专制旧魔合同而化"，还在致章太炎的信中劝章不要北上，认为不如退而谋学，以便"高居局外，指导寰中"。黄宗仰进而抨击北京政界的不良风气，称："北都软红，凤号孽治；黄海虽浊，尚较专制旧魔窟略可吸收空气。"②可见舆论对"北都"政客颇为不屑，光宣文人之回翔宦海者不免为之分谤。

就人群而论，士人固可以变法家、革命家等名目以相区分。而就个人思想的具体构成而论，某人对甲事取"变法家"态度，对乙事取"革命家"态度，难于一概而论。但文化上的开新姿态，却是大体相同的，即如前引黄宗仰对参政院议员的批评，内中也有肯定之词，如"吾知诸君于世界大事……非不原原本本，殚见洽闻"③一语，适可佐证批判方也未否认光宣文人的知识结构，并不视之为坐井观天的井底之蛙。而卢前所谓"清至光宣，汉宋之学式微矣，举国学子，咸以输入海外文化为事"④的说法，则说明"后五四"一代对光宣两朝的理解，所取的角度已有不同。

晚清民初这一批官员在执政理念、文化姿态上的新变，其实颇值得注意。赵尔巽在山西、安徽、奉天任上，曾力行维新。在奉命由山西改署湖南巡抚后，赵尔巽曾在一篇文札中谈及自己的抚晋体会。他建议，"当奖之事

---

① 黄宗仰《责难参议院诸君》，原载《大共和日报》1912 年 5 月 27 日，收入黄宗仰著，沈潜、唐文权编《宗仰上人集》，华中师范大学出版社，2000 年，第 46 页。

② 黄宗仰《致章太炎先生书》，原载《大共和日报》1912 年 5 月 16—17 日，收入黄宗仰著，沈潜、唐文权编《宗仰上人集》，华中师范大学出版社，2000 年，第 42 页。

③ 黄宗仰《责难参议院诸君》，原载《大共和日报》1912 年 5 月 27 日，收入黄宗仰著，沈潜、唐文权编《宗仰上人集》，华中师范大学出版社，2000 年，第 46 页。

④ 卢前《卢前文史论稿》，中华书局，2006 年，第 165 页。

四”,一曰安纯朴,二曰重商业,三曰敢远游,四曰崇节俭。在论及"重商业"时,赵尔巽说:

> 西商之名震于天下,各省能与西商齐名者,惟广东商人。然广东地处海滨,交通已久,其商人多识字,多读书,故其业蒸蒸日上。西商向不以识字读书为意,但墨守祖传之术,平世则进步极迟,秕世则退步极速,而况外人商业浸至内地。再不自振,将有太阿倒持之势。惟有全省各业同心合意,考究商务之道,以挤排同业为大戒,并延师教子弟读书,务明白事理,周知时势,将来或有挽回之一日,否则不进则退,断难持久。倘再囿于俗见,谓读书与发财相左,甘令子弟日流于愚蠢,坐困于鸦片,诚可谓大惑不解者矣。[1]

赵尔巽又论"当劝之事四",一曰兴学,二曰阅报,三曰习艺,四曰力田。其中,兴学、阅报之倡,最能体现赵尔巽治政思路之新。他说:

> 目下科举虽暂存,待学堂人才渐出,必归停止。出身必皆取之学堂。将来入学堂者必多,求入而不得者更多。现在库帑支绌,安能多设官学堂。然则晋省士民,将泯泯以终古乎?为今之计,非民间自办学堂不可。自办者有公立,有私立,公立之款系各家合力所集,私立之款,系一家独立所建……
>
> 晋省创设晋报,札发各州县,劝民间购阅,并由本部院剀切晓谕立案。迄今销数虽已推广,究未大增。而其余直、津、沪、鄂各报,则更罕有闻知者。总由未知阅报之益处而已。夫古今之书,汗牛充栋,究其要不外知古、知今两端而已。目下时势尤以知今为要。知今之道,莫捷于报章。盖全国之要政,外人之交涉,民间之情形,报章皆得而载之,故报章实将来一大政书。士商若能细心阅看,择要钞记,见识必广,学问必进,事情必达。至如直、津、沪、鄂等处新报,各有宗旨,各有佳处,择而观之,其益无量。并不可以晋报自限。惟贫寒之家,无力购买,莫如聚集同志,在繁盛城镇,开设阅报处。凡来阅者,酌取最廉之价。费本不多,且可获利。不过需一妥人经理而已。开通风气之道,莫要于此,尚其勉之。[2]

---

① 赵尔巽《抚晋文札》,清光绪间刻本,中国国家图书馆古籍馆藏。
② 赵尔巽《抚晋文札》,清光绪间刻本,中国国家图书馆古籍馆藏。

不仅如此,赵尔巽还与袁世凯、张之洞等人于清光绪三十一年(1905)联名上奏,请立停科举①。

赵尔巽生于1844年。比他小两岁的樊增祥(1846—1931)也在《后园居诗九首》诗中乐观现实之新变:"清以新政改,九庙神灵哭。维新有三善,使我拳拳服。第一废弓鞵,第二禁莺粟。第三在官者,相继解印绶。其为民贼欤,不复肆其毒。若贤士大夫,适以遂其欲。"(其四)"迩来信西学,颇吸空气鲜。"(其八)②

陈衍诗中也用"电灯""啤酒"等新名词,并称:"新文学家所谓'时代性'者,吾人又安可一笔抹煞乎! 余近以'墨雨''欧风'入诗,亦是此意。"③清史馆提调周肇祥在晚清时曾官湖南,颇为"新潮":"慕欧西服饰,已易短装","一日某处筵会,周短装前往",以致被同僚讥为"外国翻译"④。

甚至落实在现实生活中,光宣文人与五四一代并无根本分歧⑤。不过,光宣文人的济世情怀,并非全都合后人胃口。尤其当五四前后"知识"逐渐转型以后,光宣文人的"规范知识"已经不敌经西学武装的新文化一代,几乎逢战必败。例如张尔田等发起定孔教为国教的请愿、檀玑参与的道德学社等,多引起争议,甚至遭到讥讽⑥。

早在1912年时,包括严复在内的一些头面人物即在上海成立了孔教会。1913年7月,一些进步党成员撰写的宪法草案中,要求把儒教定为国

①袁世凯、赵尔巽、张之洞等奏折,收入璩鑫圭、唐良炎编《中国近代教育史资料汇编·学制演变》,上海教育出版社,1993年,第530—533页。又参见沈桐生《光绪政要》卷三一,文海出版社,1969年,第2153—2158页。
②樊增祥《后园居诗九首》,《樊樊山诗集》,上海古籍出版社,2004年,第1765—1767页。
③王揖唐《今传是楼诗话》,张寅彭主编《民国诗话丛编》第3册,上海书店出版社,2002年,第504—505页。
④大氓《周肇祥轶事》,《老实话》1933年第9期。
⑤如李泽厚曾指出的,严复、林纾、梁启超、鲁迅、胡适等人的"观念意识"与"行为模式"有很大的距离,"对家族制度和传统家庭可以进行激烈的批判否定,但在行为上仍然在一定程度上遵循着对父母、兄弟、妻子的传统规范和要求"(李泽厚《启蒙与救亡的双重变奏》,《中国现代思想史论》,生活·读书·新知三联书店,2008年,第13页)。这既表明光宣文人内部的思想分化(严复、梁启超已在宣扬新的"观念意识"),也反映了光宣文人与五四一代在思想与实践层面多有交集。
⑥如曹聚仁《捉灵魂捧桥脚》曾批评"道德学社的段师尊到处找处女,要想凑够九九八十一数的成数",1930年太湖流域也曾流行"捉小学生灵魂捧桥脚"的谣传,这些都被时人认为反映了"神仙家"的野蛮与虚伪(《申报·自由谈》1935年6月8日)

教①。1914年11月16日，袁世凯发布《尊孔令》，由国务卿徐世昌副署。《尊孔令》称："中国数千年来，立国根本，在于道德。凡国家政治，家庭伦纪，社会风俗，无一非先圣学说发皇流衍。是以国有治乱，运有隆替，惟此孔子之道，亘古常新，与天无极……近自国体变更，无识之徒误解平等自由，逾越范围，荡然无守，纲常沦斁，人欲横流，几成为土匪禽兽之国。"②时在美国留学的胡适斥《尊孔令》为"一片空言"，胡适认为此《尊孔令》有七谬：第一谬是"言吾国政俗'无一非先圣学说发皇流衍'，不知孔子之前之文教，孔子之后之学说（老、佛、杨、墨），皆有关于吾国政俗者也"。第二谬是将今日之"纲常沦斁，人欲横流"尽归咎于"国体变更以后二三年中自由平等之流祸"；第三谬是"政体虽取革新，礼俗要当保守"，胡适反问道："礼俗独不当革新耶？"第四谬是视"尊崇至圣"为"立国精神"，不合逻辑；第五谬是明是提倡宗教，却又说"绝非提倡宗教"；第六谬是所谓"孔子之道，亘古常新，与天无极"毫无历史观念；第七谬是"位天地、育万物，为往圣继绝学，为万世开太平，苟有生知血气之伦，皆在范围曲成之内"的说法，"一片空言，全无意义，口头谰言，可笑可叹"③。

　　道德学社成立于1916年，其宗旨为"阐明圣学，敦崇道德，实行修身"。江朝宗为名誉会长，北京政府参谋总长王士珍为社长。该社采用讲学、星期讲演会等方式，宣传孔孟之道。王士珍在成立会上说："我国现在人心败坏，世道衰微，徒以势力整饰之，彼仆此起，必然无救……舍讲求道德而外，尚有他哉！"1917年1月印行《道德学志》（旬刊）。同年9月，国会复会后，陈焕章、张尔田等提出定孔教为国教的请愿书。11月，在国会中出现了张琴等成立的"国教维持会"，在全国掀起一个国教请愿运动④。道德学社的前身是1912年段正元在成都建立的"人伦道德研究会"。段正元（1864—1939）称："至今欧风东渐，功利之习传染于中华，人民脑筋，印入一种优胜劣败之学说，遂至以礼让为迂谈，以道德为无用，演出率兽食人人将相食之世界，而祸乱几不可收拾矣。"又说："中国有真儒大道，可以修齐治平，胜过

①〔美〕周明之著，雷颐译《胡适与中国现代知识分子的选择》，四川人民出版社，1991年，第55页。

②《政府公报》1914年11月16日，第860号。

③《袁氏尊孔令》1914年11月16日，《胡适留学日记》（上），安徽教育出版社，2006年，第311—312页。

④韩达编《1911—1949评孔纪年》，山东教育出版社，1988年，第49页。

西方万万。""中国自一划开天,大圣人循生迭起,将治平大道,发扬已无余蕴,焉用西学?"①

　　与此同时,王树枏在《中国学报》1913年第4期发表《拟世界大同学会简章》,称:"今之学者有两种,一则囿于中国之学,一切外来之学,皆鄙夷而不观,一则眩于他国之学,一切固有之学皆弃置而不屑,不知孔子之学囊括中外,绳贯古今,非惟言新学者懵然不知,即言旧学者亦冥然莫解,创世惊人之事,皆在微言大义中,其道著之于经,其术藏之于纬。此中庸所谓百世以俟圣人,而中国文明之特色也。""青年之士"因见外国之富强,崇事外人,尽弃所学,"必欲使本国数千载之文明,荡然扫地无余而后快!"乃使中国"速其亡而已矣"②。

　　光宣文人试图从传统资源中发掘济世良药,并非从根本上反对西学,而是出于对极端反传统主义者的警惕。所以杜亚泉在1915年时说:"辛亥之革命,即戊戌以来极端守旧思想之反动;近日之复古,亦辛亥以后极端革新思想之反响也。"③新文化阵营对孔教的态度是彻底颠覆,如陈独秀说:"旧文学、旧政治、旧伦理本是一家眷属,固不得去此而取彼。"即使孔教并非"无一可取",也非反不可,因为孔教"根本的伦理道德适与欧化背道而驰,势难并行不悖。吾人倘以新输入之欧化为是,则不得不以旧有之孔教为非","新旧之间绝无调和两存之余地"④。

　　与陈独秀的独断相比,王树枏的意见并无漏洞。而且在西方学者看来,当时的"尊孔"问题,并不像一般人想象的"那么具有争议性","一种正式设置的国教——的努力,实在暗含着国家主义者的寓意。这个运动的领导人物,并非缅怀既往,顽固反对启蒙的学者,而是奇特的改革者康有为,及哥伦比亚博士陈焕章"⑤。只是由于出自"清遗老"之口,不免被人贴上守旧的标签,甚至其政治动机也令大众起疑。在趋新的潮流中,类似这样

①段正元《大同真谛》,参见秦宝琦《中国地下社会》第3卷《民国会道门与黑社会》,学苑出版社,2009年,第486页。

②王树枏《拟世界大同学会简章》,《中国学报》1913年第4期。

③杜亚泉《论思想战》(1915年),收入田建业等编《杜亚泉文选》,华东师范大学出版社,1993年,第169页。

④陈独秀《复易宗夔》(发表时与胡适共同署名),《新青年》5卷4号,1918年10月;《答佩剑青年》,《新青年》3卷1号"通信栏",1917年3月;《宪法与孔教》,《新青年》2卷3号,1916年11月。

⑤[美]Ernest P. Young 著,李孝悌译《保守主义者——洪宪帝制》,周阳山、杨肃献编《近代中国思想人物论——保守主义》,时报文化出版事业有限公司,1980年,第237页。

的"陈词套语",因显得迂腐执拗,故受到新文化阵营的尖锐抨击。光宣文人试图立孔教为国教的努力,便被陈独秀等人视为发起思想革命的最佳契机:"孔教问题,方喧呶于国中,此伦理道德革命之先声也。"[1]

檀玑、张尔田、王树枏的意见,究竟在怎样的意义上可以斩截地归入"传统"或归入"现代"?"传统的成分与现代的成分并非泾渭分明,它们也不是一成不变到可以决定我们究竟是生活于'传统'之中还是生活于'现代'之中,或者是生活在两者的结合之中","那些看似传统的东西,比如大家庭或信仰上帝之类,从人们的日常生活中特定的乃至现代的状况来看,未尝不可视做一种理性的行为方式"[2]。实际上,民初有关文化、体制的争论(如孔教之争、共和之辨),"纵使造成政治上的影响,其动机却未必全然指向政治",这些争论与"复辟"未必有直接关联,"张尔田为《孔教会杂志》创刊号所写的《释君篇》一文,自始至终都从'教化'的角度讨论孔教,并刻意贬低世俗'帝王'的价值"[3]。

光宣文人的尴尬正在于,在"最新"一派看来,"守旧"固然是"旧","次新"也是"旧"。前文提到费树蔚的一篇墓碑文字引起叶圣陶的批判,而赵尔巽在清末推行新政的努力,辛亥后也不复有人提起。1924年,齐燮元、卢永祥的江浙战争中,苏州城未被破坏,县知事倡议为冥冥中保护了苏州城的神祇修庙。这个神,被认为是三国时孙权的部将"甘将军"(即甘兴霸)。费树蔚在所撰《重修甘将军庙记》中有"岂非天哉!岂非天哉"及"惟天心佛力,人不可得而见,爰假手于明神"的感喟,叶圣陶认为费树蔚所言是"一个迷于什么者的梦话","在民国,在中华民国,却有'上人夫',又有'细民'!当二十世纪,在文物之邦,却有'奉济公圣僧十年'的县知事","军阀捣乱的当儿,偶尔没有打翻苏州城,作者却说'岂非天哉!岂非天哉'!"[4]费树蔚不过就官样文章略发感慨,且字里行间不乏借赞扬"甘将

①陈独秀《文学革命论》,《新青年》2卷6号,1917年2月1日。

②杜赞奇著,王宪明等译《从民族国家拯救历史:民族主义话语与中国现代史研究》,社会科学文献出版社,2003年,第80页。

③陈秋龙书评(评林志宏《民国乃敌国也:政治文化转型下的清遗民》一书),(台北)《"中央"研究院近代史研究所集刊》第69期,2010年9月;张尔田《释君篇》,(上海)《孔教会杂志》第1卷第1期,1913年2月。

④叶圣陶《读〈重修甘将军庙记〉》,《苏州评论》第1期(1926年1月20日),后收入叶圣陶散文集《脚步集》,《叶圣陶集》第5卷,江苏教育出版社,1988年,第216—219页。

军"谴责军阀之意。而后一代人对前代人的解读批判，多采取类似叶圣陶所采取的攻其一点甚至刻意误读的进攻策略（当然，叶圣陶的用意亦不能理解得过于狭隘，这是又一论题）。

与费树蔚的遭遇相似，袁资生则因试图保护关帝庙而被批判。1929年初，浙江上虞县小越镇党、政、学各界"实行打倒偶像"，将该镇关帝庙内关羽及两旁从神打毁，当地乡绅袁资生表示抗议，袁资生遂被斥为"腐化恶化的反革命的分子"①。值得注意的是，在这一点上，赵尔巽在清末的表现，与费树蔚、袁资生二人恰恰相反。据时人回忆：

> 清末，赵尔巽抚湘，对新政设施颇注意。当时醴陵有十几个开明绅士拟设立树艺公司，呈文由某知事逐级上呈抚署立案。赵氏阅看呈文后，非常高兴。旋又有郴州士绅若干人呈请封禁该州的苏仙岭以维持苏仙庵的香火。赵接阅呈文，大发雷霆，随即亲拟一长批申斥。这批转发到醴陵树艺公司，我有亲戚任公司董事，将批抄了一张，给我作国文诵读，我现在尚记忆清楚。批云："时局日急，民穷财尽，推源其故，皆由愚民信神祇而荒实业，乐怪诞而坠迷途，九州岛皆然，荆楚尤甚。泥堪舆之说，而阻挠矿政；争坟山之利，而互结讼仇。寺观庵庙之虚渺，近神赛会之耗费，种种缪妄，殆难枚举。处忧患交迫，智力竞争之日，不讲求实业，不开拓利源，守此野蛮主义，求自立于世界，吾恐九州岛虽宽，终无立足之地。顷阅醴陵诸生禀请创立公司开辟地利，力求进步，披阅之余，方深欣慰……本部院素不知风水为何事，龙脉为何物，苏仙为何神仙，有灵何待尔等保之……（尔等）何不取各新书新报读之，俾略知时势之危急。苟不急图振作，将有奴隶灭绝之惧……"②

这正说明光宣文人并非"昧"于世界大势。相形而下，同属光宣文人的赵元礼的意见，更代表大多数中国人的思想真实：

> 神仙鬼怪之说，予素不迷信，然亦未必绝无，但若焚香画符，招之即来，麾之即去，亦无此容易之事。至示人休咎，为人治病，亦多半附

---

① 田天华《关于打倒偶像》，《民国日报》1929 年 1 月 20 日。
② 文斌遗稿，郑剑飞整理《赵尔巽长批倡新政》，收入彭小峰主编，湖南省文史研究馆编《潇湘絮语》，中华书局，2005 年，第 36—37 页。

会之谈。①

虽然赵尔巽比费树蔚、袁资生、赵元礼表现得更为"现代",但对民间宗教的反击也有非理性的一面。如杜赞奇所言,试图消灭民间宗教的反宗教运动,"是一种强迫的、暴烈的运动",因为"激进的改革者绝对相信,他们掌握着真理"②。叶圣陶、赵尔巽对传统文化(包括所谓宗教迷信)的批判,固然比费树蔚的想法显得"新",不过在杜赞奇看来,发生在现代中国思想领域内的类似的"强迫的暴烈",并不必然导向一种所谓"进步"的结局。

在新与旧的纠缠中,光宣文人多数显得被动孤立。而事实上,光宣文人思想中"旧"的一面未必"旧"。入民国以后,时人攻击光宣旧人的策略,正是彰其"旧"、晦其"新",后人分析近代人物、史事也常取新旧二元对立视角。汪荣祖曾举例分析道:

> 有人分严复思想为三期:早期激进、中期折衷、晚期保守。另有人以为严氏之思想始终具有激进与保守之因素时显时隐。类似之解释亦可见之于论康有为之著作,如冯友兰即谓康有为之晚年转为反动,为革命之大敌。史家钱穆亦曰康氏晚年落入保守阵营,与其早年之进步思想为"二极端"。对张之洞之评价,吾人亦可见"进步"与"保守"二极性之解释。③

汪荣祖不很认可这样的见解,他说:"当局势保守迟滞,变法家强调前进,其言论似乎'激进'。然当清末民初,新知识分子高唱打倒中国文化,且不顾政治社会形势,叫喊自由、平等、民权,此时此情,变法家乃以缓进说之,不免浇革命家(包括欲革文化之命者)之冷水,以至于被戴上'反动'或'保守'之'高帽'。实则,变法思想家之缓进思想未尝稍变,所变者是时代,譬如乘车者谓树倒行,非也。"④康有为更是被前后夹击,一面受到陈宝琛批评,一面受到来自"新知识分子"的批评。

五四时期,梁济自杀曾引起《新青年》同人的热烈讨论,梁漱溟感慨道:

---

① 赵元礼《藏斋诗话》,张寅彭主编《民国诗话丛编》第 2 册,上海书店出版社,2002 年,第 230 页。
② 杜赞奇著,王宪明等译《从民族国家拯救历史:民族主义话语与中国现代史研究》,社会科学文献出版社,2003 年,第 86、76 页。
③ 汪荣祖《晚清变法思想论丛》,新星出版社,2008 年,第 23—24 页。
④ 汪荣祖《晚清变法思想论丛》,新星出版社,2008 年,第 23—24 页。

"诸君在今日被一般人指而目之为新思想家,那里知道二十年前,我父亲也是受人指而目之为新思想家的呀?"①史华兹也曾引弗斯夫人的观点说:"现在已使人明了'五四'时代许多最大胆的思想,早在1919年以前就在中国出现了。"②

晚清民国三次政治事件(戊戌、辛亥、丁卯)深刻影响了光宣文人的现实处境与文化心态。"清戊戌维新,迄于民国,远沿五口通商之旧,近经辛亥与丁卯革命之变,文物典章,几于空前。生活之因革,虽或矛盾杂陈,要其于人情与风俗之推移,实为有史以来之创局"③。光宣文人由戊戌维新时代的趋新求变,到辛亥革命后的退守旧学,这样的转变既有主观上的刻意,更是在顾维钧1916年时所说的"旧式知识分子"与"接受外国教育者"的分野日益分明之后的必然结果。但这不是复古倒退,在很大程度上倒应该视为善意的理性退让。光宣文人的保守性言论,并非根本否定新思潮的意义,而是基于自己的过往阅历与现实感触而不得不有所表达。这样的"逆耳"之言,不免受到革命家的疑忌。在激进盛行的时代,缓进渐被贴上了"落后""腐朽"的标签。

王式通评马其昶说:"桐城耆旧总温然,此是方姚以后贤。"④宋小濂也自叹:"今日方知九折艰,何妨退步让时贤。"⑤——光宣文人之"温然""退让",及其表现出来的积极意义,不免被忽略了。年轻一代对光宣文人的攻击、丑化,更多地出于推动文化变革的策略性考虑,当然也会由此造成一种文化心态层面的"代谢焦虑"⑥。

①梁漱溟《梁巨川先生的自杀》,《新青年》第6卷第4号,1919年4月15日。
②[美]本杰明·史华兹《〈"五四"运动的反思〉导言》,[美]本杰明·史华兹著,王中江编《思想的跨度与张力——中国思想史论集》,中州古籍出版社,2009年,第208页。
③林庚白《丽白楼诗话》,张寅彭主编《民国诗话丛编》第6册,上海书店出版社,2002年,第134页。
④王揖唐《今传是楼诗话》,张寅彭主编《民国诗话丛编》第3册,上海书店出版社,2002年,第512页。
⑤宋小濂《辞免东省铁路公司督办留别哈尔滨诸友》,《宋小濂集》,吉林文史出版社,1989年,第227页。
⑥这种"代谢焦虑"在现代中国堪称普遍心态,时人已注意到"小孩子口中随意喊'打倒'"的现象。见小小《什么声音?》,(上海)《民国日报》1929年1月22日。

第四章　清史馆内外的文学生活

　　光宣文人留下了大量的诗文作品,惜至今未能有确切的统计。仅就清史馆同人而论,柯劭忞、缪荃孙、王树枏、章钰、夏孙桐、李葆恂、金兆蕃、金梁、袁励准、吴广霈、曹经沅等均有诗文集传世。赵尔巽也写有不少诗作,散见于其个人档案①、友朋诗文集或年谱②中。

　　清史馆成员的文学活动,在不同的阶段呈现出不同的特点。从民国成立到丁巳复辟是一个阶段。这一时期以个人写作为主,多为感时伤世之作。清史馆成立前后,诗钟较为流行,吴士鉴初入史馆,对于式枚、缪荃孙等人在上海的吟咏唱酬表示向往,“侄亦未尝不思南来……然决做不到,以此间无数人方借此为生活也”。在谈到北京同人的文学活动时,吴士鉴说:“此间钟局尚多,又与樊山、少璞、笏卿、叔伊、实甫诸人结一诗社,略与超社相等,月必一聚。”③

　　1918 年 10 月 10 日徐世昌就任中华民国大总统,此后五年,京师诗酒风流,文风大盛,清史馆成员的文学活动进入新的阶段。1919 年正月十五日,上元节,赵尔巽、马其昶应邀至宋小濂家中食熊掌白鱼,同聚者有周树模、林纾、涂凤书、徐鼐霖、成多禄。宋小濂即席作《奉邀赵次公徐敬宜等食熊掌白鱼》:“赵、周我长官,纡降不嫌渎。林、马我师友,拳拳服膺久。涂、成、徐三君,患难交弥笃。”④这样的景象一直持续到 1924 年。

　　这几年也是清史编纂的关键阶段。清史馆的编纂队伍不断精简并渐趋稳定,清史的纲目也日渐清晰。据朱师辙回忆:“七年(1918)缪筱珊先生

---

①中国第一历史档案馆赵尔巽档案全宗中,多有赵尔巽与朋侪、僚属酬唱赠答之作。如第 499 号案卷(胶片号 92)即有赵尔巽《恩施道中接匋斋主人电,拈得我字,即用全韵,诗以代柬,共得七百言,虽俚俗不文,然无一语杜撰,皆事实也。录寄知交,聊备采风之一助尔。无补子未定草》《过利川入境续前诗未尽之意用二十一马全韵再寄匋斋》两诗。此卷宗中还收有周道鸿、魏鲁、韩篆、周炽、高麟超、陈敦诗、侯昌镇、钟奇、左少莹、姜心桂、陈逢元等十数人和作。
②温肃年谱中即收有赵尔巽写给温肃的两首次韵赠答诗。《清温侍御毅夫年谱》,王云五主编《新编中国名人年谱集成》第 12 辑,台湾商务印书馆,1986 年,第 18 页。
③吴士鉴致缪荃孙函,顾廷龙校阅《艺风堂友朋书札》,上海古籍出版社,1981 年,第 453 页。
④成其昌、翟立伟编注《成多禄集》,吉林文史出版社,1988 年,第 55 页。

来京,力主先拟定传目,以时代为段落,择人分任,久之议乃定,自此人散去益多,然仍不能画一。至十一年始有上述邵伯䌹提调再议列传统一之举,至十四年已有大段结束……"①与此同时,史馆同人的"文心""诗兴"也在复苏。马其昶与王树枏二人"抱其陈朽之业,互慰寥寂","朝夕谭艺相得,各出所著文评骘当否"②。

按:1926 年,内藤湖南六十寿辰。赵尔巽亲书两首诗以赠:"毓秀扶桑日照深,东方耆德旧儒林。书摹怀素工狂草,诗学香山发醉吟。唐古忒文明秘篆,乌斯藏教识元音。共敦君子多闻雅,籍甚瀛邦众所钦。""郑侨吴札结邻贤,气谊相知近廿年。铁岭初逢颜正壮,金台重见鬓俱颠。观空忘过庚申劫,却老看成甲子编。喜继鹤翁征寿集,九州霞锦并留传。"诗后有款识云:"内藤虎次郎仁兄有道六十介寿,愚弟无补赵尔巽拜祝。丙寅八十有三。"诗中"铁岭初逢颜正壮"指二人初识于奉天,"金台重见鬓俱颠"则指 1917 年二人再晤于北京清史馆。

内藤湖南(1866—1934),本名内藤虎次郎,字炳卿,号湖南。赵尔巽与内藤湖南初次见面当在 1906 年(诗中"气谊相知近廿年"一句可证),赵尔巽时任盛京将军。1912 年,内藤湖南又一次为拍摄《满文老档》《实录战图》与《五体清文鉴》事与时任东三省总督的赵尔巽交涉。中国第一历史档案馆所藏赵尔巽档案全宗中,有《中华民国元年各国号簿》,五月九日记:"日本文学博士内藤虎次郎辞行。"1917 年 10—12 月,内藤湖南第八次到中国,又与时任清史馆馆

图 26　赵尔巽为内藤湖南祝寿诗③

---

① 朱师辙《清史述闻》,上海书店出版社,2009 年,第 45 页。
② 王树枏《陶庐文集》,1915 年刻本。
③ 《华甲寿言》,宝许盦,1926 年铅印本。

长的赵尔巽晤谈，曾将所抄“清史馆修纂表”送杂志登载[①]。内藤湖南致赵尔巽函中，曾谈到这次相见，“自执谒史馆，匆匆五年，遥企晖光，驰想无已”。内藤湖南多次向赵尔巽、柯劭忞介绍日本学者前往清史馆，以便“紬金匮石室之秘，窥宛委琳琅之藏”[②]。

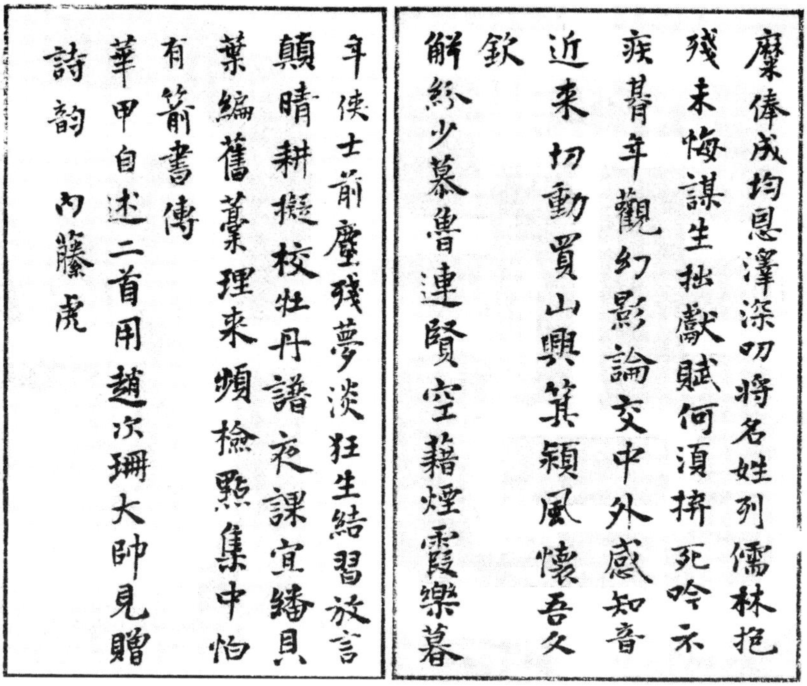
糜俸成均恩澤深叨將名姓列儒林抱
殘未悔謀生拙獻賦何須拚死吟示
疾朞年觀幻影論交中外感知音
近來切動買山興箕穎風懷吾久
欽
解紛少慕魯連賢空藉煙霞樂暮
年俠士前塵殘夢淡狂生結習放言
顛晴耕擬校牡丹譜夜課宜繙貝
葉編舊藁理來頻檢點集中怕
有箭書傳
華甲自述二首用趙次珊大帥見贈
詩韵　內藤虎

图 27　内藤湖南回赠赵尔巽次韵诗稿[③]

按：内藤湖南收到赵尔巽诗后，次其诗韵成《华甲自述》二首：“糜俸成均恩泽深，叨将名姓列儒林。抱残未悔谋生拙，献赋何须拼死吟。示疾期年观幻影，论交中外感知音。近来切动买山兴，箕颍风怀吾久钦。”“解纷少慕鲁连贤，空藉烟霞乐暮年。侠士前尘残梦淡，狂生结习放言颠。晴耕拟校牡丹谱，夜课宜翻贝叶编。旧稿理来频检点，集中怕有箭书传。”诗后有“华甲自述二首用赵次珊大帅见赠诗韵”等语，赵次珊即赵尔巽。

①朱师辙《清史述闻》，上海书店出版社，2009 年，第 220 页。
②《与赵次珊》《与柯凤荪》等函，见印晓峰点校《内藤湖南汉诗文集》，广西师范大学出版社，2009 年。
③《华甲寿言》，宝许盦，1926 年铅印本。

索居多暇,吴昌绶也过起了"诗佣"生活:"廿年一塔老邻松,胜侣城西偶过从。扶病闭门秋色里,自分日力作诗佣。"①夏孙桐则于1939年经子辈及门人仵崇如谆劝,将所作古近体诗汇为三卷、文稿汇为七卷印行(仵崇如代为出资),夏孙桐感慨"晚遭世乱,益复无俚。诸子糊口四方,近属懿亲皆处困阨,无力以周之。桑榆暮景,块然待尽而已。区区文字本无可传,早置度外",尽管自叹"颓唐病笔,质言不文","何敢僭称著述",但从诗文中"亦聊见毕生志事之概略云尔"②。

总体而论,清史馆成员的文学活动主要涉及以下几方面:

一、组建或参与诗社

清史馆成员参加的几个重要的诗社,如晚晴簃诗社、漫社、九九社、嚶社等,均以北京为活动中心。天津、扬州、上海等地也都有清史馆同人发起或参与的诗社。

晚晴簃诗社由时任中华民国大总统的徐世昌发起。1919年王树枏、柯劭忞、秦树声应徐世昌之邀加入该诗社。据徐世昌《水竹村人年谱》(抄本):"(民国八年)四月三日植树节,至北海种树,又至西园,约选诗社十数人宴集,即异日所刊行《晚晴簃诗汇》三百卷之发端也。"关于诗社活动情况,宋伯鲁《晚晴簃玩月图》诗序称:"簃在集灵囿,总统聘诸名流,开选诗社于此。每七日一集,诗社成员仅十余人。"成员有徐世昌、王式通、曹秉章、王树枏、宋伯鲁、柯劭忞、樊增祥、秦树声、成多禄等③。其中,柯劭忞与徐世昌是丙戌(1886)同年翰林,二人交谊甚笃,晚年尤相亲。"世昌为总统时,设诗社于总统府,号曰晚晴,劭忞为社友中最承礼遇者","世昌所为诗,每就正于劭忞"④。柯劭忞《蓼园诗钞》卷五有《徐总统画江湖垂钓册子》一诗:"箬笠蓑衣一钓竿,白苹洲渚写荒寒。不知渔父住何处,七十二沽烟水宽。"⑤

---

① 吴昌绶《仲秋五日梦中作,醒犹记之,思乞人为作松邻图》,《松邻遗集》卷八,1929年刻本。中国国家图书馆古籍馆藏。
② 夏孙桐《观所尚斋文存·自述》,《观所尚斋文存》卷末附,中华印书局,1939年。
③ 成其昌、翟立伟编注《成多禄集》,吉林文史出版社,1988年,第55页。
④ 徐一士《谈柯劭忞》,《一士类稿》,中华书局,2007年,第163页。
⑤ 柯劭忞《蓼园诗钞》,中华书局,1924年。首都图书馆藏。

漫社成立于1921年7月(农历),清史馆早期成员曹经沅参与发起成立。社友皆为客寓北京者,发起者十三人:张朝墉、萧延平、陈浏、成多禄、贺良朴、孙雄、黄维翰、周贞亮、程炎震、陈士廉、路朝銮、向迪琮、曹经沅(以年龄为序)。漫社自1921年至1923年共集社七十余次,集会诗作出版有《漫社集》《漫社二集》《漫社三集》①。活动方式为每月举行两次集会,共同拟题赋诗。后又有刘冽、贺良朴、徐鼒霖、萧方骏、金兆丰、邓镕、冒广生、涂凤书、谭祖壬、李宣倜、傅偲、徐行恭等人加入。

同年十一月初,王树枏参与在京组建九九社,即消寒诗会。社友有王树枏、宋伯鲁、张元奇、钱葆青、宋小濂、成多禄、易顺鼎、黄维翰、秦望澜、邓镕、王彭等。九九社自己未十一月二日至庚申正月二十五日,共举行九次诗会②。

1924年,农历二月,王树枏加入新成立的嘤社,首次诗会在止园举行。社友共十五人,除原漫社的张朝墉、成多禄、贺良朴、孙雄、黄维翰、周贞亮、陈士廉、路朝銮、向迪琮、曹经沅十人外,还有王树枏、宋小濂、徐鼒霖、丁传靖、涂凤书。首次诗会上,孙雄作诗四首,成多禄和其二首③。嘤社后曾改名觳社,1930年又改为赓社。后渐散。孙雄为张朝墉《甲子集》作序称:"是年,漫社旧友散而之四方者,十之二三,因于仲春之月会于城北宋氏止园,更名嘤社,月仍一举。"④嘤社成立时间,据《成多禄集》的记载,是在1924(甲子)年2月12日,首次诗会在宋小濂的止园举行。

与此同时,也有一部分清史馆成员参加了天津文友发起的城南诗社、俦社等。城南诗社的前身,是1921年严修在天津组织的同人聚餐会。严修请在津亲友定时聚餐,名为同人聚餐会。每次聚餐,必互相唱和,吟诗为乐。1922年,严修将同人聚餐会改组为城南诗社。参加者,除严修的至友华世奎、林兆翰、章钰外,还有吴寿贤(字子通)、陈诵洛、王揖唐、曹经沅、高凌雯、章梫、赵元礼等,先后百余人。稍后,严修又发起存社征文,皆以经史子命题,专聘章钰主课⑤。章钰在天津还曾主持存社

---

①成其昌、翟立伟编注《成多禄集》,吉林文史出版社,1988年,第57页。
②成其昌、翟立伟编注《成多禄集》,吉林文史出版社,1988年,第56页。
③成其昌、翟立伟编注《成多禄集》,吉林文史出版社,1988年,第533页。
④成其昌、翟立伟编注《成多禄集》,吉林文史出版社,1988年,第62页。
⑤王芸生《严修与学制改革》,《文史资料选辑》编辑部《文史资料精选》第1册,中国文史出版社,1990年,第285—286页。

的每月征诗活动：

> 广智馆附设之存社，每月征诗，上月章式之先生主课以《谒李文忠
> 祠》命题，约收四十余卷。城南社员应课者甚多，张芍晖孝廉贾勇作十
> 八卷，才气横溢，同侪俯首，好在糊名易书，无通榜之嫌也，其佳句如
> "聂马有祠勋莫并，骆胡专阃谤从同""八旬衰老仍筹笔，九命荣哀到盖
> 棺""平心功罪何须掩，瞑目河山不忍看""举世谁持非战论，至今才识
> 议和难""塞上风云沽上水，不堪庙貌亦沧桑""晟由天降安宗社，绛惯
> 和戎恃老成""大老盖棺元气尽，荩臣谋国小民知""末世英雄东去浪，
> 君家壁垒北平王""丹书铁券等闲事，剩水残山空夕阳""望满寰中身已
> 老，盟临城下事堪哀""预知浩劫难筹笔，故使纯忠早盖棺"。佳联甚
> 多，不能悉记矣。①

同时，金梁、赵元礼等人在天津另外成立有俦社。据《俦社同人年龄生
日住址表》，俦社成员有章一山、杨味云、孙保滋、丁佩瑜、陈葆生、林芷馨、
许佩丞、蒯若木、金息侯、李又尘、林茂泉、金浚宣、王彦超、王伯龙、张一桐、
林笠士等(此为 1942 年时名单)②。章一山即章梫，杨味云即杨寿枬，金息
侯即金梁。俦社每阴历初一、十一、二十一会餐，"赵元礼晚年在津与儒林
旧友，经常酬酢，他除参加严范孙创立的城南诗社每星期集会外，又与郭啸
麓、方地山十余人，每星期二晚间会餐，名'星二会'，与杨味云、章一山十余
人，每阴历初一，十一，二十一会餐，名'俦社'，与韩朴庵，刘孟扬十余人，每
月初五、二十两日会餐，名'增福社'。当年他们这些人，酬酢往来，迭为宾
主，言笑晏晏，颇足骋怀，多少年来，极尽一时之乐。后因'星二会'的王叔
掖、叶壁侯病故，'俦社'的张仲金病故，'增福社'的魏信臣病故，情况乃逐
渐冷落下来"③。

另外，吴广霈在上海也参与了同人邀集的诗社，他为诗社命名"海桑吟
社"④。

---

①赵元礼《藏斋诗话》，张寅彭主编《民国诗话丛编》第 2 册，上海书店出版社，2002 年，第 234 页。

②李世瑜《金浚宣先生劫余资料叙录》，收入李世瑜《社会历史学文集》，天津古籍出版社，2007 年，第 630—631 页。

③刘炎臣《赵元礼生平事略》，《天津文史资料选辑》第 49 辑，天津人民出版社，1990 年，第 132 页。

④吴广霈《癸丑侨海上同人邀作诗会余定名曰海桑吟社首赋二短律》，吴广霈《劫后吟》，京华印书局，1918 年。

二、同人发起的小范围雅集

1916 年初,吴昌绶约清史馆同人到寓晚集①。1921 年秋,赵尔巽、邵章同游钓鱼台。邵章归作五律《辛酉九月游钓鱼台赋呈无补老人》(三首),中有"树密深藏日,亭高不碍风。扶笻人却立,相与话遗忠"(其一)及"澄澈池心水,萧疏屋角风。汉家遗迹在,赐囿说陈忠"(其二)句;"赐囿说陈忠"句下有注:"时陈弢庵受钓台之赐。"②陈弢庵即陈宝琛。

1922 年 12 月 8 日(农历),成多禄六十整寿,京师名士置酒半园,为祝寿。据《漫社三集》,上祝寿诗者,除漫社社友外,尚有陈宝琛、樊增祥、柯劭忞、王树枏、三多、丁传靖、郑沅、江瀚、林开謩、吴用威、关赓麟、钱葆青、郭曾炘、王式通、傅增湘等③。1926 年正月初七,成多禄邀王树枏、柯劭忞在澹园饮酒。成多禄《人日约饮》诗序称:"人日约王晋老、柯凤老饮,并希两公子同来。"④同年秋,重阳节,袁金铠与成多禄等同在沈阳,游北陵。张之汉《石琴庐诗集》中"北陵雅集"卷序:"丙寅重九日,澹堪至自京师。仁甫、洁珊亦适在奉,吴君灌依因加约同人雅集北陵。维时宿霭初收,霜林如画,诸君咸有吟篇。"⑤

雅集之余,免不了切磋诗艺。邵章受聘入清史馆后始学为词,是最典型的例子。邵章于 1920 年受赵尔巽之聘兼任清史馆提调,入馆第四年(1923),在清史馆同人夏孙桐、张尔田、邵瑞彭等人的影响下开始学词,经常"与江阴夏君孙桐,同里张君尔田、邵君瑞彭相商榷"⑥。后来邵章曾回忆当年旧游,称夏孙桐"江阴今祭酒,词坛标神契"⑦。

清史馆提调周肇祥则更多地参加了书画界人士的雅集。如陈师曾自日本回国后,曾于 1922 年组织纪念苏东坡诞辰 885 周年的"罗园雅集",参

---

①吴昌绶致缪荃孙函,顾廷龙校阅《艺风堂友朋书札》,上海古籍出版社,1981 年,第 901 页。
②邵章《悼盦遗稿》,1953 年油印本。
③成其昌、翟立伟编注《成多禄集》,吉林文史出版社,1988 年,第 59—60 页。
④成其昌、翟立伟编注《成多禄集》,吉林文史出版社,1988 年,第 63 页。
⑤成其昌、翟立伟编注《成多禄集》,吉林文史出版社,1988 年,第 64—65 页。
⑥邵章《悼盦自订年谱》,《悼盦遗稿》,1953 年油印本。
⑦邵章《庚辰上巳北海静心斋修禊得禊字》,《悼盦遗稿》,1953 年油印本。

加者有王梦白、周肇祥、汤定之、齐白石、陈半丁、溥心畲、金拱北、江南
苹等①。

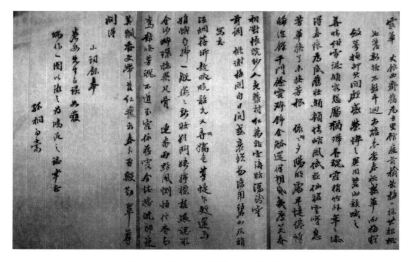

图 28 夏孙桐《露华》词手稿②

按:夏孙桐这两首《露华》词作于 1923 年春。第一首:"弄晴绀雪,
认娟容怨𪩘,犹殢香魂。露梢竹外,年年添得春痕。为底旧妆憔悴,倚
峭风、低亚仙裙。空叹息,芳草换了,未换芳根。依依夕阳明处,早蝶
倦蜂稀,烟锁千门。余霞似锦,金舻还伴朝昏。几度笑春相对,怅浣
纱、人老萝村。红万点,官沟暗泻冷云。"第二首:"沍烟蓓坼。趁婉晚
韶光,又弄娇色。梦蝶乍苏,还与娟娥匀拂。一般燕燕新妆,欲斗婷婷
标格。凭认取、金沙碎环,总异凡骨。连番雨暗风恻。怕信杏青鸾,难
唤芳魄。不道玉容依旧,露含堪摘。沈郎瘦英飘香,更带落红飞出。
春去否、殷勤翠尊问得。"这两首词,又收入夏孙桐亲手编定的《悔龛
词》,文字略异。收入《悔龛词》后,第一首"未换芳根"作"未换孤根"、
"金舻还伴朝昏"作"金舻更傍朝昏";第二首"一般燕燕新妆"作"一般
浪蕊狂花"、"连番雨暗风恻"作"连朝雨暗风恻"。词后题款:"小词录
奉养安先生正误。""养安"即周肇祥,时任清史馆提调。

①《陈师曾年表》,《陈师曾画集》附录,天津人民美术出版社,2008 年,第 158 页。
②李慧、张泽林编《清末民初名流书札》,线装书局,2009 年。

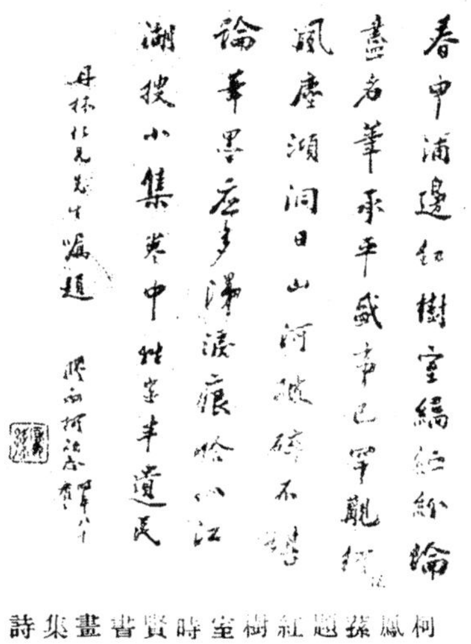

柯劭忞為《紅樹室時賢書畫集》詩集

图29 柯劭忞为《红树室时贤书画集》题诗①

按：诗末有"丹林仁兄先生嘱题"。"丹林"，即陆丹林（1895—1972），号非素，字自在，广东三水人。"红树室"为其斋名。

三、征题、刻诗

1915 年仲夏，金梁为寿其母钱太夫人，征文海内，沈曾植祝以诗："景风辽海上，还贡一筹新。"②周肇祥也绘有《籁灯纺读图》，遍邀友朋题诗。吴昌绶题曰："我闻更生斋，灯影图一幅。母心即佛心，此是传灯录。""长物空劳黄耳，愁根惯长红心；满纸酸风苦雨，如闻霜哺余音。""悲母生天不可呼，泪痕狼藉墨痕枯。寒檠尽有伤心事，未忍人间乞画图。"③姚永朴题曰："廉吏不可作，妻孥寄万山。当时微母力，应早化夷蛮。灯影临机杼，书声动阛阓。夜乌啼不息，催取鬓丝班。""儿幼母心碎，儿长母命终。明明天上月，永夕起秋风。图画留遗影，文章记苦衷。不妨补黄耳，危日尔能忠。"诗中"黄耳"指周肇祥所养的一条狗，"由钦州走番吾，相从不去"④。金兆蕃

---

①徐一士《关于柯劭忞》，《逸经》第 25 期，1937 年。

②金梁《瓜圃丛刊叙录》，参见许全胜《沈曾植年谱长编》，中华书局，2007 年，第 424 页。

③吴昌绶《题〈籁灯纺读图〉为周养安肇祥》，吴昌绶《松邻遗集》卷六，1929 年刻本。中国国家图书馆古籍馆藏。

④姚永朴《周养安肇祥〈籁灯纺读图〉》，姚永朴《蜕私轩集》卷三，北京共和印刷局，1917 年。

则在题诗中称赞周肇祥之母陈氏:"饥寒急相薄,徐以十指争。至今画图上,如闻纺车声。"①

曹经沅《移居图》请题诗,仅在《国闻周报·采风录》上发表的各界名流和诗,即在百首以上②。曾恕传也将所辑《瓟园延庆录》遍请清史馆内外文友题诗,徐珂所题诗中有句云:"一门家学源名父。""名父"指曾恕传祖父未壮悼亡,不再娶,且无妾,以"义夫"得旌③。

除了征题,清史馆成员还刻印了不少诗文集、纪念册等。朋辈之间相互题跋,不亦乐乎。如1923年柯劭忞刻《蓼园诗钞》五卷,即请清史馆同人马其昶为序。1925年秋,王树枏《陶庐百篇》刊出,成多禄为之编辑、校对,并作序④。1926年初秋,成多禄从业师于荫霖(字次棠)日记中辑出《悚斋诗存》影印刊出,柯劭忞、张朝墉分别作跋⑤。吴蕊圆1929年为其父吴昌绶刻印《松邻遗集》,即请邵章题署。1923年,赵尔巽与廉泉等人合辑《天荒地老录》(1923年京师良公祠铅印本),藉以纪念遇刺身亡的良弼,表达同人的缅怀之意。

四、书信谈艺论诗

清史馆协修吴昌绶似乎不太爱凑热闹。在参与《清史稿》的编纂之余,他的精力主要放在刻印词籍方面。吴昌绶喜与师友书信论学谈诗。仅写给缪荃孙的书札就有213封之多⑥。

此外,清史馆同人还参与了不少文学性的社会活动。如1921年张一麐集资重建慈仁寺顾炎武祠,吴昌绶即多有参与。吴昌绶且撰有《重建慈仁寺顾亭林先生祠记》:"京师广安门内大报国慈仁寺创于辽金间,明清递有修缮。旧以双松擅称,市集书摊尤盛。康熙七年春,亭林先生尝寓于此。道光二十三年,何子贞绍基、张石洲穆为先生建祠堂于寺西南隙地一区,架

---

①金兆蕃《周养安肇祥述其母陈太夫人节行为〈篝灯纺读图〉》,《安乐乡人诗集》卷一,约1931年刻本。首都图书馆藏。

②张伯驹《春游琐谈》,中州古籍出版社,1984年,第220页。

③曾恕传等辑《瓟园延庆录》,都门笪连曾氏,1926年铅印本(线装)。

④成其昌、翟立伟编注《成多禄集》,吉林文史出版社,1988年,第64页。

⑤成其昌、翟立伟编注《成多禄集》,吉林文史出版社,1988年,第63页。

⑥顾廷龙校阅《艺风堂友朋书札》,上海古籍出版社,1981年。

屋三楹两庑各五,春秋致禴祀焉。五月二十八日为先生生日,亦恒举文酒之会。二十九年,石洲卒,设主于祠右夹室。咸丰二年,潘玉泩曾玮捐置祭器,始陈俎豆之仪。七世孙淳德所摹画像,历岁题名其后,垂为故事,复有顾祠听雨、秋禊诸图。子贞使蜀,以卷付陈颂南庆镛、何愿船秋涛,嗣是朝士迭主斯事,相沿不废。详朱伯韩琦所为记。庚子之乱,寺毁,改寺基为昭忠祠。独西偏顾祠仅存。唐开成井阑,子贞移自西便门外者,与王定甫锡振书祠记刻石犹未佚。其后虽略有兴葺,岁久寖废,一僧守之。今年辛酉,吴县张一麐与同人集资重建,易禴堂为南向,中龛奉先生神位,仍以石洲附祀,缭以周廊,中门之外,筑室三楹,为憩坐所。取李子德诗意,榜曰'炊羹庐'。其旁为四柿亭,补植双松,以存慈仁故迹。祠中别有先生像,刻石亦摹补焉。先生以光绪季年配食两庑,祀典崇重,而此游躅所经,八十年来,鸿硕相继,私祀尤虔,盖高山景行,今古同情,匪好事也。后海先河,有举莫废,固宜记之,以示来者。"①吴昌绥此记,多关文坛掌故,从中可以看到光宣文人对传统文脉的自觉传承。

　　1924年军阀混战又起,冯玉祥驱溥仪出宫,文坛渐趋冷落。漫社的解体,便是一个征兆。孙雄为张朝墉《甲子集》作序称:"是年,漫社旧友散而之四方者,十之二、三,因于仲春之月会于城北宋氏止园,更名嘤社,月仍一举。"这一年的农历二月,王树枏加入了新成立的"嘤社"。嘤社的首次诗会在止园举行。社友共十五人,包括原漫社的十人(程炎震逝世,萧延平回武汉,陈浏去哈尔滨),另增王树枏、宋小濂、徐鼐霖、涂凤书、丁传靖②。当然,嘤社已不复漫社当年的热闹景象。

---

① 吴昌绥《松邻遗集》卷四,1929年刻本。中国国家图书馆古籍馆藏。
② 成其昌、翟立伟编注《成多禄集》,吉林文史出版社,1988年,第62页。

第五章 闵乱伤时:清史馆同人诗中的兴亡之思

金梁曾在诗中写道:"每想光宣一惘然。"[①]对光宣文人而言,"光宣"既是现实的参照系,也是他们自身的"身份证"。当"光宣"成为现实的参照系时,"新民国"的扰攘不宁加深了他们对"旧光宣"的留恋,于是产生了梁漱溟在评价父亲梁济时所说的"返回去的倾向"。同时,"光宣"又是光宣文人的身份标签,这样的标签正面标示着年龄,背面粘连着心态。

辛亥后,光宣文人或继续为官,或择地隐居。对退隐文人而言,"匿迹"容易做到,"销声"却难,——即使其声音不为时人所知,也必设法传之后世。

光宣文人入民国以后多未辍笔,其诗文集也一直公开刊刻流传。仅就清史馆而论,同人中既有知名诗人,也有知名而不以诗名者。其中,曾挂名清史馆馆长的王闿运(1833—1916)诗名卓然,虽未正式列名清史馆但曾参与清史纂修的柳诒徵(1880—1956)系学术名家,仍被汪辟疆列为光宣诗坛要角。此外,正式列名清史馆的刘师培(1884—1919)、姚永概(1866—1923)、夏曾佑(1863—1924)、罗惇曧(1880—1924)、秦树声(1861—1926)、李岳瑞(1862—1927)、郭曾炘(1855—1928)、宋伯鲁(1854—1932)、吴士鉴(1868—1933)、柯劭忞(1850—1933)、王树枏(1852—1936)、邵瑞彭(1888—1938)、杨钟羲(1865—1940)、陈延韡(1879—1957)等,均曾入选《光宣诗坛点将录》[②]。

一、登临咏歌:"托深心于素毫"

清史馆内的光宣文人既选择以整理文献、编印图籍、修纂史志为余生志业,其"文人"的角色成分遂大大增加[③]。清史馆同人虽多有前清显宦,

---

①金梁《须眉盛》,金梁《息庐咏史》,金梁自刊,1937年铅印本。
②汪辟疆撰,王培军笺证《光宣诗坛点将录笺证》,中华书局,2008年。
③杨钟羲即称赞袁励准"托深心于素毫",原因在于"致尧有君子之道四,而世但传其诗篇"。《皇清诰授光禄大夫南书房行走翰林院侍讲袁君墓志铭》,卞孝萱、唐文权编《辛亥人物碑传集》,团结出版社,1991年,第741页。

但一旦选择入史馆修史,多半出于对笔墨生涯的好感与认同。即使如赵尔巽依然活跃于民国政坛,经常出面为政界各派居间调停,政治号召力不减当年,但作为清史馆馆长,其日常生活已与周边文士无异。

张尔田与王国维函中云:"弟所为惓惓者,则实在故国文献。《列朝后妃传稿》虽粗写定,尚待参考。大内近出残档故册,或有一二可以补苴者,但万里承华,巢痕新扫,天家典宝,零落人间,每一念及,又不忍于尽摭也。"①此函写于1924年底溥仪被逐出宫后,故函内又有"皇舆播迁,越在草莽。末由奔问,瘝忧泣血,如何可言? 今日之变,保障既失,触地皆危。既已出险,不宜重入汉孺子、唐许王之往事。读史者尤所寒心",并称王国维"竟以一人结书房秀才之局"等语。

张尔田又写其师章钰:"辛亥国变,弃官从好,旅食于京沽间。先生自以为于国事无所裨,而文献之寄不可以无传,故即以读书报三百年养士之泽。"章钰为光绪癸卯(1903)进士,"历南洋、北洋大臣幕府,以劳保加四品衔,调外务部,母服阙,始到官。充一等秘书,庶务司帮主稿,兼京师图书馆纂修"。张尔田的描述,将做官与修史做了区分。同时也可以看出,章钰由前清进士、四品官员一变而为诗人,在友朋间是受到鼓励的:"身既隐矣,绝口不挂世事,《小雅》《匪风》之思,宗周'彼稷'之痛,时时于诗篇中微发之。"②在致缪荃孙函中,章钰亦曾夫子自道:"沧桑以来,吾辈希望打扫净尽,所欲为古人一线之延者……"③所谓"欲为古人一线之延",指的便是图书整理、校雠、刊刻。

惟其政治上失意,光宣文人才更深刻地体会到"笔墨"的意义。清史馆纂修邓邦述曾与吴梅及吴梅家兄吴兴让(字竹林)等二十五人游于苏州东斋,吴梅在给吴兴让的诗中说:"江陵橘树河阳田,不如翰墨垂百年。"④这可以视为光宣文人的共识。

罗振玉在致王国维的信中也曾发愿埋首文籍:

> 昨独坐思维,世事一无可为,不如专力传古。本朝国史自是将来一大问题,而私史无从着手,故弟于此次库籍,不惜毁家以求之。然世短意多,若不为流传,我生以后,谁任此者? 故拟为《史料月刊》……⑤

①中国国家图书馆古籍馆编《国家图书馆藏王国维往还书信集》第5册,中华书局,2017年,第2058—2059页。
②张尔田《先师章式之先生传》,《遯堪文集》卷二。
③钱伯城、郭群一整理,顾廷龙校阅《艺风堂友朋书札》,上海人民出版社,2018年,第737页。
④吴梅《答家竹林兄(兴让)》,《吴梅全集·作品卷》,河北教育出版社,2002年,第79页。
⑤《罗振玉与王国维札》,许全胜《沈曾植年谱长编》,中华书局,2007年,第512页。

当光宣文人在"政治"上感到"事无可为",文学、学术便成为他们的遁避之所。登临咏歌,述哀感事,既有归园田居的超然,也有沧海桑田的悲切。

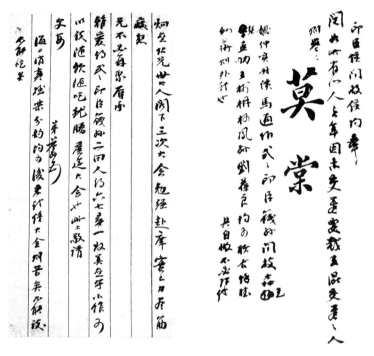

图 30　缪荃孙致吴士鉴函谈史馆同人①

　　按:上右、上左两图,均为缪荃孙致吴士鉴函。右函云:"印臣信、闰枝信均奉阅,如此有心人。去年因未交卷,要裁去混交卷之人,则答莫棠、姚仲实、叔绩、马通伯、式之、印臣、篯孙、闰枝、森玉、张孟劬、王树栴、柯凤孙、刘葆良均可联合,余听其自做,不必理他。幼薇则外行也。"函中姚仲实、叔绩、马通伯、式之、印臣、篯孙、闰枝、张孟劬、柯凤孙、刘葆良、幼薇诸人,分别为姚永朴、姚永概、马其昶、章钰、吴昌绶、金兆蕃、夏孙桐、张尔田、柯劭忞、刘树屏、秦树声,均为清史馆同人。左函云:"三次大会,勉强赴席,实已力尽筋疲,恳兄不必再聚,辱承雅爱。约式之、印臣、篯孙、二田,人约六七,寻一致美斋等小馆,可以谈,随饮随吃,犹胜广筵大会也。"又云:"海上消寒极乐,分韵均可。后来诗钟大会则苦矣,不能谈,不能吃矣。"可知史馆同人聚饮唱酬,颇为频繁。

应当承认，在白话文学尤其是新兴文体（如小说、戏剧）兴起以后，光宣文人的诗词创作，较难进入社会大众的关注视野，引起人们的阅读兴趣。人们注意到，在1922、1923年前后，"由于'文学革命'与'国语运动'的双管齐下，造成旧派在文学论争中的失语。此后'新'、'旧'含义被进一步意识形态化，分别等同'进步'和'落后'甚或'反动'，也意味着旧派在民族国家现代化的进程中被边缘化。从大环境来说，无论情愿不情愿，旧派扭不过潮流，白话的政治正确也早就产生"①。光宣文人如郑孝胥、陈三立、樊增祥等即使曾遭胡适点名批评，也多未参加文学之新旧论争。他们是比旧派更"旧"的旧派，是边缘之外的边缘。

从"五四运动"到国民革命军北伐成功，除活跃于政界者以外，清史馆更多成员在默默无闻中度日。1922年时，陈训慈曾经感慨清史馆之沉静："清史馆则赵尔巽典其事，今尚存在；然消息阒寂，无人闻问。处今时局，能否超然沉研，搜讨编纂，要不可必。"陈训慈呼吁国人对清史之修纂"殊宜加以注意"，"此事实甚重大，学者要不当任若干遗老闭门为此，而不加论列"②。这从一个侧面表明，人们并非不关心光宣文人、清史馆，甚至诧异、不满于他们的过于"沉默"。

事实上，光宣文人一直在构建、修葺自己的文学天地。那是一个由刻本、铅印本、抄本，甚至未刊稿本构成的诗文世界。与新文学作家占据了新兴强势传媒（报刊、杂志）所不同的是，光宣文人诗文的创作与传播方式，仍然保持着相对传统的形态，如点将录、诗话、序跋、品题、赠答等等。

由于稿酬、版税、印数、声名等均非所计，所作诗文也因之成为个人心态的真实见证。如袁励准"以朝士而经历世乱，流离转徙，奔走无归，则必有掩抑自伤，颣頔无告"③，因成《恐高寒斋诗》。对此，郭曾炘深有同感："余尝谓吾辈当今日偷生视景，百无可为，独耿耿不昧之心，犹赖有登临咏歌以抒其菀结。"④

---

①陈建华《从革命到共和：清末至民国时期文学、电影与文化的转型》，广西师范大学出版社，2009年，第200页。
②陈训慈《清史感言》，《史地学报》1卷3期（1922年5月）。参见许师慎辑《有关清史稿编印经过及各方意见汇编》（上、下），中华民国史料研究中心，1979年，第516页。
③郑孝胥《恐高寒斋诗·序》，袁励准《恐高寒斋诗》，1930年朱印本。中国国家图书馆古籍馆藏。
④郭曾炘《恐高寒斋诗·序》，袁励准《恐高寒斋诗》，1930年朱印本。中国国家图书馆古籍馆藏。

二、袁励准、吴广霈:最是伤心"劫后吟"

辛亥革命后第一个十年中,光宣文人诗中频频出现一些与时局相关的词汇,如"劫后""移国""不寐""沧海"等。对时局的关切与担忧、有关个人身世的感慨,以及友朋间的相互慰藉等,成为此一时期光宣文人诗作的几个重要主题。

先说对时局的担忧。武昌起义的消息传来,袁励准写道:

> 一夕清秋鼓角高,相惊江汉正滔滔。
> 军中反侧歌《杨叛》,河上逍遥唱《董逃》。
> 不信王臣成盗贼,忍令天子独忧劳。
> 神州惨淡今何世,极目中原首重搔。
>
> ——《感事》(作于 1911 年)①

诗中"王臣"与"天子"并举,表现的是为君分忧的古典情怀。而清廷逊位诏下,袁励准既愤恨痛惜,又失落伤怀:

> 人心宁足恃,天道更无涯。
> 大盗潜移国,纤儿撞坏家。
> 辅冲期尹望,禅位托勋华。
> 感此意灰冷,残年只自嗟。
>
> ——《辛亥十二月二十五日闻诏述哀》

曾因张勋复辟而兴奋,希望有"复祚"可能:

> 午夜东华启,风云咤叱中。
> 艰危忧国意,仓卒夺门功。
> 复祚思移运,居安在保冲。
> 宵阑看北斗,佳气可葱茏。
>
> ——《丁巳五月十三日丑刻入直》(作于 1917 年)

祚复无望,侍从之士星散无几,连眼前的风景也变得暗淡:

---

① 袁励准《恐高寒斋诗》,1930 年朱印本。中国国家图书馆古籍馆藏。

南都水火事犹新，侍从无多感积薪。

至竟道销穷甲戌，还思祚复衍庚申。

年来琐尾悲中露，梦里朝元怆令辰。

恻恻轻阴疑日暮，琼花黯淡不成春。

——《丙寅元日感赋》(作于 1926 年)

郭曾炘称这些"述哀感事"之作，"缠绵悱恻，具体冬郎。而悲壮激越，又时近遗山"①。"冬郎"，即唐末著名诗人韩偓；"遗山"，即由金入元的著名诗人元好问。

以上诗作的创作年代，正值新文化运动将兴、已兴之时。在年轻一代诗人眼中，这些诗作不免有"规模古人"之嫌。但是，作为 1910、1920 年代的"伤心人"，其"伤心"毕竟关联着一段全"新"的历史。

袁励准为溥仪的老师，身份特殊，有异于同辈的其他光宣文人，所以其感时伤事之诗更具遗民气息。另有一批诗人，与政事相对疏离，故在诗中表达较多的并不是忧伤，而是感喟和困扰，甚至不乏戏谑、调侃——这当然应该视为别一形态的感喟和困扰。吴广霈在《今朝二首》中写道：

棋局何烦揖让劳，云旗翻覆到今朝。

方争南北须统一，又见中枢换百僚。

天下亲朋成陌路，边头藩镇任逍遥。

哀时庾信诗魂断，只合倾觞谱醉谣。

伊吕谁堪借著筹，列侯都尉烂羊头。

鲁褒喜作钱神论，赵壹空为文籍愁。

但得多金娱若辈，何嫌他族遍神州。

江湖满地风涛恶，愿掷渔竿永掉头。②

政局变幻，故诗人感叹"云旗翻覆到今朝"；列侯都尉趋炎附势，只为谋私利、求"多金"，以致诗人有"江湖满地风涛恶"之感。

吴广霈以"劫后吟"为其诗集命名，诗集所收又系辛亥至丁巳间（即 1911—1917 年间）所写诗作，其"劫后"之"劫"所指为何，也就一目了然了。

---

① 郭曾炘《恐高寒斋诗·序》，袁励准《恐高寒斋诗》，1930 年朱印本。中国国家图书馆古籍馆藏。
② 吴广霈《劫后吟》，京华印书局，1918 年。中国国家图书馆古籍馆藏。

《辛亥冬十月纪事》云："嚣尘漭漭日熸光(是日大风扬尘，黄气蔽天——原注)，四壁悲风动未央。强揖长星奠杯酒，谁求汉玺偪椒房。宫人白发谈天宝，处士黄冠忆故乡。莫问金台师乐毅，寒烟衰草哭昭王。"诗用乐毅辅佐燕昭王振兴燕国的典故，寄托了诗人的兴废之叹。尤其"谁求汉玺偪椒房"一句，不免让人联想到隆裕皇太后在袁世凯劝说下做出清室逊位的决定一事。

再说关于个人身世的感慨。最能反映吴广霈当时心境的，除《辛亥冬十月纪事》，还有《寄江东诸子代简》《题汪紫贤〈半山课耕图〉四绝》《壬子春王二月解部职南旋避地木渎七夕游严氏园亭登高口占》《木渎望云秋感》及《移家》诸诗。通观以上诸诗，其主题或为突闻变故时的惊诧，或为个人半生浮沉的感喟，尤以后者居多。

《寄江东诸子代简》一诗写于将别京师之际，诗云："神仙富贵两蹉跎，错节蟠根耐折磨。四海风潮摇砥柱，三秋雷雨泻天河。铗弹不羡车鱼美，管秃犹怜锦绣多。试上高楼一南眺，故人消息渺烟萝。"这是对个人仕宦经历的感慨，所以诗中用到了"蹉跎""折磨""风潮"等字眼。《木渎望云秋感》中的伤感更甚："嗟予生不辰，沦落如匏系。赋此肮脏躯，窃比圭璋器。功德两无成，书剑宁自弃。"伤怀自是伤怀，不过吴广霈天性还是乐观、放达的，他在诗中又说："闷来向长空，矫首思奋翼。"还说："五洲一弹丸，胡足锢吾志。何日会洪崖，拍手超云际。"

在《赠二如居士王伯恭十绝(并序)》诗中，吴广霈写道："行李仓黄子道途，金门坐困我诗逋。九天忽下共和诏，敢辱家声恋栈刍。"(第八首)[①]每句均有注，分别为：句一："君避难徒步出鄂城门"；句二："余时借职邮部，欲归不得"；句三："逊位诏也"；句四："余遂决然解职去"。这四句诗，是对吴广霈、王仪郑(字伯恭)二人"劫后"遭际的真实写照。在《移家》诗中，吴广霈写其居无定所的漂泊感受，更令人动容："游子遭世变，东西无定居。穷乡不成隐，辄复还通都。"[②]

愈是遭逢世变、流离失所，越是珍惜友朋间的感情。吴广霈决心远离尘嚣，寄情于山水之间。他由京南下，客居沪上，居静安寺西之小园，与夏

①吴广霈《劫后吟》，京华印书局，1918年。
②吴广霈《劫后吟》，京华印书局，1918年。

彝恂结邻。这期间，他应海上同人之邀，加入诗社。首次赴会，他赋诗
二章：

> 莫问沧桑事，文章自有神。
>
> 海枯余血泪，世变起骚人。
>
> 旧雨联今雨，新民更佚民。
>
> 德星占小聚，光耀炳千春。
>
> 地老天荒会，伤今吊古情。
>
> 瀛寰无乐土，海角有诗城。
>
> 大种罗群彦，华风播正声。
>
> 壮心何日已，投笔看青萍。①

诗社名"海桑吟社"，这个名字是吴广霈取的。

当然，还要说到生计。吴广霈《甲寅新春六十自嘲》云："家计待抛犹恋
国，臣身已老愧因人。只余豪气如龙虎，一剑寒芒贯紫旻。"稍后，他一度移
居青岛，又由青岛北上赴都，途经济南小驻。此间他有《别家》诗云："去去
上长安，随身一剑寒。贫知干禄苦，老觉别家难。纵有如椽笔，曾无辟谷
丹。漫天风雪里，凭铗向谁弹！"

"贫知干禄苦"，这是他的切身体验。这一趟吴广霈的北上，是为应聘
清史馆而来。他大约有些意气风发，以《由济入都就聘清史馆纪事六绝》为
题，一口气写了六首诗。其中三首道：

> 海角风波一旦生，仓黄行李就车程。
>
> 昙花现灭原关数，痛惜琼瑶掌上倾。（一小女婴受惊奄
> 化——原注）（其一）
>
> 庾信江南赋艳哀，无家杜老困蒿莱。
>
> 人人浪说桃源好，谁道狂澜卷地来。（其五）
>
> 强携细弱信乾坤，历下旋惊战鼓尘。（日兵又至济

---

① 吴广霈《癸丑侨海上同人邀作诗会余定名曰海桑吟社首赋二短律》，吴广霈《劫后吟》，京华印书
局，1918 年。

南——原注）

更抱青氈首燕路,幸开史局馆遗臣。(赵次山馆长怜才
罗致,乃得适馆授餐——原注)(其六)

吴广霈诗中自注称应聘馆职为"适馆授餐",感念赵尔巽"怜才罗致"之善
举。吴广霈入都后,在西城大将坊觅得居所,时当 1914 年中秋前后。

从这时起,直到 1916 年初夏离京移居津门,吴广霈均在清史馆任事。
这期间,他写下了不少记录日常生活以及与清史纂修有关的诗作,如《日趋
清史馆过金鳌玉蛛口占》《雪后过金鳌玉蛛顾景徘徊偶成》《草〈邦交志〉有
感》等。

三、颓唐病笔:"有叹惋无诋諆"

1920 年代前后光宣诗人的"登临咏歌",虽然在郭曾炘看来,不过是当
"偷生视景,百无可为"之际,聊以表达"耿耿不昧之心",以"抒其菀结"[1]而
已,但这种"菀结"已与辛亥革命后三五年内言辞之沉痛、激烈有所不同,变
得温和多了,甚至只剩下感慨与叹息。

章钰在致缪荃孙函中说:"一姓兴废,本天道之适然。独恨立国五千
年,凡夫制度、文为、声名、文物所以殊异夫遐裔,而自别于禽兽者,无不颠
倒摧毁,随之而尽。瞻仰昊天,穷于呵壁。"[2]面对时局骤变,章钰颇感无
奈。他呵壁问天,叹惋不已。当然,他所感喟者,并不止于"一姓兴废",更
在于文化上的"颠倒摧毁"。

杨钟羲在为瑞洵《犬羊集》所作《写记》中曾说瑞洵之诗,"有和仲之忠
爱,无子长之怨诽"[3]。和仲,即苏轼;子长,为司马迁。金兆蕃也在写给章
钰的诗中说:"蝮蛇所过众草靡,鸷鸟纵击完卵稀。遂持襆被走辇下,君有
叹惋无诋諆。"[4]"有叹惋"而"无诋諆",这正是辛亥后光宣文人诗作的整体
特征。

---

[1] 郭曾炘《恐高寒斋诗·序》,袁励准《恐高寒斋诗》,1930 年朱印本。中国国家图书馆古籍馆藏。
[2] 钱伯城、郭群一整理,顾廷龙校阅《艺风堂友朋书札》,上海人民出版社,2018 年,第 729 页。
[3] 杨钟羲《犬羊集写记》,瑞洵《犬羊集》,1934 年刻本。首都图书馆藏。
[4] 金兆蕃《式之年政五十矣,复投以长歌》,金兆蕃《安乐乡人诗集》,沈云龙主编《近代中国史料丛
刊续编》第 12 辑,文海出版社,1975 年。

拿新生的民国与故国比,光宣文人每多感慨。感慨时光之逝去,感慨旧景之不再。对光宣文人而言,"辛亥"的意义恐怕主要是身份上由臣民到遗民、公民的转变。然而,光宣文人对此转变并不热衷于谈论。我们在清史馆同人的诗文中,会发现他们的感慨多集中于对世道之变、乱的感慨,即所谓"君子处衰世"。王揖唐称陈三立辛亥以后,"诗境一变,闵乱伤时,多变雅之作"①。沈曾植也有诗感慨时势之不可为:"乱世人才可易论,英多雄少浪批根。辙穷漫堕驱车泪,地胜难招自古魂。"②

与之相应的,是光宣文人之间围绕诗歌的相互品评,经常用到"哀""痛""怨"字。1928年夏,袁励准持所作诗二卷请序于郭曾炘,郭序曰:"鼎湖攀髯,旋遭国变,虽侍直如故,而述哀感事之作,往往见之篇什,缠绵悱恻,具体冬郎,而悲壮激越,又时近遗山。然以论身世,则冬郎、遗山亦有不尽同者。"③冬郎,即韩偓;遗山,为元好问。又如钱基博称陈宝琛:"宣统逊国,官太保,抚时感世,一托于诗,有《沧趣楼集》。"④邓邦述则说:"入世谁能了死生,悲欢正似月阴晴。止观我自倾瓶水,防意人争筑幔城。静听荷喧如夏佩,闲寻瓜战已休兵。清词不与衰翁称,空惜追凉负手行。"⑤

清史馆成员所处境遇各有不同,"颓唐"和"哀怨"也就有着不同的指向。有"政士"之怨,有"文士"之怨。"文士"又有"东华文人"(清史馆在东华门内)与"南斋文人"(逊清皇室南书房称"南斋")的角色分野。如前所述,并不是所有的光宣文人都反对共和;而选择留在故君身边,也不能机械地解读为"恋阙之忧",尽管这是朋辈的习惯性解读策略。如逊清皇室南书房行走袁励准于1930年将辛丑以后所作诗汇为两卷,自写付梓,题曰《恐高寒斋诗》。集中除纪恩、感怀、幽怨等题材风格的诗以外,不见其他类型的诗作,或许是作者主动挑选的结果。如陈左高曾指出,袁励准是戏迷,曾去东北听戏,还留下一本听戏日记,名为《秋篱剧话》。某天日记记道:

---

① 王揖唐《今传是楼诗话》,张寅彭主编《民国诗话丛编》第3册,上海书店出版社,2002年,第277页。
② 《王国维致罗振玉札》,许全胜《沈曾植年谱长编》,中华书局,2007年,第4437页。
③ 袁励准《恐高寒斋诗》,1930年朱印本。中国国家图书馆古籍馆藏。
④ 钱基博《现代中国文学史》,上海世纪出版集团、上海书店出版社,2007年,第179页。
⑤ 群碧(邓邦述)《东斋茗集韦斋用简斋〈顺阳门外〉韵首唱,依韵奉和》,《东斋酬唱集》,1936年刻本。

　　　　星期六夕。先后至鸣盛、兴康两部。鸣盛所观为《戏凤》《摇会》《牧羊巷》《小放牛》。兴康部所观，为《彩楼配》《梵王宫》《戏凤》，以花宝卿、宝钰、金桂英、金翠凤演之。宝卿偶作青衣，捐然秀洁；宝钰之须生逊其青衣……翠红工于唱《摇会》。

　　　　星期日，以二钟至鸣盛部，适为菊处满堂演《黄鹤楼》，以丁德林演周瑜，尚可对付……迩来小金凤习雉尾生毕业矣……花宝玉演《铡美案》《琴眠》，丞称其口齿清朗，为历来青衣所未有，余深然之。

陈左高判断"观剧地点在东北，当时已有文明戏，似在辛亥革命前后阶段"①。但在《恐高寒斋诗》中，不见有咏戏的诗作选入。

　　郭曾炘曾说过，袁励准入直南斋时正值盛年，前途无量，"咸以公辅期之"。可惜生不逢时，"鼎湖攀髯，旋遭国变"，虽然宣统逊位后袁励准仍居宫禁，"侍直如故"，但在民国初年，三十岁出头的袁励准资历尚浅，又不肯另谋他就，甘以文字为生活，所以一直保持着相对安静、纯粹的书生生活。

　　袁励准的感事是内向的，在社会的一角自叹自嗟、独自开落。相形之下，另一位南斋文人金梁的感事诗，则带有很强的戏剧性、展演性。

　　1925年春节这天，刚刚被逐出宫的溥仪在北京使馆区里的日本使馆内接受臣僚们拜贺："正当第三班臣僚三跪九叩行礼如仪之际，突然在行列里发出一声干嚎，把人们都吓了一跳，接着，有一个用袖掩面的人推开左右，边嚎边走，夺门而出……这个人是前内务府大臣金梁。他干嚎个什么，没有一个人知道。"等第二天的《顺天时报》上刊出金梁的一首诗，人们才"恍然大悟"。以至于溥仪调侃说："原来昨天这一幕怪剧是为了写这首诗而作的苦心准备。"金梁在诗中写道：

　　　　　　　元旦朝故主，不觉哭失声。

　　　　　　　虑众或骇怪，急归掩面行。

　　　　　　　闭门恣痛哭，血泪自纵横。

　　　　　　　自晨至日午，伏地不能兴。

　　　　　　　家人惊欲死，环泣如送生。

①陈左高《〈清史稿〉纂修者袁励准〈秋篢剧话〉稿》，《文史》第8辑，中华书局，1980年，第220页。

忽梦至天上，双忠(文忠、忠武)下相迎。

携手且东指，仿佛见蓬瀛。

波涛何汹涌，风日倏已平。

悠悠如梦境，夕阳昏复明。

余生唯一息，叩枕徒哀鸣。[①]

诗中"双忠"指梁鼎芬(谥文忠)和张勋(谥忠武)。

后来金梁又作《仰天号》一诗，追记这次"干嚎"的心理：

君臣播越海滨逃，正笏俨然如治朝。

谁忍行园叩庆赏，朝衣拭泪仰天号。[②]

其实，究竟为何痛哭失声，金梁在前后两首诗中都没能说清。后一诗谈到"君臣播越"却"正笏俨然"，形同"治朝"，倒是稍触及一些内在的情由。如果将清朝喻作一座大厦，金梁应是为大厦的倾圮而哭罢！

同为感事诗，袁诗细腻雅洁远胜金诗，而金诗哀感深切、悲不自胜，也非局外人所能体会。《故山归》一诗，颇能道尽金梁内心的幽微：

千秋疑案想唐虞，主复为宾宾复奴。

天意难回臣力竭，故山归骨尚何图。[③]

与袁励准不同，金梁属于文士，但更自视为"英雄"[④]，所以诗中多豪士气[⑤]，少台阁气。

族群身份之不同，也使光宣文人诗文中的幽怨，呈现出不一样的色调。

---

① 爱新觉罗·溥仪《我的前半生》，群众出版社，2007 年，第 137—138 页。

② 金梁《息庐咏史》，金梁自刊，1937 年铅印本。

③ 金梁《息庐咏史》，金梁自刊，1937 年铅印本。

④ 郑孝胥对人曾有英雄、官吏、文士的分法。溥仪 1931 年 11 月 2 日晚与土肥原会谈后，于 6 日问郑孝胥，郑对曰："毋失日本之热心，速应国人之欢心。此英雄之事，非官史、文上所能解也。"参见《郑孝胥日记》第 4 册，第 1350 页。

⑤ 金梁不止有复兴清室的愿望，而且有自建"新国"的奇想。1946 年秋，金梁在《严觉之诗叙》中写道："尝发奇想，假我十万人，横行中国，得觉之为我草檄，驰告中外，自南自北，无思不服，后来祸乱，不待三年，早消弭矣。其时有刘大同者，号疯子，亦我奇客，曾遣长白设治，乃忽创议就白山建新国，令吾为之主，吾亟驰书阻之。及今思之，恨不联严、刘为陈吴，自王海外，而坐失此奇机也，惜哉惜哉！吾今日何忽及此，见者得勿疑为疯语乎？不知以觉之近函，将刊其诗草，索为之叙。而刘疯适来，年近八十，犹如少壮，见而笑曰：觉之自刻诗草，有暮气矣。昔二人同官东省，皆各著奇怀，今一南一北，无由合矣。而回首旧游，恍如重聚，河山入梦，能勿发今昔之感邪？"见中华博物网金梁手迹藏品图片。

例如,金梁是满洲驻防旗人出身,他对清朝的兴亡,有着与其他人不完全一样的感受。金梁对修史的态度,也最为积极、勤奋:

> 一去东华百不存,今朝旧梦又重温。
>
> 幸将残史辛勤补,文字岂容说报恩。
>
> ——《丁丑自述诗》(其五)[①]

对大多数光宣文人而言,清室之"亡"虽然也影响到个人的命运,在相当程度上改变了其生活轨迹,但他们对"兴亡"的咏叹,多停留在抽象的层面。清之兴亡,与宋、明或金、元之兴亡一样,不过是可供吟咏的诸多素材之一。相对于诗人在诗作中表现自身的离合悲欢时所呈现出来的丰富脉络,他们对历史的咏叹却表现出令人惊讶的冷淡与超然,剩下的惟有类同化、模式化的感慨。仿佛那刚刚被"革"去了"命"的清朝,真的已经完全死去,与自己的生命再无任何瓜葛。所有的"俯仰"皆成"陈迹",在迂琐(费树蔚)的诗中我们感受到的是诗人的落寞与枯寂:

> 忧天宁我独,避世到今难。
>
> 俯仰成陈迹,追陪答岁寒。
>
> 歌吟余事耳,放笔泪阑干。[②]

费树蔚与袁世凯之子袁克定同为晚清重臣吴大澂女婿[③],费的身份地位均较特殊。费树蔚对"兴亡"的感受,显然与金梁大不一样。族群之于个人的意义在这一点上充分呈现出来。

　　除了叹惋,光宣文人也表现出一定的疑惧心理。由于他们在思想方面多少带有一定的"退守性",这种退守性的历史话语尝试着以传统资源来建构一种不同于"乱党"的叙述结构,以防止自己想象中的"历史图景"不被竞争对手所覆盖、淹没。这种退守性话语本能地拒斥来自现代话语的同化。异样的声音愈是嘈杂,退守的心态愈是坚忍。如果我们承认"现代性"是一种向前牵引的力量,那么,在"南斋"(清室南书房)和"东华"(清史馆)一隅困守的光宣文人,更愿意表达他们对不可预知的未来的忧虑与疑惧。1927年4月12日,郭曾炘在日记中写道:

---

① 此诗写于 1926 年。金梁《息庐咏史》,金梁自刊,1937 年铅印本。
② 迂琐(费树蔚)《与东斋诸君谈有感,用白傅〈斋云楼远望〉韵》,《东斋酬唱集》,1936 年刻本。
③ 参见《费巩生平与著述》,《费巩文集》,浙江大学出版社,2005 年,第 614—628 页。

> 近日湖南每县每日平均计算残杀有名人物约在三人以上,历朝鼎革后之祸无此惨也。①

同年 12 月 9 日,郭曾炘又写道:

> 今日为民国十七年阳历元旦矣。从前里谣"大乱十六年"已成过去,以现状言之,方愈乱而未有已也。②

尽管光宣文人生活在"现代"并心安理得地享用着火车、电话、影院等由西方"碧眼儿"③发明的成果。而且,也分享着共和国体之下私人言论的相对自由。很多人并且长期安居于为西方列强所"攘取"并据为己有的租界,在落寞与"自由"中安度后半生的退官生活④。但是,不论是在情感层面,还是在理性层面,这样的状况并不能让他们安身立命。

当然,光宣文人的感事诗中并不只是叹惋,也有愤慨与殷忧。政体的改变和言禁的松弛,也使光宣诗人敢于直抒胸臆。如樊增祥《己巳除夕诗》即抨击时事:

> 近年废止旧历,急于星火,奉行者变本加厉,并书春者亦禁之。樊山翁《己巳除夕诗》云:"二千余载到今天,不许人过旧历年。可得不为寒士计,秀才无分卖春联。"盖慨乎其言之矣。⑤

"己巳"为 1929 年。从这一年起,南京国民政府强令全国废除旧历,改用"国历":

> 国历是阳历,不是洋历;故我们写起年份,总应该写"中华民国几

---

① 郭曾炘《邴庐日记》,李德龙、俞冰主编《历代日记丛钞》第 183 册,学苑出版社,2006 年,第 107 页。

② 郭曾炘《邴庐日记》,李德龙、俞冰主编《历代日记丛钞》第 183 册,学苑出版社,2006 年,第 299—300 页。

③ "碧眼儿",语出郭曾炘《邴庐日记》:"连日报载金陵事,已证实南军掠及外侨,死伤不少。回溯八十年前白门定约之时,碧眼儿亦不无盛衰之感也。"李德龙、俞冰主编《历代日记丛钞》第 183 册,学苑出版社,2006 年,第 57 页。

④ "光宣之际,大臣多挟赃私,屏居沪上,享繁华声色之乐。迨及国变,王公世族、故旧大僚并海内名流充满津沪,争以租界为遁荒之野。宜黄符璋(笑拈)大令有句云:'禹域九州蛮界矣,天弧一角客星多。'"魏元旷《蕉庵诗话》,张寅彭主编《民国诗话丛编》第 2 册,上海书店出版社,2002 年,第 26 页。

⑤ 王揖唐《今传是楼诗话》,张寅彭主编《民国诗话丛编》第 3 册,上海书店出版社,2002 年,第 481 页。

年",不应写"一千九百几年";这是任何人都知道的……①

苏凤甚至宣称"这个旧历,是已经死去的了!"②所以樊增祥抱怨"不许人过旧历年"。冒广生(鹤亭)《秣陵七绝》也是很好的例子,其中两首这样写道:

> 杨柳楼台化劫灰,品茶犹为鉴园来。
> 残莺病燕都飞尽,不见灯船一个回。
> 无家八百念孤寒,争说江湖乞食难。
> 今日九流齐饿死,不须辛苦怨儒冠。

论者称"'饿死'句读之酸鼻"③。

　　除了感事诗,光宣文人(尤其是其中的南斋文人)还写有不少纪恩诗,如郑孝胥、袁励准等均有纪恩之作。溥仪回忆录中带着调侃的语气专门提到郑孝胥的一首诗:

> 君臣各辟世,世难谁能平?
> 天心有默启,惊人方一鸣。
> 落落数百言,肝脑输微诚。
> 使之尽所怀,日月悬殿楹。
> 进言何足异,知言乃圣明。
> 自意转向鳌,岂知复冠缨。
> 独抱忠义气,未免流俗轻。
> 须臾愿无死,终见德化成。
> ——郑孝胥《七月十一日召见养心殿纪恩》(作于 1923 年)④

借助"君"(溥仪)的描述,我们不免为"忠君"的"遗老"们感到心寒,因为"遗老"的"忠"是不及物的。溥仪甚至这样理解投水自尽的梁济:

> 为了一件黄马褂,为了将来续家谱时写上个清朝的官衔,为了死后一个谥法,每天都有人往紫禁城跑,或者从遥远的地方寄奏折来。著名的绰号梁疯子的梁巨川,不惜投到北京积水潭的水坑里,用一条

---

① 田天华《关于阳历的一种小报告》,(上海)《民国日报》1929 年 1 月 16 日。
② 苏凤《死的旧历》,(上海)《民国日报》1929 年 2 月 10 日。
③ 王揖唐《今传是楼诗话》,张寅彭主编《民国诗话丛编》第 3 册,上海书店出版社,2002 年,第 481 页。
④ 爱新觉罗·溥仪《我的前半生》,群众出版社,2007 年,第 115 页。

性命和泡过水的"遗折"，换了一个"贞端"的谥法。①

作为"故君"的溥仪如此评价忠于"故君"的旧臣，这怕是梁济、郑孝胥等人万万料想不到的。

郑孝胥显然意识到世风的变化，所以他用"独抱忠义气，未免流俗轻"这样的诗句来形容"忠义"与"流俗"的对立。时势的变化——"忠义"已变得不再"时髦"，甚至遭到嘲谑——不只对光宣文人的进退抉择形成挑战，也使光宣文人的诗学选择变得尴尬起来。这一点光宣文人自有清醒认识，如陈衍即称：

> 自前清革命，而旧日之官僚伏处不出者，顿添许多诗料，黍离麦秀、荆棘铜驼、义熙甲子之类，摇笔即来，满纸皆是。其实此时局羌无故实，用典难于恰切，前清钟虡不移，庙貌如故，故宗庙宫室未为禾黍也。都城未有战事，铜驼未尝在荆棘中也。义熙之号虽改，而未有称王称帝之刘寄奴也。旧帝后未为瀛国公、谢道清也。出处去就，听人自便，无文文山、谢叠山之事也。余今年出都，有和秋岳一绝句云："未须天意怜衰草，岂望人间重晚晴。春兴田园吾自足，义熙端不托泉明。"故今日世界，乱离为公共之戚，兴废乃一家之言。②

诗中"旧典"如黍离麦秀、荆棘铜驼、义熙甲子之类，已经不能有效摹绘今日光宣文人的现实处境。

在传统诗文的意义结构中，几乎所有的创新都指向过去。文学方面的新变，多采取复古的策略进行。对光宣文人如袁励准而言，诗文创作仅仅是表情达意的工具而已，如袁励准自称《恐高寒斋诗》的作用无非"以见余之诗，殆与忧患相终始已"③。这也是金天翮在《东斋酬唱图序》中所说的以诗歌"为性命"、以诗歌"观世变"：

> 天下岂无可忧、可毒、可憔悴之事，而卒不撄其宁，抑且相与自诧曰："此两间之赘民也。"天不我赘，而人自赘之……而惟朋好诗歌以为性命。余亦有所同嗜焉。然而可以观世变矣。④

①爱新觉罗·溥仪《我的前半生》，群众出版社，2007年，第82页。
②陈衍《石遗室诗话》，辽宁教育出版社，1998年，第126—127页。
③袁励准《恐高寒斋诗》，1930年朱印本。中国国家图书馆古籍馆藏。
④金天翮《东斋酬唱图序》，《东斋酬唱集》，1936年刻本。

中国文学史上"诗以人传""人以诗传""诗以事传"的多元流传方式,又使袁励准们对诗歌与声名的关系别怀信心。对于文学,也因此有着与胡适等新文化同人不一样的理解。胡适的意图是颠覆、改造旧的文化世界以"再造新文明",袁励准们除了自我表达,并没有胡适那样高远的意图。马其昶说:"学者贵自得而已","不得于今,必有传于后,此犹有竞心焉"①。郑孝胥说:"周立之诗:'草草定中兴,千秋看佳传。'"②易顺鼎说:"军书竟日如经读,诗卷他年作史看。"③在在说明光宣文人对自身事功与诗文足以传世的自信与坦然。"变"与"不变"均发自内心,不以外界喜好为转移:"惟增祥不喜用眼前习见故实,而顺鼎则必用人人所知之典。增祥诗境到老不变,而顺鼎则变动不居……"④只要诗歌成为自我心迹的真实表达,思想感情的深度与浓度完全可以超越外在形式的束缚制约。

从公共领域中的诗歌唱酬,到文学层面的人事交涉,再到创作层面的艺术共鸣,光宣文人之于现代中国的文学意义,是在一个变动不居的人事网络与代际承续中实现的。胡适抨击旧文学之落后,不仅着眼于文体、语言,而且依据其内容、思想。胡适诚可自圆其说。不过,普通民众的划分标准未必谨守"学理"。两大阵营的对峙,与其说是事实,不如说是停留在想象中或纸面上的理论预设。新文学之"胜利",并不曾将对手驱离战场;古典文人只是被文学史家有意无意遮蔽了而已。胡适批评王闿运生当"太平天国大乱的时代",却只写下"无数《拟鲍明远》《拟傅玄》《拟王元长》《拟曹子建》……一类的假古董","竟寻不出一些真正可以纪念这个惨痛时代的诗"。事实上,包括清史馆同人在内的光宣文人在民国年间写下了很多足以纪念"惨痛时代"的佳作。例如年逾八旬的王树枏在生命的最后几年中一直心情低落,1931年时他曾"感事不平",遂填词三阕"以志悲愤",其一曰:

> 烽火连天,鼓鼙动地,霎时城郭都非,问长城消息,风雨凄迷,苍天不管人间事,终日里如醉如痴,最堪怜是破巢卵尽,匜树无依。　　只

---

① 王树枏《桐城马通伯先生墓志铭》,卞孝萱、唐文权编《民国人物碑传集》,团结出版社,1995年,第598页。

② 郑孝胥1933年3月12日日记,《郑孝胥日记》第5册,中华书局,1993年,第2447页。

③ 钱基博《现代中国文学史》,上海世纪出版集团、上海书店出版社,2007年,第158页。

④ 钱基博《现代中国文学史》,上海世纪出版集团、上海书店出版社,2007年,第156页。

闻屋底鸟啼,奈达官走避,又陷潢池。讯主人安在,翠绕珠围,一生拼
　　向花间死,婆娑舞并蒂连枝,人行乐耳,江山大好,任付伊谁。[1]

字里行间是对时事的感喟与关切,可当诗史。虽不免因袭古典诗词的所谓
"套语",但熟悉1930年代中国国内外局势的每一位读者,均不难读出王树
枏词句中特殊的时代氛围与幽深的"现代体验"。所以吴宓说:"现代极旧
派之人,其所表示者,亦是现代人之思想感情。"[2]吴宓的意见不无道理。

---

[1]王树枏《金菊对芙蓉》,《陶庐老人随年录》,中华书局,2007年,第92页。
[2]吴宓《吴宓诗话》,商务印书馆,2005年,第140页。

第六章　诗与世代：光宣文人与民初诗坛

　　清史馆时代的民国诗坛，先是光宣诗人与南社诗人的对垒（"从晚清末年到现在，四五十年间的旧诗坛，是比较保守的'同光体'诗人和比较进步的南社诗人争霸的时代"①）；白话诗人崛起后，又渐呈三足鼎立之势。所以樊增祥在次韵答赠郑孝胥的诗中，以"阑入新世界，转为后辈轻"②这样的诗句描述光宣一代与年轻一代的关系。到 1930 年代，同属文言阵营的南社诗人渐与光宣诗人合流。尽管光宣诗人、南社诗人、白话诗人在民国诗坛三分天下，但光宣诗人的重要性在后人所撰的文学史中是不被重视的。

一、光宣文人及其"返回去的倾向"

　　作为"民国"的对照物，光宣文人笔下的"光宣"别有深意。1933—1935年间，闲居苏州的清史馆纂修邓邦述与当地文人二十余位游于苏州"东斋"。同人酬唱之作，后由邓邦述、蔡晋镛辑为《东斋酬唱集》③。"东斋"诗友霜杰④对光宣的描绘是："忆昔承平乐，光宣未向阑。衣冠多故旧，士女侈游观。赋薄三农慰，刑清五教宽。不须官尽好，要与俗相安。海上红桑起，吴中白柰残。浮云时扰扰，长夜遂漫漫。无地容闲写，逢春亘寡欢。醉如沉陆易，吟到补天难。往者伊川痛，今兹海水寒。吾侪宁自放，饶舌戒丰干。"⑤与今日之浮云扰扰、长夜漫漫不同，出现在霜杰笔下的"光宣"是赋

①柳亚子《介绍一位现代的女诗人》，柳亚子《怀旧集》，耕耘出版社，1981 年，第 238—243 页。
②樊增祥《次韵答苏龛见赠二首》，《樊樊山诗集》，上海古籍出版社，2004 年，第 1755 页。
③参与东斋酬唱的诗人有金天翮（松岑）、费树蔚（仲深）、邓邦述（孝先）、蔡晋镛（云笙）、庞树阶（次淮）、吴梅（瞿安）、陈任（公孟）、吴曾源（伯渊）、蔡宝善（师愚）、屈起（伯刚）、杨无恙（无恙）、吴兴让（竹林）、林藜桢（肖蝓）、张茂炯（仲清）、彭谷孙（子嘉）、郑篯（尹起）、梁天民（少筠）、江迅（晋之）、翁有成（志吾）、黄履思（晓浦）、费廷璜（玉如）、陈昌淦（公亮）、陈定祥（渭士）、陈衍（石遗）、宗舜年（子岱）。共二十五人。邓邦述辑，汪东题签《东斋酬唱集》，1936 年刻本。
④林藜桢，字肖蝓，又字霜杰，福建闽侯人。
⑤霜杰《和韦斋〈东斋茗谈有感〉，用白傅〈齐云晚望〉韵》，《东斋酬唱集》，1936 年刻本。

薄刑清、农慰教宽。这是"光宣"的"承平"一面。显然,霖杰关注的是士农工商等普通民众的日常生活。当时,中日战事初起,诗人感慨的已不再是"国体"之优劣,而是民生多艰、神州陆沉,是现实中的治与乱。

与新文化同人普遍倾向于国民性改造有所不同的是,辛亥革命后的光宣文人似乎更加期待古典式的安宁,怀念官民相安的承平之乐。换句话说,是世之"治",而非世之"新"。"可怜泛滥遍中原,吾辈犹得憩泉石。归家饭熟粳米香,放箸独坐三太息。"①发此感慨的是邓邦述的一位"东斋"诗友陈任。当时,"河决豫鲁诸处,泛滥甚广,民生可哀也"。陈任归家有饭,生活尚未大受影响。倘若革命使普通人的生计成为巨大难题,革命的正当性便必然受到质疑。

梁漱溟曾谈及辛亥革命前后父亲梁济的转变:

> 那时候人都毁骂郭筠仙(嵩焘)信洋人,讲洋务,我父亲同他不相识,独排众论,极以他为然。又常亲近那最老的外交家许静山先生(珏)去访问世界大事,讨论什么亲俄亲英的问题。自己在日记上说:"倘我本身不能出洋留学,一定节省出钱来叫我儿子出洋。万事可省,此事不可不办。"……然而到了晚年,就是这五六年,除了合于从前自己主张的外,自己常很激烈的表示反对新人物新主张(于政治为尤然)。甚至把从前所主张的如伸张民权排斥迷信之类有返回去的倾向。不但我父亲如此,我的父执彭先生,本是勇往不过的革新家,那一种破釜沉舟的气概恐怕现在的革新家未必能及,到现在他的思想也是陈旧的很,甚至也有返回去的倾向。②

梁漱溟认为梁济之所以由辛亥前的趋新,变为辛亥后的退守,全在于年龄的关系:

> 当四十岁时,人的精神充裕,那一副过人的精神便显起效用来,于甚少的机会中追求出机会,摄取了知识,构成了思想,发动了志气,所以有那一番积极的作为。在那时代便是维新家。到六十岁时,精神安能如昔,知识的摄取力先减了,思想的构成力也退了,所有的思想都是

---

① 栎寄(陈任)《东斋和群碧老人用陈简斋凤兴诗韵》,《东斋酬唱集》,1936 年刻本。
② 梁漱溟《梁巨川先生的自杀》,《新青年》第 6 卷第 4 号,1919 年 4 月 15 日。又见梁济著、黄曙晖编校《梁巨川遗书》,华东师范大学出版社,2008 年,第 302—303 页。

以前的遗留，没有那方兴未艾的创造，而外界的变迁却一日千里起来，于是乎就落后为旧人物了。①

虽然梁漱溟将父亲的转变归结为年龄，未必全合梁济的思想实际，但梁漱溟围绕年龄所做的分析，提供了很有价值的观察角度。

事实上，梁漱溟对父亲自杀的解读，本身即呈现出鲜明的代际差异。梁漱溟认为梁济"落后为旧人物"了，说明他当时并没有完全理解父亲的所思所想，因而未能把握父亲自杀的本意所在。梁济本人已经说得足够明白：

> 今民国七载于兹，南北因争战而大局分崩，民生因负担而困穷憔悴，民德因倡导而堕落卑污，全与逊让之本心相反，是清朝亡于权奸卖国，已无疑义……

又说：

> 今人为新说所震，丧失自己权威，自光、宣之末，新说谓敬君恋主为奴性，一般吃俸禄者靡然从之，忘其自己生平主义。苟平心以思，人各有尊信持循之学说，彼新说持自治无须君治之理，推翻专制，屏斥奴性，自是一说，我旧说以忠孝节义范束全国之人心，一切法度纪纲数千年圣哲所创垂，岂竟毫无可贵，何必先自轻贱，一闻新说，遂将数十年所尊信持循者弃绝，不值一顾，对于新人物有自惭形秽、嗫嚅不敢言之概，甚或迎合新人物，毁骂先代遗传……②

出现在梁济笔下的"光宣"，是"新说"风行的时代，而他自己也曾是"信洋人、讲洋务"的主张者。而今幡然悔悟，认为"新说"固"自是一说"，而"旧说"也并非"毫无可贵"。可见，梁济与"新人物"之间的巨大分歧虽与年龄有关，但归根结底乃是出于对"新说"的失望、对民国的失望、对现实的失望。

耐人寻味也让人颇感纳闷的是，梁济以自杀来抗议"新人物"及其"新说"，结果赢得新人物如陈独秀、胡适、徐志摩们的同声喝彩。于是，梁济与"新人物"之间的深刻分歧，被自杀行为激起的"敬爱"之心淹没了，本应引

---

① 梁漱溟《梁巨川先生的自杀》，《新青年》第 6 卷第 4 号，1919 年 4 月 15 日。又见梁济著、黄曙晖编校《梁巨川遗书》，华东师范大学出版社，2008 年，第 304 页。
② 梁济《敬告世人书》，梁济著、黄曙晖编校《梁巨川遗书》，第 54—55 页。

起的激烈的道德论争与思想摩擦,并没有如期出现。除了陶履恭的意见确见卓识外,新文化阵营对梁济之死的反应未能表现出应有的理论深度。当梁济因自杀而成为道德样板之后,无人愿意公开站在他的对立面。梁济以死宣战,预想中的"敌人"却不见了踪影。

二、光宣、南社与新诗界的三峰并峙

梁济自杀要算是光宣文人与新文化群体之间的一次特殊"对话"。这一次"对话"的结果,是发动进攻的梁济先生陷入了无物之阵。而新诗与旧诗的对峙,则是光宣文人与新文化群体之间的另一种交涉。这一交涉持续的时间漫长了许多。而光宣、南社与新诗界的三峰并峙,中经南社的解体,而区隔为前后两个有着不同特征的发展阶段。

前一阶段的特点是三方互斥。

首先,作为文坛前辈的光宣诗人受到来自南社诗人和《新青年》同人的共同排抑。在胡适、陈独秀发起"文学革命"之前,光宣文人先已受到一群"时代歌手"(比如南社)[1]的激烈批判。南社诗人周实(1885—1911)早在1906年时即曾批评光宣文人道:

> 嗟夫!内讧外侮,纷起迭乘。当今之世,非复雍容揄扬,承平雅颂时矣!士君子伤时念乱,亦遂不能不为变风变雅之音。实近辑《诗话》,盖将取古今人慷慨苍凉、缠绵悲感之作,而讽咏之播扬之,使天下仁人志士、英雄俊杰,皆知夫人心惨怛、世变纷纭,岌岌焉不可以终日。或因以感发而奋兴,未始非国家之福也。[2]

周实所说的"宗宋派、讲格律、重声调,日役役于揣摩盗窃之中,乃文章诗歌之奴隶,而少陵所谓'小技'者也"[3]。矛头所指,当是光宣诗人。

---

[1] 刘纳在描述辛亥革命至五四时期的中国文学时,曾对这一时期呈现出明显分野的"光宣诗人"与"激进诗人"加以比较,认为光宣诗人"汲汲于为诗之道",而激进诗人"以作时代歌手自励"。刘纳《嬗变——辛亥革命时期至五四时期的中国文学》,中国社会科学出版社,1998年,第71页。

[2] 周实《无尽庵诗话·序》,《无尽庵遗集》,参见杨天石、王学庄《南社史长编》,中国人民大学出版社,1995年,第57页。

[3] 周实《无尽庵诗话·序》,《无尽庵遗集》,参见杨天石、王学庄《南社史长编》,中国人民大学出版社,1995年,第57页。

　　柳亚子1917年在读到胡先骕盛赞"同光体"的书信后,以诗作答:"诗派江西宁足道,妄持燕石诋琼琚。平生自有千秋在,不向群儿问毁誉。"[1]在柳亚子看来,黄遵宪、梁启超的"诗界革命"并没有击败同光体:"辛亥革命总算是成功了,但诗界革命是失败的。梁任公、谭复生、黄公度、丘沧海、蒋观云、夏穗卿、林述庵、林秋叶、吴绥卿、赵伯先的新派诗,终于打不倒郑孝胥、陈三立的旧派诗,同光体依然成为诗坛的正统。"[2]

　　光宣文人并不是南社诗人的敌人,尽管柳亚子曾有过上述痛切的批评。学界已注意到民国初年"同光体"的复兴与南社的分化,注意到旧派诗人的作品由于在报刊上发表而获得近代传播媒介、影响有所扩大的情形。在论及南社诗人与光宣诗人之间的诗学关联时,朱文华认为:"据《石遗室诗话》可知,'同光体'诗人崇尚宋诗,尤其主张学习'江西诗派'诗风,而不欲专宗盛唐,从根本上说是在旧体诗创作中提倡一种'清而有味、寒而有神、瘦而有筋力'的艺术趣味和美学境界。对此,南社诗人有引为同调者,如高旭曾与易顺鼎相唱和,姚锡钧、胡先骕、闻宥和朱玺等也发表诗文,称赞'同光体'。"[3]这说明年轻一代对前辈文人的态度是多元的,有认同和亲近的一面。

　　其次,光宣文人又受到来自《新青年》同人的批评。南社与光宣诗人的对抗,属于同质性对抗,南社诗人除了年轻气盛以外,在诗观、诗艺方面并无绝对优势。更为强劲的挑战,来自后来与胡适共同发起文学革命运动的五四一代。

　　1916年,胡适在寄陈独秀的信中称"今日文学之腐败极矣",批评南社"夸而无实""浮夸淫琐",又批评樊增祥、陈三立、郑孝胥"皆规模古人","极其所至,亦不过为文学界添几件赝鼎耳"[4]。几年后,胡适又在《五十年来中国之文学》一文中批评老辈诗人中最富声名的王闿运:

　　　　王闿运为一代诗人,生当这个时代,他的《湘绮楼诗集》卷一至卷

<hr>

[1] 柳亚子《妄人谬论诗派,书此折之》(之一),《柳亚子选集》,人民出版社,1989年,第1084页。

[2] 柳亚子《柳亚子的诗和字》,《人物》1980年第1期。

[3] 朱文华《中国近代文学潮流——从戊戌前后到五四文学革命》,贵州教育出版社,2004年,第211—216页。

[4] 胡适《寄陈独秀》,《新青年》第2卷第2号,1916年10月1日;《胡适文集2·胡适文存》,北京大学出版社,1998年,第4页。

六正当太平天国大乱的时代(1849—1864),我们从头到尾,只看见无数《拟鲍明远》《拟傅玄》《拟王元长》《拟曹子建》……一类的假古董,偶然发现一两首"岁月犹多难,干戈罢远游"一类不痛不痒的诗,但竟寻不出一些真正可以纪念这个惨痛时代的诗。这是什么缘故呢? 我想这都是因为这些诗人大都是只会做模仿诗的,他们住的世界还是鲍明远、曹子建的世界,并不是洪秀全、杨秀清的世界。况且鲍明远、曹子建的诗体,若不经一番大解放,决不能用来描写洪秀全、杨秀清时代的惨劫。[①]

胡适对晚清民国时期影响最大的"宋诗派",总体上是持否定意见的。胡适说:"北宋的大诗人还不能完全脱离杨亿一派的恶习气;黄庭坚一派虽然也有好诗,但他们喜欢掉书袋,往往有极恶劣的古典诗。"胡适批评"后来所谓的'江西诗派'",喜欢模仿黄庭坚,因而"走错了路,跑不出来了"[②]。

1916 年的胡适是将光宣诗人视为一个整体加以批判的。六年之后,胡适对当时诗坛声名最盛的几位光宣诗人的评价开始有了细微的差异。胡适对樊增祥、陈三立较多否定:"樊增祥的诗,比较的最聪明,最清切,可惜没有内容,也算不得大家","陈三立是近代宋诗的代表作者,但他的《散原精舍诗》里实在很少可以独立的诗"。而对郑孝胥,胡适则给以更多的肯定:"近代的作家中,郑孝胥虽然也不脱模仿性,但他的魅力大些,故还不全是模仿。他有诗赠陈三立,中有'安能抹青红,搔头而弄姿'之句。其实他自己有时还近这种境界,陈三立却做不到这个地步。"[③]郑孝胥对胡适文中的善意心领神会。郑、胡二人后来有较为频繁的交往,与此或不无关系。

此后,胡适对光宣文人的评价,渐渐转向温和。1924 年,胡适在《林琴南先生的白话文》一文中说:"我们晚一辈的少年人只认得守旧的林琴南而不知道当日的维新党林琴南;只听见林琴南老年反对白话文学,而不知林琴南壮年时曾做很通俗的白话诗,——这算不得公平的舆论。"胡适选了林纾的《村先生》《小脚妇》《百忍堂》《棠梨花》《破蓝衫》等八首,刊于北京《晨

---

① 胡适《五十年来中国之文学》,1923 年 2 月《申报》五十周年纪念刊《最近之五十年》,1924 年 3 月《申报》出版此文之单行本。收入欧阳哲生编《胡适文集 3·胡适文存二集》,北京大学出版社,1998 年,第 206 页。

② 胡适《五十年来中国之文学》,欧阳哲生编《胡适文集 3·胡适文存二集》,第 227 页。

③ 胡适《五十年来中国之文学》,欧阳哲生编《胡适文集 3·胡适文存二集》,第 227 页。

报》六周年纪念增刊(1924 年 12 月 1 日出版)①。这一方面反映了新旧阵营之间的界限模糊不清,另一方面也不妨视为胡适发言行为的自我调整。

第三,由于胡适在批评光宣诗人时语涉南社,战火又在南社与胡适之间点燃。引起南社抗议的,是胡适如下的一段文字:

> 尝谓今日文学之腐败极矣:其下焉者,能押韵而已矣。稍进,如南社诸人,夸而无实,滥而不精,浮夸淫琐,几无足称者(南社中间亦有佳作。此所讥评,就其大概言之耳)。更进,如樊樊山、陈伯严、郑苏盦之流,视南社为高矣,然其诗皆规模古人,以能神似某人某人为至高目的,极其所至,亦不过为文学界添几件赝鼎耳,文学云乎哉!②

柳亚子对胡适此文的反应激烈,他在致杨杏佛的信中说:

> 胡适自命新人,其谓南社不及郑陈,则犹是资格论人之积习。南社虽程度不齐,岂竟无一人能摩陈郑之垒而夺其鏊弧者耶? 又彼创文学革命。文学革命非不可倡,而彼所言殊不了了。所作白话诗直是笑话……弟谓文学革命所革在理想不在形式。形式宜旧,理想宜新,两言尽之矣。

胡适在将这段话抄录进日记时,附有点评。胡适说:“此书未免有愤愤之气。其言曰:‘形式宜旧,理想宜新。’理想宜新,是也。形式宜旧,则不成理论。若果如此说,则南社诸君何不作《清庙》《生民》之诗,而乃作‘近体’之诗与更‘近体’之词乎?”③

三、金还与胡适:新旧诗人的酬唱交游

光宣、南社及五四一代之间的诗学论争很快烟消云散,年轻一代如曹经沅、吴宓、胡先骕、曾学孔等人纷纷加入光宣文人的古典阵营。代际之间的诗学论争,渐渐转为同代人之间的内部论争。这后一个阶段的特点是三足鼎立的局面结束,现代诗坛进入古典诗与白话诗的齐头并进时期。

---

① 胡颂平《胡适之先生年谱长编初稿》第 1 册,联经出版事业公司,1984 年,第 580 页。
② 胡适《寄陈独秀》,《新青年》第 2 卷第 2 号,1916 年 10 月 1 日。收入欧阳哲生编《胡适文集 2·胡适文存》,第 4 页。
③ 胡适 1917 年 7 月 2 日日记,《胡适全集》第 28 卷,安徽教育出版社,2003 年,第 579—580 页。

　　与光宣文人有诗学交涉的年轻一代中，胡适、吴宓、胡先骕均有留学经历，所以吴宓、胡先骕可以博引"西学经典"针锋相对地与胡适论争。吴宓、胡先骕对光宣文人的诗歌造诣评价较高，所做的研讨也比胡适更为深入，这对光宣文人自然是极有力的支援。除了二胡一吴，会合在光宣文人旗下的还有"本土"文人曹经沅、王揖唐、梁鸿志、黄濬等①。更年轻的一代如曾学孔（清史馆校勘曾恕传之子）②则是曹经沅门生③。

　　秦弓先生曾谈到，《学衡》杂志所设"文苑""文艺"专栏在"诗录""词录"栏目内先后发表传统诗词多达 2000 余首。作者有王国维、陈寅恪、黄节、吴宓、胡先骕、华焯、汪国垣、王易、王浩、邵祖平、王瀣、陈衡恪、柳诒徵、杨铨、曾朴、张铣、陈涛、吴芳吉、周岸登、张鹏一、蔡可权、杨增荦、熊家壁、杨赫坤、刘永济、林学衡、梁公约、毛乃庸、李佳、周爕煊、熊冰、李思纯、郭延、缪钺、顾随、陈光燾、王荫南、张尔田、邓之诚、潘式、叶恭绰、陈三立、朱自清、张友栋、庞俊、刘盼遂、姚华、胡文豹、胡步川、马浮、朱祖谋、曾习经、林损、陈曾寿、陈寂、郭文珍、钱基博、郭斌、胡士莹、陈闵慧、姜忠奎、方世立、陆维钊、方守敦、林思进、赵万里、徐震等。文体有律诗、绝句、古风、排律与多种词牌④。秦弓先生有一个耐人寻味的发现："古典诗词的'史诗'与讽喻传统在'五四'时期主要承传于旧体诗词而非新诗，这是一个值得认真反思的问题。"⑤这些古典诗词的作者，相当一部分是老辈诗人。而讽喻传统所彰显的批判与反思意识，显然更富思想张力，更具现代价值。诗体虽"旧"，但讽喻背后的批判精神则体现了鲜明的时代性。这说明，"传统的"未必就是守旧的。

　　值得注意的，是新旧诗人之间的日常交游。如南社诗人黄复即与赵尔巽有较多交往。黄复曾集龚自珍句成《清史馆总裁赵公次珊尔巽屡顾寓斋

---

① 林庚白所说的"北大同学"之工诗者，均属辛亥革命后始登文坛的新一代。他们学成于国内，与胡适、梅光迪、胡先骕等留学欧美者不同，属"本土"文人："北大同学与余共负笈者，有姚鹓雏、胡步曾、黄有书、汪辟疆、王晓湘，皆工诗。前乎余者，则有梁众异、黄秋岳、朱芷青；后乎余者，则有俞平伯，而平伯又兼擅新旧体诗。"《丽白楼诗话》，张寅彭主编《民国诗话丛编》第 6 册，上海书店出版社，2002 年，第 107 页。

② 曾恕传 1921 年入都，供职清史馆、内务部。其子曾学孔继至，随曾恕传服务清史馆。后应聘东海关署、安徽省署等。曾恕传等辑《瓜园延庆录》，筠连曾氏，1926 年铅印本。

③ 黄稚荃《曹经沅小传》，收入曹经沅《借槐庐诗集》，巴蜀书社，1997 年，第 270 页。

④ 秦弓《"五四"时期文坛上的新与旧》，《文艺争鸣》2007 年第 5 期。

⑤ 秦弓《"五四"时期文坛上的新与旧》，《文艺争鸣》2007 年第 5 期。

敬谢一首集定公句》一诗,诗云:"车裀五度照门东,敢以虚怀测上公。消我
关山风雪怨,人材皆竟恃宗工。"四句均出龚自珍《己亥杂诗》,分别为第 77
首、第 50 首、第 310 首、第 42 首。黄复此诗,刊登在《南社》1919 年第 21
期。这是南社成员与光宣老辈诗歌往还、交游的佐证。

　　胡适日记中记有他与郑孝胥、陈三立的交往情形:"昆三家吃饭,见着
郑苏堪、陈伯严两先生。陈先生今年七十六,郑先生六十九。郑先生说,他
每天只睡五点钟,早晨三点半即起床,如是已十三年了。他的精神极好,像
五十岁人。"[1]写旧诗的贾景德甚至与胡适展开诗艺竞赛。当贾景德在报
上读到胡适《南高峰看日出》新体诗后,"辄用其意,演为长句",贾景德说,
他与胡适同题做诗,"非与竞巧,亦使知旧体无不宣之意,顾下笔如何
耳"[2]。1922 年,年轻诗人邵祖平往访郑孝胥,"有江西邵祖平字潭秋者,持
子培名刺来见,自言在南京东南大学,与胡先骕等同编《学衡》杂志,斥胡适
之新文白话;庄斯敦以呈御览,陈、朱师傅皆赞许之。邵颇知诗学,谈久
之……其人才二十余岁"[3]。按:"子培"即沈曾植。邵祖平见郑孝胥,系由
沈曾植为之介。"陈、朱师傅",即陈宝琛、朱益藩。

　　朱自清日记中则记下了他对光宣诗人如陈三立、陈衍的关注与好感。
如 1937 年 5 月 22 日记"见陈散原先生"。1937 年 11 月 30 日记"读《庄子》
及《石遗室诗话》各一卷"。1937 年 12 月 1 日记"读《石遗室诗话》与《庄
子》"。稍后又记"读一九三八年二月《天下月刊》上 H. H. 胡(按即胡先
骕)所写《陈三立的诗》。令人爱读"。1938 年 5 月 4 日则记"读陈三立诗"。
同年 5 月 5 日又记"读完《陈散原别集》。陈创造新语汇及新语法,然其书
如胡先骕所评,力作甚少"。5 月 19 日记"开始读《散原精舍集》"[4]。

　　胡适与清史馆金梁、金还的交往也提醒我们,新旧之间的界限并不像
后来描述得那般清晰分明。金还(1857—1930)在清史馆中是比较特殊的
一位。他与叶景葵均曾长期担任赵尔巽幕僚,号称"金枝玉叶"。金还处事
和平,持躬清正,被赵尔巽视为得力助手。1904 年,30 岁的黄兴在明德学

---

① 胡适 1928 年 5 月 4 日日记,《胡适全集》第 31 卷,第 71 页。
② 贾景德《韬园诗集》卷二,沈云龙主编《近代中国史料丛刊续编》第 5 辑 47,文海出版社,1974 年。
　　据原本影印,原本注"中华民国三十二年印于重庆"。
③ 郑孝胥 1922 年 9 月 17 日日记,《郑孝胥日记》第 4 册,中华书局,1993 年,第 1922 页。
④ 参见朱自清《朱自清全集》第 9 卷《日记编》,江苏教育出版社,1998 年。相关考证可参韩佳童《朱
　　自清日记释勘》,《山东青年政治学院学报》2021 年第 6 期。

堂秘密制造炸弹,同年秋,黄兴辞去明德学堂教职,从事革命活动。当时,"长沙府颜仲骧欲借此倾覆明德学校。时湘抚赵次山(尔巽)先生虽去职,张筱浦(鹤龄)、俞寿臣(明颐)、金仍珠(还)皆任湘省府要职,共同维护,使事未扩大。克强遂决志革命,辞明德教员职务,实行秘密活动"①。赵尔巽、金还等人对明德学校的支持,让胡元倓始终不忘。胡元倓曾藉诗抒怀:"事期至善原无悔,九死犹甘尚有生。芳草天涯怀故宇,孤危今已似灵均。"诗下谈及本事:"抵沈阳谒赵次珊制军,时张筱浦、叶揆初、金仍珠、陈仲恕诸君已代达明德窘状。赵公询来意,慨助万金,筱浦亦私赔千金,明德之困赖以苏,时离湘仅七日也。"②民国后,金还在京组织蒙古实业公司,举科尔沁左翼后旗札萨克亲王阿穆尔灵圭为总理,自任协理,"联络感情,拯济困乏,内蒙向化,无异志"③。此间,又兼任清史馆提调。1919 年,梁启超为财政总长,以金还为次长。1923 年起任中国银行总裁。1930 年病逝。

　　胡适、金还的来往较频繁。如 1921 年 4 月 16 日胡适在给顾颉刚的信中说:

　　　　俟金仍珠君(按:金还字仍珠)回京时,当托他一查清史馆中有无邸抄全份。④

5 月 24 日,胡适日记又记:

　　　　出城到绩溪会馆,胡开文、金仍珠(还)先生家。

胡适晚年曾向胡颂平谈起金和、金还父子,时为 1960 年 3 月 26 日。胡颂平写道:

　　　　今天,罗家伦带来金和的《秋蟪吟馆诗钞》精刻本一部,谈了一点多钟。

　　　　先生说:"金和(亚匏)是《儒林外史》的作者吴敬梓的亲戚,太平天国时代,他在南京围城中作的诗最好:大胆,老实,有一种新的风格。这个精刻本,是梁任公个人的意思删选后,由金和的第二个儿子金还

---

①胡元倓《题黄克强先生遗墨》,《明德校史》,参见毛注青编著《黄兴年谱长编》,中华书局,1991 年,第 64 页。
②胡元倓遗稿《〈耐庵言志〉诗选》,刊《长沙文史资料》第 5 辑,1987 年。
③叶景葵《金君仍珠家传》,卞孝萱、唐文权编《辛亥人物碑传集》,团结出版社,1991 年,第 391 页。
④《胡适红楼梦研究论述全编》,上海古籍出版社,1988 年,第 26—27 页。

(仍珠)精刻的。当年我在病中,任公送我一部。我在《五十年来中国的文学》一文里,曾经提到他,可以说是任公和我两个人特别把他提醒大家注意的。我要考证[《儒林外史》],最初的材料是靠金家的笔记。在金家的笔记里找到了线索,以后才做[《儒林外史》]考证。"

先生又说:"金仍珠和我认识的。我和他谈起吴敬梓《文木山房集》,他说,吴敬梓是他的外家,只求我替他做篇序,他愿出资付印。那时仍珠是北京中国银行的经理,很阔,有钱。等到《文木山房集》排印时,仍珠死了,还是我出钱把它印行的。"①

由这段文字可知:(1)金和的《秋蟪吟馆诗钞》是由梁启超删选、金还精刻的。(2)金和之所以进入文学史的关注视野,是梁启超和胡适二人特别"提醒"的结果。关于近代文学史上的这桩"关节",钱仲联曾说:"金亚匏(和)《秋蟪吟馆诗钞》初不为人所知,至梁任公序其集,始力张之,至谓有清一代,未睹其偶。此论一出,而金诗乃声价十倍。胡适之《论五十年来中国之文学》亦和梁之说。石遗老人亦仍称之,以与郑子尹并举。传者谓亚匏子某多金,任某银行行长,以千金酬任公,丐其一序。钱能通神,而任公遂极嘘咻夸张之能技以揄扬之矣。新建胡步曾先骕及吾友汉川徐澄宇英,皆曾作专文贬之,其论又失之过苛。吾谓亚匏诗颇能密致,所欠者沉郁耳。"②虽有争议,但金和之诗确有成就,这也是得到时人公认的。(3)吴敬梓是金还的外家,胡适对《儒林外史》的考证,靠的是金还提供的资料。(4)金还死后,胡适出资将吴敬梓《文木山房集》印行。可见,金和在文学史上的显赫声名,与金还所处的人际脉络有直接的因果关系,尤其是得到了梁、胡二人的支持。

金梁年长胡适十三岁。胡适是1962年2月24日在台北去世的,金梁也于这一年在北京去世。正是在这一年的元旦(胡适去世前84天),胡适在医院的病房里读《清史稿》中金梁的《清史稿校刻记》,便问秘书胡颂平知道不知道这个人。胡适告诉胡颂平:

金梁是清室的内务府大臣,他密谋复辟的文件中,有举贤才的奏折。在这个奏折中劝溥仪应该罗致的人才,其中有我的名字。这些奏

①胡颂平《胡适之先生年谱长编初稿》第9册,联经出版事业公司,1984年,第3221—3222页。
②钱仲联《梦苕庵诗话》,张寅彭主编《民国诗话丛编》第6册,上海书店出版社,2002年,第225页。

折,溥仪存在养心斋里,十四年七月三十一日被故宫委员会发现。这时有些人要找寻我的"劣迹",说我的名字在金梁的奏折中,还有我复宣统无暇进宫去看他的一个名片。金梁是满洲人,他在民国十七年写的序文,避免民国的字样,只写"戊辰端午"。他的奏折,你可以到史语所图书馆查查看。

胡适又说:

> 《清史稿》有国[关]内本、关外本。伪满洲国印的《清史稿》,那时我在国外,就没有收到过。①

除了胡适这段回忆,金梁1947年夏天写给胡适的一封信也可以佐证二人的交往,金梁信中称胡适为"胡校长":

> 胡校长□得全氏《水经注》稿□赐用白话体
>
> 　天赐胡公厚,水经全注全。
>
> 　杨卢今落后,赵戴各争先。
>
> 　疑案终当定,真知早独传。
>
> 　正经承奖勉(石松亭《论语正》代呈,承奖勉),一语足千年。
>
> 赵稿进呈最早,如得故宫存本,则疑案自定。戴氏著见永乐大全本。其后赵、全刻稿,疑皆后人代为修改,不足据以定案也。
>
> 　丁亥立夏息侯金梁　时年七十同客故京②

金梁曾于1906—1907年任京师大学堂庶务提调③,与北京大学有渊源,所以这封信抬头称"胡校长"。稍前不久,胡适刚在上海《大公报》发表《论杨守敬判断〈水经注〉案的谬妄——答卢慎之先生》一文④,所以金梁在信中以"杨卢今落后"为言。至于信中提到的石松亭,即石永懋(1909—1975),又名石仲伦,山东茌平人,著有《论语正》一书⑤。天津沦陷后,石松亭与王斗瞻、骆寿先、杜金铭、郭霭春等讲学于华璧臣主持的崇化学会⑥。石与金

---

① 胡颂平编著《胡适之先生晚年谈话录》,新星出版社,2006年,第246页。
② 耿云志编《胡适遗稿及秘藏书信39》,黄山书社,1994年,第439页。
③ 郝平《北京大学创办史实考源》,北京大学出版社,1998年,第328页。
④《大公报·文史》(周刊)第15期,1947年2月5日。
⑤ 顾龙生《"石永懋所为书"注释是怎样作出来的?》,《文献和研究》1984年第9期。
⑥ 刘炎臣《严范孙与崇化学会》,《天津文史资料选辑》第38辑,天津人民出版社,1987年,第116页。

梁有交,故请金梁将所著《论语正》代呈胡适,请胡适教正。

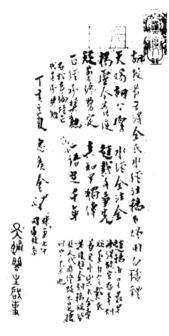

图 31　金梁致胡适函

按:金梁写给胡适的这封信,现藏中国社会科学院近代史所,又收入耿云志先生所编《胡适遗稿及秘藏书信》第 39 册。该信落款"丁亥立夏息侯金梁,时年七十同客故京",知信写于 1947 年 5 月 6 日(农历 3 月 16 日),金梁时年七十岁,与胡适同居北平。

胡适与"二金"的交往之所以值得注意,原因有二:一是三人的交往表明诗歌与人生的多元关系,而胡适晚年曾向胡颂平谈起"二金",可见胡适对二人印象之深。二是作为新文化运动的代表人物,胡适与"二金"所属的光宣文人圈存有诗学层面的多重交涉,这种交涉与胡适的言说姿态之间存在着有趣的张力关系。在五四时期,光宣文人通常以负面形象出现于胡适的笔下。但胡适不只与光宣文人来往密切,且对金还父亲金和的诗作给予极高的评价。

总之,不同诗学主张的诗人由五四时期的对峙,渐渐产生对流,并在某种程度上有合流的迹象。尽管胡适并未出现在《采风录》的作者名单中,但胡适与郑孝胥、金还、金梁、王揖唐等人的交往表明了现代中国诗坛事实上存在着的人事勾连与诗学交错。由前引《学衡》杂志传统诗词的作者名单,也可以看出光宣文人与新生一代的汇合。老一辈如王国维、杨增荦、林思进,新一辈如林学衡、胡先骕、邵祖平、吴芳吉等,均通过《学衡》《采风录》之类的公共平台,鸣其心迹,抒其块垒,交游酬唱,切磋琢磨,共同丰富着现代中国古典诗歌的审美世界。

新文人与光宣文人的合流,引起了鲁迅的担忧。1934 年 7 月,《社会月刊》的编辑曹聚仁公开发出一封信,征求关于大众语的意见。信中提到五个问题,其中一个是:"白话文运动为什么停滞下来,为什么新文人(五四以后的文人)隐隐都有复古的倾向?"鲁迅在答复信中说:"秀才造反,一中举人，便打官话了。"①鲁迅的观察，指向的并非光宣文人，而是"新文人"一代的内部分裂。

的确，相较于光宣与五四之间的代际交涉，五四同代人之间的分道扬镳更加深刻地影响了现代中国的文化格局与政治走向。五四一代的分裂，即余英时所说的《新青年》阵营内陈独秀领导下的左翼（以上海为活动地）与以胡适为首的自由派右翼（以北京为活动地）之间的分裂："……马克思主义的规划本身在1920年已经启动，至少，那时陈独秀把深具影响力的《新青年》从北京移到上海，也把杂志转型为'《苏联》(Soviet Russia)'——亦即纽约共产党周报——'的中国版'"，"自此，左翼开始积极地参与不断扩大群众的组织与动员，将五四转向政治革命，反之，自由派人士继续在文化与思想畛域，发展原先的文艺复兴规划"②。

五四同代人之间的裂变，除了呈现为上述政治道路的分歧，还有文化层面的摩擦，这样的摩擦发生在梅光迪、吴宓等人（以《学衡》为园地）与胡适之间。梅光迪之所以被视为文学革命的反面人物，在某种程度上是被胡适所"塑造"的，"正是胡适在论辩中不断滋长的激进主义，才一步一步地把梅光迪推向极端的保守主义"③。与胡适相比，《学衡》阵营中的胡先骕、吴宓对光宣文人表现得更为亲近，对他们的诗作也多给予更高的评价。

---

① 《鲁迅全集》第12卷，人民文学出版社，1981年，第495页。
② 余英时《文艺复兴乎？启蒙运动乎？——一个史学家对五四运动的反思》，余英时《现代危机与思想人物》，生活·读书·新知三联书店，2005年，第86页。
③ 余英时《文艺复兴乎？启蒙运动乎？——一个史学家对五四运动的反思》，余英时《现代危机与思想人物》，生活·读书·新知三联书店，2005年，第94页。

第七章　德音不乖:光宣文人诗中的外患与家国

入民国后,光宣文人中的忠清遗民如王国维、罗振玉、郑孝胥等颇为研究者瞩目,他们对辛亥革命的态度及与清室(围绕溥仪和伪满洲国)的关系是相关研究的焦点。遗民研究已经形成相对成熟的分析框架,明初元遗民、清初明遗民在鼎革之际的进退出处彰显出中国传统士人的文化心理与认同焦虑。除了"不做二代之臣"的"名节"考量——这是道德的层面,还牵涉到更复杂的华夷之辨以及民族融合、王权更替的认知与接受问题。

民国时代,光宣文人中颇多以"清"为"外国"者。王闿运曾自嘲身穿清代冠服一如西式衣冠,皆属外国服装①。以"清"为"外国",这与清初明遗民的立场遥相呼应,却又因不仕新朝的道德惯性而不肯接受以"五族共和"为旨归的"民国",这说明民国时期清遗民的政治认同与清初明遗民仅在形式上是一致的,所认同的对象却截然相对。

1940 年代,以其铁蹄践踏着中国、让中国人有国土沦亡之恨的东邻日本亦是一个"外国"。因此在沦陷区,又产生了新的"民国遗民"。多重遗民、多重"外国"的叠加,让屡遭异族入侵、饱尝亡国之痛的中国人更加警惕,对外敌也就希望更激烈地加以抵抗。

光宣文人在外患来临时有何表现及应对? 这是一群思想成熟、阅历丰富的前辈文人,他们所能调用的精神资源,是我们这个民族的核心遗产。如果说"19 世纪 80 年代美国新建立的历史系的职业历史学家致力于建设一种真实、健康的民族主义以替代党同伐异的、谬误的民间爱国主义",在血腥的美国内战之后,19 世纪末期美国历史学界的共识是历史应该肩负起"治愈民族"的重任②,那么在光宣文人所处的民国时代,知识界有没有

---

① 据易宗夔记:"王壬甫硕学耆年,性好诙谐。辛亥之冬,民国成立,士夫争剪发辫,改用西式衣冠。适公八十初度,贺者盈门,公仍用前清冠服,客笑问之。公曰:'予之冠服,固外国式。君辈衣服,讵中国式耶? 若能优孟衣冠,方为光复汉族矣。'客亦无以难之。"易宗夔著,张国宁点校《新世说》,山西古籍出版社,1997 年,第 44 页。
② 杜赞奇著,王宪明等译《从民族国家拯救历史:民族主义话语与中国现代史研究》,社会科学文献出版社,2003 年,第 8 页。

形成如美国历史学界所形成的那种共识？

有研究指出，顾颉刚等人"常常重复中国传统史学的成见来讲述正在兴起的民族主体是怎样战胜胡人的"，但这会陷入一个杜赞奇所称的"极端困境"——即顾颉刚在《中国疆域沿革史》所力图证明的"汉族在历史上是能够战胜蛮族毁灭性的侵略而保存自身的"，这导致他把民族主体的定义局限于汉人："中华（或称华夏）与胡族的交往在该书中没有被看成是混合型的中国文化进化的过程，也没有被认为对中国文化的再生有什么贡献，而是当做汉人努力奋斗以保存中华文化。"①就是说，在中国内部一直有一部被长期压抑的"夷狄"的历史。光宣文人似乎并没有能力挑战这种封闭性的历史叙事。这种叙事实际是被各种版本、各种形式的"正史""国史"所影响及建构的。清代历朝《实录》就是满、汉两族文人主导下纂修而成的历史，而辛亥革命前后的排满思潮又构成了对上述历史的解构和挑战。

一、"太息寇莱公"：许承尧的感事诗

1930年后许承尧返回歙县老家，两年后东北沦陷，伪满建国。许承尧闻讯写下《屋社二首》："屋社乃存孤，实食和平福。少康非所论，伪豫岂堪辱？""人心太行险，一羶万蚁傅。太息寇莱公，时犹议孤注。"诗中"少康"指代的是溥仪。少康，中国夏朝第六任国君，姒姓。夏王相的遗腹子，母亲为有仍氏（今山东济宁东南）人。夏王相统治的末期，寒浞发动叛乱，杀相篡夺王位。相的妻子后缗时正怀孕，被迫逃回有仍氏，生下相的遗腹子少康。少康长大后为有仍氏牧正，又逃至有虞氏（今河南虞城南）任庖正，在虞娶妻，积极争取夏众与夏民，志在复国。后在同姓部落斟灌与斟鄩的帮助下，与旧臣靡等人合力，攻灭寒浞，恢复了夏王朝的统治。此即史家所称的"少康中兴"。许承尧认为溥仪与少康之比"非所论"，盖因今古情势大不相同。诗中"寇莱公"即寇准，借指郑孝胥。北宋景德元年（1004）契丹攻宋，寇准时任宰相，反对王钦若等南迁的主张，力主抗战，促使真宗往澶州督战，与辽订立澶渊之盟。

---

① 杜赞奇著，王宪明等译《从民族国家拯救历史：民族主义话语与中国现代史研究》，社会科学文献出版社，2003年，第30、31页。

郑孝胥之辅佐溥仪与寇准之辅佐真宗是否可比,前途是否可观,时人
多持疑议。许承尧对郑之作为深不以为然。时人多有以大义责郑孝胥者,
如景耀月即电劝郑孝胥:"今日本人以俉侵华土之主旨,欲操弄我共和行政
下一废帝,猥欲逆势树立,此古今之儿戏也,即云事势有可籍资,亦如金源
建伪齐以逼宋,亦复旋为所废,不湔之辱,宁非自取! 夫今日为人力所立,
明日即得为人力所废,居今中外大势,殷顽必难效,禄父决无成。先生识卓
姿超,清修如鹤,奈何不欲慕冰操之幼安,而欲效偏王之端巳〔己〕,使中国
自此撄金、齐扼宋之祸,溥君亦蹈朝鲜李王之辙。于小己无裨,于国家弥复
有害,宁非至悲。"①幼安,为辛弃疾。端己,为韦庄。

日寇之侵扰幸未及于歙县,许承尧在安徽歙县乡下衣食住行略有保
障。许承尧虽在抗日的主战场外,但战争的阴影及国破家亡的威胁无时不
在,作为国族的一分子,亡国灭种的阴霾始终笼罩在他的心头。

1937 年七七事变及八一三事变后,日军先后进攻卢沟桥和上海,中日
战争全面爆发。是年冬天,许承尧写下《惰民八首》,感慨时事。"战事不可
述,述之泪浪浪"——诚所谓太息不可遏、前景不可料、忧思不可消。诗思
沉雄凌厉,凄入肝脾:

> 惰民分无土,非罟固余诲。
> 乞命乃懦夫,畏死讵相贷?
> 奋当豺虎牙,捐我妇孺爱。
> 洒血涤山河,扬辉灿无外。
> 中熸亦难料,已决安用悔。
> 瓦合不汝全,玉摧义应碎。
> 汎澜吊国殇,存者惭覆载。

这是第一首,表达奋勇御侮的决心。第二首则写军民的血战,并描述
战事的惨烈:

> 卫国不返顾,慷慨赴戎行。
> 丈夫有躯干,掷去何堂堂。
> ············

①《又一忠告郑孝胥者,景耀月氏去电责以大义》,《华北日报》1931 年 11 月 22 日。

> 同行十存一,猱进捷不恇。
>
> 抉眥幸见敌,手搏终相戕。
>
> 戕敌禁无声,地赤天昏黄。
>
> 战事不可述,述之泪浪浪。
>
> 哀哉大屠肆,敌我俱犬羊。

第三首质疑日寇侵华的无道:

> 敌我隔海居,伊昔何仇冤?
>
> 匪惟无仇冤,游聘纷连翩。
>
> 忽尔徇贪嗔,弃好推戈鋋。
>
> 孤注勇一搏,不惜国命捐。
>
> 汝亦有妻孥,寄书泪泹涟。
>
> 汝亦有父母,望眼悲悬悬。
>
> 屠伯只数人,攘臂悍不悛。
>
> 嗟汝复何辜?驱迫成狂颠!
>
> 佛眼观战场,不知何语言?

第四首写战火对国家、人民的无情摧残:

> 城郭何峨峨,天日何昭昭。
>
> 原野何郁郁,草木何萧萧!
>
> 山民与市民,永此夕与朝。
>
> 奈何青冥中,恣彼奇肱骄。
>
> 礣烈颤顶声,栗栗惊魂摇。
>
> 轰然遽下掷,庐肆掀重霄。
>
> 怒穿厚地裂,腾起万火熛。
>
> 残颅与断臂,飞迸土石焦。
>
> 人生丁此厄,一瞥悲烟消。
>
> 何尝恕斑白,亦未怜垂髫。
>
> 草木彼何知?天日仍昭昭。

第五首指斥战争的"兽性"及战争发起者的"凶酷":

> 荒荒太古初，龙蛇浩难数。
>
> 当彼专世时，庞然孰予侮？
>
> 愚哉同类煎，搏杀日消沮！
>
> 骨填坑谷盈，遗族叹无睹。
>
> 圆颅称最灵，艰困启吾圉。
>
> 云何师兽智？亦各自雄武。
>
> 界国复界种，盘旋小肠腑。
>
> 殚精盲致用，造作自创楚。
>
> 一接糜万夫，凶酷远逾古。
>
> 猛进以自戕，圣哲闵而怃。

第六首对当局采取的抗战策略表示质疑及无奈：

> 老夫倚危楼，东望两眼黑。
>
> 恨一蚁破堤，滔天不能塞。
>
> 北方已沦丧，南事尤可惜！
>
> 竟孚焦土谶，危祸压眉迫。
>
> 念初战吴淞，死咤地咫尺。
>
> 尽扫精锐卒，切齿抵锋镝。
>
> 六旬信哀胜，敌已耗全力。
>
> 恣汝着翅飞，分难撼铁壁。
>
> 崩摧因内溃，一蹶全军墨。
>
> 三十万壮夫，横尸战场窄。
>
> 鬼雄应夜哭，哭不生啖贼！

第七首悲个人力量的渺小，叹国际援助的不可靠、不可恃：

> 战讯不可恃，有闻徒我谩。
>
> 野老尔何知？彼此情万端。
>
> 喜则唐喜耳，悲乃真辛酸！
>
> 意外惊耗来，白昼空庭寒。
>
> 岂诚破竹势，直下遂至根！
>
> 不信庞大围，终被幺麽吞？
>
> 灭国固有术，首须毁其藩。

　　便速离析之,俾自相夷残。

　　彼昏胡所择?罢沐弹其冠。

　　盗刃悲创深,号邻但旁观。

　　所怜鹬蚌死,别有渔人欢。

　　时势既已如此,几乎看不到希望。故第八首诗绪颇为悲观,甚至绝望。

　　渴眼向北撑,如旱望霖雨。

　　数峰薄黄昏,商略似闻语。

　　沉雷偶熛怒,不雨奈何许?

　　真待原野焦,滂沱亦何补?

　　颇传牲牷出,巫祝复龃龉。

　　时危贵勇断,道谋更谁拄?

　　太息贼事需,或意择柔茹!

　　儿诳术将穷,朝暮然疑苦。

　　这八首诗不仅篇幅可观,忧愤深广,诗艺也见精湛,指事用典,文质皆备,精心结撰,允为佳构。

　　大厦将倾,许承尧备感“惘惘”。《惘惘四首》云:“惘惘乾坤剩此堂,鸡栖豕苙未相妨。全家力作求温饱,敢比霜红与草香。”“白昼冥冥百怪横,攫人魑魅市中行。汝身无角兼无翼,劙面从谁诉不平。”[1]这诗写于1944年,诗中没有了之前不时流露的乐观。直到一年后闻知盟国向日本投掷原子弹、日本无条件投降的消息才转悲为喜,“茹痛竟八年,创楚肝肠倾”的岁月终于结束。

　　许承尧以新题材、新意境入诗,最好的例子莫过《盟国制原子弹爆力雄酷敌惧乞降时八月十日也》一诗。原子弹不只对老辈光宣文人是新鲜事物,整个社会都为之惊奇。“伟哉新战具,奇力莫与京。厥名原子弹,一掷夷全城。长崎与广岛,毁灭吁可惊! 敌酋始恟惧,号呼求罢兵。茹痛竟八年,创楚肝肠倾。神州剩股臂,黾勉连同盟。制敌倚圣智,穷究幸告成。不须更死咋,收效速建瓴。行见吾国土,次第回昭明。惩前懔覆辙,要策当销萌。嘘枯扶弱小,蔽罪诛顽狞。即事固可喜,深思复怦怦! 人生智与德,并

────────────

[1]许承尧撰,汪聪、徐步云点注《疑庵诗》,黄山书社,1990年。下引许承尧诗除特别注出者外,均出此书。

进悲异程。智先德不副,战祸只暂平。堤溃倘横流,凶鸷那能撄? 后此万万期,垂戒重丁宁。物咸知爱类,人岂遂无情?"

许承尧还作有《痛定篇六首》《寡母哭》《征夫死》《县长来》《老估叹》《乡长寿》《官拥兵》等诗批评社会上的腐败现象,反映民生的疾苦。《县长来》云:"县长来,迎道旁。官语民,堂哉皇:'国家毕力保护汝,汝无恐怖无逃亡! 献金献谷义应尔,忍心汝不探悭囊?'官怒瞋,民气结,刲我无肉吮无血,长跽道旁只呜咽。"此诗指向战时的统治当局,对官僚主义和不正之风痛加针砭。抗战期间,当地叶村毕氏妇以拒兵狎侮被戕,许承尧悯而赋诗曰:"惊闻少妇死山隅,未敢临观只叹吁。千载斑斓道旁血,有谁题榜为旌闾?"(《哀叶村毕氏妇》,1940)1938 年有首诗则将矛头指向朝野士夫,认为其学其技不足以救国:"满地秋声不可收,飘摇骚屑遍成愁。嗷嗷最闵分飞雁,芦苇俱枯底处投? ……悦学储能望士夫,连年朝野有号呼。峨冠抵掌雍容甚,墨守输攻一技无。"实堪悲叹。

当然许承尧也不能自外于这样的"士夫""朝野"。《答石丹生》云:"去官得天佑,谢天作闲人……山深笋蕨美,地僻风俗醇。暖席喜佳善,闲手持钓纶。闲极忽有诗,五字光璘珣。投我解我忧,远寄丰水滨。嗟我蛰居此,拥炉心不温。强扶衰病躯,真见神州沦。不图播迁迹,歌哭仍相闻。江北烽连天,西湖涸焦鳞。喘息各寸土,仰天我何言? 报君但长叹,茹骾声全吞。"诗中"嗟我蛰居此,拥炉心不温。强扶衰病躯,真见神州沦"诸句为点睛之笔——"山深笋蕨美,地僻风俗醇。暖席喜佳善,闲手持钓纶"的乡居生活貌似恬淡闲适,可生民播迁、西湖焦鳞,不论是茹骾吞声还是歌哭相闻,光宣文人们面对家国的深重忧患,有时激愤到摩拳擦掌,亦有时悲观到一筹莫展。

钱仲联尝举许承尧《寄庐泥饮》《沧海篇》《言天》《灵魂》《过菜市口》诸诗为例,谓其"特重"许承尧诗中之"多新意境",认为许承尧对时事之迁变,"忧愤太息无聊不平之气,往往于诗发之"[1]。这带来两个效果:一是许承尧遂多"屈子泽畔之吟""庾信乡关之泪";二是许承尧诗澎湃多思,不免令人有声嘶力竭之感。晚年许承尧诗风有变,由钱钟书所指的《岁暮词》(时年 35 岁作此)之"浮嚣",一变而为奇崛、苍郁、骨梗、虬劲。许承尧抗战期间所为诗尤其如此。《终岁》诗谓:"何年乌头白? 此耻得终雪! 何处孙楚

---

① 钱仲联《论近代诗四十首》,《社会科学战线》1983 年第 2 期。

楼,行人亦凄绝。"孙楚楼临近古秦淮河与长江交汇处,西望江上胜景白鹭
洲,李白在此玩月畅饮。孙楚楼虽为胜景,但行人之"凄绝"使许承尧颇生
山河之思,何年何月能消弭战乱,复归承平岁月?许承尧又有《蕃村寓楼杂
诗四首》,其一谓:"好山绕屋成烟雨,愧我安闲坐小楼。扶老相依余一女,
强拈叶子为忘忧。"其二谓:"病树稀疏有悴颜。忽惊灼灼转浓殷。人生底
事能前忆?国命如丝倘夺还!"感慨系之的仍是"国命如线"。与战前多写
风景名胜及乡居生活相比,抗战期间的诗作基调格外凝重,沉郁哀婉之作
多了起来。

　　抗战初期,许承尧也有乐观之作。1938 年 3 至 5 月间,新四军驻歙
县岩寺、潜口一带。一支队司令员陈毅将军驻潜口。许承尧曾往参加驻
军检阅活动,归赋《偶作四首》,其一云:"吾国终亡定不然,曙光一线在均
田。救亡何道先廉耻?太息艰辛国士贤。"此是许承尧对中共所坚持的
均田土地政策及积极抗战主张的肯定,许承尧从中看到的是难得的生机
和希望。

二、"夹道陈旌旗""真见神州沦"之忧虑

　　以上是许承尧诗坚定、明朗的一面,自然也有绝望、悲凉的另一面。约
1933 年前后,许承尧写有一首似含蓄实际颇为直露的诗:

伤心乱离世,梦想承平时。

且缓语夷夏,亦莫争高卑。

君看次卷中,朝贵方遨嬉。

张皇盛自饰,夹道陈旌旗。

民役戈鋋旁,乃似无惊疑。

读者未掩卷,宽间敞窗扉。

行者不返舟,容与颜色怡。

映庵细探讨,命时为康熙。

康熙名自佳,责实远莫知。

即此景象好,未忍轻弹讥。

微闻采薇士,犹复吞声悲。

　　　　　　　君今更自念,有泪从谁挥。①

这首诗,许承尧晚年编定的《许承尧诗》并未收入。若联系到稍早前许承尧
得悉郑孝胥追随溥仪于"新京"建国后所写的《屋社二首》,此诗中的"且缓
语夷夏,亦莫争高卑"及"微闻采薇士,犹复吞声悲"两句,其实反映了许承
尧此一时期的一大困扰。他不禁由康熙时代的"夷夏"和"高卑"联想到今
日的满汉、日中。康熙是异族入侵的君主,画面中是夹道的旌旗,老百姓若
无其事,行人与书生也各行其是,这种"容与颜色怡"的承平景象,让许承尧
心下十分不安:"即此景象好,未忍轻弹讥。"——遗民们呜咽的悲声,诸君
听不到吗?

　　日寇侵华是外患。清军入关,在当年亦是外患。如果承认当年的满清
入关是"外患",则今日的伪满回归故土重建他们自己的"故国",这样的政
治现实如何定性?溥仪是"我们"或者"中国"的"故君"吗?是,或者不是,
都会导致光宣文人(尤其是遗民情结深重者)道德抉择上的两难。追随"故
君"将有可能背叛"中国",抛弃"故君"则违背士大夫的立身之道。伪满,或
者日寇——面对盛衰无定、反复无常的历史,光宣文人难免喟叹,其中有警
惕,亦有不安。

　　"康熙名自佳,责实远莫知",许承尧的疑虑在于,有多少强盗仇雠手上
的血腥被翻云覆雨的历史所洗白。沿着许承尧的诘问,我们会发现盘旋在
光宣文人心头的,是对历史的不信任,安知今日的日寇不是明日的康熙?
许承尧《屋社二首》为郑孝胥的孤注一掷而太息,"孤注"也是时人对郑的公
评。也曾有人对郑的"孤注"予以褒扬、寄以希望。金梁六十寿时,自作诗
云:"救亡悔不拼孤注,偷活恨难值一钱。"郑孝胥和曰:"辽阳再定新都鼎,
蓟北犹瞻尺五天。"②金梁诗中的"悔不拼孤注"一语,使得郑孝胥颇有知音
之感。

　　郑、金、许三人对待"满洲国"的意见之分歧,表明在外患降临时光宣文
人的前路何其多歧。是故李宣龚挽杨钟羲诗中有"吾党未甘歧路泣,心丧
难托舞雩狂"之叹③。外敌入侵及社会动荡也导致认同的不稳定性和交叉

────────────

①许承尧《为吴敬臣题一画卷,画者刘调,映庵考为康熙时作》,参见许怀敬《许承尧诗歌研究》附录
　一《〈疑庵诗〉辑佚》,苏州大学 2011 年硕士论文。
②郑孝胥 1937 年 3 月 30 日日记,《郑孝胥日记》第 5 册,中华书局,1993 年,第 2664 页。
③李宣龚《哭杨雪桥师》,黄曙辉点校《李宣龚诗文集》,华东师范大学出版社,2009 年,第 192 页。

性。这是过往的历史所造成，也为当时的有识之士所反复咀嚼、审思。

光宣文人中的汉人多为前朝旧臣。虽然入民国后由臣民一变而为国民，依然不易推举并坚守一种纯粹的汉族主义或汉族中心主义。旗人的情况同样复杂。

杨钟羲是旗人，在传统的华夷之辨中属于"胡"或"夷"的一端，他又是汉人李宣龚的恩师。杨钟羲有诗赠李宣龚："士谁不欲仕，又恶非其道。利驱兼名驱，出处常自考。"此为杨钟羲《圣遗诗集》1935 年印本最后一首[①]。杨钟羲心中确有"夷夏"界限，不过他的措词是"胡越"，并承认侪辈们各有"幽忧"之"疾"。他为罗振玉六十生日所撰祝寿诗云："博物刘原父，康屯陆敬舆。辒轩搜晋乘，文字辨殷墟。黄发先年老，丹心奠帝居。早闻天下计，盈箧有农书。""各有幽忧疾，难求任事臣。未闻持首鼠，遂可画麒麟。共济无胡越，相期在甫申。东轩言已立，囊括九流人。"[②]先是称赞罗振玉的学术贡献，至"丹心奠帝居"则是表彰罗对溥仪的辅佐之功。在杨看来，首鼠两端的人难成大事，他希望能有当代的尹吉甫和申伯辅佐幼主，以成大业，共济时艰。

杨钟羲强调的"丹心"与"任事"，光宣文人大多只能保留前者，对后者却难于措手。陈夔龙为纪念中举六十周年于 1935 年大宴宾客，以示不忘皇恩，亦无非示其"丹心"而已。李宣龚赋诗纪盛："雁塔登科姓字喧，朱书已换梦犹温。北门锁钥臣心恋，南国衣冠物望存。闻喜宴随迁叟重，《绍兴录》为晦翁尊。更膺稽古桓荣赐，绫饼朝天记旧恩。"[③]诗以北宋司马光性不喜华靡故参加"闻喜宴"不肯依例戴花，及南宋绍兴十八年（1148）王佐榜进士题名录因朱熹名在五甲第九十而为讲学之家竞相传录，以比拟陈夔龙的"重宴恩荣"。与两位名人作比固是赞扬，另一方面他由陈的"重宴恩荣"想到闻喜宴之类也似乎略有揶揄。

尽管如此，李宣龚仍对陈夔龙的"臣心"持赞赏态度。"君臣之义"对传统士大夫的规约力量是隐性的，与"君臣之义"紧密关联的"德"则是显性的。愚忠并不值得效法，但愚忠所呈现出来的人性质地——德——却又如

---

①杨钟羲《赠拔可贤弟》，杨钟羲《圣遗诗集》，1935 年铅印本。
②杨钟羲《圣遗诗集》，1935 年铅印本。
③李宣龚《庸庵宫保重宴恩荣纪盛》（1945 年）。黄曙辉点校《李宣龚诗文集》，华东师范大学出版社，2009 年，第 256 页。

此可贵,在动乱频仍的年代尤其如此。

　　然而光宣文人对"德"的认知与追求又有不同,陈夔龙是一种情形。李宣龚是一种。许承尧与陈、李相较,又别是一种。侪辈之出处进退及谋生谋事各有思路方法,这种人生情态的千差万别,光宣文人是自有准则、自有估量的。李宣龚《挽许疑庵同年》诗谓:"缩头窥江胡马尘,一篙春水不问津。有书欲随轩辕葬,有酒欲邀太白亲。君身自非穷螰鳞,时至则驾为天神。从此墨巢虚一客,再游黄山无主人。"①诗写许承尧留连诗酒、翰墨及山水,李宣龚颇羡慕许氏的与世无争、不闻世事。事实上,许承尧在诗中除抒写"自爱秋天地,微吟独往还"(《偶书》)的闲适自得,也展露了他晚年内心的不平、不宁及慷慨激昂。《浩叹七首》对"猛兽洪流""人心毒焰"及日寇"蹂躏神州"的暴行痛加鞭笞,足见他并非两耳不闻窗外事。

　　陈宝琛、陈夔龙、陈曾寿等人所蒙受的"恩遇"也是一种心理包袱,相形之下,许承尧于前朝的关系较为松散浅淡,在政治立场层面毋需前后左右反复调适,故能本诸初心以直抒胸臆,敌我分明,立场鲜明。诗中纵有委屈,这委曲也是结实且平直的,与陈宝琛的"委屈"不同。

　　许承尧的"伤心"不是"伤心最是近高楼"的那种进退两难,而是"故人已尽国门非,北望燕云梦渐稀",是"野老负喧忧外患,客来垂涕说萧墙",是"决绝岂真忘世事,零丁最苦殓余年"和"不辰逢此世",是"最怜国命如丝日,夜夜空山望启明",是大厦将倾、国破家亡的不祥预感。

　　何振岱与许承尧是知交,何振岱在写于1946年的一首诗中称日寇侵华为"狼烽",同时感慨当年朋辈的人生异途:"往时避狼烽,多士苦仆仆。指望瀣波平,古书闲映目。客秋幸告捷,诸君各雌伏。升木疾逾猱,犇苹喜胜鹿。畴念孤山梅,无问天随菊。人生各有志,白黑区凫鹄。慎毋盼苟同,一任达所欲。跫然罕足音,我居自岩谷。懿哉守真子,鹭岛缄才牍。慰问时殷勤,伫念归帆速。"②诗中"人生各有志""慎毋盼苟同"等句指的是光宣文人在外患来临时各有不同的应对。这虽是世间常态,但这些形形色色的应对方式不只折射了光宣文人为避"狼烽"所遭遇的甘苦("多士苦仆仆"),

────────────

① 李宣龚《挽许疑庵同年》,黄曙辉点校《李宣龚诗文集》,华东师范大学出版社,2009年,第267—268页。
② 何振岱《胜利之后往时诸友星散惟守真客中见念数惠书牍书此奉寄》,《我春室诗集》,1955年油印本。下引何诗均出此。

也在事实上成为与"外患"互为表里的"内患"。

三、忧于外患，归于德音

一个为今之学人广泛征引的例证——1941 年 3 月，冒广生（字鹤亭）时年六十九岁，上海《中美日报》登载短文，称："卢沟桥烽火举后，鹤亭竟为诗曰：'饿死原知俄顷事，一身容易一家难'，此与江某等所谓之饿死事大，同为一鼻孔出气之悖言，盖恐人之料其失节，藉以解嘲也。"[①]后来，张元济为此事致函《中美日报》总主笔，代为剖白："昨敝友如皋冒君鹤亭过访，谓读前月二十五日《正气楼随笔》一则，对彼颇有不满之词，深以为讶，并自称近年闭户著书，不问世事，与彼方毫无关系。至所引'饿死原知俄顷事，一身容易一家难'诗句，实在彼在民国初年受任瓯海关督时所为，乃指为卢沟桥烽火后所作，殊与事实不符。弟与冒君知交多年，相知有素，其受任瓯海关督诗句传递已久，确非近作，且亦信其与彼方一无往还。故敢代为剖白，可否推爱予以更正，俾全名节。"该报后刊登张元济此函，附以申明"谅事出讹传，亟为更正"[②]。冒广生生于 1873 年 4 月，长许承尧一岁。二人在辛亥革命后均曾出仕，官阶不高，或为海关职员，或为他人僚属而已。冒广生对饥驱的感喟，许承尧当有同感。

问题是，张元济代冒广生所作的剖白亦不能算周延。"饿死原知俄顷事，一身容易一家难"，照张元济的解释，若作于"彼在民国初年受任瓯海关督时"则可谅，若作于"卢沟桥烽火后"则万不可恕。意思是若为一家生存考量，"降"于民国则可，"降"于日寇（当然也包括之后由日寇扶持下的伪满和南京伪政权）则不可。张元济这样的说法关乎民族大义、大节，是值得尊敬的。不过这两句诗仍然展露出逻辑上的两难——诗句所表达的本意，是当清及民国鼎革之际，理应"饿死"，不能接受民国的职事和薪水，即不食周粟。顺着这样的逻辑，则忠于清朝，或忠于故君（溥仪）是具有道义上的正当性的——这事实上正是郑孝胥、陈曾寿等人的思路。

冒广生、张元济认为不仕民国有道义正当性，则光宣文人以民国为"敌

---

① 上海《中美日报》，《艺林》（副刊）第 157 期《正气楼随笔》，1941 年 2 月 25 日。冒怀苏编著《冒鹤亭先生年谱》，学林出版社，1998 年，第 444 页。
② 冒怀苏编著《冒鹤亭先生年谱》，学林出版社，1998 年，第 444—445 页。

国"亦属情有可原。麻烦在于,既然民国是"敌国",溥仪是故君,则当日寇扶持溥仪在"新京"建国时,郑孝胥等选择忠君即是选择了卖国,一个正当性捆绑着另一个不正当性。此不免令郑孝胥辈进退失据。"降于民国"这前一个"不可"为"降于日寇"这后一个"不可"准备了条件、铺垫了轨道。这是历史的吊诡之处。

1934年杨钟羲有诗云:"月转觚棱直禁闱,寒生晓梦竟同归。交情原自无生死,朝局何缘较是非。赵盖沉冤从此炽,伾文定论到今稀。墨巢护惜双鱼素,不共金茎露脚飞。"①此诗系杨钟羲为李宣龚编印的"戊戌六君子"之一林旭的诗集《晚翠轩集》所作,诗中"朝局何缘较是非"其实流露出杨对朝局变幻的无奈。抗战时期的时局亦复如此。

面对日本的侵略及伪满在事实上成功建"国"的事实,如同12世纪时汉人面对金和蒙古的入侵导致天下观念相对化并由此产生意识形态层面的防御性,光宣文人也习惯性地将个人与不朽联系起来。此即抗战期间许承尧挚友何振岱索居读史时所悟得的"大道"。

何振岱读史,初是满腹狐疑:"何曾刮眼尽金篦,事有甘心隐受欺。未必董狐皆直笔,三千年史半狐疑。"(《旧作》)此诗系于乙酉(1945)年中,这一年,何振岱又作《枕上杂忆古事》数首,咏范蠡云:"霸业区区过即休,余机收作水云游。五湖双桨鸥夷舸,自写闲情付白鸥。"咏苏武云:"强忍边寒不失身,弥天忠气压胡尘。多情奇节原无二,念煞吞毡啮雪人。"咏韩偓(冬郎)云:"池绿当轩举酒杯,金銮密记烛成灰。南行辞阙千行泪,原自私恩笃誓来。"(《枕上杂忆古事》之一、二、四)何振岱一边狐疑,一边仍要从史中求取借镜,以为现世人生的参照。范蠡的功成身退、苏武身上的"忠气"、韩偓对宦途险恶的规避,均令老诗人心有戚戚。同时,亦不免心下怅惘:"客来无深言,客去惟晏坐。心与碧天通,意欲青云绕。千载当我前,无碍惟大道。古书不尽言,后世苦探讨。宁知一静中,渊然启怀抱。所受不缘施,谓锡非有祷。惬从灵虚生,得岂矫幻造……"(《清坐》)诗人面对"千载",于书中苦苦探讨,所得惟有"大道"。至若心与天通、静启怀抱云云,貌似已悟得大道,实亦难掩诗人心底的谜团。此诗作于丙戌(1946),日寇投降,但现实中的政治风云仍然变幻莫测。许、何二人诗中所表达的情致颇多暗合与

---

① 杨钟羲《圣遗诗集》,1935年铅印本。

默契。

　　不论过往的历史如何诡谲,在当日以至今日,由于绝大多数士人、文人均有底线和操守,故立身行事并不十分困难。人们心如明镜,所以不肯苟且。许承尧《赠友人》诗说:"流离出好语,昔惟陈简斋。建炎纪元后,遗什篇篇佳……时运有夷险,德音终不乖。"光宣文人不再寄希望于某个特定的王朝,而是把个人价值内化,解除与客观的政治实践之间的联系,许承尧所说的"德音"、何振岱所说的"大道",因此成为很多光宣文人的共同追求。

第八章　清史馆同人之经学：
以马其昶治《易》为例

　　清史馆所聘人员中，于《易》学有较深造诣者，颇不乏人。宋书升著有《周易要义》，主张"占《易》用变"；柯劭忞参与纂修《续修四库全书总目提要》之"经部·易类"，阅读了大量《易》学著述，为150余种《易》著撰写了"提要"；王树枏著有《周易释贞》和《费氏古易订文》，在《周易》古经文本的考订及具体字句的训释方面很有创获；袁嘉谷的《讲易管窥》体式较新，属章节体讲义。另外，李景濂在清史馆开馆之初所撰列传样稿《吴汝纶传》中，曾以1700余字篇幅评述吴汝纶治《易》成绩，可证李景濂于《易》学也是有功底的。朱师辙祖父朱骏声有《易》著多种，朱师辙受家学熏陶，他本人对《易》学史也有研究。

　　如学者所指出的，1900—1919年这二十年间的《易》学研究以"新旧交替、承先启后"为特征，"具有浓厚的传统经学特点，从形式到内容都可说是传统《易》学的继续"①。马其昶、宋书升、廖平等正是这一代学人中的代表。在清史馆治《易》诸家中，马其昶可谓造诣最深、影响最大的一位。姜亮夫称："其昶为文，或稍逊惜抱，而其学淹雅，实在方、姚之上。"②认为其治学成就超过了方苞、姚鼐。钱基博则谓："其昶性淡泊，貌庄而气淳；自少于俗尚外慕，一不屑意；而刻苦锐进于学。三十以前，治古文辞；既而悼世变日亟，未可以文章经国；自识涯分，绝意进取，閟声光一室之中，十余年不出；所治自《易》《书》《诗》《礼记》《大学》《中庸》《孝经》，旁及诸子史暨梵典之说，编摹撰述，录蹟要眇，而一衷于斯文。"③

　　马其昶所从属的桐城派，是清中期以后有重要影响的文章流派。马其昶本人是晚清民国时代最具代表性的桐城派学人之一。关于他从事《易》

---

①杨世文《近百年儒学文献研究史》（上），福建人民出版社，2015年，第61页。
②姜亮夫《楚辞通故》，《姜亮夫全集》第2辑，云南人民出版社，2002年，第275页。
③钱基博《现代中国文学史》（增订本），商务印书馆，2017年，第205页。

学研究的情况,已有学人关注。马振彪《周易学说》专门绍述马其昶之学[①];黄寿祺曾概括马其昶说《易》大旨有四、称赞其言"皆极允当"[②];刘敏惠对马其昶释《易》方法尤其以礼释《易》法有颇为详尽的探讨[③]。兹从马其昶对虞翻《易》说的援引入手,考察马其昶与虞注的内在关系,进而对马其昶治《易》的成就与特点做出初步的分析判断。清史馆同人多为通儒,研经治史,造诣深湛。其研治经史之成就、特点,由此可窥一斑。

一、《重定周易费氏学》对虞翻《易》注的征引

据曾从马其昶学《易》的李崇元回忆,马其昶治经始于1882年的京师之游,专力治《易》则在主讲潜川书院时:"光绪八年,(马先生)游京师,交郑杲东甫、柯劭忞凤孙,益进而治经。既而主讲潜川书院,三年专一治《易》,成《周易费氏学》八卷。庚戌复游京师,创稿为《毛诗学》,未竟。会乱作,乙卯再至都,始克成之。其后十余年,复重定《周易费氏学》为十卷。"[④]马其昶《周易费氏学》有先后两种版本。1906年集虚草堂刊《周易费氏学》为八卷本[⑤],1918年抱润轩刻《重定周易费氏学》则为十卷本[⑥]。

马其昶《重定周易费氏学》一书[⑦]卷前有柯劭忞《序》及马其昶《自序》,全书共十卷。第一卷称"卷首",内收《序目》及《易例举要》。卷一至卷六

---

① 马振彪遗著,张善文整理《周易学说》,花城出版社,2002年。
② 黄寿祺著,张善文点校《易学群书平议》,北京师范大学出版社,1988年,第179页。
③ 刘敏惠《马其昶与〈周易费氏学〉研究》,高雄师范大学经学研究所2011年硕士论文。
④ 李崇元《清代古文述传》,王云五主编《国学小丛书》,商务印书馆,1940年,第99页。
⑤ 按《周易费氏学》八卷本收入马其昶门人李国松辑《集虚草堂丛书甲集》,下称"《周易费氏学》集虚草堂本"。李国松,字健父,一作健甫、健埔,号木公,别号桦斋,室名兰雪堂、望云草堂、集虚草堂等。安徽合肥人。从祖李鸿章,祖李鹤章,弟李国筠,子李家煌。光绪举人。1907年襄办皖省学务,充咨议局议长。辛亥革命后寓居上海。曾师事马其昶。好收藏,工诗古文辞。是编凡九种,六十九卷,汇辑马其昶、李孚青、姚永朴、徐子苓、郑杲四人著述。其中马其昶著作占过半数,如《周易费氏学》《中庸篇义》《左忠毅公年谱定本》《庄子故》《屈赋微》等。余为马其昶妻弟姚永朴《尚书谊略》、徐子苓《敦艮吉斋文钞、诗存》、郑杲《郑东父遗书》。后两种中,前者得桐城派之传,后者则用力于经学,均经马其昶重为辑补编定。而乡先辈李孚青《道旁教人集》乃未刊之遗稿,特为重校付样。有清光绪中合肥李氏刊本、1989年新文丰出版公司《丛书集成续编》本。罗志欢《中国丛书综录选注》,齐鲁书社,2017年,第161页。
⑥ 马其昶《重定周易费氏学》,《续修四库全书》第40册,影印复旦大学图书馆藏民国七年(1918)抱润轩刻本,上海古籍出版社,2002年。下引马其昶《重定周易费氏学》文字,均出自此书,不具注。
⑦ 马其昶《重定周易费氏学》,《续修四库全书》第40册,上海古籍出版社,2002年。

分别为：上经一、上经二、上经三、下经一、下经二、下经三。卷七为《系辞》上、下。卷八为《说卦》《序卦》和《杂卦》。最后一卷称"卷末"，内容为《叙录》。

以下从三个角度分析马其昶《重定周易费氏学》对《周易》文本的处理。

一、关于六十四卦的分卷。《重定周易费氏学》正文八卷，依次为：(1)乾至比；(2)小畜至蛊；(3)临至离；(4)咸至益；(5)夬至归妹；(6)丰至未济；(7)系辞上、系辞下；(8)说卦、序卦、杂卦。马其昶将上、下经各分为三，共六卷，与张惠言相同，仅各卷卦数与张惠言微异；而与李鼎祚（分为十二卷）、朱熹（分为两卷）、李光地（分为八卷）、孙堂（分为七卷）的划分差异较大。

二、关于经与《彖传》《象传》的分合。马其昶将《彖传》《象传》与经合，与王弼、孔颖达、朱熹等相同①，也与张惠言、孙堂二人相同。

三、关于底本及文字去取。马其昶本人并未交待底本的问题，现以《系辞》中的几处异文为例，比较几种常见版本与马其昶本的异同，以判断马其昶对文本的处理原则。

南宋八行本《周易注疏》②：

(1)乾知大始，坤作成物。（第 238 页）

(2)所乐而玩者，爻之辞也。（第 242 页）

(3)引而伸之。（第 694 页）

(4)夫《易》何为者也。（第 267 页）

李鼎祚《周易集解》③：

(1)乾知大始，坤化成物。"雅雨堂本"注曰："今本化为作。"（第 641 页）

(2)所变而玩者，爻之辞也。（第 646 页）

(3)引而信之。（第 510 页）

(4)夫《易》何为而作也。（第 705 页）

---

① 朱熹《周易本义》是采用了经传分离的吕祖谦《古周易》本。参见廖名春《周易本义·前言》，朱熹撰，廖名春点校《周易本义》，中华书局，2009 年，第 2 页。

② 《影印南宋官版周易正义》，北京大学出版社，2017 年。此书系据日本足利学校藏南宋初两浙东路茶盐司刊八行本《周易注疏》影印。

③ 李鼎祚《李氏易传》，卢见曾辑《雅雨堂丛书》(二)，广陵书社，2015 年据乾隆二十一年(1756)卢氏雅雨堂刻增修本影印。

朱熹《周易本义》①:

(1)乾知大始,坤作成物。(第 222 页)

(2)所乐而玩者,爻之辞也。(第 224 页)

(3)引而伸之。(第 236 页)

(4)夫《易》何为者也。(第 239 页)

李光地《御纂周易折中》②:

(1)乾知大始,坤作成物。(卷一三,第 4 页)

(2)所乐而玩者,爻之辞也。(卷一三,第 11 页)

(3)引而伸之。(卷一四,第 15 页)

(4)夫《易》何为者也。(卷一四,第 21 页)

惠栋《周易述》③:

(1)乾知大始,坤化成物。(第 245 页)

(2)所变而玩者,爻之辞也。惠栋注云:"旧作乐,字之误。"(第 249 页)

(3)引而信之。(第 277 页)

(4)夫《易》何为者也。(第 283 页)

张惠言《周易虞氏义》④:

(1)乾知大始,坤化成物。(第 504 页)

(2)所变而玩者,爻之辞也。(第 505 页)

(3)引而信之。(第 510 页)

(4)夫《易》何为而作也。(第 512 页)

王树枏《费氏古易订文》⑤:

(1)乾知大始,坤作成物。(第 297 页)

(2)所乐而玩者,爻之辞也。(第 298 页)

(3)引而信之。(第 304 页)

(4)夫《易》何为者也。(第 305 页)

---

①朱熹撰,廖名春点校《周易本义》,中华书局,2009 年。

②李光地等《御纂周易折中》,康熙五十四年(1715)武英殿刻本。

③惠栋撰,郑万耕点校《周易述》,中华书局,2007 年。

④张惠言《周易虞氏义》,《续修四库全书》第 26 册,上海古籍出版社,2002 年。

⑤王树枏《费氏古易订文》,《续修四库全书》第 40 册,上海古籍出版社,2002 年。

马其昶《重定周易费氏学》：

（1）乾知大始，坤作成物。（第477页）

（2）所乐而玩者，爻之辞也。（第478页）

（3）引而信之。（第484页）

（4）夫《易》何为者也。（第485页）

由上可见，马其昶在《系辞》文本的校订上，第一、二例同孔颖达、朱熹、李光地；第三例同李鼎祚、惠栋、张惠言；第四例同孔颖达、朱熹、李光地、惠栋。说明马其昶并未专宗一家，而是兼采各本，并参酌己意，对《周易》文本有所校订。尤值一提的是，以上诸处均与王树枏同，大约重点参考了王树枏的成果①。当然，王树枏将《象传》《象传》和《文言》分离出来，不与卦辞、爻辞相连，这种经传分离的做法，马其昶并未效法。

也就是说，马其昶参校多本，对《周易》文本有所校订，形成了一个体现了他个人校勘意见的《周易》文本。如大畜九三爻辞"良马逐，利艰贞"，马其昶引作"良马逐逐，利艰贞"，并注曰："郑本重逐字。"又在"日闲舆卫，利有攸往"句下注曰："郑康成曰：逐逐，两马走也。"②或是参考了王应麟所辑《周易郑注》③。又如改"寡发"为"宣发"。《说卦》云："巽为木，为长女，为绳直……其于人也，为宣发，为广颡"，"宣发"下，马其昶注曰："虞翻曰：为白，故宣发。洪迈曰：寡，《释文》又作宣。《考工记》郑注：头发皓落曰宣。《易》巽为宣发。"④

此处或是参考了王树枏的观点⑤。王树枏之校订费氏《易》，遵循的是四条原则：（1）凡马融、郑玄、荀爽三家文本有据可考者，皆以为据；（2）其他诸家如王弼等人之说有涉文本者，亦有参酌；（3）凡马、郑、荀所无者，皆据《说文》正之；（4）文字皆用古体（实际采用的是《说文》字体，即秦篆）。王树枏认为，《经典释文》所引古文"乃正始之古文"，"故与马、郑不合"，也对马国翰本、雅雨堂本、孙堂辑本多有批评，且对惠栋的"私改"表达了不满⑥。

---

① 马其昶在书末所附《引用诸家书目名氏》中，曾提及王树枏所撰《费氏古易订文》。
② 马其昶《重定周易费氏学》，《续修四库全书》第40册，上海古籍出版社，2002年，第412页。
③ 王应麟辑，丁杰后定，张惠言订正《周易郑注》，《续修四库全书》第1册，上海古籍出版社，2002年，第87页。
④ 马其昶《重定周易费氏学》，《续修四库全书》第40册，上海古籍出版社，2002年，第501页。
⑤ 王树枏《费氏古易订文》，《续修四库全书》第40册，上海古籍出版社，2002年，第330页。
⑥ 王树枏《费氏古易订文》，《续修四库全书》第40册，上海古籍出版社，2002年，第203—204页。

当然，王树枏之重订《周易》古经多以郑玄、许慎为据，这未必可靠。因郑注《仪礼》，是"兼采古今文，而以古文为主"；《说文》之用字也未必皆古，"如今本损卦卦辞'二簋可用享'之'二'，许慎《说文解字》：'弐，古文二。'证之上博竹简凡卦辞'二'字皆作'二'"①。王树枏的校勘结论，在一定程度上影响了马其昶。但马其昶对王树枏并未尽从，而是有所取舍。

另外，马其昶在文本结构上也有新的尝试。他在各卦卦画下除注上下卦名外，还注出了互卦卦名。这是与通行诸本最大的差异之一。如乾卦卦画下注："乾上乾下，中爻重乾。"②坤卦卦画下注："坤下坤上，中爻重坤。"屯卦卦画下注："雷下坎上，中爻坤艮。"这与王树枏据南宋石经将卦画下"乾下乾上"四字删除的做法迥异。王树枏旨在寻绎费氏《易》文本之"旧"，而马其昶则重在探求费氏《易》之解经"家法"，故在文本结构的编排上，更多地体现了向通行本靠拢以及兼收并蓄、略所增益的倾向。

虞翻《易》注主要见于李鼎祚《周易集解》。陆德明《经典释文》则保存了虞《易》的部分异文与释义。清代以降，治虞《易》者颇多。孙堂、黄奭、惠栋、张惠言等均有辑释或研究著述。自惠栋《易汉学》后，虞氏学影响日大，张惠言、焦循等均以虞氏为宗。张惠言专治虞《易》，有撰述多种，成就甚著。当然清人关于虞《易》也有不同看法。黄宗羲治象数之学，认为汉宋《易》家所宣扬的纳甲、动爻、卦变、先天诸说，皆不合经义，都是"伪象"。认为《周易》本有之象为七种：八卦之象、六画之象、象形之象、爻位之象、反对之象、方位之象、互体之象，"七者而象穷矣"③。王引之《经义述闻》则对惠栋《周易述》有所指摘，对虞翻月体纳甲等《易》说也有不同意见。王引之认为宗虞不应盲目："今世言《易》者，多宗虞氏而不察其违失，非求是之道也。"④

马其昶对虞翻《易》说非常重视。《重定周易费氏学》计有近四千条征引，

---

① 陈居渊《〈周易〉文本的早期形态：古文本〈周易〉复原》，刘大钧主编《大易集旨》，上海科学技术文献出版社，2016年，第9—10页。
② 按：参照其他各卦的格式，应为"乾下乾上"。
③ 黄宗羲著，郑万耕校点《易学象数论》，中华书局，2010年，第117页。关于黄宗羲象数观的特点与局限，可参见张克宾《黄宗羲〈易学象数论〉意旨发覆》，《周易研究》2020年第4期。
④ 王引之撰，虞思征、马涛、徐炜君校点《经义述闻》（一），上海古籍出版社，2016年，第116页。黄式三曾引王引之此言，并评价道："王氏父子世尊汉学，其说《易》则力辟汉儒荀氏'升降'、郑君'爻辰'诸说，矫枉过正盖有之，而廓清虞氏之学，非如拨云雾而见日乎？"黄式三《易释·书惠氏〈周易述〉后》，《黄式三黄以周合集》第1册，上海古籍出版社，2014年，第128页。

六百七十余条按语。其中,引虞注总计二百五十余条。引郑玄注也较多(近一百四十条)。所引虞、郑两家合计近四百条,约占征引总量的十分之一。

马其昶《重定周易费氏学》征引虞注情况如下:

卷前1处。

上经:乾6处,坤4处,屯7处,蒙4处,需2处,讼5处,师3处,比2处,小畜4处,履1处,泰6处,否1处,同人2处,大有1处,谦2处,豫4处,随4处,蛊2处,临4处,观4处,噬嗑4处,贲1处,剥2处,复1处,无妄3处,大畜2处,颐5处,大过3处,习坎4处,离1处。

下经:咸5处,恒2处,遁4处,大壮2处,晋4处,明夷2处,家人1处,睽4处,蹇2处,解4处,损3处,益4处,夬2处,姤3处,萃1处,升1处,困1处,井3处,革1处,鼎3处,震6处,艮1处,渐4处,归妹6处,丰1处,旅5处,巽4处,兑0处,涣6处,节1处,中孚2处,小过1处,既济3处,未济2处。

系辞上19处。

系辞下14处。

说卦23处。

序卦0处。

杂卦10处。

马其昶征引虞注,有如下几个特点:

首先,重视虞注对本卦卦象的分析。凡基于本卦卦象做解读的虞注,多受马其昶重视。凡为证成字义而辗转寻绎他卦卦象的虞注,马其昶多所不取。

其次,多为原文征引,偶有约意引。原文征引也有几种类型:或原序整引,且不改变原文字句;或原序、跳跃式节引;或调整原文本顺序摘引;或不调整原文顺序但改动原文摘引。也有时自他人文句中转引虞注。如艮卦"艮其止,止其所也"下有两处虞注,马其昶即转引自王树枏:"虞注,艮其背,背也。两象相背,故不相与也。是虞本作背,尤为确证。"这类转引,体现了马其昶对同时代学人观点的重视①。

---

① 征引友朋之说以解《易》,是马其昶《重定周易费氏学》一大特点。如豫卦象辞:"顺以动,豫。豫顺以动,故天地如之。"句中"如"字,各家注本多失注。马其昶解释道:"姚永朴曰:如,从也。"此类释例颇多。

再次,有些征引也兼及校勘。如遁卦九三"系遁,有疾厉"下虞注,李鼎祚、张惠言、孙堂均辑作"巽为"[①],张惠言于"巽为"下注:"宜脱绳字。三在巽,故系。"孙堂案:"'为'下疑为'系'字。"文渊阁《四库全书》本《周易集解》作:"厉,危也。巽绳为系。"马其昶引作"巽绳为系",与《四库》同,可视为校勘意见。

当然也存在一些问题。

其一,有些改动未做说明。如《说卦》"坎为水……其于人也,为加忧,为心病","为心病"下马其昶注:"虞翻曰:两阴夹心。"但李鼎祚、张惠言、孙堂均辑作"两阴失心"。马其昶当是参考了张惠言的意见[②]。既做此校改,宜有所说明。

其二,个别征引与诸本不同。如马其昶于《说卦》"为甲胄"下注:"虞翻曰:外实中虚之象,在上胄,在下甲。"但李鼎祚、张惠言、孙堂辑引虞注,"为甲胄"三字下均为:"外刚,故为甲。乾为首,巽绳贯甲而在首上,故为胄。胄,兜鍪也。"[③]所引有异,未知何据。

其三,暗引而不出注。如革卦,李鼎祚收虞注19条,马其昶仅引1条,是在释初九"不可以有为"时引虞注:"得位无应,故不可以有为。"但仔细对比虞注和马其昶按语,就会发现还存在暗引:

虞翻:(1)释革卦卦辞:"悔亡,谓四也。四失正,动得位,故悔亡……四动体离……以成既济。"(2)"革而当,其悔乃亡,孚谓五也。巽为命,四动五坎改巽,故改命吉。四乾为君,进退无恒,在离焚弃,体人过死,《传》以比桀纣。汤武革命,顺天应人,故改命吉也。"

马其昶:四动成既济,以在己之孚,不可变,不求济也。四际革之时而未当,五之位天命已改而犹不革,故上下皆信其志。革而当其悔乃亡。四先言悔亡,而后言改命,不言革命,此文王之所以自处者。诗云"周虽旧邦,其命维新",改命之说也。

---

①李鼎祚《李氏易传》,卢见曾辑《雅雨堂丛书》(二),广陵书社,2015年,第356页;张惠言《周易虞氏义》,《续修四库全书》第26册,第468页;孙堂辑校,王新春、王贻琛导读《〈虞翻周易注〉导读》,华龄出版社,2020年,第102页。
②张惠言于虞注"两阴失心为多眚"下注曰:"失,或当为夹。"张惠言《周易虞氏义》,《续修四库全书》第26册,第501页。
③李鼎祚《周易集解》,第529页;张惠言《周易虞氏义》,第529页;孙堂《虞翻周易注》,第231页。

虞翻注革卦有两个十分精到的见解:一是九四失正,动得正之后,革变为既济;二是"巽为命,四动五坎改巽",按四未动时,二三四五这四爻上互乾、下互巽。四动导致巽变为坎,"坎改巽",改巽即改命。这两个见解均被马其昶继承下来,前者体现在"其昶案"中("四动成既济"),后者则体现于所引朱震、陈士元二氏之说内,其实朱、陈之说亦当源出虞翻。当然,马其昶也有推进,他指出九四先言悔亡后言"改命"而不言"革命",乃是文王自处之道。

其四,偶有误引。如颐六四:"颠颐,吉。虎视眈眈,其欲逐逐。"马其昶引虞注曰"艮为虎",然而,虞翻原文并不如此:

> 虞翻曰:"晋四之初,谓三已变,故'颠颐'。与屯四乘坎马同义。坤为虎,离为目。眈眈,下视貌。逐逐,心烦貌。坤为吝啬,坎水为欲,故'其欲逐逐'。得位应初,故无咎。"①

虞翻原本说的是"坤为虎",马其昶引作"艮为虎"②。又如蹇卦"利见大人",虞注:"离为见,大人谓五。"马其昶引作"离为见大人",亦误。再如《说卦》"坎为盗"下虞注"水行潜窃",其引作"水流潜窃"。

二、虞费之间:从兑卦看马其昶与虞翻之不同

《重定周易费氏学》解《周易》六十四卦,几乎卦卦引虞注。只兑卦例外。这可能非出故意,但这个例外适可作为分析的样本。

李鼎祚所收兑卦虞注共 18 条、500 余字。虞翻认为,兑由大壮而来,该卦特征是"刚中而柔外"。顺天应人的主体是二爻;三爻为人,五爻为天;二爻失正,故"二变,顺五承三",所以"顺乎天应乎人"。虞翻释《象传》"君子""朋""友""讲""习",几乎逐字与卦象对应。虞翻多以二、四之正为言。如以二、四变屯释"说以先民,民忘其劳",因"坎为劳,震喜"。又说:"坤为民,坎为心,民心喜悦,有顺比象,故忘其劳也。"释初九:"四变应己,故和兑。"释九二:"四已变,五在坎中称孚,二动得位,应之,故孚兑。"释九四:

---

① 李鼎祚撰,王丰先点校《周易集解》,中华书局,2016 年,第 180—181 页。
② 按:承《周易研究》杂志外审专家提示,马其昶引虞注"艮为虎",源出朱震。因《汉上易传》有此说,诸家遂据此认为虞翻有"艮为虎"之说,其实虞翻以艮为"狐",朱震误记耳。

"变之坎……坎为疾，故介疾。"释九五："二、四变，体剥象，故孚于剥。"释上六："二、四已变而体屯，上、三未为离，故未光也。"

马其昶释兑卦，在思路上确与虞翻有很大不同。

关于六三"来兑"何以凶。《象传》明确说"来兑之凶，位不当也"，虞注："从大壮来，失位，故来兑，凶矣。"马其昶不提大壮，而引李鼎祚、陆希声、张履祥三人之说分别解释。先释位不当之表现："以阴居阳，谄邪求说。"（李鼎祚）次释六三身份、品行："三为说主，而不以正，凶其宜也。"（陆希声）再释"来兑""引兑"之区别："以己来物曰来，以物引己曰引，三说自内，上兑自外也。"（张履祥）最后于"其昶案"中总结："三曰来，上曰引，阴阳相为交感，皆象之所谓亨也。兑之正位在上，三位不当，故凶。"

虞翻释九四"商兑未宁，介疾有喜"，是从之正入手的，涉及巽、坎、震、比四卦卦象，马其昶更偏重开掘其间的义理。虞翻解"商兑"，引《说卦传》，称"巽为近利市三倍，故称商兑"；马其昶不言"巽"象，而引《汉志》"商之为言章也"，释"商"为"章度"。虞以"商兑"之"商"为商业，马更关注"商"之方式、功能。何为"章度"？"章"是"章其远近"，"度"是"度其有亡"，目的是"通四方之物"，这样一个过程是为"商"。虞翻释"未宁"曰："变之坎，水性流，震为行，谓二已变，体比象，故未宁，与比不宁方来同义也。"这儿的"比象"，用的是互卦象。马其昶所引他人注未及此，只在按语中说："四介三、五之间，章度其兑而不敢宁。"虞翻释"介疾有喜"："坎为疾，故介疾。得位，承五，故有喜。"马其昶则引王弼："介，隔也，三为佞，说将近至尊，四以刚德裁而隔之，匡内制外，是以未宁。闲邪介疾，宜其有喜也。"这个解释不同于虞翻之就象言象，而是从为臣之道、行事之道等角度赞赏九四能够匡正、抑制小人，从而附加了人事及道德方面的意见。马其昶还在按语中引申发挥，阐述"疾"与"说"（悦）的辩证关系："天下之疾，未有不由说而生者。孟子曰：'生于忧患，死于安乐。'"可见，凡虞翻有解释者，马其昶亦有解释，但角度有别。

马其昶于兑卦有八处按语，最有代表性的当推第七处，即解九五"孚于剥，有厉"。马其昶先是引程颐："九五得尊位而处中正，尽说道之善矣。而圣人复设有厉之戒，盖小人者备之不至，则害于善。剥者，消阳之名。以五在说时而密比上六。虽舜之圣，且畏巧言令色，安得不戒也。说之惑人，易入而可惧也如此。"又引张浚、项安世、熊良辅、刘宗周、沈起元诸人之说，最后在"其昶案"中说:"说于剥是溺于阴者,孚于剥是能信于阴者。孚、剥有二义,其人为剥阳之人,则以至诚格之。其事为剥民之事,亦以至诚将之。"程颐、马其昶以"消阳者"解"剥",而"消阳者"是指小人,在卦中为上六。这与虞翻不同。虞翻解"孚于剥,有厉",是从爻变入手的。他认为"孚"是九五,剥是卦象,通过"二四变,体剥象",将"剥"落实为卦象意义上的"剥",非如程颐、马其昶那样以上六("消阳者")为小人、为"剥"的行为主体。虞翻说:"孚谓五也。二、四变,体剥象,故孚于剥。在坎未光,有厉也。"虞翻的做法,是让"二四变",兑变屯,而屯二三四五互剥,体剥象。二四变后,上卦为坎,三爻未变,离象未现,于是九五"在坎未光","在坎未光"故"有厉"。虞翻此处提到的"剥"象,似有见字寻象之嫌。至于"孚于剥"的意涵,虞翻并未深入解释。从释读卦义的角度来说,马其昶的解释比虞翻更为深透。当然,虞翻对卦象的演绎也很精彩。

马其昶在八处按语中,共引孟子二处、孔子一处,以及《汉志》《白虎通》各一处。在兑卦的释读上,更多地继承了程、朱以来儒家学者的思路。以上表明,马其昶对虞氏学有态度鲜明的取舍。

三、引虞入费:马其昶对虞翻《易》说的创造性借鉴

《说卦》"离为火……为甲胄"下马其昶注曰:"虞翻曰:外实中虚之象,在上胄,在下甲。"此处虽已标明"虞翻曰",实与虞注不同。虞注为:"外刚故为甲。乾为首,巽绳贯甲而在首上,故为胄。胄,兜鍪也。"马其昶以离有"外实中虚之象"解"胄""甲",纯从卦象及爻位言之,虽脱胎于虞注,但比虞注更明了简洁。可见马其昶能化繁为简,引虞入费而不拘于虞。以下从引虞、补虞、效法虞诸层面讨论马其昶引虞入费的创获。

第一个层面,是全书中触目可见的各类征引。前文谈到的直接征引,属于"明引";征引于当卦当爻,故又属"原位征引"。还有不少说法来自虞翻,但未注出,而是散见于所引他人注或"其昶案"中。如马其昶释"杂卦"之"杂"云:"杂卦前破卦序之例,从反对取义,后八卦复破反对之例,而仍以义相次,所谓杂也。"此所说"复破反对之例",与虞翻"自大过至此八卦,不复两卦对说"意同。这是观点上的继承。又如解卦上六,马其昶引虞翻曰:"上应在三,离为隼。""其昶案"又曰:"公谓四也。四为震主……三居内外

之限为埤,互离象隼。"此处"离为隼"是虞翻之说;以三为"埤",则是延续了马融、王弼等人的观点。

图 32　马其昶像①

按:此为《青鹤》杂志所载马其昶像。据陈三立撰《清故学部主事桐城马通伯墓志铭》,马其昶卒于 1929 年农历腊月十四日。马其昶任清史馆总纂期间,"日疲撰述,绩最著","久之病痹,乃还桐城。越三年,己巳十二月十四日卒于家。春秋七十有五"②。

第二个层面,引虞而不止于虞,而是有所推进、有所发明。如马其昶释夬卦,强调其有"书契"象:"夬有书契之象,《易》书作而后、君子道长、小人道忧,是圣人经世之微权也。"又于《杂卦》篇末按语中参考胡炳文之说探讨诸卦"中四爻互体"之象:"自大过以下指中四爻互体而言也,盖六十四卦互得十六卦,曰乾、坤、既未济、剥、复、姤、夬、渐、归妹、大过、颐、解、蹇、睽、家人。此又于十六卦中举其半以兼其余,义亦可通。说详《折中》。是知《易》道广大,固未可以一端尽云。"既济卦六二爻辞,虞翻解"妇丧其茀"曰:"离为妇,坎为盗。"马其昶引之,并补引李舜臣:"离为雉,有翟茀之象。"虞翻以象释"妇""盗",亦以"坎为玄云"释"茀",但马其昶所引李注所谓"翟茀之象",是取离之"雉"象,而非坎之"玄云",与虞注不同。

第三个层面,虽未征引,但在解卦思路上借鉴虞注。思路上的借鉴又分两种类型:或直接吸收、采用虞翻的提法,或借鉴而不照搬,甚至有不同见解或新的提法。以下试分别举例说明之。

关于直接借鉴而不征引。如否卦九四,马其昶释"有命无咎,畴离祉"及"志行也"诸句,曰:"乾为天,乾化巽为天命。之正承阳,自上下下,得天命,承君命,以实惠及初,转否为益,是君子得行其志之时矣。畴谓初,离祉谓受益。"此处"自上下下,转否为益"的思路,便出自虞翻。虞注否卦上九

---

① 《相城马通伯先生遗象》,《青鹤》1933 年第 9 期。
② 陈三立《清故学部主事桐城马通伯墓志铭》,《新民》1935 年第 1 期。

云:"否终必倾,盈不可久,故先否。下反于初,成益,体震。民说无疆,故后喜。"

结合卦象以解卦,是马其昶的一个重要思路。在这方面,马其昶深受虞翻启发。如小过初六,虞注:"离为飞鸟,上之三,则四折入大过死。"马其昶于虞注虽有借鉴但未征引,而是引项安世:"初、上二爻,阴过而不中,是以凶。以象观之,初、上皆当鸟翅之末,初在艮之下,当止。反飞,以飞致凶。上当震之极,其飞已高,动而成离,则离于网罟。"初、上二爻当鸟翅之末、以飞致凶云云,是对虞注的补充。又如乾卦"终日乾乾,反复道也",虞注:"至三体复,故反复道,谓否泰反其类也。"刘大钧先生认为:"被清代人誉为'西汉古《易》'正宗的虞氏《易》,于此段注文仅附会其卦象而未阐其精义。"①马其昶大约也不满意于虞翻,故征引张载、朱熹之说:"《横渠易说》云:道,行也。《本义》云:重复践行。"张、朱二氏从解释字意、句意入手,文意更为明晰。

卦变、旁通、互体之说,虞翻频繁用之而不疲,马其昶有所借鉴,亦不照搬。如虞注明夷:"临二之三,而反晋也。"涉及临、晋与明夷之关系。马其昶释明夷,并不谈临、晋。他释明夷初九"君子于行,义不食也",引《左传·昭公五年》穆子生时庄叔以《周易》筮得明夷之谦为证:"离,火也;艮,山也。火焚山,山败。于人为言,败言为谗。"并解释说:"离火变艮山,是经火之山也。火山旅,火之经山,过而不留,有旅之象。火焚山,山败。以人事言之,君子避难,随所旅,过其主人,必被谗言而败。故君子于行,三日不食,义不使主人被连坐之患也。主人有言,即申明所以不食之故。四撰坎,为酒食,初变而不与四应,故曰义不食。"解乾卦九三《文言传》释九三所云"进德修业"也是如此。虞注:"乾为德,坤为业。以乾通坤,谓为进德修业。"虞翻未说明"以乾通坤"与乾卦九三之间的关系,马其昶采取的是征引钱澄之并自加按语的方式:"钱澄之曰:一念不肯自欺,则用力真实,是进德之事。一言不肯自欺,则言行合一,是居业之事。"马其昶曰:"内卦进德,外卦修业。三四互言进、修,而意各有重。己与人接,而功业乃见。"仅以进德、修业为言,并未如虞注那样强调乾、坤之"通"。在乾卦九四爻辞的按语中,马其昶进一步解释道:"三四同居上下之际。三得正,故所处皆当。四失正,为邪。

---

① 刘大钧《虞氏易集义:乾卦(上)》,《周易研究》2018 年第 5 期。

今之正，故非为邪。三四皆人位，人下近地，四则中不在人，似离群。《易》例：六四承九五者吉，四之退而化阴，正欲进而承五，绝类从上，故非离群。进德修业，蒙三为言之，正承阳，即其进修之实事，故无咎。"这个解释结合爻位分析三、四之进退，并旁及蒙卦，是很有见地的。而且以进德、修业为旨归，带有明显的儒学本位色彩。

马其昶不仅重视单一卦象的分析，也重视各卦象、爻辞之间的对比。这一思路，即黄式三所说的"同辞合释"[①]。如马其昶释比卦初六、九五之关系，即与情形相似的蹇卦联系起来。黄式三也曾分析过诸卦中的"孚"字，指出"比初有孚，五孚初也"，在释蹇卦时也说"初亦有往五之心"[②]，独未将比、蹇二卦并观。又如释涣卦初六"用拯马壮"时，马其昶提及明夷六二："坎体而有互震在前，与明夷六二同，故用拯马壮之象亦同。"又如屯、谦、豫三卦"建侯""行师"等辞[③]，马其昶即引邱富国之说予以解释："屯言建侯，有震无坤。谦言行师，有坤无震。此合坤、震成卦，故兼之。"至于坤、震二象与建侯、行师之间的关系，马其昶则引郑玄之说为解："震为雷，诸侯象。坤为众，师役象。"再如大壮"丧羊于易，位不当也"与旅卦"丧牛于易，终莫之闻也"，为何所丧是羊？为何丧羊无悔？马其昶认为，前者因"五互兑，兑为羊"。后者因"五变仍成兑体"，是为"羊丧而复得"，故"无悔"[④]。至于旅卦"丧牛"何以"凶"，马其昶说："旅上离为牛，上变，离体遂坏。"是为"牛莫之闻也"，故"凶"。马其昶以"五互兑""五变仍成兑"解"丧羊""无悔"，补虞翻所未及。其谈象而兼及互体、之正，深得虞翻神髓。

除卦变、互体等外，马其昶还借鉴了京房、虞翻的爵位说。益六三"有孚中行，告公用圭"，虞注："公谓三伏阳也……三，公位。"马其昶未引虞翻，但在"其昶案"中提到了爵位说："三、四通可称公。《乾凿度》云：'三为三公，四为诸侯。'……三多凶，其柔危，则六三尤凶也。"

---

① 黄式三也曾专就"羊易""牛易"有过分析，马其昶曾参考黄式三《易释》，但二人思路有较大差异。参见黄式三《易释·释"羊易""牛易"》，《黄式三黄以周合集》第1册，第73页。
② 黄式三《易释》，《黄式三黄以周合集》第1册，第70、34页。
③ 屯卦卦辞："元亨，利贞。勿用有攸往，利建侯。"谦卦上六爻辞："鸣谦，利用行师，征邑国。"豫卦卦辞："利建侯行师。"
④ 按：马其昶《周易费氏学》集虚草堂本于此解说更详："五互兑为羊，惧失正而变，仍成兑体。是丧羊而又得羊，何悔之有？"

虞翻师承孟喜,每以卦气说释《易》。虞注归妹"天地之大义",即以"震东,兑西,离南,坎北,六十四卦,此象最备四时正卦"解之;虞注《系辞》"变通配四时",亦曰:"变通趋时,谓十二月消息也。泰、大壮、夬配春,乾、姤、遁配夏,否、观、剥配秋,坤、复、临配冬。谓十二月消息,相变通以配四时也。"马其昶对上述说法略有征引,但仅做知识性介绍,并无过多发挥。虞注于解卦有"解二月"之说,是颇为典型的卦气说释卦,马其昶即未征引。

虞翻以"月体纳甲法"释卦,见于坤卦卦辞、坤卦《文言》、蹇卦卦辞等处,马其昶均未征引,按语中亦未涉及。马其昶参考虞氏逸象也极为慎重,类似以"坤"为"作事"、以"坎"为"谋"这类典型的虞氏逸象[①],为马其昶所未取。

四、马其昶《易》说中的虞费关系以及桐城传统

马其昶以"费氏学"名其书,学界是有不同看法的。如黄寿祺认为,"马氏以'费学'名篇,按之班固称费氏'长于卦筮,亡章句,徒以《彖》《象》《系辞》十篇文言解说上下经'之旨颇相戾。况其所引《子夏传》则韩氏之《易》,引《淮南子》则'九师'之义,引虞翻注则为孟氏《易》,引陆绩注则为京氏《易》,今概谓之费氏《易》,名义亦殊不符"[②]。就《重定周易费氏学》一书展露的治《易》理路言,马其昶所谓费学并不是版本、考据或校勘意义上的费学,而是一种体系性的、阐释学意义上的费学——即以费学所体现的"宗圣"精神为旨归。马其昶生活在晚清民国,他的《易》学是对新旧古今的折衷和融汇[③],他希望在费学的框架内建构他个人的微言大义。新创是他的成就,折衷也是他的意见,这是一位现代知识人在新的时代语境下表达个

---

① 关于虞翻将道德训诫之语离析为八卦逸象以诠释《易传》,可参见杨效雷《中国古代〈周易〉诠释史纲要》,中州古籍出版社,2017年,第81—87页。

② 黄寿祺著,张善文点校《易学群书平议》,北京师范大学出版社,1988年,第179页。

③ 马其昶《周易费氏学》集虚草堂本尝采新学、西学知识释《易》,如释晋卦《象辞》"明出地上,顺而丽乎大明",马其昶曰:"顺者,地也。大明者,日也。此即地球绕日而行之说。丽者,日之摄力也。"又引其门人李国松之说:"顺,谓地顺其轨道。"但上述内容不见于《重定周易费氏学》十卷本。《重定周易费氏学》全书之末有马其昶简短附记,曰:"初稿间取泰西新说以证明《易》象,后以科学夐未研求,惧涉附会,遂刊除焉。"此番删改,可证马其昶于新学始则关注之,终则放弃之。之所以放弃,非因科学不可以证《易》,而因个人于科学"夐未研求"。

人思想关切、申言价值立场的特殊方式。也许在马其昶看来,虞氏学固然精深奥妙,但偏于"技",而以十翼为本的费学则更尊"道"。这多少有些以虞为"汉学"、以费为"宋学"的意味。从治学路径上说,这便是"汉宋兼采"。而这正是桐城学人的治经家法。当然,马其昶如此释费,实已突破费氏家法,称之"马氏费学"可也,并非严格意义上的"费学"。

马其昶属桐城学人阵营,初从其父受《易》。既孤,又师事方宗诚、吴汝纶。其岳父姚濬昌亦治《易》[①]。方宗诚治学奉臬其族兄方东树,专本程朱之言以解《易》[②]。姚濬昌出身于世代治《易》的桐城麻溪姚氏家族,为学亦宗程朱。这当是对马其昶治《易》影响较大的几位。

马其昶对桐城治经家法的承传,是有主观上的自觉的。除了治经思路上有承传,其在行文中也对桐城学人多有征引。在释革卦"汤武革命,顺乎天而应乎人"时,马其昶引姚永朴之说:"兑《象》曰:'顺乎天而应乎人。'于革亦言之,以其有兑也。凡为大事,非民说不可。孟子云:'取之而燕民说,则取之。武王是也。取之而燕民不说,则勿取。文王是也。'正得此义。"马其昶不仅引姚永朴,还引姚鼐、曾国藩、吴汝纶、姚永概等人之说。引吴汝纶尤多(近四十条)。

其实,在桐城研《易》诸家内部也存在着不同的取向。如释履卦,马其昶、姚永朴就有很大差异。姚永朴曰:"今之士大夫莫不喜言自由矣,而抑知自由必在于法律之中乎!吾试与之言履卦。夫履以和行,和也者,即自由之谓也。然而履者,礼也。""六三为兑,主蹑乾阳之后,是履虎尾也。就外体观之,五为乾主,则为虎者五也。四蹑五后,亦是履虎尾也。两爻之象同,而一咥人凶,一终吉者,则以三志刚而四愬愬也。"[③]"愬愬"者谨遵法律,故能得"真自由",这是从自由与法律关系的角度解卦。马其昶解"愬愬"道:"四为虎尾……庄周言'虎媚养己者,顺也',惟虎媚之,所以能践,然

---

① 马其昶《重定周易费氏学》书末所附《引用诸家书目名氏》记曰:"方宗诚,字存之,桐城人,五品卿衔。其昶从受学。""姚濬昌,号慕庭,桐城人,竹山县知县。其昶外舅也。有《易说》四卷。""吴汝纶,字挚父,桐城人。同治四年进士,冀州知州,五品卿衔。有《易说》,其昶从受学。"可知马其昶与方、姚、吴三人间的学术渊源。

② 谭献《五品卿衔前枣强知县方先生墓碑》云:"(宗诚)族兄仪卫先生东树者,抗希古学,辞辟群言,君奉为臬桌。生平学术之有宗尚,实原于此。"(方宗诚《柏堂遗书》,方氏志学堂家藏版,清光绪间刻本)

③ 姚永朴《蜕私轩易说》,中国国家图书馆古籍馆藏民国间刻本。

终不可忘惧而久处。《杂卦》:'履不处也。'四不处非位以比三,变而承五,故终吉。"可见马其昶强调的是"礼"之义为"顺","顺"又出于对"虎"之"惧",故将"愬愬"最终落实为君子处世之道。而姚永朴强调守"礼"即是守"法",守"法"故得"真自由",所以终吉,其解读更具现代色彩,但也有比附西学之嫌。相形之下,马其昶的解读要传统和谨慎得多①。

马其昶之治费学而不排斥虞氏学,乃是出于广纳百"技"而益之于"道"的考量。在《周易费氏学》初版"自序"中,马其昶说:"予治《易》,一本费氏,以十篇概平众家之说,而要以变化为主。其自为义例,不详于《系辞》《彖》《象》者,皆不录。"马其昶门人李国松也说其师治《易》"以圣人为本,以十篇为本",并从"始""终"两端归纳曰:其始则"一字之诂必有其本,一义之立必会其通";其终则"圣人之言既明,则不域于故常,合于圣言则从,违则否"②。马其昶尝与李国松曰:"《易》者,圣人之书岿然独完者也。其义至深赜难明,然有十翼可依据,则反视他经为易。循圣人之《传》,求通圣人之经,彼圣人之前知而照物者,诚未可睎矣。"③在马其昶看来,费氏学所代表的是孔子之学、圣人之学,是儒家知识分子安身立命、修齐治平的课业。

概括言之,马其昶治《易》,多取汉儒之说以言象,以"有征于十翼"为前提,释卦兼重本象与变象④,间取泰西格物制器之说⑤,释义求通求贯,征引众说时讲求牵引贯穿。而虞翻《易》注之于马其昶的意义在于:它是马其昶重点参考的前人《易》注之一。以虞解费,是马其昶费氏《易》学建构的重要手段。与以郑解费、以礼解费、以诗解费、以史解费相比,以虞解费对马其昶的意义似更重要,因为对虞氏学的借鉴,成就了马其昶《易》学思想的象

①关于晚清学者比附西学以解《易》的特点与局限,参见林忠军《论晚清易学之转向》,《中国社会科学》2020年第2期。
②李国松《周易费氏学·跋后》,马其昶《重定周易费氏学》书后附录。
③李国松《周易费氏学·跋后》,马其昶《重定周易费氏学》书后附录。
④马其昶擅于兼顾本象、变象而言"几"。所谓"几",即"动之微",亦即"吉凶之先见者"。李国松评价道:"圣人于其将变未变之交,为之观象系辞,拟议其变化,而示人以所处之宜……非可滞于本象,亦非可滞于变象,此尤先生(按即马其昶)所独得,发前师之未发者也。"李国松《周易费氏学·跋后》,马其昶《重定周易费氏学》书后附录。
⑤马其昶释晋卦引地球绕日而行之说、释乾坤二卦发挥光气之说,均是征引泰西格物之学以释易。另在释《系辞》"夫乾,其静也专,其动也直"时,亦云:"专者,光托气显,而终古不变。直者,光行至速,无远弗届也。"此亦以物理学意义上的光、气为言。

数一翼。对虞注的吸收借鉴,使马其昶得以脱离费学的束缚,在与《易》学诸家的对话中,建立起一位现代《易》学大家的综合化与个人化视野。马其昶对虞注的评析取舍,也体现了现代学人接受虞翻《易》学的方式、可能及其进展。

第三编

第一章　稿本与刊本:《宣统本纪》措辞调整

清历朝本纪中,《宣统本纪》因距今最近,牵绊最多,措手尤难。沃邱仲子即有敏锐的观察,"修《清史》之难不在乎搜辑编纂,而在持论之公允。盖民国开基之人物,半胜朝之老吏。赵氏己身,即附载泽以起,而私取奉天财政局帑事,乃徐菊人所弹劾,又酿成四川革命者,则其介弟尔丰,就此数点论,欲无曲笔,已非易易,况对于袁、徐、冯、段诸人哉?"①事实的确如此。

具体到《宣统本纪》,一个最为突出的难点是有关辛亥革命的记载②。辛亥革命关系到清朝之终局,是重大事件,必当入史。但是对该事件如何定性、如何措辞,对相关纂修人员是一个考验。

一、《清史稿·宣统本纪》奭良稿本纂修概况

台北故宫博物院所藏《宣统帝本纪》稿本全文约 1 万字③。在清史馆的功课簿上,《宣统本纪》的初稿,撰者为瑞洵,由奭良负责修正。瑞洵、奭良均为清史馆协修。

据奭良回忆,赵尔巽也曾对《宣统本纪》"少有增删":

> (赵尔巽)(1927 年)三月在馆急病忽作,亟回调治。五月渐有瘳……既而曰:吾不能刊清史,独不能刊清史稿乎……七月十日,以瑞学士所修宣统本纪付奭良修改,且迫使之。十日而毕,呈稿于公,少有增删,送稿馆中。④

---

① 沃邱仲子《民国十年官僚腐败史》,荣孟源、章伯锋主编《近代稗海》第 8 辑,四川人民出版社,1987 年,第 60 页。

② 按:光绪朝也有类似情形,《德宗本纪》纂修时也颇注意措辞及行文。如《德宗本纪》光绪三十一年十月记:"近有不逞之徒,造为革命排满之说,假借党类,阴行叛逆。各疆臣应严禁密缉。首从各犯,论如谋逆例。"是以征引诏书形式入载的(《清史稿》卷二四《德宗本纪》二)。

③ 冯明珠主编《清史馆未刊纪志表传稿本》"本纪"第 14 册,沉香亭企业社,2007 年。

④ 奭良《清史馆馆长赵公行状》,奭良《野棠轩文集》。又收入许师慎辑《有关清史稿编印经过及各方意见汇编》,中华民国史料研究中心,1979 年,第 1373 页。

台北故宫博物院所藏奭良稿本显示,该稿于 1927 年 7 月 19 日改毕交稿,开始修改是 7 月 10 日,首尾十日,与奭良所说"十日而毕"正相吻合。

《宣统本纪》正式刊本全文 2.2 万字,比奭良稿本增加约 1.2 万字,扩充一倍有余。正式刊本肯定经过了柯劭忞的删正。金梁在《清史稿校刻记》中即曾提到,柯劭忞对各朝本纪"皆多删正"①。至于奭良和金梁二人是否参与正式刊本的增删,现在尚不能准确判断。但是,担任校阅发刊人的金梁即使未参与《宣统本纪》的增删,对这些增删起码是知情的。而这些改动所体现出来的对于辛亥革命和革命党人的折衷立场,虽不能据以断言柯劭忞、金梁的想法与奭良迥异,但至少提醒我们应注意《清史稿》与执笔者之间的"意见关联"。《清史稿》成于众手,"异口"不可能"同声"。取舍之间,总有太多意在言外的况味。而《宣统本纪》虽经慎重修改,在后来发生的《清史稿》禁售及检校事件中,仍不能幸免于来自批评者的批评。

清史馆之所以将《宣统本纪》交由满洲文士主纂,并不仅仅因为他们"于满洲文献、十朝掌故矢口指陈,不待翻检陈籍"(夏孙桐评奭良语②),更由于《宣统本纪》的特殊性。

清史馆内半是光宣旧人,而新兴的民国与前朝、与仍居紫禁城中的清廷的关系又盘根错节、藕断丝连,如何做到秉笔直书?不只外人有这方面的担心,清史馆成员自己也多次感慨是非论定之难。如《清史稿·宣统本纪》之赞论中所称"虞宾在位,文物犹新。是非论定,修史者每难之"③,夏孙桐所言"光、宣两朝一代结局,关系尤重,国史本传不如先朝之矜慎,私家议论又多党派之偏私,所谓定、哀之间尤难着笔……"④均是。除了"民国开基人物"不易着笔,重大事件如辛亥革命该如何表述,史馆内部也感到棘手。而交由身份相对特殊的满洲文人,尤其是瑞洵、奭良等人来处理,"自写自史",比请汉人执笔要省却许多心理上的顾忌与牵绊。

①赵尔巽等《清史稿》,中华书局,1977 年,第 14738 页。
②夏孙桐《满洲奭良、瑞洵、成昌三君传》,朱师辙《清史述闻》,上海书店出版社,2009 年,第 223 页。
③《宣统本纪》,《清史稿》卷二五。
④《夏孙桐上清史馆长论清史稿现尚不宜付刊书》,朱师辙《清史述闻》,上海书店出版社,2009 年,第 138 页。

二、奭良稿本与正式刊本的重要差异

经比对,奭良稿本与正式刊本较为重要的差异有如下 37 处:

1.宣统二年庚戌春正月乙卯

奭良稿本(下称"稿"):广东叛党王占魁等伏诛。

正式刊本(下称"刊"):广东革命党王占魁等伏诛。

2.宣统二年庚戌三月甲子

稿:叛人汪兆铭、黄复生、罗世勋入京谋不轨,捕得之,下狱。

刊:革命党人汪兆铭、黄复生、罗世勋谋以药弹轰击摄政王,事觉,捕下法部狱。

3.宣统二年庚戌六月甲午

稿:释瑞洵于戍所。

刊:(删)

4.宣统三年辛亥三月丁卯

稿:奸人黄兴作乱于广州,练军击走之。

刊:革命党人黄兴率其党于广州焚总督衙署,击走之。

5.宣统三年辛亥八月甲寅

稿:瑞澂电陈革命党来汉谋乱,事觉,于武昌捕获三十二人,斩三人……是夕,新军作乱于武昌。

刊:革命党谋乱于武昌,事觉,捕三十二人,诛刘汝夔等三人……乙卯,武昌新军变附于革命党。

6.宣统三年辛亥九月乙丑

稿:湖南新军叛,巡防营统领黄忠浩死之,巡抚余诚格遁。

刊:湖南新军变,巡抚余诚格奔于兵舰,巡防营统领前广西右江镇总兵黄忠浩死之。

7.宣统三年辛亥九月丙寅

稿:陕西新军叛,将军文瑞、副都统承燕、克蒙额力守满城三日城陷,俱死之。

刊:陕西新军变,护巡抚、布政使钱能训自杀不克,遂走潼关,西安将军文瑞、副都统承燕、克蒙额俱死之。

8.宣统三年辛亥九月丙寅

稿:叛军屠满城,聚百十婴儿于一院,悉刃之。

刊:(删)

9.宣统三年辛亥九月丁卯

稿:将军凤山被戕于广州。

刊:革命党人以药弹击杀广州将军凤山。

10.宣统三年辛亥九月庚午

稿:隆裕皇太后发内帑一百万两犒袁世凯军。

刊:皇太后出内帑一百万两济湖北军。

11.宣统三年辛亥九月庚午

稿:荫昌至汉口,轻进,为叛军所困。张彪力战,救之得出。荫昌主治新军最先最力,一试而蹶,乃请还京,以袁世凯为钦差大臣,仍不赴。

刊:召荫昌还,授袁世凯钦差大臣,督办湖北剿抚事宜,节制诸军。命军谘使冯国璋总统第一军,江北提督段祺瑞总统第二军,俱受袁世凯节制。

12.宣统三年辛亥九月癸酉

稿:山西新军叛。巡抚陆钟琦死之。其子侍读陆光熙殉焉。事闻,优恤。

刊:山西新军变,巡抚陆钟琦死之。

13.宣统三年辛亥九月壬申

稿:云南新军叛,布政使世增、候补道王振畿、统制钟麟同、管带范钟岳俱死之。总督李经羲遁。

刊:云南新军变,总督李经羲遁,布政使世增及统制官钟麟同、兵备处候补道王振畿、辎重营管带范钟岳俱死之。

14.宣统三年辛亥九月壬申

稿:下诏赦党人。

刊:开党禁。戊戌政变获咎,及先后犯政治革命嫌疑,与此次被胁自归者,悉原之。

15.宣统三年辛亥九月甲戌

稿:江西新军叛,巡抚冯汝骙走九江,死。

刊:江西新军变,巡抚冯汝骙走九江,仰药死。

16.宣统三年辛亥九月甲戌

稿:安徽新军叛,围省城,练军击走之。

刊:安徽新军犯省垣,击散之。

17.宣统三年辛亥九月乙亥

稿:授袁世凯内阁总理大臣。始监国颇私于二弟,而信载泽。载泽任度支,踞盐政,而庇其戚瑞澂。瑞澂败,监国意沮。庆亲王乃援进袁士凯焉。

刊:授袁世凯内阁总理大臣,命组织完全内阁。庆亲王奕劻罢内阁总理大臣,命为弼德院院长。那桐、徐世昌罢内阁协理大臣,及荣庆并为弼德院顾问大臣。罢善耆、邹嘉来、载泽、唐景崇、荫昌、载洵、绍昌、溥伦、唐绍仪、寿耆国务大臣,俱解部务。载涛罢军谘大臣,以荫昌为之。起魏光焘为湖广总督,命速往湖北。陆海各军及长江水师仍听袁世凯节制调遣。

18.宣统三年辛亥九月己卯

稿:诏许革命党人组政党。

刊:诏许革命党人以法律组政党。

19.宣统三年辛亥九月己卯

稿:江苏巡抚程德全反,自称都督。

刊:江苏巡抚程德全以苏州附革命军,自称都督。

20.宣统三年辛亥九月己卯

稿:浙江新军叛,执巡抚增韫,寻释之。

刊:浙江新军变,巡抚增韫被执,寻纵之。

21.宣统三年辛亥九月壬午

稿:叛军陷京口,副都统载穆死之。

刊:镇江陷,京口副都统载穆死之。

22.宣统三年辛亥九月壬午

稿:安徽巡抚朱家宝被新军推为都督。

刊:安徽新军变,推巡抚朱家宝为都督。

23.宣统三年辛亥九月癸未

稿:福建新军叛,将军朴寿、总督松寿死之。

刊:福建新军变,将军朴寿、总督松寿死之。

24.宣统三年辛亥九月癸未

稿:广东新军叛,总督张鸣岐遁。

刊：广东独立，举都督，总督张鸣岐遁。

25.宣统三年辛亥九月戊子

稿：报闻吴禄贞以兵至石家庄谋乱，部下不从，杀之。

刊：吴禄贞以兵至石家庄，为其下所杀。

26.宣统三年辛亥九月庚寅

稿：部院大臣全体辞职，袁世凯自以其人任之。

刊：袁世凯举国务大臣。诏命梁敦彦为外务大臣，赵秉钧为民政大臣，严修为度支大臣，唐景崇为学务大臣，王士珍为陆军大臣，萨镇冰为海军大臣，沈家本为司法大臣，张謇为农工商大臣，杨士琦为邮传大臣，达寿为理藩大臣，俱置副大臣佐之。于式枚、宝熙充修律大臣。绍昌、林绍年、陈邦瑞、王垿、吴郁生、恩顺俱充弼德院顾问大臣。

27.宣统三年辛亥冬十月庚子

稿：冯国璋力攻汉阳，克之，武昌贼遁。兵停不进。

刊：（删）

28.宣统三年辛亥冬十月壬寅

稿：（无）

刊：叙复汉阳功，封冯国璋二等男爵。

29.宣统三年辛亥冬十月丙午

稿：程德全、徐绍桢以叛军陷江宁，张勋退守徐州。

刊：革命军陷江宁，将军铁良、总督张人骏走上海，张勋以其余众退保徐州。

30.宣统三年辛亥十一月甲子

稿：四川民变，新军统制朱庆澜遁。署总督赵尔丰死之。

刊：（参下条）

31.宣统三年辛亥十一月丙寅

稿：（无）

刊：成都尹昌衡、罗纶以同志军入总督衙，劫前署四川总督、川滇边务大臣赵尔丰执之，不屈，死。

32.宣统三年辛亥十一月戊寅

稿：饬亲贵王公输财赡军。庆亲王输四十万，即世凯昨日昔之赂也。赂即出于隆裕之犒军。

刊:(删)

33.宣统三年辛亥十一月辛巳

稿:伊犁新军叛,将军志锐死之。

刊:伊犁新军协统领官杨缵绪军变,将军志锐死之。

34.宣统三年辛亥十一月甲戌

稿:(无)

刊:各省代表十七人开选举临时大总统选举会于上海,举临时大总统,立政府于南京,定号曰中华民国。

35.宣统三年辛亥十二月辛丑

稿:封袁世凯侯爵。再三辞,乃受。良弼为何人狙击,死。

刊:革命党以药弹击良弼,伤股,越二日死。

36.宣统三年辛亥十二月戊午

稿:(无)

刊:袁世凯奏与南方代表伍廷芳议,赞成共和,并进皇室优待条件八,皇族待遇条件四,满、蒙、回、藏待遇条件七,凡十九条。皇太后命袁世凯以全权立临时共和政府,与民军商统一办法。袁世凯遂承皇太后懿旨,宣示中外曰:"前因民军起义,各省响应,九夏沸腾,生灵涂炭。特命袁世凯遣员与民军代表讨论大局,议开国会、公决政体。两月以来,尚无确当办法。南北暌隔,彼此相持。商辍于途,士露于野。国体一日不决,民生一日不安。今全国人民心理,多倾向共和。南中各省,既倡义于前,北方将领,亦主张于后。人心所向,天命可知。予亦何忍因一姓之尊荣,拂兆民之好恶。是用外观大势,内审舆情,特率皇帝将统治权公诸全国,定为立宪共和国体。近慰海内厌乱望治之心,远协古圣天下为公之义。袁世凯前经资政院选为总理大臣,当兹新旧代谢之际,宜为南北统一之方。即由袁世凯以全权组织临时共和政府,与民军协商统一办法。总期人民安堵,海宇乂安,仍合满、蒙、汉、回、藏五族完全领土为一大中华民国。予与皇帝得以退处安闲,优游岁月,受国民之优礼,亲见郅治之告成,岂不懿欤!"又曰:"古之君天下者,重在保全民命,不忍以养人者害人。现将新定国体,无非欲先弭大乱,期保乂安。若拂逆多数之民心,重启无穷之战祸,则大局决裂,残杀相寻,必演成种族之惨痛。将至九庙震惊,兆民荼毒,后祸何忍复言。两害相形,取其轻者。此正朝廷审时观变,恫瘝吾民之苦衷。凡尔京、外臣民,务当善体此意,为全局熟权利害,勿得挟虚矫之意气,逞偏激之空言,致国与民两受其害。著民政部、步军统领、姜桂题、冯国璋等严密防范,剀切开导。俾皆晓然于朝廷应天顺人、大公无私之意。至国家设官分职,以为民极。内列阁、府、部、院,外建督、抚、司、道,所以康保群黎,非为一人一家而设。尔京、外大小各官,均宜慨念时艰,慎供职守。应即责成各长官敦切诚劝,勿旷厥官,用副予夙昔爱抚庶民之至意。"又曰:"前以大局阽危,兆民困苦,特饬内阁与民军商酌优待皇室各条件,以期和平解决。兹据覆奏,民军所开优礼条件,于宗庙陵寝永远奉祀,先皇陵制如旧妥修各节,均已一律担承。皇帝但卸政权,不废尊号。并议定优待皇室八条,待遇皇族四条,待遇满、蒙、回、藏七条。览奏尚为周至。特行宣示皇族暨满、蒙、回、藏人等,此后务当化除畛域,共保治安,重睹世界之升平,胥享共和之幸福,予有厚望焉。"遂逊位。

37. 论曰:

稿:冲君嗣服,迨今五祀,而值新政丛生之会,编宪政,易刑律,拓军政,定国乐,选议员,更官制,虽以英君,谊辟当之。犹虞不给,矧乃属诸昧于体要,甘为傀儡之人。庸有济乎。《传》曰:"君以此始,必以此终。"悲夫!

刊:帝冲龄嗣服,监国摄政,军国机务,悉由处分,大事并白太后取进止。大变既起,遽谢政权,天下为公,永存优待,遂开千古未有之奇。虞宾在位,文物犹新。是非论定,修史者每难之。然孔子作《春秋》,笔则笔,削则削。所见之世且详于所闻,一朝掌故,乌可从阙。倘亦为天下后世所共鉴欤?

三、稿本与刊本差异分析

奭良稿本与正式刊本的差异,不仅在于内容的调整、篇幅的增删,更在于言说立场的调整。二者间的以下不同值得注意:

(1)对辛亥革命的态度不同。奭良稿本中"叛"字先后 16 次出现,正式刊本或改作"变"字,或变换提法。如奭良稿本称"广东叛党王占魁等伏诛",正式刊本改"广东革命党王占魁等伏诛";奭良稿本称"奸人黄兴",正式刊本改"革命党人黄兴";奭良稿本称"新军作乱于武昌",正式刊本改"武昌新军变附于革命党"。而奭良稿本中"冯国璋力攻汉阳,克之,武昌贼遁。

兵停不进"一句,因有敏感的"武昌贼"三字,且瑆良颇流露出对冯国璋"兵停不进"的不满,故此句在正式刊本中全被删除。

(2)对袁世凯的态度不同。瑆良稿本多流露出对袁世凯的不满,如瑆良稿本宣统三年(1911)九月记:"隆裕皇太后发内帑一百万两犒袁世凯军","荫昌至汉口,轻进,为叛军所困。张彪力战,救之得出。荫昌主治新军最先最力,一试而蹶,乃请还京,以袁世凯为钦差大臣,仍不赴"。正式刊本将前句改为"皇太后出内帑一百万两济湖北军",将"袁世凯军"易为"湖北军"。后句中最能表达瑆良态度的"(袁世凯)仍不赴"三字,在正式刊本中被删除。而瑆良稿本宣统三年十一月所记"饬亲贵王公输财赡军。庆亲王输四十万,即世凯昨日昔之赂也。赂即出于隆裕之犒军"一段,也不见于正式刊本。

(3)措辞的审慎程度不同。瑆良稿本感情色彩较鲜明,而正式刊本在措辞方面尽量保持中立,多方兼顾。如瑆良稿本宣统三年九月记"叛军屠满城,聚百十婴儿于一院,悉刃之",因话题过于敏感,此句为正式刊本所删除。

瑞洵是湖广总督瑞澂胞兄。《宣统本纪》瑆良原稿宣统三年八月记"瑞澂电陈革命党来汉谋乱",被正式刊本改作"革命党谋乱于武昌",没有保留瑞澂的名字。然而,瑞澂在瑆良原稿中以这种相对正面的方式出现,估计是瑞洵初稿即如此。但正式刊本的改动并不彻底,仅将此句改作"革命党谋乱于武昌"——"谋乱"保留了下来。不知是遗漏,还是特意如此处理。这保留下来的"谋乱"二字,后来被视为《清史稿》"敌视民国"的铁证之一。

瑞洵、瑆良主纂的《宣统帝本纪》,由于赵尔巽、柯劭忞、金梁等在正式刊行前的删改增补,可能引起争议的内容已做了相当调整或剔除。

金梁在《袁王合记》中记袁大化、王树枏事,其中谈到《清史稿》纂修过程中的诸多苦衷:

> 近人每责《史稿》,谓以民国官修《清史》,不应立言多背时制,而不知史馆修史十余年,实未成书,及议校刻,实临时集款,购稿分印,未用官款一文,不宜以官修官书为衡也。特仓卒报成,不免疏陋,实多可指耳。然当时亦颇注意,即如《洪秀全传》,为晋老(引按:王树枏)手稿,

其中"贼""匪"等字,均已校改为"敌"字,即此可概其余矣。①

王树枏将《洪秀全传》中"贼""匪"等字校改为"敌"字,与《宣统本纪》改"叛"为"变"出于同样的考虑。徐一士也认为金梁如此为《清史稿》辩护,"亦颇持之有故"。但徐一士仍认为金梁不应否认《清史稿》的"官修"性质:

> 然有清史馆乃有《清史稿》,清史馆有十余年之历史,未可专以最后时期之临时集款,而谓未用官款一文也。

徐一士又说:

> 使清史馆自始即注重效率,努力进行,人不素餐,款不虚糜,其成绩当不止此。

至于金梁所说的馆中同人"颇注意"时制,徐一士也有异议:

> 至概余之论,则各人看法不同;《史稿》未敢完全不顾时势,惟于潮流有欠顺应,以致被禁。(《史稿》执笔者虽多追怀先朝之胜清达官,而其中曾仕民国者固不少,即如尔巽、王树枏等,皆尝为民国之官。)②

徐一士所说的《清史稿》"惟于潮流有欠顺应",确是实情。

不过,金梁对类似批评不以为然。故宫博物院呈文曾批评《清史稿》"不用民国正朔"及"例书伪谥",金梁回应道:

> 如书年,但就行文之便耳,前数年,后数年,何必限以正朔?然则以孔子及耶稣纪历者,皆违制矣。如书谥,亦记实耳,私谥且应入传,何必为讳?③

金梁所言也有道理,但终属不肯"顺应"之举。至于故宫博物院呈文批评的"为满清讳",金梁逐条反驳④。金梁否认史馆同人主观上为"满清讳",只是以史实、《实录》为据而已。《清史稿》中的"直笔",傅振伦倒是注意到了。

---

① 金梁《袁王合记》,《实报半月刊》1936年第12期。
② 徐一士《关于清史稿》,收入许师慎辑《有关清史稿编印经过及各方意见汇编》,中华民国史料研究中心,1979年,第636页。
③ 金梁《清史稿回忆录》,《逸经》第10期,1936年7月。收入许师慎辑《有关清史稿编印经过及各方意见汇编》,中华民国史料研究中心,1979年,第640页。
④ 金梁《清史稿回忆补录》,《逸经》第10期,1936年7月。收入许师慎辑《有关清史稿编印经过及各方意见汇编》,中华民国史料研究中心,1979年,第641—642页。

傅振伦说，《清史稿》中"直书而无所忌惮者，往往有焉"，并称赞《清史稿》论赞之"得体"，认为"优点颇多"，所以傅振伦承认《清史稿》并非一无是处，"盖亦瑕瑜互见之作也"①。

　　由史馆同人对《宣统本纪》的增删调整可知，前引金梁所说清史馆同人"颇注意"措词，不为无据。

---

①傅振伦《清史稿评论》（上），许师慎辑《有关清史稿编印经过及各方意见汇编》，中华民国史料研究中心，1979 年，第 569—570、563 页。

第二章　《德宗本纪》外交史事之记载

蒋廷黻指出:"中国旧有之正史,皆无'邦交志'一门,有之自《清史稿》始,此亦时代变迁使然也。有清以前,中国惟有藩属之控制、驭夷、怀远诸政,无所谓邦交。春秋战国之合纵连横,不过等于西洋封建时代诸侯之争斗;虽远交近攻,聘使立盟,有似近代之国际交涉;然时代之局势与精神,实与十九世纪中外之关系迥然不同……故《清史》尚无'邦交志',则清史无从理解,即今日中国之时局亦无从探研。主持《清史稿》诸公能不为成法所束,而创'邦交志'一门,足证诸公之能审时察势,亦足证今日中国思想之进步也。"①

《清史稿》记载外交史事,以《邦交志》最为系统。此外,纪、传、表中亦多所涉及,其中较值得重视者为《德宗本纪》。《德宗本纪》全文约 5.6 万字,其中记载外交、出使、战争、条约、通商、出洋考察、人员往来等涉外史事者,约为 1.8 万字,篇幅约占三成。可见光绪朝中外交涉之频繁。《德宗本纪》自光绪二十年(1894)五月至光绪二十一年(1895)五月间,仅记载中日战事就达 2600 余字;自光绪二十六年正月至光绪二十七年七月,所记关于庚子事变、联军进犯、政府应对、慈禧西狩等,篇幅约 3000 字。至于中法战事,自光绪八年四月至光绪十一年四月,累计也有 2000 余字。以上三次战事,就占了 7000 余字的篇幅。

兹以清史馆所藏《德宗本纪》稿本②为考察重心,参以《大清德宗景皇帝实录》(下称《德宗实录》)及《邦交志》英吉利卷③,并与《清史稿》各传、志、表中的相应记载加以对比,围绕其中涉外史事的记载及删改情况展开分析。再以光绪朝部分中英交涉事件为例,讨论《清史稿》纪、传、志、表记载外交史事的特点。

---

① 蒋廷黻《评〈清史稿邦交志〉》,《北平北海图书馆月刊》1929 年第 6 期。
② 本章凡引《德宗本纪》稿本内容,出处均为《清史馆未刊纪志表传稿本》"本纪"第 14 册。下文征引时只注明页码并括注年月,不再一一标注书名。
③ 《邦交志》英吉利各卷由李岳瑞主纂,见《〈清史稿〉纪志表撰人详考表》,朱师辙《清史述闻》,上海书店出版社,2009 年,第 26 页。

一、《德宗本纪》外事记载之史源

据时在清史馆担任纂修的张尔田在致刘承干函中透露:"馆中档案不全,颇难着手,故《兵志》《食货志》《天文志》至今无人削简,职是之故,大抵馆中所储史料最缺乏者即为同、光两朝。此间虽有《德宗实录》,内阁月折,翻检殊不易……"①

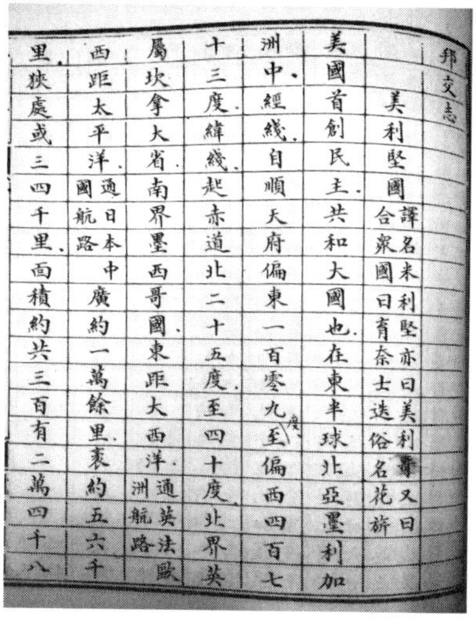

图33　《邦交志·美国》未用稿本②

按:清史馆藏《邦交志·美国》稿本有多种。《清史馆未刊纪志表传稿本》"志"第十一、十二册收录稿本七件:(1)"美国邦交志",计四十六页,未署撰人、缮人;(2)"美国邦交志",计四十三页,吴广霈纂;(3)"邦交志　美利坚上",戴锡章辑;(4)"邦交志　美利坚下",戴锡章辑;(5)"美国邦交志",吴广霈辑,同页右边框外书"常宝缮";(6)"美国邦交志长编",共三十六页,未注缮写人;(7)"美国邦交志长编",共三十六页,未注缮写人。《清史稿·邦交四》为"美利坚",正式刊本系用上述(3)、(4)两件,有删削,戴锡章辑。图为第(1)种稿本,系《清史稿》未用稿,应系吴广霈辑本。

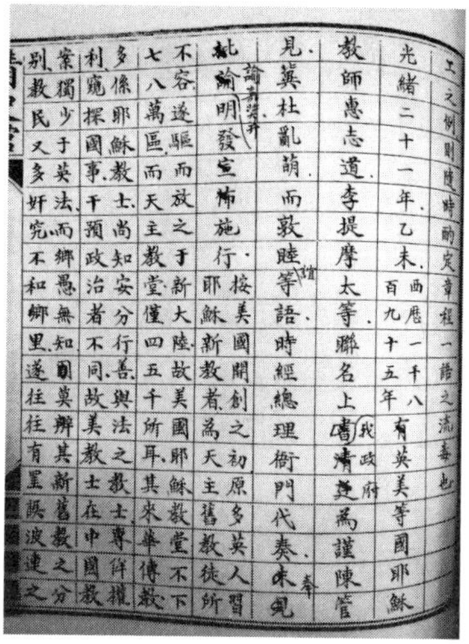

①张尔田致刘承干函,梁颖等整理《张尔田书札》,上海人民出版社,2021年,第66页。
②冯明珠主编《清史馆未刊纪志表传稿本》"志"第11册,沉香亭企业社,2007年。

信中所谓"馆",即清史馆。当时,刘承干委托张尔田在馆中代为钞录史料。其中,升祔、尊谥、帝系、后妃诸项,张尔田均编有长编,可以提供,这些资料"系从玉牒馆、内务府参考者"。而屯田、盐法、水师、象纬等,馆中资料缺乏①。

张尔田函中所述,有两点值得注意:一、清史馆所储史料中,同、光两朝史料最为缺乏;二、馆中是有《德宗实录》可以使用的。而《德宗本纪》的撰者为瑞洵,又经李哲明复辑,柯劭忞有所删正②。三人在馆纂修,是可以很方便地利用《德宗实录》的。

事实正是如此。兹列举《德宗本纪》光绪元年(1875)所记外交史事各条,与《德宗实录》中的记载逐一比较,以见二者之渊源关系。

(1)光绪元年。正月。丙辰。

《德宗实录》:谕军机大臣等。岑毓英奏,歼除越南窜匪等语。越南股匪黄崇英,伙党千余,窜入云南开化、蒙自地界……经岑毓英檄饬总兵何秀林等督带兵团,分投攻剿,立将占踞各寨攻克。

《德宗本纪》:越南匪党窜滇边,巡抚岑毓英剿平之。

(2)二月。壬午。

《德宗实录》:谕军机大臣等、总理各国事务衙门奏、英国翻译官在滇被害。请饬查办一折。英国翻译官月间由缅甸至滇,行抵永昌府属盏达副宣抚司城西南五十里远之城镇,猝被官兵戕杀……英国注意云南等处,已非一日,现欲藉此开衅,以为要挟之计,亟应加意筹防。着岑毓英、着刘岳昭迅即回任,会同该抚持平办理,毋得稍涉含糊。

《德宗本纪》:英翻译官马嘉礼被戕于云南。

(3)二月。丙戌。

《德宗实录》:颁赏琉球国入贡使臣毛精长等缎匹及该国王缎匹文绮如例。

《德宗本纪》:赐琉球国王缎匹文绮及贡使缎匹。

(4)三月。丙辰。

《德宗实录》:谕军机大臣等……着英翰、张兆栋严饬地方官查拏在逃零匪,力行保以除奸宄而安善良。至越南窜匪苏亚邓,现经击毙,项亚大亦

①张尔田致刘承干函,梁颖等整理《张尔田书札》,上海人民出版社,2021年,第66页。
②朱师辙《清史述闻》,上海书店出版社,2009年,第67页。

已挐获,并擒斩余党多名。不至再接壤,防范仍不可疏。并着英翰、张兆栋,督饬文武,随时侦探严密扼堵,毋任匪党乘隙窜扰。

《德宗本纪》:越南匪党苏亚邓等伏诛。

(5)五月。甲辰。

《德宗实录》:谕军机大臣等。刘长佑奏,防剿越南逆匪,现在筹办情形等语。越南逆匪黄崇英,闻有粤信,派人赴河内乞援。法人初许发兵,后复中止。彼族居心叵测,亟宜严密防维。着刘长佑饬令时确探。密为设防……着刘岳昭、岑毓英多派兵勇,于沿边各要隘,严加防堵,毋任匪踪纷窜……以广西官军攻剿越南贼匪,克复同文土州等城池出力,赏副将莫云成换清字巴图鲁名号,宣黄义德、副将宋福庆巴图鲁名号,把总张玉清等、同知华本松等蓝翎,余升叙加衔有差,郑冠士祭葬世职加等。

《德宗本纪》:刘岳昭督攻越南,复同文土州等城。

(6)五月。壬子。

《德宗实录》:谕军机大臣等。本年正月闲。英国翻译官马嘉理等,由缅甸至滇,行抵永昌府属土司地方。令岑毓英迅将此案确切查办。嗣据岑毓英奏称已派总兵官杨玉科,带队前往详查为时已久,未此案详细情形及现在如何办理之处奏报。殊深廑系。本日有旨派李瀚章前往云南查办事件。着即将马嘉理被戕一案,会同该督抚秉公讯结,不可稍事耽延,尤不可稍涉含混。事关中外交涉。必办。折服其心庶免横生枝节。以弭后患而固边防。命湖广总督李瀚章前往云南查办事件。

《德宗本纪》:命李瀚章往云南查马嘉礼案,薛焕继往会按之。

(7)七月。甲辰。

《德宗实录》:又谕、李鸿章、丁日昌奏、秘鲁国换约事竣,将添议照会照覆各稿,钞录呈览……秘鲁换约事宜,业经李鸿章等与秘鲁使臣订定……保护华工一节,亦已加立照会,复将除弊各层,明白指员前往秘鲁国。按照条约等件,凡遇可为华工保护除弊之处,随时议立章程。着总理各国事务衙门李鸿章、沈葆桢、刘坤一,妥为筹议,奏明办理。

《德宗本纪》:秘鲁换约成。谕总署会筹保护华工。

(8)七月。壬戌。

《德宗实录》:又谕。总理各国事务衙门奏,请饬李瀚章迅速到滇查办事件……李瀚章甫日起程,即着迅速驰抵滇省,会同刘岳昭、岑毓英,将此案实在情形,查究明确……威妥玛在津与李鸿章叠次晤面,该使藉端要挟,语甚近恫吓。自当思患豫防,勿稍大意……本日已有旨派李鸿章、丁日昌,将此案与之商议。

《德宗本纪》:命李鸿章、丁日昌与英使威妥玛就商马嘉礼案。

(9)七月。壬戌。

《德宗实录》:命候补侍郎郭嵩焘、直隶候补道许钤身、为出使英国钦差大臣。许钤身并赏给二品顶戴。

《德宗本纪》:候补侍郎郭嵩焘、候补道许钤身充出使英国大臣。

(10)九月。甲辰。

《德宗实录》:谕内阁。总理各国事务衙门奏,申明各国条约、请饬各省遵照一折。洋人入内地游历,各国条约内均经载明,必须请有执照,盖用中国印信。经过地方,随时呈验放行。倘有不法情事,亦载明就近交领事官办理。沿途只可拘禁,不可陵虐。如非体面有身家之人,概不许给与执照。条约本极明晰,地方官不难分别办理。近有英国翻译官马嘉理,在云南边境被戕一案。其为何人戕害,业派李瀚章驰往查办。嗣后各省督抚,务当通饬所属地方官,细核条约本意。遇有各国执持护照之人入境,必须照约妥为分别办理,以安中外,而杜衅端。

《德宗本纪》:申定外人游历内地条约。

(11)九月。癸亥。

《德宗实录》:谕军机大臣等。刘长佑奏,官军剿除越南股匪、沿途克复各府州县、擒斩首逆一折。此次刘长佑亲赴南宁,指授机宜,督饬左右两军,出关剿办越南股匪。迭将该国各府州县克复,并生擒黄崇英、周建新及各要逆正法。办理尚为得手,仍着刘长佑督饬各军。

《德宗本纪》:刘长佑剿败越南匪,匪首黄崇英、周建新伏诛。

(12)十月。丁亥。

《德宗实录》:以敕封朝鲜世子。命前盛京户部侍郎志和为正使,内阁学士乌拉喜崇阿为副使。

《德宗本纪》:委散秩大臣吉和、内阁学士乌拉喜崇阿使朝鲜,封李熙子拓为世子。

(13)十一月。丁未。

《德宗实录》:赏四品衔郎中陈兰彬以三、四品京堂候补,三品衔同知容阅道员用,并加二品顶戴,充出使美国、日国、秘国钦差大臣。

《德宗本纪》:予郎中陈兰彬以京堂候补,充出使美日秘大臣。

以上是光绪元年(1875)《德宗本纪》入载的全部十三条涉外史事,虽然措辞极简略,但仍然可以看出它们与《德宗实录》间存在直接的史料渊源关系。

其他年份中的涉外史事,经抽检,也主要出自《德宗实录》。如《德宗本纪》于光绪六年(1880)九月记:"印度进乐器并所撰乐记,赉以金宝星。"《德宗实录》同年同月所记为:"总理各国事务衙门奏:印度王呈进乐器并手著洋文乐记各书,恳求赏赐品物,以为希世之宝。谨拟颁给头等金宝星一面,景泰蓝花瓶一对。由出使大臣曾纪泽转交该印度王领收。"《德宗本纪》该项记载,史源依然是《德宗实录》。

二、《德宗本纪》中英交涉史事记载特点

蒋廷黻对《清史稿》增设《邦交志》的创举给予充分肯定。但是对于《邦交志》的纂修质量,他很不满意。他说:"《天津条约》、《北京条约》、两广总督叶名琛之被捕、文宗之退避热河、英人之焚圆明园诸事,共占篇幅仅西藏交涉之四分之一","英人之赠自鸣钟显非军国大事,钟上所刻之祝辞('日月同明。报十二旱。吉祥如意。天地合德。庆亿万年。富贵寿康。'见《邦交志》二第十七页)非字字载诸史乘不可;而于九龙之展界,则以半行了之;轻重颠倒,史家之判断何在?"①

蒋廷黻所列举的中英交涉大事,在《邦交志》"英吉利"篇中的记载确实存在失衡现象。这种轻重失衡的现象,验之《德宗本纪》,也同样存在。故蒋廷黻对《邦交志》的批评,也可以移而用之为对《德宗本纪》的批评。但是,与"志"相比,"本纪"又有其特殊性。因为《清史稿》"本纪"记事本诸"实录",其史料来源即为清历朝《实录》。《德宗本纪》本之《大清德宗景皇帝实录》,它更多地反映了清廷的立场。清史馆同人又多以不掺杂个人褒贬为修史准则,故《本纪》叙事之视角,从纂修人员的主观意图来讲,是希望史料自己说话,即排比档案史料,传达原始声音。这更加导致

---

① 蒋廷黻《评〈清史稿邦交志〉》,《北平北海图书馆月刊》1929 年第 6 期。

了蒋廷黻所批评的"史家之判断"的缺席。当然,排比史料本身也包含了筛选和判断。

《德宗本纪》记载的中英交涉史事,主要包括如下几类:一、驻外史臣任命;二、接见外国驻华使节;三、重要的战争;四、重要的条约、商约及谈判、签署过程;五、重要事件、案件;六、商贸、人员往来;七、其他重要事项。

以下是《德宗本纪》记载的中英交涉史事,共 59 则。

光绪元年(1875)

二月。英翻译官马嘉礼被戕于云南。①

五月。命李瀚章往云南查马嘉礼案,薛焕继往会按之。②

七月。命李鸿章、丁日昌与英使威妥玛就商马嘉礼案。③候补侍郎郭嵩焘、候补道许钤身充出使英国大臣。④

九月。申定外人游历内地条约。⑤

二年(1876)

六月。以李鸿章为全权大臣,赴烟台与英使威妥玛议结马嘉礼案。⑥

七月。马嘉礼案议结,免案内官所坐罪。⑦

八月。许钤身改出使日本大臣。⑧

四年(1878)

正月。命郭嵩焘兼出使法国大臣。⑨

七月。以曾纪泽为出使英法大臣。⑩

六年(1880)

九月。印度进乐器并所撰乐记,赍以金宝星。⑪

十一年(1885)

正月。赐英将戈登恤金。⑫

六月。召曾纪泽来京,命江西布政使刘瑞芬充出使英俄大臣。⑬

九月。英使来议印度、西藏通商。谕丁宝桢、色楞额等开导藏番毋生事。⑭

十月。命刘瑞芬于英京互换烟台条约,并议洋药专条。⑮

十一月。以英人灭缅甸,严四川边备。⑯

十三年(1887)

五月。命大理卿刘瑞芬充出使英法义比大臣。⑰

十五年(1889)

　　四月。赏湖南按察使薛福成三品京堂,充出使英法义比大臣。⑱

十八年(1892)

　　正月。英兵入坎巨提,回部头目逃避色勒库尔,赈抚之。⑲

　　八月。命奎焕与英使保尔议印藏商约。⑳

十九年(1893)

　　九月。赏四川布政使龚照瑗三品京堂,充出使英法义比大臣。㉑

二十年(1894)

　　正月。滇缅续约成。㉒

二十一年(1895)

　　正月。陶模言喀什噶尔、莎车、和阗等属户民,英印度部收买为奴,应由公家赎放,从之。㉓

　　九月。见英使欧格讷于文华殿。㉔

二十二年(1896)

　　十月。道员罗丰禄充出使英义比大臣。㉕

二十三年(1897)

　　正月。见美、法、英、德、荷、比、俄、义、日本及日、奥诸国公使于文华殿。㉖

　　二月。命户部侍郎张荫桓使英。㉗

　　十一月。英使窦纳乐入见。㉘

二十四年(1898)

　　正月。见各国公使于文华殿。㉙

　　闰三月。以湖北沙市焚毁教堂,谕张之洞回任。㉚

　　是夏,广东九龙半岛、山东威海卫俱租借于英吉利。㉛

　　七月。命出使大臣设侨民学堂于英、美、日本各国。㉜

二十六年(1900)

　　七月。德、奥、美、法、英、义、日、俄八国联兵陷京师。㉝

　　十二月。命左都御史张百熙充专使英国大臣。㉞

二十七年(1901)

　　六月。各国联军去京师。㉟

　　七月。全权大臣奕劻、李鸿章与十一国公使议订和约十二款成。㊱

十月。赏道员张德彝三品卿衔，充出使英国大臣，旋命兼使义比。㊲

十二月。命镇国将军载振充英国专使，贺其君加冕，寻晋贝子衔。㊳

二十八年(1902)

十月。中英商约成。㊴

二十九年(1903)

闰五月。中英续订商约成。㊵

三十年(1904)

正月。见美、英、法、德、日、义、比、荷、葡各使康格等于乾清宫。㊶

三月。张德彝与英订保工条约成。㊷

七月。英兵入藏境，达赖逃，褫其名号，命班禅额尔德尼摄之。㊸

九月。见英使萨道义于乾清宫。㊹以英兵入藏，达赖求救，命德麟安抚之。英兵旋退。敕唐绍仪为议约全权大臣。㊺

十月。见英、日、法、韩诸使萨道义等于皇极殿。㊻

三十一年(1905)

正月。见德、英、日本、法、荷、比、义、日、葡、墨、美、韩、奥诸使于乾清宫。㊼命唐绍仪充出使英国大臣。㊽

八月。命汪大燮充出使英国大臣。㊾

十月。英兵入藏，索赔款一百二十余万。谕国家代给，以恤番艰。㊿

三十二年(1906)

正月。见德、英、法、美、日本、荷、义、俄、奥、比、葡、墨诸使穆默等于乾清宫。(51)

十月。见英使朱迩典、比使柯霓雅于乾清宫。(52)

十一月。见墨使胡尔达于勤政殿，德使雷克司、法使巴思德、英使朱迩典于乾清宫。(53)

三十三年(1907)

三月。李经方充出使英国大臣。(54)

七月。命张荫棠为全权大臣，与英人议藏约。(55)

八月。命汪大燮使英国,充考察宪政大臣。㊶

十二月。赏总税务司赫德尚书衔。㊷

三十四年(1908)

二月。谕以"禁烟议成,英人许分年减运,见已实行递减。相约试行三年,限满再为推减。转瞬期至,其何以答友邦。民政、度支二部迅订稽核章程,责成督抚饬属将减种、减食,切实举办以闻"。㊸

九月。见英使朱迩典等于仁寿殿。㊹

以上记载虽较简略,但章法鲜明,体现了本纪提纲挈领、大处着眼、官方视角等特点。这里略做分析。

其一,《本纪》记事,重首、尾。如记马嘉礼案,于光绪元年(1875)七月记:"命李鸿章、丁日昌与英使威妥玛就商马嘉礼案。"于光绪二年(1876)六月、七月分别记:"以李鸿章为全权大臣,赴烟台与英使威妥玛议结马嘉礼案","马嘉礼案议结,免案内官所坐罪"。有始有终。

其二,重要事件,记载全程。如记中英商约的签订,于光绪十一年(1885)九月记:"英使来议印度、西藏通商。"于光绪十八年(1892)八月记:"命奎焕与英使保尔议印藏商约。"于光绪二十年正月记:"滇缅续约成。"于光绪二十八年(1902)十月记:"中英商约成。"于光绪二十九年(1903)闰五月记:"中英续订商约成。"言简意赅,井井有条,一丝不苟。

其三,《本纪》记载涉外人物,有几个重点:一是记载朝廷任命的出使大臣;二是记载重要事件中的主要人物或当事人;三是记载官方接见的各国来使。何者书、何者不书,颇具章法。

三、"当书之例":使臣任职之记载

本纪为正史之眉目、主干,与列传写法不同,各有侧重。朱师辙曾言:"纪为全史事纲,当书之例与特书之例必有折衷","至于传实为纪之纬,而以记人为主,其功业、学术、贤奸固当状写其真,其事迹每与纪相应"①。由《德宗本纪》实际入载的外交史事类型可知,出使大臣之派遣,属于"当书之例",所以记载较详。

①朱师辙《清史述闻》,上海书店出版社,2009年,第29页。

《清史稿·交聘年表》①卷首《序》亦云："国际交涉，大至和战之重，细至节文之末，为使者罔弗与闻，关国家休戚者固至重也。"所强调的，正是出使大臣的重要性。虽然《清史稿》另有《交聘年表》收录驻外使臣任职情形，但本纪为一朝政务之纲目，派遣使臣理当入载《本纪》。

关于清代驻外使臣派驻制度的沿革，《清史稿·交聘年表》卷首《序》交待道："清有中夏，沿元、明制，视海内外莫与为对。凡俄、英之来聘者，国史皆书曰'来贡'。洎道光庚子订约，始与敌体相等。咸丰庚申之役，肇衅非一，而遣使驻京未允实行者，亦一大端。自是而后，有约各国率遣使驻京。同治中，志刚、孙家谷之出，是为中国遣专使之始。光绪建元，郭嵩焘、陈兰彬诸人分使英、美，是为中国遣驻使之始。其时以使俄者兼德、奥，使英者兼法、义、比，使美者兼日斯巴尼亚、秘鲁，而日本无附近之国，则特置使。甲午以后，增置渐多，迄于宣统，俄、英、法、德、和、比、义、奥、日本皆特置使，日斯巴尼亚则改以法使兼，秘鲁、墨西哥、古巴则以美使兼。韩国置使旋废。"这番勾勒，可谓简洁、明晰。

《德宗本纪》所记使臣任命事项，共73条，兹将各条记载整理如下。括号内为年月。原以时间先后为序，今以出使国别为类，以类相属，每类之下再以时间为序。兼任多国使臣者，兼入各国之下。国别顺序，依《清史稿·邦交志》原序。朝鲜原为属国，载《清史稿》列传三百十三《属国一》。朝鲜地位变化后，改入邦交。

其中，第1—29条，均出《德宗本纪一》；第30—73条，均出《德宗本纪二》。序号相同而内容不同者，系同条拆分的结果。

序号相同，意味着这些内容在《德宗本纪》中原为同一条。以人为单位拆分后，变为两条或三条。如第20条，原为"（十三年五月）命前内阁学士洪钧充出使俄德奥和大臣，大理卿刘瑞芬充出使英法义比大臣"，拆分后洪钧、刘瑞芬各为一条，但序号不变，均为20。第26条，原为"（十八年六月）命编修汪凤藻充出使日本大臣；赏徽宁池太广道杨儒四品京堂，充出使美日秘大臣"，拆分后汪凤藻、杨儒各为一条，序号均为26。另外，凡书"出使美日秘大臣"，"日"均指日斯巴尼亚（即西班牙），非日本。第34、53、54、

---

① 按《交聘年表》原名《出使大臣年表》，刘师培撰。朱师辙《清史稿撰人考》，《国立中山大学文学院研究所集刊》1948年第1期。

61、67、72 诸条均涉及三人,故拆分为三。第 70 条涉及三人、四事,拆分为四。

以下是《德宗本纪》记载的使臣任命事项,共 73 条:

综合:

5.(二年九月)定出使各国章程;65.(三十二年十二月)改驻各国公使为二品实官;67.(三十三年三月)命陆征祥充保和会专使大臣;70.(三十三年八月)命汪大燮使英国,达寿使日本,于式枚使德国,俱充考察宪政大臣。

俄罗斯:

9.(四年五月)以崇厚为出使俄国大臣;12.(六年正月)命曾纪泽为出使俄国大臣,改议条约;19.(十一年六月)召曾纪泽来京,命江西布政使刘瑞芬充出使英俄大臣;20.(十三年五月)命前内阁学士洪钧充出使俄德奥和大臣;25.(十六年七月)命翰林院侍读许景澄充出使俄德和奥大臣;32.(二十一年十二月)改命李鸿章使俄,邵友濂副之;33.(二十二年正月)以特遣李鸿章使俄,谕止邵友濂、王之春毋往;34.(二十二年十月)命左都御史杨儒充出使俄奥荷大臣;43.(二十六年三月)命内阁学士桂春充出使俄国大臣,寻命兼使奥国;49.(二十七年七月)予罗丰禄三品京堂充出使俄国大臣;54.(二十八年六月)命胡惟德充出使俄国大臣;55.(二十八年十二月)旌殉亲异域使俄大臣杨儒子锡宸孝行;71.(三十三年八月)命萨荫图充出使俄国大臣。

英吉利:

1.(元年七月)候补侍郎郭嵩焘、候补道许钤身充出使英国大臣;10.(四年七月)以曾纪泽为出使英法大臣;19.(十一年六月)召曾纪泽来京,命江西布政使刘瑞芬充出使英俄大臣;20.(十三年五月)命大理卿刘瑞芬充出使英法义比大臣;24.(十五年四月)赏湖南按察使薛福

成三品京堂,充出使英法义比大臣;28.(十九年十月)赏四川布政使龚
照瑗三品京堂,充出使英法义比大臣;34.(二十二年十月)命道员罗丰
禄充出使英义比大臣;36.(二十三年二月)命户部侍郎张荫桓使英;
44.(二十六年十二月)命左都御史张百熙充专使英国大臣;50.(二十
七年十月)赏道员张德彝三品卿衔,充出使英国大臣,旋命兼使义比;
51.(二十七年十二月)命镇国将军载振充英国专使,贺其君加冕,寻晋
贝子衔;59.(三十一年正月)命唐绍仪充出使英国大臣;61.(三十一年
八月)命汪大燮充出使英国大臣;67.(三十三年三月)命李经方充出使
英国大臣;70.(三十三年八月)命汪大燮使英国。

法兰西:

8.(四年正月)命郭嵩焘兼出使法国大臣;10.(四年七月)以曾纪泽
为出使英法大臣;16.(十年四月)以侍讲许景澄充出使法德义和奥大臣;
20.(十三年五月)命大理卿刘瑞芬充出使英法义比大臣;24.(十五年四
月)赏湖南按察使薛福成三品京堂,充出使英法义比大臣;28.(十九年
十月)赏四川布政使龚照瑗三品京堂,充出使英法义比大臣;31.(二十
一年八月)命工部郎中庆常以五品京堂充出使法国大臣;40.(二十五
年四月)命太仆少卿裕庚充出使法国大臣;54.(二十八年六月)命孙宝
琦充出使法国大臣;60.(三十一年八月)命刘式训充出使法日大臣。

美利坚:

3.(元年十一月)予郎中陈兰彬以京堂候补,充出使美日秘大臣;
15.(七年五月)赏郑藻如三品卿衔,为出使美日秘大臣;19.(十一年六
月)张荫桓充出使美日秘大臣;23.(十五年三月)命侍讲崔国因充出使
美日秘大臣;26.(十八年六月)赏徽宁池太广道杨儒四品京堂,充出使
美日秘大臣;27.(十八年十二月)赏徽宁池太广道杨儒四品京堂,充出
使美日秘大臣;34.(二十二年十月)命伍廷芳充出使美日秘大臣;54.(二
十八年六月)命梁诚充出使美日秘大臣;66.(三十三年三月)命天津道
梁敦彦充出使美墨秘古大臣;71.(三十三年八月)命伍廷芳充出使美

国大臣。

德意志：

7.(三年三月)以刘锡鸿充出使德国大臣;11.(五年闰三月)命三品卿衔李凤苞为出使德国大臣;16.(十年四月)以侍讲许景澄充出使法德义和奥大臣;20.(十三年五月)命前内阁学士洪钧充出使俄德奥和大臣;25.(十六年七月)命翰林院侍读许景澄充出使俄德和奥大臣;34.(二十二年十月)命黄遵宪充出使德国大臣;35.(二十二年十一月)命工部侍郎许景澄充出使德国大臣;37.(二十三年四月)予吕海寰四品京堂,充出使德荷二国大臣;42.(二十六年三月)命吕海寰使德,贺其太子加冠;45.(二十七年四月)命载沣充德国专使大臣;48.(二十七年六月)命副都统荫昌充出使德国大臣,寻命为荷兰兼使;58.(三十年十一月)命荫昌仍充出使德国大臣;61.(三十一年八月)命杨晟充出使德国大臣;64.(三十二年九月)命曾广铨以三品京堂充出使德国大臣;66.(三十三年三月)命府尹孙宝琦充出使德国大臣;70.(三十三年八月)命于式枚使德国;73.(三十四年八月)命荫昌充出使德国大臣。

日本：

4.(二年八月)许钤身改出使日本大臣;6.(二年十二月)命侍讲何如璋充出使日本大臣;13.(六年十一月)命侍讲许景澄为出使日本大臣;14.(七年三月)命黎庶昌为出使日本大臣;17.(十年八月)命道员徐承祖充出使日本大臣;21.(十三年七月)命道员黎庶昌充出使日本大臣;22.(十四年十二月)道员徐承祖前使日本,坐浮冒,褫职听勘,籍其家;25.(十六年七月)命道员李经方充出使日本大臣;26.(十八年六月)命编修汪凤藻充出使日本大臣;29.(二十年六月)召免出使日本大臣汪凤藻回国;30.(二十一年闰五月)予惠潮嘉道裕庚四品京堂,充出使日本大臣;39.(二十四年八月)黄遵宪以疾免,赏李盛铎四品京堂充出使日本大臣;42.(二十六年三月)命李盛铎使日本,贺其太子联姻;

46.（二十七年五月）命那桐充日本专使大臣;47.（二十七年五月）赏道员蔡钧四品京堂,充出使日本大臣;56.（二十九年五月）命杨枢充出使日本大臣;68.（三十三年六月）命李家驹充出使日本大臣;70.（三十三年八月）命达寿使日本;72.（三十四年二月）召达寿还,胡惟德充出使日本大臣。

和兰/荷兰:

20.（十三年五月）命前内阁学士洪钧充出使俄德奥和大臣;25.（十六年七月）命翰林院侍读许景澄充出使俄德和奥大臣;34.（二十二年十月）命左都御史杨儒充出使俄奥荷大臣;37.（二十三年四月）予吕海寰四品京堂,充出使德荷二国大臣;48.（二十七年六月）命副都统荫昌充出使德国大臣,寻命为荷兰兼使;62.（三十一年十月）以陆征祥充出使荷国大臣,兼理海牙和平会事;67.（三十三年三月）命钱恂充出使荷国大臣;72.（三十四年二月）以陆征祥为出使荷国大臣。

日斯巴尼亚:

3.（元年十一月）予郎中陈兰彬以京堂候补,充出使美日秘大臣;15.（七年五月）赏郑藻如三品卿衔,为出使美日秘大臣;19.（十一年六月）张荫桓充出使美日秘大臣;23.（十五年三月）命侍讲崔国因充出使美日秘大臣;26.（十八年六月）赏徽宁池太广道杨儒四品京堂,充出使美日秘大臣;27.（十八年十二月）赏徽宁池太广道杨儒四品京堂,充出使美日秘大臣;34.（二十二年十月）命伍廷芳充出使美日秘大臣;52.（二十八年二月）命张德彝充日斯巴尼亚专使,贺其君加冕;54.（二十八年六月）命梁诚充出使美日秘大臣;60.（三十一年八月）命刘式训充出使法日大臣。

比利时:

18.（十一年六月）许景澄兼出使比利时大臣;20.（十三年五月）命

大理卿刘瑞芬充出使英法义比大臣;24.(十五年四月)赏湖南按察使
薛福成三品京堂,充出使英法义比大臣;28.(十九年十月)赏四川布政
使龚照瑷三品京堂,充出使英法义比大臣;34.(二十二年十月)命道员
罗丰禄充出使英义比大臣;50.(二十七年十月)赏道员张德彝三品卿
衔,充出使英国大臣,旋命兼使义比;53.(二十八年四月)命杨兆鋆充
出使比国大臣;60.(三十一年八月)命周荣曜充出使比国大臣;荣曜旋
罢,改任李盛铎。

义大利:

14.(七年三月)命李凤苞兼出使义和奥大臣;16.(十年四月)以侍
讲许景澄充出使法德义和奥大臣;20.(十三年五月)命大理卿刘瑞芬
充出使英法义比大臣;24.(十五年四月)赏湖南按察使薛福成三品京
堂,充出使英法义比大臣;28.(十九年十月)赏四川布政使龚照瑷三品
京堂,充出使英法义比大臣;34.(二十二年十月)命道员罗丰禄充出使
英义比大臣;50.(二十七年十月)赏道员张德彝三品卿衔,充出使英国大
臣,旋命兼使义比;53.(二十八年四月)命许鄘充出使义国大臣;60.(三
十一年八月)命黄诰充出使义国大臣;72.(三十四年二月)黄诰罢,调
钱恂为出使义国大臣。

奥斯马加(奥匈帝国):

14.(七年三月)命李凤苞兼出使义和奥大臣;16.(十年四月)以侍
讲许景澄充出使法德义和奥大臣;20.(十三年五月)命前内阁学士洪
钧充出使俄德奥和大臣;25.(十六年七月)命翰林院侍读许景澄充出
使俄德和奥大臣;34.(二十二年十月)命左都御史杨儒充出使俄奥荷
大臣;43.(二十六年三月)命内阁学士桂春充出使俄国大臣,寻命兼使
奥国;53.(二十八年四月)命吴德章充出使奥国大臣;57.(二十九年十
月)赏杨晟四品卿衔,充出使奥国大臣;61.(三十一年八月)命李经迈
充出使奥国大臣;69.(三十三年七月)李经迈以母病免,命雷补同充出
使奥国大臣。

秘鲁：

3.（元年十一月）予郎中陈兰彬以京堂候补,充出使美日秘大臣；15.（七年五月）赏郑藻如三品卿衔,为出使美日秘大臣；19.（十一年六月）张荫桓充出使美日秘大臣；23.（十五年三月）命侍讲崔国因充出使美日秘大臣；26.（十八年六月）赏徽宁池太广道杨儒四品京堂,充出使美日秘大臣；27.（十八年十二月）赏徽宁池太广道杨儒四品京堂,充出使美日秘大臣；34.（二十二年十月）命伍廷芳充出使美日秘大臣；54.（二十八年六月）命梁诚充出使美日秘大臣；66.（三十三年三月）命天津道梁敦彦充出使美墨秘古大臣。

墨西哥：

66.（三十三年三月）命天津道梁敦彦充出使美墨秘古大臣。

古巴：

66.（三十三年三月）命天津道梁敦彦充出使美墨秘古大臣。

朝鲜：

2.（元年十月）委散秩大臣吉和、内阁学士乌拉喜崇阿使朝鲜,封李熙子拓为世子；38.（二十四年六月）命黄遵宪以三品京堂充驻朝鲜大臣。

韩国：

41.（二十五年十一月）命太仆寺卿徐寿朋充出使韩国大臣；48.（二十七年六月）赏知府许台身道员,充出使韩国大臣；58.（三十年十一月）命曾广铨充出使韩国大臣；63.（三十一年十一月）罢驻韩使臣,改置总领事。

由上可见,《德宗本纪》对出使大臣的任职情形所记甚详。而且,《德宗本纪》稿本上的删改痕迹显示,外交事件的删改虽然很多,但关于出使大臣的任职记载改动较小。偶有小改,但鲜见删除。一般是简单的字句改动。

有过字句改动的条目有:

第14条:"黎庶昌为出使日本大臣",稿本"黎庶昌"前原有"道员"二字,又以墨线删去。之所以删去,应是为与前文"命李凤苞兼出使义和奥大臣"保持行文上的一致,李凤苞亦未书原衔。

第41条:"命太仆寺卿徐寿朋充出使韩国大臣",稿本误写为"徐寿鹏",后改"鹏"为"朋"。

第55条:稿本初作"旌殉亲异域使俄大臣杨儒子孝行锡宸孝行","孝行"二字重复出现,稿本以墨线划去前者。

第61条:"罢驻韩使臣,改置总领事",稿本上"罢"字原为"撤回",后改为"罢"字,刊本为"罢"。

另有些较简单的改动。第49条,稿本初作"罗丰禄以三品京堂充出使俄国大臣",又于句首添写"予"字,删句中"以"字。再如句首"命"字的增加。第21条"命道员黎庶昌充出使日本大臣"、第26条"命编修汪凤藻充出使日本大臣"、第36条"命户部侍郎张荫桓使英"、第42条"命李盛铎使日本"、第45条"命载沣充德国专使大臣"、第48条"命副都统荫昌充出使德国大臣"、第52条"命张德彝充日斯巴尼亚专使"、第54条"命孙宝琦充出使法国大臣",以上诸条,稿本句首最初均无"命"字,系后来添写于行侧。

以下两条,稿本上未见删改,但刊本显示有变化。第16条"以侍讲许景澄充出使法德义和奥大臣",稿本句首无"以"字,刊本有。第30条,稿本为"惠潮嘉道裕庚以四品京堂",刊本删"以"字,于句首添"予"字。这两条,应系付印前夕的临时改动。

上述改动均无问题。

也有改出问题的。如第29条:"召免出使日本大臣汪凤藻回国",稿本初稿此句为:"撤出使日本大臣汪凤藻回国";稿本第一次改动:"免出使日本大臣汪凤藻。""撤"改"免",以墨线划去"回国"二字;稿本第二次改动:"召出使日本大臣汪凤藻回国。""回国"二字右侧有三角形恢复标志。这样一来,初稿句首的"撤"字以墨线划去后,左下方是添写的"免"字,右上方是添写的"召"字。由此造成误解,以致《清史稿》正式刊本误排为"召免"。

按:"召免"不通,应为"召"。

《德宗本纪》中的驻外使臣名单,原本分散于各年、各处。一旦分门别类归并到本国名下,不再单调机械,而是变得有机、立体起来。从这份名单中,可以看出不少重要信息。试举例说明如下:

(一)出使章程及使臣待遇。《德宗本纪》于光绪二年(1876)九月记,"定出使各国章程";于光绪三十二年(1906)十二月记,"改驻各国公使为二品实官",两条记录相隔三十年,反映了驻外使节制度的变迁。改为二品实官以前,驻外使臣官阶是三品。

(二)奖惩信息。《德宗本纪》记载使臣,主要记任命,包括派遣年月、姓名、职衔、出使国家等。但有两条例外:一、光绪二十八年(1902)十二月记:"旌殉亲异域使俄大臣杨儒子锡宸孝行。"二、光绪十四年(1888)十二月记:"道员徐承祖前使日本,坐浮冒,褫职听勘,籍其家。"记载使臣而兼及本人奖惩或戚属事迹,比较少见,值得注意。

(三)专、兼变化。从使臣任命情况,可以见出该国与中国关系的变化。如自光绪二十八年(1902)四月吴德章受命为出使奥国大臣起,奥国使臣由兼使变为专使。而义大利国使臣也有变化。原亦为兼使,自光绪二十八年(1902)四月许鄳任出使义国大臣起变为专使。

(四)国名译名用字变化。关于荷兰,共八条派遣使臣记载。光绪十三年(1887)、十六年(1890)两条记载,国名均用"和"字,自光绪二十二年(1896)杨儒出任使臣起,改用"荷"字。当是官方文献即如此。

(五)关于朝鲜、韩国。朝鲜原是属国,在《清史稿》中,朝鲜记载为属国,其传见列传三一三《属国一》,与琉球同传。《德宗本纪》于光绪三十一年(1905)十一月记:"罢驻韩使臣,改置总领事。"这是一个重要变化。与此相关的,还有《德宗本纪》稿本上的一处修改。稿本于光绪三十二年(1906)正月记:"戊寅,日本于朝鲜置总监,命撤驻使。"后又以墨线删去。《清史稿》刊本亦无此句。

(六)误记。《德宗本纪》于光绪十八年(1892)六月、十二月均记"赏徽宁池太广道杨儒四品京堂,充出使美日秘大臣",必有一误。经查《德宗实录》及《清史稿》卷二一二《交聘年表》,知以十二月为是,六月误。

有一些国家的驻使信息,《德宗本纪》并未记载。《清史稿·邦交志》为设专志或合志的国家有:俄罗斯,《邦交一》;英吉利,《邦交二》;法兰西,《邦交三》；美利坚，《邦交四》；德意志，《邦交五》；日本，《邦交六》。以上一国一志，为专志。瑞典、那威、丹墨、和兰、日斯巴尼亚、比利时、义大利，《邦交七》；奥斯马加、秘鲁、巴西、葡萄牙、墨西哥、刚果，《邦交八》。以上一志记载多国，是为合志。其实合志之内，每一国也是独立成篇，只是合载于同一卷罢了。

在《清史稿·邦交志》设专志或合志的国家中，有几个国家的使节派遣未见载于《德宗本纪》，它们是：瑞典、那威、丹墨、巴西、葡萄牙、刚果。《清史稿·交聘年表》卷首《序》云："有约之国，惟葡萄牙、瑞典、那威、丹马诸国无驻使，有事则以就近驻使任之。国际交涉，大至和战之重，细至节文之末，为使者罔弗与闻，关国家休戚者固至重也。"①由此可知，《德宗本纪》无记载，并非漏记，而是无驻使。

四、互见与改入：纪、传、志、表之呼应

关于志与纪、传的关系，朱师辙认为，志应当"与纪、传相经纬"，"综其条贯而弥其罅漏，此尤不可缺者也"②。外交史事不只见载于《本纪》，也见载于传、志、表中。但是，它们各自的记载方式是不一样的。

下面再以几处相关记载或稿本上的改动为例，比较《德宗本纪》《邦交志》记载外交史事的特点。

（一）中英洋药专条。

《邦交志》"英吉利"篇关于洋药专条所记颇为冗长，近三千字。兹选录如下：

光绪元年：

> 英翻译官马嘉理被戕于云南……于是有命李鸿章、丁日昌会同商议之举……初上海既通商，租界内仍有厘捐局，专收华商未完半税之货。至是，威妥玛欲尽去厘捐局，界内中国不得设局征收厘税，鸿章请政府勿许。

①《清史稿》卷二一二《交聘年表一》。
②朱师辙《清史述闻》，上海书店出版社，2009年，第29页。

光绪二年：

六月，命鸿章为全权大臣，赴烟台，与威妥玛会商，相持者逾月，议始定……

"至通商事务原议七条：一，通商各口，请定不应抽收洋货厘金之界，并欲在沿海、沿江、沿湖地面，添设口岸；一，请添口岸，分作三项，以重庆、宜昌、温州、芜湖、北海五处为领事官驻扎，湖口、沙市、水东三处为税务司分驻，安庆、大通、武穴、陆溪口、岳州、玛斯六处为轮船上下客商货物；一，洋药准在新关并纳税厘；一，洋货半税单，请定划一款式，华、洋商人均准领单，洋商运土货出口，商定防弊章程；一，洋货运回外国，订明存票年限；一，香港会定巡船收税章程；一，各口未定租界，请再议订。

以上如洋药厘税由新关并征，既免偷漏，亦可随时加增；土货报单严定章程，冀免影射冒骗诸弊；香港妥议收税办法，均尚于中国课饷有益。其余亦与条约不背。

英使又拟明年派员赴西藏探路，请给护照，因不便附入滇案、优待、通商三端之内，故列为专条。免定口界、添设口岸两事，反覆争论，乃允免定口界，仅于租界免抽洋货厘金，且指明洋货、土货仍可抽收。将来洋药加征，稍资拨补，似于大局无甚妨碍。

至添口岸一节，总署已允宜昌、温州、北海三处，赫德续请添芜湖口，亦经奏准。今仍坚持前议，准添四口，作为领事官驻扎处所。其重庆派英员驻寓，总署已于八条内议准，未便即作口岸，声明俟轮船能上驶时，再行议办。至沿江不通商口岸上下客商货物一节，自长江开码头后，轮船随处停泊，载人运物，因未明定章程，碍难禁阻。英使既必欲议准，似不在停泊处所之多寡，要在口岸内地之分明。臣今与订'上下货物，皆用民船起卸，仍照内地定章，除洋货税单查验免厘外，有报单之土货，只准上船，不准卸卖，其余应完税厘，由地方官一律妥办'等语，是与民船载货查收厘金者一律，只须各地方关卡员役查察严密耳。英使先请湖口等九处，臣与厘定广东之水东系沿海地方，不准骤开此禁，岳州距江稍远，不准绕越行走，姑允沿江之大通、安庆、湖口、武穴、陆溪口、沙市六处，轮船可暂停泊，悉照内地抽征章程。臣复与德国使臣巴兰德议及德国修约添口，即照英国议定办理。威妥玛请半年后，开办口岸租界,免洋货厘,洋药并纳厘税,须与各国会商,再行开办,因准另为一条。至派员赴西藏探路一节,条约既准游历,亦无阻止之理。臣于原议内由总理衙门、驻藏大臣查度情形字样,届时应由总理衙门妥慎筹酌。迨至诸议就绪,商及滇案偿款。英使谓去冬专为此事,调来飞游帮大兵船四只,保护商民,计船费已近百万。臣谓两国并未失和,无认偿兵费之例,嘱其定数。英使谓吴淞铁路正滋口舌,如臣能调停主持,彼即担代,仍照原议作二十万,遂定议。因于二十六日,将所缮会议条款华、洋文四分,彼此画押盖印互换。至滇边通商,威使面称拟暂缓开办,求于结案谕旨之末,豫为声明。"

疏入,报闻。鸿章仍回直督本任。约成互换,是为《烟台条约》。《约》分三端:一曰昭雪滇案,二曰优待往来,三曰通商事务。又另议专案一条。

光绪五年:

英欲与中国定厘税并征确数。总署拟仍照烟台原议条款,税照旧则,厘照旧章。

光绪七年:

十月,李鸿章复与威妥玛议洋药加征税厘。

初,洋药税厘并征之议,始发于左宗棠,原议每箱征银一百五十两。其后各督抚往来商议,讫无成说。滇案起,鸿章乃与威妥玛议商洋药加征税厘。威妥玛谓须将进出口税同商,定议进口税值百抽十,而出口税以英商不原加税为辞,并主张在各口新关厘税并加,通免内地厘金。鸿章以欲通免厘金,当于海关抽税百二十两,须加正税三倍。如不免厘金,则须增加一倍至六十两。

既,威妥玛接到本国拟定鸦片加税章程数条:"一,厘税并征增至九十两;二,增正税至五十两,各口厘金仍照旧收;三,拟由中国通收印度鸦片,而印度政府或约于每年减种鸦片,或由两国商定当减年限,至限满日停种,至每石定价,或按年交还,或另立付价,时候亦由两国订明,其价或在香港拨还,或在印度交兑,其事则官办商办均可;四,拟立专办洋药英商公司,每箱应偿印度政府一定价值,应纳中国国家一定厘税,至缴清此项厘税后,其洋药在中国即不重征,印度政府约明年限,将鸦片逐渐裁止。"

初,威妥玛于进口已允值百抽十,至是因洋药税厘未定,又翻。又欲于各口租界外,酌定二三十里之界,免收洋货厘。鸿章以租界免厘,载在条约,业经开办有年,何得复议推广?拒之。威妥玛又请由香港设电线达粤省,其上岸只准在黄埔轮船停泊附近之处,由粤省大吏酌定。

光绪九年:

三月,上谕:"洋药税厘并征,载在烟台条约,总理衙门历次与英使威妥玛商议,终以咨报本国为词,藉作延宕。威妥玛现已回国,着派出使大臣曾纪泽妥为商办,如李鸿章前议一百一十两之数,并在进口时输纳,即可就此定议。洋药流毒多年,自应设法禁止。英国现有戒烟会,颇以洋药害人为耻。如能乘机利导,与英外部酌议洋药进口、分年递减专条,逐渐禁止,尤属正本清源之计。并着酌量筹办。"纪泽奉旨与英外部议,三年始定。

光绪十一年:

六月,(曾纪泽)奏曰:"臣遵旨与英外部尚书伯爵葛兰斐尔,侍郎庞斯莆德、克雷等商论,力争数目,最后乃得照一百一十两之数。今年二月,准彼外部允照臣议,开具节略,咨送臣署,且欲另定专条,声明中国如不能令有约诸国一体遵照,英国即有立废专约之权。臣复力争,不允载入专条,彼乃改用照会。详勘所送节略,即系商定约稿。其首段限制约束等语,缘逐年递减之说,印度部尚书坚执不允。其侍郎配德尔密告臣署参赞官马格里云,照专条办法,印度每年已减收英金七十万余镑,中国欲陆续禁减洋药入口,惟有将来陆续议加税金,以减吸食之人,而不能与英廷豫定递减之法。遂未坚执固争,而请外部于专案首段,加入于行销洋药之事须有限制约束一语,以声明此次议约加税之意,而暗伏将来修约议加之根。至如何酌定防弊章程,设立稽征总口,《烟台条约》第三端第五节固已明定要约。臣此次所定专条第九款又复声明前说,将来派员商定,自不难妥立章程,严防偷漏。其余各条,核与叠准总理衙门函电吻合。旋承总署覆电照议画押。时适英外部尚书葛兰斐尔退位,前尚书侯爵沙力斯伯里推为首相,仍兼外部。

六月三日,始据来文定期七日画押。臣届期带同参随等员前往外部,与沙力斯伯里将续增条约专条汉文、英文各二分,互相盖印画押。按此次所订条约,除第二条税厘并征数目,恪遵谕旨,议得百一十两外,又于第五条议得洋药于内地拆包零售,仍可抽厘,是内地并未全免税捐。将来若于土烟加重税厘,以期禁减,则洋药亦可相较均算,另加税厘。臣于专条中并未提及土烟加税之说,以期保我主权。”

疏入,得旨允行。旋两国派员互换,是为《烟台续约》。

秋八月,英人议通商西藏。是岁英窥缅甸,踞其都……既,英署使欧格讷以烟台约有派员入藏之文,坚求立见施行。总署王大臣方以藏众不许西人入境,力拒所请……议既定,总署因与欧格讷商订草约四条,得旨允行。

综上,《德宗本纪》所记与“洋药专条”相关者有:

(1)光绪二年(1876)六月:以李鸿章为全权大臣,赴烟台与英使威妥玛议结马嘉礼案。同时有议洋药事宜。

(2)同年七月:马嘉礼案议结,免案内官所坐罪。同时亦议洋药事宜。

(3)光绪十一年(1885)九月:英使来议印度、西藏通商。谕丁宝桢、色楞额等开导藏番毋生事。

(4)同年十月:命刘瑞芬于英京互换烟台条约,并议洋药专条。

以上四项记载中,光绪二年李鸿章与英使威妥玛除商谈马嘉礼案外,也交涉洋货(包括洋药)征收厘金事宜,但《德宗本纪》只记前者,未提及后者。而光绪十一年所记刘瑞芬于伦敦换约事,《邦交志》则未言及。适可见出《德宗本纪》在记人记事方面与《邦交志》有不同侧重。

(二)张百熙。

光绪二十六年(1900)十二月,《大清德宗景皇帝实录》《清史稿·德宗本纪》《清史稿·邦交志》均有关于张百熙出使英国的记载。分别如下:

《大清德宗景皇帝实录》:

又谕,电寄奕劻等,英主薨逝,已有国电致唁。声明即派专使前往吊奠。奕劻、李鸿章在京,当慰问英使,并告前情。

命都察院左都御史张百熙充头等专使大臣前往英国奠唁致贺。

《清史稿·德宗本纪》:

命左都御史张百熙充专使英国大臣。

《清史稿·邦交志》:

是年英君主逝,国书致唁,皇太后复专电吊唁之。

三者虽为一事,但记载颇不相同。《实录》同时记载了张百熙出任英使及奠唁英王;《德宗本纪》只记张百熙出使,不言吊唁英王事;《邦交志》则只记国书致唁、太后专电吊唁,不提张百熙。若将《清史稿·德宗本纪》《清史稿·邦交志》二者合而观之,则记事之详备又不逊于《实录》。

以上特点,即是纪、志之间的互见、互文、互补。

(三)中日辽南条约。

在《德宗本纪》稿本上,还可以看到一些移载的情形。即编纂或覆勘人员建议将某事移至别处加以记载。这也体现了纂修人员对纪、志、传、表各自体例的理解与遵守。

如《德宗本纪》稿本光绪二十一年(1895)记:"初,马关之约,割盛京自鸭绿江口抵安平河口,至凤凰城、海城及营口以南城邑,并辽东湾东岸、黄海北岸诸岛屿让日本,俄、法、德三国滋不平,驻日三使咸有责言。沮其议,俄且以兵舰集长崎及辽海、烟台为战备。日人恐,乃许还地。至是,复订约交还焉。"(第 11893 页)

此条有删除线。上有签识曰:"入《外交志》。"

按:此指中日辽南条约事。检《清史稿》邦交志,此事见载于《邦交六·日本》,内容为:"(光绪)二十一年正月,命张荫桓、邵友濂赴日本议和,拒不纳,乃再以李鸿章为全权。鸿章至日本,日本派伊藤博文、陆奥宗光为全权大臣,与鸿章会议于马关,月余不决。鸿章旋为日本刺客所伤,又命其子李经方为全权帮办,卒订约十一款:……张之洞、刘坤一等闻之,亟电力争。俄国亦约法、德劝日让还辽南。"文中"俄国亦约法、德劝日让还辽南"云云,即指此事。

《邦交六·日本》下文又云:"寻议还辽,日派林董为全权,与李鸿章议商,辩论久不决。嗣定议分为六款:一,还辽南地;二,偿兵费三千万;三,交款三个月以内撤兵;四,宽贷日本军队占踞之间所有关涉日本之中国臣民;五,汉文、日本文遇有解译不同之处,以英文为凭;六,两国批准自署名盖印之日起,遂在北京互换。复订专条,于定议五日内互相达知,以期迅速。是为中日辽南条约。"亦指此事,所记甚详。

(四)苏杭甬铁路事件。

《德宗本纪》稿本光绪三十三年(1907)九月记:"先是,苏杭甬铁路允由英人承修,已立草约。寻浙绅合呈自办,久无成议。所集股款不敷,英人迭次执言,始分借款、造路为两事。至是,谕外部妥订章程,兼令英公司仍许浙绅购股,敕督抚劝导诸绅,共维大局,勿固执强争。"

此条有删除线。上有签识曰:"入《交通志》。"意思是本条记载不必保留在《本纪》中,可移入《交通志》。

按:此为苏杭甬铁路事件。检《清史稿》知,《交通一》对此事有详细记载,内容如下:"苏杭甬铁路,自二十四年许英商承办。是年,盛宣怀与订草约,大要悉本沪宁。约成而英人置之。三十一年,浙路自办之局定,御史朱锡恩请废前约,上命宣怀偕浙抚主其事。英人恃有前约,坚欲承办,往复辨难要挟,久之不决。侍郎汪大燮与议,分修路、借款为二事。浙人以路股集有成数,一意拒款,闻之大哗,诋大燮甚力。大燮旋使英,以梁敦彦继之。浙推孙廷翰、苏推王同愈等议于京,终以成约难废,由部借英款,贷之两省而事息。"

可见,此事不仅入载《交通志》,且所记颇为详尽。

由以上几个事项的移载可知,《清史稿》本纪、志、列传、表之间存在的互见、互文、互补现象并非偶然,多是编纂人员有意而为之。

至此,可以做出如下三个基本判断:

首先,仅以外交史事而论,《德宗本纪》在纂修过程中重点参考的是《德宗实录》。《本纪》纂修以《实录》为史源,这是当时史馆同人的共识。吴士鉴谈《清史》纂修体例,开篇先谈本纪,第一句就是:"本纪当以史馆历朝《本纪》为根据,复以《圣训》、《实录》、《方略》互证之,删繁就要,准诸前史体例。"且在"复以《圣训》《实录》《方略》互证之"句下注曰:"万一有所异同则以《东华录》参考。"[1]虽然《德宗本纪》还参考了朱彭寿编纂的《光绪朝东华录》[2],但外交史事主要是以《德宗实录》为据。若将《德宗本纪》所记外交史事与朱朋寿《光绪朝东华录》对照,会发现差异较大。甚至有不少条目,

---

①《吴士鉴陈纂修体例》,朱师辙《清史述闻》,上海书店出版社,2009年,第140页。
②吴相湘《清德宗实录本纪的正本》,张惠珠辑《有关清史稿编印经过及各方意见汇编》第3册,国史馆,1990年,第531—532页。

《德宗本纪》有记,而《光绪朝东华录》该日下却无记载。

其次,《德宗本纪》并不照搬《实录》,而是对相关记载加以删削概括。叙事简当,颇得史体。吴士鉴说,"何者当书,何者不当书,其有事关创举为前史所未有者则宜书"[1]。驻外使臣上任、两国交战、勘界与缔约、商贸洽谈等,在编纂者看来,是事关朝政全局的大事,故尽量入载《本纪》。当然,《德宗本纪》中的使臣出使记载仍嫌机械刻板,有重人不重事的倾向,以致与《交聘年表》多所重复。宜简要交待其所处理的邦交要务。既存人,亦存事。

再次,《德宗本纪》记载外交史事,讲究史体与章法,但也不无可议处。如《德宗实录》光绪元年(1875)十一月记陈兰彬、容闳二人同时加二品顶戴充任三国使臣,《德宗本纪》却将容闳删去,仅记陈兰彬。按理不应漏记容闳,未知何故。再如《德宗本纪》光绪二十六年(1900)十二月记张百熙充专使英国大臣,既为"专使",应如《德宗实录》那样说明所为何事[2]。

当然,纪、志、传、表之间的互见与互补,是立体、多维的。即以外交史事论,与《德宗本纪》有互见、互补关系者,不只《邦交志》《交聘年表》或相关大臣传,还可以有其他各志。

例如,王伯祥就对《乐志》失载清季西洋乐器感到遗憾,因为这些西洋乐器的涌入不只是《乐志》应记之乐事,也是重要的涉外史事。王伯祥说:"《乐志》的末卷,本是记载各种乐器的体制和尺度的。凡有旧文可钞的乐器名色——如朝鲜乐器、缅甸乐器、番乐器等,——不问它现在是否通行,无不毕登。这是史的职志所在,当然应该的。但清朝末叶以来,西洋乐器日渐风行,不但洋鼓、洋号走遍了军营和学校,即'披霞娜''梵和铃'也接迹于繁荣的都市,何以《乐志》竟不记只字?若以为外邦夷乐而不屑收录,则何以毕收缅甸乐和番乐?且亦何以自解于创立《邦交志》和《交聘表》的本意?若以为未登天府而不便收录,则何以处此风行之事实?且孝钦后晚年在宫廷宴飨外宾或公使夫人时也曾演奏西乐,似也不能以未登天府自解

---

[1]《吴士鉴陈纂修体例》,朱师辙《清史述闻》,上海书店出版社,2009年,第140页。

[2] 吴相湘也发现这一条记载有问题,认为《清史稿·德宗本纪》的记载不如《德宗实录》,后者"意义较明显"。吴相湘《清德宗实录本纪的正本》,张惠珠辑《有关清史稿编印经过及各方意见汇编》第3册,国史馆,1990年,第532页。

吧?"①这个质疑也提醒我们,在纪、志、传、表的传统史例中,关于某一特定类型的史事之记载,其实有着可以利用的多重结构与多元空间。

以上仅就《德宗本纪》中的涉外史事记载、稿本删改及其与刊本之异同等角度着手分析,旨在呈现相关史事的入载情况及编纂过程。所做的分析也主要是文献学意义上的,即更多着眼于文本的变化。当然,这些删改通常也体现了编纂者的立场②。纂修人员对文献的增删编排,往往隐含着褒贬。比如,本纪格于史例将出使大臣一一载入,平面罗列,并不涉及他们的事功大小、业绩高低。但在《邦交志》中,被提到较多的,通常是做出较多贡献的那些使臣,史书的褒贬功能由此实现。这也正是纪、传、志、表在功能上互补、互文的体现。

总体而言,《德宗本纪》所记外交史事以《德宗实录》为主要史源,最大限度保障了所记史事的全局性与准确性。全局性体现为相关记载均出于朝廷意志或官方视角,准确性则是由《德宗实录》自身的一手史料性质决定的。对此,民国学界已有肯定评价。如中国史学会在向国民政府教育部提交的呈文中,曾说:"《史稿》之修,多据《实录》《国史》,为外间所不得窥。今取《史稿》三百余卷之'列传',与清《国史》'列传'互勘,其同者十之七八,则本纪、志、表亦可知。今人未见《实录》及《国史》原本,而盛讥《史稿》之不当,何异夏虫之不可语冰。"③看到优点,正视缺点,这表明学界对《清史稿》的评价渐趋持平。

---

① 王伯祥《读清史稿述臆》,《民铎杂志》1929年第1期。

② 如《德宗本纪》稿本于光绪二十年(1894)七月戊寅记:"命李瀚章毁南海举人康祖诒所著《新学伪经考》。"后又以墨线将"新学伪经考"划去,右侧添写一"书"字。此句遂为:"命李瀚章毁南海举人康祖诒所著书。"刊本同此。此番改动,表明编纂人员基于个人对本纪书法的理解,不愿将康有为《新学伪经考》书名入载。显而易见,这番改动是含有价值判断的。

③《中国史学会为校订清史稿呈教育部文》,金毓黻《读清史稿札记》文后附录,《国史馆馆刊》1948年第3期。

第三章 体例与个案——涉藏史事纂修考之一

 清朝是满族主导下的少数民族政权,对蒙、藏、回诸部十分重视。历朝《实录》中凡关涉民族事务之大事,多有记载。《清史稿》记藏事,从史源上说,多以历朝《实录》以及《东华录》等官修史籍为本。从布局及写法上说,主要采取互见法,涉藏史事在本纪、地志、兵志、表、藩部传、人物传中均有分布,有点有面,星罗棋布。从体例上说,虽然《清史稿》编纂初期曾就体例有过谨慎的商讨,也有学人提出创新体例的主张,但最终采纳的新见无多,仍是传统正史的格局。于涉藏史事的编纂亦然。

 《清史稿》涉藏史事的编纂者,多数为史馆同人。金梁《清史稿校刻记》称:"'土司'为缪君(荃孙)稿,'藩部'蒙古为吴君廷燮稿、西藏为吴君燕绍稿……"金梁对上述诸稿均有增删,"凡诸稿梁皆校阅并有参订,惜仓卒付刊,不及从容讨论耳"①。也有购自馆外的稿件,据朱师辙回忆,《清史稿》"虽为馆员、总纂、纂修、协修所共编,然尚有非馆员而收买其稿者",《清史稿》有两份稿件来源于馆外,一是《刑法志》(购许受衡稿),一是《藩部传》中的西藏一节:"'藩部传'中西藏亦临时约吴燕绍为之,赠以稿费。"②

一、藏事入史简况之一:纪、表

 吴廷燮曾将正史本纪的书法分两类,一是完备体,"有类《春秋》,盖于大事,无所不综";一是简略体,"《新唐》高简,遂令读者,不检《志》《传》,莫穷本末。《明史》效之,帝纪十七,为书寥寥,原始要终,其亦难矣"③。由于各朝本纪的执笔人不同,故《清史稿》本纪的书法出现了繁简不一的情形。顺、康、雍三朝本纪较简,所记涉藏史事亦多为只言片语。乾隆朝(《高宗本纪》)记事即偏细密繁冗,涉藏史事也是如此。

---

① 朱师辙《清史述闻》,上海书店出版社,2009年,第68页。
② 朱师辙《清史述闻》,上海书店出版社,2009年,第45页。
③ 《吴廷燮上清史商例》,朱师辙《清史述闻》,上海书店出版社,2009年,第114页。

　　兹以顺治、康熙、雍正三朝为例，略述《清史稿·本纪》对涉藏史事的记载情形。

顺治五年（1648）：

　　是岁……厄鲁特部顾实汗……土默特部古禄格，乌思藏阐化王王舒克，汤古特达赖喇嘛俱来贡。朝鲜、厄鲁特顾实汗、汤古特达赖喇嘛再至。（《清史稿》卷四《世祖本纪一》）

顺治七年（1650）：

　　是年，喀尔喀、厄鲁特、乌斯藏诸部巴郎和罗齐、达尔汗囊素、盆挫坚挫等来朝……乌斯藏部阐化王，索伦、使鹿诸部，归化城土默特部古禄格俱来贡。（同上）

顺治十年（1653）：

　　……厄鲁特部顾实汗、顾实汗下台吉诺穆齐……乌思藏达赖喇嘛俱来贡。（同上）

顺治十三年（1656）：

　　……乌斯藏阐化王……车臣汗、土谢图汗，土谢图汗下丹津喇嘛、戴青、额尔德尼喇嘛，厄鲁特部达赖吴巴什台吉、讷穆齐台吉、阿巴赖诺颜、察罕台吉、马赖台吉、什虎儿戴青、额尔德尼台吉、顾实汗下色棱诺颜，索伦部达尔巴均来贡。（同上）

顺治十八年（1661）：

　　八月甲寅，达赖喇嘛请通市，许之。（同上）①

康熙二十九年（1690）：

　　（十一月）甲辰，达赖喇嘛请上尊号。不许，并却其贡。（《清史稿》卷七《圣祖本纪二》）

康熙三十七年（1698）：

　　春正月庚寅，策旺阿拉布坦奏陈第巴匿达赖喇嘛圆寂之事，斥班

────────────

①邓邦述、金兆蕃原稿作："（八月）甲寅，达赖喇嘛及干都台吉请于北胜州互市，许之。"《清史馆未刊纪志表传稿本》"本纪"第1册《圣祖本纪一》，第752页。

禅而自尊,恳请睿鉴。上答之曰:"朕曾敕责第巴具奏认罪,若怙终不悛,朕不轻恕也。"并遣侍读学士伊道等赍敕往。(同上)

康熙四十五年(1706):

(十一月甲申)西藏达赖喇嘛卒,其下第巴匿之,又立伪达赖喇嘛。拉藏汗杀第巴而献其伪喇嘛。西宁喇嘛商南多尔济以闻。(《清史稿》卷八《圣祖本纪三》)

康熙四十八年(1709):

春正月……己亥,命侍郎赫寿驻藏,协办藏事。初,拉藏汗与青海争立达赖喇嘛,不决,特命大臣往监临之。(同上)

康熙四十九年(1710):

(三月)戊寅,敕封西藏胡必尔汗波克塔为六世达赖喇嘛。(同上)

康熙五十二年(1713):

春正月戊申,诏封后藏班禅胡土克图喇嘛为班禅额尔得尼。(同上)

康熙五十三年(1714):

六月乙亥,诏:"拉藏汗年近六十,二子在外,宜防外患,善自为谋。"(同上)

康熙五十六年(1717):

秋七月丙辰,策旺阿拉布坦遣其将策零敦多布侵掠拉藏。(同上)

康熙五十七年(1718):

二月庚寅,拉藏乞师,命侍卫色楞会青海兵往援……(五月)丁巳,额伦特奏拉藏汗被陷身亡,二子被杀,达赖、班禅均被拘。(同上)

康熙五十八年(1719):

九月乙未,谕西宁现有新胡毕勒罕,实系达赖后身,令大将军遣官带兵前往西藏安禅。(同上)

康熙五十九年(1720):

春正月丁酉……以宗室延信为平逆将军,领兵进藏,以公策旺诺尔布参赞军务。二月……癸丑,命噶尔弼为定西将军,率四川、云南兵进藏,册封新胡毕勒罕为六世达赖喇嘛……八月……戊午,克西藏,执附贼喇嘛百余,斩其渠五人,抚谕唐古特、土伯特,西藏平……九月壬申,平逆将军延信以兵送达赖喇嘛入西藏坐床……戊寅,云贵总督蒋陈锡、巡抚甘国璧以馈饷后期褫职,仍令运米入藏。冬十月……甲辰,赉进藏官兵……十一月……辛巳,诏:"大兵入藏,其地俱入版图,山川名号番、汉异同,应即考订明覈,传信后世。"上因与大学士讲论河源、江源,及于禹贡三危。庚寅,以隆科多为理藩院尚书,仍兼步军统领。(同上)

康熙六十年(1721):

二月……己未,命公策旺诺尔布驻防西藏。论取藏功,封第巴阿尔布巴、康济鼐为贝子,第巴隆布奈为辅国公……夏四月……戊午,命定西将军噶尔弼驻藏……六月……丙申,诏曰:"平逆将军延信,朕之侄也。统兵历从古未到之烟瘴绝域,歼灭巨虏,平定藏地,允称不辱宗支,可封为辅国公。"……九月……甲午,噶尔弼以病罢,命公策旺诺尔布署定西将军,驻藏,以阿宝、武格参军事……丁巳……上制平定西藏碑文。(同上)

康熙六十一年(1722):

秋七月……壬寅,命色尔图赴西藏统四川防兵。戊申,以蔡珽为四川巡抚。(同上)

雍正元年(1723):

三月甲申,罢西藏防兵戍察木多……五月庚辰,诏免云南入藏兵丁应补倒毙马匹。(《清史稿》卷九《世宗本纪》)

雍正六年(1728):

(三月)庚午,以进藏官兵驻扎西宁,命巡抚杭奕禄督之……秋七月……戊午,鄂尔泰奏遣兵剿平川境米贴逆苗。命以其事属四川提督黄廷桂。辛酉,岳钟琪奏颇罗鼐兵至西藏,喇嘛擒献阿尔布巴、隆布奈、扎尔鼐等,西藏平……九月……丁卯,查郎阿奏领兵至藏,会同副都统马喇、学士僧格讯明逆首阿尔布巴等,立时正法,余众处置讫……十二月……丁酉,以定藏功封颇罗鼐为贝子,理后藏事,拣选噶隆二人理前藏事,赏其兵丁银三万两。(同上)

雍正十年(1732):

八月……庚午,西藏边外巴尔布国雅木布、叶楞、库库穆三汗遣使进贡,优敕答之。(同上)

雍正十二年(1734):

秋七月癸巳,命果亲王胤礼经理达赖喇嘛驻藏,并至直隶、山西、陕西、四川阅兵……五月庚辰,诏免云南入藏兵丁应补倒毙马匹。(同上)

以上记载,主要以《实录》《方略》等,即清廷官方的史料为其来源。经过了纂修人员的精简筛选,其中涉藏史事的记载也称得上提纲挈领。顺、康两朝诸如达赖喇嘛来朝、达赖请通市、第巴伪立达赖喇嘛、敕封六世达赖、诏封后藏班禅、准噶尔汗国侵藏、拉藏汗被杀、延信和噶尔弼进藏平定准噶尔部等重要事件,均入载本纪。

金兆蕃曾说:"唐、宋以后国史,当时所纪则有《时政记》、有《起居注》、有《日历》,继世所修则有《实录》,如是而已","及至有清,记事则有《方略》,记言则有《圣训》,与《实录》并重,而史臣载笔,纪、志、表、传,诸体悉备,与前代不同,故当以遍考官书为第一义"①。《清史稿》多采官书,确如金兆蕃所言。

"表"中的《藩部世表》,载有蒙古、青海、新疆、西藏等地少数民族王公贵族因军功、姻亲、归附等原因受封爵位及世袭的情形。有关西藏的内容,见于《藩部世表三》,所记为珠尔默特策布登、索诺木达尔札、喀锡蒲色布登喇什、车凌旺扎勒、诺颜和硕齐等人受封爵位的名称、时间及子孙袭爵情况。

<hr>

① 《金兆蕃拟修清史略例》,朱师辙《清史述闻》,第 128 页。

二、藏事入史简况之二：列传、志

列传中的人物传部分，篇幅巨大，涉藏史事颇为零碎、分散。《清史稿》列传二四〇《升泰传》记藏印条约颇详。《清史稿》列传一零六《和琳传》（和珅传附）记载和珅弟弟和琳当廓尔喀扰后藏时，曾受命督办前藏以东台站乌拉等事，又与鄂辉更番照料粮饷。又与孙士毅、惠龄覈办察木多以西销算事，仍理藏务。此外，《清史稿》未刊稿本当中，还有不少涉及藏事。吴广霈辑《水陆通商口岸、边地割让租借表》①内，记西藏亚东于光绪十九年（1893）中英印藏条约至光绪三十年（1904）开放，并记"有英国领事馆并弁兵驻扎"；记江孜于光绪三十年（1904）英藏新约开放；记噶大史，同上年约开放。《清史稿》正式刊本未用此表。

《清史稿》"志"涉及藏事的记载主要有：《地理志》部分；《兵志》中的"土兵"部分；《兵志》中的"边防"部分；《邦交志》中亦有涉藏史事，主要集中在"英吉利篇"；《乐志》"宴乐"条下记金川及西藏音乐。

"西藏土兵"一节记雍正九年（1731）新抚南称、巴彦等处番民七十九族，地居四川、西藏、西宁间。十年夏，川、藏暨西宁分遣专官会同勘定，近西宁者归西宁管辖，近西藏者暂隶西藏云。西宁管辖四十族、西藏管辖三十九族。雍正间定族内人户千户以上设千户一，百户以上设百户一，不及百户者设百长一，每千、百户下设散百长数人。至乾隆末，别定三十九族总百户一，百户十三，百长五十三，后增为百户十六，百长六十一。

《兵志·土兵》为协修俞陛云撰，据台湾所藏清史馆俞陛云编纂、赵九如缮写的《兵志》稿本，《清史稿》正式刊本与之有差异。清史馆未刊稿本《土兵》一节有530余字前言，从公元前1046年周武王联合庸、卢、彭、濮、蜀、羌、微、髳等西南部11国部族4.5万人会师孟津，乘机对商朝发起进攻的故事写起，此为《清史稿》正式刊本所删除②。其余部分相差不大。另外，底稿稿本上有签识两则：（1）"非皆槃瓠遗种。回回自西部侵入，娃子乃汉人被掳入夷巢者之名。僧徒乃者名称，尤非种族。"（2）"此云隶西藏喇

---

① 《清史馆未刊纪志表传稿本》"志"第12册，第10277—10290页。西藏开放亚东、江孜、噶大克三地见第10281页。

② 《清史馆未刊纪志表传稿本》"志"第8册，第6841—6844页。

嘛,而末则谓驻藏大臣所属,似应确考。"①

四川土兵一节,《清史稿》正式刊本于各安抚司下只述及安抚司员额,土民数量未提及,仅在段末一言以蔽之,或曰"以上户皆土民,多少不等",或曰"以上户皆土民"。另外,底稿有两处签识,一处写:"其中多已缴印,清季设官治之,如春科即是。"一处写:"瞻对后曾赏与西藏达赖喇嘛,该番屡为边患,宣统初年收复。"正式刊本比底稿多出了一段,这多出来的一段正是吸收了这两处签识所表达的意见。底稿有签识一则云:"隶西藏土兵有三十九族,此恐不全,宜觅《卫藏通志》参考。"②

按:《清史稿》刊本此处确与《卫藏通志》相异。《清史稿》刊本记载如下:

西藏土兵:

雍正九年,新抚南称、巴彦等处番民七十九族,地居四川、西藏、西宁间。十年夏,川、藏暨西宁分遣专官会同勘定,近西宁者归西宁管辖,近西藏者暂隶西藏云。

西宁管辖四十族:阿哩克族,蒙古尔津族,雍希叶布族,玉树族,噶尔布族,苏鲁克族,尼雅木错族,固察族,称多族,洞巴族,多伦尼托克安图族,阿萨克族,克列玉族,克阿永族,克叶尔济族,克拉尔济族,克典巴族,隆布族,上隆布族,札武族,上札武族,下札武族,札武班右族,上阿拉克硕族,上隆坝族,下隆坝族,苏尔莽族,白利族,哈尔受族,登坡格尔吉族,下格尔吉族,格尔吉族,巴彦南称族,南称桑巴尔族,南称隆冬族,南称卓达尔族,吹冷多拉族,巴彦南称界住牧喇嘛,拉布库克住牧喇嘛。

西藏管辖三十九族:纳书克贡巴族,毕鲁族,琫盆族,达格鲁族,拉克族,色尔札族,札嘛尔族,阿札克族,上阿札克族,下阿札克族,夥尔川木桑族,夥尔札麻苏他尔族,**夥尔札麻苏他尔,只多族**,瓦拉族,**夥尔族**,麻鲁族,宁塔,尼札尔,参麻布玛,尼牙木札族,利松麻巴族,勒达克族,多麻巴族,羊巴族,依戎夥尔族,**夥尔族**,彭他麻族,夥尔拉赛族,上刚噶鲁族,下刚噶鲁族,琼布拉克鲁族,噶鲁族,色尔札族,上多尔树

①《清史馆未刊纪志表传稿本》"志"第 8 册,第 6845 页。
②《清史馆未刊纪志表传稿本》"志"第 8 册,第 6897 页。

族,下多尔树族,三札族,三纳拉巴族,朴族。①

以上引文,文字系据《清史稿》原刊本及中华书局 1976 年点校本;标点系据中华书局点校本。其中,值得注意者两处,一为"夥尔札麻苏他尔,只多族",中华书局点校本于"只多"前加了逗号;二为"夥尔族"出现了两次。

经与《卫藏通志》比照,发现了三个问题:

1.上引《清史稿》所载"西宁管辖四十族",所列出者仅三十九族,缺一族。《卫藏通志》所记与《清史稿》同,亦缺一族。

2.上引《清史稿》所载"西藏管辖三十九族",若据《清史稿》中华书局 1976 年点校本,所列出者确为三十九族,数量正确。可是,引文中"夥尔札麻苏他尔族,夥尔札麻苏他尔,只多族"这一处,因为有了第二个逗号,族数确为三十九,但也导致"夥尔札麻苏他尔"出现两次,实际仍是三十八族。缺一族。

3.《清史稿》所载各族,"夥尔族"出现两次,《卫藏通志》中"夥尔族"则出现三次。

《卫藏通志》所记三十九族族名如下:纳书克贡巴族;毕鲁族;琫盆族;达格鲁族;拉克族;色尔札族;札嘛尔族;阿札克族;上阿札克族;下阿札克族;夥尔川木桑族;夥尔札麻苏他尔族;**夥尔札麻苏他尔只多族**②;瓦拉族;**夥尔族**;麻鲁族;宁塔;尼札尔;参麻布玛;尼牙木札族;利松麻巴族;勒达克族;多麻巴族;羊巴族;**夥尔族**;**住牧依戎地方夥尔族**;**夥尔族**;彭他麻族;夥尔拉赛族;上刚噶鲁族;下刚噶鲁族;琼布拉克鲁族;噶鲁族;色尔札族;上多尔树族;下多尔树族;三札族;三纳拉巴族;**朴族族**③。

《清史稿》刻本所载"朴族",《卫藏通志》记为"朴族族"。《卫藏通志》所记第一处"夥尔族",其下有双行小字夹注:"属下番人一百二十二户,东至达木本木,南至琼古窝,西至襄克尔扎楚,北至墨勒木格噶尔。"《卫藏通志》所记第二处"夥尔族",其下有双行小字夹注:"属下番人六十六户,东至擦玛尔尼牙克,南至葛禄克刚,西至擦嘛塔,北至押马达。"《卫藏通志》所记第三处"夥尔族",下无小字夹注。

---

①《清史稿》卷一三四《兵五》。
②按:"只多"前有空格,原刻本如此。
③和琳纂《卫藏通志》卷一五《部落》,桐庐袁昶渐西村舍刻本,1896 年。中国国家图书馆古籍馆藏。

　　《卫藏通志》所记三个"夥尔族"，乃是住牧地不同的三个同名部落（族）。第一个夥尔族，雍正时住牧地为勒纳，其地在今西藏索县西南；第二个夥尔族，雍正时住牧地亦为勒纳，其地在今西藏巴青县西北；第三个夥尔族，雍正时住牧地当为崩楚克，其地亦在今西藏巴青县西北。而"夥尔札麻苏他尔只多族"是一个族，其地在今西藏索县。"夥尔札麻苏他尔"是另一个族，其地在今西藏巴青县。并无"只多族"。

　　"夥尔三十九族"，又称"霍尔三十九族"，即藏北三十九族，指雍正年间划归西藏的三十九个部落，活动地主要在今西藏东北部类乌齐、丁青、巴青、索县一带。夥尔三十九族与划归西宁管辖的四十族，共七十九族。这七十九族原为青海蒙古奴隶，自罗卜藏丹津变乱之后，清廷渐次招抚①。

　　《清史稿》只记两个"夥尔族"，又将"夥尔札麻苏他尔只多族"视为"夥尔札麻苏他尔"和"只多族"两个族，导致"夥尔札麻苏他尔"重出，且少了一个"夥尔族"。应以《卫藏通志》的记载为是，不应在"只多"前点断，以致误拆为两族。

　　上文提到《兵志》底稿的签识中，审阅人已发现"三十九族"族名不全，故提醒编纂人觅《卫藏通志》参考。编纂人可能复核过《卫藏通志》，但族名及数量问题并没有解决。这个问题，也被中华书局点校本《清史稿》承袭了下来。

　　《兵志·边防》见于《清史稿》志一一二，其中为四川、西藏各设专节。"边防"一节，稿本于正文前有引论，曰："中国边防，东则三省，北则蒙边，西则新、甘、川、藏，南则粤、湘、滇、黔，而沿边台卡，亦内外兼顾，盖边防与国防并重焉。兹分述之：曰东三省，曰甘肃，曰四川，曰云南，曰广东，曰广西，曰蒙古，附直隶、山西，蒙边防务，曰新疆，曰西藏，曰苗疆，曰沿边墩台、卡伦、鄂博、碉堡。"

　　《兵志·边防》底稿②西藏一节近1300字，《清史稿》刊本与此底稿基本相同，略有改动（下文详述）。

　　《邦交志》涉藏史事，主要集中在"俄罗斯"篇和"英吉利"篇。"俄罗斯"

①房建昌《藏北三十九族述略》，《中国边疆史地研究》1992年第1期；黄振华《西夏龙（洛）族试考——兼谈西夏遗民南迁及其他》，《中国藏学》1998年第4期。
②《清史馆未刊纪志表传稿本》"志"第8册，第6941—7021页。

篇由戴锡章编纂①。经比对，清史馆稿本"俄罗斯"篇文字与《清史稿》刊本大体相同。差异有几处：

（1）稿本于"温都斯坦"后有双行夹注"即中印度"四字②；

（2）上文"于是葱岭西自布哈尔、浩罕诸部皆并于俄，夹恒河城郭回国半属于英"，稿本作："于是葱岭西自布哈尔、爱乌罕（即阿富汗）数大国外，凡鞑靼里皆并于俄，夹恒河城郭回国半属于英。道光十九年，爱乌罕与沙苏野相攻，沙酋求救于英，印度兵头爱酋亦走，懇于俄。俄起兵南攻巴社（即古波斯国），取机洼水哈腊（即布哈尔），欲复爱故地，以窥印度。思夺英雅片税饷之利。英亦严兵为备。于是，英、俄边界仅隔印度歌士一大山，争战不休。英亦思自息构。争议未定而粤东罢英互市，声其罪，仇英者咸快之。"

（3）"俄思结援中国"以下，底稿文字详实，而《清史稿》刊本节略甚多③。稿本又记光绪十六年（1890）："俄人又勾结藏番私相馈赠，驻藏大臣升泰闻之，请先事预防。"《清史稿·邦交志》"俄罗斯"删去"驻藏大臣升泰闻之，请先事预防"诸字④。

"英吉利"篇约 2.5 万字，是《邦交志》所志诸国中篇幅最大者，比"俄罗斯"篇 1.8 万字的篇幅大出不少。"英吉利"篇中，涉及中英西藏交涉事宜者，篇幅逾 4800 字。另外，中英云南划界事亦涉及西藏。故"英吉利"篇记藏事篇幅几占全篇 1/5，比记鸦片战争篇幅还要略多。这样的记载比例，曾受到尖锐批评。蒋廷黻论及《邦交志》"英吉利"篇时曾言：

> 天津条约、北京条约、两广总督叶名琛之被捕、文宗之退避热河、英人之焚圆明园诸事，共占篇幅仅西藏交涉之四分之一。

因此他认为，《清史稿·邦交志》在"史实之轻重"方面"缺评判"⑤。

现在看来，这样的记载比例，除了可视为纂修人员对中英西藏交涉之重要性的强调，也可能由于鸦片战争、天津条约、北京条约等事在《邦交志》之外的纪、传等处另有大量记载之故。举例来说，在《清史稿》臣工列传中，

---

① 《清史馆未刊纪志表传稿本》"志"第 11 册，"邦交志俄罗斯"上、中、下，共三篇，第 9393—9564 页。

② 《清史馆未刊纪志表传稿本》"志"第 11 册，"邦交志俄罗斯"上，第 9403 页。

③ 《清史馆未刊纪志表传稿本》"志"第 11 册，"邦交志俄罗斯"中，第 9402—9405 页。

④ 《清史馆未刊纪志表传稿本》"志"第 11 册，"邦交志俄罗斯"中，第 9497 页。

⑤ 蒋廷黻《评〈清史稿邦交志〉》，《北平北海图书馆月刊》1929 年第 6 期。

涉及中英鸦片战争的文字就比比皆是。《清史稿》为穆彰阿、汤金钊、杨芳、林则徐、邓廷桢、达洪阿、琦善、伊里布、耆英、颜伯焘、怡良、黄恩彤、刘韵珂、牛鉴、裕谦、谢朝恩、关天培、奕山等人立传，其中都有关于鸦片战争的记载。姚怀祥、全福、舒恭受、韦逢甲、长喜、麦廷章、史荣椿、龙汝元等在中英两次鸦片战争期间死难的将士，《清史稿》也都有传。

如果通盘来看《清史稿》全书，《邦交志》"英吉利"篇对中英西藏交涉的强调，并不能导致《清史稿》全书的失衡。当然，蒋廷黻对《邦交志》中若干具体史事的考证，是有重要学术价值的。

三、涉藏史事之编纂体例

关于涉藏史事的编排及体例，同人颇多商榷。于式枚、缪荃孙、秦树声、吴士鉴、杨钟羲、陶葆廉六人于清史馆开馆之初就有建议，希望于"传"中设"外传"及"土司传""藩属传"，"外传"含释、喇嘛、道、回、天主教诸传。

关于"土司传"，于式枚等认为：

> 土司创自元朝，《明史》因朱竹垞之言创立"土司传"，毛大可因撰《蛮司合志》，以土官底簿为蓝本。今有土司之省分六，湖南、广西、四川、甘肃、云南、贵州；昔有而今无者一省，湖北。先就各省《通志》办长编，而行文各省征其事迹。①

内中有涉康藏。

梁启超曾建议清史于"表"中分"事表"与"人表"，前者又分"开国年表""顺康之际靖乱年表""西北拓境年表""西南拓境年表"等十四项，其中"西南拓境年表"专门条列"藏、卫、大小金川、苗疆诸役"②。又建议"人表"中设"藩部世爵表"，其内容"以蒙古王公为中坚，其他西北诸部落、西南诸土司，凡官爵世及者皆附焉，教宗传统亦附于末"。其下又可以附列土司表，以及达赖、班禅、哲布尊丹巴、呼图克图诸表③。不建议为蒙古、诸藩、

---

① 《于式枚、缪荃孙、秦树声、吴士鉴、杨钟羲、陶葆廉六人合上谨拟开馆办法九条》，朱师辙《清史述闻》，第91页。
② 梁启超《清史商例第一书》，朱师辙《清史述闻》，第95页。
③ 梁启超《清史商例第一书》，朱师辙《清史述闻》，第96页。

土司立传:"蒙古、诸藩、土司不立传,在表也。"①梁启超的建议未被采纳。

吴廷燮也主张土司入表:"今拟表类,共有十五,首列宗室,藩部、功臣,皆世表也,无爵部族,土司之属,表其官氏。"这样做可以节省篇幅:"立表既多,立传自少,事增文省,无过于兹。"至于达赖是否入表,有待商议:"妃嫔、公主、达赖诸佛,似亦可表,皆待商焉。"②同时,吴廷燮主张于"志"中叙喇嘛事迹:"满、蒙族姓,喇嘛、阿浑、祆祠之属,教派所主,动关治乱,氏族、宗教,盖不可阙。"③

吴廷燮又拟于诸志中设《宗教志》,他说:"入关之前,通问达赖,抚绥蒙番,率以黄教,接晤如宾,宝册、车服,皆从其极,建寺赐牧,为费无限,重生灵也。回疆既平,亦仍其教,在内地者,清真建寺,礼拜弗禁,然以仇汉,毋为乱胎。天主赐额,始于康熙,其后设禁,道光除之,庚子拳祸,亦因于是。争教相攻,治乱之林,魏志释老,诚有见也,志宗教第十三。"④

《宗教志》意见颇为一致,金兆蕃对清史宗教志的看法:"国有宗教,所以齐民俗、坚民志,是其中有权焉。我执其权则人为我用,黄教是也;人执其权则我为人用,耶教是也。宜立'宗教志',略举其源始,详陈其流极,与《魏书》'释老志'陈义固不同科,回教宜附见。"⑤袁嘉谷、陈敬第也认为:"《魏书》有'释老志',夫释老,宗教也,清时宗教不止释老,凡喇嘛、耶、回皆可以采入。"且主张土司入表,不立传:"蒙古内地非藩属也,土司亦内地,尤非属地之可比,《明史》有'土司传',今改为表以省繁冗。"⑥建议虽好,但《清史稿》实未立"宗教志"。

诸志中又有《兵志》,其中驻防一节,涉及西藏。吴廷燮称:"驻防之属,自内地外,东夏、伊犁,实合兵民,察哈诸旗,亦其比也,内蒙各盟,兵隶其长,外蒙各盟,本隶定边,新疆、青、藏、蒙、回番兵,各从所隶,各省土兵,亦属近镇,立功、殉军,奖恤无间,职制、营制,选募征世,宜从详列。"⑦

关于"传",金兆蕃认为:"终清世属理藩部者内外蒙古、青海、回部、西

①梁启超《清史商例第一书》,朱师辙《清史述闻》,第104页。
②《吴廷燮上清史商例》,朱师辙《清史述闻》,第115—116页。
③《吴廷燮上清史商例》,朱师辙《清史述闻》,第118页。
④《吴廷燮上清史商例》,朱师辙《清史述闻》,第121页。
⑤《金兆蕃拟修清史略例》,朱师辙《清史述闻》,第130页。
⑥《袁嘉谷、陈敬第陈清史凡例商榷》,朱师辙《清史述闻》,第159—160页。
⑦《吴廷燮上清史商例》,朱师辙《清史述闻》,第124页。

藏,光绪间先后外属者琉球、缅甸、安南、朝鲜,为清所征服其部落已亡者准噶尔,微不复振者大小金川,宜为为传,各省土司依《明史》例别为传,已改归流者详溯其朔。"①

吴士鉴认为"藩部表"为"前史所无",今宜增之:"自开国以来,内外蒙古以及青海回部锡爵分封,世守藩属,宜特撰'藩部表',大致以某盟为总纲,以某部落、某翼、某旗为纬,以世次为经,取材于《皇朝藩部要略》《蒙古游牧记》(此二书以道光间为断)及《皇舆西域图志》《新疆识略》(此二书于嘉庆以后亦未续修,又松筠《伊犁总统事略》并宜参酌),诸书并采会典、皇三《通》诸官书,其近数十年事则采诸事藩部旧档。"②

朱钟琪则认为:属国表、蒙古部落表、土司表这三表"或入志亦可"③。

关于《地理志》中的西藏部分,袁励准、王桐龄认为:"《明史》'地理志'仅载各行省及附近各土司,此外皆从略,现今世界大通,各国地理与中国息息相关,拟稍事扩充,分地志为二部,一曰'本国地理志'、一曰'世界地理志'。'本国地理志'首各行省,次各小土司,渐及各属地,内外蒙古、青海、西藏久隶于我国,受都统将军及办事大臣节制,其行政机关之组织与内地各行省虽有不同,其直接统辖于中央政府与内地无异,拟援照《汉书》蜀郡、犍为、张掖、辽东属国例,唐安东、安西、安南、安北、单于、北庭六大都护府例,列入'本国地理志'。"④《清史稿》最终亦未立"世界地理志"。

关于表,袁励准、王桐龄认为应设"藩属世臣表":"蒙古扎萨克、胡土克图,西藏达赖、班禅喇嘛等,握有一方主权、代表一方或一族臣民,与中央政府有密切关系,兹特制一表,凡藩属贵族有世袭爵职者俱列入此表。"⑤袁、王还建议"表"中设"边将表":"绥远城将军、乌里雅苏台将军、驻藏大臣、库伦办事大臣、西宁办事大臣等,凡治理藩属各大臣,在驻扎处有代表中央政府之权、有监督藩属各王公之责,其职权与英之坎拿大总督、澳洲总督相等,藩属民心之向背系焉,兹拟特立一表,以昭慎重。"⑥又建议于"列传"中设"藩属世臣传"及"各省土司传"。前者居于后妃、宗室及公主诸传之后,

①《金兆蕃拟修清史略例》,朱师辙《清史述闻》,第133页。
②《吴士鉴陈纂修体例》,朱师辙《清史述闻》,第142页。
③《朱钟琪拟修清史目例》,朱师辙《清史述闻》,第166页。
④《袁励准、王桐龄上纂修清史管见书》,朱师辙《清史述闻》,上海书店出版社,2009年,第130页。
⑤《袁励准、王桐龄上纂修清史管见书》,朱师辙《清史述闻》,上海书店出版社,2009年,第173页。
⑥《袁励准、王桐龄上纂修清史管见书》,朱师辙《清史述闻》,上海书店出版社,2009年,第130页。

及名臣、循吏、儒林、文苑诸传之前。后者则与"外国传"居诸传之末,为列传之二十五、二十六。袁励准、王桐龄认为:"《宋史》有'蛮夷传',窃以为不雅驯,拟从《明史》作'土司传',凡云贵川边各土司皆归入此类。"①

以上表明,清史馆同人认为涉藏史事多关朝政大局,给予了相当程度的重视,态度也十分审慎。

四、刊本与稿本比较:以瞻对史事为例

《清史稿》采取的是传统的纪、志、表、传体例,本纪在前,因此瞻对之名最先出现,即在本纪中。《清史稿》"本纪"明确提及"瞻对"的有九处。

雍正九年(1731)六月记:"丙午,傅尔丹奏准噶尔入寇扎克赛河,率兵迎击。辛亥,岳钟琪奏准噶尔犯吐鲁番,率兵赴援,贼遁,留兵屯戍。"同年七月:"丁卯,召鄂尔泰来京。以高其倬为云贵总督,尹继善为两江总督。己巳,黄廷桂奏瞻对番贼作乱,遣兵剿平之。"这是"瞻对"首次亮相,出处是《世宗本纪》。

"打箭炉"这个地名出现在更早的《圣祖本纪》中,圣祖即康熙帝:"(康熙)三十九年……十一月庚寅,命青海鄂尔布图哈滩巴图尔移驻宁夏……戊午,四川打箭炉土蛮作乱,遣侍郎满丕偕提督唐希顺讨之。"

清史馆未刊本纪稿本中,有邓邦述、金兆蕃同编的《圣祖本纪》稿本,其中对瞻对的记载还要早些:"(康熙三十九年六月)辛卯,敕谕第巴以所属入居边内,杀明正长河西方土官,命执送罪人,并还所侵打箭炉及内属诸土司地。"②同年十一月又记:"戊午,署四川、陕西总督席尔达题报边外土番兵自打箭炉侵烹坝,欲断我军归路。命发荆州驻防军,使侍郎满丕往将之,与四川提督唐希顺合军进讨之。"③虽无"瞻对"之名,但事涉瞻对。稿本中的这段话并不见于《清史稿》正式刊本。尽管如此,这件事在《清史稿》卷二八一《满丕传》中还是有明确的记载。满丕是满洲正蓝旗人,属伊尔根觉罗氏。曾随从都统郎坦赴尼布楚与俄罗斯使臣议界,归后任理藩院郎中,后升任理藩院侍郎。康熙三十九年(1700),受命到四川"勘抚番、蛮",满丕与

---

① 《袁励准、王桐龄上纂修清史管见书》,朱师辙《清史述闻》,上海书店出版社,2009年,第175页。
② 邓邦述、金兆蕃编《圣祖本纪四》本纪第2册,第1518—1519页。
③ 邓邦述、金兆蕃编《圣祖本纪四》本纪第2册,第1525—1526页。

提督唐希顺攻复打箭炉，"于是雅陇江滨瞻对、喇衮、革布什咱、绰斯甲布诸土目各率所属户口投诚，奏请授五品安抚司，其副为六品土百户"。满丕后被擢升正蓝旗蒙古都统。易言之，《清史稿》康熙本纪与满丕传同时记载了康熙三十九年西藏第巴桑结嘉措派营官犯打箭炉、杀明正土司事。《圣祖本纪》于康熙五十七年(1718)五月再次写到打箭炉："额伦特奏拉藏汗被陷身亡，二子被杀，达赖、班禅均被拘。"同年七月又记："打箭炉外墨里喇嘛内附。"

雍正朝本纪所用非金兆蕃、邓邦述稿本，而是奭良覆编、金兆蕃覆校的稿本。金、邓稿本有两个抄本。值得注意的是第一个抄本有一处抄写错误。这个抄本，缮写人叫赵世枫。在赵世枫的抄本中，雍正九年(1731)七月的这条记载抄作："己巳，瞻对土鲁番劫掠，黄廷桂遣军剿之，擒其渠，以闻。"①赵世枫把"瞻对土番"抄成了"瞻对土鲁番"。第二抄本看笔迹明显是另一个人所抄，缮写人不详，这个抄本作"瞻对土番"，没有抄错②。

奭良覆编、金兆蕃覆校的稿本是《清史稿·世宗本纪》的底本。这个稿本上面留下了大量的修改痕迹，那是柯劭忞的笔迹。前文提到的《清史稿》雍正九年七月所记"黄廷桂奏瞻对番贼作乱，遣兵剿平之"，奭良覆编、金兆蕃覆校的原稿本作"黄廷桂疏报瞻对贼番滋事，遣兵剿之，擒其渠。"但是稿本又做了三处改动，这三处改动现在来看是不很妥当的。第一，他把"贼番"改成了"番贼"；第二，他把"滋事"改成了"作乱"；第三，他把"遣兵剿之，擒其渠"改成了"遣兵剿平之"③。均有失准确。首先，这样一改，就与黄廷桂当初的奏折不符，非黄氏原文；二是"擒其渠"并不意味着剿平；三是"滋事"与"作乱"在程度上大不相同。原奏折用"滋事"敌视意味略淡，对事件的性质界定也不如"作乱"那么严重。

虽然"瞻对"到雍正九年(1731)才出现，但雍正朝本纪中有关藏事的记载颇多。雍正四年(1726)十月记："甲申，以普雄苗地，界连川、滇，命川陕总督移驻成都。"雍正六年(1728)三月："庚午，以进藏官兵驻扎西宁，命巡

---

①《清史馆未刊纪志表传稿本》"本纪"第4册《世宗本纪》，抄本之一，赵世枫抄，第3010—3011页。另，奭良覆编，金兆蕃覆校的原稿中，雍正六年十月有"岳钟琪疏报建昌喇汝窝贼番不法"一条，柯劭忞改"疏报"为"奏"，改"不法"为"作乱"。《清史馆未刊纪志表传稿本》"本纪"第4册《世宗本纪》，第3183页。

②《清史馆未刊纪志表传稿本》"本纪"第4册《世宗本纪》，抄本之二，第3114—3115页。

③《清史馆未刊纪志表传稿本》"本纪"第4册《世宗本纪》，奭良覆编，金兆蕃覆校本，第3197页。

抚杭奕禄督之。"同年七月又记:"戊午,鄂尔泰奏遣兵剿平川境米贴逆苗。命以其事属四川提督黄廷桂。辛酉,岳钟琪奏颇罗鼐兵至西藏,喇嘛擒献阿尔布巴、隆布奈、扎尔鼐等,西藏平。"

接下来就到了本纪十,也就是乾隆朝(高宗本纪)。在乾隆十年(1745),有如此一条有关瞻对的记载:"夏四月……己巳,庆复、纪山奏进剿瞻对番。"本纪十一(高宗本纪二):"(乾隆)十一年春正月庚午,以纪年开帙,命减刑。癸未,命庆复进剿瞻对,为李质粹声援……李质粹进攻灵达,班滚之母赴营乞命,仍纵归。上饬其失机。谕庆复督兵前进。"另外,乾隆五十一年(1786)又记"以普福为驻藏大臣"及"赈四川打箭炉等地震灾"①。以上三条记载,均发生在乾隆朝。

以下略述嘉庆、道光、同治、光绪诸朝本纪中出现的瞻对。

本纪十六(嘉庆朝):

> (嘉庆)二十年……六月戊辰,上制《勤政爱民论》,宣示中外。己卯,常明奏中瞻对土番洛布七力滋事,改委总兵罗思举由下瞻对前往剿办……秋七月甲午,总兵罗思举剿办瞻对土番洛布七力竣事,下部议叙。(《清史馆》卷一六《仁宗本纪》)

本纪十九(道光朝):

> (道光)二十九年……二月庚子朔,日食……丙辰,四川中瞻对番工布朗结作乱,命琦善剿之。以裕诚兼署四川总督。(《清史稿》卷一九《宣宗本纪三》)

本纪二十一(同治朝):

> (同治)二年癸亥春正月戊申朔,免朝贺……庚午,瞻对酋纠德尔格忒土司扰巴塘、里塘。(《清史稿》卷二一《穆宗本纪一》)

本纪二十二(同治朝):

> (同治)六年丁卯……夏四月丁亥,允琉球国子弟入监读书……丁未,瞻对番目大盖折布伏诛。(《清史稿》卷二二《穆宗本纪二》)

---

① 《清史稿》再记打箭炉地震是在《德宗本纪》中:"(光绪)三十年……十一月乙亥朔,命荫昌仍充出使德国大臣,曾广铨充出使韩国大臣。四川打箭炉地震。"

本纪二十三(光绪朝):

> (光绪)十六年……三月辛未,懿旨,刘铭传帮办海军事务……乙未,瀹余杭南湖。瞻对番目撒拉雍珠与巴宗喇嘛结野番作乱,官军剿平之。(《清史稿》卷二三《德宗本纪一》)

本纪二十四(光绪朝):

> (光绪)二十二年……八月乙丑,以关内外回匪渐平,谕陶模、董福祥安辑降众,搜捕余匪。己巳,川军剿瞻对,叠克要隘,进逼中瞻。庚辰,谕鹿传霖:"瞻对用兵,乃暂时办法。事定后仍设番官否,当再审详。不得因此苛责喇嘛,转生他衅,慎勿卤莽而行。"(《清史稿》卷二四《德宗本纪二》)

"志"中涉及瞻对者计有三处:(1)卷六九,志四四(地理一六)为四川志。(2)卷一一七,志九二(职官四)武职藩部土司各官,涉及瞻对和打箭炉。(3)卷一三四,志一○九(兵五)土兵。

《清史稿》"传"中涉及瞻对,初步统计有二十余处:(1)卷二八一,满丕传;(2)卷二九七,庆复传(3)卷三一一,哈攀龙(子国兴)、任举、冶大雄、马良柱、本进忠、刘顺等人传;(4)卷三一四,策楞传;(5)卷三一六,努三传;(6)卷三二三,黄廷桂传;(7)卷三二九,宋元俊传;(8)卷三三二,查礼传;(9)卷三三三,敖成传;(10)卷三四七,杨遇春(子国桢)、吴廷刚、祝廷彪、游栋云、罗思举、桂涵、包相卿等人传;(11)卷三四八,罗志皋传;(12)卷三五八,常明传;(13)卷三七○,琦善传;(14)卷三七三,余步云传;(15)卷四三八,鹿传霖传;(16)卷四四七,刘秉璋传;(17)卷四五三,长庚传;(18)卷四六九,赵尔丰传;(19)卷四八七,忠义一;(20)卷五一二,土司一(湖广);(21)卷五一三,土司二(四川);(22)卷五二五,藩部八(西藏)。

其中,作为"藩部列传"之八的《西藏传》对西藏史实爬罗剔抉,梳理最详。

对涉藏史事的筛选处理并不容易。这里有几重难度。

一是民族问题的复杂性和敏感性。

不妨以《兵志》的纂修为例。《兵志·边防》底稿的四川、西藏两节,均涉及藏事。《兵志·边防》底稿四川一节,与《清史稿》刊本文字基本相同,仅有几处细微差异。

差异一：鹿传霖以三瞻地接里塘，拟设定瞻直隶厅，而移建昌道于打箭炉一事，上文云"不果行"，《清史稿》刊本改作"其事议而未行"；

差异二：上文篇末"若无意外之破坏，行见夷风丕变矣"一句，刊本删除。之所以删除，大约为使用词平正及减少议论。另有些许字词调整，无关宏旨①。

再看《兵志·边防》底稿西藏一节。该节云：

> 西藏古土蕃地，唐、宋时数为边患，元、明时任用番僧，始稍安辑。清代遥领其地，设驻藏大臣，而番众仍统属于喇嘛。地当川、滇、陇之交，一方有警，三边咸戒，历朝德威互用，不仅羁縻也。当崇德七年，达赖、班禅与厄鲁特同时入贡。顺治、康熙间，朝请不绝。康熙之季，准噶尔侵藏，由西宁进兵平之。
>
> 雍正五年，弭噶隆之争，以颇罗鼐有定乱功，进封郡王。十年，留云南兵于察木多，以防番众。
>
> 乾隆十五年，除颇罗乃②王爵，始设驻藏大臣，与达赖、班禅参互制之。其西南之廓尔喀，时窥藏境，中朝以兵力佐之，收复巴勒布所侵占藏地，增设塘汛守兵十三处，以寨落之多寡为衡，前藏增唐古特兵八百人，后藏增四百人。五十四年，始于前后藏各设番兵千人。其通内地之定日、江孜二处要隘，各设番兵五百人，就近选补。设戴琫三人，以二人驻后藏，一人驻定日。增江孜戴琫一人。前藏番兵隶驻防游击，后藏番兵隶驻防都司。令四川督臣以头等将备为驻藏之选，统以大臣。其驻藏之兵，令驻藏大臣亲为校阅。嗣因定日、江孜为各部落来藏必经之路，各增防汛，设守备等官。打箭炉之外，择地设游击等官。五十八年，和琳等会勘后藏边界及鄂博情形，江孜番、汉兵已敷防守，惟定日地方辽阔，为聂拉木、宗喀、绒辖三处总汇之区，其捷径如辖尔多、古利噶等处，均为要隘，增设番兵，统以定琫③，修寨落以备栖止，立鄂博以守界画。
>
> 道光二年，惩治聂拉木、绒辖各营官私释喇嘛之罪，别遣番兵补营

兵之额。二十一年，令番兵习弓矢者，改习鸟枪。二十二年，令后藏大臣督率将弁教练堆葛尔本挖金番民武技。

咸丰五年，以廓尔喀不靖，驻防兵单，令喇嘛等联络防范，调前藏僧俗土兵二千人赴策垫地方防范。

同治四年，驻藏大臣满庆等，调派土兵及统兵番员防备披楞。八年，因披楞侵占哲孟雄，与唐古特相持，令恩麟等整顿后藏番、汉营伍。十一年，命德泰赴藏，校阅江孜、定日、后藏三汛防营，以固哲孟雄及聂拉木门户。

光绪二十四年，驻藏大臣文海因后藏、定日地方营伍，自升泰出巡以后，已及十年，尚未查阅；其靖西地方，自设防以来，驻藏大臣亦久未巡视，乃率兵亲往各处校阅。光绪季年，驻藏大臣联豫仿内地制，设武备学堂，择营弁卫队及达木三十九族中之优秀者，习速成科，俟毕业后，先练一营，以开风气。

宣统二年，联豫因工布平定，以马步炮队工程队分地驻守。旋疏请裁去帮办大臣，设左右参赞，分驻前后藏。三年，波密野番滋事，即以工布之兵剿办，并以步队择地驻防，为各营后援。

至川军入藏之举，始于雍正初年，准噶尔窥边，诏以川、陕兵二千人驻防，设正副大臣，分驻前后藏。其时云南省军队亦分途入藏。事定，仍撤归原省。历朝镇抚藏地，多用汉军、番卒。至光绪三十一年，四川督臣锡良奏调川军出打箭炉，并招募土勇为向导，以剿窜回。是年八月，巴塘喇嘛变起仓卒，戕害大臣，全藏震动。四川提督马维骐、建昌道赵尔丰合兵进克巴塘、里塘，勘平边乱。三十二年，里塘逆番桑披复率众倡乱，锡良命赵尔丰等以川军讨平之。其时番僧与北部回民日就衰弱，全藏边境，为英、俄二国远势所包，银鹘秋防，不仅在廓夷接壤，未几中原多故，宿将凋亡，藏事遂不可问云。①

《清史稿》刊本此节文字有多处改动：

(1)"西藏古土蕃地，唐、宋时数为边患，元、明时任用番僧，始稍安辑。清代遥领其地，设驻藏大臣，而番众仍统属于喇嘛。地当川、滇、陇之交，一方有警，三边咸戒，历朝德威互用，不仅羁縻也"，《清史稿》刊本改为"西藏

①冯明珠主编《清史馆未刊纪志表传稿本》"志"第8册，沉香亭企业社，2007年，第6997—7021页。

初设驻藏大臣,而番众仍统属于喇嘛"。删减颇多。

(2)"光绪二十四年,驻藏大臣文海因后藏定日地方营伍,自升泰出巡以后,已及十年,尚未查阅;其靖西地方,自设防以来,驻藏大臣亦久未巡视",刊本改为"光绪二十四年,驻藏大臣文海因后藏定日地方营伍及靖西设防,驻藏大臣久未巡视"。

(3)"巴塘喇嘛变起仓卒,戕害大臣",《清史稿》刊本改为"巴塘喇嘛戕害大臣",削去四字。

(4)"(光绪)三十二年,里塘逆番桑披复率众倡乱,锡良、赵尔丰等以川军讨平之",《清史稿》刊本改为:"三十二年,里塘逆番桑披复率众倡乱,锡良命赵尔丰等以川军讨平之。""锡良"后补一"命"字。虽系一字之改,但强调了赵尔丰的作用。

(5)"全藏边境,为英、俄二国远势所包,银鹘秋防,不仅在廓夷接壤,未几中原多故,宿将凋亡,藏事遂不可问云",《清史稿》刊本改为"全藏边境,为英吉利、俄罗斯远势所包,藏事遂不可问云"。此处略去数字,显系为了避免麻烦,因为"中原多故""宿将凋亡"云云,所指涉的是辛亥革命及赵尔丰被害等事。谨慎起见,刊本未予保留。此处所删的"未几中原多故,宿将凋亡",实是点睛之笔,《清史稿》正式刊本删之,可见史家不肯多议。

再谈《西藏传》和《邦交志》。

全文两万五千字的《清史稿》"西藏传",即《藩部八》,为《清史稿》卷五二五。该传是最为集中的藏事记载之一。全文以缕述史事为主,亦少议论。其实,在《清史稿》的编纂过程中,有些未刊稿本上原是有议论的,比如李岳瑞所纂《邦交志》。该志共五篇,均未用。

李岳瑞所纂《邦交志》之第四篇记述印藏条约,由缮写人誊写在清史馆专用稿纸上,题名页有"邦交志""英吉利篇四""协修李岳瑞纂""赵九如缮"等字样,正文共 90 页(内含一空白页,实际 89 页,每页 9 行,行 22 字,有数页为双行小字),共约 2 万字①。开篇云:

　　　　西藏位中国坤维,崇山缭绕,地气冱寒。其民信教愚笃,自古不与他宗教国通往来。西人谓之世界秘密国。英既奄有全印,始闻藏卫矿

①冯明珠主编《清史馆未刊纪志表传稿本》"志"第 12 册,沉香亭企业社,2007 年,第 9955——
　10045 页。

产之富,心焉羡之。探险、通商之议,遂牙蘖于斯时矣。藏印之间,有
数小国焉。曰廓尔喀,曰哲孟雄,曰布鲁克丹。廓幅员稍大,民俗强
悍,差足自立。哲、布皆弹丸小部落,向两属藏、印,以托庇宇下而已。
英既得印,则视此诸部胥印属,不愿他国干预。朝廷视西藏略如唐宋
之羁縻州,其体制在藩国、属地间。虽有驻藏大臣,然第以兵威镇摄
之,于政俗无所与。其大臣又皆用满蒙人为之,边情武备,曾无所知。
愿者百事不举,以待瓜及;墨者则苛敛苦役,竭藏民之力以自奉。藏民
固已心怨之矣。

首句"西藏位中国坤维",所谓"坤维",即《周易》八卦方位中坤卦所在的西
南方向。这里指西藏位于我国西南方位。

这一稿本较多议论,措辞带有鲜明的感情色彩。如说英国"心焉羡
之",廓尔喀"民俗强悍",满蒙大臣于边事"曾无所知",藏民"心怨"等等。
此稿最终未用,不知是否与此有关。

二是编纂人员以满、汉文人为主,对藏事稍显陌生和隔膜。《清史
稿》有关西藏的记载,在某种程度上可以说是满人写藏史。《清史稿》"本
纪"主要以清代历朝《实录》为据,《实录》是官修文献,实录馆虽兼有满汉
文人,但满人实居主导。清代的汉藏关系,需要纳入满、汉、藏、蒙、回等
多民族的多边框架内来讨论。清代驻藏大臣多由满洲官员充任,其中不
乏爱新觉罗宗室。汉藏关系,总是或多或少地与满藏关系,以及蒙藏、回
藏关系相关联。

就《清史稿》而论,不论是总阅纪稿的汉族学者柯劭忞,还是负责《清史
稿》校刻的满族文人金梁,他们对藏事、藏史的认知多少受到自身族群和身
份的影响、限制。关于这一点,从《清史稿》涉藏史事编纂、修改的部分细节
也可以看出来。

《清史稿》乾隆朝《本纪》付印底本中,乾隆十年(1745)二月的记载全被
删除,其中包括"二月乙巳以准噶尔使哈柳言颇罗鼐仍念拉藏汗旧仇,谕傅
清等密饬详慎防范"等涉藏内容①。同年四月,"庆复、纪山奏进剿瞻对

①冯明珠主编《清史馆未刊纪志表传稿本》"本纪"第5册《高宗本纪二下》,第3709页。同年中,有
　关准噶尔的多条记载被删。

番"，底稿中为"庆复、纪山与四川提督李质粹奏进剿瞻对逆番"①。删去李质粹和"逆"字。

乾隆十一年，"为李质粹声援"之下，原有"丙戌，以张广泗捕获逆犯夏如春，予叙定恩。赦枷杖以下人犯。再犯加等治罪"②，也删掉了。

另有与巴塘有关的记载被删。如乾隆二十八年三月原有记载："巴塘堪布喇嘛纠徒众与番民滋事，以开泰瞻顾调停，申饬之，仍命遣兵严为捕治。"此句被删。下文（同年六月）又原有"开泰巴塘喇嘛滋事一案悭怯记避夺职"一句，先是吴廷燮在原"记"字边新写一"记"字，后又经柯劭忞修改，将全句改为"开泰以悭怯规避免"。又下文（同年七月）原有"四川巴塘喇嘛教唆番民滋事，捕治之"，亦删之③。这两删、一改，导致《本纪》中只写开泰被免，而剔除了巴塘喇嘛等关键信息。藏史被写成了满史，只剩下开泰这个满洲高层官员的个人升迁史。

乾隆二十九年（1764）六月，付印底稿原有"命暂安插金川在京藏学经事毕喇嘛温布壬占噶等于成都"④，此句拗口，颇为蹊跷，亦为柯劭忞所删。在《清实录》中，相关记载如下："工部尚书署四川总督阿桂奏。据驻藏副都统福鼐咨称：在藏学经之金川喇嘛温布壬占噶等九名，以学经事毕，禀请回巢，解赴省城。臣思金酋郎卡，怙恶滋事，其喇嘛温布壬占噶等九名，自不应遣令回巢。或应即在成都昭觉等喇嘛寺安插，或径解京师安插之处。请旨。得旨，暂在成都安插。事定请旨，或可问伊等郎卡情形也。"⑤可知《清史稿》原稿最初抄误，误为"金川赴经学经"，吴廷燮先是改"经"为"京"，后又改"京"为"藏"。但"京藏"二字连续工整书写，"京"字上的删除标志（一个小圆圈）不明显，容易引起误读。乾隆三十二年（1767）三月有条记载"拨四川松潘杂谷，打箭炉增贮仓粮价银"，也是删掉了的⑥。

在清代，清廷对西藏的治理，动用了满、藏、汉、回诸族多边力量。尽管

①冯明珠主编《清史馆未刊纪志表传稿本》"本纪"第 5 册《高宗本纪二下》，第 3719 页。

②冯明珠主编《清史馆未刊纪志表传稿本》"本纪"第 5 册《高宗本纪二下》，第 3752 页。

③冯明珠主编《清史馆未刊纪志表传稿本》"本纪"第 5 册《高宗本纪五下》，第 4539—4540、4549、4556 页。

④冯明珠主编《清史馆未刊纪志表传稿本》"本纪"第 5 册《高宗本纪五下》，第 4597 页。

⑤冯明珠主编《大清高宗法天隆运至诚先觉体元立极敷文奋武孝慈神圣纯皇帝实录》卷七一三，"乾隆二十九年六月"条下。

⑥冯明珠主编《清史馆未刊纪志表传稿本》"本纪"第 6 册《高宗本纪六上》，第 4726 页。

在清廷眼中,汉人与藏人在角色、地位、力量等方面不可同日而语,但实际上,藏、汉的命运是相同的,均是满洲这个政治族群提防、羁縻、笼络,进而控制的对象。清廷利用汉人打藏人,与利用藏军攻打川区土司,在性质上是相似的,均带有统治策略的意味。

三是传统正史的体例及"书法",对编纂人员构成潜在规约。如所周知,现代以来的国家行政倾向是动用地方社会资源来达到国家的总体目的,清末民初在中国流行的"现代民族主义",是一种强调"全民族"主权和强盛国家的民族主义,"此种民族主义支持建立一个强大的、能够保卫(和划定)国家疆界、反对帝国主义列强侵略的中央集权的国家"。但是这也带来了不良的后果,"真正使乡村民众和精英分子离心离德的,正是国家扩展其权力、搜刮农村资源的方式"①。对中国近代以来的许多启蒙思想家如梁启超等人来说,"群体之间的外部竞争已经变得比内部竞争更为重要",他们纷纷疾呼建立一个强大的政府以便巩固和拯救中国,"民族国家只有承认并参与竞争性的社会达尔文主义的世界,才能够获得生存"②。《清史稿》成书时,上述思潮已经广为传播。这使得天下国家、民族国家的概念与立场有所融汇,也有所纠缠。清史馆同人多为前清旧人,对新思潮虽有知闻,但在纂修《清史稿》时主要沿袭了传统正式的框架和格局,不会过多吸纳新起的思潮。

编纂者尽量与所处理的史实保持一定的距离,对相关问题即使有所思考,也未落实到编纂实践中。各篇的"赞论",也颇多陈言。《清史稿》列传一三四为杨遇春(附子国桢)、吴廷刚、祝廷彪、游栋云、罗思举、桂涵、包相卿等人合传,《罗思举传》云:

> 思举既贵,尝与人言少时事,不少讳。橄川、陕、湖北各州县云:"所捕盗罗思举,今为国宣劳,可销案矣。"再入觐,仁宗问:"何省兵精?"曰:"将良兵自精。"宣宗问:"赏罚何由明?"曰:"进一步,赏;退一步,罚。"皆称旨。晚年自述年谱。川中殄诸剧寇,多赖其力,功为人掩,军中与二杨并称。杨芳于诸将少许可,独至思举,以为"烈丈夫"。

---

① 杜赞奇著,王宪明等译《从民族国家拯救历史:民族主义话语与中国现代史研究》,社会科学文献出版社,2003年,第151、158页。

② 杜赞奇著,王宪明等译《从民族国家拯救历史:民族主义话语与中国现代史研究》,社会科学文献出版社,2003年,第163、165页。

尝酒酏袒身示人，战创斑斑，为父母刲股痕凡七，其忠孝盖出天性云。

此传中针对罗思举有两处议论文字，一是上引"其忠孝盖出天性"，一是该传传末的赞论对罗思举等人的评价：

> 川、楚之役，竭宇内之兵力而后定之。材武骁猛，萃于行间，然战无不胜，攻无不取者，厥惟二杨及罗思举为之冠。遇春谋勇俱绝，剧寇半为所歼……至于忠诚忘私，身名俱泰，遇春际遇之隆，固为稀觏；而思举以菽泽枭杰，终保令名，焕于旂常矣。乡兵出平巨寇，亦自其为始云。

"思举以菽泽枭杰，终保令名，焕于旂常矣。乡兵出平巨寇，亦自其为始云"，这是高屋建瓴的评价，显示了史家的史论功底。但这番议论，斤斤于"忠孝"及"令名"，突出传主的"身名俱泰""际遇之隆"，意旨不免有些陈旧。

第一次用兵瞻对时发挥重要作用的庆复，入载《清史稿》列传八十四，与查郎阿、傅尔丹、马尔赛、李杕、李质粹、张广泗同传，名在李杕后、李质粹前。传末有赞论，曰：

> 为三军择将，岂易言哉？查郎阿临边未遇敌，按杀成斌、勷。世谓与查廪有连为修怨，甚矣其枉也！傅尔丹中敌间，师徒挠败，世宗特宽之。高宗时复起，至与岳钟琪同视，何其幸欤！若马尔赛之畏缩，庆复之欺诳，谴当其罪。广泗倾钟琪，劾照，知讷亲不可撼，乃坐视其败，以忮杀其身，虽有劳不能道。吁，可畏哉！（《清史稿》卷二九七）

其论傅尔丹于乾隆间复被起用，用的是"何其幸欤"一词，对庆复亦以"欺诳"一词论定，可见赞论所持的立场，其底色仍是君臣之道。

第四章　《德宗本纪》藏事删改
——涉藏史事纂修考之二

　　清史馆同人中，满、蒙、汉各族文士均有。汉族文士更重史例、史法，即偏重《清史稿》的学术质量。赵尔巽、瑞洵、金梁等旗人则视国史如家史，表现出浓重的家国情怀①。这是清史馆内的族群关系在《清史稿》编纂过程中的体现。旗人之所以主修"满传"及重视"本纪"，这有他们自己的情感因素在内，当然也是史馆分工的结果。例如光绪、宣统两朝本纪因为距离过近，很多当事人是仍然在世的民国高官，宣统帝本人仍居紫禁城中，这使得史事的取舍及人物的褒贬都不易措手。纂修人员甚至把这种畏难心理写进了《宣统本纪》的赞语中，即前引"虞宾在位，文物犹新。是非论定，修史者每难之"云云。故光绪、宣统两朝本纪的初稿并没有交付汉族文士，而是由角色身份颇为特殊的瑞洵完成的。

　　《德宗本纪》瑞洵初稿涉藏史事 116 条，经多轮校改之后，保留 49 条。李哲明和金梁也参与了审校。尽管族群身份各异，但清史馆同人共同致力于确立中华本位和民族一统的历史框架，这是与史学层面的"正史体例"相互依存的②。《德宗本纪》中的涉藏史事之编纂，堪称满、蒙、藏、汉四族之间的一场"史学合奏"，自然也与民国时期的汉藏关系颇相

①　已有学者注意到这一点。刘海峰曾指出，清史馆主要由桐城古文派和八旗派组成，前者以柯劭忞居首，后者以赵尔巽居首。在实际撰述中，"桐城派多主文，八旗派多主义；汉人主汉传，旗人主满传；汉人重列传，旗人重本纪"。刘海峰《〈清史稿〉撰述人及其关系考》，《史学月刊》2003 年第 2 期。

②　金梁将满文老档译成汉文刊行，后又整理盛京大内崇谟阁旧档，赵尔巽为之"跋"曰："惜满文老档，册帙过多，未易付印，是编当早刊行，既免散失，且补国史所不及。幸息侯速起图之。""息侯"，即金梁。赵尔巽此处所说的"国史"，是他作为清史馆馆长对"清史"的定性。《清史稿》在字面上是"清史"，但在性质上是国史。官修正史的命名传统是以朝代命名，但清史馆同人纂修《清史稿》已是"五族共和"的民国时代，萦绕史馆同人脑际的乃是"国史"二字，而非一族一姓的"家天下"。故《清史稿》貌似在因袭"二十四史"的"王朝史"架构，实际清史馆同人的史学素养与见识已与清初的明史馆同人有了很大的不同。疆域、主权、国家的意识更为强烈，这是清末民初民族主义思潮洗礼的结果〔赵尔巽《〈崇谟旧档〉跋》，金梁《瓜圃丛刊叙录续编》，民国十七年（1928）铅印本〕。

呼应。

一、瑞洵其人

《清史稿·德宗本纪》初稿的编纂者，是清史馆协修瑞洵。瑞洵家族在清代十分显赫。他虽然籍隶满洲正黄旗，先世实为蒙古人，"为元裔巴图孟克大衍汗之后，博尔济吉特氏"，"清天命二年，其二世祖谥顺恩格德理额附，尚和硕公主。雍正朝追封二等公。以天命九年，与公主来朝，求居东京，遂擢入满洲，隶正黄旗，颁铁券，为清开国封爵第一家"①。

"大衍汗"即著名的达延汗，成吉思汗第十四世孙，明朝时期蒙古大元可汗②。达延汗之孙为阿勒坦汗，一译俺答汗。1578 年，阿勒坦汗与格鲁派藏传佛教领袖索南嘉措会晤于青海湖畔仰华寺，这标志着蒙古对格鲁派藏传佛教的正式接受。阿勒坦汗赠索南嘉措"圣识一切瓦齐尔达喇达赖喇嘛"称号。索南嘉措向上追认了两世达赖喇嘛，自己遂为三世达赖。因此，瑞洵家族对蒙藏关系的建立是有重要贡献的。

瑞洵(1859—1936)，字景苏，大学士琦善之孙，乌鲁木齐都统恭镗之子。瑞洵少能文，慷慨尚气，光绪丙戌(1886)进士。朝考首选入词林，擢内阁学士。志欲有所建树，喜议论时事，人目为狂。循资平进，荐至内阁学士，出为科布多参赞大臣，时绥远将军贻谷素与不协，嗾人摭其赴任骚扰台站劾之，自具疏抗辩，愈拂朝廷意，褫职下刑部讯究，坐失察仆从，无大罪，遂废置不复用。夏孙桐曾记瑞洵家中趣事：

> (瑞洵)娶侍郎崇厚女，及崇厚出使俄国，议交还伊犁，划界失当获罪，为清议所不容，洵在室亦痛诋不已，其妻愤曰："我父诚有过，然世人均可诋之，独君不可，试问本朝洋务之败坏始于何人耶？"盖指道光时琦善在粤东丧地屈和事以相诋，乃语塞不能对。

瑞洵入民国后境遇悲凉，"家贫几至饔飧不继"。赵尔巽"悯其穷"，聘入清史馆，时"史事已将阑"。瑞洵郁郁寡欢，"寂处一室，不与人晤对，有时广座

---

① 铃木吉武《犬羊集·序》，瑞洵《犬羊集》，1934 年刻本。首都图书馆藏。
② 据蒙古社会科学院藏《阿勒坦汗传》所载成吉思汗后裔世系。参见珠荣嘎译注《阿勒坦汗传》，内蒙古大学出版社，2014 年，第 188 页。

默无一言,因其弟瑞澂为湖广总督偾事,寝至亡国,内愧于心也"①。

　　瑞洵兼以诗词自咏,陈三立称其"清超绝俗"。有《犬羊集》刊行,又有奏议《散木居奏稿》刊行。最终贫病以殁②。瑞洵为其诗集题名《犬羊集》,"犬羊"二字正反映了他的境遇与心态。在晚清民初,"犬羊"二字是对异族(尤其是入主中国的满洲)的蔑称,如章太炎在评论钱谦益《投笔集》时曾说:

　　　　其悲中夏之沉沦,与犬羊之俶扰,未尝不有余哀也。③

1904 年,柳亚子也在《〈清秘史〉序》一文中痛斥满人为"犬羊劣种":

　　　　苍狼白鹿,贱种流传,秽德腥闻,匪朝伊夕。自努尔哈赤以迄载
　　湉,或阴狠残杀,或痴顽不慧,何一非犬羊劣种之代表?④

《犬羊集》中收诗无多,还是瑞洵的日本朋友铃木吉武帮助搜集付梓的。铃木吉武与瑞洵初识于 1929 年。当时瑞洵已"家产荡尽",寄居静业湖畔古寺中,"衣食苦缺乏,渐至不能举火"。1934 年,铃木吉武又来北京,二人"过从益密",年已七十六岁的瑞洵遂借住铃木吉武"餐菊轩"中,"饮酒微醉,往往做诗自遣,不假思索,自然成章"⑤。

二、"瑞洵初稿"与"终订底稿"

　　《德宗本纪》"瑞洵初稿"(十卷稿本)共 1046 页,每页 160 字,全篇 16.7 万余字。而《德宗本纪》的"终订底稿"(两卷稿本)共 309 页,每页 210 字,全篇约 6.5 万字⑥。初稿篇幅是修订稿的 2.58 倍,可见删改力度之大。

---

①杨钟羲《科布多参赞大臣瑞洵传》,收入卞孝萱、唐文权编《民国人物碑传集》,团结出版社,1995
　年,第 942—944 页;夏孙桐《满洲奭良、瑞洵、成昌三君传》,朱师辙《清史述闻》,上海书店出版
　社,2009 年,第 223—224 页。
②杨钟羲《科布多参赞大臣瑞洵传》,收入卞孝萱、唐文权编《民国人物碑传集》,团结出版社,1995
　年,第 942—944 页;夏孙桐《满洲奭良、瑞洵、成昌三君传》,朱师辙《清史述闻》,上海书店出版
　社,2009 年,第 223—224 页。
③章太炎《訄书·别录》,收入钱仲联主编《清诗纪事》三《顺治朝卷》,江苏古籍出版社,1987 年,第
　1269—1270 页。
④柳亚子《〈清秘史〉序》,王晶垚、王学庄、孙彩霞编《柳亚子选集》,人民出版社,1989 年,第 44—45 页。
⑤铃木吉武《犬羊集·序》,瑞洵《犬羊集》,1934 年刻本。首都图书馆藏。
⑥这两个稿本均见冯明珠主编《清史馆未刊纪志表传稿本》"本纪"第 13、14 册,沉香亭企业社,
　2007 年。

"瑞洵初稿"和"终订底稿",是《清史稿·德宗本纪》的两个重要稿本,前一稿本是后一稿本的祖本,二者有直接的承续关系。

与"瑞洵初稿"相较,"终订底稿"一个最突出的特点是不再频繁贴签,而是直接删改。考虑到两个稿本上均有删改标记,故分别称为"瑞洵初稿·原稿""瑞洵初稿·改稿""终订底稿·原稿""终订底稿·改稿",再加上《清史稿》正式刊本(关内本及关外一次本、关外二次本),这些版本为我们呈现了《德宗本纪》纂修的几个重要阶段,也留下了增删修改的具体细节。

《德宗本纪》中的涉藏史事,诸版本的记载情形如下:(1)"瑞洵初稿·原稿":涉藏史事 116 条;(2)"瑞洵初稿·改稿":涉藏史事保留 102 条,删除 14 条;(3)"终订底稿·原稿":在上稿 102 条内删除 32 条,又增加 1 条,故为 71 条;(4)"终订底稿·改稿":涉藏史事 70 条(比上稿少 1 条),又以删除标记删除 21 条,保留 49 条;(5)"正式刊本":同上稿所改,保留 49 条。

整个编纂过程中的增删修改当然不止以上四次,因台北故宫博物院至少还藏有另外一个不完整的稿本。该稿本共三卷。卷一、卷二稿面整洁,无删改痕迹,文字也与以上所举"瑞洵初稿""终订底稿"差异很大,说明这两卷书稿是编纂过程中产生的一个弃置不用的稿本。卷三的情况有所不同,它上面有大量的删改笔迹、标记,题名页左侧书"德宗本纪卷三",右下方有"瑞洵阅"三字,当出瑞洵本人手笔。文字也跟上面列举的"瑞洵初稿""终订底稿"差异很大,跟它们没有编纂上的承袭关系,同样是一个废弃不用的稿本。

不无遗憾的是,最后保留的 49 条涉藏史事,第 1 条就出现了失误。中央政府授予济咙呼图克图的名号"通善"[①],误为"达善"。这个错误被《清史稿》关外本、关内本及中华书局点校本保留下来,各版本均未能更正。

"瑞洵初稿"的记载为:"戊午,命都察院左都御史景廉在军机大臣上行走。申命前藏济咙呼图克图于现在达赖喇嘛未经出世以前掌管商上事务,给达善名号。"[②]据稿本上面的删改标记,"在军机大臣上行走"需改为"直军机","申命"减"申"字,又删"现在""经""管"四字,改后内容为:"戊午,命

---

①宫中朱批奏折提及济咙呼图克图时,其名号均记为"通善"。如光绪三年(1877)"驻藏大臣松湉奏请免十三世达赖喇嘛呼毕勒罕掣觐缘由折",所记即为"掌办商上事务通善济咙呼图克图阿旺班垫曲吉坚参"。参见中国第一历史档案馆编《清宫珍藏历世达赖喇嘛档案荟萃》,宗教文化出版社,2002 年,第 364—365 页。
②瑞洵纂《德宗本纪》卷一,《清史稿未刊纪志表传稿本》,第 10763 页。

都察院左都御史景廉直军机。命前藏济咙呼图克图于达赖喇嘛未出世以前掌商上事务,给达善名号。"

"终订底稿"则作:

> 戊午,命左都御史景廉直军机。命前藏济咙呼图克图于达赖喇嘛未出世以前掌商上事务,给达善名号。

这意味着《清史稿·德宗本纪》的"瑞洵初稿""终订底稿"和正式刊本,对同一件事的文字表述出现了四个不同的版本,连日期也不一样。

检《清实录》可知,命济咙呼图克图继续掌办商上事务是在光绪三年(1877)正月庚申。故正式刊本时间不误,而其他稿本均误为"戊午",原因是瑞洵初稿本的"庚申",漏掉了"庚"字,不知是缮写人抄误,还是瑞洵自己的失误。后来又删去"申"字,遂致此事系于戊午。好在正式刊本作"庚申"不误。至于"通善"误为"达善",此误源自《实录》。

《德宗本纪》所记涉藏史事,从"瑞洵初稿·原稿"的116条,减至正式刊本的49条,所余不足其半。刊本最终保留下来的内容,大致归纳为以下八项[①]:

达赖喇嘛:

> (2)达赖喇嘛转世灵童掣瓶;(5)同治升遐呈进贡物;(17)受戒赏物;(26)请还瞻对地;(29)遣使进贡;(31)英兵入藏,达赖逃,命班禅摄之;(33)英兵入藏,达赖求救;(35)申请建庙于库伦,不许,命仍还藏;(45)进京入觐;(46)遣御前大臣博迪苏往保定迎劳达赖;(47)达赖至京,觐见于仁寿殿;(48)紫光阁赐宴达赖;(49)达赖祝嘏,进方物,懿旨加封诚顺赞化西天大善自在佛,岁赐廪饩万金,遣归藏。

班禅额尔德尼:

> (8)文硕寻访班禅转世灵童;(10)赏物;(14)坐床;(18)谒陵进贡;(31)英兵入藏,达赖逃,命班禅摄之。

西藏地方其他官员:

> (1)前藏济咙呼图克图掌商上事务;(3)颁予济咙呼图克图敕书;

---

① 括号中的序号是笔者所加,依其在《德宗本纪》中出现的时间为序。因正史本纪皆取编年记事法,故此顺序亦是时间顺序。如果某条记载涉及多项,则兼入各项。

(4)察木多帕克巴拉胡图克图进贡。

英国侵藏及中英交涉：

(7)英使来议印藏通商；(15)奎焕与英使议约；(31)英兵入藏，达赖逃，命班禅摄之；(33)英兵入藏，达赖求救；(38)英兵入藏，索赔款一百二十余万，谕国家代给，以恤番艰；(42)张荫棠为全权大臣，与英人议藏约。

安边平乱及改土归流：

(6)三岩野番就抚；(11)平瞻对乱；(13)藏事平，颁布鲁克巴部长敕印；(19)平定松潘之乱；(20)川军进军瞻对；(21,22)瞻对用兵及应对原则；(23)罢改土归流之议；(25)命德尔格忒土司撤兵；(27)三瞻仍隶达赖；(28)三岩就抚，设土千户，隶巴塘。罢朱窝、章谷两土司改土归流议；(37)巴塘平；(41)巴塘等属喇嘛胁河西蛮作乱，官军讨之；(44)裁巴塘、里塘土司，置流官。

川督、驻藏大臣及相关官员的任免奖惩：

(9)文硕褫职；(12)升泰任命；(16)三年入觐制度；(24)罢鹿传霖；(30)论义和团焚堂杀教罪，夺裕禄、庆善等人原职；(32)唐绍仪赴藏；(33)英兵入藏，达赖求救，命德麟处置；唐绍仪为议约全权大臣；(36)巴塘民众焚毁教堂，凤全遇害，饬四川提督马维骐剿之；(39)置川滇边务大臣，以赵尔丰任之，赏侍郎衔；(40)有泰褫职谪戍；(42)张荫棠为全权大臣，与英人议藏约；(43)赏赵尔丰尚书衔，为驻藏大臣，仍兼边务大臣；(46)遣御前大臣博迪苏往保定迎劳达赖。

涉教事宜：

(30)论义和团焚堂杀教罪，夺裕禄、庆善等人原职；(36)巴塘民众焚毁教堂，凤全遇害。

民生事宜：

(34)打箭炉地震；(38)英兵入藏，索赔款一百二十余万，谕国家代给，以恤番艰。

编纂人员较重视官员的品阶及身份，一些颇具历史价值的地方性事件未能保留。"瑞洵初稿·原稿"记载有达赖喇嘛之父工噶仁青随达赖喇嘛进贡一事,在"改稿"中,此事保留,而洋人欲由川境赴藏游历、藏兵阻止一事被删。当然在之后的校改中,前者最终也被删除了。

　　"瑞洵初稿"上留有不少"签识"。卷一,同治十三年(1874)十二月,"奉两宫皇太后懿旨,允惇亲王奕誴请撤销十一月十五日加赏王大臣等及王公中外大小官员加级恩旨。以未能保护圣躬夺太医院左右院判李德立、庄守和职,带罪当差",此处做有删除标记,并在其上贴签,上写:"撤销、加级资、免太医职,俱是循例之件,似可不载。"光绪元年(1875)正月甲寅,"以剿平全黔苗匪赏道员刘岳曙清字勇号",此句亦删,上有贴签曰:"赏勇号、资花翎某衔似可略。"光绪元年(1875)三月,"丁丑,予故广东巡抚蒋益沣于浙江省城建祠",此句有删除标记,并贴签曰:"予建祠统载《礼志》,似不必散见纪中,其有特例者,著之可也。请酌。"

　　虽然这些贴签很少署名,但也有几张出现了"明注"二字。一处为:"凡祈雨雪之类,岁中一书以见义,似不必频频书之。请酌。明注。"另一处是在光绪二年(1876)五月,"辛酉朔,以近畿被旱,谕发部库银十万两赈济",此句被删,上有贴签曰:"乙亥之后,不得有辛酉朔,不知何以致误。前后谛审,俱不相应。查《续东华录》五月夏至旱为庚申,似可据改。依次求之,壬申当为丁巳,辛未当为丙辰,庚午当为乙卯。再上一日为甲寅……明注。"此外,光绪三年(1877)三月的一条签识也有"明注"二字:"壬戌一条,又见下文四月辛卯,文同底本,派庄王代亦同。可疑。查《东华录》载四月一条,不载此条。此处似可删去。请大酌。明注。"①

　　"明",即李哲明。根据笔迹判断,以上未署"明注"的其他签识,也都出自李哲明手笔。

三、涉藏史事之斟酌删减

　　"瑞洵初稿"提及驻藏大臣的次数多寡不均,多者如色楞额十三次提及,文硕、升泰、文海亦各提及六七次之多。到"终订底稿"的改稿阶段,全部控制在三次以内;正式刊本则控制在两次以内。"瑞洵初稿"提及驻藏大臣的次数,跟《清

---

①《德宗本纪》(稿本)卷一,《清史馆未刊纪志表传稿本》"本纪"第13册,第10695、10703、10711、10736、10745、10769页。

实录》中这些人物的出现频次大致成正比例。任职时间长者,奏事次数自然更多。正式刊本之所以将每位驻藏大臣的出现频次最终压缩在两次以内,是希望"本纪"能够提纲挈领、简明扼要、客观公正,遵守正史本纪应有的法度。

　　驻藏大臣是清代中央政府派赴西藏的地方行政长官,代表中央政府会同达赖监理西藏地方事务。清代光绪年间共 12 位驻藏大臣,他们的在任时间长短不一,个人才干也有高下,功过是非,学界已开展了较为深入的专门研究①。兹表列《德宗本纪》诸稿本对驻藏大臣的记载频次。表中驻藏大臣名单及任命时间,系据《清史稿·疆臣年表》及《清史稿·德宗本纪》整理,表中数字指驻藏大臣的出现频次②。

光绪间驻藏大臣名单及入载《德宗本纪》各稿本情况一览表

姓名	任命时间	瑞洵初稿		终订底稿		刊本
		原稿	改稿	原稿	改稿	
淞桂	同治十三年九月	4	4	0	0	0 次
色楞额	光绪五年十一月	13	7	1	1	1 次
文硕	光绪十一年十一月	6	5	4	3	2 次
长庚	光绪十四年正月	4	4	1	1	0 次
升泰	光绪十六年五月	7	6	4	2	2 次
奎焕	光绪十八年九月	4	4	3	1	1 次
文海	光绪二十二年二月	6	5	3	1	1 次
庆善	光绪二十六年正月	1	1	1	1	1 次
裕钢	同年九月	1	1	0	0	0 次
有泰	光绪二十八年十一月	6	5	2	1	1 次
联豫	光绪三十三年十月	1	1	0	0	0 次
赵尔丰③	光绪三十四年	7	7	6	2	2 次

①参见祁美琴、赵阳《关于清代藏史及驻藏大臣研究的几点思考》,《中国藏学》2009 年第 2 期;许广智、赵君《试论清末驻藏大臣对近代西藏政局的影响》,《西藏大学学报》2009 年第 3 期。等等。

②赵尔巽等《清史稿》卷二八〇《疆臣年表十二》,中华书局,1977 年,第 27 册,第 8251—8304 页。

③《清史稿·德宗本纪》记光绪三十四年(1908)二月"赏赵尔丰尚书衔,为驻藏大臣,仍兼边务大臣"。而《清史稿》卷二八〇《疆臣年表十二》记联豫光绪三十三年(1907)十月为驻藏大臣,任至1912年去职。事实上,赵尔丰并未入藏就任,疆臣年表所记无误。参见黄维忠《联豫功过论》,《西藏民族学院学报》1995 年第 2 期。另外,《清史稿》关内本及关外一次本《赵尔丰传》亦记赵并未入藏就任:"(光绪)三十四年,以尔丰兄尔巽督川,改尔丰驻藏大臣,仍兼边务,专边藏事。尔丰以经营全藏,宜以殖民为主,特虑恩信未孚,藏人疑阻,请仍责驻藏大臣联豫驻守,而自巡视边藏。"但《清史稿》关外二次本改用简缩版《赵尔丰传》,此节文字已无。

"瑞洵初稿"7次提到赵尔丰,第一次是光绪三十二年(1906)七月初置川滇边务大臣,"以四川建昌道赵尔丰为之"。光绪三十四年(1908)二月再次提及:"加川滇边务大臣赵尔丰尚书衔,为驻藏大臣、边务大臣依旧。""终订底稿"由原来的6次提及赵尔丰,删剩为2次。担任驻藏大臣时间较长的有泰(其兄升泰曾任驻藏大臣),在"瑞洵初稿"中曾有6次提及,最终仅保留1次,还是负面的信息。删改情形如下:

(1)光绪二十九年,十二月,"戊辰,以藏事紧要,裕钢延不赴边,有意规避,下部议。谕有泰迅往开导番众,亲与英员商办"。

[终订底稿:删。]

[正式刊本:删。]

(2)光绪三十年,九月,"丁丑,英兵入藏,有泰言达赖喇嘛逃窜,褫夺名号"。

(后半句自"有泰言"起有删除标记。)

[终订底稿:删。]

[正式刊本:删。]

(3)光绪三十一年,十二月,"己亥朔,予故驻藏帮办大臣凤全四川省城建祠……乙巳,有泰奏英人强迫班禅额尔德尼赴印度,阻之,不听。下外务部察核"。

[终订底稿:存而复删。文原为:"乙巳,有泰言英人强迫班禅赴印度,下外部察核。"复删之。]

[正式刊本:删。]

(4)光绪三十二年,十月,"癸未……有泰罢,以联豫为驻藏大臣"。

[终订底稿:删。]

[正式刊本:删。]

(5)同年,十一月,"戊午,有泰以庸懦昏愦贻误事机,夺驻藏办事大臣,听察办"。

[终订底稿:删。]

[正式刊本:删。]

(6)光绪三十三年,二月,"甲子,已革驻藏办事大臣有泰谪戍军台"。

[终订底稿:存,略改。文为:"甲子,有泰以贻误藏事褫职。及是,谪戍军台。"复删"及是"二字。]

[正式刊本:存,文同上。]

"瑞洵初稿"虽有 6 条提到有泰,但罢免及处分居其三。上面第一条内容也提到有泰的前任裕钢"延不赴边,有意规避",是庸碌畏葸之辈。有泰参与的涉藏事务颇多,但干得漂亮的事情几乎没有。有泰被任命为驻藏大臣后,曾拖延赴藏行程,历时近一年才抵达拉萨。他态度消极、措置不当,致使局面失控①。

针对有泰、裕钢的此番删改,显然有微言大义的考量。不过,这番删改也造成了一个时间上的错误。错误是从"终订底稿"开始出现的。"瑞洵初稿"分三条记载有泰被罢及谪戍一事,先是记光绪三十二年(1906)十月癸未有泰被罢,再记同年十一月戊午有泰"以庸懦昏愦贻误事机,夺驻藏办事大臣,听察办",最后记光绪三十三年(1907)二月甲子有泰"谪戍军台"。三次处分程度不同,时间也不同。删改人试图将上述三条合为一条,故仅在光绪三十三年(1907)二月甲子这天记:"有泰以贻误藏事褫职。及是,谪戍军台。"后又将"及是"二字删除,导致早已发生的"有泰以贻误藏事褫职"这件事,被系在光绪三十三年(1907)二月甲子。时间便错了。《清史稿》正式刊本因袭了这个错误。

除有泰褫职的时间改误以外,也有当存未存、不当删而删的情况。例如,光绪十三年(1887)十一月文硕寻访班禅转世灵童一事,"终订底稿"对"瑞洵初稿"的修改失之模糊,理应保留的关键信息却被剔除了。这个问题被正式刊本所继承。

各稿情形如下:

(1)"瑞洵初稿·原稿":"(光绪十三年十一月)壬戌,文硕奏访获班禅额尔德尼之呼毕勒罕聪颖幼童三人,谕遵定制,以三幼童之名入金奔巴瓶内,唪经掣签,定为呼毕勒罕以闻。"

(2)"瑞洵初稿·改稿":"壬戌,文硕奏访获班禅额尔德尼之呼毕勒罕聪颖幼童三人,谕遵定制,以名入金奔巴瓶,唪经掣签,定为呼毕勒罕。"

(3)"终订底稿·初稿":"壬戌,谕文硕访得呼毕勒罕幼童三人,以其名入金奔巴,唪经掣签,定为呼毕勒罕。"

(4)"终订底稿·改稿":"壬戌,谕文硕访呼毕勒罕,依制掣定。"

---

①参见康欣平《有泰与清末西藏政局的演变》,《青海民族大学学报》2010 年第 3 期;平措达吉、中德吉、旺宗、次旺、达瓦《驻藏大臣有泰评述》,《西藏大学学报》2012 年第 2 期。

(5)"正式刊本":"壬戌,谕文硕访呼毕勒罕,依制掣定。"

由上可见,到"终订底稿·初稿"阶段,"呼毕勒罕"前的"班禅额尔德尼"诸字被删掉了。达赖和班禅的转世灵童均称"呼毕勒罕",文硕所访是班禅的转世灵童,"班禅额尔德尼"是核心内容,不应删去。

《德宗本纪》涉藏史事历经多次删减,到底哪些内容被删掉了呢?被删较多的是例行任免。"瑞洵初稿"记光绪五年(1879)十一月,"召春福、松湑来京,以吉和为乌里雅苏台将军,色楞额为驻藏办事大臣"。这一内容在第一次删改时就被删除。色楞额是颇有建树的驻藏大臣,他的任免信息尚且不存,其他的驻藏大臣或帮办大臣如文硕、长庚、文海、联豫、鄂礼、温宗尧等人之任命,也是删除了的。驻藏大臣之任免已具载《清史稿》"疆臣年表",不必统载于本纪。例外的是升泰和赵尔丰,他俩的任命是保留下来的。

不很重要的日常事务也被删减。如,光绪元年二月,"达赖喇嘛下山讽经,命希凯赴布达拉山照料,并颁赐哈达、念珠等物"。此句在第一次删改时就被删除。又如,光绪五年三月,"以达赖喇嘛呼毕勒罕坐床,颁赐哈达、佛象、铃杵、念珠,并赏其父工噶仁青公衔。准呼毕勒罕钤用金印,及黄轿、黄车、黄缰,并黄布城"。此内容在第二次删改时删除。同年,为达赖选配教经师傅一事,也被删掉了。其他如达赖讲经熬茶、颂经祈福、谕令止贡之类也多被删去。

再就是重要事项仅保留其主干或结果,而删去枝节、过程。"瑞洵初稿"有关"三岩野番"的记载有两条,先是于光绪七年九月记"四川三岩野番劫杀巴塘教堂司铎,谕丁宝桢严缉",然后于光绪八年七月记"丁宝桢奏三岩野番就抚,藏地悉定"。第二次删改时删掉了前者(原因),而保留了后者(结局)。前文曾提到的有泰罢免、谪戍,由三条减为一条也是如此。

综合来看,《德宗本纪》对涉藏史事的删改是较为妥当、得体的。对瑞洵、李哲明、柯劭忞、金梁这几位参纂人员而言,光绪一朝是他们的"所见之世"。亲身经历、耳目所及,史料虽仍有赖于清廷所修的"实录",但对相关史事的见解和判断却早有成竹在胸。在史料的处理和人事的褒贬方面不会有大的闪失。事实上,《德宗本纪》又有其特殊性。就文字篇幅和叙事密度而言,《德宗本纪》是《清史稿》历朝本纪中写得最为均衡的,堪称《清史稿》历朝本纪中的"样章"和"范本"。《清史稿》本纪共二十五卷,涉及清代入关之前的两位帝王及入关之后的十位帝王,总计十二帝,总字数约四十八万零五千左右。其中,天命元年(1616)之前的史事不足四千字,天命元年(1616)到宣统三年(1911)本纪的总篇幅四十八万字,年均一千六百字出头。

《清史稿》历朝本纪因纂修人员不同,所以繁简不一。《宣统本纪》最繁,年均七千余字,为历朝本纪之冠。其次是同治朝,年均两千八百余字;顺治和咸丰两朝年均约两千四百字。嘉庆、康熙两朝偏简,年均约八百五十字、约一千字。雍正、道光两朝各为约一千两百字、约一千五百字。道光、光绪两朝适中,分别为约一千五百字、约一千六百字。光绪朝军政文教事务繁多,然篇幅却仅是咸丰朝的 66%、同治朝的 57%。光绪朝年均字数,与全部十二朝本纪总年均字数最为接近。

尽管《清史稿》各朝本纪繁简不一,但基本原则是务求简明扼要。《清史稿》本纪总阅人柯劭忞也素持这样的主张。柯劭忞所纂《新元史》,不计铁木真即汗位之前的《本纪一》(即《序纪》)和《本纪二》,总字数为十六万字出头,自 1206 年记至 1370 年,共 165 年,年均约九百八十字。明代官修《元史》的本纪部分,不计铁木真即汗位之前的六千余字,总字数约近四十五万字,年均两千七百余字,是柯劭忞《新元史》的 2.8 倍。《明史》本纪更加简约,年均四百三十字左右[1],比柯劭忞《新元史》还要简略。于式枚称《明史》"纪、表不如志,志不如传,弘、正前之传不如嘉靖以后",但仍认为《明史》"不漏不蔓,体例最善"[2]。《德宗本纪》的删改,体现了柯劭忞不以繁冗为尚的个人旨趣,也与清史馆同人"取则于《明史》"的"公议"一致[3]。

四、史馆同人之族群身份与藏事观

清史馆成立的当口,正是中国国内的族群关系由满蒙主导的"集权帝国"框架,转换为汉族一元主导的"共和民国"框架之初。清季排满思潮的勃兴,曾经鼓舞了满、蒙、藏各族族群意识的高涨。辛亥革命之后,曾经居于汉藏之间的满蒙,已从政权的中心退为边缘。但在清史馆内部,满蒙文人的角色依然十分显要。

---

[1] 此统计仅供参考,非精确统计。——作者注。
[2] 于式枚等《谨拟开馆办法九条》,朱师辙《清史述闻》,上海书店出版社,2009 年,第 87—88 页。
[3] 朱师辙《清史述闻》,上海书店出版社,2009 年,第 13 页。

《清史稿》成书于1914—1927年间,袁世凯北洋政府"广召耆儒,宏开史馆"的目的,是为踵袭"往代二十四史"之"前例",编出一部可以"萃一代人文之美"的"千秋信史"①。清史馆同人对晚清民初的"新史学"思潮并不陌生,但他们对清史的体例设想"多数偏于旧史体裁",主导意见是以清修《明史》为范例进行纂修。这也正是《清史稿》仍以传统正史面目编纂成书的主要原因。清史馆同人受聘编纂《清史》,分别担任总纂、纂修、协修等职,历时十四年而难于定稿,赵尔巽去世,柯劭忞兼代馆长,加上袁金铠、金梁二人的努力,终以"清史稿"而非"清史"之名仓皇付印。盖北伐成功之后,北洋政府垮台,作为北洋政府下属机构的清史馆随之解体,同人四散,各谋生路去了。皇皇巨制,虽仓促"收束"而终得印成,也是不幸中的万幸。这当中,满洲人金梁功不可没。

金梁是瓜尔佳氏,清代开国功臣费英东直系后裔②。满人金梁既关心他所在族群的历史建构,也曾编写《雍和宫志略》。他在该书中曾十分具体地道出乾隆、雍正各帝作为满洲统治者是如何发挥藏传佛教的作用,实现以藏制蒙、以蒙制藏的治理方略的③。满、蒙世代联姻,清代王公多出二族。而藏、汉二族是被清廷习惯上视为统治对象的。所以,清廷与西藏之间的关系,在清代就不是简单的汉藏关系。晚清赵尔巽、赵尔丰兄弟在川、藏颇有作为,那种一往无前、大刀阔斧的魄力,除了二人的治军理政风格使然,也与赵氏兄弟身为汉军旗人(政治地位高于汉人)深受清廷信任、器重不无关系。因此我们不能忽视赵尔巽、赵尔丰身上的满洲因素,这在相当大的程度上影响到二人对涉藏事务的强硬程度。反过来说,他们并非出身满蒙,没有敷衍和退缩的资本,必须格外勤勉和谨慎,以战功及治绩作为仕途的保障,这是汉族官员及汉军旗人在清代的立身之本。在这个意义上说,宏观层面的满藏关系又被拆分为微观层面的满汉关系和藏汉关系。

光绪二十五年(1899),瑞洵以满洲正黄旗人身份出任科布多参赞大臣,科布多是蒙古首领噶尔丹的殒身之地。光绪三十四年(1908),赵尔巽、

---

① 朱师辙《清史述闻》,上海书店出版社,2009年,第1—2页。
② 一篇署名"旧史官"所撰的《金梁传》称:"金公名梁,字息侯,满洲瓜尔佳氏,为大清开国第一功臣费英东之后。"辛亥革命之后,赵尔巽主政之下的东北三省处于"自保"状态,当时"外蒙独立,内蒙举义",金梁曾经劝说"辽帅"谋"复辟"。"辽帅"即稍后出任清史馆馆长的赵尔巽。《金梁传》收入金梁《清史稿补》所附《清遗逸传》之后。《清史稿补》,1942年铅印本。首都图书馆历史文献部藏。
③ 金梁编纂,牛力耕校订《雍和宫志略》,中国藏学出版社,1994年。

赵尔丰兄弟以汉军正蓝旗人身份分别出任四川总督、川滇边务大臣和驻藏大臣,赵氏兄弟与瑞洵的族群身份与政治身份出现了交织,这主要体现在他们出身族群与治理族群的交叉上。族群身份的交织,会在很大程度上造成族群认同的交织。这种交织在清代对三人自身的仕宦生涯是一种无可替代的优势,而到了民国,赵尔巽、瑞洵等人在族群身份上的这种交织,又非常有效地转换为抵制、阻止国族分裂的稳定力量。

赵尔巽在辛亥革命之后所以能够稳住东北三省的政局,虽未支持革命,但也没有反对共和,更重要的是他以个人威望保土安疆决不独立,可以视为对辛亥革命的间接支持。民国初年复辟派伺机活动,赵尔巽与之保持距离,不肯参与。汉人和旗人的双重身份,使得赵尔巽能够更加理解和尊重满汉化合、五族一统的"中华民国"之建构,与执迷于复辟的少数满人还是判然有别的。所以金梁在《清史稿补》中将赵尔巽列入"附传",说明金梁这个满人看到了赵与复辟分子的不同①。赵尔巽的族群身份使他成为民国初年政治舞台上的特殊角色。清史馆内的满、蒙、汉各族文士在政治认同的层面颇有歧异,赵尔巽是清史馆成员的"群枢"和人际关系中的交集。

在《清史稿》编纂的时代,有清一代相对固定的族群结构及互动模式发生了较大的变化。在清代,中央政府与西藏地方之关系是在满、蒙王公贵族主导下,以黄教为宗教纽带,以平衡汉藏关系、蒙藏关系为治理方略而相对稳固的一种内部治理关系。近代以降,作为"民族国家"的中国,其"民族"与通常所说的单一民族有很大的不同。汉族革命人士的所谓"排满",只是为了推翻一姓一家的专制制度,这也是隆裕太后逊位诏书所说的"一姓之尊荣":"今全国人民心理,多倾向共和。南中各省,既倡义于前,北方将领,亦主张于后。人心所向,天命可知。予亦何忍因一姓之尊荣,拂兆民之好恶。是用外观大势,内审舆情,特率皇帝将统治权公诸全国,定为立宪共和国体。"②诏书将满族视为"一姓",认为"全国人民"的心理是"倾向共和"。由此可见,不论革命一方还是清廷一方,均视中华民国之成立为一次

①金梁《清史稿补》,1942年铅印本。首都图书馆历史文献部藏。
②《清史稿》卷二五《宣统皇帝本纪》。

制度变化,即"将统治权公诸全国",而不希望"各姓"分裂①。

但是,清帝逊位这一事件自身却是由上述差异和隔阂日益酝酿、累积直至爆发所导致的结果。军事层面的武昌起义("新军哗变")及政治思潮层面的排满("驱除鞑虏、恢复中华")均以狭义的汉族认同为旗帜。清帝逊位之后,"满洲"作为曾经的统治族群已不再是被驱除的对象。在汉族主导的民国政府治理之下,有清一代满蒙权贵主导的中央政府与西藏之关系,迅速转变为汉藏关系。

另一方面,《清史稿》之成书,虽与元修《宋史》、清修《明史》一样,属易代修史,但也有很大的不同。清史馆同人虽身处民国,与前清是异代,但很多编纂人员是前朝的旧臣。易言之,《清史稿》不能算是纯粹的"史家修史",它还是"大臣修史",而且"大臣"也不是一般的"大臣",而是前朝的"封疆大吏"(赵尔巽清末任东三省总督)。这使得《清史稿》中的家国本位、民族立场、主权和疆域意识均十分强烈。

瑞洵的民族立场恐怕是满蒙中心主义的。进入民国以后,像他这样声势煊赫的满蒙世家亲贵也不得不随着清帝的逊位而成为平民百姓,曾经享有的特权尽失,由社会上层滑落底层②。瑞洵晚年刊行诗集一小册,名之《犬羊集》。在晚清民初,"犬羊"二字是对异族(尤其是入主中国的满洲)的蔑称,瑞洵以"犬羊"为自己的诗集命名,是对汉人民族主义倾向的回应,也足以看出他的自嘲、愤懑和无奈。

但是,我们也应看到,瑞洵虽为满蒙权贵,却并不自外于中华族群。即使晚年身处困厄、衣食无着,也还是遵奉"首阳薇"的精神——这是清史馆同人的立身之道,也是中华文化的要义之一。

满蒙人士在国家权力结构中的地位由中心转为边缘,再加上政策层面

---

① "尽管时人与今人都称民国建立为'建国',但这是政治文化意义上的俗称……但就严格法律意义而言,无论 1912 年中华民国的'建国',还是 1949 中华人民共和国的'建国',实际上都是'建政',其实质是建立起中国的'新政权',是中国的'新政府的建立',而绝非所谓'中国脱离建立清国殖民统治而建立起来的名为"中国"的新国家'。""由逊位诏书'将统治权公诸全国'一语,可见'全国'所指实为帝国之全体国民,而由全体国民组成之民国洵非'新国',只不过代表全体国民之政府是中国的'新政府'。"参见杨昂《清帝〈逊位诏书〉在中华民族统一上的法律意义》,《环球法律评论》2011 年第 5 期。

② 庄士敦提到毓朗、载泽、溥洵等人民国间的贫困。另外,"庄王的后代饿死在南横街的一个空房子里;睿王的后代钟氏兄弟,因生活无着而私掘祖坟"。普通旗人情形尤甚。参见沈洁《1912 年:颠沛的共和》第八章,"流亡的旗人"一节,东方出版中心,2015 年,第 356—378 页。

的反复①和日常生活中部分汉族民众的狭隘民族主义思想之冲击,满蒙及藏人的国族认同也出现波动。杨钟羲、金梁等满蒙族裔文士后来与“伪满”政权有或多或少的联系,以及瑞洵晚年的弃儒归佛②,均是这种波动的反映。由此我们看到,在《清史稿》纂修的中华民国北洋政府时代,满、蒙、藏、汉的关系仍处在调适阶段。

从瑞洵对《德宗本纪》涉藏史事的处理,可以发现瑞洵对边疆及少数民族事务的重视。瑞洵曾任科布多参赞大臣,对民族事务、边疆事务一向留心。因此,《德宗本纪》“瑞洵初稿”对驻藏大臣、达赖、班禅等相关人事的记载可谓无微不至、不厌其烦。连驻藏大臣有泰被贬这样的事件,在被称为正史纲目的“本纪”中,居然分三次记载。凡能恪尽职守的驻藏大臣,《德宗本纪》均尽量入载。经李哲明、柯劭忞覆勘校改之后,所记更为均衡得体。

柯劭忞对涉藏、涉蒙史事的慎重程度不亚于瑞洵。《清史稿·兵志》“边防”一节,稿本结尾处曾云:“未几中原多故,宿将凋亡,藏事遂不可问云。”③虽然“未几中原多故,宿将凋亡”诸字被删,但“藏事遂不可问云”一句终被《清史稿》正式刊本保留了下来。这是清史馆同人在1920年代对涉藏交涉的感喟。这种感喟也是一种警醒,这也正是清史馆同人对《清史稿》中的涉藏史事相当重视、所记颇为密集的原因。

《德宗本纪》“终订底稿·原稿”光绪五年(1879)三月曾记“壬申,日本废琉球为冲绳县”一句,这句话在“改稿”中被删除(上有删除线)。这应是柯劭忞所删。稿本此处向右数第二、三两行,是记述刘锦棠进击布鲁特安集延一事,原文“督军克之”四字被改为“败之”。“败之”二字是柯劭忞的笔迹。因此,“壬申,日本废琉球为冲绳县”这行字上面的删除线也应该是柯劭忞留下的。

柯劭忞删掉了《德宗本纪》中的冲绳史事,却认真补充各朝本纪中遗漏

---

① 清廷逊位的前提是“清室优待条件”的签署,而这一条例后来被单方面废止。胡适称之“民国成立以来最不名誉的事”。参见杨天宏《“清室优待条件”的法律性质与违约责任——基于北京政变后摄政内阁逼宫改约的分析》,《近代史研究》2015年第1期。

② 瑞洵门人铃木吉武曾辑瑞洵诗为一卷刊行,名《犬羊集》。后又为瑞洵撰像赞曰:“清世臣,元天族。入匦刘,出颇牧。久仔边,终诏狱。劳不偿,祸乃速。荷戈还,棋局覆。松菊荒,宗社屋。束儒书,不复读。归三宝,心西竺。首阳薇,北平镞。穷益坚,但忍辱。”参见杨钟羲《科布多参赞大臣瑞洵传》,卞孝萱、唐文权编《民国人物碑传集》,凤凰出版社,2011年,第812—813页。

③ 《清史馆未刊纪志表传稿本》“志”第8册,第7020—7021页。

的蒙、藏史事。《太宗本纪》为邓邦述、金兆蕃合纂,柯劭忞覆勘时增删颇剧。天命十一年(1626)九月,邓、金稿本记:"蒙古科尔沁卓哩克图贝勒武克善遣使来吊丧。""吊丧",指祭奠新近去世的努尔哈赤。柯劭忞将此条史事调换为"蒙古科尔沁土谢图奥巴遣使来吊",并眉批曰:"土谢图,宜从《国史》本纪,不宜改。"同年十月,邓、金稿本记:"己酉,以札鲁喀部败盟杀掠,私通于明,命大贝勒代善等率精兵万人讨之,先贻书声其罪,上送至蒲河山而还。"柯劭忞改"札鲁喀"为"蒙古喀尔喀札鲁特"①。意在使表述更为确当。

康熙十一年(1672)三月,《圣祖本纪》稿本(邓邦述、金兆蕃合纂)记道:"丙辰……巴林、阿霸垓、鄂尔多斯、苏尼特、克西克腾、阿霸哈纳、翁牛特诸部王贝勒等先后朝行在。"覆勘人员加签识曰:"三月,蒙古王朝行在,此亦始事。至巡幸热河,则成年例。"意思是首例需书,以后成为年例则可简省。《圣祖本纪》同一稿本于康熙三十一年(1692)八月又记:"乙未,上幸布尔哈苏台,命造蒙古历。丁酉,上幸舒虎尔郭尔,喀尔喀土谢图汗泽卜尊丹巴胡土克图亲王策妄札卜等朝行在。赐宴,赉冠服、弓矢。"②覆勘人员加签识道:"八月,造蒙古历。此须考。大一统之世,岂有二历哉!"

"命造蒙古历"云云,《实录》确有其事。当时命造"蒙古历"是主权之内的事件,但覆勘人员有此一问,也是意识到历法背后所关联的国家一统问题。清史馆同人对此是十分清醒而又自觉的。涉藏史事亦复如此。

崇德二年(1637)十月,柯劭忞于"乙未""庚申"间新添一条涉藏史事,书于稿纸顶端栏外:"丙午,厄鲁特顾实车臣绰尔济遣使来贡。厄鲁特道远,以元年遣使,是年冬始至。"③所遣的使者,名为库鲁克。这是《清史稿》本纪涉藏史事的较早记载。崇德二年,即1637年;"厄鲁特"是中国清代对西部蒙古的称呼,"顾实车臣绰尔济",即"固实绰尔济",藏名"色沁曲结"④,是西

①《太宗本纪上》,邓邦述、金兆蕃合辑本,《清史馆未刊纪志表传稿本》"本纪"第13册,第206页。
②《清史馆未刊纪志表传稿本》"本纪"第2册,沉香亭企业社,2007年,第877—878、1367、1363页。
③《太宗本纪下》,金兆蕃、邓邦述合辑本,《清史馆未刊纪志表传稿本》"本纪"第13册,第330页。
④参见下列论文:(1)马汝珩、成崇德《伊拉古克三史事考辨》,《民族研究》1986年第5期;(2)梁启俊《"掌佛法大喇嘛"称谓考》,《青海民族大学学报》2012年第4期;(3)刘波、邹敏《〈番僧源流考〉补注》,《西藏民族学院学报》2014年第1期;(4)宝音德力根《初使清朝之西藏格鲁派使臣车臣绰尔济与戴青绰尔济事迹考辨》,《清史研究》2018年第4期。

藏达赖、班禅和顾实汗派往盛京访问的"伊拉古克三"①，他是沟通清朝与蒙、藏地区关系的最早引线人，也是清朝入关后首先进京觐见的黄教上层人物，他于崇德七年(1642)与厄鲁特部代青绰尔济出使至盛京，受到皇太极的盛情接见。

　　《清史稿》涉藏史事的记载，并非没有疏误或遗漏。不过，那些大多属于技术层面，并非主观上的故意疏忽②。当然这些疏误也提醒我们，国家与族群不能只是"想象的共同体"(印刷、传媒、知识建构作为"想象"的载体，其自身的差错疏误也要警惕)，更应该是"可触的共同体""熟稔的共同体"。"可触"是指实实在在的交往(日常交际、商贸往来、文化交流、知识共享，也包括婚姻，等等)，"熟稔"则是"可触"的结果③。魏源说："儒者著书，惟知九州以内，至塞外诸藩，则若疑若昧，荒外诸服，则若有若无。"④《德宗本纪》的缮写人将"班禅额尔德尼"误抄为"班禅额尔德臣"——"尼"误为"臣"；一处又误抄为"班禄额尔德尼"——"禅"误为"禄"⑤。这样的失误，在稿本中十分惹眼。所以在国史编纂过程中要贯彻族群平等的原则，除了心态、姿态层面的真正平等，还有赖于知识的积累，有赖于对各族历史的全

---

①"伊拉古克三"，即伊喇固克散呼图克图。参见张其勤原稿，吴丰培增辑《清代藏事辑要》，西藏人民出版社，1983年，第1页。

②光绪五年至十二年(1879—1886)在驻藏帮办大臣、驻藏大臣任上忠于职守、颇有成绩的色楞额，虽然在藏任长达八年，其生平事迹却未见载于《清史稿》。《清史列传》卷五九有载，具记官职升迁，在藏行事未着一字。色楞额在阻止外国旅游者自川入藏、处理维庆事件、处理拉萨尼泊尔商家被劫事件、对不丹和哲孟雄的联络、阻止英人马科蕾入藏、应对藏军隆吐山设防事件等较为敏感的涉藏事务上均能顾全大局、谨慎部署，是一名"富有军政经验，熟谙世故，对国家尚能尽责的官员"。参邓锐龄《清代驻藏大臣色楞额》，《中国藏学》2011年第4期。另外，《清史稿》卷四四七《丁宝桢传》记丁氏光绪二年(1876)代吴棠署四川总督，寻予实授，任至光绪十一年(1885)卒官，列举其治蜀业绩如"严劾贪墨吏，澄肃官方，建机器局，修都江堤，裁夫马以恤民，革陋规以恤吏"，并改盐法，实授四川总督后，"益兴积谷，严督捕。治蜀凡十年，初莅事时，郭内月有盗劫，至是诛匪几尽，声为道不拾遗"。还以他在山东任上行事作风为例，称其"严刚有威"，没有言及丁宝桢对涉藏事务的贡献。幸有《德宗本纪》在几处较为关键的涉藏事务中提及色楞额、丁宝桢，也算对二人有功于国的政绩之认定。

③章太炎与金梁之间的交谊所代表的，便是一种"可触"而又"熟稔"的满汉关系。晚清时代，章太炎号召排满，言辞激烈，但依然与满洲文人金梁知无不言、友善相处，二人的亲切关系一直持续到民国以后。这种关系模式作为恒久的文化力量和情感纽带，可以缓冲因时(间)、事(件)、帝(国)、地(域)的因革变幻所导致的不稳定因素，促成整个国族由"想象的共同体""人为的共同体"，最终化为"实存的共同体""自然的共同体"。

④魏源《圣武记》，《魏源全集》第3册，岳麓书社，2004年，第516页。

⑤《德宗本纪》(稿本)卷五，《清史馆未刊纪志表传稿本》"本纪"第13册，第11152、11161页。

面把握。同时,"藏事"在场而"藏士"(藏族文士)缺席也导致相关记载投射了太多的官方声音,即偏重政治层面,史事形态颇为单一,缺少对社会文化及民生的关照,等等。

总之,《清史稿·德宗本纪》记藏事,其立场为国家领土及主权之完整,史料方面大体参照官书和实录的记载,不采私家著述及野史传闻。其意义为体现国家对西藏地位之重视,呈现中央政府对西藏事务的经营与治理。清帝逊位,将治权交付中华民国及全体国民,满、汉、蒙、回、藏等所有各族实现共和。清帝逊位之后新成立的中华民国政府乃"五族共和"之政府,而《清史稿》虽名为"清史",其所反映者并非一族一姓之兴亡,而是中华民族最近三百年来的交汇融合史。清史馆同人在《清史稿》中有效地建构了大一统的国史框架,这是对当时各种分裂思潮的及时回应。《清史稿》得以编纂成书,是光宣文人进入民国以后顶着"遗老""遗少"的恶名、不畏各方讥议,排除困难、勉力结撰的结果,较好地延续了中华民族的史统和道统。更重要的是,《清史稿》所呈现出来的多元民族一统史观,不是汉族文人的一厢情愿,而是包括满蒙文士在内的清史馆同人的自觉和共识。

第五章 《艺文志》编纂与争议

《艺文志》编纂之难，清史馆同人屡言之。第一难，难在不易穷尽。吴士鉴说："'艺文志'但列书目，似编纂至易，而不知其困难有甚于他志者。有清学术昌明，跨越唐、宋，几与两汉媲隆，康、乾以后作者如林，海内专门之学，如汉代经师可以列表，美哉盛已。"①吴廷燮也说："清代经籍，著述之盛，更轶前代，训诂音义，天算、舆地，旧史考证，新学推阐，多臻其极，子、集之撰，汗牛充栋，欲尽登录，盖亦难矣。"

第二难，难在确定志体。《艺文志》《经籍志》向分二体，一为通代体，一为断代体。吴廷燮说："《四库》既开，明季遗书，涉建事者，禁毁殆尽，其幸存者，什无一二，《大典》所搜，多存古佚。近来东瀛，每传旧本，敦煌石室，亦有存者。"这是谈新出的前代文献有必要著录，当然也由此造成体例上的两难。因为清史馆同人多赞成用《明史》志例，即断代体。用断代体，意味着不能著录前代文献。

吴廷燮认为，通代体亦有长处，其长处是"可存往籍"，故"不宜泥也"②。赞成用《隋志》体例的还有金兆蕃，他说："'经籍'宜用《隋志》例，自古迄今，各依门目胪列。辑佚诸书，附注辑者姓名。说经诸书，从其家数，又以类聚，不使派别歧混。"他还建议借鉴《汉志》的做法："有书入志而其人生平不见于史者，附注里籍、科目及所终之官，孟坚法也。"③

第三难，难在不出误漏。这是对书目著录准确性的要求。人名、书名、卷数、年代、存佚、类别、版本形态等，都要真实、齐全、无误。

第一难固不易解决，但必以求全、求尽为编纂高标。第三难同此。关于第二难，史馆同人很快达成共识。经过广泛讨论，史馆最终定议以《明史》为样板，采用断代体。断代体似乎较易，其实也有难题。例如，涉及明末入清及清末入民国的一批作者，其著述何者入载何者不入载，便需要对

---

① 《吴士鉴陈纂修体例》，朱师辙《清史述闻》，上海书店出版社，2009年，第146页。
② 《吴廷燮上清史商例》，朱师辙《清史述闻》，上海书店出版社，2009年，第125页。
③ 《金兆蕃拟修清史略例》，朱师辙《清史述闻》，上海书店出版社，2009年，第129—130页。

撰述年代做出判断与甄别。

以上三难,均是客观存在的困难。当然,《清史稿·艺文志》历经十数年编纂,仍未能实现预期,甚至编纂者本人拟定的办法都未尽兑现,其原因不只在以上三难,还受到政局变动、清史馆经费不敷、编纂人员变化、付梓时间突然提前以致仓促交稿等诸多不利因素的影响制约。

一、《长编》初成:从吴士鉴到章钰

关于吴士鉴是否撰有《艺文志长编》,前辈学者颇有致疑于此者。王绍曾先生认为,关于《艺文志》之编纂,从章钰与缪荃孙的通信中看不到吴士鉴编有《长编》的迹象,因此朱师辙的有关说法得不到验证:"……在章氏(钰)手札中,从未言及《志稿》长编出自绹斋(按即吴士鉴)之手,与朱少滨(师辙)所言,颇多龃龉。设绹斋果有长编,艺风不能不知,章氏亦何敢自欺世盗名。此一公案,有待考辨……倘《志稿》长编,果与绹斋无涉,又未获艺风底稿,章氏以一人之力,十载辛勤,矻矻穷年,亦未可厚非矣。"[①]

2007 年,一批清史馆未刊稿本文献在台北影印出版,其中就有吴士鉴编纂的《艺文志长编》共十册[②],证实吴士鉴确实编纂有《艺文志长编》,朱师辙所言不虚。"公案"可告了结。

章钰、朱师辙二人在馆时间比吴士鉴要长。但朱师辙直到最后接近结稿时才接手《艺文志》,在这之前,《艺文志》是由吴士鉴、章钰二人负责的。按照清史馆内部分工,吴士鉴的工作有:编纂《艺文志长编》,撰《皇子世表》《公主表》,又承担《地理志》之贵州、新疆各一卷。以上均是在清史馆第一阶段完成的,第二阶段吴士鉴承担顺治、康熙两朝列传,但他"未复到馆"[③]。章钰在清史馆第一、二两个阶段的分工,便是"编辑《艺文志》"[④]。当清史馆进入第三阶段,即收束阶段后,章钰分工整理《忠义传》,朱师辙接

---

① 王绍曾《〈清史稿艺文志拾遗〉前言》,王绍曾主编《清史稿艺文志拾遗》,中华书局,2000 年,第 16—17 页。

② 吴士鉴所撰《艺文志长编》,收入冯明珠主编《清史馆未刊纪志表传稿本》"志"第 9、10 册,沉香亭企业社,2007 年。

③ 朱师辙《清史稿撰人考》,《国立中山大学文学院研究所集刊》1948 年第 1 期。

④ 朱师辙《清史稿撰人考》,《国立中山大学文学院研究所集刊》1948 年第 1 期。

手整理《艺文志》①。

　　由以上的分工可知，《清史稿·艺文志》刊行本相比吴士鉴《艺文志长编》稿本增加的部分，即是章钰、朱师辙二人所做的增补。三人对《艺文志》编纂的贡献可以由此考见。

　　关于参编《艺文志》及后来增补《艺文志》稿的过程，章钰在致缪荃孙的信中曾有提及。一函中说："（清史馆）功课事，求者、应者均有其人。钰则志在《艺文》，现拟遍考类别方法，不敢卤莽从事也。"②一函中说："拟草《艺文志长编》，搜集各官书，不胜望洋之叹。现在只能做钞胥，不免为通人齿冷。"③以上当是清史馆修史第一期中事。又一函中说："（清史馆）馆友过津来谈，知馆状近颇扰扰，私计或成枝头干耳！《艺文志》终以见闻寡陋，中有数门更非专家不办，用是尚难请正于同好，不敢不勉，敬佩清诲。"④此当是清史馆修史第二期中事。

　　修史进入第二期后，章钰常居天津，不常到馆，所以无法充分利用史馆所藏图书资料，这是颇为遗憾的。朱师辙也说过："窃见馆中私家送来之书及昔日国史馆遗存之书，其中应入《艺文志》之书尚多，而现编《艺文志》稿内无之，由于章君在津据《长编》编纂，而未驻馆将全馆之书悉阅一过先编《长编》之失，故今日第一须将全馆之书通览一遍，择要补入，庶可对先贤……今馆中有其书而不过目采取，未免草率，问心亦不能无愧。"⑤

　　吴士鉴《艺文志长编》初稿本十种，已经在冯明珠主编的《清史馆未刊纪志表传稿本》丛书中影印出版。其中有十三册为"志"稿，《艺文志长编》稿本见于第九、十两册。

　　"志"第九册收录的稿本有：《刑法志》若干册，袁励准撰；《刑法志稿》第一卷，张采田（按即张尔田）撰；《刑志一副本》，李景濂撰。然后就是《艺文志长编》，共收七种：

　　（1）《艺文志长编　经上》，标题页署"士鉴辑"，同页右边框外书"陈金如缮"。

①朱师辙《清史稿撰人考》，《国立中山大学文学院研究所集刊》1948 年第 1 期。
②钱伯城、郭群一整理，顾廷龙校阅《艺风堂友朋书札》，上海人民出版社，2018 年，第 749 页。
③钱伯城、郭群一整理，顾廷龙校阅《艺风堂友朋书札》，上海人民出版社，2018 年，第 746 页。
④钱伯城、郭群一整理，顾廷龙校阅《艺风堂友朋书札》，上海人民出版社，2018 年，第 748 页。
⑤朱师辙《改纂清史"艺文志"说帖》，朱师辙《清史述闻》，上海书店出版社，2009 年，第 36—37 页。

（2）《艺文志长编　经下》，标题页署"士鉴辑"，同页框内书"赵九如缮"。

（3）《经　续增》，标题页署"士鉴"，同页右上写有："艺文志长编请式之同年分类收入。"右边框外书"陈金如缮"。

（4）《艺文志长编三　史上》，标题页署"吴士鉴辑"，同页右边框外书"胡兰石缮"。

（5）《艺文志长编五　史中》，标题页署"吴士鉴辑"，同页右边框外书"刘恩林缮"。

（6）《艺文志长编五　史下》，标题页署"吴士鉴辑"，同页右边框外书"鲁谦光缮"。

（7）《艺文志长编八　集上》，标题页署"吴士鉴辑"，同页右边框外书"继少卿"，为缮写人。

以下是《清史馆未刊纪志表传稿本》"志"第十册收录的《艺文志》稿本三种：

（1）《艺文志长编九　集下》，标题页署"吴士鉴辑"，同页右边框外书"于吉谦缮"。

（2）《艺文志长编六　子上》，标题页署"吴士鉴辑"，同页另写有："儒家与杂家杂考类互有出入，须再酌。《四库》大半入杂家，后来目录家则往往归入儒家。"

（3）《艺文志长编七　子下》，标题页署"吴士鉴辑"，同页右边框外书"赵世枫"，为缮写人。

《清史馆未刊纪志表传稿本》"志"第十册收录的稿本还有《交通志·路政》《交通志·邮政》《交通志·船政》《交通志·电政》，以上"交通"各志稿均署"协修罗惇曧纂"。然后是未署撰人的《交通志·序》和《交通志一》，当亦为协修罗惇曧纂。然后是《邦交志　日本上》，陈能怡拟稿；《邦交志　万国保和会》，协修刘树屏纂；《邦交志　万国禁烟会》，协修刘树屏纂。

《清史馆未刊纪志表传稿本》"志"第九、十两册整理影印的十种《艺文志》稿本非常珍贵。这些稿本上留下的各种附加信息，有助于对《艺文志》编纂过程做出一些基本的判断。

首先，吴士鉴确实完成了《艺文志长编》初稿的编纂，并请缮写人逐一誊写后提交给清史馆。影印出来的誊写稿本共十种，其中有"经"三种，分别是"经上""经下"和"经　续增";"史"三种,分别是"史上""史中""史下";"子""集"各两种,分别是"子上""子下"和"集上""集下"。

其次,吴士鉴、章钰二人有经常性的商讨。章钰比吴士鉴年长四岁,二人的分工是吴士鉴负责《长编》初稿,再交章钰补正。上面提到的《经　续增》稿本便是很好的证明。这个稿本标题页除署"士鉴"外,右上方还写着:"《艺文志长编》,请式之同年分类收入。""式之"即章钰。另外,《艺文志长编六　子上》标题页关于儒家与杂家杂考类著述"互有出入""须再酌"的提醒,也证明二人在著录过程中时相商榷。

再次,《清史馆未刊纪志表传稿本》收录的这些《艺文志》稿本,只是吴士鉴所编《艺文志长编》的誊写本,吴士鉴本人手头应还有编纂底稿。另外,章钰修订增补后,应会再次请缮写人誊写交稿,故还应有一个交给馆方的定稿本。据朱师辙回忆,他曾在馆长室见到吴士鉴、章钰二人合作完成的《艺文志》稿,他说:"清史'艺文志'稿经吴绹斋先生撰《长编》,章式之先生分类修正,纂辑十余年矣,昨日始于馆长室见之。"[1]朱师辙在馆里见到的《艺文志》稿,应该就是吴、章二人提交馆里的定稿本。朱师辙的"改纂"工作,应该就是以这个定稿本为基础进行的。

另外,根据台北故宫博物院公布的档案目录,包括上述影印稿本在内的《艺文志》稿本共有如下数种[2]:

A. 清史馆稿本艺文长编十二册

经部三册　　上、下、续　　吴士鉴辑

史部三册　　上、下、续　　吴士鉴辑

子部二册　　上、下　　吴士鉴辑

集部二册　　上、下　　吴士鉴辑

医术一册　　黄翼曾辑

八旗一册　　骆成昌辑

B. 清史艺文志十五册　　章钰辑

经部三册

史部四册

---

[1] 朱师辙《改纂清史"艺文志"说帖》,朱师辙《清史述闻》,上海书店出版社,2009 年,第 35 页。

[2] 台北故宫博物院编印《故宫博物院清代文献档案总目》,台北故宫博物院,1982 年,第 156—157 页。

子部二册

集部六册

C. 清史艺文志二册

经部一册　丙寅　朱师辙编

史部一册　丁卯　朱师辙编

D. 清史艺文志二册

三、子部一册

四、集部一册

图34　吴士鉴辑《艺文志长编》
"经　续增"首页①

按：吴士鉴《艺文志长编》稿本共十二册，其中"经部"分上、下、续增共三册。"续增"部分，系《艺文志长编》第一册。该册首页右上，吴士鉴手写："《艺文志长编》，请式之同年分类收入。"

以上A项稿本表明，除吴士鉴编纂《艺文志长编》十册外，还有黄翼曾编纂《医术》一册、骆成昌编纂《八旗》一册。B项稿本表明，章钰在吴士鉴《艺文志长编》基础上加以整理、增补，编成《清史艺文志》十五册，其中经部三册、史部四册、子部二册、集部六册。C项稿本有两册，编者均为朱师辙。D项稿本应亦为朱师辙所编。C、D合起来，就是完整的《清史艺文志》稿。这大概就是《清史稿》最终采用的付印稿本。

朱师辙对吴、章二人的定稿本并不满意，他说："'艺文志'为吴士鉴长编，乃根据各书目而成，故一种之书重见各类，由于各家所收各类不同，草创长篇固所难免，复归章式之拟定体例，分类重编，约经十年。以式之谙目录，稍有时名，亦颇自负，其体例不明、分类不当出诸意外，故馆中公推余整理。"②

①冯明珠主编《清史馆未刊纪志表传稿本》"志"第9册，沉香亭企业社，2007年。
②朱师辙《清史述闻》，上海书店出版社，2009年，第34页。

朱师辙接手后，向馆里递交了《改纂清史"艺文志"说帖》，就经部、史部、子部著录体例分别提出了修改意见。朱师辙还拟定详尽的改编标准，近于"凡例"，希望能有三五年时间，以便逐步完成改纂的工作①。

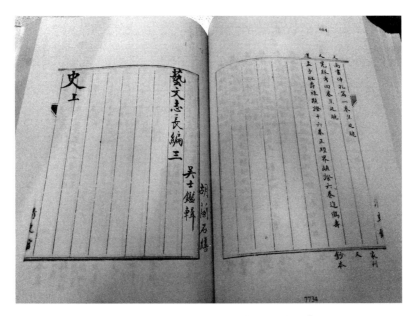

图35　吴士鉴辑《艺文志长编》(三)首页②

按：吴士鉴《艺文志长编》稿本共十二册，其中"史部"分上、下、续共三册。图为"史上"，系《艺文志长编》第三册。

遗憾的是，朱师辙精心拟定的这些改编计划绝大多数未能实现。朱师辙自己也曾解释："原期三五年竣工(时馆长言《史稿》付刊，少则二年，多则五年)③，不意馆长旋病，亟于刊《稿》，旋殁，益匆促付梓，原编辑计画皆不能实行，仅将大例改组，删其重复而略补必要之籍，草率交付。故余所阅览之书如三馆书目中所有应补之籍尚未全补，则以时间匆促，随意补入不加细检，每易重复，不敢遽行补入。其他未见之书，或名目、卷数疑有错误当查者，皆无暇顾及。此余所引为憾事，然亦事势之无可如何者也。"④

在谈到《清史稿》付印之"时势迫促"时，朱师辙再次以他所接手的《艺

① 朱师辙《改纂清史"艺文志"说帖》，朱师辙《清史述闻》，上海书店出版社，2009年，第35—38页。
② 冯明珠主编《清史馆未刊纪志表传稿本》"志"第9册，沉香亭企业社，2007年。
③ 引按：括号内为朱师辙原注。
④ 朱师辙《清史述闻》，上海书店出版社，2009年，第34—35页。

文志》改纂为例,他说:"余所编'艺文志'仅用旧稿,改组其体例,稍加补正,删其重复,未能照余所拟条例纂辑,时日急迫使然也……"①

二、版本纷争:朱师辙与金梁

由《清史稿》刻印及发售引起的争端,其实涉及多方、多组。第一组中的双方,是清史馆与南京新政府。其实这组冲突几乎不存在,因为随着国民革命军北伐成功,故宫被新政府接收,清史馆自然解体②。也正由于清史馆解体,馆方与官方的冲突才更多体现为针对《清史稿》的审查与禁售事件。这第二组争端中的各方,主要包括史馆同人及负责审查校阅的官员、学者及社会各界的读书人。各界对《清史稿》的评价以批评居多,观点相近,形同一方③。而被审查对象《清史稿》及其纂修者成为事实上的另一方。

关于官方及各界对《清史稿》的校阅、审查及禁售,本书已设专章叙之于前。这里重点讨论的是第三组争端,即史馆同人之间的内部分歧。馆内同人间较为重要的龃龉,发生在几位资深纂修人与主持《清史稿》校刻事宜且自称"总阅"的金梁之间。这番内部龃龉也是有外部表现的,那就是《清史稿》最终形成了两个不同的版本,即关外本(又有关外一次本、关外二次本之别)和关内本。

金梁《清史稿校刻记》记曰:"《艺文》为章君钰、吴君士鉴原稿,朱君师辙复辑。"在备举各纪、传、志、表撰人姓名之后,金梁又说:"凡诸稿梁皆校阅并有参订,惜仓卒付刊,不及从容讨论耳。"④金梁此记属实,言辞诚恳。尽管如此,金梁对诸稿的擅自更动,仍引起了一场不小的风波。

清史馆由故宫接收委员接管之后,清史馆代馆长柯劭忞及馆中部分同事力劝朱师辙代表馆方与接收方接洽。朱师辙"乃承命至馆",当看到馆中存放的《清史稿》印本后,他惊讶地发现,原由他执笔的《艺文志序》已非原

①朱师辙《清史述闻》,上海书店出版社,2009 年,第 57 页。

②1928 年 6 月 28 日,清史馆由故宫接收委员马衡、俞同奎、吴瀛、沈兼士、萧瑜等人代表国民政府予以接管,所有文书、图籍均由接收人员封锁保管。清史馆同人所余无几,"时馆中尚有总纂、协修诸人欠薪问题"亟待解决。朱师辙《清史述闻》,上海书店出版社,2009 年,第 60—61 页。

③当然其中也有为《清史稿》辩护的学者,如孟森等。孟森撰《清史稿应否禁锢之商榷》一文,发表于《国学季刊》1932 年第 4 期。

④金梁《清史稿校刻记》,《清史稿》(关外本、关外二次本)卷首。

貌："已改长篇为一纸。"该《序》"前后倒置",且"文气局促,句语欠妥"。朱师辙断定此番改动必非柯劭忞所为,原因是朱师辙所撰《艺文志序》当初曾呈交柯劭忞、王树枏审阅过,"二公皆极赞许",并未提出改动的建议。

朱师辙对金梁擅自改窜《艺文志序》非常不满,他斥金梁刻本为"伪本"。兹将二人《序》文对比如下,以见金梁改动的具体情形:

朱师辙稿(下称"朱稿"):

清代肇基东陲,造创伊始,文教未宏。太宗首命大学士希福等译辽、金、元三史。逮世祖译史告成,二年又有议修《明史》之诏。惟其时区宇未宁,日不暇给,是以石渠之建,犹未遑焉。圣祖继统,诏举博学鸿儒。继修《明史》,复纂诸《经解》《图书集成》等书,以网罗遗逸,拔擢英才。宏奖斯文,润色鸿业,驯致太平之治,而海内彬彬靡然向风矣。世宗嗣位,再举鸿词,未行而崩。

金梁稿(下称"金稿"):

清起东陲。太宗设文馆,命达海等翻译经史。复改国史、秘书、弘文三院,编纂国史,收藏书籍,文教始兴。世祖入定中原,命冯铨等议修《明史》,复诏求遗书。圣祖继统,诏举博学鸿儒,修经史,纂图书。稽古右文,润色鸿业,海内彬彬向风焉。

朱稿:

高宗初元,继试鸿博,采访遗书。乾隆三十七午谕曰:"朕稽古右文,聿资治理,几余典学,日有孜孜。因思策府缥缃,载籍极博,其巨者羽翼经训,垂范方来,固足称千秋法鉴。即在识小之徒,专门撰述,细及名物象数,兼综条贯,各自成家,亦莫不有所发明,可为游艺养心之助。然或逸在名山,未登柱史,正宜及时采集,汇送京师,以彰千古同文之盛。其令直省督抚、学政加意购访,量为给价,家藏钞本,录副呈送。庶几藏在石渠,用储乙览,四库、七略益昭美备,称朕意焉。"(A位置。按:此处原有一节文字,详见本书第 409 页括注。)

金稿:

高宗继试鸿词,博采遗籍。

朱稿:

明年,诏设《四库全书》馆,以皇子永瑢、大学士于敏中等为总裁,侍郎纪昀、大理寺卿陆锡熊等为总纂,其纂修等官则有戴震、邵晋涵、庄存与、任大椿、王念孙、姚鼐、翁方纲、朱筠等,与事者三百余人,皆博选一时之俊。历二十年,始缮写告成。先后编辑之书三百八十五种,以聚珍版印行百余种。三十九年,催缴直省藏书,四方竞进秘籍甚众。江、浙督抚采进者达四五千种,浙江鲍士恭、范懋柱、汪启淑,江苏马裕家藏之籍,呈进者各六七百种,周①厚堉、蒋曾莹、吴玉墀、孙仰曾、汪汝瑮等亦各进书百种以上。至是天府之藏,卓越前代。

金稿:

特命辑修《四库全书》,以皇子永瑢、大学士于敏中等为总裁,纪昀、陆锡熊等为总纂,与其事者三百余人,皆极一时之选。历二十年始告成。

朱稿:

当是时,《四库》写书至十六万八千册,诏钞四分,分庋京师文渊、京西圆明园文源②、奉天文溯、热河文津四阁,复简选精要,命武英殿刊版颁行。四十七年,诏再写三分,分贮扬州大观堂之文汇阁、镇江金山寺之文宗阁、杭州圣因寺玉兰堂之文澜阁,令好古之士欲读中秘书者,任其入览。(按:本节原在本书第 409 页 B 位置)

金稿:

全书三万六千册,缮写七部,分藏大内文渊阁,圆明园文源阁,盛京文溯阁,热河文津阁,扬州文汇阁,镇江文宗阁,杭州文澜阁。

朱稿:

特命纪昀等撰《四库全书总目》,著录三千四百五十八种,《存目》著录六千七百八十八种,都一万二百四十六种。

---

① 按:朱师辙《清代艺文略》所录此《序》,"周厚堉"误作"用厚堉","用"字误。朱师辙《清代艺文略》,华西协合大学哈佛燕京学社,1935 年。

② 按:朱师辙《清代艺文略》所录此《序》,此句作"盖钞《全书》四分,《荟要》二分,其《全书》分庋京师文源、京西圆明园文渊"。朱师辙《清代艺文略》,华西协合大学哈佛燕京学社,1935 年。

金稿：

命纪昀等撰《全书总目》，著录三千四百五十八种，《存目》六千七百八十八种，都一万二百四十六种。

朱稿：

复以总目提要卷帙浩繁，学子翻阅匪易，又命纪昀就总目之书别纂《四库简明目录》，其《存目》之书不预焉。先是高宗命撷四库精华，都四百六十四部，缮为《荟要》，藏诸摛藻堂[①]，以备御览。（B 位置）

金稿：

复命于敏中、王际华撷其精华，别为《四库荟要》，凡一万二千册，分缮二部，藏之大内摛藻堂及御园味腴书屋。

朱稿：

于是安徽学政朱筠条奏明《永乐大典》内多古书，请开局纂辑，缮写各自为书。时《永乐大典》储翰林院，已有残缺，原书为卷二万二千九百三十七，缺二千四百四卷，存二万四百七十三卷，为册九千八百八十一。高宗下筠议，大学士于敏中力赞其说。（按：本节原在上文 A 位置）

金稿：

又别辑《永乐大典》三百八十五种，交武英殿以聚珍版印行。时大典储翰林院者尚存二万四百七十三卷，合九千八百八十一册。其宋、元精椠，多储内府，天禄琳琅，备详官史。

朱稿：

用是海内从风，人文炳蔚，学术昌盛，方驾汉、唐。后文源载籍烬于英法联军，文汇、文宗毁于洪杨之乱，文澜亦有散佚。独文渊、文溯、文津三阁之书，巍然具存，书皆钞本，其宋、元精刊，多储大内天禄琳琅等处，载诸官史。

---

①按：朱师辙《清代艺文略》所录此《序》，此句作"藏诸橘藻堂及味腴书屋"，"摛"作"橘"，且多出"及味腴书屋"五字。朱师辙《清代艺文略》，华西协合大学哈佛燕京学社，1935 年。

金稿：

经籍既盛，学术斯昌，文治之隆，汉、唐以来所未逮也。

朱稿：

而外省督抚，礼聘儒雅，广修方志。郡邑典章，粲然大备。阮元补四库未收书四百五十四种，复刊《学海堂经解》一千四百十二卷，王先谦《续刊》一千三百十五卷。甄采精博，一代经学人文萃焉。

金稿：

各省先后进书，约及万种，阮元既补四库未收书四百五十四种，复刊《经解》一千四百十二卷，王先谦又刊《续经解》一千三百十五卷。而各省督抚，广修方志，郡邑典章，粲然大备。

朱稿：

曾国藩督两江，倡设金陵、苏州、扬州、浙江、武昌官书局。张之洞督粤，设广雅书局。皆慎选通儒，审校群籍，广为剞劂，以惠士林。而私家校勘，精镂亦夥。丛书之富，曩代莫京。

金稿：

其后曾国藩倡设金陵、苏州、扬州、杭州、武昌官书局，张之洞设广雅书局。延聘儒雅，校刊群籍，私家亦辑刻日多。丛书之富，曩代莫京。

朱稿：

清之末叶，欧风东渐，科学日昌。同治初，设江南制造局，始译西籍。光绪末，复设译书局，流风所被，译书竞出，忧世俊英，群研时务。是时敦煌写经，殷墟龟甲，异书秘宝，胥见坰壤。实足献纳艺林，宏裨学术。其间硕学名儒，各标宗派，故鸿篇巨制，不可殚纪。

金稿：

及至晚近，欧风东渐，竞译西书，道艺并重。而敦煌写经，殷墟龟甲，奇书秘宝，考古所资。其有裨于学术者尤多，实集古今未有之盛焉。

朱稿：

　　《艺文》旧例，胥列古籍。清代《总目》，既已博载，兹《志》著录，取则《明史》，断自清代。

金稿：

　　《艺文》旧例，胥列古籍。兹仿《明史》为《志》，凡所著录，断自清代。

朱稿：

　　四部分类，多从《总目》，审例订讹，间有异撰。清儒著述，《总目》所载，捃采靡遗。《存目》稍芜，斟录从慎。乾隆以前，漏者补之。嘉庆以后，缺者续之。苟有纤疑，则从盖阙。前朝群书，例既弗录。

金稿：（删）

朱稿：

　　清代辑佚，异乎斯旨。哀纂功深，无殊撰述，故附载焉。

金稿：

　　唯清人辑古佚书甚夥，不可略之，则附载各类之后。

　　由以上的对照可知，二人《序》稿结构大体相同。从内容来看，朱稿详实，优于金稿。金稿简洁，也有其长。朱稿《序》末原有一段文字介绍编纂体例及著录原则，金稿删之，未知何故。总体而论，两稿并无实质差异。金稿系据朱稿删改而来，故朱师辙于《序》稿撰定贡献更大。朱师辙对金梁之擅改表达不满，自在情理之中。

　　金梁所印《清史稿》初版本，被称"关外本"。清史馆同人撤换部分内容之后形成的版本，称"关内本"。关内本除将金梁删改后的《艺文志序》替换为朱师辙原稿外，还包括：改换了卷首的《清史馆职名表》；撤掉了金梁撰写的《清史稿校刻记》；撤去列传二百六十张勋、康有为传，从列传二百五十九中分出劳乃宣、沈曾植二人作为列传二百六十，以填补张勋、康有为二传撤下后出现的卷次空缺；《儒林二》朱骏声由附传改正传[1]。当然，金梁所做

---

[1] 朱师辙《清史述闻》，上海书店出版社，2009年，第62—73页。

的增删调整遍及全书各处,关内本的撤换更改只是有限的、局部的。

三、学界评说:《艺文志》面世之后

《清史稿》刊行后,各界反响激烈,引起了一场轩然大波。经历一番政治及学术审查之后,《清史稿》被宣布禁售。在当时报刊上发表的文章中,针对《艺文志》的不算少,但基本不涉及政治方面,主要集中于体例商讨及订补误漏之类,尚属较为纯粹的学术探讨。

较早撰文评价《清史稿·艺文志》的学者有朱希祖、王伯祥等。朱希祖就《艺文志》史部“杂史类”所载黄宗羲著作信息提出批评,指出了多处错误[1]。

王伯祥的文章也涉及《艺文志》。文中说:“最感不安的是《艺文志》。矛盾支绌,不一而足。”他对《艺文志》提出了三点批评意见:

> (一)不为撰人立传而收其著作。如皮锡瑞、缪荃孙俱无传,而收皮著《五经通论》和缪著《续碑传集》。

> (二)撰人明明有传,而他们的著作竟不登一字。如王闿运、康有为俱有传,而他们的等身著作却不能在此《志》中寻见踪影。

> (三)随便摭拾一二种,而不计其全。如收孙诒让的《周礼正义》《籀庼述林》等而遗其名著《名原》等,收缪荃孙的《续碑传集》而不录其它《艺风堂藏书记》诸书,收叶昌炽的《语石》而不采《藏书纪事诗》等。
> 诸如此类,不遑枚举。[2]

王伯祥所举三点,第一点尚不为过。某人有著作入载《艺文志》而其人未必达到立传标准,其例甚多。盖《艺文志》收录著作的标准与《儒林传》《文苑传》立传标准不同。第二、三两项,确为《清史稿·艺文志》之失。

其后,傅振伦发表《清史稿评论》,也提到《艺文志》的缺失。傅振伦说:“本书《艺文志》虽有辑佚一类而不列丛书,其序曰‘前朝群书例既弗录,清代辑佚异乎斯旨’,然今者此《志》集部第五词曲类‘词选之属’竟将词学丛

---

[1]朱希祖《清史稿艺文志杂史类黄宗羲著作目匡谬》,《清华周刊》1928 年第 5 期。
[2]王伯祥《读清史稿述臆》,《民铎杂志》1929 年第 1 期。

书列入，自相矛盾矣。"①

马太玄发表的是一篇"校勘记"，指出《清史稿·艺文志》存在"互见""误收""书名之误""人名之误"四类近四十处疏误。文末又以举例方式列出《艺文志》之"四陋"②。马太玄所谓"四陋"，指所记不全、信息不确、分类不当、体例不严四方面。

在批评《清史稿·艺文志》的诸多文章中，有两篇最为有名，其作者分别为范希曾、蠡舟。二人文章发表后，曾被朱师辙收入《清史述闻》一书。1992 年中华书局出版《清史稿艺文志及补编（附索引）》，"附录"中也收录了这两篇文章，同时收录的还有张尔田、马太玄的文章③。

范希曾对《清史稿》设立《艺文志》大为赞赏："清史者，二十四史之殿军也，定本未成，《稿》已发印，其中有'艺文志'焉，此吾人认为惬意者也。"然后，笔锋一转，开始指瑕纠谬。他提出的问题，涉及诸多方面。兹分类概括如下：

（一）"艺文志"称名问题。范希曾认为，该"志"称名有待商榷，"当从《隋书》称'经籍志'，或径称'书籍志'"。他说："明以来'艺文志'一名名义已混，不宜复用。"并举例道："如明周复俊《全蜀艺文志》、清王琛《淮安艺文志》等书乃诗文总集，皆称'艺文志'。"另外，"方志内有专卷辑一方文字亦率以'艺文志'标目"。职是之故，"其志经籍者始称'经籍志'或改名'书目'"。

（二）收书断代问题。范希曾并不反对《清史稿》著录经籍取"断代"一体，即"就本代所撰之书而著录之"。他又说："明、清二《志》但志当代，谓之求轻卷帙固可，谓之畏难亦无不可也。"意思是不能通记古今亦有遗憾，未免有"畏难"之嫌。

（三）版本标注问题。范希曾对《艺文志》不注版本颇有异议，他说："史志例不注版本，其著录之书已刊、未刊及稿本、传抄本之存于何许，俱无从考见，徒存其目，为效有限，此实自来撰史志者之通病。"此处所谓"史志"，指的是各史"艺文志"或"经籍志"。汉、隋、唐、宋各代著录家不注版本尚属情有可原，然而明清以来补撰诸史"艺文""经籍志"十数家以及《清史稿》之"艺文志"也都不注版本，范希曾对此感到不解："畏难也，畏渎史体耶？意莫可知。"他认为，标注版本"实大有造于学者"，应该"创例为之"。

---

①傅振伦《清史稿之评论（上）》，《史学年报》1931 年第 3 期。

②马太玄《清史稿艺文志校勘记》，《燕京大学图书馆记》第 23 期，1932 年 2 月 15 日。

③《清史稿艺文志及补编（附索引）》，中华书局，1982 年，第 310—339 页。

（四）著录阙略问题。范希曾指出，清代书籍"有异夫前代者"。其"异"在于："非特汉人著述也，有满旗之书、有蒙藏之文、有西洋教士之书、有翻译书、有辑佚书。"以上各类，"皆当一一入录"。此外，"朝鲜、越南属清最久，其人所著亦应择尤编登"，只有这样，方可"揭示清《志》之特色"。但《清史稿·艺文志》未能做到"译籍概未之载，教士书止收南怀仁《坤舆图志》一部，基督教极有关系之《新旧约全书》亦不之收"，可谓"疏阔甚已"。

（五）著录断限问题。范希曾批评《清史稿·艺文志》著录断限不严。既然标举"断代"，则明清之际与清代、民国之际，应取同一标准："愚意收书应以时为主，不应以人为主，即须视其书是否成于清兴或末之日而定去取"，"明遗民、清党人及太平天国之人，其书倘作于此二百六十八年间者，曷为而可弗收？"反之，"今所号清室遗臣所著之书，成于清亡以后，又曷可漫为登载？"范希曾举例道："今《志》稿间有收遗臣在民国间所著书，而其人清季所作反被遗落，或未能尽载，如康有为书无一所取，王闿运、缪荃孙书亦止收一部，去取之旨莫之识也。"

（六）文献门类、形态、存佚及数量统计诸问题。范希曾认为，说部传奇应加著录；清代四书文亦应酌加著录，因其"可以考见一代举业程式风会"。他还指出几种特殊情形的著录原则：其一，"一人所著前后数刻时有多寡异同"，当以定本入录；其二，如果"书之单卷抽刻或零星文字已为他书所包括者"，可不必著录，以免重复杂沓；其三，所谓存书不仅指已刊之书，"凡稿本、传抄本知其确在"，亦当著录。另外，范希曾还建议《清史稿·艺文志》于每部、每类后"总计其家数及部卷数"。历代诸史于此皆能做到，《清史稿》独未能。倘问起《清史稿·艺文志》收书几何，"必将瞠目莫对"。

（七）著录疏误举例。范希曾最后分类列举了《清史稿·艺文志》著录上的疏误。他将这些疏误分为十余类，包括书名误、卷数误、撰人误、时代误、国别误、重复著录、异名同书误为二书、门类界划不清、部居舛误、次序错乱、脱漏，等等①。

---

① 范希曾《评清史稿艺文志》，《史学杂志》1929年第3期；朱师辙《清史述闻》，上海书店出版社，2009年，第277—290页。

四、修订与增补：以《易》类文献为例

以下以作为经部文献之首的《易》类文献为例，介绍吴士鉴、章钰、朱师辙三人参与《艺文志》编纂的分工、操作流程与文献收录情况。

朱师辙本人虽无《易》学专著，但他是有较深《易》学造诣的学者。1935年3月，朱师辙《清代艺文略》一书由华西协合大学哈佛燕京学社出版①，该著是以《清史稿·艺文志》的经部文献为基础删简而成的。《清代艺文略》分经部为十类：一、二均为《易》类，三为《诗》类，四为《礼》类，五为《乐》类，六为《春秋》类，七为《孝经》类，八为四书类，九为经总义类，十为小学类。

与《清史稿·艺文志》相较，《清代艺文略》除篇幅更简外，另一个极其重要的变化是增写了述论部分。在这些述论文字中，朱师辙对经学各门类著述的发展线索做了条理清晰的回顾，同时也指出这些门类的著述与学问在清代的新变化。朱师辙在为"《易》类"书目所撰"述论"中，先概括介绍了历代《易》学的发展演变，他称之"清以前各朝《易》学治革之大概"。

朱师辙说："《易》自伏羲制卦，文王《系辞》，孔子作《十翼》，《易》历三圣，义始大明。"这是介绍《易》卦、《易》学的发生史。又说："自鲁商瞿受《易》孔子，六传至汉田何。汉《易》皆祖田何，大义略同。惟京房为异。独费直《易》与古文合。"这是讲孔子以下的《易》学授受史，以及汉代《易》学的各个派别。关于《易》学的义理与象数之别及两派之升降起伏，朱师辙说："自孔子以后汉初说《易》，皆主义理，切人事。焦延寿、京房始言灾异、阴阳、术数，郑玄兼习京、费二家之《易》。至魏王弼《易注》，复舍象数，言义理，间杂老、庄之旨。而郑、王之学并行。迨唐孔颖达撰《义疏》，屏郑用王，而汉《易》遂废。"

以上介绍的是汉代以前。关于宋、明《易》学，朱师辙指出：陈抟作《先天后天图》，刘牧、邵雍等人传其学，至是"《易》又一变"，是为"以数推理"之学。朱师辙认为，程颐《易传》是"出数言理"，朱子则"主复古本"。其后学人多宗程、朱。当然也"间有以图象说《易》者"。朱师辙对明代《易》学的评价不高，他认为"明敕撰《周易大全》"，是为科举取士用的，"以为一代取士

---

① 朱师辙《清代艺文略》，华西协合大学哈佛燕京学社，1935年。

准则"。《周易大全》在《易》学思想上"宗程、朱而兼取象数",缺点是"庞杂割裂,无所取裁",造成的后果是"汉《易》尽亡"。谈到清代《易》学,朱师辙如数家珍。他先列举清初两位治《易》名家,并有点评:

> 王夫之,撰《周易稗疏》。
>
> (朱师辙评价:"排京房,攻陈抟,言必征实,义必切理"。)
>
> 黄宗羲,撰《易学象数论》。
>
> (朱师辙评价:"力辟邵雍。其弟宗炎撰《周易象辞》,《寻门余论》《周易辨惑》则击陈抟。")

朱师辙认为王、黄二位"虽入清代,然皆明之遗老",他们的撰述,"颇有卓见"。但也有局限,用朱师辙的话说,是"汉学家法,终未大明"。

朱师辙对李塨、胡渭评价较高。前者撰《周易传注》,后者撰《易图明辨》。朱师辙认为李塨"颇为淳实",胡渭舍象数言义理,"无穿凿之失"。朱师辙还引梁启超《清代学术概论》中的如下说法,作为他本人观点的佐证。梁启超说:

> 胡渭之《易图明辨》,大旨辨宋以来所谓河图洛书者,传自邵雍。雍受诸李之才,之才受诸道士陈抟,非羲、文、周、孔所有,与《易》义无关。此似更属一局部之小问题,吾辈何故认为与阎(若璩)书有同等之价值耶?须知所谓无极、太极,所谓《河图》《洛书》,实组织宋学之主要根核。宋儒言理,言气,言数,言命,言心,言性,无不从此衍出……渭之此书,以《易》还诸羲、文、周、孔,以《图》还诸陈、邵,并不为过情之抨击,而宋学已受致命伤。自此,学者乃知宋学自宋学,孔学自孔学,离之双美,合之两伤。自此,学者乃知欲求孔子所谓真理,舍宋人所用方法外,尚别有其途。不宁唯是,我国人好以"阴阳五行"说经说理,不自宋始,盖汉以来已然。一切惑世诬民汨灵窒智之邪说邪术,皆缘附而起。胡氏此书,乃将此等异说之来历,和盘托出,使其不复能依附经训以自重,此思想之一大革命也。[①]

梁启超将胡渭及其《易图明辨》一书在《易》学史上的贡献,上升到学术思想

---

①朱师辙《清代艺文略》,华西协合大学哈佛燕京学社,1935年。

史的高度,称之"思想之一大革命也",认为该书揭露了汉以来各种惑世诬民者在炮制邪说邪术时对经训的"缘附"。

　　朱师辙重点提到的清代《易》学家及著述有:(1)毛奇龄。毛奇龄著有《仲氏易》,又撰有《推易始末》《春秋占筮》《易小帖》等书。谓《易》有变易、交易、反易、对易、移易五义。朱师辙的评价是:"牵合附会,务求词胜。"(2)惠栋。惠氏世传《易》学,惠栋祖父惠周惕撰《易传》,子惠士奇撰《易说》。朱师辙认为,惠周惕、惠士奇"专明汉例,但采释未纯"。至孙辈惠栋(撰《周易述》),始有大成。朱师辙评惠栋,曰:"以虞翻、郑玄为主,兼采两汉《易》说,旁通曲证,然全书未竟。"又说:"栋又撰《易学》《易例》《周易本义辨证》,胥遵汉儒。"(3)江藩。江藩继惠栋《周易述》之后,撰成《周易述补》。(4)焦循。撰《易章句》,其体例"略仿虞氏"。焦循又撰《周易通释》。朱师辙对焦循的评价是:"采卦爻之辞,字以类从,贯通其义,综以书九数之旨,复提其要为《易图略》,发明旁通相错时行之义。"(5)张惠言等。朱师辙认为,张惠言、姚配中、戴棠、胡祥麟、方申等,"皆有补助发明,卓然成一家之言"。他认为,张惠言撰《周易郑氏义》《虞氏义》《周易易礼》《虞氏消息》等书,"于郑、荀、虞诸家,求其条贯,明其统例,释其疑滞,独成专门之学。其后姚配中、戴棠、胡祥麟、方申等宗其义,多以象数为主。或杂援谶纬,然仍遵汉儒家法"。(6)钱澄之、李光地等。朱师辙说:"钱澄之、李光地、杨名时、查慎行之书,则崇宋黜汉,率多臆测之谈,皆不逮惠、焦。"朱师辙总结道:"清代言汉《易》者,惠栋造其基,焦循、张惠言集其成,张惠言为专门,焦循为通学。而先博士《六十四卦经解》各著,亦为专家也。"朱师辙以上部分说法,"多本江藩、刘师培说"[1]。

　　朱师辙的祖父朱骏声有《六十四卦经解》[2]等《易》著多种,朱师辙对《易》学的兴趣是有其家学渊源的。朱师辙的《易》学素养对他从事《艺文志》《易》类文献目录的整理是有帮助的。从吴士鉴《艺文志长编》到《清史稿·艺文志》,中间有章钰和朱师辙的参与,《易》类著作的著录有何变化?

　　将《清史稿·艺文志》刊行本的著录情况与吴士鉴《艺文志长编》相比较,能够清晰地看出吴士鉴《艺文志长编》交稿之后章钰、朱师辙二人增补

---

①按:此为原书注。
②此书有整理本。朱骏声《六十四卦经解》,古籍出版社,1958年。

的情形。

章钰、朱师辙在吴士鉴《艺文志长编》基础上所做的工作,主要包括:

(一)以吴士鉴《艺文志长编》为基础,查漏补缺。

据统计,《清史稿·艺文志》共收《易》类文献 334 种(条)①。经与吴士鉴《艺文志长编》比对,以下诸种《易》著是《艺文志长编》未著录而《清史稿·艺文志》著录了的,共 39 种(条):

1.东易问八卷,魏枢撰。

2.读易丛记二卷,叶名沣撰。

3.读易观象惺惺录十六卷,读易观象图说二卷,太极图说二卷,周易原始一卷,天水答问一卷,羲皇易象二卷,羲皇易象新补二卷,李南晖撰。

4.古易音训二卷,宋咸熙撰。

5.六十四卦经解八卷,易郑氏爻辰广义二卷,易经传互卦卮言一卷,易章句异同一卷,易消息升降图二卷,学易札记四卷,朱骏声撰。

6.先天易贯五卷,刘元龙撰。

7.易大义补一卷,桂文灿撰。

8.易卦私笺二卷,蒋衡撰。

9.易贯五卷,玩易篇一卷,艮宦易说一卷,邵易补原一卷,卦气直日解一卷,易穷通变化论一卷,八卦方位说一卷,卦象补考一卷,周易互体征一卷,俞樾撰。

10.易汉学考二卷,易汉学师承表一卷,易象传大义述一卷,易爻例一卷,吴翊寅撰。

11.易互六卷,杨陆荣撰。

12.易解说二卷,吴汝纶撰。

13.易经揆一十一卷,易学启蒙补二卷,梁锡玙撰。

14.易经明洛义六卷,孙慎行撰。

15.易经识解五卷,徐秉义撰。

16.易经通论一卷,皮锡瑞撰。

17.易经衷要十二卷,李式谷撰。

18.易释四卷,黄式三撰。

---

①王绍曾《〈清史稿艺文志〉易类拾遗概谈》,《周易研究》1989 年第 1 期。

19.易守三十二卷,叶佩荪撰。

20.易说十二卷,易说便录二卷,郝懿行撰。

21.易闻十二卷,归起先撰。

22.易象通义六卷,秦笃辉撰。

23.易学阐十卷,黄与坚撰。

24.易翼二卷,孙承泽撰。

25.易章句十二卷,易通释二十卷,易图略八卷,周易补疏二卷,易余籥录二十卷,易话二卷,易广记二卷,焦循撰。

26.周易本义注六卷,胡方撰。

27.周易粹义五卷,薛雪撰。

28.周易大衍辨一卷,吴鼐撰。

29.周易故训订一卷,黄以周撰。

30.周易观象补义略不分卷,诸锦撰。

31.周易集解纂疏三十六卷,李道平撰。

32.周易解翼十卷,上官章撰。

33.周易经言拾遗十四卷,徐文靖撰。

34.周易井观十二卷,周大枢撰。

35.周易旧注十二卷,徐鼐撰。

36.周易释爻例一卷,成蓉镜撰。

37.周易图说六卷,蔡新撰。

38.周易图说正编六卷,万年茂撰。

39.周易注疏校正一卷,卢文弨撰。

以上第5条著录朱骏声《易》著多种,包括《六十四卦经解》《易郑氏爻辰广义》《易经传互卦卮言》《易章句异同》《易消息升降图》《学易札记》等,当系朱师辙增补。其他30余种(条),究竟是章钰还是朱师辙增补,暂难确定。

(二)对《艺文志长编》加以审校、订正。

一是书名字序颠倒者,改正之。如吴士鉴《长编》著录林赞龙《学易大象要参》,《清史稿》作《易学大象要参》。

二是书名不确者,改正之。李富孙《易经异文释》一书,吴士鉴《长编》著录为《周易异文释》;吴士鉴《易图条辨》一书,"条辨"二字误记为"条例",

《清史稿》均改正。

三是同书异名者,核实并订正之。吴士鉴《长编》著录晏斯盛《楚蒙山房易经解》十六卷,《清史稿》著录为:"《学易初津》二卷,《易翼宗》六卷,《易翼说》八卷。"按:《楚蒙山房易经解》内含此三种书。《清史稿》著录更为具体。

四是同一作者另有他书者,增补之。吴士鉴《长编》著录简亲王德沛《易图解》一卷,《清史稿》于《易图解》后增记《周易补注》十一卷;吴士鉴《长编》著录庄存与《卦气解》一卷,《清史稿》增记《卦气解》一卷、《八卦观象解》二卷、《彖传论》一卷、《象象论》一卷、《系辞传论》二卷。惠栋《易》学著述,吴士鉴《长编》著录八种,《清史稿》增入一种(《易说》六卷);吴士鉴《长编》著录陈寿熊《易》类著述一种(《读易汉学私记》一卷),《清史稿》增加《陈氏易说》四卷;吴士鉴《长编》著录丁晏《易》学著述三种,《清史稿》增加一种(《周易解诂》一卷);吴士鉴《长编》著录俞樾《易》学著述两种,《清史稿》增加七种。

五是卷数不确者,订正之。吴士鉴《艺文志长编》著录张惠言《易》学著述十二种,其中《周易郑氏义》二卷误记为三卷,《易图条辨》一卷误记为二卷,《清史稿》均改正。

六是个别字句不确者,订正之。吴士鉴《艺文志长编》记《孙氏周易集解》为"孙星衍辑",《清史稿》更正为"孙星衍撰"。

(三)对《艺文志长编》的删减。

《艺文志长编》卷数未明且暂难查知者,不再标注卷数,甚至删除整条著录。如孙堂辑《汉魏六十家易注》被吴士鉴收入《艺文志长编》,但"卷"字前留白,未标卷数。《清史稿》最终未收此书。汪绂《易经如话》亦著录于吴士鉴《艺文志长编》,"卷"字前也留白,卷数未明。《清史稿》著录后,卷数补数字"十五"。《四库全书存目》中有一些"家藏本""采进本",这些"家藏本""采进本"在吴士鉴《艺文志长编》中著录颇多,《清史稿·艺文志》多有删除。如吴士鉴《艺文志长编》"经上"著录"《易学薹贞》四卷,赵世对撰",《清史稿·艺文志》未收。按:《易学筮贞》四卷,系浙江吴玉墀家藏本。又如《丽奇轩易经讲义》,吴士鉴《长编》著录,《清史稿·艺文志》未收,此著作为励守谦家藏本。再如《羲画愤参》,吴士鉴《长编》有,《清史稿·艺文志》未收,此著作为浙江巡抚采进本。

原记为"无卷数"者,也常遭删除。如吴鼐《易象约言》在吴士鉴《艺文志长编》著录时,记为"无卷数",《清史稿·艺文志》未收此书(但收有吴鼐另一种易学著作《周易大衍辨》一卷)。宋邦绥《易读》在吴士鉴《艺文志长编》著录时,亦记为"无卷数",《清史稿》未收。《周易辨疑》无卷数,吴士鉴《长编》有著录,《清史稿·艺文志》未收①。

(四)对《艺文志长编》内容的微调。

同一位著者,收其更具代表性、更有学术价值的作品。如孙冯翼撰《禹贡地理古注考》一卷、《释人注》一卷,《清史稿·艺文志》均著录,却不收其《易义考逸》一卷。另外,同一作者名下的著述,有排序上的变化。焦循《易》类著述七种,《清史稿》与吴士鉴《艺文志长编》著录相同,其中两种互换了顺序;《清史稿·艺文志》著录端木国瑚《易》学著述四种(《周易指》三十八卷、《易例》一卷、《易图》五卷、《易断辞》一卷),吴士鉴《长编》著录与此略异:一异即在于书名顺序;二异则为《清史稿》有《周易指》三十八卷,而吴士鉴《长编》则记《易上下经及十翼》三十八卷;三异在于吴士鉴《长编》又记有《附录》一卷。

当然,也有一些加工处理造成了错误,是为误改。如纪大奎《易问》,在吴士鉴《艺文志长编》中著录为六卷,《清史稿·艺文志》误为四卷。《清史稿·艺文志》收入陈绰《四书录疑》(三十九卷),却未收入他的《周易录疑》。其实,《周易录疑》原已著录于吴士鉴《艺文志长编》"经上",但在覆辑过程中被删除。不知何故。

上世纪中叶以后,海峡两岸学术界都很关注《清史稿·艺文志》的修订与增补工作。经过学者们的努力,取得了可观的进展。中国台湾方面,张其昀、萧一山、彭国栋等人于1960年成立清史编纂委员会,就《清史稿》一书开展修订与增补的工作。一年后修订完成,以《清史》为名,由"国防"研究院于1961年刊印。其中,《艺文志》部分也有增补,增补文献计约八千四百余种。中国大陆方面,武作成独立完成了《清史稿艺文志补编》,《补编》著录经部著作一千二百六十七种,史部著录三千四百四十二种,子部著录一千八百三十五种,集部著录三千八百九十四种,共增补四部书一万零四

---

① 据杨世文《清代四川经学著述简目》(舒大刚主编《儒藏论坛》第2辑,四川大学出版社,2007年),《周易辨疑四卷》,又名《周易六十四卦辨疑》,长寿李开先撰。有乾隆二十四年刊本。

百三十八种。收书与《艺文志》大体相当①。规模最大的要数王绍曾主编的《清史稿艺文志拾遗》，"《拾遗》著录，都五万四千八百八十部……较之《志稿》几增五倍以上"②。

　　随着我国国内各大图书馆以及海外图书馆汉籍馆藏目录的整理编印，以及各类大型丛书的整理出版，《清史稿·艺文志》及《补编》《拾遗》均未著录的清人著述不断涌现。如上海古籍出版社2002年影印出版的《续修四库全书》中，就有不少《清史稿·艺文志》及《补编》《拾遗》均未收录者。《易》类如来集之《读易隅通》及《卦义一得》(《续修四库全书》第十七册收录，下同)、卢见曾《读易便解》(第二十册)、程廷祚《读易管见》(第二十册)、刘文龙《古易汇诠》(第二十二册)、李富孙《李氏易解剩义》(第二十七册)、蒋湘南《卦气表》《卦气解》(第三十二册)、纪磊《汉儒传易源流》及《九家逸象辨正》(第三十五册)、黄以周《十翼后录》(第三十六、三十七册)、毛奇龄《河图洛书原舛编》(第四十册)、王树枏《费氏古易订文》(第四十册)等，均有待将来补录。西学汉译书籍、传教士在华出版的中文书籍等，数量也相当可观③。事实上，朱师辙接手整理《艺文志》之初，即有著录清季译书的设想④，惜未及践行。总之，《清史稿·艺文志》的增补完善，需要一代又一代学者的持续接力。

---

①中华书局编辑部《清史稿艺文志及补编·出版说明》，章钰、武作成等编《清史稿艺文志及补编》，中华书局，1982年，第4页。
②王绍曾《清史稿艺文志拾遗·前言》，王绍曾主编《清史稿艺文志拾遗》，中华书局，2000年，第21页。
③如张晓编著《近代汉译西学书目提要》(北京大学出版社，2012年)、张美兰《美国哈佛大学哈佛燕京图书馆藏晚清民国间新教传教士中文译著目录提要》(广西师范大学出版社，2013年)等，均可据以补录。
④朱师辙说："前编翻译之籍未载，按清季翻译西籍甚夥，宜选要收录，其无类可归者则增添子目以容纳之。"朱师辙《清史述闻》，上海书店出版社，2009年，第37页。

第六章　夏孙桐与《循吏传》之编纂

"循吏"设传，始自《史记》。《史记》不止设《循吏传》，还设《酷吏传》。《汉书》《后汉书》承袭《史记》，设《循吏传》《酷吏传》各一卷。《晋书》《宋书》《梁书》均设《良吏传》，无《酷吏传》。《南齐书》略异，称《良政》，一卷。

为什么设《循吏传》？《史记》卷一一九《循吏传》云："太史公曰：法令所以导民也，刑罚所以禁奸也。文武不备，良民惧然身修者，官未曾乱也。奉职循理，亦可以为治，何必威严哉？"又说："奉职循理，为政之先。恤人体国，良史述焉。"[1]这里两次提及的"奉职循理"，是《循吏传》入传官员的主要标准，体现了司马迁对"循吏"的理解。

此后，《魏书》《北齐书》《隋书》《北史》均设《良吏传》《酷吏传》各一卷，《旧唐书》有《良吏传》《酷吏传》各两卷，《新唐书》有《循吏传》《酷吏传》各一卷。《南史》有《循吏传》，无《酷吏传》。《周书》《旧五代史》《新五代史》未专设《循吏传》及《酷吏传》。《宋史》有《循吏传》一卷、《辽史》有《能吏传》一卷、《金史》则设《循吏传》《酷吏传》各一卷。

可见，诸史多设"循吏传"，只是有时改称"良吏""良政"或"能吏"罢了。《元史》有《良吏传》，两卷。《明史》复改称《循吏传》，一卷。《明史》卷二八一《循吏传》曰："汉史丞相黄霸，唐史节度使韦丹，皆入《循吏传》中。今自守令超擢至公卿有勋德者，事皆别见，故采其终于庶僚，政绩可纪者，作《循吏传》。"[2]《明史》除了强调"政绩可纪"，还提到另一个标准，即"终于庶僚"。而由守令升迁至公卿高位且"有勋德"者，是载入大臣列传的。《清史稿》设《循吏传》是取则《明史》，入传人物的取舍标准也大体与《明史》相近。

《循吏传》所记，其人固为"庶僚"，其事固为地方政事，但这些记载并非总是"地方性"的，其实有不少记载同样具有全局性的意义。《清史稿·循吏三》"王肇谦传"记载，当时厦门百姓与洋人及传教士曾有纠纷，王肇谦的

---

①《史记》卷一一九《循吏传》。
②《明史》卷二八一《循吏传》。

处置颇为强硬和亢直:"邑民李顺发负杨茄柱金,为杨所留,乃以劫财诉诸教堂。教主移牒请严究,众汹汹。肇谦白上官:'茄柱无罪,不必治;教士骄心,不可长。'总督刘韵珂嘉其抗直。闽县上箪村故盗薮,檄肇谦往捕。至则召其父老开陈大义,曰:'我来活若一乡,若列铳拒官,大府欲屠之,尚不知耶?'众大恐,肇谦曰:'某某皆大盗,速缚来! 三日缮齐保甲册,吾保若无事。'遂立以盗献。厦门洋人因赁屋与民龃,奉檄往治,据理剖决,两无所徇,洋人帖服。"①传主为地方官,事件为地方事件,似乎并不具备全局意义,实则不然。上述有关厦门涉教事件的记载,便有助于观察近代以来地方士人、民众对待西人的态度,因此具有重要的史料价值和思想史意义。

一、《循吏传》体例及入传标准

《清史稿·循吏传》著录的清代循吏,大体以时间为序编排。该传共四卷,各卷覆盖时段为:《循吏一》覆盖开国至顺康;《循吏二》覆盖雍乾;《循吏三》覆盖嘉道;《循吏四》覆盖咸同光宣。当然也有例外。如入载《循吏一》的龚鉴,其事迹主要发生在雍正朝;入载《循吏二》的邵希曾,其事迹主要发生在嘉庆朝②。可见各卷的分期只是就其大要而言,并不绝对。

关于《循吏传》的传类,清史馆同人多有论说。朱师辙说:"传实为纪之纬,而以记人为主,其功业、学术、贤奸固当状写其真,其事迹每与纪相应,是非考证尤难于纪,且列传有散传、有汇传,其分两又占全史之大半,故修史以撰列传之人为最多,其散传(即臣工传)尤宜画分朝代,每朝中必有政治最重要数人,所谓'大传',更宜先为长编,(事少小传考核较易,无须长编亦可撰就。)透彻朝政,方可著笔,汇传'儒林'、'文苑'之属,非明于一代学术之变迁不足以撰述……"③

朱师辙这番话,值得注意者有三:(1)列传以记人为主,记事要真实,且"每与纪相应";(2)列传有散传、汇传之分,散传即臣工传,儒林、文苑之类为汇传;(3)臣工传又分大传、小传。《循吏传》属于朱师辙所说的"汇传"。

也有称《循吏传》等为"总传"、臣工传为"专传"者。担任清史馆总纂之

---

① 《清史稿》卷四七八《循吏三》。
② 王昌宜《清代循吏研究——以〈清史稿·循吏传〉为中心》,安徽大学出版社,2017年,第225页。
③ 朱师辙《清史述闻》,上海书店出版社,2009年,第29页。

一的吴廷燮在谈及列传体例时说："前史列传,皆分两类,后妃、诸王、循吏、儒林、文苑、忠义、孝义、隐逸、方伎、外戚、宦者、列女、奸臣、逆臣、外国之类,皆总传也;文武名臣,皆专传也。"又说："今拟传体,后妃为先,宗室王公、藩部王公,相踵而次。文武诸臣,有名绩者,均为列传。循吏以下,至于隐逸,皆仍其旧。"[①]

梁启超的称法又有不同。他说："传有丛传、有别传,别传之中有合传、有附传,此其大较也。丛传如'循吏'、'儒林'、'文苑'、'孝义'、'列女'等篇,大率诸史咸有。"[②]

以上诸种说法,似异而实同。所谓"汇传""总传""丛传",说的是同一个东西。姑择取其一,称《循吏传》为"汇传"。《清史稿·循吏传》的编纂者夏孙桐也是称《循吏传》为"汇传"的[③]。

关于入传人物的取舍标准,在《清史稿·循吏传》开篇,夏孙桐有如下的交待："《明史》所载,以官至监司为限,今从之。尤以亲民为重,其非由守令起家者不与焉。"夏孙桐另撰有《清史"循吏"编辑大意》,对此有更详细的阐述:

> 吏治重在亲民,以守令为主,汉之黄霸、唐之韦丹,官至丞相、节度,乃入"循吏"。《明史》则以终于庶僚者为断,古今各有宜也。今用《明史》例,量为区别,由守令荐至监司而绩显于郡邑者入"循吏",其监司不由守令荐擢,及虽由守令而监司,任内政绩尤著,皆归臣工列传。[④]

这就明确了三大标准:(1)其官为守令;(2)为政亲民,有政绩;(3)官至监司者,须起家守令且"绩显于郡邑"。如其政绩"显"于监司或更高职位上,则《循吏传》不收,改入臣工列传。

其实,"守令"并不是准确的提法。夏孙桐本人所拟《清史列传书法画一条例》明确指出:列传提及官名、地名,"悉用今制","勿用古名"。夏孙桐举例说,地用古名,如燕、豫、秦、晋之类;官用古名,如"守令"之类[⑤]。尽管如此,这类"古名"在当时仍普遍使用。即如清季诗话中,"郡守""牧令""监

---

①《吴廷燮上清史商例》,朱师辙《清史述闻》,上海书店出版社,2009年,第125页。

②《梁启超清史商例第一书》,朱师辙《清史述闻》,上海书店出版社,2009年,第101页。

③朱师辙《清史述闻》,上海书店出版社,2009年,第139页。

④《清史"循吏"编辑大意》,朱师辙《清史述闻》,上海书店出版社,2009年,第53页。

⑤朱师辙《清史述闻》,上海书店出版社,2009年,第52页。

司""方伯"之类称谓触目可见。"守令",即郡守、县令、知府;"监司",是比知府、县令更高一级的道员等职。"方伯"官阶三品,职级更高,是一省的重要地方官了,如按察使、布政使之类。

陈衍《石遗室诗话》记郑孝胥为张锡銮诗集撰序事,云:"今春有人持《张都护诗存》一册见贻,钱塘张今颇上将锡銮所作。开卷有苏堪一序,略云:'孝胥称疾解兵,楼居五年。其出关也,挟嵚崎历落之气,悲歌慷忾,而至沈阳。姜斋民政语余曰:"子闻辽东有快马张其人乎?吾都护张公今颇是也。"明日见之,长身赭面,眉目耸异。三十年间,驰骋关外,捕贼却敌,崛起牧令,以历监司。其排难解纷,抑强扶弱,满、蒙、羌、汉,望若神人。'"①按:"苏堪"即郑孝胥。谈及张锡銮生平履历,郑孝胥用"崛起牧令,以历监司"八个字。

陈衍《石遗室诗话》比较龚易图与赵翼仕宦经历时,以"郡守""方伯"与"监司"对举。陈衍说:"龚霭仁布政(易图)天资敏捷,自官文书以至词赋,皆下笔立就,不甚思索。诗才雅近随园,间出入于瓯北,身世亦兼似两人。弱冠入词林,散馆出宰滇南。四十余岁,罢官归里,腰缠百万,广筑园林,徜徉终老,此其似袁者也。但寿仅六十余,不及袁,而富远过之。中间由县令出为军谘,从僧王及丁稚黄、阎丹初诸公,历官各省,而郡守,而监司,而方伯,此其似赵者也。"②赵翼历官广西镇安知府、广东广州知府等,此为"郡守"。后又任贵州贵西兵备道,此为"监司";两江总督松筠奉旨赠赵翼三品冠服,此为"方伯"。龚易图由翰林院庶吉士改任云南知县,后留山东以知府任用,历任东昌府、济南府知府,此为"郡守"。后升任登莱青兵备道道员兼东海关监督,此为"监司"。后又升任江苏按察使、广东按察使、湖南布政使,此为"方伯"。

由于有"终于庶僚"或"以官至监司为限"这个标准,导致一些级别更高的"循吏"无法入选。祖重光便是一个例子。祖重光在郡守任上政声颇著,单论政绩,理当入载《循吏传》。夏孙桐在《清史稿·循吏一》骆钟麟传后,曾特地提到祖重光:"先钟麟守常州者,祖重光、崔宗泰,皆有名。其后有祖进朝,政声尤著。重光官至天津巡抚。"遗憾的是,骆钟麟、崔祖泰、祖进朝三人均入载《清史稿·循吏一》,所记生平事迹较详,唯祖重光落选,原因是他官至巡抚,不符合《循吏传》"官至监司"的入传标准。祖重光亦未入载《清史稿》的专传或合传,仅在《世祖本纪》顺治十五年(1658)冬十月有记:"以祖重光为顺天巡抚。"

二、《清史列传·循吏传》与《清史稿·循吏传》比较

中华书局 1987 年点校出版的《清史列传》,一般认为其稿本来源为清代国史馆历朝纂修的"大臣列传"及相关"汇传"[①]。其中也有专设的《循吏传》,共四卷。夏孙桐在纂修《循吏传》时,应该参考过这些传稿。当然,夏孙桐在史馆所见到的清代"循吏"传稿,肯定比《清史列传·循吏传》要多。各地奏请宣付史馆的"循吏"人物及传稿,为数不少,夏孙桐亦应见到并有所参考。

即便《清史列传·循吏传》的入传名单并非国史馆、清史馆"循吏"传稿的全部,它也有重要的参考意义。以下不妨以《清史列传·循吏传》入传名单为参照,对比分析夏孙桐所纂《清史稿·循吏传》入传人物的增删取舍。经过比较,可知夏孙桐在入传名单方面有较大幅度的裁减、新增与调整。具体情形如下。

(一)裁减。

以下是《清史列传·循吏传》入传名单,凡入载《清史稿·循吏传》者,均括注说明。

《清史列传》卷七四,《循吏传一》,收录如下 75 人:

(1)李允祯;(2)金镇;(3)王天鉴;(4)毕振姬;(5)方国栋;(6)赵廷标;(7)骆钟麟(入《清史稿·循吏一》);(8)朱克简;(9)朱约(朱克简子,朱克简附传);(10)多弘安;(11)白登明(入《清史稿·循吏一》);(12)于朋举;(13)吴汝为;(14)汤家相(入《清史稿·循吏一》);(15)宋必达(入《清史稿·循吏一》);(16)赵吉士(入《清史稿·循吏一》);(17)田起龙;(18)李嶟;(19)刘伟;(20)黎士弘;(21)黄贞麟(入《清史稿·循吏一》);(22)陆求可;(23)崔宗泰(入《清史稿·循吏一》);(24)于宗尧(崔宗泰附传)(入《清

---

①王钟翰《清史列传点校序言》,中华书局,1987 年,第 1—8 页。

史稿·循吏一》);(25)任辰旦(入《清史稿·循吏一》);(26)张沐(入《清史稿·循吏一》);(27)王又旦;(28)崔华(入《清史稿·循吏一》);(29)姚文燮(入《清史稿·循吏一》);(30)韩荩光;(31)江皋(入《清史稿·循吏一》);(32)孙蕙;(33)张瑾;(34)卫立鼎(入《清史稿·循吏一》);(35)龚其裕;(36)龚嵘(龚其裕子,龚其裕附传);(37)龚一发(龚其裕孙,龚其裕附传);(38)龚景瀚(龚其裕曾孙,龚其裕附传)(入《清史稿·循吏三》);(39)陆在新(入《清史稿·循吏一》);(40)陈洪谏;(41)邵嗣尧(入《清史稿·循吏一》);(42)井睦;(43)蒋伊;(44)张埙(入《清史稿·循吏一》);(45)张克嶷(入《清史稿·循吏一》);(46)靳让(入《清史稿·循吏一》);(47)朱振;(48)成康保;(49)高荫爵(入《清史稿·循吏一》);(50)祖进朝(入《清史稿·循吏一》);(51)刘棨(入《清史稿·循吏一》);(52)杨朝正;(53)王缙;(54)赵俞;(55)陶元淳(入《清史稿·循吏一》);(56)郑善述(子方城、孙天锦);(57)郑方城(郑善述子,郑善述附传);(58)郑天锦(郑善述孙,郑善述附传);(59)廖冀亨(入《清史稿·循吏一》);(60)廖文锦(廖冀亨曾孙,廖冀亨附传);(61)廖惟勋(廖冀亨曾孙、廖文锦之子,廖冀亨附传);(62)陈汝咸(入《清史稿·循吏一》);(63)蒋兆龙;(64)佟国珑(入《清史稿·循吏一》);(65)周中铉(入《清史稿·循吏一》);(66)刘继圣;(67)迟维坤;(68)黄世发(入《清史稿·循吏二》);(69)李发枝;(70)沈庆曾;(71)夏熙泽;(72)陆师(入《清史稿·循吏一》);(73)沈光荣;(74)张士琦;(75)窦容邃。

《清史列传》卷七五,《循吏传二》,收录如下58人:

(1)阎尧熙(入《清史稿·循吏二》);(2)魏峣;(3)赵之鹤;(4)陈德荣(入《清史稿·循吏二》);(5)谢济世;(6)叶新(入《清史稿·循吏二》);(7)施昭庭(入《清史稿·循吏二》);(8)刘士铭;(9)庄亨阳;(10)叶左宽;(11)沈起元;(12)翁运标;(13)朱弘仁;(14)蒋祝;(15)陈庆门(入《清史稿·循吏二》);(16)纪遫宜;(17)谢仲坃(入《清史稿·循吏二》);(18)王时翔(入《清史稿·循吏二》);(19)蓝鼎元(入《清史稿·循吏二》);(20)童华(入《清史稿·循吏二》);(21)鲁淑;(22)金溶;(23)朱懋德;(24)牛运震(入《清史稿·循吏二》);(25)邵大业(入《清史稿·循吏二》);(26)李大本(入《清史稿·循吏二》);(27)陈玉琁;(28)陆广霖;(29)王希伊;(30)张甄陶(入《清史稿·循吏二》);(31)谢应龙;(32)周克开(入《清史稿·循吏二》);(33)林明伦;(34)白云上;(35)康基渊(入《清史稿·循吏二》);(36)邓梦琴;

(37)李炯；(38)顾光旭；(39)王德屏；(40)茹敦和(入《清史稿·循吏二》)；(41)莫谟；(42)郑基(入《清史稿·循吏二》)；(43)汪辉祖(入《清史稿·循吏二》)；(44)陈昌齐；(45)刘大绅(入《清史稿·循吏二》)；(46)张吉安(入《清史稿·循吏三》)；(47)纪大奎(入《清史稿·循吏二》)；(48)狄尚䌹(入《清史稿·循吏三》)；(49)蒋励常；(50)伊秉绶(入《清史稿·循吏三》)；(51)刘体重(子煦)(入《清史稿·循吏三》)；(52)刘煦(刘体重子,刘体重附传)(入《清史稿·循吏三》)；(53)严如熤(子正基)；(54)严正基(严如熤子,严如熤附传)；(55)李赓芸(入《清史稿·循吏三》)；(56)方积；(57)史绍登(入《清史稿·循吏三》)；(58)盖方泌(入《清史稿·循吏三》)。

《清史列传》卷七六,《循吏传三》,收录如下43人：

(1)刘台斗；(2)吴梯；(3)李文耕(入《清史稿·循吏三》)；(4)李毓昌(入《清史稿·循吏三》)；(5)孔传坤；(6)徐邦庆(孔陈坤附传)；(7)张琦(入《清史稿·循吏三》)；(8)刘衡(入《清史稿·循吏三》)；(9)俞德渊；(10)朱士达；(11)朱念祖(朱士达子,朱士达附传)；(12)朱大源；(13)费庚吉；(14)吴均(入《清史稿·循吏三》)；(15)吴应连(入《清史稿·循吏三》)；(16)吴宝林(吴应连子,吴应连附传)；(17)石家绍(入《清史稿·循吏三》)；(18)徐栋(入《清史稿·循吏三》)；(19)史秉直；(20)何曰愈(入《清史稿·循吏三》)；(21)顾夔；(22)云茂琦(入《清史稿·循吏三》)；(23)刘庆凯；(24)桂超万(入《清史稿·循吏三》)；(25)王肇谦(入《清史稿·循吏三》)；(26)托克清阿；(27)沈衍庆；(28)黄辅辰；(29)黄彭年(黄辅辰子,黄辅辰附传)；(30)徐台英(入《清史稿·循吏三》)；(31)吴祖昌；(32)李元度；(33)赵秉贻；(34)蒯贺荪；(35)李朝仪；(36)陈崇砥(入《清史稿·循吏三》)；(37)朱次琦；(38)李仁元；(39)钱德承；(40)穆其琛；(41)许瑶光；(42)尹耕云；(43)刘秉琳(入《清史稿·循吏三》)。

《清史列传》卷七九,《循吏传四》,收录如下53人：

(1)杨荣绪(入《清史稿·循吏三》)；(2)陈建侯；(3)铁珊；(4)金国琛；(5)钟谦钧；(6)俞澍(入《清史稿·循吏三》)；(7)娄诗汉；(8)段起；(9)姚国庆；(10)沈锡华；(11)朱靖甸；(12)陈佐平；(13)秦焕；(14)李孟荃；(15)李炳涛(入《清史稿·循吏三》)；(16)朱根仁(入《清史稿·循吏三》)；(17)林达泉(入《清史稿·循吏三》)；(18)储裕立；(19)丁寿昌；(20)方大湜(入《清史稿·循吏三》)；(21)陈豪(方大湜附传)(入《清史稿·循吏三》)；(22)何金

寿;(23)方瑞兰;(24)曾纪凤;(25)萧世本(入《清史稿·循吏三》);(26)邹振岳;(27)潘治;(28)周秉礼;(29)任兰生;(30)李金镛;(31)蒯德模(入《清史稿·循吏三》);(32)金福曾;(33)毛隆辅;(34)袁垚龄;(35)刘含芳;(36)王寅清;(37)曹秉哲;(38)冷鼎亨(入《清史稿·循吏三》);(39)陈文黻(入《清史稿·循吏三》);(40)桂中行;(41)沈镕经;(42)章洪钧;(43)冯德材;(44)孙叔谦;(45)涂官俊(入《清史稿·循吏三》);(46)夏敬颐;(47)王仁堪(入《清史稿·循吏三》);(48)何庆钊;(49)张华奎;(50)马嘉桢;(51)赵以焕;(52)许祺身;(53)李景祥。

以上《清史列传·循吏传》入传名单共 229 人(正传 213 人,附传 16 人),其中 86 人入载《清史稿》,删除人数当近半数,其中如曹秉哲、陈洪谏、朱大源、邹振岳、王希伊等,均未见载于《清史稿》。另有部分人物改入他传。

(二)新增。

经统计,《清史稿·循吏传》合计立传 116 人(含正、附传),有 30 人为夏孙桐新增。新增名单如下(以姓氏拼音为序):

(1)曹瑾;(2)龚鉴;(3)贾朴;(4)蒋林;(5)柯劭憼;(6)李素;(7)李渭;(8)林启;(9)缪燧;(10)牛树梅;(11)芮复传;(12)邵希曾;(13)孙葆田;(14)王懋勋;(15)王仁福;(16)卫立鼎;(17)吴焕彩;(18)夏子龄;(19)言如泗;(20)姚柬之;(21)张敦仁;(22)张瑾;(23)张楷;(24)张作楠;(25)郑敦允;(26)周际华;(27)周人龙;(28)朱光第;(29)朱休度;(30)邹钟俊。

(三)调整。

调整又分不同情形。

一是规格提升,由汇传改入列传。如朱克简,原在《清史列传·循吏传》,改入《清史稿》列传(列传三十一,与赵开心等合传)。曾纪凤、金福曾,原在《清史列传·循吏传》,改入《清史稿》列传(列传二百三十八,与李朝仪、段起、丁寿昌等人合传)。同样的情形,还有:陈昌齐改入《清史稿》列传一百四十九,与方积、朱尔汉等人合传;毕振姬、方国栋、于朋举、王天鉴、赵廷标五人,改入《清史稿》列传三十四,与彭而述、陆振芬、姚延著三人合传;谢济世,改入《清史稿》列传八十,与李绂、蔡珽二人同传。谢济世传后,附有陈学海传。严如熤、严正基父子,改入《清史稿》列传一百四十八,与刘清、傅鼐二人同传。

二是规格不变,平移入其他汇传。如庄亨阳,平移入载《清史稿·儒林传》;朱次琦,平移入载《清史稿·儒林传》。

三是调整祖孙、父子合传主次顺序。龚其裕既见载于作为"国史四传"之一的《国史循吏传》,也入载《清史列传·循吏传》,为正传,传后附其子嵘、孙一发、曾孙景瀚诸人。在《清史稿·循吏传》中,改以龚景瀚为正传,入载《循吏三》。其父一发、祖父嵘、曾祖父其裕均载景瀚传首。关于此,夏孙桐曾有解释:"旧《传》中祖孙、父子并入者,皆以最初者为正传而子与孙附焉,龚景瀚治绩最著而附其祖其裕传后,今改以景瀚为正传,其先三世皆叙于传首。李氏慈铭尝论'儒林传'惠氏三世应以士奇为正传而周惕叙于传首,今从之,此亦同例。"[1]对旧《传》史料的这一番分析、判断和有分寸的剪裁,体现着编纂者夏孙桐对"循吏"入传标准的理解与执行。

四是归类与移位。《清史稿·循吏传》中的人物,大体是以时序排的。同时,夏孙桐还兼顾入传人物的政绩及其类型,采取以类相从的办法加以合并,于"大汇传"内形成"小汇传"。试举三例:(1)在《清史列传》中,黄世发载《循吏传一》,童华载《循吏传二》,二传间相隔二十余人。而在《清史稿·循吏二》中,二人是一前一后入载的。夏孙桐于童华传末写道:"(童)华刚而忤时,屡起屡蹶。在苏州,民德之尤深,以比明知府况钟。当世宗治畿辅营田时,所用者多一时贤守令,有黄世发,名与华相媲云。"然后即叙黄世发事迹。(2)邵大业、周克开、郑基、康基渊均入载《清史列传·循吏传》,四传不相连。而在《清史稿·循吏二》中,四人是被作为治水官员放在一起的。邵大业在徐州、周克开在甘肃宁朔任上浚河有功。夏孙桐于《周克开传》传末写道:"克开在宁朔治水绩最著,生平治狱多平反。礼儒士,尝以私钱兴书院。殁无余赀,天下称清吏。当时守令以兴水利著者,又有郑基、康基渊、言如泗,后有周际华。"言如泗、周际华二人,未见于《清史列传·循吏传》,是夏孙桐新增的循吏人物。(3)关于骆钟麟、崔宗泰、祖进朝等人。以上两例,分别因"治畿辅营田""治水"而合载。而骆、崔、祖等人,是由于同守一邑而合载的。骆钟麟顺治十六年(1659)任陕西盩厔知县,敬重当地大儒李颙,数造其庐。后创办延陵书院,请李颙开讲授徒。骆钟麟康熙八年(1669)调任江南常州知府,邀请李颙来常讲学。骆钟麟入载《清史稿·循

①《清史"循吏"编辑大意》,朱师辙《清史述闻》,上海书店出版社,2009年,第53页。

吏一》,夏孙桐于其《传》末云:"郡人论贤有司知治体必首推钟麟。先钟麟守常州者,祖重光、崔宗泰,皆有名。其后有祖进朝,政声尤著。重光官至天津巡抚。"然后记崔宗泰、祖进朝二人事迹。而在《清史列传·循吏传》中,骆、崔、祖三人的传是分散的。夏孙桐以"守常州者"为纽带,将三人归并到一处。这样的处理,是颇为妥当的。

三、从夏孙桐《循吏传》稿本看编纂过程

对夏孙桐《循吏传》篆修过程的考察,可以利用的重要史料还有中国国家图书馆古籍馆所藏夏孙桐《循吏传》稿抄本(下称"清稿")和篆修过程中形成的草稿(下称"散稿")。

"清稿"入传名单与《清史稿》刊本有很大不同。与"清稿"相较,《清史稿》刊本删去了李赓芸,增加了王仁福、朱光第、孙葆田、柯劢懃、张楷和王仁堪等。这次增删,当系夏孙桐所为。

据笔迹判断,"散稿"亦应出自夏孙桐之手。在"散稿"中,也有一份《循吏传》入传人物清单。这个清单中已有王仁福、朱光第、孙葆田、柯劢懃、张楷和王仁堪,删去了李赓芸,与《清史稿》正式刊本是一致的。这进而证明:王、朱、孙、柯、张、王诸人增入《循吏传》,确是夏孙桐所为。

"清稿"《循吏传》为三卷,即卷上、卷中、卷下。"清稿"卷上起白登明(附汤家相等三人),止陆师(附龚鉴);卷中起阎尧熙(附王时翔),止伊秉绶、狄尚䌹、李赓芸;卷下起张琦(附石家绍),止涂官俊(附陈文黻、李素)[①]。

《清史稿》刊本由三卷改为四卷。两相比较,可知《清史稿》删去了底稿中的李赓芸,增加了王仁福、朱光第、孙葆田、柯劢懃、张楷和王仁堪等,与"散稿"名单相同。

"清稿"中有一份珍贵的目录,该目录上有较多修改痕迹。由这些修改痕迹,可以看到夏孙桐对部分人物的入传资格及方式,曾有仔细、慎重的斟酌。以下是较为典型的三例。

(一)陈汝咸、贾朴。二人在"清稿"目录上原无,是后来补加的。

(二)邵嗣尧、卫立鼎、高荫爵、靳让、崔华、周中铉六人。为这六人的安

---

①夏孙桐《清史稿·循吏传》(稿本),中国国家图书馆古籍馆藏。

排,夏孙桐几经反复,颇费周章。具体情形分述如下:(1)"散稿"中,卫立鼎、高荫爵二人合传,卫为正、高为附。(2)夏孙桐于卫、高二人合传标题上方标注:"改附邵嗣尧后"。这是第二稿。(3)"清稿"目录中,邵嗣尧、周中铉二人合传,邵为正、高为附。无卫立鼎、高荫爵。(4)卫、高既然"改附邵嗣尧后",于是变成邵嗣尧(附卫立鼎、高荫爵)、周中铉。(5)夏孙桐又补入崔华,并将周中铉移至崔华后,为崔华附传。(6)卫立鼎、高荫爵后又添靳让一人,卫、高、靳均列为邵嗣尧附传。几经改并,以上六人方形成《清史稿·循吏传》中的最后格局,即邵嗣尧、崔华均为正传;邵嗣尧后附卫立鼎、高荫爵、靳让;崔华后附周中铉。

(三)刘大绅、纪大奎、吴焕彩、邵希曾四人。此四人之入传,也经历了一番波折。情形分述如下:(1)在"散稿"中,刘大绅、纪大奎二人合传,刘为正,纪为附。(2)在"清稿"中,刘大绅、吴焕彩、纪大奎三人合传,刘为正,吴、纪二人为附。这次的变化是增加了吴焕彩。(3)《清史稿·循吏传》刊本中,刘大绅、纪大奎、吴焕彩、邵希曾四人合传,刘为正,纪、吴、邵三人为附。这是又一次变化,变化是增加了邵希曾。

(四)狄尚絅、伊秉绶。在"散稿"中,狄为正传,伊为狄之附传。在《清史稿·循吏传》刊本中,伊秉绶不仅升格为正传,而且顺序排到狄尚絅前面。在《清史稿·循吏传》刊本中,狄尚絅之后新增附传二人(张敦仁、郑敦允)。

以上变化,均是夏孙桐所为。

另外,在新增名单中,金福曾是清史馆总纂金兆蕃的父亲,柯劭慜是清史馆代馆长柯劭忞之兄,夏子龄则是夏孙桐的父亲。与《清史列传》相较,这也是较重要的变化。

四、《循吏传》中的文苑、儒林人物

除曹瑾、桂超万等仅以政声知名,并无著述外,《清史稿·循吏传》中的多数人物都有诗文或学术著述。甚至不乏名儒、大儒的身影。

据朱师辙1928年冬撰文回忆,清代宣付史馆立传,其中"循吏"也不乏附呈著述者:"余纂清史'艺文志',遍览清史馆图书,睹有《儒林著述书目》一册,初以为清国史馆普通藏书,既按其书目,见每人名下所列之书皆其一

人所撰,始悟为奏请宣付史馆立传者附呈其人之著述,其中固以儒林、文苑
为多,然名臣、循吏亦间有附呈著述者,则此目有历史掌故关系,当属诸清
国史馆。"又说:"清代大臣一二品国史有传,三品以下则无,其有勋业、政
绩、学术卓著者,由京外臣工奏请宣付史馆,得旨允准后交国史馆立传,始
由纂修之员编辑传稿,其未核准则否,此宣付立传之大略也。故馆中之书
虽多为立传之人著述,亦多有未核准立传,其著述仍留馆中未发还其家者,
照例印行之书刊本原可呈送,然私家每以尊重进呈,重抄者甚多,或有未刊
稿本亦抄进呈,且有将著作人原写手稿呈送者,故此中著述原写手稿即为
孤本,著述人家中亦无副本,则书之珍贵益可知矣。"①朱师辙提到,宣付史
馆立传且呈送著述者,不仅有名臣,也有循吏。循吏地位、影响力不比名
臣,故其著述刊布及流传要困难许多。

　　清史馆协修袁嘉谷盛称入载《循吏二》的刘大绅为"吾滇山斗",评价他
"政绩第一,古文第一",认为他的古文可与明代杨一清相颉颃:"刘寄庵先
生……滇中古文惟邃庵可抗颜行也。"又说他"诗亦不弱"。袁嘉谷抄录二
首如下:

答客问

曾为山中客,记向山中路。

曲折清溪间,转入云源处。

门前有桃花,屋后有梅树。

今日桃花落,君看桃花去。

北邻失火及墙而止

北邻一炬烛天起,江水清源照见底。

鹦鹉鸲鸰都欲逃,风回火返及墙止。

千篇诗草悬屋梁,皎然星月争辉光。

雕肝镂肾帝所惜,肯令六丁下取将。

同井聚观额手贺,数椽湫隘如斗大。

鬼神何心爱文章,造物尚悲妩偃卧。

是时主人正游骋,上入青云万丈岭。

<hr>

① 朱师辙《清史述闻》,上海书店出版社,2009年,第11—12页。

俯拾斗柄挹天浆，倒窥地维看日影。

归来且喜草庭存，太息邻家余烧痕。

河泽犹当润三族，樾荫何止周一园。

书生不解师栾巴，吃酒惊散神火鸦。

绕槛长留止水月，当轩不碍春山霞。

寄语赵鬼休诵赋，建章柏梁古有数。

屋角鸥吻纷纷多，试看茅茨如铁铸。[①]

《循吏传》中的文人、学人，其成就、造诣通常达不到入载《儒林传》《文苑传》的标准。其实，《清史稿·循吏传》中也有名儒，如伊秉绶。《清史稿》记："秉绶承其父朝栋学，以宋儒为宗。在惠州，建丰湖书院，以小学、《近思录》课诸生。在扬州，宏奖文学。殁后士民怀思不衰，以之配食宋欧阳修、苏轼及清王士禛，称'四贤祠'。"据夏孙桐《循吏传》稿本，这段文字出自梁同书《名人尺牍小传》[②]。

《清史稿·循吏三》中，刘衡也是一位有学术声望的官员。同治朝曾有上谕："刘衡历任广东、四川守令，所至循声卓著。去官四十余年，至今民间称道弗衰。所著《庸吏》《庸言》《蜀僚问答》《读律心得》等书，尤为洞悉间阎休戚，于兴利除弊之道，筹画详备，洵无愧循良之吏。将历任政绩宣付史馆，编入《循吏传》，以资观感。"对刘衡的评价是："衡所著书，皆阅历有得之言，当世论治者，与汪辉祖《学治臆说》诸书同奉为圭臬。其后有徐栋著《牧令》诸书，亦并称焉。"以上提到的上谕及刘衡著述情形，均入载《清史稿》。

张作楠也是如此。《清史稿·循史三》记张作楠在任两载，乞养归，"乡居二十余年，足迹不入城市。三子皆令务农、工"，有人问他："何不仍业儒？"张作楠答："世俗读书为科名，及入仕，则心术坏，吾不欲其堕落也。"《循吏三》介绍张作楠的学问："作楠精算学，贯通中西。在官以工匠自随，制仪器，刊算书。所著书，汇刻曰《翠微山房丛书》，行于世，学者奉为圭臬焉。"

当然，《清史稿·循吏传》中也有不少人虽有著述，且原在夏孙桐《循吏传》稿本中有记，但到《清史稿》刊本中却被删掉了。在夏孙桐《循吏传》稿

---

①袁嘉谷《袁嘉谷文集》(二)，云南人民出版社，2001年，第509页。
②夏孙桐《清史稿·循吏传》(稿本)，中国国家图书馆古籍馆藏。

本中,《纪大奎传》除记纪氏为政业绩外,还介绍其学问云:"大奎承父学,殚精于《易》,尽通阴阳历算及壬遁之术。其《祈雨法》,世习用之。所著《易说》以程、朱及邵子为宗,尊奉之者或过,而不为汉学家所取。老而为吏,颇有表见云。"[①]但这段有关纪氏著述的记载,《清史稿》正式刊本未见保留。

姚文燮传的处理也颇令人疑惑。姚文燮入载《清史稿》之《循吏传》,见于《循吏一》。经与《清史列传》卷七四《循吏传一》所载《姚文燮传》比对,二者基本相同。可知该传系据国史馆旧稿修订而成。

《清史稿》传文如下:"姚文燮,字经三,安徽桐城人。顺治十六年进士,授福建建宁府推官。建宁俗号犷悍,以睚眦仇杀者案山积,文燮片言立剖,未数月囹圄为空……时耿氏建藩,其下多怙势虐民,贷民钱而夺其妻女。文燮悉使讦发,为捐募代偿,赎归百数……值边海修战船,或拟按户口出钱,文燮上陈疾苦,筹款以代,民乃安。秩满,报最。康熙六年,诏裁各府推官,去职。八年,改直隶雄县知县。浑河泛溢,浸城,文燮修城筑堤,造桥利涉者。邑贡狐皮为民累,条上其弊,获免。地近京畿,膏腴多圈占为旗产,文燮为民争之……报垦地,蠲耗羡,减盐引,恤驿政,拊循疮痍,民庆更生。擢云南开化府同知,摄曲靖府阿迷州事。吴三桂叛,文燮陷贼中。密与建义将军林兴珠有约,为贼所觉,被系,乘隙遁,谒安亲王岳乐军中。王以闻,召至京,赐对,询军事甚悉。滇寇平,乃乞养归。"以上传文六百余字,不能算短。不过,在《清史列传》中,姚文燮传末是有著述信息的:"所著有《耕湖诗选》《薜萝吟》《壬寅诗》《雄山草》《滇行草》《黄柏山房诗文集》《李贺诗注》。又工画,仿荆浩、关仝、董源、巨然诸家,皆逼肖,片缣尺幅,人以为宝云。"在《清史稿》中,这段文字却被删掉了。

按说《清史稿》在《循吏传》中记载有才学的官员,是值得肯定的权宜之举,何以姚文燮作为一名较有影响的"桐城耆旧",其著述信息反被删节了呢?

《清史稿·循吏传》著录的人物中,有五位后来入载《清儒学案》。分别是:(1)骆钟麟,入载《清儒学案》卷二九《二曲学案》,为李颙附传;(2)张沐,入载《清儒学案》卷三〇《起庵学案》,本人为传主;(3)蓝鼎元,入载《清儒学案》卷六〇《梁村学案》,为蔡世远附传;(4)张甄陶,入载《清儒学案》卷六六

---

① 夏孙桐《清史稿·循吏传》(稿本),中国国家图书馆古籍馆藏。

《翠庭学案》，为雷铉附传；(5)李赓芸，入载《清儒学案》卷八四《潜研学案》，为钱大昕附传。对比《清史稿·循吏传》《清儒学案》两书关于上述五人的记载，会发现二者间的差异。《清儒学案》多记其学行及著述，《清史稿·循吏传》则多记仕履、政绩。

　　由于入载的"传类"不同，二者在记载时各有侧重。这意味着，无论《清史稿·循吏传》还是《清儒学案》，都在一定程度上造成了入传人物的标签化、类型化，既有所彰显，也有所遮蔽。"汇传"记载人物带有较强的专题性和选择性，这也是它容易引起争议的重要原因之一。

第七章 谱系变迁:从《国朝文苑传》 到《清史文苑传》

传统正史对文学史及文学人物的记载,是采取《艺文志》《儒林传》《文苑传》以及臣工列传、《循吏传》《列女传》等的相互配合而实现的,这与现代意义上的"文学史"大为不同。二十四史中的《后汉书》《晋书》《南齐书》《梁书》《陈书》《魏书》《北齐书》《隋书》《南史》《北史》《旧唐书》《新唐书》《宋史》《辽史》《明史》等,都有《文苑传》《文学传》或《文艺传》。成书于 1920 年代的两部新修正史《新元史》《清史稿》也都有《文苑传》。

《清史稿·文苑传》共三卷,分别为《文苑一》《文苑二》《文苑三》,字数各为 2.8 万、1.6 万、2.1 万,总计 6.5 万字。系用马其昶稿,金梁有所增补①。篇幅并不算大,但容量却很大。立传人数分别为 146、107、97,总计350 人。其中,正传 105 人、附传 245 人,虽不能说完备,但所选人物在清代各有其代表性。

一、《国史文苑传》与易顺鼎《国朝文苑传》

在《清史稿·文苑传》之前,目前可见到的《文苑传》另有几种。

中国国家图书馆古籍馆所藏《国史文苑传》共两卷,系清代国史馆修,卷上起谷应泰、宋琬、施闰章,止潘耒、尤侗,共计正传 21 人、附传 14 人;卷下起庞垲,止蒋士铨(1725—1784)、姚鼐(1731—1815)、姚范(1702—1771),共计正传 23 人、附传 16 人②。

---

① 金梁曾自述他对《清史稿·文苑传》的"弥缝补缀":"及刊《文苑》,既与《儒林》非出一手,取去各异,体例迥殊,有重复者,有漏略者,不得不重加参订,以免疏谬。复为补辑三魏(禧等)、钱(谦益)、戴(名世)及文(昭)、李(锴),以至周(寿昌)、冯(桂芬)、李(慈铭)、张(裕钊)、吴(汝纶)、林(纾)、严(复)等,正附各传,弥缝补缀,盖较之重编,尤费斟酌矣。又以原辑首列钱传,似亦未洽,国史旧稿实以魏禧为冠,乃复取改正,其余亦多有增删。纂补既完,始交排印。"金梁《道咸同光四朝佚闻》卷下《重印文苑传叙》,广文书局,1978 年,第 94—95 页。

② 《国史文苑传》二卷,清国史馆编,刻本。时间不详。中国国家图书馆古籍馆藏。

　　《国史文苑传》另有台湾影印钞本(下称"钞本"),共140人入传,起谷应泰、宋琬、施闰章,止查慎行(附查嗣瑮、查升二人)、陈仪[①]。虽同名,但差异较大。

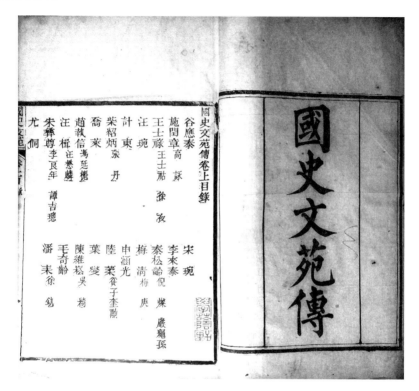

图36　清代国史馆修《国史文苑传》

　　按:此为本书作者个人藏本。经比对,与中国国家图书馆古籍馆所藏《国史文苑传》刻本相同,为同一版本。

　　这两种《国史文苑传》可能有着较为密切的先后承续关系。原因有两点:一是二者同名;二是均以谷应泰、宋琬、施闰章等人居首——其他几种《清史文苑传》都不是这样;三是"刻本"所收人物,"钞本"多有。如庞垲此人,既见于"刻本",亦见于"钞本"。作为庞垲附传的边连宝,也是同时见于二者。三是根据文字比对,二者重合度极高,确实同源。

　　其他各传,凡两书共同收入的人物,传文多大同小异。

---

①刘世珩校《国史文苑传》,广文书局,1977年,据"中研院"抄本影印。

　　两书最大的不同,是"钞本"立传多而成书早,"刻本"立传少而成书晚。关于立传数量:"钞本"立传人物几乎是"刻本"的两倍。孙奇逢、曹本荣、沈彤(正传)及其附传蔡德进、陆世仪(正传)及其附传沈昀、张履祥、刘汋等人,均见于"钞本"。"刻本"却未收。关于成书时间:"钞本"立传人物中,卒年较晚的是陈仪(卒于 1742 年,时为乾隆七年),"刻本"收入了姚鼐,可知成稿于 1815 年(嘉庆二十年)后。

　　这两种较早的《国史文苑传》是了解清代嘉庆以前文坛发展及文人分布的珍贵资料。曾在这两种文苑传上出现的人物,相当一部分不见于晚出的几种"文苑传"。像庞垲、边连宝等人,今已颇感陌生。

　　易顺鼎所撰《国朝文苑传》为《琴志楼丛书》之第五册,共 157 人入传,起吴伟业(附钱谦益、龚鼎孳、陈恭尹、屈大均、梁佩兰)、施闰章(附宋琬),止法式善(附铁保、梦麟、李锴)、蒋士铨(附曾燠、乐钧、吴嵩梁)、黄景仁(附张九钺、黎简、舒位)①。《国朝文苑传》另有光绪二十二年(1896)《哭盦丛书》本,此本今收入《易顺鼎诗文集》,为卷二三②。两个版本基本相同,仅蒋士铨(含附传三人)与法式善(含附传三人)顺序颠倒,上本法式善在前,《哭盦丛书》本蒋士铨在前。《国朝文苑传》中卒年较晚者有张九钺(卒于1803)、舒位(卒于 1816)、管同(卒于 1831)、吴嵩梁(卒于 1834)、陈用光(卒于 1835),最晚的三位是周济(卒于 1839)、吴德旋(卒于 1840)、李兆洛(卒于 1841)。据考证,《国朝文苑传》作于光绪十九年(1893)易母去世之后至次年七月之前③。

　　以《清史稿·文苑三》所收录的嘉道咸同光宣诸朝人物为例。既见于易顺鼎《国朝文苑传》,又见于《清史稿·文苑三》者,有陆继辂、彭绩、周济、李兆洛、董祐诚、方履篯、管同、刘开八人。其中,张惠言和陆继辂比较特殊。在易顺鼎《国朝文苑传》中,张惠言为主传,陆继辂为其附传。但是《清史稿》将张惠言列入了《儒林传》,与马宗梿、马瑞辰、马三俊同传,原为附传的陆继辂在《清史稿·文苑三》中升格为主传。易顺鼎《国朝文苑传》中周济、李兆洛二人原为张惠言附传,也由于张惠言改入《清史稿·儒林传》,而

---

①易顺鼎《琴志楼丛书》第 5 册为《国朝文苑传》及《国朝孝子小传》,中国国家图书馆古籍馆目录备注为"清光绪间刻本"。
②陈松青校点《易顺鼎诗文集》第 3 册,湖南人民出版社,2010 年,第 1325 页。
③陈松青校点《易顺鼎诗文集》第 3 册,湖南人民出版社,2010 年,第 1325 页。

在《清史稿·文苑三》中升格为主传。易顺鼎颇为重视的罗有高、彭绍升、汪缙三人,《清史稿》未为立传。罗有高在易顺鼎《国朝文苑传》中为主传,彭绍升、汪缙、彭绩等三人均为其附传,而《清史稿》未为罗有高立传,附传中的三人也仅保留了彭绩,并将彭绩改入陆继辂附传。《清史稿·文苑三》中,梅曾亮是为主传,管同、刘开二人附梅曾亮后为附传。易顺鼎《国朝文苑传》中居然未收梅曾亮,却收入管同、刘开二人,将管、刘列为姚鼐附传。易顺鼎颇为重视的杨芳灿,《清史稿》载入文苑二。由于尚未见到马其昶《清史稿·文苑传》的稿本,无法判断上述增删是马其昶所为,还是金梁的安排。

《清史稿·文苑三》以张澍(1776—1847)、邢澍(1759—1823)、莫与俦(1763—1841)居首,以林纾(1852—1924)、严复(1854—1921)、辜鸿铭(1857—1928)等人殿尾,所覆盖的人物时段,正与我们如今所说的“中国近代文学”在时段上相合,大体为嘉道以降有代表性的文学人物。这也与《清史稿·儒林三》所记载的人物时段有一致性。《儒林三》所记的人物,为嘉道以降经学诸儒,自马宗梿、张惠言、郝懿行始,迄王先谦、孙诒让、郑杲终,共79人。《清史稿》的《儒林传》与《文苑传》有所不同的是,《儒林传》专设了一个《儒林四》,记载的是袭封衍圣公及五经博士,共40人。

当然,《清史稿》的《儒林二》和《儒林三》的时间断限并不绝对。例如,马宗梿、张惠言早在嘉庆七年(1802)即已去世,是朱骏声(1788—1858)的上一辈人,但是朱骏声却在《儒林二》,马宗梿、张惠言在《儒林三》。

与上述由清代国史馆所修的《国史文苑传》及易顺鼎个人所修的《国朝文苑传》相较,民国时代清史馆同人所修的《清史稿·文苑传》除因后出故可覆盖晚清人物以外,还在立传的范围、数量以及立传篇幅的多寡等方面大为改观,是几种《文苑传》中最为周详完备的一种。

当然,《国史文苑传》与《国朝文苑传》并不因其简易而失价值,三者的取舍标准并不一致。尤其是易顺鼎所立传的人物,绝大多数均见于《文苑传》。这说明,易顺鼎对清代前中期文坛人物谱系的看法,在很大程度上代表着道咸同光时期文坛的共识。

二、《钦定国史文苑传》与光绪朝续修《文苑传》

台北故宫藏清代国史馆档案中有《文苑传》钞本多种,戚学民、肖慧琛分别撰文披露了其中的几种。题名为《钦定国史文苑传》的两册钞本(编号为 701008093 和 701008094),乃陈用光、潘锡恩、陈沆纂辑,记载了从顺治到嘉庆朝的 44 人,无道光以后人物。戚学民推断:"陈氏(用光)任总纂,辑纂《钦定国史文苑传》的时间应该在嘉庆二十年至二十三年之间。"成稿时间当在嘉庆二十年(1815)后[1]。这两册钞本为清缮本,上有多处删改标识,属工作本。据戚学民考证,删改后的文字,与其他传世钞本和刻本相同,故删改时间为 1840 年后。戚学民注意到,"零散档案中文献编号为 701004879 的《文苑姚鼐传》,是道光二十四年修改工作本之一,档册内正文与《钦定国史文苑传》相同,但有多处修改痕迹和说明。其中一个重要的改动是在传主后增加了附传人物姚莹,传文称其为'范孙莹,进士,前官台湾道',眉批有'进士,见国子监进士题名碑。官阶见道光十七年十月廿七日上谕'"[2]。姚莹任台湾道是道光十六年(1836)至道光二十年事。这处修改就是夏孙桐所说的"第三次道光甲辰另行删并,即坊间所刻之本"[3]。肖慧琛发现的台北故宫博物院所藏国史馆续修《文苑传》,系光绪中期纂修《文苑传》的工作底本(下称"光绪朝续修《文苑传》")[4]。这次续修《文苑传》,立传名单共 219 人,其中正传 75 人、附传 144 人。名单如下:

侯方域、王猷定、丁炜、林佶、林佶、黄任、郑方坤、刘献廷、冯班、宗元鼎、刘体仁、吴殳、邓汉仪、陆圻、丁澎、吴百朋、沈谦、毛先舒、毛际可、吴农祥、吴兆骞、陈梦雷、顾贞观、唐甄、贺贻孙、邵远平、杨椿、颜光敏、李澄中、

---

[1] 戚学民《〈钦定国史文苑传〉钞本考》,《文学遗产》2017 年第 6 期。

[2] 《文苑姚鼐传》,台北故宫博物院藏,档案编号 701004879,第 8 页。参见戚学民《〈钦定国史文苑传〉钞本考》,《文学遗产》2017 年第 6 期。

[3] 戚学民《〈钦定国史文苑传〉钞本考》,《文学遗产》2017 年第 6 期。

[4] 分别题名为《续文苑底稿》《钞通传稿》《续编》《拟文苑传稿》《文苑底稿》,每卷一四○或一六○余页不等,撰人不详。第一卷稿本内有《文苑传稿目》10 页,共立传 219 人,其中正传 75 人、附传 144 人。肖慧琛《光绪国史续修文苑传纂修考略》,《厦门大学学报》2019 年第 1 期。

王苹、张笃庆、曹贞吉、梁佩兰、程可则、方殿元、王隼、吴文炜、梁无技、黄与坚、顾湄、徐嘉炎、方象瑛、汪师韩、黄仪、钮琇、郑梁、裘琏、何焯、陈景云、景云子黄中、郑元庆、顾嗣立、吴之振、顾陈垿、王峻、王延年、吴卓信、何梦瑶、劳孝舆、罗天尺、车腾芳、苏珥、许遂、韩海、杭世骏、周京、陈撰、符曾、吴颖芳、黄永年、袁枚、程晋芳、王友亮、邵齐焘、王太岳、赵翼、王元启、万光泰、沈大成、赵一清、沈炳巽、严长明、曹仁虎、张九钺、张九键、张九镒、张九镡、钱澧、曹锡宝、谢振定、管世铭、吴锡麒、杨芳灿、杨揆、吴鼎、乐钧、刘嗣绾、吴慈鹤、法式善、王芑孙、黎简、张锦芳、张锦麟、黄丹书、吕坚、胡亦常、黄景仁、吴嵩梁、张问陶、舒位、王昙、孙原湘、冯敏昌、宋湘、赵希璜、李符清、李黼平、吴兰修、李兆洛、承培元、章学诚、章宗源、叶维庚、吴兰庭、彭兆荪、郭麐、宋大樽、钱林、朱彭、端木国瑚、吴文溥、祁韵士、张穆、何秋涛、许鸿磐、恽敬、吴德旋、赵怀玉、谢应芝、张士元、张海珊、张履、陈鹤、周济、张澍、邢澍、莫与俦、与俦子友芝、陆继辂、陆耀遹、陈文述、王衍梅、姚燮、徐松、沈垚、陈潮、包世臣、齐彦槐、沈钦韩、陈逢衡、钱仪吉、仪吉弟泰吉、姚莹、张际亮、戴钧衡、邓显鹤、邹汉勋、万希槐、管同、刘开、姚椿、顾广誉、张鉴、杨凤苞、施国祁、洪颐煊、坤煊、震煊、金鹗、张维屏、谭敬昭、彭泰来、倪济远、邵咏、梅曾亮、毛岳生、董祐诚、方履篯、周仪暐、俞正燮、赵绍祖、汤鹏、何绍基、潘德舆、鲁一同、吴昆田、瞿中溶、黄易、张廷济、沈涛、赵魏、陆增祥、魏源、龚自珍、朱琦、吕璜、王拯、曾钊、谭莹、侯康、仪克中、熊景星、黄子高、郑献甫、冯桂芬、王柏心、周寿昌、吴观礼、高心夔。

立传的规模与人选,已与《清史稿·文苑传》较为接近了。

它与《清史稿·文苑传》的区别表现在:(1)光绪朝续修《文苑传》之成稿早于《清史稿·文苑传》,故卒年在光绪朝中晚期者未能入传;(2)卒于1884年的周寿昌见于光绪朝续修《文苑传》,莫友芝(卒于1871年)、吴敏树(卒于1873年)却未见立传。《清史稿·文苑三》中的方东树、苏惇元(方东树附传)、彭绩(陆继辂附传)、缪尚诰(李兆洛附传)、宋景昌(李兆洛附传)、孙维朴(何绍基附传)、汪文台(俞正燮附传)等人,光绪朝续修《文苑传》也未为立传。(3)《清史稿·文苑传》为满蒙文人如斌良等立传,光绪朝续修《文苑传》没有。

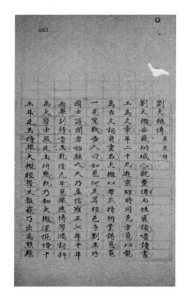

图 37　《钦定国史文苑传》

按：此为台北故宫博物院所藏稿本，编号为 701008093，系"传稿"之一种。内有如下诸人传稿：姜宸英（附严虞惇）、毛奇龄、庞垲（附边连宝）、顾景星（附叶封）、吴雯（附傅山）、黄虞稷、冯景、邵长蘅、赵执信（附冯廷櫆）、史申义（附周起渭）、查慎行（附查嗣瑮、查升）、陈仪、黄之隽（附胡天游）、张鹏翀（附孙致弥）、陈兆仑、赵青藜（附汪越）、沈廷芳、厉鹗（附商盘）、刘大櫆（附吴定）、李锴、朱仕琇（附鲁士骥）、蒋士铨、姚鼐（附姚范）。

光绪朝续修《文苑传》在人物谱系方面的变动有：(1)梅曾亮、曾钊等人之增删。梅曾亮在易顺鼎《国朝文苑传》中并未作为正传、附传人物处理，只是在姚鼐传中作为弟子提及："鼐之弟子陈用光、刘开、吴德旋、梅曾亮、管同……曾亮字伯言，同字异之，皆上元人。鼐居江宁，故德旋辈皆出其门。开、同才尤高，并贫困，早卒。德旋、曾亮亦不显。独用光官至侍郎，而曾亮年颇永，所诣尤邃，道光中尤存。"[1]到光绪朝续修《文苑传》，才为梅曾亮正始立传[2]。光绪朝续修《文苑传》的"稿目"中，朱琦、谭莹两列之间夹写有"曾钊"二字，书于格线之外，当系添写。这添写的一篇《曾钊传》与签

---

①陈松青校点《易顺鼎诗文集》第 3 册，湖南人民出版社，2010 年，第 1347 页。
②肖慧琛《光绪国史续修文苑传纂修考略》，《厦门大学学报》2019 年第 1 期。

条目录一样,均由后来的纂修官所增补,并不在缪荃孙所撰 74 篇之内①。据分析,《曾钊传》可能是陈伯陶所添。因为缪荃孙曾在致吴士鉴信札中,抱怨陈伯陶(南海人)困于乡曲,大肆增加粤人入传,而《文苑传》第五次稿正由陈伯陶承修②。(2)陆继辂原为恽敬附传,改为正传。《续文苑底稿》第三卷内,使用无名稿纸的《恽敬传》附传"陆继辂"及"陆耀遹"被删除;二陆传记经增改后被誊抄在松竹斋纸上,陆继辂成为正传,在《莫与俦传》和《陈文述传》之间③。(3)文派称名之反复。松竹斋纸稿本称为"常州派",陈伯陶本改为"阳湖派",至《文学传》时又改回"常州派",而《清史稿·文苑传》则依陈伯陶本为"阳湖派"④。

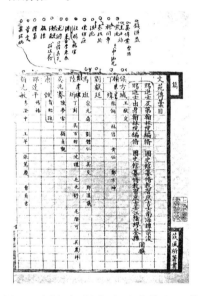

图 38　谭宗浚、缪荃孙《文苑传稿目》⑤

　　按:此为上海图书馆藏《清史文苑传稿》内含的"拟目"之一。稿纸为绿格,版框右下印有"艺风所著书"字样,字用绿色墨印,与版框、栏线同色。图为该页面电子版的黑白打印页,上海图书馆提供。

---

①曾钊原在缪荃孙《儒学传》内。

②按:曾钊为广东南海人。参见肖慧琛《光绪国史续修文苑传纂修考略》,《厦门大学学报》2019 年第 1 期。陈伯陶编纂有《胜朝粤东遗民录》(东莞陈氏,1916 年)、《宋东莞遗民录》(东莞陈氏,1916 年)等。

③肖慧琛《光绪国史续修文苑传纂修考略》,《厦门大学学报》2019 年第 1 期。

④肖慧琛《光绪国史续修文苑传纂修考略》,《厦门大学学报》2019 年第 1 期。

⑤谭宗浚、缪荃孙《清史文苑传稿》,上海图书馆藏稿本,线善 835669—75。

三、谭宗浚、缪荃孙《清史文苑传稿》稿本

上海图书馆古籍部藏谭宗浚、缪荃孙撰《清史文苑传稿》稿本①,手写在绿格稿纸上。每半页十二行,行二十五字。稿纸版框右下印有"艺风所著书"字样,字用绿色墨印,与版框、栏线同色。此稿本虽然题名为"文苑传稿",实亦包括"儒林传"。据《艺风老人年谱》光绪十四年(1888),知缪荃孙撰《儒林传》共七十一篇、《文苑传》七十四篇:

> 五月整理《儒林》等五传,撰成稿本,托陆提调呈堂。自辛巳潘文勤师为总裁,廖谷似寿丰为提调,奏办《儒林》《文苑》《循良》《孝友》《隐逸》五传……荃孙独任其事,成《儒林传》上二十二篇,下四十九篇,《文苑传》七十四篇,《循良》四十三篇,《孝友》十九篇,《隐逸》十五篇,分并去取,略具苦心。

其中,《儒林传》又分上、下两卷,分别为二十二篇、四十九篇。这个数目,与上图所藏《儒林传稿》底稿上的数目正合。这个数目,经过增删调整后,变为三十一人。

以下是两部传稿的基本情况。

(1)篇幅。《儒林传》与《文苑传》的篇幅相当,均近三百页(含陈伯陶增加的内容页、签识页、贴条等)。

(2)题名。两部传稿的题名格式不同。前者上下卷各署《儒林传上卷目》(又以红色笔改为"儒传卷一")、《儒林传下卷目》;后者目录页署《文苑传稿目》。

(3)作者署名。两部传稿的署名不同,《儒林传稿》署"赐进士出身、翰林院编修,国史馆总纂江阴缪荃孙撰",仅缪氏一人;《文苑传稿目》署:"赐进士及第、翰林院编修,国史馆纂修、教习、庶吉士南海谭宗浚/赐进士出身、翰林院编修,国史馆纂修、教习、庶吉士江阴缪荃孙同撰。"谭、缪二人合署。

(4)稿本特征。《儒林传稿》虽署缪荃孙撰,但又有陈伯陶所做的修改增删,应是陈伯陶在缪荃孙稿本基础上再度纂修所形成的工作底稿。《文苑传稿》的情况与此相似,虽署谭宗浚、缪荃孙二人撰,其实内中多有贴签

---

① 谭宗浚、缪荃孙《清史文苑传稿》,上海图书馆藏稿本,线善835669—75。

及插页,插页大都落款"陈伯陶"或"伯陶"。因此,这两部传稿均是陈伯陶续修《儒林传》和《文苑传》的工作底稿,能够看出陈伯陶对谭宗浚、缪荃孙原稿的改动情况。

《清史儒林传稿》第 128 页有陈伯陶手写《孔广森传》一纸,传后附记曰:"孔广森传载《自序》一篇,本之阮元撰《传》。史家本有载文之例,惟其文太长,当日阮元撰传,无别文征引,其例又不宜以己文载入,故载《自序》一篇也。其实阮序《通义》一篇,已括其大旨。今拟采入广森传内。删去《自序》,而括以'大旨见《自序》中'一语。请酌定。伯陶。"①

这份传稿的《文苑传》部分,有两个拟目。一个在第 303—306 页,题为《文苑稿目》;一个在第 465—468 页,题为《文苑传拟采各家》。后者是夹在《文苑传·外篇》的正文(第 434—518 页)之内的。

这两份拟目,前者所列正传共 74 人,附传 144 人,共 218 人,当存谭宗浚、缪荃孙旧稿之规模。后一个拟目的重要价值在于,它将立传人物分为史学家、地理家、经济家、考证家、金石家、古文家、骈文家、词章诗赋家八类②。这个分类,有助于解读光绪朝续修《文苑传》及后来《清史稿·文苑传》的立传原则。

除了这两份拟目,在目录页之前的空白页上,也有几行手写小字,写有九人姓名:陈其年、邵齐焘、胡天游、彭兆荪、方苞③、刘大櫆、姚鼐、朱仕琇、恽敬④。

《清史文苑传稿》是《清史稿·文苑传》的前身。当然二者间的区别也有不少。谭、缪《清史文苑传稿》以陆圻为正传,以丁澎、吴百朋、沈谦、毛先舒、毛际可、吴农祥六人为其附传。《清史稿·文苑一》亦以陆圻为正传,但附传名单变动较大,删掉了毛际可、吴农祥,保留丁澎、毛先舒、吴百朋,增加了柴绍炳、孙治、张丹、沈谦、虞黄昊五人⑤。谭、缪《清史文苑传稿》以杨椿一人为邵远平之附传;《清史稿·文苑一》则以吴任臣、谢启昆、周春、陈鳣四人为邵远平附传。

值得注意的是,在这份稿本的"外篇"有《谭莹传》,并以侯康、仪克中、熊景星、黄子高四人为谭莹附传。这五人,谭莹、熊景星为广东南海人,侯

---

① 谭宗浚、缪荃孙《清史文苑传稿》,上海图书馆藏稿本,线善 835669—75。
② 谭宗浚、缪荃孙《清史文苑传稿》,上海图书馆藏稿本,线善 835669—75。
③ 按:方苞后标有小字"大臣传"。
④ 谭宗浚、缪荃孙《清史文苑传稿》,上海图书馆藏稿本,线善 835669—75。
⑤ 谭宗浚、缪荃孙《清史文苑传稿》,上海图书馆藏稿本,线善 835669—75。

康、黄子高为广东番禺人，仪克中寄籍番禺（先世为山西太平人），均为粤人。在五人传稿之后，又插入一纸，上写谭宗浚小传①。今《清史稿·文苑三》也保留了谭宗浚传②。上文提到曾刬入传时，曾引缪荃孙抱怨陈伯陶困于乡曲，多为粤人立传。陈伯陶增入谭宗浚传，固亦出于乡曲之情，但谭宗浚既曾与修《清史文苑传》，他本人亦经陈伯陶之手而得入《文苑传》，可谓得其所哉，故亦可视为对先贤的致敬与感怀。

四、立传规格升降与人物谱系变化

清史《文苑传》立传名单的参差，为我们观察清代文学的历史发展提供了颇为特殊的视角。立传人物筛选所体现的取舍标准，反映了清代国史馆同人，以及陈用光、潘锡恩、陈沆、谭宗浚、缪荃孙、易顺鼎、马其昶、夏孙桐、金梁等人的文学眼光，是他们个人见解的表达。

光绪朝续修《文苑传》时，谭宗浚就强调“经术”与“实学”，试图改变以往《文苑传》重“文词”的倾向：“至士大夫能宏奖风流者，若王渔洋在扬州，毕秋帆在关中，曾宾谷在两淮，俱极坛坫敦槃之盛，然仍不过仿竟陵之刻烛，续汉上之题襟而已。惟地方官能振兴文教者，则成就尤多，如谢金圃（谢墉）督学江左而拔萃尽属通儒，朱笥河（朱筠）督学闽中而士子多通经术，惠半农（惠士奇）督粤学而何劳并荷品题，洪稚存（洪亮吉）督黔学而郑、莫（郑子尹、莫友芝）均从私淑。与夫阮文达公在浙建诂经精舍，在粤建学海堂，数十年间，人才蔚起，兹皆详著之，以见得士之盛……”③

上海图书馆所藏《清史文苑传稿》内附有一张名为《清史文苑传拟采各家》的传目，内列有史学家、地理家、经济家、考证家。这个名单基本上被《清史稿·文苑传》所承袭，如考证家之下有正传何梦瑶，劳孝舆、罗天尺、车腾芳、苏珥、许遂、韩海六人为其附传，这七人均见载于《清史稿·文苑二》。

---

① 谭宗浚、缪荃孙《清史文苑传稿》，上海图书馆藏稿本，线善 835669—75。

② 传文：“莹子宗浚，字叔裕。工骈文。同治十三年一甲二名进士，授编修。初举于乡，齿尚少。莹课令读书十年，乃许出仕。授以马氏通考，略能记诵。既入翰林，督学四川，又充江南副考官。以伉直为掌院所恶，出为云南粮储道。宗浚不乐外任，辞，不允。再权按察使，引疾归，郁郁道卒。”（《清史稿·文苑三》）

③ 谭宗浚《希古堂集》，复旦大学图书馆藏清光绪十六年（1890）羊城刻本影印本。参见肖慧琛《光绪国史续修文苑传纂修考略》，《厦门大学学报》2019 年第 1 期。

纂修人员见解不同导致人物谱系动态变化,且举几例。

(1)唐甄、胡承诺位置对调。谭宗浚、缪荃孙《清史文苑传稿》以唐甄为正传,胡承诺为其附传;《清史稿·文苑一》则以胡承诺为正传,贺贻孙、唐甄二人为其附传。

(2)吴兆骞、颜光敏之降格与计东、王士禄之升格。谭、缪《清史文苑传稿》以吴兆骞为正传,陈梦雷、顾贞观二人为其附传。《清史稿·文苑一》则以计东为正传,吴兆骞、顾我锜二人为计东附传;谭、缪《清史文苑传稿》以颜光敏为正传,李澄中、王苹、张笃庆、曹贞吉四人为其附传。《清史稿·文苑一》则将颜光敏、李澄中、王苹、张笃庆、曹贞吉五人均列为王士禄附传,除上述五人外,另有王士祜、田雯、徐夜三人亦为王士禄附传。

(3)杭世骏、陈章之消失与陈撰之改属。陈章在易顺鼎《国朝文苑传》中,与陈撰、赵昱等同为杭世骏附传。易顺鼎称:"时杭州工诗者,厉鹗、赵昱、符曾、陈章、汪沆、陈撰、周京,并以鸿博征,及试皆报罢。而鹗与章撰诗尤工。章字授衣,与弟皋并称'二难'。诗格近唐大历十子,或出于储光羲、韦应物间。"①到光绪朝续修《文苑传》及《清史稿·文苑二》,陈章之名已不见,陈撰倒是保留了下来。易顺鼎列陈撰为杭世骏附传,《清史稿·文苑二》列陈撰为厉鹗附传,原为正传的杭世骏却不慎漏载。这表明清史文苑人物的谱系变化,也有阴差阳错的成分。

(4)谭、缪《清史文苑传稿》正传中有郑梁,裘琏为其附传;《清史稿·文苑传》已不见二人。

(5)谭、缪《清史文苑传稿》以郭麐为彭兆荪附传,《清史稿·文苑二》则以郭麐为法式善附传,彭兆荪由正传降为胡天游附传。

(6)《清史稿·文苑三》将陶方琦列为李慈铭附传,陈敬第为此调侃:"老境身材未及中,越山湘水郁兰丛,孟郊附传非门下,史氏多为耳食蒙。"诗后原注:"《清史稿》不知何据,而列入越缦门下。张鸣珂《谭艺琐录》亦以讹传讹。"②

柯劭忞《新元史·文苑传》曾言:"皇朝黄宗羲以姚燧、虞集为元文之最盛

①易顺鼎《国朝文苑传》,《琴志楼丛书》第5册,中国国家图书馆古籍馆藏。又见陈松青校点《易顺鼎诗文集》第3册,湖南人民出版社,2010年,第1343页。

②汪宗衍《清史稿·儒林·文苑传校记》,朱东润等主编《中华文史论丛》1981年第3辑(总第19辑),上海古籍出版社,1981年,第283页。

者,王士祯以吴莱之诗配苏轼,翁方纲以虞集之诗继黄庭坚,盖议论之不同如此。文章之士,因派别而为爱憎,至论定于千载之后,其言固不可易也。"①"议论之不同"及"因派别而为爱憎",以清史馆同人对金梁的批评最为典型。

朱师辙认为:"综而言之,(《清史稿》)列传之偷改以光、宣朝为多,'儒林'、'文苑'亦有私增改者,二传以'文苑'为稍多,如斌良原稿本无其附传,各人更无,众只知英华为彼增入,不知从斌良起一段皆私增也。其他如'忠义传'之王国维亦窃改,皆显而易见,人所共知……"②朱师辙批评矛头所指,正是金梁。当然,朱师辙的批评不能一概归之于"因派别而为爱憎",因为他所不满于金梁的,乃是其"私改"行为。

冯尔康以王国维不入《文苑传》而塞入《忠义传》以及唐甄应入《儒林》而置传《文苑》为"分类不当":"王国维是我国近代的一位著名学者,《史稿》不取其学术成就立传'文苑',只用其'悲不自乱'自尽于'昆明湖'的复杂原因,硬谓之殉清而死,塞在《忠义传》内。唐甄本应于'儒林'设传,《史稿》却为其置传'文苑'。"③这个批评是允当的。严格而言,以上批评所涉及的并非《清史稿》的缺点与失误,而是质疑其取舍与判断的标准。

《清史稿》关内本刻成后,因为《文苑传》漏掉了朱筠、翁方纲二人,金梁主持的关外本在《文苑二》姚鼐之后将朱、翁二人补入。朱师辙斥曰:"朱、翁二人漏传,众皆知之,金梁闻而遂随意加入,殊不知漏传岂只二人,又不明《清史稿》乃公家所修之书,既已印行,私人翻印,无论'时宪志'之繁冗,朱翁传之缺漏,皆不以私人妄行增删,此刊书之通例……故金梁所印《清史稿》,此又伪本之伪本。"④《清史稿》卷四七三《张勋康有为传》原无,金梁主持校刻方加入。

金梁补入张、康二人,自有其考量。但馆中同人未必赞同。朱师辙说:"张勋、康有为传,馆中已有人撰,经讨论以政治关系是非未定,《清史稿》暂不立传。乃金梁欲将张彪附张勋传以售其私,故仍私将张、康合传而附以张彪,柯馆长命仍抽去,易劳乃宣、沈曾植,劳、沈二人乃从二百五十九卷分出,《论》则金君雪生所撰,以光绪朝列传多金君手笔也。"⑤

①柯劭忞《新元史》卷二三七《文苑上》,天津徐氏退耕堂刻本,1920年。
②朱师辙《清史述闻》,上海书店出版社,2009年,第73页。
③冯尔康《清史史料学》,故宫出版社,2013年,第59页。
④朱师辙《清史述闻》,上海书店出版社,2009年,第73页。
⑤朱师辙《清史述闻》,上海书店出版社,2009年,第72页。

金梁对《清史稿》的改动,有多处与近代文学人物有关。一是在《文苑二》姚鼐之后增入朱筠、翁方纲二人;二是凭自己的判断,将康有为写入列传,与张勋同在一传;三是将斌良、英华等满族文人写入《清史稿》,扩大了《清史稿》的列传覆盖面。金梁对《清史稿·文苑传》的增补,有一些是可以确知的。他在《清史稿》中尽可能多地留下旗籍臣工及文人的史迹,如在《清史稿》卷四八六《文苑三》中,金梁增补的一节文字,就涉及蒙古旗人盛元、汉军旗人宗山,更多的则是满洲文人,如鄂恒、震钧等,其中观成是金梁祖父,英敛之是金梁知交。此外,金梁更通过撰写《清史稿补》、增补吴庆坻《辛亥殉难记》等方式,表达他对作为中国历史一部分的满洲史、旗人史的关切。

另有蒙古文人锡缜,也入《文苑传》。传较简短:"原名锡淳,字厚安,博尔济吉特氏,满洲正蓝旗人。咸丰六年进士,由户部郎中授江西督粮道,为驻藏大臣,乞病归。工书,善诗文。著有《退复轩诗文集》。"或亦为金梁所撰。除此传外,金梁《近世人物志》也收有锡缜传,文字简约,系辑录同人回忆文字而成。清代蒙古作家中,得入《清史稿》文苑传者二人。除了锡缜,还有法式善。除了以上提到的满、蒙文人,金梁还将他的家史设法写入了《清史稿》。见于《清史稿》各传中的金梁家族人物有:嗣祖母王依氏(《列女传》,传文约 180 字)、祖父观成(《文苑传》,传文约 30 字)、父凤瑞(《孝义传》,传文约 490 字)。

张惠言在《儒林》《文苑》两传间的挪移[1],以及阎循观、汪绂等人在《儒

---

[1] 据《合肥学舍札记》,张惠言入《儒林传》系阮元的意见,戴衢亨则将张惠言从《儒林传》中去除。据缪荃孙回忆:"至嘉庆庚午,阮文达公由浙抚降编修,充国史馆总纂,创《儒林》《文苑》两传……阮引高宗上谕以顾栋高冠首,成《儒林传》四十四篇,附传五十余人。未及进呈,壬申八月,署漕运总督,将稿本交馆,《文苑传》未撰。后顾南雅(莼)为提调,始进呈,当在嘉庆末年。据稿立传,改《顾炎武传》居首。总裁戴文端公进呈时,出毛奇龄于《文苑》,去沈国模、谈泰、桂馥、钱澄之、方中通、朱鹤龄、臧庸、阎循观、汪绂、金榜、王鸣盛、丁杰、任大椿、孔广森、张惠言、孔兴燮等十七人。文达不以为然,而载被删诸人入《揅经堂文续集》……道光甲辰,方俊、谭宗茂为提调,另行删并,去表字、出处,复收朱鹤龄、阎循观、汪绂三人,即坊间所刻四传是也。"缪荃孙《国史儒林文苑两传始末》,《艺风堂文漫存·乙丁稿》卷三,张廷银、朱玉麒主编《缪荃孙全集·诗文 1》,凤凰出版社,2014 年,第 661—662 页。又据上海图书馆所藏缪荃孙《儒林传稿》,张惠言传在《儒林传下》,为正传,其下附江承之、董士锡、张成孙(惠言子)三人。该稿有陈伯陶手书插页一,直接替换原缪稿"有道正焉耳"以下文字,系补张惠言著述,另含张成孙、江承之、董士锡(江承之甥)三人传文。文后有陈伯陶识语云:"此段增在'有道正焉耳'下。下删江承之、董士锡,成孙传并删。""董士锡古文为阳湖派,已列《文苑》,兹附其名江承之传中。成孙传太略,改辑。伯陶。"见缪荃孙《清史儒林传稿》,上海图书馆藏。

林传》中的入而复出、出而又入,涉及一类既擅诗文又兼著述的文人之定位与评价、入传标准的宽严调适以及学术派别的兼容并蓄等问题。夏孙桐将一部分文苑人物写入《循吏传》,这一做法一方面可以有效地记载清代文学人物的不同层次,因为不同的类传有不同的立传标准,这体现了传统正史在记载史事时的结构优势。但也意味着对正史书写法度的逾越,影响到专题类传的纯粹与严整性。而正史中的儒林与文苑、正传与附传之分则可以实现一定的分类、区别以及评判功能,这又是它与章节体文学史的不同之处。

筛选意味着曾经存在一个更大范围的立传名单,其中多有被我们所忽视、但在当时很有影响的文人,如罗有高、杨芳灿等。各种存世稿本可以再现筛选的过程,提醒我们省思近年来已成定例的文学史人物谱系。

《清史稿·文苑传》成稿最晚,它虽然继承了传统正史的纪志表传体例,但又带有鲜明的民国特征。成书仓促缘于时局动荡,同人无共识而各自为政,无暇推敲讨论而多用纂修人所执笔的原稿。《清史稿》由于纂修、刻印过程的复杂性、特殊性,也为纂修者在筛选入传人物、保留个人见解方面留下了很大的空间。传统正史体例以及官方因素对《清史稿》纂修者的规约已大大弱化,纂修者得以在正史框架内实现更多的自由裁量。如夏孙桐对《循吏传》中人物的著述之强调、金梁对清代文人族群身份的关切,等等。这一特征,正与民国时代相对自由、开放的著述风气相呼应,表明传统正史的官修模式已在变化。《清史稿》虽是官修史书,官方实未"监修",因此较具私史性质。不同于清修《明史》之更强调"共识",《清史稿》及其《文苑传》可谓"公议"与"私见"交织,故可视为由传统正史向现代新史蜕变的过渡期标本。

第八章 《清史稿》对桐城文派的记载与评价

马其昶曾撰《桐城耆旧传》①，对桐城学人、文人甚为关注。清史馆中，柯劭忞、马其昶、王树枏、姚永朴、姚永概均属桐城派。虽然《清史稿》纪、传、志、表执笔者众多，不尽是桐城学人，但桐城人物的成就与影响是客观的，故相关人、事见载于《清史稿》者颇多。当然，文章流派意义上的"桐城派"，其成员并不限于桐城籍，如陈用光、张裕钊属桐城派，却是江西人、湖北人。同样地，"桐城耆旧"未必是"桐城派"，如《清史稿》卷四八二《儒林三》有马宗梿、马瑞辰、马三俊祖孙三代传，三人是桐城人，却不是"桐城派"。

即以严格意义上的"桐城派"而论，《清史稿》的记载也颇有条理。金毓黻对此表示肯定："《文苑传》以吴汝纶、林纾二氏为殿，允矣。"又说："《梅曾亮传》叙次有法。中有一段云：'居京师二十余年，与宗稷辰、朱琦、龙启瑞、王拯、邵懿辰辈游处，曾国藩亦起而应之。京师治古文者，皆从梅氏问法。当是时，管同已前逝，曾亮最为大师。而国藩又从唐鉴、倭仁、吴廷栋讲身心克治之学，其于文，推惜抱姚氏尤至。于是士大夫多喜言文术政治。乾嘉考据之风，稍稍衰矣。'"金毓黻对《梅曾亮传》中的这一段文字极表赞赏："愚按此《传》非深于桐城义法者不能为。疑出于马通伯手笔。然于曾亮陷入洪、杨军中一事，不著一字。盖为之讳也。"②

关于桐城派文人受聘清史馆及参与《清史稿》纂修的情形，学界颇为关注③。本书相关章节亦有涉及。这里将要重点讨论的，不是清史馆成员中的桐城派，而是《清史稿》中的桐城派，即究竟哪些桐城派人物入载《清史稿》，以何种方式入载。

---

① 马其昶撰，彭君华校点《桐城耆旧传》，黄山书社，2013年。
② 金毓黻《读清史稿札记》，《国史馆馆刊》1948年第3期。
③ 参见李诚《桐城派文人在清史馆》，《江淮文史》2008年第6期；张秀玉《姚永概〈清史拟稿〉考论》，《湖南人文科技学院学报》2015年第3期；许曾会《桐城派与〈清史稿〉编修》，《史学史研究》2016年第2期。

一、"方刘姚"与"桐城派"

《清史稿》较为正式地从流派意义上介绍桐城派，凡三次。一次是在《刘大櫆传》中提到"方刘姚"。另外两次——在《方苞传》及《姚鼐传》中——则明确提出"桐城派"。

第一次明确提到"桐城派"，是在方苞传中。《清史稿》卷二九〇《方苞传》云：

> 方苞，字灵皋，江南桐城人。父仲舒，寄籍上元，善为诗，苞其次子也。笃学修内行，治古文，自为诸生，已有声于时。康熙三十八年，举人。四十五年，会试中式，将应殿试，闻母病，归侍。五十年，副都御史赵申乔劾编修戴名世所著《南山集》《孑遗录》有悖逆语，辞连苞族祖孝标。名世与苞同县，亦工为古文，苞为序其集，并逮下狱。五十二年，狱成，名世坐斩。孝标已前死，戍其子登峰等。苞及诸与是狱有干连者，皆免罪入旗。圣祖夙知苞文学，大学士李光地亦荐苞，乃召苞直南书房。未几，改直蒙养斋，编校《御制乐律》《算法》诸书。六十一年，命充武英殿修书总裁。世宗即位，赦苞及其族人入旗者归原籍。雍正二年，苞乞归里葬母。三年，还京师，入直如故。居数年，特授左中允。三迁内阁学士。苞以足疾辞，上命专领修书，不必诣内阁治事。寻命教习庶吉士，充《一统志》总裁、《皇清文颖》副总裁。乾隆元年，充《三礼义疏》副总裁。命再直南书房，擢礼部侍郎，仍以足疾辞，上留之，命免随班行走。复命教习庶吉士，坚请解侍郎任，许之，仍以原衔食俸。苞初蒙圣祖恩宥，奋欲以学术见诸政事。光地及左都御史徐元梦雅重苞。苞见朝政得失，有所论列，既，命专事编辑，终圣祖朝，未尝授以官。世宗赦出旗，召入对，慰谕之，并曰："先帝执法，朕原情。汝老学，当知此义。"乃特除清要，驯致通显。

以上所记为生平仕履。又记其上疏言事，涉及谷米存案、禁烟酒及米谷出洋、矫积习与兴人才、救荒赈济等。关于其学行、著述及晚年遭际，《传》云：

> 高宗命苞选录有明及本朝诸大家时艺，加以批评，示学子准绳，书

成，命为《钦定四书文》。苞欲仿朱子学校贡举议立科目程式，及充教习庶吉士，奏请改定馆课及散馆则例，议格不行。苞老多病，上怜之，屡命御医往视。苞以事忤河道总督高斌，高斌疏发苞请托私书，上稍不直苞。苞与尚书魏廷珍善，廷珍守护泰陵，苞居其第。上召苞入对，苞请起廷珍。居无何，上召廷珍为左都御史，命未下，苞移居城外。或以讦苞，谓苞漏奏对语，以是示意。庶吉士散馆，已奏闻定试期，吴乔龄后至，复补请与试。或又以讦苞，谓苞移居乔龄宅，受请托。上乃降旨诘责，削侍郎衔，仍命修《三礼义疏》。苞年已将八十，病日深，大学士等代奏，赐侍讲衔，许还里。十四年，卒，年八十二。苞既罢，祭酒缺员，上曰："此官可使方苞为之。"旁无应者。①

《传》末对方苞平生思想、学术、文章总评道：

> 苞为学宗程、朱，尤究心《春秋》《三礼》，笃于伦纪。既家居，建宗祠，定祭礼，设义田。其为文，自唐、宋诸大家，上通《太史公书》，务以扶道教、裨风化为任。尤严于义法，为古文正宗，号"桐城派"。

上文最后一句对方苞"为文"特点的概括，主要涉及三点：一是文章渊源，"自唐、宋诸大家，上通《太史公书》"；二是文章宗旨，"务以扶道教、裨风化为任"；三是文章作法，"尤严于义法"。最后称方苞"为古文正宗"，号"桐城派"。

另外，《清史稿》关于方苞的记载，不止《方苞传》一处，亦见于《李光地传》及《选举志》。

李光地曾暗中保护方苞，《清史稿》卷二六二《李光地传》云："桐城贡士方苞坐戴名世狱论死，上偶言及侍郎汪霦卒后，谁能作古文者，光地曰：'惟戴名世案内方苞能。'苞得释，召入南书房。"

《清史稿·选举志》"选举三"谈及"制艺"及"时文"时说："乾隆元年，高宗诏曰：'国家以经义取士，将以觇士子学力之浅深，器识之淳薄。风会所趋，有关气运。人心士习之端倪，呈露者甚微，而征应者甚巨。当明示以准的，使士子晓然知所别择。'于是学士方苞奉敕选录明、清诸大家时文四十一卷，曰《钦定四书文》，颁为程式。"

---

① 《方苞传》1555 字，《姚莹传》1157 字。

《清史稿·选举志》对清代制义与时文文体的发展轨迹有如下概括："议者谓文风关乎气运。清代名臣多由科目出身,无不工制义者。开国之初,若熊伯龙、刘子壮、张玉书,为文雄浑博大,起衰式靡。康熙后益轨于正,李光地、韩菼为之宗。桐城方苞以古文为时文,允称极则。雍、乾间,作者辈出,律日精而法益备。陵夷至嘉、道而后,国运渐替,士习日漓,而文体亦益衰薄。至末世而剿袭庸滥,制义遂为人诟病矣。"这段文字将清代文章发展描述为五个阶段:(1)开国之初,熊伯龙等人之"雄浑博大";(2)康熙时代之"益轨于正",代表人物为李光地、韩菼、方苞;(3)雍正、乾隆间,"律日精而法益备";(4)嘉庆、道光时期,"文体亦益衰薄";(5)清季则"剿袭庸滥"。

在上述概括中,方苞是时文发展到"益轨于正"时期的主要代表。《清史稿·选举志》称他"以古文为时文,允称极则",这一定位及评价是非常高的。

"方刘姚"三人并称,出现在《刘大櫆传》。《清史稿》卷四八五《文苑二》有《刘大櫆传》,传云:"刘大櫆,字才甫,一字耕南,桐城人。曾祖日燿,明末官歙县训导,乡里仰其高节。其后累世皆为诸生,至大櫆益有名。"然后介绍刘大櫆与方苞的交谊:"始年二十余入京师,时方苞负海内重望,后生以文谒者不轻许与,独奇赏大櫆。"

在桐城文派发展的历史脉络中,刘大櫆的作用既特殊又重要。《刘大櫆传》对此有简洁、恰切的描述:"桐城自方苞为古文之学,同时有戴名世、胡宗绪。名世被祸,宗绪博学,名不甚显。大櫆虽游苞门,传其义法,而才调独出,著《海峰诗文集》。姚鼐继起,其学说盛行于时,尤推服大櫆。世遂称曰'方刘姚'。"

这段文字虽短,但精准点出桐城文派发展的三个重要阶段:(1)方苞时期,同时有戴名世、胡宗绪;(2)刘大櫆时期;(3)姚鼐时期。三个阶段的代表人物各有特点。方苞始为古文之学,戴名世"被祸",而胡宗绪"博学"。刘大櫆虽传方苞为文义法,但"才调独出"。到了姚鼐,桐城文章大放光彩,"学说盛行于时",而姚鼐对刘大櫆尤为"推服"。

到了《姚鼐传》,《清史稿》再一次系统阐说"桐城派"。

与刘大櫆一样,姚鼐亦入载《清史稿·文苑二》。传云:"姚鼐,字姬传,桐城人,刑部尚书文然玄孙。乾隆二十八年进士,选庶吉士,改礼部主事。

历充山东、湖南乡试考官,会试同考官,所得多知名士。四库馆开,充纂修官。书成,以御史记名,乞养归。"又云:

> 鼐工为古文。康熙间,侍郎方苞名重一时,同邑刘大櫆继之。鼐世父范与大櫆善,鼐本所闻于家庭师友间者,益以自得,所为文高简深古,尤近欧阳修、曾巩。其论文根极于道德,而探原于经训。至其浅深之际,有古人所未尝言。鼐独抉其微,发其蕴,论者以为辞迈于方,理深于刘。三人皆籍桐城,世传以为"桐城派"。
>
> 鼐清约寡欲,接人极和蔼,无贵贱皆乐与尽欢;而义所不可,则确乎不易其所守。世言学品兼备,推鼐无异词。尝仿王士禛《五七言古体诗选》为《今体诗选》,论者以为精当云。自告归后,主讲江南紫阳、钟山书院四十余年,以诲迪后进为务。嘉庆十五年,重赴鹿鸣,加四品衔。二十年,卒,年八十有五。所著有《九经说》十七卷,老子、庄子《章义》,《惜抱轩文集》二十卷、《诗集》二十卷,《三传补注》三卷,《法帖题跋》二卷、《笔记》四卷。

上述文字中,对姚鼐文章特点、渊源及其在桐城派发展过程中的作用,均有论及。既论及方、刘、姚三人之渊源与师承关系,也言及姚鼐文章风格("高简深古")及其超越方、刘二人之处,即所谓"辞迈于方,理深于刘"。由于三人"皆籍桐城",故"世传以为桐城派"。

此外,与姚鼐相关的记载还有:(1)《清史稿》卷三五四《秦瀛传》:"瀛工文章,与姚鼐相推重,体亦相近云。"(2)卷三八四李宗传、姚莹等人传:"(宗传)尝从同邑姚鼐游,能文章。""(姚)莹师事从祖鼐,不好经生章句,务通大意,见诸施行。文章善持论,指陈时事利害,慷慨深切。所著《东溟文集》《奏稿》《后湘诗集》《东槎纪略》《康輶纪行》及杂著诸书,为《中复堂全集》,行于世。"(3)《儒林二》有《孔广森传》,称广森"聪颖特达,尝受经于戴震、姚鼐之门,经史、小学,沉览妙解"。又说,"(广森)骈体兼有汉、魏、六朝、初唐之胜","江都汪中读之,叹为绝手","然广森不自足,作堂于其居,名曰'仪郑',自庶几于康成。桐城姚鼐谓其将以孔子之裔传孔子之学,虽康成犹不足以限之"。

至此,《清史稿》完成了对桐城文派的系统记载。无论记事、措辞,还是论断,都堪称精当得体,颇为完备。

二、"当嘉、道间，传古文法者"

《清史稿》于《姚鼐传》后附《陈用光传》。《陈用光传》云："当嘉、道间，传古文法者，有宜兴吴德旋、上元梅曾亮诸人。"前引《姚鼐传》曾言："自告归后，主讲江南紫阳、钟山书院四十余年，以诲迪后进为务。"正由于姚鼐四十余年中的"诲迪后进"，培养造就了一大批学人士子，桐城文派始得发扬光大。其中，作为姚鼐弟子之一的梅曾亮，是桐城派在嘉道年间的重要传人。

《清史稿》记载了不少姚鼐弟子。姚鼐入载的是《清史稿》之《文苑传》，《文苑传》为汇传，所记人物也分正传、附传。姚鼐为正传，其后附有吴定、鲁九皋、陈用光、吴德旋四人传。四人均为姚鼐弟子。

《鲁九皋传》云："鲁九皋，原名仕骥，字絜非，新城人。尝从鼐问古文法，又使其甥陈用光及鼐门。乾隆三十六年进士，选山西夏县，以积劳致疾卒。所著曰《山木居士集》。"

《陈用光传》云："用光，字硕士。嘉庆六年进士，由编修累官礼部侍郎。笃于师友谊，尝为姚、鲁两师置祭田，以学行重一时。著有《太乙舟文集》。"

《陈用光传》又云："当嘉、道间，传古文法者，有宜兴吴德旋、上元梅曾亮诸人，曾亮自有传。德旋，字仲伦。诸生。以古文鸣。与阳湖恽敬、永福吕璜以文相砥砺。诗亦高澹绝俗，有《初月楼集》。"

"梅曾亮自有传"，指的是梅曾亮在《清史稿·文苑传》中为正传，故并未附于《姚鼐传》之后。梅曾亮入载的是《清史稿》卷四八六《文苑三》，后附管同、刘开、毛岳生三人传。

《梅曾亮传》云："梅曾亮，字伯言，上元人。少时工骈文。姚鼐主讲钟山书院，曾亮与邑人管同俱出其门，两人交最笃，同肆力古文，鼐称之不容口，名大起。间以规曾亮，曾亮自喜，不为动也。久之，读周、秦、太史公书，乃颇窳，一变旧习。"关于梅曾亮文章风格及其在京师交游情形，其传曰：

> 义法本桐城，稍参以异己者之长，选声练色，务穷极笔势。
>
> 居京师二十余年，与宗稷辰、朱琦、龙启瑞、王拯、邵懿辰辈游处，曾国藩亦起而应之。京师治古文者，皆从梅氏问法。当是时，管同已前逝，曾亮最为大师。而国藩又从唐鉴、倭仁、吴廷栋讲身心克治之学，其于文推挹姚氏尤至。于是士大夫多喜言文术政治，乾、嘉考据之

风稍稍衰矣。

　　未几，曾亮依河督杨以增。卒，年七十一。以增为刊其诗文，曰《柏枧山房集》。

《管同传》云：

　　同，字异之。少孤，母邹以节孝闻。同善属文，有经世之志，称姚门高足弟子……道光五年，陈用光典试江南，同中式。用光语人曰："吾校两江士，独以得一异之自惠耳。"用光亦鼐弟子也。同卒，年四十七，著《因寄轩集》。

　　《管同传》对管同的评价是："鼐门下著籍者众，惟同传法最早。"至于刘开、毛岳生，传云：

　　开，字明东。以孤童牧牛，闻塾师诵书，窃听之，尽记其语。塾师留之学，而妻以女。年十四，以文谒鼐，有国士之誉，尽授以文法。游客公卿，才名动一时。年四十，卒。著《孟涂集》。子继，字少涂。有信义。遍走贵势求刻其父书，以此《孟涂集》益显。

　　宝山毛岳生，字申甫。用难荫改文学生。孤贫，以孝闻。自力于学，未弱冠，赋《白雁诗》，得名。亦从鼐学古文，以钩棘字句为工。有《休复居集》。

　　值得注意的是，管同、刘开、毛岳生三人虽附《梅曾亮传》之后，但三人传中均提到他们与姚鼐的关系。如称管同为"姚门高足弟子"，称刘开"以文谒鼐，有国士之誉"，称毛岳生"亦从鼐学古文，以钩棘字句为工"。

　　从这一点来看，《清史稿·文苑传》是以提升梅曾亮入传规格的方式，将姚鼐弟子分散于不同的时段加以记载。从师承而言，梅、管、刘、毛均为姚鼐弟子，均可附于姚鼐之后，但梅曾亮升格为正传后，管、刘、毛便可以附于《梅曾亮传》后。不能不说，这是颇为灵活、也颇为得体的一个安排。

　　另外，《清史稿》也记载了与桐城派存在竞争关系的阳湖派。如《文苑三·陆继辂传》云："陆继辂，字祁孙，阳湖人。幼孤，生母林严督之，非其人，禁勿与游。甫成童，出应试，得识丁履恒，归告母，母察其贤，始令与结。其后益交庄曾诒、张琦、恽敬、洪饴孙辈，学日进……继辂仪干秀削，声清如唳鹤。不以尘务经心，惟肆力于诗。清温多风，如其人也。常州自张惠言、恽敬以古文名,继辂与董士锡同时并起,世遂推为阳湖派,与桐城相抗。"又说:"然继辂选七家古文,以为惠言、敬受文法于钱伯坰,伯坰亲业刘大櫆之门;盖其渊源同出唐、宋大家,以上窥史、汉,桐城、阳湖,皆未尝自标异也。继辂著《崇百药斋集》《合肥学舍札记》。"

在桐城文派发展过程中发挥过重要作用的曾国藩,其人其事在《清史稿》纪、志、传中者俯拾即是。曾国藩为"中兴名臣之冠",《清史稿》为立专传,为规格最高的单人独传。传文六千余字,就中涉及学问、文章者有:"道光十八年进士。二十三年,以检讨典试四川,再转侍读,累迁内阁学士、礼部侍郎,署兵部。时太常寺卿唐鉴讲学京师,国藩与倭仁、吴廷栋、何桂珍严事之,治义理之学。兼友梅曾亮及邵懿辰、刘传莹诸人,为词章考据,尤留心天下人材。"《曾国藩传》对传主学术文章旨趣及造诣的描述,有助于了解道咸时代桐城文派发展的脉络。

倭仁、曾国藩二人亦师亦友。《清史稿》于卷三九一《倭仁传》中,亦记曾国藩初到京师研求学问事,与《曾国藩传》所记略同。《倭仁传》云:"初,曾国藩官京师,与倭仁、李棠阶、吴廷栋、何桂珍、窦垿讲求宋儒之学。其后国藩出平大难,为中兴名臣冠。倭仁作帝师,正色不阿。棠阶、廷栋亦卓然有以自见焉。"

《曾国藩传》与《倭仁传》均提及倭仁、吴廷栋、何桂珍。所不同者,《曾国藩传》还提及唐鉴、梅曾亮、邵懿辰、刘传莹等,而《倭仁传》则提及李棠阶、窦垿二人。另外,《曾国藩传》提到,曾国藩从倭仁所治为"义理之学",而与梅曾亮等所治为"词章考据"。二者合观,正是桐城派所倡导的"义理、考据、辞章"之学。

三、桐城"二方"与"曾门四学士"

曾国藩、梅曾亮以下,《清史稿》重点记载的桐城派相关人物为方东树、方宗诚、吴敏树、张裕钊、吴汝纶等人。其中,方东树、吴敏树、张裕钊、吴汝纶为正传,四人名下又各有附传。均见《清史稿·文苑三》。

《方东树传》传主为方东树,附以方宗诚、苏惇元、戴钧衡三人传。从行文来看,《方宗诚传》与《方东树传》篇幅相当,均有三百余字。苏传、戴传篇幅要小很多。

　　《清史稿》于四人传中，或强调他们与方、刘、姚的师承关系，或强调其"能古文"。这是有意识地从学脉、文脉角度对桐城文派的发展线索进行梳理。《方东树传》云："东树曾祖泽，拔贡生，为姚鼐师。东树既承先业，更师事鼐。"又云："东树博极群书，穷老不遇，传其学宗诚。"《方宗诚传》云："能古文，熟于儒家性理之言，欲合文与道为一。"《苏惇元传》云："其学近张杨园，文似方望溪。编有杨园、望溪《年谱》。"《戴钧衡传》云："钧衡，道光二十九年举人。自谓生方、姚之乡，不敢不以古文自任。与惇元重订《望溪集》，增集外文十之四。其后荣成孙葆田更得遗稿若干篇刻之，方氏一家之言备矣。"不仅提到戴氏对方、姚的敬重与师法，还提到他与苏惇元重订方苞文集，以及孙葆田对方苞文集的增补。

　　以上各传中提到的相关信息还有：苏惇元、戴钧衡与方东树、方宗诚为"同县友人"；苏、戴二人"皆东树弟子"。《方东树传》更是记载了传主对乾嘉汉学的批评："当乾、嘉时，汉学炽盛，鼐独守宋贤说。至东树排斥汉学益力。阮元督粤，辟学海堂，名流辐凑，东树亦客其所，不苟同于众。以谓：'近世尚考据，与宋贤为水火。而其人类皆鸿名博学，贯穿百氏，遂使数十年承学之士，耳目心思为之大障。'乃发愤著《汉学商兑》一书，正其违谬。又著《书林扬觯》，戒学者勿轻事著述。"

　　吴敏树与桐城派的关系若即若离，比较特殊。《吴敏树传》云："吴敏树，字本深，巴陵人……生而好学，为文章力求岸异，刮去世俗之见。道光十二年，举于乡。时梅曾亮倡古文义法京师，传其师姚氏学说。敏树起湖湘，不与当世士接手，录明昆山归氏文成册。"强调吴敏树所师法者为明代归有光。《吴敏树传》又云："既，入都，与（梅）曾亮语合。于是京师盛传敏树能古文。曾国藩官京师，与敏树交最笃，既出治军，欲使参幕事，辞不赴。敏树貌温而气夷，意趣超旷，视人世忻戚得丧无累于其心。以大挑选浏阳训导，旋自免去。时登君山江楼，徜徉吟啸。学者称南屏先生。著《柈湖文录》。卒，年六十九。"《吴敏树传》记传主与梅曾亮"语合"，且与曾国藩"交最笃"。这两点，大约是吴敏树常被归为桐城派阵营的重要原因之一。

　　杨彝珍为吴敏树附传，传云："敏树之友以文名者，曰杨彝珍，字性农，武陵人。父丕复，举人，官石门训导，著《历代舆地沿革》。彝珍，道光末进士，选庶吉士，改兵部主事。与曾国藩、左宗棠往还，好奔走声气。重宴鹿鸣，赏四品卿。年九十余，卒。有《移芝室集》。"

张裕钊是曾国藩高足,与吴汝纶、黎庶昌、薛福成号"曾门四学士"。薛福成、黎庶昌均以使臣入载《清史稿》卷四四六,为专传。《薛福成传》云:"福成好为古文辞,演迤平易,曲尽事理,尤长于论事纪载。"《黎庶昌传》云:"从郑珍游,讲求经世学……国藩素重郑氏,接庶昌延入幕","中国古籍,经戎烬后多散佚,日藩族弄藏富,庶昌择其足翼经史者,刊《古逸丛书》二十六种"。

张裕钊入载《清史稿·文苑三》。传称:"咸丰元年举人,考授内阁中书。曾国藩阅卷赏其文,既来见,曰:'子岂尝习子固文耶?'裕钊私自喜。已而国藩益告以文事利病及唐、宋以来家法,学乃大进,瘇前此所为犹凡近,马迁、班固、相如、扬雄之书,无一日不诵习。又精八法,由魏、晋、六朝以上窥汉隶,临池之勤,亦未尝一日辍。国藩既成大功,出其门者多通显。裕钊相从数十年,独以治文为事。"

关于张裕钊与桐城文派之关系,《张裕钊传》是这样交待的:"国藩为文,义法取桐城,益闳以汉赋之气体,尤善裕钊之文。尝言'吾门人可期有成者,惟张、吴两生',谓裕钊及吴汝纶也。"《张裕钊传》对传主文章的评价是"文字渊懿",又引张裕钊论文主张,曰:"尝言:'文以意为主,而辞欲能副其意,气欲能举其辞。譬之车然,意为之御,辞为之载,而气则所以行也。欲学古人之文,其始在因声以求气,得其气,则意与辞往往因之而益显,而法不外是矣。'世以为知言。"又交待其"历主江宁、湖北、直隶、陕西各书院,成就后学甚众"。

张裕钊弟子中,以范当世、朱铭盘最为知名。《清史稿》以范、朱二人为张裕钊附传。传记范当世:"能诗,(吴)汝纶尝叹其奇横不可敌。"记朱铭盘:"其学长于史,兼工诗古文。"

四、李景濂与《吴汝纶传》

吴汝纶为安徽桐城人,是晚期桐城派最重要的代表人物之一。吴汝纶1840年生,1903年去世,在光绪季年享有盛名:"时莲池为吴挚甫,问津为李越缦,名学相埒。"①张百熙奉命接管京师大学堂,于光绪二十七年

---

① 蘅谷(祁景颐)《蘅谷亭随笔》,章伯锋、顾亚主编《近代稗海》第 13 辑,四川人民出版社,1989 年,第 127 页。

(1901)奏举吴汝纶担任大学堂总教习,称吴汝纶"学问纯粹""淹贯古今"。奏折云:

> 臣博采舆论,参以旧闻,惟前直隶冀州知州吴汝纶,学问纯粹,时事洞明,淹贯古今,详悉中外,足当大学堂总教习之任。臣素悉吴汝纶籍隶安徽,同治乙丑科进士,为前大学士曾国藩门人。其为学一以曾国藩为宗,任冀州后澹于荣利,不复进取。前大学士直隶总督李鸿章尤重之,延主保定莲池书院多年,生徒化之,故北方学者以其门称盛,允为海内大师。以之充大学堂总教习,洵无愧色。①

《大清德宗景皇帝实录》光绪二十七年(1901)十二月记曰:"谕内阁,昨已有旨饬办京师大学堂,并派张百熙为管学大臣,所有从前设立之同文馆,毋庸隶外务部,着即归并大学堂,一并责成张百熙管理,务即认真整顿,以副委任。"光绪二十八年正月又记:"谕军机大臣等:张百熙奏请派总教习一折。前直隶冀州直隶州知州吴汝纶,着赏加五品卿衔,充大学堂总教习。"

张百熙奏折中描述吴汝纶学问渊源,强调他"为前大学士曾国藩门人","为学一以曾国藩为宗"。又称赞他"时事洞明""详悉中外"。下文"澹于荣利,不复进取"可为"时事洞明"注脚之一。至于"详悉中外",即李景濂《吴汝纶传》提到的"讲求西学",传云:"汝纶以为,欲救世变,必先讲求西学,造成英伟奇崛之人才,使之深通中外之变,淬厉发扬,以备缓急一旦之用。时既莫之听,而中朝蒙蔽尤甚,卒肇庚子义和拳之变。时汝纶方于保定创立东、西文学堂,延英教士贝格耨等为师,选院中高材生使肄习之,皆故事所未有。"②

吴汝纶先后佐曾国藩、李鸿章幕府。李景濂《吴汝纶传》云:"是时中外大疑大计,一决于国藩、鸿章二人,其奏疏多出汝纶手。国藩既殂,鸿章孤立以当外交之冲,尤为疑谤所丛。汝纶与为终始,不辟艰险,前后以其身关天下之重者垂三十年。"③吴汝纶有诗记李鸿章当时艰屯情形,为时

---

①《张百熙奏举吴汝纶为大学堂总教习折》,朱有瓛主编《中国近代学制史料》第2辑(上),华东师范大学出版社,1987年,第908页。

②李景濂《吴挚甫先生传》,吴汝纶著,施培毅、徐寿凯校《吴汝纶全集》,黄山书社,2014年,第1128—1129页。

③李景濂《吴挚甫先生传》,吴汝纶著,施培毅、徐寿凯校《吴汝纶全集》,黄山书社,2014年,第1128页。

人传诵：

> 吴挚甫先生（汝纶）有《送李文忠出聘海外》三律，能将当日忍辱负重情形，约略传出。诗云：

> "少时敏手事澄清，老作中朝万里城。三纪景钟功状在，一朝巾箧谤书盈。吾君自欲忧元老，外国争邀枉旆旌。却笑班生多枉节，暮年徒郁玉关情。"

> "昨岁军谋取上裁，似闻时论惜康哉。兵家胜负原常事，天下安危仗异才。赵国只传吾将怯，平城终见虏围开。即今盛轨何人继，七十乘槎贯月回。"

> "归朝寝处同迹勤，便拟悬车返旧林。汉主浑忘充国老，桓伊却识谢安深。长风巨浪平生兴，白日浮云万里心。环海名王挹风采，更无冰炭点清襟。"①

张百熙奏请吴汝纶担任大学堂总教习，吴汝纶并不愿就。经张百熙力邀，吴汝纶方提出赴日考察学务。据《清史稿》卷四四三《张百熙传》："百熙奏加冀州知州吴汝纶五品卿衔，总教大学。汝纶辞不应，百熙具衣冠拜之，汝纶请赴日本察视学务。大学教职员皆自聘，又薪金优厚，忌嫉者众，蜚语浸闻。汝纶返国，未至京，卒。"可知吴汝纶之出任京师大学堂总教习，为时不长，且时议纶纭，任职并不平顺。

吴汝纶自日本考察学制归国后，在家乡桐城开办"桐城学堂"，这是一所小学堂，协助吴汝纶创办此学堂的是马其昶。在吴汝纶的设想中，该学堂并非进行启蒙教育的普通小学，而是要仿照日本学制把它建成一所专门学校。1904年，该学堂遵照清政府颁发的《奏定学堂章程》更名"桐城县公立中学堂"，秋间由安庆迁回桐城②。

综观吴汝纶一生，其位虽称不上通显，但他长期参佐曾国藩、李鸿章幕府，有参与军国大政之实。他学问淹雅，倾心文教，所以张百熙称他"允为海内大师"。李景濂《吴汝纶传》评价道："其创开风化之功，乃综集中国数千年固有之学术，糅而化之，以与未来之新学相应和，于晚近数十年间，崒

---

① 海纳川《冷禅室诗话》，张寅彭主编《民国诗话丛编》第 2 册，上海书店出版社，2002 年，第 705—706 页。
② 黄伟《关于吴汝纶生平的几点考证》，《安庆师范学院学报》2006 年第 6 期。

然卓立而无与并,其规模远大,实姚、梅、曾、张诸家之所未有。"①

以吴汝纶学问造诣、声望、影响,入载《清史稿》理所当然,众无异辞。但是,由于《清史稿》列传类型多,有独传、合传、汇传之分,汇传又分《儒林传》《文苑传》等,吴汝纶该入何传,史馆同人未免意见分歧。李景濂负责草拟的《吴汝纶传》撰成,众人看后,意见不一,以致酿成风波。

据朱师辙回忆,李景濂撰成《吴汝纶传》后,曾印示馆中同人。众人阅后均以其过于冗长而认为"有违史例"。朱师辙说:

> (清史馆)自民国三年开馆,经费充足,聘人最多,故撰稿亦极夥,然漫无头绪,虽议有体例而无总阅之人,总纂与协修等皆无联络统系,故人各为政,总纂与协修实平等,稿之能用与否无人过问。自李景濂撰《吴汝纶传》冗长,印示众,众谓其有违史例,因而告退,馆长始稍稍甄别。②

李景濂《吴汝纶传》印示一事,造成两个直接后果:一是李景濂退出清史馆;二是赵尔巽对成于众手的文稿开始加强统筹规划。

台北故宫博物院所藏清史馆稿本中,有李景濂所纂《刑法志》一册,稿本上标明为"李景濂拟稿"及"清史稿本"③。说明李景濂在清史馆并非只任列传,也并非仅撰《吴汝纶传》一稿即告离职。

对此事不满的不只李景濂,还有吴汝纶之子吴闿生。前文提到,曾从马其昶、姚永朴问学的李诚后来回忆说,吴闿生曾因吴汝纶立传规格问题与赵尔巽起争执:

> (吴闿生)认为其父(汝纶)在李文忠(鸿章)幕府中,左右国家大计,应列入专传中。赵馆长说:吴汝纶何人?为何能在专传中?闿生很气愤地向馆长辞职。桐城马、姚诸老也都攘臂相助,此事在清史馆中,掀起一场轩然大波。结果,吴汝纶还是列在《文苑三》中。④

据吴闿生《上赵次山总裁辞清史馆协修书》,吴闿生确曾接到清史馆协

①李景濂《吴挚甫先生传》,吴汝纶著,施培毅、徐寿凯校《吴汝纶全集》,黄山书社,2014年,第1130—1131页。

②朱师辙《清史述闻》,上海书店出版社,2009年,第45页。

③台北故宫博物院编印《故宫博物院清代文献档案总目》,台北故宫博物院,1982年,第154页。

④李诚《桐城派文人在清史馆》,《江淮文史》2008年第6期。

修聘书,但次日即修书却聘:"昨承宠命,猥以史馆协修见委。"为何不接受?
吴闿生谈到多项原因,均就修史之难而言:"盖今日而言修史,有数难焉
者。"吴闿生认为,一难在史料不全、不真:"有清三百年文字之禁甚严,士大
夫绝口不谈时政,官书既少征信,而私家又鲜著述,何所凭藉取信?"二难在
于史例、史法:"海通以来,变故纷乘,皆前古之所未有。因仍往迹,既无可
承袭,创开新例,又于古无征。"三难在于修史人才学养不够:"数十年中,士
始困于帖括,继眩于西学,于国家典章法制、往昔学问精微,多未暇究悉。
老宿渐稀,后生通习尤罕。"①

　　由此观之,吴闿生不受清史馆之聘在前,其父吴汝纶立传一事在后。
虽然吴汝纶立传争议不是吴闿生却聘的原因,但馆内同人有关此事的讨
论,吴闿生应是知情并可能有所参与的。

　　《吴汝纶传》最终入载《清史稿·文苑三》。吴闿生未必满意,但他还是
极为感念的。据金梁在《庚午感逝诗》中的记述,是他将《吴汝纶传》补入
《清史稿·文苑三》的。吴闿生为此"匍匐十里,登门三谢"②。金梁的用词
未免夸张,但吴闿生致谢的事实当非虚构。

　　清史馆为何将《吴汝纶传》的草拟任务交给李景濂?最重要的原因是
李景濂为吴汝纶莲池书院弟子。李景濂,光绪三十年(1904)进士,以研究
《左传》名家,曾受聘担任北京大学预科国文教员和文科经学《左传》门教
员,有《左传讲义》手稿存世③。

　　李景濂与吴闿生有交谊,二人曾在北京大学共事。民国元年(1912)2
月25日,袁世凯聘请严复出任京师大学堂总监督。5月3日,袁世凯允准
大学堂改名为北京大学校,任命严复担任北京大学校长。严复邀姚永概出
任文科教务长。同时进入北京大学的桐城名家有李景濂、吴闿生。

　　取李景濂所撰《吴汝纶传》与《清史稿·文苑三》所载《吴汝纶传》比对,
可知后者正是前者的删节版。当然,删减的幅度很大。李景濂所撰《吴汝
纶传》全文9200余字,而《清史稿》刊本所载《吴汝纶传》仅1100余字,删节
近九成。李景濂《吴汝纶传》对吴汝纶家世背景介绍极为详细,《清史稿》全
未保留。记述吴汝纶在日本考察学务的文字,以及介绍吴汝纶学术思想的

---

①吴闿生《北江先生文集》卷五,文学社刻本,民国十三年(1924)。
②金梁《庚午感逝诗》,金梁《息庐咏史》,金梁自刊,1937年铅印本。
③王达敏《桐城派与北京大学》,《安徽大学学报》2017年第6期。

文字,删节幅度也非常大。李景濂《吴汝纶传》列举的吴汝纶著述,《清史稿》删去了所编辑的书籍,也删去了他辞世后由吴闿生编辑刊行的著述,只保留其生前出版的个人著述。李景濂《吴汝纶传》对吴汝纶不吝奖誉,多次给以极高评价。这些评价,绝大多数为《清史稿》删除。对吴汝纶《易》学观点的介绍,也全部删除。

从李景濂所撰《吴汝纶传》的篇幅、架构及措辞来看,这篇传稿当是以入载专传为标准的。大约在李景濂看来,即使吴汝纶不能立专传,至少也应入载《儒林传》。这从传稿以大量笔墨介绍、评价吴汝纶学术成就尤其是其经学造诣,可以看出些许端倪。

关于两稿的具体异同,本章"附录"中有详细的比对。此不赘述。

《清史稿·文苑三》于《吴汝纶传》后附贺涛、萧穆二人传,又于贺涛传内提及刘孚京。传文如下:

> 汝纶门下最著者为贺涛。而同时有萧穆,亦以通考据名。
>
> 穆,字敬孚。县学生。其学博综群籍,喜谈掌故,于顾炎武、全祖望诸家之书尤熟。复多见旧椠,考其异同,朱墨杂下。遇孤本多方劝刻,所校印凡百余种。有《敬孚类稿》十六卷。
>
> 涛,字松坡,武强人。光绪十二年进士,官刑部主事。以目疾去官。初,汝纶牧深州,见涛所为《反离骚》,大奇之,遂尽授以所学,复使受学于张裕钊。涛谨守两家师说,于姚鼐义理、考据、词章三者不可偏废之说,尤必以词章为贯澈始终,日与学者讨论义法不厌。与同年生刘孚京俱治古文,涛言宜先以八家立门户,而上窥秦、汉。孚京言宜先以秦、汉为根柢,而下揽八家。其门径大略相同。涛有《文集》四卷。
>
> 孚京,字镐仲,南昌人。有《文集》六卷。

此节记萧穆,只言其为"亦以通考据名",而记贺涛,则详述其与桐城派姚鼐、吴汝纶等的关系,称贺涛谨守吴汝纶、张裕钊二家师说,对于姚鼐"义理、考据、词章三者不可偏废"之说,贺涛"尤必以词章为贯澈始终"。寥寥数笔,勾勒出桐城派在吴汝纶弟子中的传衍与变化情形。

《吴汝纶传》后又有《林纾传》。林纾为正传,其后附严复、辜汤生传。《林纾传》评述林纾论文主张云:"其论文主意境、识度、气势、神韵,而忌率袭庸怪,文必己出。"评价其文章风格云:"纾所作务抑遏掩蔽,能伏其光气,而其真终不可自閟。尤善叙悲,音吐凄梗,令人不忍卒读。论者谓以血性为文章,不关学问也。"又介绍其"清学"观云:"纾讲学不分门户,尝谓清代学术之盛,超越今古,义理、考据,合而为一,而精博过之。实于汉学、宋学以外别创清学一派。"这番征引,表明纂修者对其观点的重视。林纾是否属于桐城派,学界向有争议。《清史稿·文苑三》将吴汝纶、林纾二人传文相连,但并未明言林纾与桐城派的关系。这样的处理方式,是经过慎重考虑的。

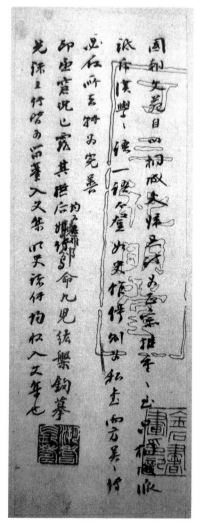

图39　缪荃孙致吴士鉴
函谈桐城派立传①

　　按:缪荃孙此函对桐城派评价甚高:"国朝文苑,自以桐城文、归愚诗为正宗,推重之至。"但是,缪荃孙对方东树等攻击汉学颇为不满,希望立传时呈现这一事实。缪荃孙说:"只桐城派诋斥汉学之语,一语不登,如史馆修则为私书,而方、吴之传必在所去,转为完善。"缪荃孙也谈到史馆同人在馆所撰文稿的著作权问题,认为可收入个人文集:"印丞窘况已露,其撰《后妃传》(均为其难)与兄《诸王传》皆可留稿入文集。《明史》诸传均收入文集也。""印丞",即吴昌绶,清史馆协修,辑有《清帝系后妃皇子皇女四考》五卷,1917年刊行。

　　当然,清史馆同人对桐城派大量入载《清史稿》也有不同意见。吴士鉴就曾向缪荃孙抱怨桐城派入《文苑传》人数过多,"如此泛滥,《文苑传》何能容如许多人耶!"吴士鉴说,桐城派张裕钊、吴汝纶之所以入《文苑传》,实属"徇时论而列

①陈东辉、程惠新编著《缪荃孙致吴士鉴书札考释》,浙江古籍出版社,2023年,第169—170页。

之"。缪荃孙主张凡桐城派"诋斥汉学之语,一语不登",对此吴士鉴深表赞同:"侄亦素不满于此种人也。"吴士鉴对"墨守桐城宗派"的贺涛"晚年忽又昌言变法,极力趋新"颇有微辞①。既然编纂《儒林》《文苑》各传需要权衡取舍,学人之间互有议论褒贬,也就在所难免。

附:李景濂《吴汝纶传》拟稿删改情况

按:以下是李景濂所拟《吴汝纶传》与《清史稿》正式刊本的对照。李景濂稿,简称"濂稿";《清史稿》刊本,简称"刊本"。

濂稿:吴汝纶,字挚甫,安徽桐城人也。
刊本:吴汝纶,字挚父,桐城人。

濂稿:其先盖吴太伯之后。唐中宗朝,有右台监察御史少微谱其族,自太伯以下,凡六十一世。汉长沙王芮,太伯之三十一世孙。光武中,大司马广平忠侯汉,太伯之四十世孙也。汉五传至文质,居饶州余干之文采山。又八传至晋散骑常侍猛,初仕为豫章西安令,因家豫章。又九传至良,仕歙令,因家歙之问政山。良者,少微之祖也。少微与武功富嘉谟善友善,为文原本经典,雄迈高丽,一变徐、庾宗派,天下号为"富吴体"。解官后,退居新安休宁县石舌山莲花池。子巩,仕至中书舍人,亦以文学知名。巩有三子,长子宥。宋都统制玠、新安郡王璘者,宥之十五世孙也。次子密,少子竞。竞长子叔沉,始家婺源。桐城之吴,盖本婺源,而世不详。或曰北宋时有居永兴讳玮者,尝任金坛令,建清修亭以听事,姚辟、王存皆作诗美之。迁江宁太守,居于苏州之阊门,其后世宦游婺源,因占籍为婺源人。

明洪武初,吴氏自婺源一迁鄱阳,一迁桐城。迁桐城者,居峡山之高甸,有二子分其枝系,长曰荣华,次曰保庆。荣华四世有兄弟十人,长为文富,生子长曰寅,始游邑庠。有四子曰澄、清、海、涟,出居先塸。清能读父书。至八世有星子县丞桓,清之孙也。九世有惠州巡检铨,澄之曾孙也。三为文达,葬夛冲。生子四:宓、容、寁、守。宓治家严

---

① 吴士鉴致缪荃孙函,顾廷龙校阅《艺风堂友朋书札》,上海古籍出版社,1981年,第462页。

正,生三子:洪、漅、溇。及守第三子泾之后为盛。其大较也。

洪曾孙承恩,号平川,仕明为河阴令,调新野令,晋璐安别驾,均有惠政,父老请祀名宦。沈阳朱恬烁高其行,尝赠以诗,具载《明诗综》。承恩从弟承家,幼颖,以孝闻,仕为兖州鲁王府迪功郎。漅曾孙承颜,仕至夔州府经历。有子长曰善谦,字伯亨,万历己酉举人,初为浙江台州府推官,却盐政岁羡千金不败,亭决疑狱,一朝释轻系二百余人。擢南直广东道监察御史,抗疏劾魏珰党羽,謇谔不稍避,比魏珰败,台省交章,善谦独于击奸之中不失为熹庙地。尝巡三吴,不阿总宪某意以枉法,为所衔,去官,行橐萧然,唯图书数箧。孙时逢,淹贯经史,居南京,与搢绅耆旧往来唱和,结寰中社,有遗集十余种。时逢孙直,字生甫,乾隆丙辰举人,覃思读书,废寝与食,为文希微要眇,感喟悲凉,为县人刘大櫆之师,而与方苞为中表,苞尝叹服,以为不可及。著有《井迁文集》,集中文皆有大櫆识语,而大櫆集不载。承家曾孙曰时隆,字尔昌,值明季流寇之难,危身以扞乡里,为七姓所祀,国初,以学行征,年已八十,辞不就。长子彦达,彦达长子大升,著《字辨》《四书讲义》,选《左》《国》以下文名曰《善诱编》,尤笃于礼制,与宗人直以文字往还。大升次子蕊,蕊幼子泰和,泰和第三子廷森。廷森子元甲,字育泉,咸丰元年,以诸生征举孝廉方正,大学士曾国藩高其学行,尝客而馆之于家,以教其子。娶马氏,克配成德,及卒,武昌张裕钊皆为之志。生四子,汝纶其仲也。道光庚子九月二十日生。道高学博而有文章,尤以经世济变为亟。性至孝,于兄弟友爱无与比。

刊本:(删)

濂稿:少贫,得一鸡卵不肯食,以易松脂照读。
刊本:少贫力学,尝得鸡卵一,易松脂以照读。

濂稿:弱冠,成同治乙丑进士,官内阁中书。
刊本:好文出天性,早著文名。同治四年进士,用内阁中书。

濂稿:大学士曾国藩奇其文,留佐幕府,益大奇之,尝以汉祢衡相拟。
刊本:曾国藩奇其文,留佐幕府,久乃益奇之,尝以汉祢衡相拟。

濂稿:从国藩自江南来直隶,国藩还江南,因留直隶,佐大学士李鸿章幕府。

刊本:旋调直隶,参李鸿章幕。

濂稿:是时中外大疑大计,一决于国藩、鸿章二人,其奏疏多出汝纶手。

刊本:时中外大政常决于国藩、鸿章二人,其奏疏多出汝纶手。

濂稿:国藩既殂,鸿章孤立以当外交之冲,尤为疑谤所丛。汝纶与为终始,不辟艰险,前后以其身关天下之重者垂三十年。然性刚直,不能与俗为委蛇,惟国藩深与相知,鸿章虽宾之礼,顾不能用也。

刊本:(删)

濂稿:在鸿章幕府未久,即出为深州直隶州知州。依征粮册以均徭役,籍已废义学田豪民所攘有者千四百余亩,以兴书院,修复孔子庙乐舞。一年以忧去。

刊本:寻出补深州,丁外内艰。

濂稿:居忧六年,再起,摄天津府。

刊本:(删)

濂稿:八月,又为冀州。

刊本:服除,补冀州。

濂稿:在冀州八年,兴学如在深州时。招新城王树枏、武强贺涛、通州范当世为之师,且自教督之,一时得人号称极盛。深州则贺涛,冀州则李刚己、赵衡其尤也。

刊本:其治以教育为先,不惮贵势,籍深州诸村已废学田为豪民侵夺者千四百余亩入书院,资膏火。聚一州三县高材生亲教课之,民忘其吏,推为大师。会以忧去,豪民至交通御史以坏村学劾奏,还其田①。及

①按:此节谈深州治绩,李景濂稿于深州任职时言之。

莅冀州,仍锐意兴学,深、冀二州文教斐然冠畿辅。

濂稿:又开渠六十里,泄冀、衡之积水以通漳、滏,立保甲联庄义仓诸法,皆手创教条,不因前故,而孚之以诚信,故民始谤而终劝趋之。

刊本:又开冀、衡六十里之渠,泄积水于滏,以溉田亩,便商旅。时时求其士之贤有文者礼先之,得十许人。月一会书院,议所施为兴革于民便不便,率不依常格。

濂稿:引疾乞休,鸿章留主讲直隶莲池书院,且以自助。

刊本:称疾乞休。鸿章素重其人,延主莲池讲席。

濂稿:(下文 C 句)

刊本:其为教,一主乎文。

濂稿:在莲池十年,专力以兴教化,并中西为一冶,日以精神相灌溉而铸熔之,风气旷然大变,学者自远方麇至。

刊本:以为:"文者,天地之至精至粹,吾国所独优。语其实用,则欧、美新学尚焉。博物格致机械之用,必取资于彼,得其长乃能共竞。旧法完且好,吾犹将革新之,况其窳败不可复用。"其勤勤导诱后生,常以是为说。

濂稿:有自日本来学者,坐诸生下,帖帖唯谨。

刊本:尝乐与西士游,而日本之慕文章者,亦踔海来请业。

濂稿:是时狃忕承平已久,士大夫闻见雍塞,徒务软熟进取,不知中外大势,而环海诸国,已骎骎内向,若决潮水,不可遏止。汝纶以为,欲救世变,必先讲求西学,造成英伟奇崛之人才,使之深通中外之变,淬厉发扬,以备缓急一旦之用。时既莫之听,而中朝蒙蔽尤甚,卒肇庚子义和拳之变。时汝纶方于保定创立东、西文学堂,延英教士贝格耨等为师,选院中高材生使肄习之,皆故事所未有,群情固已骇怪,未几变作。当乱之初作也,势犹微甚,汝纶力言当道宜尽力捕治,而直隶总督裕禄、布政使廷雍等皆庸才，素不满汝纶所为，且阴祖乱民以阿附政府意旨，以此乱势日炽。汝纶不得已，辟地去。乱民既焚毁城南北诸教堂，且歼贝格耨全家，复合党徒数千人，蜂拥入书院，挺矛露刃，哗噪叫谨，遍搜汝纶不得，执其弟子二人以去。比汝纶辗转至深州，国事益大坏，外国联军破天津，入京师，放兵四劫略地，垂至州矣，赖汝纶集人吏画策为防，州以无事。鸿章北来主持和议，汝纶乃至京师。和议既成，鸿章旋殁。汝纶浩然思欲南归，士人非弟子者魏钟瀚等千二百人上书留之，不顾。

刊本：(删)

濂稿：会管学大臣吏部尚书张百熙疏荐，诏以五品卿衔充京师大学堂总教习，汝纶力辞，百熙匍匐跪请，未决。百熙虽管学事，大学士荣禄实阴主之，其疏荐汝纶，亦出荣禄意，百熙讽汝纶往谒荣禄，汝纶不应，荣禄怫然。而大学初立，前无因袭，议论纷纭，莫衷一是。于是汝纶自请往日本访询学制，归以报命，借答百熙之意，至总教习之职，则未允就也。百熙亦以为然。

刊本：会朝旨开大学堂于京师，管学大臣张百熙奏荐汝纶加五品卿衔总教务，辞不获，则请赴日本考学制。

濂稿：遂以五月踔海东渡，至则冒盛暑考览日本各校，日辄十数区，自讲堂教室，以至一椽一桷之微，自图籍仪器，以至一名一物之细，靡不详览精研。与其邦教育名家，往复诘难，曲尽秘奥，手录成帙。日夕应客，以百十数。鸡鸣而起，旰而食，夜分不寝，以为常。尝独携一译人访宫中顾问田中不二麿，中途所乘人力车倾跌，鼻伤血流如注，昏不知人，掖至旁近医院，用冷水疗洗，血止即驰车至田中宅，与谈辨甚详。又过教育家辻新次等数人乃归，其勤如此。在日本三月，倾一国士望，皆宾事之。妇孺走卒，争以一望见为荣。日主明治，亦特延见示敬。又于其间与汉学家商榷经史，流连觞咏，酣嬉跌宕，穷游燕之乐。日本贤俊辟易惊叹，以为天人也。是时，出使日本大臣蔡钧谄事权贵，虐待留学生，至唆日警于使馆中捕逮吴敬恒等，汝纶以其辱国体，面与力争。蔡钧大恚，电告政府，诬汝纶率留学生谋革命。庆亲王奕劻、大学士荣禄等既不慊汝纶,至欲藉端诛之以泄愤。百熙惶恐,急电召汝纶归,汝纶恬如也。九月归国,因先还皖。日本人多疑汝纶无意复出者,汝纶子闿生方留学日本,亦以书谏阻。汝纶答书曰:"吾此次东游日本,君臣上下期望如此,今若径归不出,使邻国轻吾朝廷,于义不可。吾归家小住,解冻北上,若不用而后归,未晚也。"

刊本:既至其国,上自君、相及教育名家,妇孺学子,皆备礼接款,求请题咏,更番踵至。

濂稿:还皖后,携日本老师一人,创立本县学堂。

刊本:旋返国,先乞假省墓,兴办本邑小学堂。规制粗立。

濂稿:复至安庆,与父老会商学事,除夕乃抵家,遽以积劳中寒疾卒,光绪癸卯正月十二日也。

刊本:遽以疾卒,年六十四。

濂稿:桐城自姚郎中鼐推阐其乡先生方苞、刘大櫆之遗绪以为古文辞名天下,天下翕然宗之,号为桐城派,上元梅曾亮其著也。国藩私淑姚氏,益恢而大之,运以汉赋之气。其弟子裕钊,笃古至深,虽雄奇不逮,而恢诡足与相埒。汝纶亦师事国藩,而所诣尤为精邃。[A]其学以洁身不为利为本,无古今,无中外,唯是之求。渊涵渟泓,浑无涯涘。上与元气者侔,而下与万汇相昭列。自六经诸子百家传记,以逮国朝著述,与夫儒先遗闻绪论、断简零章,无不博求而慎取也。自译行海外之奇书,新出之政闻,与其人士之居于是或过而与相接者,无不广览而周咨也。自其少时,为文已辨博英伟,气逸发不可控衔。而当同治初元,海内方争以守旧屏绝新知相高异,已怃然于变法图强之不可缓,大声疾呼,鲜与为应,而为之益力。虽重被谤讥不恤,其后徐乃大白。其创开风化之功,乃综集中国数千年固有之学术,糅而化之,以与未来之新学相应和,于晚近数十年间,卓然卓立而无与并,其规模远大,实姚、梅、曾、张诸家之所未有。既兼苞新旧,殚精冥会,豁达洞开,而汇于一,一以文之醇疵高下,裁决千秋作者。用是著述宏富,而为文益醇而肆。以为欧美之学,号为文明,明有余而文则不足。吾国周孔之教，独以文胜。后世文治，由君相不文，不知往昔圣哲精神所寄，无由化裁通变以为民用。得吾国圣哲之精神，驱使欧美富强之具，尽取彼长，以辅吾短，世运乃益大昌。欧美仅以富强自雄，而诟病吾国文学，以为无用，其治术所由未臻于美粹者亦以此。[B]尝与其弟子李刚己辈宴语曰："天下何事最难？"刚己默然久之，尚未有以应，汝纶曰："以吾度之，千秋盖世之勋业，皆寻常耳，独文章之事，纬地经天，代不数人，人不数篇，惟此为难！"

刊本：（删。仅 A、B 节保留，见下文）

濂稿：[C]故其为教也，一主乎文，[D]以为中国之文，非徒习其字形而已，缀字为文，而气行乎其间，寄声音神采于文外，虽古之圣贤豪杰去吾世邈远矣，一涉其书，而其人之精神意气，若俨立在吾目中。务欲因声求气，凡所为抗队、诎折、断续、敛侈、缓急、长短、伸缩、抑扬、顿挫之节，一循乎机势之自然，以渐达于精微奥窔之域，乃有以化裁而致于用。悉举学问与事功胶合为一，而尤以瀹民智、自强、亟时病为兢兢云。

刊本：（保留。C 句见上文，D 节见下文）

濂稿：居恒手一卷不释，购书数万卷，皆手自厘定。
刊本：（删）

濂稿：（上文 A 节）
刊本：汝纶为学，由训诂以通文辞，无古今，无中外，唯是之求。

濂稿：自群经子史、周秦故籍以下，逮近世方、姚、曾、张诸文集，无不穷其源而竟其委。

刊本：自群经子史、周、秦故籍，以下逮近世方、姚诸文集，无不博求慎取，穷其原而竟其委。

濂稿：于经则毛诗、三礼、左氏、穀梁、四子书，旁及小学音韵，各有诠释点勘，而《易》《书》二经，皆勒有成书。

刊本：于经，则易、书、诗、礼、左氏、榖梁、四子书，旁及小学音韵，各有诠释。

濂稿：其说《书》用近世汉学家体制，考求训诂，一以《史记》为主，《史记》所无，亦不蹈袭段、孙一言半义。其训诂精凿，如"绥"之为"告"，"迪"之为"逃"，"惠"之为"谓"，"自"之为"于"，"丕"之为"兹"，皆古人未言，亦无字书可证，独以精心覃思，参合古书，考求文义得之。

刊本：（删）

濂稿：《易》用宋元人说经体，亦以训诂文字为主，自汉至今，无所不采，亦无所不扫。以为太史公、扬子云皆谓伏羲作八卦，文王重为六十四卦，而后儒妄谓伏羲已重为六十四卦，或谓神农重卦，皆不足深辨。《周礼》言三《易》"经卦皆八，别皆六十四"，证以《淮南》伏羲为六十四变，周室增以六爻，知"别"即"变"也。八卦既立，即可变为六十四，然卦画仍止三爻。至文王增为六爻，则成为六十四卦矣，"变"非"卦"也，卦之用也，犹六十四卦可变四千九十六卦然，《周易》虽具其体，而卦仍止六十四。卦辞、爻辞皆文王作，误爻辞为周公作者，始于马融、陆绩，徒以"王享岐山""箕子明夷"二事为文王后事，不知"王"谓殷王，何不可"享岐山"之有？箕子不用于纣者久，不必至囚奴时始可言"明夷"也。自太史谈受《易》杨何，而谆谆以正《易传》为言，盖《易传》之失正久矣。扬子云谓"孔子错其象而象其辞"，则象、象孔子之《易》名，非文王之《易》名，"知者观其象辞则思过半"，谓观孔子之象辞，以此知系辞之作于后儒。其以爻象并言者，爻言其动，象言其不动，乃《易》本有之象。《易》本有象，故孔子为之象辞，犹《易》本有象，而孔子为之系象。孔子之象，有为后人附益者，其章解句释，有同《小象》，异乎君子引而不发之旨。象释诸卦，"元亨利贞"之义，多与卦辞不合。"升"之名卦，以阳升为词，而象谓柔以时升，非柔危刚胜之义。益象谓"木道乃行"，而五行分配八卦，乃汉儒营于巫祝之谬说。大象自为一篇，不可附经，似决为孔子所作，然《论语》载"君子思不出其位"为曾子语，而艮之大象袭之，则亦未必果尽出于孔子也。小象续象而作，不欲与象相乱，因附于象篇之后而后人名为小象。小象释诸卦

"贞"义，有训定、训当、训占、训精诚、训心、训固、训就之不同，未如象之专主正字为训，则象文附益，又在小象之后。文言惟"乾元者，始而亨者也"以下乾坤二卦为一篇，为孔子之《文言》，其前释四德，欧阳公谓取之左氏，其说殆信。其引"子曰"云云，与再释六爻牴牾重复，亦皆七十子后所增。《文言》不惟释象，其于小象，乾五之"大人聚"、坤初之"驯致其道"，皆疏通证明之，是其附益亦在小象之后。据孔《疏》，知象象连经，始于王弼。据《魏志》高贵乡公之问博士淳于俊，知郑康成惟不别为象、象作注，而合其注于经。而经、传固别行，与王弼本绝异。《史记》言孔子"序象、系、象、说卦、文言"，无篇数。《汉志》言"孔氏为之象、象、系辞、文言、序卦之属十篇"，《史记》所云"系象"为今大象，所云"说卦"为今系辞中所引诸爻。然则《易》中孔子作者无几，班氏虽云十篇，然但云孔氏，不云孔子，盖十篇中不尽孔子之文，如《系辞》《文言》称引"子曰"，是其明证，谓其出于孔氏则可，谓为孔子所作则安矣。郑氏十篇之目未审，今别定为大象、象、小象、系辞三篇，文言、说卦、序卦，其系辞三篇上下系各为一篇，分出"大衍"至"所以断也"别为一篇，以释大有上九续解六三之后，文义乃有要归。而"天一"至"地十"，依《汉志》在"天数五"之上。"大衍"一篇专明揲著求卦之事，所云"象两""象三""象四时""象闰""当期""当万物"，皆汉儒迂说。且谓卦由著生，与下系所云"仰观俯察、始作八卦"者不合，而圣人"则"《图》《书》之说，久为儒者所诟病，尤者至谓"崇高莫大乎富贵"，此鄙俗人之言也。《说卦》以方位配八卦，亦汉世淫巫瞽史之缪术。邵子《先天图》本自《说卦》，后儒知辨邵子，而于《说卦》不敢置喙，是耳食也。所称诸卦为某为某，不见于经，则其意不为经设，故欧公以为筮人之占书。《序卦》略如他书之后序，宜退在《杂卦》之后，而子云所谓"孔子错其象"，或即指《杂卦》欤？汉人说经多怪妄，事苟不经，虽说出三代不足信，何关付受久近乎？卦变灼然见于经，象则言卦变尤详，荀、虞卦变，当有所授，但此乃观象之学，诸儒用以解说文辞，遂至牵率支离，是其失也。孟京卦气，以阴阳进退明《易》道之消息，不得谓非《易》之旨趣，故子云准《易》作《玄》，全用卦气。然亦观象之学，于文辞无与，辞则各指所之，未可执象以求辞，所取之象，所谓假物以喻意者，亦与卦画之象有辨，不得强合而混同之。其为说至奥赜，顾犹以为"自度不能为文，乃遁而说经"，文之难也如是！

　　刊本：（删）

　　濂稿：于史，则《史记》《汉书》《三国志》《新五代史》《资治通鉴》《国语》《国策》皆有点勘，《晋书》以下至《陈书》，皆尝选集传目。而尤邃于《史记》，尽发太史公立言微旨，所评骘校勘者数本，晚年欲整齐各本厘定成书，著录至《孟尝君传》而止。而大端固已尽具各本中，世所传《史记平点》是也。又尝汇录《史记》与《左氏》异同，以为太史公变异《左氏》最可观省，且证明刘向所校《战国策》亡已久，今之《国策》，反取《太史公书》充入之，非其旧也。

　　刊本：于史，则《史记》《汉书》《三国志》《新五代史》《资治通鉴》《国语》《国策》皆有点校，尤邃于《史记》，尽发太史公立言微旨。

　　濂稿：于子，则《老》《庄》《荀》《韩》《管》《墨》《楚辞》《吕览》《淮南》《法言》《太玄》，各有点勘，而最取其精者。

　　刊本：于子，则《老》《庄》《荀》《韩》《管》《墨》《吕览》《淮南》《法言》《太玄》各有评骘，而最取其精者。

　　濂稿：于集，则《文选》《汉魏百三家》《唐宋八大家》及李白、杜甫、李观、李贺、李商隐、杜牧、李翱、皇甫湜、孙樵、许浑、韩渥、黄庭坚、晁冲之、陆游，金元好问，明归有光，国朝方、姚、梅、曾、张诸集。《全唐文》《唐文粹》《宋文鉴》《唐诗鼓吹》，王士祯《古诗选》，姚、曾所选诗文，皆有点勘之本。

　　刊本：于集，则《楚辞》《文选》，汉魏以来各大家诗文皆有点勘之本。

　　濂稿：初，国藩谓六经外有七书，曰《史记》《汉书》《庄子》、韩文、《文选》《说文》《通鉴》，汝纶益以姚选《古文辞类纂》，曾选《十八家诗钞》二书，而尤以姚选古文二千年高文略具，为学者必读之书，当与六经并传不朽，不习则中学绝矣。每深痛世人欲编造俚文以便初学为废弃中学之渐，又择姚选之精者都二百七十九首，备朝夕讽诵。其于曾选，以为创立典志、叙记二门，非大手笔不能为，顾尚不及姚选。至曾选《四象古文》，则谓："二千年之作，一一称量而审定之，以为某篇属大阳，某篇属少阴，前古无有，真天下瑰玮大观。"求其元书不可得，因依写藏目次校定刊行。

刊本：（删）

濂稿：论诗之书，尝取方东树《昭味詹言》，以为中多前辈论文精语，启发人智，"不在归评《史记》下，或谓示人以陋，此大言欺人耳，陋不陋在学问深浅，学浅虽谀经考史，谈道论性，未尝不陋。学深虽评骘文字，记注琐语，亦自可贵。"而圈点开示始学，愈于评骘，故于诗文所录诸家，评点至多，而所自为者尤精。后生从学者皆迻录其圈点，矜为秘宝。盖前人评点，率不过偶于文事有所发明，以资识别，至归、方加善矣，而不能遍及群书，且亦时有未尽精审者，汝纶则整齐百代所有，别白高下而一以贯之。

刊本：（删）

濂稿：凡所启发，皆密合著书本旨，尽取古人不传之蕴，而昭晰揭示之，以炳诸日星，俾学者易于研求，且以识夫作文之轨范，虽万变不穷，而千载如出一辙。

刊本：凡所启发，皆能得其深微，整齐百代，别白高下，而一以贯之。尽取古人不传之蕴，昭然揭示，俾学者易于研求；且以识夫作文之轨范，虽万变不穷，而千载如出一辙。

濂稿：实旷世未有之盛业，非他家所敢望而及也。
刊本：（删）

濂稿：（上文 B 节）
刊本：其论文，尝谓："千秋盖世之勋业皆寻常耳，独文章之事，纬地经天，代不数人，人不数篇，唯此为难。"

濂稿：（上文 D 节）

刊本：又谓："中国之文，非徒习其字形而已，缀字为文，而气行乎其间，寄声音神采于文外。虽古之圣贤豪杰去吾世邈矣，一涉其书，而其人之精神意气若俨立乎吾目中。"务欲因声求气，凡所为抗坠、诎折、断续、敛侈、缓急、长短、伸缩、抑扬、顿挫之节，一循乎机势之自然，以渐于精微奥窔之域，乃有以化裁而致于用。悉举学问与事业合而为一，而尤以瀹民智自强亟时病为兢兢云。

濂稿：其欲瀹民智以自强也，以为今日士大夫必以精研西学为第一义。欲通其学，必先习其文，而得师与经费二端为难。且诚欲造就人才，以收实效，必使各行省府县，县各有学，学校林立，乃望真才日出，而延欧美专家名师一人，岁费至金七千有奇，惟有仿国初利玛窦、南怀仁、汤若望、熊三拔之例，用教士为教师，授以西文、西语、算数、天文，不学邪苏①天主教法，不用礼拜赞美教例，与其使臣定议，明颁诏旨，宣示天下，则为费廉。而学者鱼鳞杂袭而起，由是而深求之，格致专门之师亦将渐出，或择尤资送，使学于各国，必较今时为深入。顾有师无款将如何？盖非筹议亩捐不可。所恶于加赋者，为其虐民也，今取民之财以培民之子弟，视其家塾延师，所省殆不啻百倍，名为取之，其实与之，亦何惮而不为。不行此策，则所谓兴西学者，恐亦所谓"岁为此语，以至于亡"者也。其言绝痛，而当道不之采。又以日本兴学已著成效，西书精者皆有译本，日文视西文为易学，因欲由日本译书以通西学。在保定时，创立东西文学堂，皆以乱废。乱定，仍力营东文学堂于京师。创设报馆、译书局。兴学诏下，诒书顺天学政陆宝忠，谓宜先立师范学堂，取成学之士，延外国教习，教以图算格致普通之学，期年旬月，可冀速成，成以散之乡县，以次为中小学教师，庶冀推行渐广，不以求师为难。既遍考日本学制，益谓宜先取吾国高才生教以西学，如日本明治初年各藩送贡进士入大学故事。以为《汉志》所云八岁入小学、十五岁入大学，此以学年分大小，今西国所谓小学、大学者也。所云诸侯岁贡小学之贤者于天子，此以学地分大小，今吾国所谓京师大学、州县小学者也。二者不得合并为一事，州县虽小，百里之内，必多

---

① 原文如此，当即"耶苏"。

能入大学之人，美国大学数十区者以此，造育之道，京师乡县一而已。
惟大学程度既高，一时无师，不能遍立，至中小二学，县中不能不并立。
中学取向来年少才俊者教之，读中、西已译之书，俟众知西学之有用，
或并求能作西语，则可觅内地传教之西人学之。西国小学，不过读书、
作字、算术、体操、唱歌数者而已，此宜一村一里便立一学，初立之时，
可用向来秀才为师，加以粗浅算学，尚不难觅。日本仿西国公学，其中
学校所列普通学凡十四科，颇病其门类太多，时刻太少，课程太浅，尝
以问文部大臣菊池大麓，菊池云：方今各国学校均奉德国为师，德之中
学校尚无善法，中国初兴学校，于各国未得善法之中学校可暂置后图。
因以其言为善，然欲立中学校之意，则未始暂忘。中学校之外，用功最
简、收效最捷者，无如专门学校，若农工商业，皆国家富强之基，必不可
缓。大学当分理、工、文、农、法五科，医学宜专立一学，不必入大学分
科。若初兴大学，欲先立专科，则政治、法律之外，矿山、铁道、税关、邮
政数事为最急，海陆军法、炮工、船厂次之。其略见于言论者如此。所
蓄不施，宏规无由尽睹，是后浅学之徒，乃争攘臂扼腕以言学务矣，此
尤宜为天下痛者也。

刊本：（删）

濂稿：所著书曰《易说》二卷，曰《尚书故》三卷，曰《写定尚书》一
卷，曰《夏小正私笺》一卷，曰《太史公所录左氏义》三卷，曰《古文辞类
纂校勘记》二卷，曰《深州风土记》廿二卷，曰《节本天演论》一卷，曰《李
文忠公事略》一卷。

刊本：著有《易说》二卷、《写定尚书》一卷、《尚书故》三卷、《夏小正
私笺》一卷、《文集》四卷、《诗集》一卷、《深州风土记》二十二卷。

濂稿：所编辑者曰《古文选》六卷，曰《古今诗选》四卷，曰《韵学》一
卷，曰《东游丛录》四卷，曰《冀州公事章程》一卷，曰《李文忠公全集》一
百六十五卷。

刊本：（删）

濂稿：其所著述，身后由阎生编辑成书者曰《文集》四卷，曰《诗集》

一卷,曰《尺牍》四卷,《尺牍补遗》一卷,《谕儿书》一卷,曰《日记》十
四卷。

刊本:(删)

濂稿:其点勘群经子史、汉魏以来各家诗文集总为《群书点勘》,凡
数百卷。

刊本:及点勘诸书,皆行于世。

濂稿:兹录其《记写定尚书后》二首、《深州风土记叙录》一首,以存
梗概,并附著与陆学使[陆宝忠]所列学堂书目,俾后之勤心学务者有
以通其意而折衷焉。

刊本:(删)

濂稿:论曰:大哉子思之言曰:考诸三王而不谬,建诸天地而不悖,
质诸鬼神而无疑,百世以俟圣人而不惑,后之人苟有能与于是者,皆起
孔子于一堂与相唯诺者也。三代而上,圣与圣比肩而立。孔子之功在
六经,孟子固以为集大成,时中之圣矣。至如伯夷、伊尹、柳下惠三人
者,孟子所不愿学,亦皆目之为圣。而孔子言"十室之邑,必有忠信如
丘,不如丘之好学",使其好学,则皆孔子矣。孟子亦曰"人皆可以为尧
舜",荀子曰"途之人可以为禹",天地至大,古今至遥,人处其中,其由
明而诚,尽性以至于命而与天地相参者,固任有志者所自为,造物者未
尝立一途以限之。汉之司马迁作《史记》以继《春秋》,《春秋》是非二百
四十二年之事,迁复推而广之,上始五帝,下终汉武,贯穿数千载。自
孔子没而微言绝,文义之不析,微言之不明,而迁书且为谤书,岂其是
非之本谬于孔子哉? 甚矣,夫人之不学也! 班固撰《汉书》,独取孟轲、
荀况、董仲舒、司马迁、刘向、扬雄数人继孔子后。孔子不语怪神,仲
舒、向、雄皆信五行后起之说,固亦著之为《志》,斯达者之一蔽已。雄
以《法言》拟《论语》,《太玄》拟《易》,诸儒或讥其非圣人而作经,其门人
侯芭独以《太玄》胜《周易》。雄作《剧秦美新》,示诛绝于莽,亦以仲尼
《春秋》自况。后世知言如唐李翱,顾犹以为不至于理,不在于教劝,则
其识未足以知雄之至也。韩愈论汉朝文,独推太史公、司马相如、刘

向、扬雄为最,而不及仲舒,其识视固尤卓。其作《进学解》,悉取《书》《易》《诗》《春秋》《左氏》以自况,其文又尝谓世无孔子,不当在弟子之列,所自信者至矣,而有宋诸贤顾目为先儒韩愈,并先贤而不敢称,一若自孔子后,世遂不复有圣,自孔子弟子外,世亦不复有贤者,夫岂孔子垂教万世之本旨乎? 是后学者溺于所闻,拘墟自守,而不敢稍有逾越,有豪杰特立之世,且相与聚而怪之,学术之曋,世风之下,有由然矣。近世圣哲,乃崛起于欧美,不惟前后相望不绝而已,后者且益蕲胜乎前,国运乃浡兴不可遏,夫非学之验欤? 时至清季,外国之新学交灌并入,国学殆废绝不讲。汝纶远绍旁搜,好学不倦,实总古今百代之学而集其大成,以下开夫千百年聪明才达之伦,而上与古圣先贤精微相孚契,俾真理日出,新学旧学得以转相发明,引而益上,无几微槎枒之不合,由是措之政治,施之教化,随其才智之高下,皆能有益于人类,以臻世运郅隆之极轨,而人道乃屹然与天地并昭。其悲悯为独至! 所著《易说》《尚书故》,自太史公、扬子云外,盖莫与并。其文章高视千载,诗则兼综诸大家之长而一范之以文律。四言诗上追雅、颂,自韩退之外,莫有逮者。而尤多经世闳旨,虽孟子所谓"圣人复起不易吾言"者何以尚兹! 斯盖千古学术废兴绝续之枢机,非独一代人文之所系已也。

　　刊本:(删)

结语　清史馆之终局

　　1927 年春，溥仪 22 岁生日，遗老名流在天津张园合影，5 月 11 日的《北洋画报》刊登了这张照片①。就在此前不久，该报在"康圣人去世"的标题下报道了康有为去世的消息："南海康长素氏，已于三月卅一日，寿终于青岛寓所，今年七十正寿之时。"②由于南军北上，"袁项城之孙女婿费福熊君夫妇，于月前由苏避乱来津"③。此间，凡有信自武汉来，封皮上均盖有"拥护国民政府"的邮戳④。而路友于、李大钊、张挹兰等于 4 月 6 日被捕的新闻也出现在《北洋画报》上："辛丑以来北京外交界罕见之事件——中国军警武装入使馆界搜检苏俄驻京机关。"⑤十天后，该报再度报道李大钊被捕事，并刊登路、李、张三人照片⑥。而 5 月 7 日该报又报道了"处决李大钊等"的"琐闻"。这时候，有人想起了并不遥远的"五四"："鲁中学生会会长，前后近十人，闻半在青岛俱已宦达，皆当年之街上英雄。"⑦而一群被称作"津门十二名流"的老辈文人，又愤世嫉俗地发起"禁舞运动"，这十二名流是王占元、华世奎、杨庆銮、骆育焜、潘守廉、徐世光、孙振家、杨巘堃、严修、赵元礼、刘庆汾、黄庆阶⑧。

　　这时，清史馆地位如日中天，赵尔巽与张作霖的关系尽人皆知："赵所倚重者，则胡军巡阅使张雨亭。有时张胡与中央龃龉，必赖赵为调停。则馆员亦因之生气勃发。盖薪俸积欠可发，而有宠馆长者，且可因此乞荐入政府焉。"⑨文中"张雨亭"即张作霖，"赵"即赵尔巽。这一年年初，政府"特

---

①《今春废帝溥仪念二岁寿辰与遗老名流合影丁天津张园》，《北洋画报》1927 年 5 月 11 日。

②《康圣人去世》，《北洋画报》1927 年 4 月 6 日。

③《小消息》，《北洋画报》1927 年 4 月 9 日。

④《党军宣传方法之一》，《北洋画报》1927 年 4 月 16 日。

⑤《北洋画报》1927 年 4 月 20 日。

⑥《北洋画报》1927 年 4 月 30 日。

⑦吴秋尘《五月里的旧事重提》，《北洋画报》1927 年 5 月 14 日。

⑧《请看关于打倒跳舞运动的一篇妙文》，《北洋画报》1927 年 5 月 29 日。

⑨沃邱仲子《民国十年官僚腐败史》，荣孟源、章伯锋主编《近代稗海》第 8 辑，四川人民出版社，1987 年，第 61 页。

派王士珍、赵尔巽、梁士诒、王宠惠、王克敏、袁金铠、韩德铭、陈汉第为海关附加税保管委员"①。这一串受张作霖委任的要员中,赵尔巽、袁金铠、陈汉第均为清史馆成员。

一、祭奠如仪:赵尔巽辞世

从1912年中华民国成立,到1927年去世,赵尔巽晚年一直致力于政治生态的维持或修复,1925年以82岁高龄出任善后会议议长,也表露了辛亥革命后光宣文人的济世热忱。不止赵尔巽如此,其他清史馆成员大都如此。

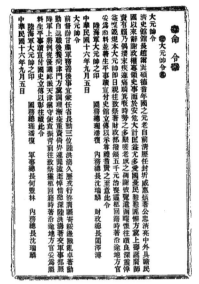

图40　《大元帅令》(致祭赵尔巽)②

按:此为赵尔巽逝世后,《政府公报》发布的张作霖《大元帅令》。《大元帅令》评价赵尔巽为"硕德耆年之元老","爱国忧民,勤勤匪懈"。关于治丧,除大元帅亲往致祭外,政府还拨治丧费银五千元。并就移枢做出安排:"灵柩回籍时,着沿途地方官妥为照料。"

在生命的最后几年,赵尔巽为清史馆确实费尽了心力。病中仍在为清史馆筹款,以为发刊经费,并向张作霖写信求助,信中就继任馆长人选及《史稿》筹印办法做出安排③。另据王揖唐回忆,赵尔巽在去世前不久,曾撰《病后》一诗,内有"假我数年完纂述,频年功罪费评量"之语,"闻易箦时犹惓惓《清史》发刊事"④。

①袁金铠《傭庐日记语存》,李德龙、俞冰主编《历代日记丛钞》第137册,学苑出版社,2006年,第550页。
②《政府公报》1927年9月5日,第4086号。
③《赵清史馆长遗函》,《政府公报》1927年9月8日,第4088号。
④王揖唐《今传是楼诗话》"赵尔巽诗",辽宁教育出版社,2003年,第128页。

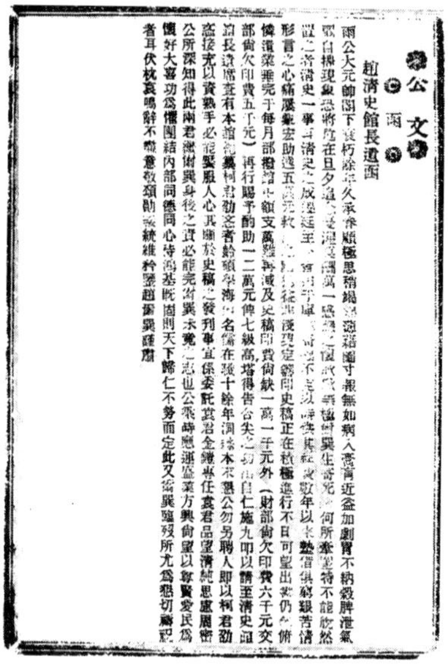
公文
函
趙清史館長遺函
雨公大元帥閣下衰朽餘年久承眷顧極思稍竭綿薄藉圖寸報無如病入膏肓近益加劇胃不納穀脾泄氣弱自揣現象恐將危在旦夕追[illegible]渥莫酬萬一感戀之懷[illegible]何所牽掛特不能脫然置之者清史一事耳清史之成遷延至[illegible]不克以時供其經費數年以來墊借俱窮艱苦情形言之心痛屢蒙宏助逾五萬元[illegible]現定籌印史稿正在積極進行不日可望出書仍乞俯憐遺業垂完于每月部撥館中額支萬難再減及史稿印費尚缺一萬一千元外（財部尚欠印費六千元交部尚欠印費五千元）再行賜予酌助一二萬元俾七級高塔得告合尖之功出自仁施九叩以請至清史館館長遺席查有本館總纂柯君劭忞耆齡碩學海內名儒在職十餘年[illegible]懇公勿另聘人即以柯君劭忞接充以資熟手至關於史稿之發刊事宜係委託袁君金鎧專任袁君品望清純思慮周密公所深知得此兩君繼爾巽身後之責必能完爾巽未竟之志也公乘時應運盛業方興尚望以尊賢愛民為懷好大喜功為懼團結內部同德同心待鴻基既固則天下歸仁不勞而定此又爾巽臨歿所尤為懇切禱祀者耳伏枕哀鳴辭不盡意敬頌勛[illegible]統維矜鑒趙爾巽謹肅

图 41 赵清史馆长遗函[①]

按:此为赵尔巽致张作霖遗函。函云:“雨公大元帅阁下:衰朽余年,久承眷顾,极思稍竭绵薄,藉图寸报,无如病入膏肓,近益加剧。胃不纳谷,脾泄气弱。自揣现象恐将危在旦夕。追念优渥,莫酬万一,感恋之怀,耿耿无极。”又说:“特不能脱然置之者,《清史》一事耳。《清史》之成,迁延至今。”然后谈到经费困难及筹印《史稿》事:由于政府“不克以时供其经费”,故数年以来,“垫借俱穷,艰苦情形,言之心痛。屡蒙宏助达五万元……现定筹印《史稿》,正在积极进行,不日可望出书”。赵尔巽乞援道:“仍乞俯怜遗业垂完,于每月部拨馆中额支,万难再减。及《史稿》印费,尚缺一万一千元外(财政部尚欠印费六千元,交部尚欠印费五千元),再行赐予酌助一二万元,俾七级高塔,得告合尖之功。出自仁施,九叩以请。”最后举荐柯劭忞为代馆长:“至清史馆馆长遗席,查有本馆总纂柯君劭忞,耆龄硕学,海内名儒,在职十余年……恳公勿另聘人,即以柯君劭忞接充,以资熟手。”关于《史稿》发刊事宜,也有交待:“其关于《史稿》之发刊事宜,系委托袁君金铠专任。袁君品望清纯,思虑周密,公所深知。得此两君,继尔巽身后之责,必能完尔巽未竟之志也。”最后是对张作霖的善意叮嘱:“公乘时应运,盛业方兴,尚望以尊贤爱民为怀,好大喜功为惧。团结内部,同德同心,待鸿基既固,则天下归仁,不劳而定。此又尔巽临殁所尤为恳切祷祀者耳。”

1927年9月3日,赵尔巽与世长辞。连鼎汉祭文中提到,数月前报纸即已“喧传师病不起”[②],这反映了民众对赵尔巽动向的关注。十年前,袁金铠即在日记中感慨赵的影响力,“次老(按即赵尔巽)有功于奉,于其莅止

①《赵清史馆长遗函》,《政府公报》1927年9月8日,第4088号。
②《无补老人哀挽录》,1928年铅印本。

邦人争以望见颜色为幸"①。

袁金铠等人校印的《无补老人哀挽录》可谓赵尔巽死后哀荣的见证。《哀挽录》以奭良所撰《清史馆馆长前东三省总督盛京将军赵公行状》弁诸首,次为张作霖《大元帅令》。撰写"祭文"的依次有:张作霖、国务总理潘复等、香山慈幼院院长熊希龄等、京师箴宜女学校校长骆树华等、京师总商会会长王文典等、农商银行董事梁玉书等、清史馆柯劭忞等、袁金铠、京师救济联合会王士珍等、徐鼎霖等、畿辅大学校长关赓麟等、刘济、赵尔正、王士珍,然后是全国商会联合会副会长、京师总商会会长王文典和副会长陈恩权暨各商号等公撰碑文,最后是连鼎汉、崔煜。

祭文部分,袁金铠三次出现(清史馆同人、东三省同人名义各一次、个人名义一次)。王士珍各以公、私名义致祭一次。公祭赵尔巽的规格之高,由以下的致祭名单可以想见,张作霖(大元帅)、潘复(国务总理)、王荫泰(外交总长)、何丰林(军事总长)、沈瑞麟(内务总长)、阎泽溥(财政总长)、姚震(司法总长)、刘哲(教育总长)、张景惠(实业总长)、刘尚清(农工总长)、常荫槐(交通总长)、熊希龄(香山慈幼院院长,前国务总理)等,均为政要。清史馆同人也联合致祭,其中有:柯劭忞、袁金铠、王树枬、吴廷燮、夏孙桐、吴怀清、李哲明、俞陛云、张书云、金兆丰、章钰、戴锡章、金兆蕃、朱师辙、诸以仁、孟昭墉、奭良、金梁、李经畬。后无"等"字,说明此时在京的清史馆同人,可能仅此 19 人。

此外,早已南归的吴士鉴也寄来挽诗二首,诗中称赞赵尔巽:"历劫冰霜不坏身,心依寒日矢艰辛。十年梦寐惟工室,奕祀忠贞有世臣。"并回顾赵、吴两家的交谊:"曾与先公交独挚,䠓逢贱子谊尤亲。平生韬晦期无竞,晚遇知音识我真。""先公"指吴士鉴之父吴庆坻。在另一首诗中,吴士鉴特地提到赵尔巽聘他修史一事:"舫斋回首辄凄然,卅载京华万事迁。愧捧尺书迟命驾,敢因齐斧累廉泉。穷年大业晞青史,养志余生庆郑笺。北望寝门无限泪,祝宗何意尚身全。""愧捧尺书迟命驾,敢因齐斧累廉泉"一句,是指赵尔巽 1918 年曾致函催吴士鉴北上修史事,当时赵尔巽"以千金趣治装入都",结果吴士鉴"以亲病不果行,即日婉词寄还"。1924 年,吴士鉴之父

---

①袁金铠《傭庐日记语存》,李德龙、俞冰主编《历代日记丛钞》第 137 册,学苑出版社,2006 年,第 121 页。

吴庆坻逝世,赵尔巽挽诗中又有"长公卓识兼师友,大业穷年慨巨艰。他日汗青容可就,灵芬倘为助衰颜"句。1927年春,赵尔巽又为吴士鉴六十寿题诗,复有"养志旧羁油素约,驻颜留补汗青功"句。"油素"指白色丝绢,可作书画之用;"汗青"指史馆修史。赵尔巽两诗中均以修清史为言。这令吴士鉴哀恸不已,"回忆乙卯别公,不相见者十二年矣。从此永隔音尘,不禁泪涔涔下也"。担任清史馆会计科长的刘济,是赵尔巽的外甥。刘济深情回忆了舅舅对自己的悉心关照。

　　历史的吊诡在于,赵尔巽的引人追念固与其个人品性、建树、声望有关,而1927年赵去世后的"朝绅咸集其第、祭奠如仪",也与当时的政治格局不无关系。因为在这之后不久,赵尔巽、张作霖的时代就结束了。1928年,随着国民革命军北伐的成功,清史馆人员各奔东西,仓皇四散。

二、朋游代谢:清史馆解体之后

　　以下是一部分清史馆成员在清史馆解体前后的情况:

　　赵尔巽病逝后,《清史稿》经袁金铠、金梁筹措,匆忙付梓。在此期间,夏孙桐、金兆蕃等应徐世昌之邀,开始了《清儒学案》的纂修。夏孙桐记曰:"史事既竣,又佐东海徐氏辑《清诗》及《清儒学案》,卖文为活。"①金兆蕃也参与了《清儒学案》编纂的前期讨论。《清儒学案》之编纂,当始于1928年9月。金兆蕃起意归隐、动身南返,也在是年秋②。

　　赵尔巽病逝的前一年,也是秋天,清史馆总纂秦树声殁于京邸,享年六十六岁③。孙光庭《哭秦宥横同年诗》云:"昨日握手视君面,今日揭棺始见君。面目那堪看隐约,尘根何遽泯知闻?三长腕底真良史,一恸声中有断云。最是孤寒齐下泪,天乎岂竟丧斯文。""三长",指才、学、识,是为治史三长。"三长腕底真良史"句下,作者自注道:"君预修《清史》。"称赞秦树声为"良史"④。秦树声与柯劭忞为进士同年。

①夏孙桐《观所尚斋文存》卷末《自述》,《观所尚斋文存》,中华印书局,1939年铅印本。
②朱曦林《金兆蕃参编〈清儒学案〉史事考实——以国图藏金兆蕃致曹秉章书札为中心》,《文献》2017年第3期。
③王树枏《广东提学使固始秦君墓志铭》,钱仲联主编《广清碑传集》,苏州大学出版社,1999年,第1243页。
④由云龙《定庵诗话续编》,张寅彭主编《民国诗话丛编》第3册,上海书店出版社,2002年,第624页。

1927 年冬,清史馆协修李岳瑞病逝于西安,年六十四岁①。1928 年,邵章所任平政院庭长及文官高等惩戒委员会委员同时解职。这一年,杨宇霆在奉天创办萃升书院,"专习中国古学,以挽今日学堂积弊",聘王树枏为山长。同聘者有吴廷燮、吴闿生二人。王树枏、吴廷燮、吴闿生三人分别讲授经学、史学和词章②。而此前吴廷燮想进入新成立的国立中央研究院历史语言研究所,遭到了傅斯年所长的婉拒③。吴廷燮遂北上奉天。

1929 年,班禅额尔德尼聘邵章为秘书长(任至 1934 年 3 月辞职)。同年年底(农历十二月初三),马其昶去世。

清史馆纂修邓邦述则早已返回苏州,与吴梅等吴中文友共九人结"六一词社"④,稍后又与吴梅、金天翮、吴兴让等二十五人游于苏州东斋,有《东斋酬唱集》行世⑤。

《郑孝胥日记》中也提供了清史馆成员 1930 年之后的部分活动线索。在 1931 年中,邵章、柯劭忞、王式通、曹经沅、杨钟羲、秦望澜均曾与郑孝胥有往来。其中,曹经沅于 6 月 9 日约郑孝胥、陈汉第等在来今雨轩午饭。7 月 4 日,曹经沅又过访郑孝胥,告诉郑他当晚将赴南京,"应国民政府之召为考官,且言冒鹤亭、夏剑丞、诸贞壮皆应之"。

1932 年 3 月 9 日,溥仪就任伪满洲国执政,郑孝胥任国务总理。半年之后(9 月 18 日),袁励准专程拜访郑孝胥,"为其子求事"。1933 年 8 月 22 日,吴廷燮访郑孝胥,未晤;8 月 23 日,"吴廷燮来,字穰之,尝于徐世昌座

---

①《李岳瑞逝世》,《坦途》1928 年第 6 期。

②王树枏《陶庐老人随年录》,中华书局,2007 年,第 86 页。

③潘光哲《蔡元培与史语所》:"出于汪兆铭、罗文干的提议,蔡元培推介吴廷燮(向之),傅斯年即致函蔡元培,说明不宜聘吴的情况。"杜正胜、王汎森主编《新学术之路:"中央"研究院历史语言研究所七十周年纪念文集》,"中研院"历史语言研究所,1998 年,第 199 页。

④1929 年夏,潘芝庐(昌煦)自北京返里,"吴中同人觞之而有填词消夏之约,遂以六一名社。已而芝庐复去,集者九人,序齿邓沤梦(邦述)、吴九珠(曾源)、杨楞秋(俊)、潘瘦叶(承谋)、张艮庐(茂炯)、蔡雁村(亚铺)、顾瓠斋(建勋)、先生与王净骞。历三阅月,得十八题,刻有《六一消夏词》》"。参见王卫民《吴梅评传》,社会科学文献出版社,1995 年,第 243—244 页。

⑤1933 年春夏之交,邓邦述与金天翮(松岑)、费树蔚(仲深)、蔡晋镛(云笙)、庞树阶(次淮)、吴梅(瞿安)、陈任(公孟)、吴曾源(伯渊)、蔡宝善(师愚)、屈起(伯刚)、杨无恙(无恙)、吴兴让(竹林)、林藏桢(肖蝓)、张茂炯(仲清)、彭谷孙(子嘉)、郑箎(尹起)、梁天民(少筠)、江迟(晋之)、翁有成(志吾)、黄履思(晓浦)、费廷璜(玉如)、陈昌淦(公亮)、陈定祥(渭士)、陈衍(石遗)、宗舜年(子岱)等二十五人,始游于苏州"东斋"。同人酬唱之作,后由邓邦述、蔡晋镛辑为《东斋酬唱集》。该集由邓邦述撰序,汪东题签,1936 年冬印行。

间晤之,几四十年矣,今居奉天,为通志局总纂,年六十九"。10月19日,
"吴廷燮以书遣其子季镇来见,以白石来,未晤"。1934年1月2日、2月26
日,吴廷燮过访郑孝胥。1935年5月3日,杨钟羲及子懿涑过访郑孝胥。
18日,吴燕绍过访郑孝胥。21日,郑孝胥辞伪满国务总理职,张景惠继任。

1936年6月5日,郑孝胥日记记杨钟羲事:"吉冈来,示松冈洋右信:杨
歗谷者致书,为杨子勤(引按:杨钟羲)言博物馆长,云'郑已许其半年入北
京,半年居奉天。'告以并无其事。文教部以杨常居北京,欲减其薪之半,歗
谷必其子也。"

1937年3月30日,郑孝胥和金梁六十诗,金梁原诗有云:"孰料虚生六
十年,生平志业两空传。救亡悔不拼孤注,偷活恨难值一钱。"郑孝胥和曰:
"东华旧梦十三年,密疏人间遂不传。入直苍龙趋少府,联镳紫禁忆连钱。辽
阳再定新都鼎,蓟北犹瞻尽五天。六十韶光疾风雨,金瓯缺处待君全。"4月5
日,金梁复函郑孝胥:"承赐和章,抚今怀昔,感幸非常,末句尤深感奋。舅犯
未忘介山,足知传言皆不足信也。至感!至感!事实可为,但'承制'二字,不待
百日,即复全。此间皆旧部,童蒙求我。所虑重耳在齐,不免怀安耳。我公何以
教之?附纸求题'一门九忠四节三孝'八字,横写。能一挥寄下,感恳!感恳!"

1937年11月8日,郑孝胥由奉天抵天津,再至北京。13日,吴燕绍过
访郑孝胥。16日,杨钟羲使其子往见郑孝胥,"杨子勤使其子涑持刺来告
急,子勤七十三岁,日食面少许,其室七十七岁,则与家人同食窠窠头,有仆
从之三十余年,为向街头放重息者以三分利借数元度日;许明日往视之"。
30日,章梫、金梁等约郑孝胥在北安利晚饭①。

早在1919年时,夏孙桐就已颇感伤于旧友的先后凋零:"闭门常听寺
楼钟,近局芳时偶涉踪。雨蕊烟梢如掩抑,佛香梵呗与从容。朋游代谢一
尊酒,世事生枯百岁松。挖取花枝归坐对,故应怀抱向人慵。"诗中于"朋游
代谢一尊酒"句下自注道:"二十年前旧游伴侣,座中仅存二三人耳。"②

兢兢业业致力于各朝本纪及大臣列传纂修的清史馆协修奭良,逝世于
1930年。夏孙桐记奭良晚景道:"及史事罢,赵尚书(引按:赵尔巽)先已薨
逝,益无聊赖。自其祖子久先生以辞章显,《冰蚕词》尤为世所重,家学相

①均见《郑孝胥日记》,中华书局,1993年。
②夏孙桐《雨中集法源寺看丁香,示右衡、惺樵两同年》,《观所尚斋诗存》卷二,中华印书局,1939年
  排印本。

承,亦嗜倚声,诗文皆斐然可观,友人助资印行,孙君慕韩为之在沪分售,竟获千金。年逾八十,病卒,赖营丧葬。后嗣陵替,无能绍家声者。"①按:"子久先生"即承龄(1814—1865),奭良祖父。承龄字子久,一字尊生,裕瑚鲁氏,满洲镶黄旗人,官至贵州按察使。奭良在友人资助下印行其祖父《冰蚕词》,在上海分售,竟意外获得不菲收入。奭良病卒,治丧用度正是靠的这笔收入。

清史馆代馆长柯劭忞去世于 1933 年,享年八十三岁。据王森然记,柯劭忞晚年"衰老久病","中西名医,均束手无策",于 1933 年 8 月 31 日上午 7 时 40 分在北平太仆寺街本宅病逝。"临终时除谆嘱儿女,勤慎敬谨,忠厚处世外,并无其他遗嘱。惟先生于逝世前数十分钟曾屡次谓彼自拟刊刻之《十三经并附札记》并拟刻石存储曲阜孔庙,誊毕未印,已病不能支,以为终身憾事⋯⋯先生一生从事学问,不善治生产,两袖清风,家无余财,一切善后事宜,均由其亲戚孔令沄及其世交彭俊卿处理云"③。

像 遗 生 先 柯
图 42 柯劭忞像②

据金梁文章所记,王树枬"丙子元宵"卒于故京④。"丙子元宵",即 1936 年 2 月 7 日。1937 年 12 月末,袁嘉谷病中写《责倭寇》一文,未竟而卒,终年 66 岁。1938 年初,辞教回桐城县孟侠镇养病的姚永朴避日军侵略举家南迁,经江西、湖南至广西,颠沛流离,于 1939 年 7 月客死桂林。其弟姚永概先已于 1924 年病逝于桐城故居⑤。

"在馆负重望"的夏孙桐于 1942 年 2 月在京逝世。《同声月刊》"词林近讯"栏刊登消息云:"江阴夏闰枝先生(孙桐),在当代词坛,最为尊宿⋯⋯晚岁羁留旧都,曾与纂修《清史》之役。处境亦殊艰窘。顷闻于去年(按即 1941 年)夏历十二月二十二日病逝,享年八十有五。海内词林,同声悼惜。

①夏孙桐《满洲奭良、瑞洵、成昌三君传》,朱师辙《清史述闻》,上海书店出版社,2009 年,第 223 页。
②王森然《柯劭忞先生评传》文内所附照片,《国闻周报》1933 年第 36 期。
③王森然《柯劭忞先生评传》,《国闻周报》1933 年第 36 期。
④金梁《袁王合记》,《实报半月刊》1936 年第 12 期。
⑤安徽省地方志编纂委员会编《安徽省志·人物志》,方志出版社,1999 年,第 861—862 页。

所著书已刊行者,有《观所尚斋诗文集》各若干卷(排印本),《悔龛词》一卷(《沧海遗音集》本)。尚有龙君榆生刻入《沧海遗音集补编》云。"①

从 1931 年起,清史馆同人及其朋辈中的樊增祥(1846—1931)、朱祖谋(1857—1931)、宋育仁(1858—1931)、李详(1859—1931)、杨度(1875—1931)、宋伯鲁(1854—1932)、邓镕(1872—1932)、诸宗元(1875—1932)、杨增荦(1860—1933)、王乃徵(1861—1933)、程颂万(1865—1933)、吴士鉴(1868—1933)、潘飞声(1858—1934)、孙雄(1866—1935)、陈宝琛(1848—1935)、江瀚(1857—1936)、陈三立(1853—1937)、陈衍(1856—1937)、郑孝胥(1860—1938)、徐世昌(1855—1939)、杨钟羲(1865—1940)等相继辞世。到 1940 年代,光宣文人中的绝大部分告别了现代中国。

1950 年代去世的,有俞陛云(1868—1950)、金兆蕃(1868—1951)、邵章(1872—1953)、陈延韡(1879—1957)等人。最晚去世者为金梁(1878—1962)和朱师辙(1879—1969),二人享年分别为 84 岁、90 岁。

三、交织的历史

近代以来,中国思想文化界的主导潮流是从西方引进新思想、新理论,那些坚持中国传统的学者大都退居边缘,成为所谓的"失语群体"②。何谓"失语"? 我们首先可以想到的一个层面,是在后人执笔的历史(包括文学史)教科书中,特定群体的声音被放大,而另外一些群体的声音被忽视。另外一个层面是,当某种时髦话语成为时代的主导性声音以后,异样的声音由于显得不合时宜而被主人自我压抑。

前一种"失语"不过是短暂的压抑,随着思想文化环境的变化,终将进入后人追寻探究的视野。后一种"失语"才是真正的"失语"。

事实上,"沉默"决非文人之所甘心,故对于后一种"失语",也应注意到,这很可能只是特定时空之下的阶段性、结构性"失语"。甚至,所谓的沉默很可能只是相对于某一特定舞台的沉默,而非真正的沉默。这两种失语在光宣文人身上均曾存在。

①《夏闰枝先生下世》,《同声月刊》1942 年第 8 期。
②罗志田《新旧之间:近代中国的多个世界及"失语群体"》,收入其《二十世纪的中国思想与学术掠影》,广东教育出版社,2001 年。

辛亥后光宣文人始终处于一个变动不居的社会结构之中。一方面,传统士大夫出身的光宣文人对于现代中国政治、学术、文化的未来进展各有着不同倾向、不同形式的观念表述与行动介入。在赵尔巽、柯劭忞、陈宝琛、郑孝胥、金梁等人身上,均可以看出被后世习惯上给以负面评价的、不合时宜的济世热忱。

甚至避居租界、卖文自活时,仍不时流露出对时局的兴趣。也常因志不能酬、碌碌而终而显得格外焦虑:"忠孝何曾尽一分,年来姜被识奇温。眼中犀角非耶是,身后牛衣怨亦恩。　　泡露影,水云身,任抛心力作词人,可哀惟有人间世,不结他生未了因。"①邵章也不时以"匡时"自期:"舫斋(原注:清史馆斋名)耆贤日督诲,毋忘忱行徐匡时。孙其继祖古多有,愿且三复方来思。"②沉居下僚者如董清峻更是希望"投艰履险"、有所建树③。金梁在1932年所作《回天手》一诗中写道:"满盘残劫竟全输,一角争存岂胜无。谁是回天真国手,轻轻一子便重苏。"④金梁对所谓"回天真国手"的呼唤,其实从侧面反映了他内心的关切。值得分析的是金梁诗中的"诸公常欲致君尧,何意今翻为小朝。降号称藩甘执梃,江南国主太无聊"一诗中的暗讽对象。"执梃",即手执梃杖,指持梃作仪卫前导。宋时,天子于宫中,仪卫有主辇二十四人,辇头一人穿紫绣袍,执涂金裹银杖作督领。宰相、翰林学士、御史则用穿朱衣的吏役呵道。这儿当是讽刺蒋介石国民政府对日军的不抵抗行为。1931年"九一八"事变后,时任军事委员会委员长的蒋介石推行"攘外必先安内"政策,围攻红军革命根据地。所以金梁讽其"江南国主太无聊"。

辛亥革命之前,光宣文人普遍趋新。梁漱溟即曾将辛亥革命的胜利归结于知识分子的努力,这些知识分子"通于统治之上层"。武昌起义后,金还、叶景葵劝赵尔巽速退以响应共和便是一例。"试再就辛亥革命来看,大清帝国是

---

① 诗中"姜被""牛衣",典出《幼学琼林》:"姜氏翕和,兄弟每宵同大被。王章未遇,夫妻寒夜卧牛衣。"据赵元礼称,此词为朱祖谋作,题为《调寄鹧鸪天》,"为朱古微(按即朱祖谋)先生绝笔,邵君次公所传者"。据赵元礼《藏斋诗话》卷下,张寅彭主编《民国诗话丛编》第2册,上海书店出版社,2002年,第279页。

② 邵章《题道光二十三年秋季搢绅录仍叠前韵》,《悼盦遗稿》,1953年油印本。

③ 董清峻于辛亥革命发生后不久致赵尔巽函云:"知县(按:董清峻自称)闲散栖身,庸孱见侮,运蹇习劳,抚髀增痛,已早在宪台洞见之中。唯望宪台拯之于众人之中,置之于有用之地。投艰履险,皆所甘也。寻行数墨,非其志也。昔人有言,愿学良、平,不愿学叔孙通、陆贾。"董氏此函,见中国第一历史档案馆赵尔巽全宗档案,胶片112。

④ 金梁《回天手》,金梁《息庐咏史》,1937年铅印本。

这样大,其统治又这样久,又非遇到对外战争失败那种机会,乃竟于短短三四个月内,轻轻地就给推翻,讵非怪事!"梁漱溟的解释是,"全国之中并没有两面确定相反的立场","社会内部形势流动散漫,而救国的民族立场又超过一切;此时革命主力寄于知识分子,而知识分子则通于统治之上层,代表清廷统治各省之封疆大吏,及其所恃为统治之具的武力,原不难于一转念间而赞成革命"①。

除了金还、叶景葵,赵尔巽的侄子赵惠谱也于 1912 年 1 月 19 日(农历 1911 年腊月初一)致函赵尔巽,劝他"速速告退","不可恋恋,万不可愚忠"②。赵尔巽儿媳袁祚彦(1880 年生,赵世基之妻,袁祚廙胞妹③)1912 年 3 月 18 日也致函赵尔巽,对共和寄以期待,"年中共和书下,大局粗安",希望"从此可享太平,无复变乱"(当然,现实状况则是"变动靡常")④。赵尔巽的愿望则是保境安民,他答复幕友们说:"大变岂无能救?……一举足而乱作,一坐镇而境安,宜何择焉!退则必退,但有其时耳。诸公勿躁扰,把晤不远也。"⑤因此,辛亥革命的成功,赵尔巽幕友、家人的规劝及赵本人的"退让"也是起到了一定的积极作用的。

光宣文人由趋新而退守的变化,有着不同层面的文化内涵,不可一概而论。因为退守不是复古倒退。如前所述,光宣文人中的相当一部分仍有政治影响力,在 1912—1927 年间的中国社会结构中,他们实处于上层的位置。虽然这样的主流位置使他们最终被作为"失败的政治人"而写入现代中国的历史中,而政治的"失败"也影响到后人对其历史贡献的中肯评价。不能否认,在光宣文人的想象中,中国也应当有更好的发展格局。正如我们不能认同那种认为只有欧洲(或西方)才对世界历史变迁具有能动性,其他地区或民族只以回应欧洲(或西方)的方式参与世界而缺乏能动性的"欧洲中心主义"观点⑥一样,我们也有必要反思通常认为的五四一代主导了

---

① 梁漱溟《中国文化要义》,上海世纪出版集团,2005 年,第 197 页。
② 赵惠谱致赵尔巽函,中国第一历史档案馆藏赵尔巽档案全宗,胶片 113,案卷号 615。
③《辽宁铁岭赵氏族谱》,中国国家图书馆古籍馆藏。
④ 袁祚彦致赵尔巽函,中国第一历史档案馆藏赵尔巽档案全宗,胶片 113。
⑤《清代档案史料丛编》第 8 辑,中华书局,1982 年,第 189 页。
⑥ 人所具有的一种自主行动能力,即英语中的"agency",通常译为"能动性"。而人所设定的目标和为达到这一目标所采取的策略,即英语中的"agenda",译为"目的性"。"全球史"学家认为,非西方民族或国家也有能动性,有自己的发展目标和发展策略,故非西方国家并不是西方的应声虫,而有自己的发展道路和目标。参见刘文明为《什么是全球史》所撰"译注",柯娇燕《什么是全球史》,北京大学出版社,2009 年,第 102 页。

中国的现代性、而上一代人完全缺乏能动性的"五四中心主义"。尽管五四一代是现代化的重要力量,但史料证实,中国的"西化"早在光宣时代即已得到相当深入的实践,这样的实践是在光宣一代人的努力下付诸实施的(如赵尔巽在湖南、奉天任上实行的新政改革)。而在通常的叙述中,胡适最后脱离善后会议的做法,是"善"向"恶"的决裂,是学人向政客的抗议。这样的分析,多少过于突出、强调了胡适的"正确性",而将包含光宣文人及更多同样怀揣改良政治意愿的政士、文士不分青红皂白地置于胡适的对立面。

这种一对多、善对恶的历史叙述与认知模式,是以淡化甚至丑化光宣的方式强化了五四。这也正是本书希望提请注意的、在现代中国屡见不鲜的"进步焦虑"与"粗暴代谢"。五四之后,新文化阵营中的胡适、鲁迅等又受到更年轻一辈的攻击,以致让弱水"不禁想起了五四时的林琴南先生了"①。这种后者"继"必使前者"仆"的颠覆心态,既构成了中国现代思想文化之新陈代谢的动力,也呈现出言说者的意图偏执与思想暴力,因为思想的"排他性"正是"专制"心态的反映。新思想推翻旧思想,所采取的手段并没有新意。

而满洲文人瑞洵、奭良、金梁对满洲史的偏重及所表现出来的对于民国的敌视情绪,也不能等同于"反对共和"。因为金梁在晚清戊戌维新以后,一直是一位坚定的君主立宪主义和维新主义者。金梁曾三上万言书、赞助正气会,与"排满"主将章太炎深有交谊。1900 年 8 月,正当义和团运动掀起,八国联军入侵之际,章太炎在上海参加唐才常等发起的"国会"("中国议会"),当场批判"不当一面排满,一面勤王",而"宣言脱社,割辫与绝",并写《解辫发》以明志。章太炎矛头之所指,是"满洲政府不道"。这事实上似乎并未影响他与作为一个普通满洲人的金梁之间的私人关系。因此,在讨论作为一种革命话语的"排满"如何形成、如何展开时,不能忽略满汉士人、文人在日常生活中的言行交涉。这样做不是为了论证所谓"政治的复杂",而是为了强调政治话语的"单一"(即绝对性、排他性)。革命者的"排满",作为一种政治立场,向来是激昂而决绝的。但革命者在革命时如

---

① 弱水《谈中国现在的文艺界》,(上海)《战线》周刊,1928 年 4 月。北京师范学院中文系鲁迅书信注释组编《"围剿"鲁迅资料选编(1927—1936)》,1977 年,第 11 页。

何处理具体的、活生生的满洲个体,却是革命者(尤其是革命者中的思想者)不得不面对的难题。

事实上,上层"朝士"中的满人,在由清到民国的政治鼎革中,不仅没有受到冲击,相反,一直得到民国执政当局的刻意保护。发生在上层"朝士"之间的这种满汉友善,与中国历史上的政权嬗变大有不同。金梁在评价章太炎的"排满"主张时,曾以"冤亲平等"四字发表感慨:

> 章太炎少以排满名,而与余一见如故交,往来无忤。《苏报》陈君父女,及张伯纯、吴彦复等,皆其介见。尝偕访宋燕生恕,宋素谨密,见而骇曰:二君何可同游耶。亟托词引余出,品茗市楼,切劝至夜午不止,垂涕而道:盖虑二人争意见,终恐不免一伤也。余笑谢之。未几日,太炎开会演说,主排满,当首诛金某。谓但愿满人多桀纣,不愿见尧舜。满洲果有圣人,革命难矣。于是众皆戏称余为满洲圣人。而二人交往如常。余至沪,君返杭。常相晤,忆一日,偕访唐佛尘才常,未遇,适送午餐者至。二人不问主人,大嚼而出。又太炎与日人山根虎次郎办《东亚报》,偶论事不合,互挥拳,至破玻璃窗。余适往,数语遂解。又太炎不愿垂辫,披发僧衣,徜徉市上,为巡捕诘问,不顾而詈。捕将执之去,余适同行,亦为解而免。时皆呼章疯子。及党祸既作,太炎返里,不敢宁于家。寓凤林寺。吾营少年,共约邀击之。余闻讯,急驰往,强众散归。幸未生事。太炎始终未知也。其后十余年,太炎见余《丛刊》,有及昔言排满诛金者,忽邮赠一诗,有"白刃天为解"句。或曰"冤亲平等",太炎悟矣。而不知吾二人,超然物外,久作天游。固太清不着渣滓者也。①

这其中,委实反映了中国传统的政治风气在进入 20 世纪后,已有值得注意的内在变迁。

但是,"排满"一旦由话语层面向实践层面落实,下层旗人所受到的巨大冲击,也是不容回避的,"越来越紧张的(满汉)关系最终导致太平天国及辛亥革命时期满族旗人及其家人被大量屠杀。民国时期,满族不敢公开自己的满族身份,只能悄悄地在家中向子孙口头传授民族传统,以此维持自

---

① 金梁《瓜圃述异》,沈云龙主编《近代中国史料丛刊续编》第 24 辑,文海出版社,1975 年,第 19—20 页。

己的身份认同"①。金梁的深刻正在于,他身为中国人,对包括满汉同胞在内的中国人之"国民性"有敏锐的洞察。正是因为汉族革命者的"排满话语"迫使一个"即使没有完全汉化也已经是高度汉化的民族"在遭受舆论与武力压迫的同时,产生离心的意图与倾向,从而"背弃业已成为其自身文化的东西"②。金梁的痛苦与困惑正在这里。

光宣文人总体上是认同共和的,尽管认同的方式各各不同,对现实政治的参与程度也深浅不一。比如同样出于对时局的关切,郑孝胥所选择的去路便与赵尔巽判然有别。1911年,孟森过访郑孝胥,郑孝胥说:"世界者,有情之质;人类者,有义之物。吾于君国,不能公然为无情无义之举也。共和者,佳名美事。公等好为之;吾为人臣,惟有以遗老终耳。"③郑孝胥承认"共和"为"佳名美事",但自己却坚持走向另外的道路。郑孝胥的做法,使人想起经法国当代作家米歇尔·图尼埃改写后的固执的鲁滨逊。

米歇尔·图尼埃曾改写过英国作家丹尼尔·笛福(1660—1731)的著名小说《鲁滨逊漂流记》,改写后的小说题为《礼拜五——太平洋上的灵薄狱》④。米歇尔·图尼埃设计的结局是:文明人鲁滨逊滞留荒岛28年之后,终于迎来了双桅船"白鸟号",他终于可以离开"绝望岛"(后来鲁滨逊改其名为"希望岛")了。但出人意外的是,这个文明人却端起了野蛮人的架子,决定继续留在荒岛上,倒是他的仆人——野蛮人"礼拜五"抵制不了精制帆船的诱惑,居然与主人不辞而别,趁着夜色登上了驶向文明社会的大船。但笛福给小说《鲁滨逊漂流记》设计的结局则是文明人鲁滨逊带着野蛮人"礼拜五"一起离开了蛮荒之地,重新进入了文明世界⑤。米歇尔·图尼埃的改写是意味深长的,洞穿了人类精神世界的执拗、脆弱与盲目。郑孝胥所面临的,正是类似"荒岛"与"文明社会"的抉择。

综上所论,光宣与民国的内在关系是极其复杂的。尽管光宣与五四、民国的不同似乎更引人关注,但是,光宣与五四、民国的多元交涉亦有分析

①杜赞奇著,王宪明等译《从民族国家拯救历史:民族主义话语与中国现代史研究》,社会科学文献出版社,2003年,第57页。

②[美]杜赞奇著,王宪明等译《从民族国家拯救历史:民族主义话语与中国现代史研究》,社会科学文献出版社,2003年,第57页。

③《郑孝胥日记》1911年9月24日,中华书局,1993年。

④[法]米歇尔·图尼埃著,王道乾译《礼拜五——太平洋上的灵薄狱》,上海译文出版社,1994年。

⑤龙迪勇《反叙事:重塑过去与消解历史》,《江西社会科学》2001年第2期。

的必要。对内部关系的分析,在西方历史学界英语称作"纠结的历史"(en-tangled histories),法语称作"交叉的历史"(histoire croisée),德语称作"交织的历史"(Verflechtungs geschichte),"这种方法基本上对异同点的比较不感兴趣,而对内部关系与遭遇,对相互了解和对其他的反应,对相互影响与冲击,对物资、人员、观念和知识的转移与移动性感兴趣"[①]。辛亥革命后光宣文人在中国政治文化结构中的位置,也经历了一个"移动"的过程,这种"移动"通常被视为"败退"。其实将一个社会内部的不同群体之间的文化上的差异划分为胜与败、新与旧,不免简化了"交织的历史"。

　　本书所希望呈现的,正是这样一段"交织的历史"。至于在呈现、评述这样一个兼具复杂性和相对性的"交织的历史"时,如何做到既对"惟一真理"保持警惕,又不丧失对真理、真相的信心以及追寻的热情,这是人文学者必修的功课。

[①]［德］于尔根·科卡《国际历史学会:历史学家如何超越民族史、国别史》,《消解历史的秩序》,山东大学出版社,2006 年,第 77 页。

附　录

一、清史馆同人与《续修四库全书总目提要》

在编纂《清史稿》的同时，清史馆部分纂修人员参与了更多的学术文化活动。如金梁不只参与了对内阁大库档案的抢救保护①，还呼吁刊印、续修《四库全书》。伦明曾在《辛亥以来藏书纪事诗》中谈到自己与金梁同在文溯阁校刊《四库全书》的情形："试从《四库》溯渊源，《续目》校刊久对论。《清史稿》成清学录，辽阳旧梦待重温。"诗后记道：

> 金息侯同年梁，同客沈阳，校刊文溯阁《四库全书》，事成，为人忌阻，唯续编《书目》，倍增旧目，余一手所成，息侯为张学良作《序》。息侯前在京提议校印《四库》文源、文渊两本，皆事败垂成。今文渊阁已出样本，国联秘书长艾文诺已定留百本，亦为人所阻，息侯与余同抱伤心。②

金梁也在《丁丑自述诗》中对续修《四库》受阻一事念念不忘："十载三刊《四库》书，垂成之止竟何如。《续修书目》完文溯，收拾咸阳一炬余。"（其六）自注云："庚申创议景印《全书》，戊辰始就文溯阁，仍被阻。曾修《全书总目续编》，成。"③又在《庚午感逝诗》中写道："勤搜《文苑》马通伯（其昶），博采《儒林》缪筱珊（荃孙）。汉宋不如清学盛，重修《四库》敢畏难。"（《缪马》）诗后自注："余尝与琴南（按即林纾）论清代学术融中外、贯古今，实为最盛，足与汉宋并立。拟创刊《清学丛书》，并补修《四库》。乃数议校印《库》书，既成又阻。今先补修《总目》，稍弥阙憾。已脱稿矣。"④

---

① 金梁《内阁大库档案访求记》，《东方杂志》第 20 卷第 4 号，收入其《瓜圃丛刊叙录》，1924 年铅印本。
② 伦明《辛亥以来藏书纪事诗》，北京燕山出版社，2008 年，第 111 页。
③ 金梁《丁丑自述诗》，金梁《息庐咏史》，金梁自刊，1937 年铅印本。
④ 金梁《庚午感逝诗》，金梁《息庐咏史》，金梁自刊，1937 年铅印本。

清史馆同人中,除金梁外,柯劭忞、夏孙桐、王树枏、吴廷燮、杨钟羲、王式通、戴锡章、邵瑞彭等人均不同程度地参与了《续修四库全书》或《续修四库全书总目提要》的倡议或纂修工作。

(一)《四库》续修与《提要》编纂

《续修四库全书总目提要》成稿于 1931 年 7 月至 1945 年 7 月,是继清乾隆年间所修《四库全书总目提要》之后,由我国学者撰写的又一部重要的大型书目提要,收录古籍三万三千余种,是对清乾嘉以后至 20 世纪 30 年代存世典籍的一次全面、深入的学术盘点。近百年中,内忧外患,战乱频仍,大量珍贵的文献典籍毁于天灾人祸,不复存世。这些《提要》因此而愈显珍贵,其学术价值是不言而喻的。

时任浙江学政的阮元是最早倡议对《四库全书总目提要》进行续修的先贤。清光绪以后,又有王懿荣[①]、章梫、喻长霖、孙雄、金梁、邵瑞彭、黄文弼、李盛铎等先后提出续修《四库全书》和《提要》的建议,均由于时代和财力诸因素的限制,未能实施[②]。

关于《续修四库全书总目提要》的编纂背景,王云五曾有介绍:"乾隆以后,国人著作益多,印刷亦益便利,迄今约二百年新出图书固甚夥,而清末禁网日弛,入民国禁书悉解禁。因而纂修《四库全书》以后之新作与新发现之图书,已足够续修《全书》之资格。"[③]当然这次的续修工作,"仅限于撰写《提要》"[④],与乾隆时纂修《四库全书》既撰《提要》又对原书进行整理抄录有所不同。

上世纪二十年代初,日本政府迫于国际和国内的压力,决定参照美、英等国先例,将"庚子赔款"部分退还中国,其中一部分将作为发展中国文化事业的经费。1923 年 3 月下旬,日本众议院和上议院先后通过了所谓《日

---

①王懿荣集中有《请续修四库全书》一疏,略称:"考据一门,后来居上,艺数之流,晚出愈精,亟应续纂。"王揖唐《今传是楼诗话》,张寅彭主编《民国诗话丛编》第 2 册,上海书店出版社,2002 年,第 264 页。

②罗琳《〈续修四库全书总目提要〉编纂史纪要》,《图书情报工作》1994 年第 1 期。

③王云五《〈续修四库全书提要〉序》,王云五主持《续修四库全书提要》,台湾商务印书馆,1972 年,第 2 页。

④王云五《〈续修四库全书提要〉序》,王云五主持《续修四库全书提要》,台湾商务印书馆,1972 年,第 3 页。

本对华文化事业特别会计法》。1924 年 2 月 6 日，中国驻日本公使汪荣宝与日本对华文化事务局局长出渊胜次在日本东京签署了所谓《汪公使与出渊局长瞭解事项觉书》。1925 年 5 月 4 日，日本驻中国公使芳泽与中国外交部长沈瑞麟互发照会，即所谓《芳泽公使与沈外长换文》。这些文件确立了日后《续修四库全书总目提要》的经费来源、组织形式和人员结构等。《汪公使与出渊局长瞭解事项觉书》第一条谓："日本方面举办对华文化事业时，应将中国方面有识阶级之代表的意见十分尊重。"以柯劭忞为代表的中国学者在与日本方面讨论编纂《续修四库全书总目提要》的一些有分歧性的问题时，常常引用此条，使编纂工作一开始就依照中国学者的意见开展①。

北京先后成立了三个机构：一是"东方文化事业总委员会"。日方委员有狩野直喜、服部宇之吉等："日方委员，如京都大学教授狩野直喜博士、东京大学教授服部宇之吉博士等，皆为纯粹学人，即其主办人桥川时雄氏，亦以研究《楚辞》极有心得，获得文学博士学位……"②中方委员是邓萃英、汤中、王树枏、王式通、王照、柯劭忞、贾恩绂、江庸、胡敦复、郑贞文、熊希龄，共十一人③，日方委员七人。1925 年 9 月熊希龄辞职，由梁鸿志补任。1927 年 10 月邓萃英辞职，由杨策补任。该委员会于 1925 年 10 月 9 日在北京北海静心斋成立，双方委员均出席会议，并推举柯劭忞为总委员会委员长。该委员会自成立之日起，共召开过三次总会议和两次临时总会议。二是"人文科学研究所"，为"东方文化事业总委员会"在北京的下属机构，1927 年 12 月 20 日在大甜水井胡同九号成立。该研究所共有中、日研究员十九人，其中王式通、戴锡章二人曾任清史馆纂修、协修。该研究所自成立伊始至 1928 年 5 月 9 日止，在不足半年的时间内，共召开过十八次会议，主要议定了《续修四库全书总目提要》的拟目、体例、撰写、分类、经费、购书等原则问题。三是"东方文化事业图书筹备处"，是"人文科学研究所"的附属机构。在十三名"图书筹备处评议员"中，柯劭忞、王树枏、王式通三人曾

---

① 中国科学院图书馆整理《〈续修四库全书总目提要（稿本）〉前言》，齐鲁书社，1996 年。

② 王云五《〈续修四库全书提要〉序》，王云五主持《续修四库全书提要》，台湾商务印书馆，1972 年，序第 3 页。

③ 王树枏在自订年谱中写道："（1925 年）在史馆撰《食货志》。段公聘余为顾问，日本以我国赔款组织东方文化事业委员会，段公举余与柯劭忞等十人为中国委员。"王树枏《陶庐老人随年录》，中华书局，2007 年，第 83 页。

在清史馆任职。图书筹备处事务主任徐鸿宝也曾任清史馆协修。

《续修四库全书总目提要》的撰写,始于1931年7月,初期只有柯劭忞、江瀚、胡玉缙、王式通以及另外增聘的伦明、杨钟羲等六人。其中,柯劭忞、王式通、杨钟羲三人曾参与《清史稿》的编纂①。

"及至一九三四年,即民国二十三年,改由桥川时雄氏主持,对人事方面,积极调整,增聘当时在平津一带若干学者为研究员,同时并与住在华中、华南以及海外若干学者取得联系。"②根据档案和现存稿本核实,从1931年7月至1945年7月,参加《续修四库全书总目提要》撰稿工作的共有七十一人③,其中王式通、吴廷燮、柯劭忞、夏孙桐、杨钟羲五人,是当初清史馆同人。

1972年,台湾商务印书馆由王云五主持整理出版了二十册的《续修四库全书提要》,系据从日本所得油印稿整理汇编而成,是书收录《四库全书总目》以外古籍提要一万零七十篇④。

(二)清史馆同人所撰《提要》举要

王式通所撰三十六种提要中,《御制孝献皇后行状一卷敕撰传一卷》(松邻丛书本)、《元西湖书院重整书目》《南雍志经籍考二卷》《内板经书纪略一卷》《四库全书荟要目》《绣谷亭薰习录经部补目一卷集部二卷》六种,均曾由吴昌绶刻入《松邻丛书》。王式通就王先谦《王祭酒奏议一卷》(钞本)、郭嵩焘《郭侍郎奏疏十二卷》(养知书屋刻本)、丁宝桢《丁文诚公奏稿二十六卷》(刻本)、于荫霖《悚斋奏议十卷》(刻本)、薛福成《庸盦奏议二卷》(钞本、庸盦海外文编刻本)、许景澄《许文肃公奏疏三卷》(排印本)、张百熙

①中国科学院图书馆整理《〈续修四库全书总目提要(稿本)〉前言》,齐鲁书社,1996年。
②王云五《〈续修四库全书提要〉序》,王云五主持《续修四库全书提要》,台湾商务印书馆,1972年,第3页。
③这71人是:王式通、王孝鱼、王重民、江瀚、向达、沈兆奎、吴廷燮、吴燕绍、吴承仕、何小葛、何登一、余绍宋、余宝龄、奉宽、尚秉和、周叔迦、柯劭忞、柯昌泗、柯昌济、胡玉缙、茅乃文、高润生、高观如、班书阁、夏仁虎、夏孙桐、孙光圻、孙作云、孙海波、孙雄、孙楷第、孙人和、孙曜、伦明、徐世章、商鸿逵、许道龄、鹿辉世、黄寿祺、张伯英、张海若、张寿林、陆会因、陈垫、冯汝玠、冯承钧、冯家昇、傅振伦、傅惜华、傅增湘、杨树达、杨钟羲、叶启勋、董康、赵万里、赵承绰、刘白村、刘思生、刘启瑞、刘节、谢国桢、谢兴尧、韩承铎、瞿汉、瞿宣颖、谭其骧、罗振玉、罗福颐、罗继祖、萧璋、铁铮。参见中国科学院图书馆整理《〈续修四库全书总目提要(稿本)〉前言》,齐鲁书社,1996年。
④王云五主持《续修四库全书提要》,台湾商务印书馆,1972年。

《张文达公奏议四卷》（钞本）、沈家本《寄簃奏牍二卷》（钞本）、郭曾炘《郭文安公奏议二卷》（钞本）、程德全《赐福楼笔记》（排印本）等著述所撰提要，均关清代掌故，可以视为《清史稿》的延伸。

杨钟羲撰提要六百一十余种①。其评王闿运《春秋公羊传笺十一卷》（光绪戊申重校本）云"是书晚出，别辟径途。凤擅文词，郅为简括"，并举例评析其"立说新而有理"之处②。又评王闿运《穀梁申义一卷》（光绪十七年刊本）云："无弃置师法，燕说郢书之妄，亦无和合传义，支室错迕之谈，在所撰经说中，此书最为矜慎。"③评柯劭忞《春秋穀梁传注十五卷》（丁卯排印本）云："劭忞就刘向、郑康成之遗文，用《公羊》徐疏，引宋君《春秋注》所谓九旨者，为《穀梁》之义例。"并举一例明此书诠释之精到处，又举一例以证是书有不合经意处，但实属"有为而发"④。

吴廷燮撰提要篇目约八百五十余种，多为史、地、法、政、礼一类。其评张采田（按即清史馆纂修张尔田）《列朝后妃传稿》（民国刊本）云："是书于事实一一胪列，不假褒贬，而美恶自见"，"援据广博，宗旨正大"，为"历史后妃传所仅见也"⑤。评瑞洵《散木居奏稿二十五卷》云："清代中叶以后，边境迭有侵削……只以多任旗籍武员治理，边备一不经营"，且"奏牍寥寥，一切实状，无由宣达。内地人士隔阂殆甚。瑞洵本名翰林，故于□□捍边，颇有论列。但清代极啬边费，故款累请而不继，疏虚上而不行"⑥。评《祀天通礼》（民国印本）云："民国自更，不必沿袭。就民国而言，祀天之礼后来惟虑滋帝制之疑，亦少举行。"⑦评《吴柳堂奏疏》云："可读有请令各国使臣进

①杨钟羲所撰提要，见中国科学院图书馆整理《续修四库全书总目提要（稿本）》第3册，齐鲁书社，1996年，第728页下至第4册第433页上。

②杨钟羲《王闿运〈春秋公羊传笺十一卷〉提要》，中国科学院图书馆整理《续修四库全书总目提要（稿本）》第4册，第26页。

③杨钟羲《王闿运〈穀梁申义一卷〉提要》，中国科学院图书馆整理《续修四库全书总目提要（稿本）》第4册，第27页。

④杨钟羲《柯劭忞〈春秋穀梁传注十五卷〉提要》，中国科学院图书馆整理《续修四库全书总目提要（稿本）》第4册，第27页。

⑤吴廷燮《〈列朝后妃传稿〉提要》，中国科学院图书馆整理《续修四库全书总目提要（稿本）》第23册，第731—732页。

⑥吴廷燮《〈散木居奏稿〉提要》，中国科学院图书馆整理《续修四库全书总目提要（稿本）》第23册，第493—494页。

⑦吴廷燮《〈祀天通礼〉提要》，中国科学院图书馆整理《续修四库全书总目提要（稿本）》第23册，第709—710页。

见不必跪拜疏,所见远大,与顽固守旧者不同","实高出其时群议","以死建言,清代殊少。《清史稿·艺文志》有《吴柳堂奏议一卷》,今特著录,以昭谏臣之节概焉"①。评陈夔龙云:"宣统元年十月,调直隶,兼北洋大臣。三年十二月十六,乞病免。自是退居沪上,不复出。年逾八十,以诗酒自娱,天下高之。"称赞陈夔龙能建言补救时局,当亲贵用事,事不可为时,"终能以独善为主,不涉世事,固为清代大吏中所罕觏者"②。

夏孙桐撰提要篇目约七百六十种,其中诗文集三百九十余种,余皆医类书。所评诗文集多清人撰,也有清以前著述,但为数较少。如唐褚遂良《褚遂良集》、褚亮《褚亮集》、宋韦骧《钱唐集》、朱淑真《新注朱淑真断肠诗集》《后集》等,均武林往哲遗著本。明人如朱之瑜《舜水文集》(朱舜水遗书本)、赵文华《赵氏家藏集》(旧钞本)等。清人著述如顾炎武《亭林文集》《诗集》(亭林十书本)及《亭林先生余集》(乾隆刊本)、黄宗羲《南雷诗历》(粤雅堂丛书本)、吕留良《晚村文集》(民国初年刊本)及《吕耻翁诗稿》(旧钞本)、万斯同《明乐府》(同治刊本)、黄以周《儆季文钞》(杂著汇刊本)、朱珪《知足斋文集》《诗集》(嘉庆刊本)、汤金钊《寸心知室存稿六卷附自订年谱一卷》(咸丰刊本)、李兆洛《养一斋文集》(光绪重刊本)、戚学标《鹤泉文钞》(嘉庆刊本)、严可均《铁桥漫笔》(心矩斋丛书本)、程恩泽《程侍郎遗集》(粤雅堂丛书本)、祁寯藻《馤飤亭集》《续集》(家刊本)、朱琦《怡志堂文初编》(同治刊本)、沈兆霖《沈文忠公集》(同治刊本)、冯桂芬《显志堂稿》(光绪家刊本)等。

夏孙桐所评各家著述,其撰者或为大儒,或为显宦,或为诗家,这些著述多关朝章国故、学术源流,较具条贯。与柯劭忞之偏重乡邦文献、地方诗家多所不同。

夏孙桐评孙衣言《逊学斋文钞》《文续钞》以及《诗钞》《诗续钞》(家刊本)云:

> 衣言字劭闻,号琴西,瑞安人,道光庚戌进士,翰林院编修,直上书房。历官江宁布政使,召为太仆寺卿。告归,遂不出。著述终老。其

① 吴廷燮《〈吴柳堂奏疏〉提要》,中国科学院图书馆整理《续修四库全书总目提要(稿本)》第23册,第129—130页。
② 吴廷燮《〈庸盦尚书奏议〉提要》,中国科学院图书馆整理《续修四库全书总目提要(稿本)》第23册,第459—461页。

《诗钞》最先付梓，继刊《文钞》，皆在同治时。《续钞》则归田以后之作
也。案衣言学宗宋儒，文派近于桐城。嘉兴钱泰吉序之，讽以昌明永
嘉之学。其纪事论事诸作，文繁理富，气息深厚，实多有本之言，足为
止斋、水心嗣响。于乡哲遗编轶事，蒐求考订，不遗余力。晚欲为《永
嘉学案》，以示自宋至清数百年传衍之绪，惜未睹传稿。集中《大郑公
行年小纪》一篇，可略见其采掇之勤，诗则取径山谷，以摩杜陵之垒，卓
然大家。衣言在上斋时，数疏言时政，因而一麾出守，及官江藩，亦以
持论不合时宜，不安于位。守道持正，硁硁不移，兀臲之气，时流露于
文字间。晚年有《口占二律寄漱兰侍郎》，其二云："万里都卢伎，千金
洴澼方。鲲生惟凿空，垂死尚腾章。汉虏终当隙，孙吴只用长。老夫
息壤在，他日可思量。"生平志趣于斯可见也。[1]

又评孙衣言子诒让《籀亭〔颐〕述林》（家刊本）云："其学奄有乾嘉诸儒之
长，又涉猎泰西学说，大而政教，小而物理，具能以中国古籍汇通之，而不同
于附会，此乾嘉诸儒仅发其端，而未及充拓者，乃时之先后为之也。孙氏为
浙东望族，其父衣言，以诗古文雄于时，承永嘉学派，而厌新说。诒让之闳
通精博，殆又过之。可称清季学林巨子云。"[2]

　　夏孙桐评殷兆镛《齐庄中正堂诗钞》云：

　　　　兆镛字序伯，号谱经，吴江人。道光庚子进士，翰林院编修。历官
　　礼部侍郎。自咸丰中，入直上书房，回翔禁近数十年，数上封事，其论
　　海防和战、论江苏赋税诸疏，皆为当时所称。而文集未传。是集存诗
　　甚夥。早年咏古诸诗，颇见论古之识。通籍后屡秉文衡，荐跻九列，迁
　　官奉使，岁时拜赐，无一事不有纪恩之诗。久直内廷，与天潢诸邸，尤
　　多唱酬。雍容揄扬，不失台阁之体。其《秋悲》七律十二首，乃咸丰庚
　　申所作。英法联军入京师，而故乡吴郡亦陷于粤寇，念乱忧时，特见警
　　策。为集中不可多觏者。至于寻常题图和韵，应酬之作，一例兼收，差嫌
　　无所别择。久官朝列，见闻较广，其中亦颇有关于掌故，览者所不废焉。

---

① 夏孙桐《〈逊学斋文钞十六卷　续钞五卷　诗钞十卷　续钞五卷〉提要》，中国科学院图书馆整理
　　《续修四库全书总目提要（稿本）》第 10 册，第 173—174 页。
② 夏孙桐《〈籀亭述林〉提要》，中国科学院图书馆整理《续修四库全书总目提要（稿本）》第 10 册，第
　　174—175 页。按："亭"字误，应为"颐"。

"齐庄中正"乃文宗所赐御书匾额,因以名其堂,并名其集,盖纪恩也。①

夏孙桐所评近人著述,仅沈曾植、缪荃孙、李详、章钰等数人。如评沈曾植《海日楼诗》(民国刊本)云:"早年为诗,取法于乡先辈钱仪吉,笃嗜山谷,寝馈于西江派诸家。官京师时,与会稽李慈铭、桐庐袁昶相唱和。角逐后先,咸推作手。继乃随使海外,敭历监司,久权皖抚,迄未即真。宣统初,辞官寄寓上海,寻遭国变,遂隐居不仕。遗逸诸公,多聚沪滨,联吟结社,推为祭酒。是集皆晚年所作。'海日楼'乃寄庐所自题,故以名其诗。案曾植博极群书,晚益沉酣释典,发为辞章。玄解在心,奇气喷薄。又轸虞渊之恫,寄意深远。故每有所作,如大海洪渊,波澜壮阔,鱼龙变幻,珊瑚木难,光怪眩人。至其奥衍沉郁,仍出西江本色。称为清末大家,人无间言。是集中与相唱和者,以义宁陈三立、恩施樊增祥为最多,两家皆诗坛老宿,而学问之闳博差逊之。奇肆处似犹让出一头。曾植著述皆精博,而未尽完成。诗文全稿亦尚藏家待刊。读是集者,仅尝鼎之一脔耳。"②

夏孙桐评缪荃孙《艺风堂文漫存·辛壬稿》《癸甲稿》《乙丁稿》(民国刊本)云:"荃孙有《艺风堂文集》《续集》,已著录。自宣统辛亥,辞官归隐,寄居上海,年逾七旬,著述不辍。每阅两年,编成一稿。其《正集》《续集》皆专载文,此则诗文合编,陆续付梓。《乙丁稿》殁后始刻成也。案荃孙目录、金石之学,清季号为专家,晚年名益重。问字访古者,踵接于门。故家世族亦争乞文字以为先德表章,故所作以碑传、序跋为多,皆有关于掌故。生平喜传播古籍,数有丛刊,于编刻校勘之事,深谙甘苦,言之尤详,用以启迪后进。其纪事之文,私淑鄞全祖望《鲒埼亭内外编》。藏书题跋,素嗜吴黄丕烈之详洽亲切,而学之根柢过之,可追配仁和卢文弨。皆其瓣香之所在也。诗不空摹格调,而情景取其真实。晚年尤清老,自成学人之诗。其中年以前所作诗四卷、词一卷,自视欿然,不以为可传。故编成而未付梓,近亦有分为印刊者。"③

---

①夏孙桐《〈齐庄中正堂诗钞〉提要》,中国科学院图书馆整理《续修四库全书总目提要(稿本)》第10册,第534页。

②夏孙桐《〈海日楼诗〉提要》,中国科学院图书馆整理《续修四库全书总目提要(稿本)》第10册,第486页。

③夏孙桐《〈艺风堂文漫存辛壬稿〉〈癸甲稿〉〈乙丁稿〉提要》,中国科学院图书馆整理《续修四库全书总目提要(稿本)》第10册,第515页。

　　夏孙桐评李详《学制斋骈文》(民国活字印本)云："详字审言,兴化人。廪贡生。光绪中,长沙王先谦督江苏学政,激赏其文。而终未遇,客游江淮间。著述甚富,晚佐金坛冯煦修《江苏通志》,治汉魏六朝文学者奉为巨子。民国乙卯,门人蒋国榜以文稿印行。案详治《文选》学甚深。其于清代先辈所服膺者,为会稽章学诚、泾包世臣、仁和龚自珍、荆溪周济、邵阳魏源,作《五君颂》以识申慕。其论文,采姜夔论诗之说,以自然高妙为胜境,而于雕纂字句貌为瑰丽者,所不屑也。其文与江都汪中之体为近,故亦为之赞,以溯其源所自。沉浸于斯事数十年,既专且久,即应世扬厉之作,隶事之融洽,铸词之雅令,皆非俗笔浅学所能攀追。盖其所养粹矣。同时深于文者,如谭献、冯煦、缪荃孙、沈曾植辈,为撰序,皆能阐其得力之处,无浮誉。缪氏谓昭代以此名家,君才庶可为殿。详殆无愧斯言。遗著尚未尽刊。晚年与学者论文事,喜述《文心雕龙》及《颜氏家训》,亦微旨所在也。"[1]

　　夏孙桐评章钰《四当斋集》(活字本)云："钰字式之,号茗理,晚号霜根,长洲人。光绪癸卯进士,官外务部主事。国变后侨居天津及旧京,著述终老。藏书甚富。其以'四当'名斋者,取宋尤延之语,'饥读之可以当食,寒读之可以当衣,孤寂读之可以当友朋,幽忧读之可以当金石琴瑟',用为题署,以志微尚也。案钰少工辞章,博览群籍。晚乃专事校勘之学。于史部致力尤多。遍征诸收藏家宋元旧刊及旧钞名校之本,孜孜汇勘。如《国语》《汉书》《南齐书》《旧五代史》《宋史》《契丹国志》《大金国志》《三朝北盟会编》《资治通鉴》,皆有精校。其中多巨帙,出之一手,贯彻全编,亦为罕见。用力之专,在前辈亦为罕觏。其《通鉴校宋记》已辑刊成书,又刊有《读书敏求记校证补辑》,二者并为目录校雠两家不可废之书。所校他籍尚不下数十种,并有题识。收藏金石,亦多考订。集中以题跋一门为精英所萃,文、诗皆长于隶事,而有骨干。词亦自成一格,不失学人吐属。吴中前辈以校勘名者,顾广圻、黄丕烈两家为最著。钰之专精,足以继之,称后劲云。"[2]

　　夏孙桐评吴庆坻《悔余生诗集》(活字本)云："庆坻字子修,号敬疆,晚号补松,钱塘人。光绪丙戌进士。由翰林院编修,历官湖南提学使。宣统

①夏孙桐《〈学制斋骈文〉提要》,中国科学院图书馆整理《续修四库全书总目提要(稿本)》第10册,第682页。
②夏孙桐《〈四当斋集〉提要》,中国科学院图书馆整理《续修四库全书总目提要(稿本)》第10册,第134页。

辛亥乞病归。阅数月遂遭国变。往来吴越,隐居不出,终老于家。祖振棫以诗名于道咸之间,承其家学,绩学敦行,尤善于诗。虽屡膺视学之任,赞襄新政,而不事奔竞,常有萧然物外之思。诗早有编刊。是集则专载辛亥以后,避地沪上与诸遗老结社联吟,及归里后之作。案其诗不矜奇立异,一归雅音,隶事翔实,必求达意,又非徒袭古人面目者比。金坛冯煦序称其生平持论,谓'今之治诗者,祧唐祖宋,务为奇涩幽怪,冀夺西江黄陈之席,或曼衍其辞,出入玄释,在可解不可解之间。以簧鼓聋俗之一二者,皆不能为,亦不欲为。故所作多婉曲沉挚。故国之思时时溢于言表,则言为心声也。'其祖《花宜馆诗》,亦以雅正为宗,可谓不坠家风者已。是集较其初编,风格又进。精华所在,盖老而益工云。"

夏孙桐评吴士鉴《含嘉室诗集》(活字本)云:"士鉴有《九钟精舍金石跋尾》,已著录。生平笃嗜金石,长于考订,于乙部致力尤勤。曾撰《晋书注》,遍搜典午一代十八家旧史,补其疏略,订其舛讹。晚与吴兴刘承干合力编成刊行,世推博洽。其诗承累世家学,又早登高第,官侍从,直南斋,谙习朝章国故。当光绪中,朝彦多以嗜古搜奇,提倡后进。早得风气,时誉翕然。发为篇章,文采彪炳。无一字无来历,雍容述作,为一时馆阁俊髦。国变之后,随父贞隐,周旋坛坫,亦复乔梓萋声。所作并数典详瞻,镕裁娴整,近于浙西朱、厉一派。气骨差柔,未造酝酿深醇之境。在一门之内,以较花宜馆之精到、悔余生之沉挚,虽为骖靳,似犹未竟抗衡。人之赋才,各有长短。要之有清季年,不失为浙西一作手。而三世传诗,尤称嘉话云。"[1]

至于邓廷桢《双砚斋诗钞十六卷　词二卷》(家刊本),则系其曾孙邓邦述为刊行。夏孙桐所撰提要,即据邓邦述刊本[2]。夏孙桐、邓邦述同在清史馆与修《清史稿》,家世承传及文人交谊之促成文献流播,此其一证。

柯劭忞撰《提要》一百八十一种,其中涉及诗文集十八种、金石碑记数种,其余均为经部易类著述。所评诗文作者多乡邦先贤,如《惜阴书室诗集残卷》作者李毓恒,山东济宁人。该残卷系柯劭忞家藏抄本,仅存卷三。李毓恒谢情科举,以诗酒终其身,"盖笃于潜修,而不求闻达者",其诗"造句不

①夏孙桐《〈悔余生诗集〉提要》《〈含嘉室诗集〉提要》,中国科学院图书馆整理《续修四库全书总目提要(稿本)》第 10 册,第 215 页。

②夏孙桐《〈双砚斋诗钞十六卷　词二卷〉提要》,中国科学院图书馆整理《续修四库全书总目提要(稿本)》第 10 册,第 501 页。

尚锤炼,为其集中疵瑕","鲁西人文,多蹈此弊。集中《瘗芳亭咏》,为邑烈妇侯杜氏作,《济邑论诗绝句》《大饥吟》各首,描写情实,不失正始,俱可备邑乘文献之选也"①。《邿亭诗稿》(光绪辛卯刻本)作者孙楫,也是山东济宁人,官至湖南按察使。柯劭忞评其诗云:"所咏岭南诸地,郡邑风土,可佐采风之资。检其诗体清俊,多本唐音,虽历列膴仕,亦不掩其风格。如《题季父辛未寄诗》云,'诗卷缥囊挈吟髭,海雨湔题靳迪丞';《半园》云,'小山可中隐,老圃寄余晖',颇可传诵。"②《固有草堂文集》(宣统元年石印本)作者王葆崇,山东胶县人,曾与修《山东通志》。葆崇卒后,其子鸿图将其诗文集二种付印。柯劭忞评曰:"其文抒情绘景颇有思致,不为古人所限,虽近时文笔路,不尽平平无奇,亦可备胶东文献之摭拾。"③《海天居诗集》《待轩诗集》(壬戌石印本)作者王绍周,山东安邱人,"隐居终于乡,喜为宋儒之学","绍周虽卒于民国,然眷念故国,隐居不仕,援以陶潜之例,故仍入于清季著作","其诗古健自得,抒写性情,盖宗法少陵,而才力不足以副之。然不失为正始之音","其四言、五言古体,摹仿古歌谣,亦有可传诵者"④。《今雨楼诗存》(清刻本)作者于宝之,山东荣成人。"荣成能诗者,于氏为最。而宝之独远法汉魏,自言其诗风味虽不及古人,而规模则具。今观其诗,时时有义山风调。殆寝馈既深,自然流露也。晚岁之作,欲返诸自然。即景言情,多仿杜体。而平平无奇,转不如其《无题》少作之动人也"⑤。他如《延釐堂集》(同治壬辰刻本)作者孙玉庭,山东济宁人。乾隆乙未进士,授编修,官至体仁阁大学士⑥。再如《听蕉馆诗存》(庚戌石印本)作者为山东蓬莱茹铨,《果园诗钞》(光绪丁未刻本)作者为山东潍县郭恩孚,《鸿桷斋文集初刻》(道光刻本)作者为山东掖县李图,《攀古小庐文》(景刊本)作者

---

① 柯劭忞《〈惜阴书室诗集残卷〉提要》,中国科学院图书馆整理《续修四库全书总目提要(稿本)》第35册,第414页。

② 柯劭忞《〈邿亭诗稿〉提要》,中国科学院图书馆整理《续修四库全书总目提要(稿本)》第35册,第416页。

③ 柯劭忞《〈固有草堂文集〉提要》,中国科学院图书馆整理《续修四库全书总目提要(稿本)》第35册,第416页。

④ 柯劭忞《〈海天居诗集〉〈待轩诗集〉提要》,中国科学院图书馆整理《续修四库全书总目提要(稿本)》第35册,第417页。

⑤ 柯劭忞《〈今雨楼诗存〉提要》,中国科学院图书馆整理《续修四库全书总目提要(稿本)》第35册,第418页。

⑥ 柯劭忞《〈延釐堂集〉提要》,中国科学院图书馆整理《续修四库全书总目提要(稿本)》第35册,第422页。

为山东日照许瀚,《澹园古文选》(清刊本)、《澹园诗续稿》(民国刻本)作者为山东潍县于祉。均属齐鲁文士。

同辈中,柯劭忞独为章梫《一山杂文》撰一提要:"《一山杂文》一卷,宣统铅印本。清章梫著。梫有《一山经说》,在经部。此则为其宣统初手定付印之文稿也。所收议呈、叙跋、书传、行述、记、墓表,都凡二十有九篇。梫以朴学师承,兼通政事,其文敷陈事理,每有俯仰可观之概。属文简洁,殆其余事。如《以王夫之、黄宗羲从祠孔庙议》《拟续辑四库全书呈》《译小学校管理法纲要序》《上嘉定徐侍郎书》各篇,或献赞时政,或核综学风,足备后人之考征。信可谓兼政事、文学之茂美者也。余之与师友诸人书札,剖析经学义理,间有独到,为季清丁部之不可多见之作。况其自丁辛亥国变后,即隐居海上,瞻恋觚棱,不复出山,无愧晚节,兼之书以其人重矣。"①

(三)《续修四库全书》新修版收录清史馆同人著述简况

如果说清史馆王式通、吴廷燮、柯劭忞、夏孙桐、杨钟羲五人参与《续修四库全书总目提要》的撰写,表明他们在当时学术界所享有的重要地位并见证了他们所实际付出的辛劳,那么,2002 年由上海古籍出版社出版的《续修四库全书》将《清史稿》及清史馆缪荃孙、王树枏、陈田、杨钟羲、章钰、马其昶、刘师培、陶葆廉、姚永朴、简朝亮、吴昌绶、朱希祖等十二人的有关著述收录其中,则是对其学术成就的认同与肯定:"凡编入《续修四库全书》中的,都是有一定学术价值的著述,不使有重要价值的书有所遗漏,也避免收入水平低下的书籍。"②

《续修四库全书》第 295—300 册收赵尔巽等所纂《清史稿》五百三十六卷③。

《续修四库全书》第 550 册收《安禄山事迹三卷》,唐姚汝能撰,《校记》

---

① 柯劭忞《〈一山杂文〉提要》,中国科学院图书馆整理《续修四库全书总目提要(稿本)》第 35 册,第 420 页。

② 《续修四库全书编纂缘起》,《续修四库全书》编辑委员会编《续修四库全书》,上海古籍出版社,2002 年,第 15 页。

③ 按:上海古籍出版社影印时,于书前注曰:"据上海辞书出版社图书馆藏民国十七年清史馆铅印本(关内本)影印。"然而从该本目录及正文看,实为关外本。如所开列的清史馆职名中,金梁为"办理史稿校刻事宜总阅",目录及正文中有张勋、劳乃宣二人且别为一卷(张勋传下附张彪传)及《艺文志》卷前小序等,均可证此本为关外本。

一卷是缪荃孙撰;第 683—686 册收《光绪顺天府志》,系万青黎修,周家楣、张之洞、缪荃孙纂;第 1260 册"小说家类"收《三水小牍二卷　逸文一卷附录一卷》,唐皇甫枚撰,缪荃孙校补;第 1574 册收缪荃孙《艺风堂文集七卷　外篇一卷》《艺风堂续集八卷　外集一卷》。缪荃孙为清史馆总纂。

《续修四库全书》第 40 册收王树枬《周易释贞》二卷,据中华民国十三年(1924)陶庐丛刻本影印。同册又收王树枬《费氏古易订文》十二卷,据复旦大学图书馆藏清光绪十七年(1891)青神刻本影印。萧方骏题签,前有王树枬光绪十五年(1889)十一月所为《弁言》:"余为此书,专辨今文古文之异同,大义微言,以俟君子。孔子曰:'必也正名乎',盖名正则言顺。象数义理,神而明之。存乎其人,抑亦吾先师费氏之志云尔。是书始于戊寅,迄于己丑,岁逾十稔,稿凡三易,折衷古贤,取益今哲。经史子集,传注笺疏,靡不博稽审录。辨析异同,探姬、孔之渊源,存什一于千百。生今之世,反古之道,知我罪我,敢须来世。"时王树枬在眉州。第 53 册收王树枬《尚书商谊》三卷,据湖北省图书馆藏清光绪十一年(1885)刻本影印,前有王树枬光绪十一年(1885)正月所为识语:"国朝治《尚书》者,自王西庄氏搜辑马、郑之说,于是世之尊汉学、守家法者,遂执为真孔嫡传,莫敢轻为异议以相难。余友吴挚甫独以为,孔氏古说惟太史公得之最多,盖其亲从安国问故,又深知三代文章体要之所在,故其著于《史记》者,其说为可凭,而其谊为最确。余尝以马、郑所传杜林之漆书古文乃古文字体,非真见孔氏原书也。然马、郑去古未远,当时孔氏旧说必犹有存者。挚甫注《尚书》,一以司马氏为主,其识诚在江、孙之上,若据此以尽废马、郑之谊,窃不谓然。向读江艮庭《尚书集注音疏》,多穿凿浅陋之说,其妄易经字,尤为马、郑之罪人。孙渊如陈谊疏通,然商周以下诸篇,率多钞袭孔氏、蔡氏及王、江诸说之旧,苟且成书,君子病焉。窃尝条记江、孙两家之失,并有与挚甫之书相发明者。既与往复商订,自衰为三卷,以质世之治是书者。"第 107 册收王树枬《学记笺证》(四卷)、第 108 册收王树枬《校正孔氏大戴礼记补注》(十三卷)、第 189 册收王树枬《尔雅郭注佚存补订》(二十卷)、第 649—650 册收王树枬参与纂修的《新疆图志》(一百十六卷,袁大化修,王树枬、王学曾纂)。王树枬为清史馆总纂。

《续修四库全书》第 1710—1712 册收陈田所辑《明诗纪事》(一百八十七卷)。陈田为清史馆协修。

《续修四库全书》第1567册收盛昱撰《意园文略》(二卷),所附《意园事略》(一卷)乃杨钟羲撰。杨钟羲为清史馆纂修。

《续修四库全书》第342册收章钰《胡刻通鉴正文校宋记》三十卷,又有"附录"三卷,据上海辞书出版社图书馆藏民国二十年(1931)长洲章氏刻本影印。前有章钰《胡刻通鉴正文校宋记述略》,谓:"有宋天台胡身之先生,身丁末造,避兵山谷,前为《资治通鉴》撰著之作既毁,乃复购他本,以成今日流传之注本。惟胡氏所谓他本之外,就注文考之,有云蜀本者,有云杭本者,有云传写本者,后贤之为《通鉴》学者,大都为胡注匡益,于正文则尠致力也。吾乡顾涧薲先生序张敦仁《通鉴识误》有云:兴文署本非出梅涧亲刊,欲纠其误,必资于兴文本之上。今两宋大字、中字、小字附释文未附释文诸刊,即零卷残帙犹艰数觏,目为难之又难,盖旧椠之难得,而异文之待校,前人固有欲为之而无从措手者。钰自宣统辛亥以后,侨寄津郊,以校书遣日。丙辰冬日,江安傅君沅叔用巨金得宋椠《通鉴》百衲本,约钰同用鄱阳胡氏翻刻兴文署本校读,并约各校各书,校毕互勘,以免脱漏。阅今已一星终矣。比以上海涵芬楼四部丛刊中有宋刻一种,出百衲本之外,逐字比勘,可供佐证。又以明孔天胤刊无注本源出宋椠,先后从沅叔借校,亦多佳处。始知张敦仁《识误》及常熟张瑛《校勘记》,功未及半。辜较二百九十四卷中,脱、误、衍、倒四者盖在万字以上。内脱文五千二百字,关系史事为尤大。初拟汇集众说,统加考定,头白汗青,逡巡缩手,阮文达序山井鼎《七经孟子考文》,訾其但能详记同异,未敢决择是非,皆为才力所限。若为钰也言之,顾以桑海余生,得见老辈所未见,业已耗日力于此,亦安忍弃而置之。爰手写校记七千数百条,编为三十卷,备列所见,不厌其详,以便覆案。读涑水书者,或有取焉。戊辰岁寒长洲章钰式之甫记。"附录三卷分别为:《宋天台胡身之先生注文》(附录一,章钰辑)、《阳城张敦仁古余校记》(附录二,章钰录)、《明嘉定严永思先生通鉴补本》(附录三,张敦仁汇钞、章钰节钞)。章钰为清史馆纂修。

《续修四库全书》第40册收马其昶撰《重定周易费氏学》八卷,首一卷为《易例举要》(改定本新增),末另附《叙录》一卷(集虚草堂本原有)。据复旦大学图书馆藏民国七年(1918)①抱润轩刻本影印。前有柯劭忞《序》及

---

① 书内马其昶《自序》作于己未(1919)孟夏,此本之刻,当在1918—1919年。

马其昶《自序》。柯《序》云："桐城马通伯先生撰《易费氏学》十卷，劬盉既受
而读之，或问于劬盉曰：班固称费氏长于卦筮，亡章句，徒以《彖》《象》《系
辞》十篇之言解说上下经。盖卦筮用上下经，以《彖》《象》《系辞》释之，义备
矣，不为章句。今先生广甄汉唐以后诸家之说，而名其书曰'费学'，疑与费
氏亡章句之旨戾矣。劬盉曰：刘向以中古《易》校施、孟、梁丘经，或脱'无
咎'、'悔亡'，惟费氏经与古文同，故先后郑（玄）、马融、荀爽皆尚费学。费
氏兴而诸家废。自王弼以下，注《易》者咸据费氏之经本，虽未知于费氏家
法悉合以否。要之，治费氏之经，即为费氏之学，无疑也。曰：先生引孟喜、
京房说及子夏《传》，则丁将军之《易》；引《淮南子》则九师之义；此虞翻注，
则为孟氏《易》；陆绩注则为京氏《易》，今概曰费氏学，何也？劬盉曰：墨己
自封，不通彼此，博士之家法则然。建武以后大儒踵起，虽主一家，兼衷众
益。郑君注《毛诗》，往往用三家义正毛之违失，其注《易》也亦然。如云
'啧'当为'动'、'苞'读为'彪'，皆参据孟、京以改费本。先生宏通之识，上
媲高密，何疑于治费学而采及诸家乎？曰：《晋书·天文志》称，'费氏《分
野》'，罗泌《路史》称费氏'以《易》卦配地域'，二者或出后人附会，若马、郑、
荀三家，则费氏之嫡传也。今不废荀之升降消息，独郑爻辰罕发明，疑于费
学偏而不备也。劬盉曰：先生固自言之，知及之而不能纯，则有待于择，非
耆于大儒，补苴掇拾者也。郑学长于《礼》，其《易》注之精深者，多通于礼
制。若推测爻辰无与微言大义，譬之治粟者，收其精凿，遗其糠秕，未为不
知农事者也。近番禺陈氏谓凡据十篇解《易》，即费氏家法，其自为说，非费
氏家法。考汉《易》家施、孟、梁丘皆出丁将军，其《易》说训诂主大谊，夫大
谊岂有外于《彖》《象》《系辞》者？是费《易》与丁将军亦无以异。所异者，诸
家有章句，费独无耳。有章句，则不免自为之说。然而衷之以《彖》《象》《系
辞》，则其失焉者寡矣。此先生之书之所以独绝也。既以此答客，复书其语
质于先生，俾弁于首，以当全书之义例可乎。胶西柯劬盉撰。"马其昶《自
序》称："余主讲潜川书院三年，成《易费氏学》八卷，缮写定，值上丁释奠，谨
焚荐稿本，不敢渎先圣。为册祝以通于先师朱子之前，冀牗其明，俾得是正
缪失。后馆合肥，李生国松辑入《集虚草堂丛书》，遂刻行。今又十余年，虽
老矣，异时不知后此所得当何如，今幸犹及肄业，芟夷衰益，视前有加。自
度此生殆无能更进，因即以此为定本……己未孟夏马其昶撰。"后又有"集
虚草堂本"马其昶《原序》（作于光绪三十年七月）、李国松《跋后》（作于光绪

三十一年五月),末附马其昶《附记》云:"初稿间取泰西新说以证明《易》象,后以科学夙未研求,惧涉附会,遂刊除焉。世有博通君子,赓续为书而发明之,固所望也。通白附记。"《续修四库全书》收入的马其昶著述另有多种。如第53册收《尚书谊诂》八卷(陈汉章补注),据中国科学院图书馆藏稿本影印。第74册收其《诗毛氏学》(三十卷),第547册收其《桐城耆旧传》(十二卷),第1302册收其《屈赋微》(二卷),第1575册收其《抱润轩文集》(十卷)。马其昶为清史馆总纂。

《续修四库全书》第953册收刘师培撰《攘书》一卷。刘师培为清史馆纂修。

《续修四库全书》第737册收陶保廉(按即陶葆廉)《辛卯侍行记》六卷,据光绪丁酉(1897)夏养树山房刊本影印。陶葆廉,陶模(1835—1902)之子。光绪十七年(1891)二月,清廷以陶模为新疆巡抚①,陶葆廉随其父陶模赴新疆,将沿途见闻随手记录,共七月有余(自光绪十七年四月二十八日陶模率众启程,至十二月初九日抵乌鲁木齐接受巡抚关防),1897年付梓。前有王树枏光绪二十二年(1896)《序》、丁振铎光绪二十一年(1895)《序》,末附何泽普光绪二十三年(1897)所作《跋》。王《序》称:"光绪十七年三月秀水陶公奉巡抚新疆之命,嗣君拙存侍公行,历秦晋赵魏齐燕六国之地,西逾长城,渡瀚海,入月氏、鲜卑、车师、蒲类诸国,以达新疆,都行一万一千余里。凡山川、关隘之夷险,道路之分歧,户口之多寡,人心风俗物产之异同,罔不勤诹广稽,取其事有关于经史及体国经野之大者,著于篇,名之曰《辛卯侍行记》。"丁《序》曰:"《诗》'陟岵'、'苞栩'诸篇,大都人子行役,远离其亲之所作也……陶君拙存见示《辛卯侍行记》六卷,盖侍其尊公由陕藩简授新疆巡抚,自入觐以泊履任,备记程途日月,酬应往来。英簜式临,负弩矢者骈集;幨帷暂驻,拥冠盖以鳞差。而君随侍其间,亦几忘风尘况瘁。天伦之乐,际遇之荣,有昔人所未逮者。顾其中所过名都下邑,建置沿革特详;水道邮程,脉络并分悉具。或辨讹而考古,或救敝以论今。征引诸书,不下数十百种,自非便便腹笥,蓄裕居恒,抑岂匆促倚装所能立办。"另外,中国国家图书馆藏《皇清诰授光禄大夫赠太子少保予谥勤肃头品顶戴兵部尚书都察院右都御史两广总督显考方之府君行述》,系陶葆廉撰。陶葆廉,为清

---

① 《清史稿》卷二三《德宗本纪一》。

史馆纂修。

　　《续修四库全书》第 53 册收姚永朴《尚书谊略》二十八卷、《叙录》一卷，据上海辞书出版社图书馆藏清光绪三十一年(1905)刻集虚草堂丛书甲集本影印。书末有撰者自记云："圣帝明王之言存于经者，莫备于《书》；而厄于世也，亦莫甚于《书》。秦燔诸经，《易》以卜筮之书全；《诗》之存也，由于讽诵。惟《书》纪政事，《礼》详制度，皆为当时诸侯王所恶。而《书》之词尤佶屈不易记，故二经多残阙，而《书》尤甚。其为厄也至矣。盖伏生得二十八篇，孔壁增多至百篇，当时讲师，乃各守师承，不相通晓。终西汉之世，惟今文立于学官。古文既以巫蛊之难，未及行。至后汉，传者稍众。然亦惟今文所有各篇，其增多之篇无师说，绝未有能创通大谊。如刘歆之于《左氏春秋》者是。再厄于汉之门户也。永嘉之乱，诸篇散亡，然使梅氏之书不出岩穴之间，或犹有惜而收之者。乃王肃、皇甫谧辈，遽撰伪书以惑斯世。而孔壁之古文，乃真亡矣。是三厄于晋之赝作也。凡撰伪书，欲取信于世，虽逸字剩句，旁采不遗，况幸而存者。所据之本，固当视他本为善。自唐天宝诏卫包以今文易之，于是字画浸失其真，而踳驳乃弥甚。是四厄于唐之改字也。宋元以来专主义理，求其说不得，率归之错简，其端肇于苏氏之说《禹贡》《康诰》，而金华诸子又加甚焉。删益移夺，无征不信。是五厄于宋元之武断也。国朝诸儒，深矫斯弊，每立一说，必求有据于古。然周、秦、两汉之书，其引经也不必符本文，或以显易之字易其辞，或槖括数言之义于一言之中，使竟据以改数千年相传之本，其可信乎？又或不审上下文势，矜其孤证，通一窒百。是六厄于近儒之强经就传也。乌乎，以尧、舜、禹、汤、文、武之神圣，皋陶、稷、契、伊、傅、周、召之遗文，掇拾于暴秦之后，而丁斯六厄，岂不惜哉！虽然，此自其所蔽者言之耳。若夫训诂名物，以及微言大谊之可寻者，自伏、孔、马、郑诸儒以迄于今，所递阐而明者，盖亦夥矣。语其训与事，惟时之近古者差足据；语其谊，则出于后者或反视前之所见为更精要。在读者慎取之而已。永朴束发即诵习斯经，有为之说者必观；观而契于心必手录焉。间亦附下己意，如是者十余年矣。岁辛丑客粤东，乃取而要删之，都二十八卷，名之曰《尚书谊略》。昔吾家惜抱先生论学，谓义理、考据、辞章三者必兼备。永朴治经，窃本斯义。然先生又言，说经有数条之善足补前人所未逮则易，专讲一经首尾无可憾则甚难。永朴为此，亦自知其难，诚不免于僭越，然存之以就质有道，或亦先生之所许也。合肥李健父孝廉志古好学,见而韪之,取付梓人,谓足为习是经者之一助。永朴因诵其所旧闻,略以类区,为《叙录》一卷于后,世有闳儒达识起而纠其阙违,固夙夜所祷祀以求之者已。光绪三十年春三月,桐城姚永朴谨记。"姚永朴为清史馆纂修。

此外,简朝亮、吴昌绶也有著述收入《续修四库全书》。简朝亮《尚书集注述疏》(三十五卷)附《读书堂答问》(一卷)收入第 52 册、《礼记子思子言郑注补正》(四卷)收入第 932 册,简朝亮为清史馆纂修。吴昌绶撰《定庵先生年谱》(一卷)收入《续修四库全书》第 557 册,吴昌绶为清史馆协修。《续修四库全书》第 444 册所收《鲁之春秋》(二十四卷)系清代李聿求撰,所附《校勘记》(二卷)系朱希祖、徐益之撰,朱希祖为清史馆协修。受聘总纂但未到馆的樊增祥,也有著述收入《续修四库全书》,见第 1574—1575 册,分别为《樊山集》(二十八卷)、《樊山续集》(二十八卷)。

二、清史馆人物小传

> 按:鉴于清史馆成员众多,而本书各章节内容各有侧重,无法一一兼顾。兹选编清史馆部分人物小传,附录于此,以为弥补。旨在以事存人、补充信息,以呈现清史馆人物群体之全貌。误漏在所不免,祈请方家教正。

曹经沅(1892—1946)

字纕蘅,四川绵竹人,宣统元年(1909),被选拔为拔贡,入京廷试,分发内务部工作。入京后,从陈宝琛、陈石遗诸老辈游,学以日进,喜交游,声华藉甚。为诗文,下笔立就。诗学江西派,而不事苦吟。曾主编天津《国闻周报》之《采风录》,所载皆各省名诗人之作。高格雅言,选辑至精,每一刊出,艺林争阅。民国后曾任安徽政务厅长、安徽省府秘书长、贵州省民政厅长。政事之外,尤重视文化事业。在贵州省时,以遵义在晚清曾有郑珍、莫友芝、黎庶昌三位学者,于经学、小学、佚书皆极有贡献,遂发起刊印《遵义三先生集》,并重修其墓道。1939 年,蒙藏委员会委员长吴忠信入西藏,主持第十四世达赖坐床典礼,取道缅甸、印度,曹经沅以顾问同行,画有《雪轺万里图》,得诗甚多,诗境益奇。抗战中,任立法委员。抗战胜利后,还南京。

以脑溢血卒。（黄稚荃《曹经沅小传》，收入曹经沅《借槐庐诗集》，巴蜀书社，1997年）

陈曾则（1881—1958）

字慎先，号微明，湖北蕲水人。光绪二十八年（1902）与兄曾寿、弟曾矩同榜中式。先后任浙江求是书院教授、北京五城中学优级师范国文教授、清史馆纂修等职。著有《周秦诸子学讲义》《古文比》《海云楼文集》《御诗楼续稿》《双桐一桂轩续稿》及武学著作《太极拳术》等。（程小成、叶甜生《喜文好武陈微明》，汤焱春主编，严国平副主编《浠水文史》第19辑《浠水名人之民国篇》，浠水县政协文史学习委员会编印，2013年，第43—47页）

陈田（1851—1922）

字崧山，贵州贵筑县（今贵阳）人。著名学者。出身书香门第，自幼勤奋好学。清同治八年（1869）与兄陈灿同科举人，中第一名。光绪十二年（1886）进士，选翰林院庶吉士，授编修。改官御史，转给事中。居官清要，潜心嗜古。辑有《黔诗纪略后编》三十卷，收诗三千余首，作者四百余人，并一一为作传证，甄别流派，述其生平、撰著、遗闻、轶事，成为黔中文献巨著，与前莫友芝所辑《黔诗纪略》合成全璧。又有《纪略补》三卷传世。后陈田回到京师，公余之暇，又以一己之力，搜补前人逸诗，穷十七年之精力，编辑《明诗纪事》一书，"录诗凡四千家，成书凡二百卷，搜罗宏富，采择精详，足补朱彝尊《明诗综》之阙而正其误，为数百年来选明诗者所未有"。是书浩博而精，为艺林推重，谓超乎朱彝尊《明诗综》之上。任御史时，刚正不阿，仗义执言，曾弹劾袁世凯、奕劻，认为袁世凯日事揽权、居心叵测，不可重用。后袁世凯被载沣勒令回籍。由是直声震天下。擅诗文，著有《听诗斋诗》《遗文》《周渔璜年谱》等。（侯清泉编《贵州历史人物》，贵州人民出版社，2000年，第191页；李独清《〈陈给谏遗诗〉序》，许先德、龙尚学主编《贵阳人物》，贵州教育出版社，1995年，第296—298页）

陈毅（1873—?）

字士可。湖北黄陂人。早年毕业于两湖书院。曾任学部参事。入民国，任大总统秘书，蒙藏总务厅总办。因精通边疆史地，1915年被委任为乌里雅苏台佐理员。1917 年调任库伦(今蒙古人民共和国乌兰巴托)办事大员。1920 年暂抚西北筹边使,旋为首任库(伦)、乌(里雅苏台)、科(布多)、唐(努乌梁海)镇抚使。1921 年蒙匪勾结白俄进犯库伦,率部抗击不力,库伦陷落,被免职。(伦明等撰,杨琥点校《辛亥以来藏书纪事诗》,北京燕山出版社,1999 年)

陈延韡(1879—1957)

字桫孙,一字含光,江苏扬州人。年十六,府试第一,举秀才。授拔贡。旋荐内阁中书,不赴。民国八年(1919),入京,聘为清史馆协修。毕,复返里,以诗画自娱。后抗战军兴,江都沦陷,遂杜门坚卧。凡八年,卒不屈,节概凛然。三十七年(1948),随子康往台湾。终于台。著作甚丰,有《含光诗》《含光诗乙集》《台游诗草》《含光俪体文稿》《人外庐文集》《读史随笔》等。(陈邦彦等《陈含光传略》,《扬州文史资料》第 7 辑;蔡文锦《扬州名儒陈含光》,《扬州文史资料》第 17 辑;汪辟疆撰,王培军笺证《光宣诗坛点将录笺证》,中华书局,2008 年)

戴锡章(生卒年不详)

字海珊,四川开县人,进士。民国六年(1917)受聘清史馆协修,著《西夏纪》二十八卷,已刊行于世,尚有《西夏丛刊》十余卷未刊。其书以张鉴《西夏纪事本末》、吴广成《西夏书事》、陈昆《西夏事略》为本,后又钞得周春《西夏书》及《宋会要》中西夏事,博采旁搜,故颇宏富(朱希祖《西夏史籍考》,朱渊清编《朱希祖史学史选集》,中西书局,2019 年)。《西夏纪》于1924 年由北京京华印书馆铅印,赵尔巽、柯劭忞、王树枏、胡玉缙、王秉恩为撰《序》。

邓邦述(1868—1939)

字孝先,号廧斋,又号正闇。江苏江宁(今南京)人。光绪进士,曾入端方幕府,协助收购丁氏"八千卷楼"藏书,筹办江南图书馆。工于诗词,著有《群碧楼诗抄》《沤梦词》《六一消夏词》。迁江宁始祖邓旭,字元昭,顺治丁亥科进士。曾祖廷桢,字维周,号嶰筠,嘉庆辛酉恩科进士,历官翰林院编修、国史馆提调、湖北按察使、江西布政使、护理江西巡抚、署理陕西巡抚、

安徽巡抚,两广、两江、湖广、云贵、闽浙总督等。祖尔咸,字子京,安徽候补
知县。父嘉缜,字季垂,号梦侨,曾奉调台湾任嘉义县知县。殿试二甲第五
十九名,朝考一等第四名,钦点翰林院庶吉士(伦明等撰、杨琥点校《辛亥以
来藏书纪事诗》,北京燕山出版社,1999 年;《清代科举人物家传资料汇
编》,第 22 册)。藏书甚富,所藏善本于民国十六年(1927)让售于中央研究
院历史语言研究所,故编《群碧楼善本书录》六卷。售书后,又据寓中遗存
之书编成《寒瘦山房鬻存善本书录》七卷。上述两种书目,由金晓东整理出
版(上海古籍出版社,2020 年)。

方履中(1864—1932)

字玉山,安徽桐城人。清史馆第二期新聘协修,朱师辙称"到馆不久,
任列传";又称"然到馆未留稿即去"(据朱师辙《清史述闻》第 219、41 页)。
由附生中式。光绪庚子、辛丑并科江南乡试举人,癸卯科贡士,改翰林院庶
吉士,经济特科考取一等。光绪二十九年(1903)六月授职编修,免散馆。
九月,请假回籍省亲。三十年(1904)四月,经南洋大臣奏派三江师范学堂
总稽查差。三十三年(1907)十一月经法部奏调在部行走。三十四年
(1908)四月销假到法部供差,派委丞参厅随同办事,兼编查处行走。五月,
经法部奏请在参议上行走。是年九月,丁父忧回籍守制。宣统二年(1910)
十二月服满,三年(1911)正月到京起复。六月初一日试署四川提学使。民
国三年(1914),集资成立"铜官山股份公司",经营矿业。后又创办"振冶铁
矿公司",自任总经理。民国十九年(1930),冯玉祥在北京创办私立中国大
学,由其秘书桐城人何其巩出任校长,方履中经林森介绍,受聘到中国大学
任教。民国二十一年(1932)病逝于北京,年 68 岁。著有《贞泯不泐》《桐城
名贤诗词辑》《皖矿始末通告书》等。(秦国经主编,唐益年、叶秀云副主编
《清代官员履历档案全编 8》;《桐城文史》总第 14 辑《桐城近世名人传(续
集)》,1996 年;李良才《方履中其人其事》,安徽省马鞍山市政协文史委员
会编《马鞍山文史》第 3 辑,1985 年 5 月)

郭曾炘(1855—1928)

字亲绳,号春榆,又号匏庵,晚号遁叟,福建侯官(今福州)人。祖柏荫,
官至江苏、广西、湖北巡抚,署湖广总督。父式昌,历署广东肇庆府、浙江湖

州等府知府,浙江金衢严道,署按察使。少承家学。光绪六年(1880)成进士,殿试二甲第十名,钦点翰林院庶吉士。散馆,用主事分礼部。十九年(1893),充军机章京,擢员外郎。累迁礼部郎中、内阁侍读、光禄寺卿。二十六年(1900),联军陷京师,赴西安行在,授通政使,兼政务处提调。返京后,授侍郎衔,历署工部、户部、礼部,入值军机处。宣统元年(1909),充实录馆副总裁。三年(1911),改设典礼院,授副掌院学士。清亡,蛰居都下,仍岁时趋朝。尝奉命勘修《德宗本纪》。著有《匏庐诗存》《读杜札记》《楼居杂记》《邴庐日记》等。(陈宝琛《郭文安公墓志铭》,《沧趣楼文存》卷下;王树枏《赐进士出身诰授光禄大夫郭文安公神道碑》,《陶庐文集》卷二〇;汪辟疆撰,王培军笺证《光宣诗坛点将录笺证》,中华书局,2008 年;《清代科举人物家传资料汇编》,第 12 册)

何葆麟(1849—1919)

字颂麒,一字颂圻。安徽南陵人,字寿臣,号悔庵,光绪二十年(1894)进士,历任刑部主事,员外郎,入民国,任清史馆协修、纂修。父慎修,举人,辛丑特试授内阁中书,历任实录馆校对、玉牒馆协修、国史馆分校。(《清代科举人物家传资料汇编》,第 19 册;顾廷龙主编《清代朱卷集成》,第 79 册)

金兆蕃(1868—1951)

谱名义襄,字茂赞,号伯匡,又号篯孙,别号药梦,浙江嘉兴人。肄业天津集贤书院。顺天乡试中式第三名。光绪十五年(1889)举人。民国后任财政部佥事,会计司司长,财政善后委员会委员。工诗,曾为徐世昌编《晚清簃诗汇》,著有《檇李丛书》,曾在清史馆纂修《清史稿》。六世祖德瑛,号桧门,始迁浙江。乾隆丙辰状元,翰林院修撰,南书房行走。历官翰林院侍读学士、礼部右侍郎、左侍郎、都察院左都御史,历充日讲起居注官,《大清一统志》《钦定授时通考》《八旗通志》各馆纂修官。祖鼎爕,原名鸿儒,署临安县训导兼署教谕,咸丰庚申殉难,奉旨入祀昭忠祠。(《清代科举人物家传资料汇编》,第 24 册)

金兆丰(1870—1934)

字瑞六,号雪孙。浙江金华人。光绪二十九年(1903)进士,殿试二甲第五名。钦点翰林院庶吉士。散馆授编修。光绪三十一年（1905）由进士馆奏派留学日本。次年朱益藩任京师大学堂总监督，奏调回国，充大学堂教务提调，厘订课程，选聘外籍教师。后为学部行走。先后兼充国史馆协修、编书处协修、实录馆纂修、武英殿校对各职。辛亥后惟以著述自娱。清史馆开，受聘任纂修，兼司厘订成稿事。（《清代科举人物家传资料汇编》第22册）

柯劭忞（1850—1933）

字凤孙，晚号蓼园，山东胶州人。父蘅，母李长霞，俱工诗。娶吴汝纶女。光绪十二年（1886）进士。入翰林，散馆授编修。二十七年，简充湖南学政。还京后，历官国子监司业、翰林院侍讲等。三十二年，派赴日本考察学务，归任贵州提学使。旋调学部丞参上行走，补右参议、迁左丞。充资政院议员、京师大学堂经科监督，署总监督。宣统三年（1911），充山东宣慰使，兼督办山东团练大臣。民国初，选为参政院参政、约法会议议员，俱未就。后设清史馆，延为总纂。赵尔巽卒，代为馆长。撰《天文》《时宪》《灾异》三志。生平学术，于史部最用力，所著《新元史》，为海内所推重，日人且赠以博士。著有《穀梁补注》《文选补注》《文献通考注》《尔雅补注》《蓼园诗钞》《续钞》等。（汪辟疆撰，王培军笺证《光宣诗坛点将录笺证》，中华书局，2008年；张尔田《清故学部左丞柯君墓志铭》，《遯堪文集》卷二；柳诒徵《柯劭忞传》，《广清碑传集》卷一六）

李葆恂（1859—1919）

字文石，号猛庵，河南义州人。《清史稿》关外本列为协修，张尔田称"未到馆"（朱师辙《清史述闻》卷三）。父李鹤年，官河南巡抚。葆恂屡第不就。光绪十八年（1892）至二十年（1894）前后客东河总督许振祎幕。光绪二十七年（1901）至二十九年（1903）客湖北巡抚端方幕。光绪三十三年（1907）至三十四年（1908）客端方两江总督幕，与缪荃孙等为端方搜集整理古文物。编《壬寅销夏记》。充湘鄂两岸淮盐督销局员。（尚小明《清代士人游幕表》，中华书局，2005年）

李景濂（1869—1939）

字右周，直隶邯郸人。早年师从吴汝纶学习古文，进士出身（殿试登三

甲榜尾)。此后,历官内阁中书,学部总务司案牍科主事,历任直隶省莲池
书院斋长、直隶学校司编译处编纂、进士馆学员、学部专门普通实业三司行
走、北京法政专门学堂国文教员、北洋五省优级师范学堂专科国文教员、直
隶文学馆副馆长、直隶大学堂(北洋大学预备学堂)汉文教习、北洋大学教
务主任。(天津大学建筑工程学院编《中国第一所大学工程学门绵亘图
录》,天津大学出版社,2015 年)

李岳瑞(1862—1927)

字梦符,陕西咸阳人。幼承家学。关西大儒刘光蕡弟子。光绪九年
(1883)进士。以工部郎充译署章京。戊戌政变,上书言事,被罢职。喜博
览,习闻掌故,诗词并工。著有《郢云词》《春冰室野乘》《悔逸斋笔乘》等。
(汪辟疆撰,王培军笺证《光宣诗坛点将录笺证》,中华书局,2008 年;胡思
敬《戊戌履霜录》卷四《党人列传》;宋联奎等《春冰室野乘·跋》,《春冰室野
乘》附;陈国庆《李岳瑞传略》,《咸阳文史资料》第 7 辑)

李哲明(生卒年不详)

字星樵,汉阳县柏泉(今东西湖区柏泉农场)人。光绪十四年(1888)举
人,光绪十八年(1892)进士,选庶吉士,后任翰林院侍读。历任提学主考,
所到之处,均受赞誉。民国初年,夏口县创修《县志》,李哲明与内务部总长
田文烈、前清进士密昌墀共同审定志稿。辛亥革命后,不问外事。博通群
籍,著作宏富,著有《老子演》《周秦诸子校勘记》《说文声类韵编》《黔游记》
《黔道录》《触氏词学》《自然室诗文集》《自然室诗稿》以及文集若干卷。(张
明祥主编《东西湖区专志·人物志》,武汉出版社,2006 年)

刘焜(1867—1931)

字治襄,初字芷香,自称甓园居士。浙江兰溪人。光绪二十九年
(1903)中进士,钦点翰林院庶吉士。散馆授翰林院编修。光绪三十一年
(1905),清内阁大臣、学务大臣荣庆电召赴京,任京师大学堂教员,兼任译
学馆、师范馆国文伦理教习。次年改设学部,又奉命兼任学部图书局总纂,
负责编审中小学堂国文伦理教科书及京师大学堂国文伦理讲义。辛亥革
命爆发,北京局势混乱,乃挈眷返乡。被推举为本县民团团总,维持地方安

宁。民国二年(1913)参加国民党,当选浙江省议员、省议会副议长。民国三年(1914)浙江省巡抚使屈映光邀任省署秘书长兼全省警务处处长。民国五年(1916)赴京任交通部秘书。民国八年(1919),屈映光主政山东,又应邀任山东省长公署秘书长,兼主全省警务。次年回京,应清史馆长赵尔巽聘,协修清史。民国十年(1921)任内务部总务厅长。民国十一至十六年(1922—1927)间,历任国务院秘书、顾问、参议及秘书厅帮办等职。民国十七年(1928)离京南下,寓居上海。民国十八年(1929)旧友袁良主上海市警察局,曾应邀任警局主任秘书,次年交卸。著有《庚子西狩丛谈》《数历天根》《夤龙小乘》《芷香吟草》(后三种散失无存)。"精于古文词,尤擅骈体,有声于当时的浙省文坛。"(刘起良《我的祖父刘焜》,《兰溪文史资料》第6辑,1988年)

刘师培(1884—1919)

字申叔,号左庵,江苏仪征人。早孤,家贫。光绪二十八年(1902)举人。光绪二十九年(1903)在上海结识章炳麟、蔡元培等,赞成革命,改名光汉。曾编辑《警钟日报》《国粹学报》。光绪三十三年(1907)赴日本,加入同盟会,与张继在东京举办"社会主义讲习会",并与其妻创办《天义报》,宣传无政府主义。光绪三十四年(1908)入两江总督端方幕,任督辕文案,为端方考订金石。宣统三年(1911)从端方入川,端方被杀于资州,师培得脱身。后任成都国学院教员、北京大学教授。其家世传经学,对《左传》、小学、宋元明清学术史及汉魏诗文皆有深研。所著由其挚友钱玄同及弟子陈钟凡等搜集校印,名《刘申叔遗书》,凡七十四种。(伦明等撰,杨琥点校《辛亥以来藏书纪事诗》,北京燕山出版社,1999年;尚小明《清代士人游幕表》,中华书局,2005年)

刘树屏(1857—?)

原名景琦,字葆良,号补臣,咸丰七年(1857)九月初九日生。江苏常州府阳湖县学拔贡。殿试三甲第七名,朝考一等第六十八名,钦点翰林院庶吉士。始祖子翚,字彦冲,宋谥文靖,学者称屏山先生。(《清代科举人物家传资料汇编》,第17册)曾主上海澄衷学堂,胡适为该校学生。

罗惇曧（1880—1924）

字㧑东，号瘿庵，晚号瘿公，广东顺德人。早慧有声，肄业广雅书院。后从康有为游，为万木草堂弟子。光绪二十九年（1903）副贡。后屡试不中，报捐主事，调任邮传部郎中。入民国，历任总统府秘书、参议、顾问、国务秘书等职。又为袁克定师。袁世凯称帝，不受禄。晚流连剧场，潦倒以终。著有《太平天国战记》《拳变余闻》《庚子国变记》《鞠部丛谈》《瘿庵诗集》《赤雅吟》等。父家劭，官翰林院编修。（汪辟疆撰，王培军笺证《光宣诗坛点将录笺证》，中华书局，2008 年；关国瑄《罗惇曧传》，《大陆杂志》第 27 卷第 12 期）

罗裕樟（1859—1938）

号伯诚，字幼芗，江西九江人。光绪五年（1879）县试考取秀才，光绪十四年（1888）省试考中举人。次年与本县举人李盛铎、王子庚等进京应试，不第。后数试皆不第。戊戌变法时，拥护维新，倡导新学。遂入官学，仕教习，后任北京大学分科监督。光绪三十年（1904）科举废后，负笈南归，执教于九江翰林刘廷琛私馆，受业者有蔡公时、魏道明等。民国后不涉时政，潜心学术研究。到上海中华书局任《辞海》编辑。又应聘于商务印书馆筹编《辞源》，因中日淞沪战事未赴。民国二十年（1931）回籍，在其婿王漱汝、门生彭克勤两家居闲。民国二十六年（1937）九江商魁张茂芝邀至庐山避暑，与国民党元老林森、冯玉祥、李烈钧、许世英及本地名士吴金彪、魏调元等在牯岭修会体仁堂组织"九老会"。民国二十七年（1938）日寇进逼，九江沦陷，离家逃难。7 月 15 日病逝于南昌牛行车站。伯父瀚隆，咸丰二年（1852）恩科进士，钦点翰林院庶吉士。父泌隆，修职郎。孙德湛，台湾中国文化大学教授。（罗克灿《九江学者罗伯诚先生》，《九江县文史资料选辑》第 5 辑，2004 年）

马其昶（1855—1930）

字通伯，号抱润，晚号抱润翁，学者称抱润先生，室名抱润轩。安徽桐城人。著名桐城派古文家。光绪二十年（1894）应直隶按察使周馥聘，光绪二十二年（1896）应安徽布政使于荫霖聘。又任学部主事、京师大学堂教习。入民国,历任学部主事、安徽省议员、参政院参政、清史馆总纂、国史馆总纂。辑有《桐城古文集略》十二卷。父起升,孙茂元。女婿方孝岳,外孙舒芜。(尚小明《清代士人游幕表》,中华书局,2005年;陈玉堂编著《中国近现代人物名号大辞典(全编增订本)》,浙江古籍出版社,1993年;陈祖壬《桐城马先生年谱》,《北京图书馆藏珍本年谱丛刊》第184册,北京图书馆出版社,1999年)

缪荃孙(1844—1919)

字炎之,一字筱珊,晚号艺风老人。江苏江阴人。未冠,肄业丽正书院,从丁俭卿先生受经学、小学。后侍父入川,寄籍华阳,应试获举,改归原籍。张之洞视学四川,协助张之洞编《书目答问》。光绪二年(1876)进士,授编修,后任国史馆总纂,辑儒林、文苑、循吏、孝友、隐逸五传。先后主讲江阴南菁、山东泺源、湖北经心、江宁钟山、常州龙城诸书院。及钟山书院改为高等学堂,充监督。又任江南图书馆监督。宣统元年(1909),学部奏充京师图书馆监督。辛亥,避居上海。清史馆开,两度应聘至京,商榷凡例,且以五传原稿引为己任,而以《循吏》一传属之他手。又任撰康熙朝列传,脱稿仅十之六七。恪守乾嘉诸老学派,治经以汉学为归。而史部致力最深。著有《江苏金石志》二十四卷、《待访目》二卷、《艺风堂金石目》十八卷、《读书记》四卷、《藏书记》八卷、《续藏书记》八卷、《文集》八卷、《续集》八卷、《辛壬稿》三卷、《癸甲稿》三卷、《乙丁稿》五卷。所辑有《续碑传集》八十六卷、《辽义存》八卷、《常州词录》二十　卷。未刊稿有《五代史方镇表》十卷、《碑传集补遗》十四卷、《金石分地录》二十四卷、《再续藏书记》不分卷。所编刻者有《云自在龛丛书》《对雨楼丛书》《藕香零拾》《烟画东堂小品》等。(伦明等撰,杨琥点校《辛亥以来藏书纪事诗》,北京燕山出版社,1999年;夏孙桐《行状》,徐世昌等编著《清儒学案》第7册,中华书局,2008年)

秦树声(1861—1926)

字幼衡,一作宥横、右衡,号乖庵,河南固始人。早慧,六岁毕五经。光绪十二年(1886)进士,授工部主事。十五年(1889),升员外郎,充会典馆绘图处总纂。二十五年(1899),丁内艰。服阕,以旧劳擢郎中,授营缮司记名御史。二十九年(1903),荐应经济特科。明年,简授云南曲靖知府。三十二年(1906),调权云南府。忤大吏,调护迤东道,旋调护迤西。并多治绩。三十四年(1908),补云南府,擢迤南道。寻迁云南按察使。宣统二年(1910),改提法使。次年,改授广东提学使。清亡,弃官去,避地上海。袁世凯征为河南提学使,不应。晚入都,聘为清史馆总纂。成《地理志》若干卷。入晚晴簃诗社,为徐世昌纂《清诗汇》。著有《乖庵文录》。(汪辟疆撰,王培军笺证《光宣诗坛点将录笺证》,中华书局,2008 年)

瑞洵(1859—1936)

字信夫,号景苏,晚自号天乞居士,博尔济吉特氏元裔,巴图孟克大衍汗之后。天命二年(1617),二世祖恩格德尔额附尚和硕公主。七年(1622),与公主来朝,遂擢入满洲,隶正黄旗。祖琦善,累官文渊阁大学士。父恭镗,杭州将军。瑞洵光绪十二年(1886)成进士,朝考一等第一名,改翰林院庶吉士。十五年(1889),散馆授编修,迁国子监司业。历詹事府中允庶子、翰林院侍讲学士、侍读学士、日讲起居注官,功臣馆满总纂、纂修,国史馆协修,会典馆汉文总校详校,顺天乡试同考官,大学堂文案处总办。出为科布多参赞大臣。三十一年(1905),因案中伤,革职遣戍。宣统二年(1910),由察哈尔戍所赐还。辛亥后家产荡尽,袁世凯颇相罗致,不为所动。寄居静业湖僧舍,间为诗歌自遣。陈三立称其清超绝俗。门人铃木吉武为刻《犬羊集》,所著奏议,结集为《散木居奏稿》。(杨钟羲《科布多参赞大臣瑞洵传》,卞孝萱、唐文权编《民国人物碑传集》,团结出版社,1995 年)

邵章(1872—1953)

字伯絅,号崇百,别号倬盦。浙江杭州府仁和县增贡生,殿试二甲第三十四名,朝考一等第六名,钦点翰林院庶吉士。后于浙江省办理蚕学馆、养正书塾、杭州府学堂、杭州藏书楼事务。清史馆第二期添聘为提调,专司整理收束史稿事宜。民国十四年(1925)任善后会议代表、临时参政院参政。民国十八年(1929)被班禅额尔德尼聘为秘书长,民国二十三年(1934)辞职。后家居不仕。1951 年 7 月被聘为中央文史研究馆馆员。始祖邵雍,字尧夫,谥康节,宋江熙宁间赠秘书省著作郎,后追封新安伯,从祀文庙。明嘉靖间,诏称先贤邵子。祖懿辰,字位西,历官刑部湖广司员外郎,奉旨派赴山东查办事件,又赴济宁防河事务,咸丰辛酉城陷,督勇巷战,被害。

著有《尚书通义》《礼经通论》《孝经通论》《半岩庐诗文集》《忱行录》等。父顺国,署理江宁、六合县知县。(来新夏主编《清代科举人物家传资料汇编》第 22 册,学苑出版社,2006 年;中央文史研究馆编《中央文史研究馆馆员传略》,中华书局,2001 年)

邵瑞彭(1888—1938)

字次公,浙江淳安人。清史馆第二期新聘协修,"然到馆未留稿即去"(朱师辙《清史述闻》卷三)。早岁入浙江优级师范学堂,治今文经学,研齐诗、《淮南子》及古历算学。后入南社。历任北京大学、中国学院、河南大学诸校教授。民国初年,选为众议院议员。民国十二年(1923),反对曹锟贿选,著声于世。晚寓居开封。著有《扬荷集》《山禽余响》等。(汪辟疆撰,王培军笺证《光宣诗坛点将录笺证》,中华书局,2008 年;袁道冲《淳安邵次公先生事略》,卞孝萱、唐文权编《民国人物碑传集》,团结出版社,1995 年)

史恩培(1847—1922)

字竹孙,号惺史,一字葵盦。河北遵化人。直隶遵化州州学优廪生。祖朴,光绪十五年(1889)进士,历署肇庆、韶州、广州等府知府,广东按察使。覃恩三代二品。父光熊。(来新夏主编《清代科举人物家传资料汇编》第 24 册,学苑出版社,2006 年)

宋伯鲁(1854—1932)

字子钝,一作芝栋、芝洞,晚号芝田,陕西醴泉(今礼泉县)人。《清史稿》关外本列为协修,朱师辙称,"馆中是否曾聘过,然未到馆则皆知之"(朱师辙《清史述闻》,第 219 页)。光绪十二年(1886)进士。选庶吉士,授编修。十七年(1891),充顺天乡试同考官。二十年(1894),任山东乡试副考官。二十二年(1896),掌山东道监察御史。二十四年(1898),与李岳瑞创"关学会",复加入"保国会"。又屡上疏论国事。旋戊戌政变作,被革职。光绪三十二年(1906),伊犁将军长庚邀入幕府,编纂《新疆建置志》。辛亥后,任北洋政府参政使。民国十年(1921),任陕西通志局总纂。平生多才艺,号"诗书画三绝"。著有《海棠仙馆诗集》《焚余草》《心太平轩论书》《论画》等。(汪辟疆撰,王培军笺证《光宣诗坛点将录笺证》,中华书局,2008

年;尚小明《清代士人游幕表》,中华书局,2005 年)

檀玑(1851—1922)

字汝衡,号斗生,一字霍樵,安徽省望江县新坝乡人。出生官宦世家。幼读书,日诵千言。为文,援笔立就。十二岁移家至蓬莱山庄(今杨林乡),就读于李灼然家塾。十五岁与胞兄檀球同举秀才,名列优等,有"大小苏"之称。同治九年(1870)春,安徽巡抚英果敏考察敬敷书院诸生,得檀玑文卷,大奇,招入署中课读,常解衣推食,以国士待之。十二年(1873)中举,十三年(1874)登二甲第三名进士,改庶吉士。光绪二年(1876)授翰林院编修,常与陆凤石、谭叔裕等二十余名饱学之士聚集芸馆,焚香披卷,击钵吟诗,一时名动京都。诗集《击钵吟》即成于此时。光绪八年(1882)典试山东,得士陈传弼等七十二人。是年西圩溃决,檀奔走呼吁,劝捐请赈,拯救灾民。十一年(1885)典试粤西,得士刘明华等五十一人。十五年(1889)典试陇西,途中闻父讣,回家居丧。十八年(1892)奉旨入京,先后任国史馆、功臣馆、会典馆纂修、总纂、总校官。二十五年(1899)六月升国子监司业,十一月升司经局洗马。是年《会典》全书告成,赏赐二品衔。二十六年(1900)义和团入京,二宫仓皇出都,檀随驾至陕西。旋简任福建学政。二十七年(1901)升翰林院侍讲学士。居京三十余年,衡文校士,星轺半天下,英杰满门庭。曾自撰堂联云:"天下翰林皆后辈,朝中宰相半门生。"后被山东道监察御史黄曾源、高楠二人先后奏参罢官。同僚为之惋惜。恬然退隐,自号补园,又署名"蜷道人"。常与二三知己,研解道经,绝口不言国事。兴来步入街市,听歌寻乐,兴尽归来,磨墨展纸,联对吟诗。民国初年,一度出任国史馆编修,又任清史馆协修。民国十一年(1922)春,其家书云:"今年春夏之交,当回皖料理邑志、家谱,勉襄编纂,乐观厥成。"惜是年五月谢世于京都,宿愿未遂。著有《菉竹斋诗》《鄂游草》《击钵吟》《史记杂咏》等。(《望江县志》,黄山书社,1995 年)

唐邦治(1875—1953)

字子均,原籍江苏丹阳,寓居镇江。十五岁中秀才,得郡守王仁堪赏识。后入江阴南菁书院就读。宣统三年(1911)应马相伯之聘,担任复旦公学监学。民国三年(1915)考取县知事,分发山西,佐治交城、吉县六年。民国九年(1920)冬,携所撰《清代内外大臣表》手稿十二册,入京拜见清史馆馆长赵尔巽,蒙接见并留稿审阅,清史馆总纂吴廷燮也表示赞赏。遂留馆内阅读图书档案资料。次年春,聘为协修,专任表事。修史毕,撰成《清史稿传姓韵编》《艺文志撰人姓韵编》《读稿札记》及《附编》。民国十七年(1928)赴天津讲学,次年受聘为《江苏通志》编纂委员会分纂,担任表谱编订。民国二十五年(1936)受聘交通银行,编写行史。抗战胜利后,柳诒徵组织"人委征辑委员会",任副主委,负责辑集镇江沦陷期间文史资料。(殷光中《唐邦治先生传略》,杨再年、陆纪明主编《古邑史踪——丹阳历史文化专辑》,上海三联书店,1994 年)

　　田应璜(1865—1927)

　　字子琼,山西浑源人。清末举人。曾任湖北省来凤县知县,署恩施县知县。民国元年(1912)任施鹤司令部参谋长、山西都督府高级顾问、署归绥观察使。民国二年(1913)任参议院议员。民国三年(1914)任约法会议议员、清史馆协修。民国五年(1916)第一次恢复国会时,任参议院议员。民国六年(1917),任临时参议院议员,组织宪法协议会。民国七年(1918),参加安福俱乐部,为骨干,又任安福国会参议院副议长。民国十一年(1922)第二次恢复国会时,再任参议院议长。民国十四年(1925),任临时参议院参政。民国十五年(1926)六月,署北京政府内务部总长,七月去职。民国十六年(1927)任安国军总司令部政治讨论会会员。(丁天顺、许冰编著《山西近现代人物辞典》,山西古籍出版社,1999 年)

　　王崇烈(1870—1919)

　　字汉辅,山东福山人,王懿荣次子。金石学家。光绪二十年(1894)举人。援纳粟例,分部郎中,历官至直隶加州,分直隶候补道、改江苏候补道。宣统三年(1911)为民政部丞参上行走。入民国,家居著述。幼承庭训,通经学、金石学。治经以公羊学尤精,著《公羊解诂义证》,为祭酒盛昱、提学黄绍箕器重。其父殉难后,为清凤债,家藏文物多经其手转渡刘鹗等金石名家。著有《智雨斋文集》《史宬存稿》《佛藏简目提要》等。(车吉心等主编《齐鲁文化大辞典》,山东教育出版社,1989 年)

王大钧（1869—?）

字伯荃。浙江嘉兴人。光绪二十九年（1903）进士，钦点翰林院庶吉士。始祖望山，明处士，隐居吴江县之茅塔村，继迁秀水县之新塍镇（《清代科举人物家传资料汇编》第22册）。在清史馆，与袁嘉谷友善。

王光祈（1891—1936）

宁润玙，一字若愚，四川温江人。音乐学家。民国三年（1915）入北京中国大学攻读法律，同时供职于清史馆。先后担任成都《群报》《川报》驻京记者和北京《京华日报》编辑。民国七年（1918）与李大钊、曾琦等发起组织"少年中国学会"，年底在陈独秀、蔡元培、李大钊等支持下又创建"工读互助团"。民国九年（1920）赴德国留学，初习德文及政治经济学，并任《申报》等报驻德特约通信员，后改学音乐。民国十六年（1927）入柏林大学读音乐学。民国二十一年（1932）任波恩大学汉文讲师。民国二十三年（1934）以《中同古代之歌剧》一文获波恩大学博士学位。民国二十五年（1936）因脑溢血病逝于波恩。著有音乐论著十七种，如《德国人之音乐生活》《西洋音乐与诗歌》《西洋乐器提要》《西洋音乐史纲要》等。（王照琨等主编《中华百科知识辞书》，中外文化出版公司，1990年）

王式通（1864—1931）

字书衡，号志盦，山西汾阳人。光绪二十四年（1898）进士，历官内阁中书、刑部山东司主事、大理院少卿等职。入民国后，历任司法次长、总长，约法会议秘书长，责任内阁秘书长，全国水利局副总裁等职。1920年后，任清史馆纂修、故宫博物院管理委员会副委员长。后病故。撰有《弭兵古义》。（陈玉堂编著《中国近现代人物名号大辞典（全编增订本）》，浙江古籍出版社，1993年）

王树枏（1852—1936）

字晋卿，号陶庐，河北新城人。幼颖异。年十六，入邑庠。十七，补廪膳生。曾国藩督河北，闻其名，特加召见。吴汝纶为冀州知州，称其经学，聘主信都书院。光绪十年（1894）进士。授户部主事。后历官川、甘两省知县、道尹。后以事解职，入张之洞幕。又入陕甘总督陶模幕。补中卫知县。经济特科开，以唐景崧、岑春煊荐，遂以道员至川候补。二十九年（1903），入京陛见，授平庆泾固化道。三十二年（1906），擢新疆布政使。民国三年（1914）入清史馆任总纂，凡十余年。民国七年（1918）为国会众议院议员。民国十八年（1929）起主讲沈阳萃升书院。著书甚富，有《文莫室诗集》《骈文》《陶庐文集》《笺牍》《希腊春秋》《希腊学案》等，合刊为《陶庐丛书》。（汪辟疆撰，王培军笺证《光宣诗坛点将录笺证》，中华书局，2008 年；陈玉堂编著《中国近现代人物名号大辞典（全编增订本）》，浙江古籍出版社，1993年）

王以慜（1855—1923）

字梦湘，晚号古伤，湖南武陵（今常德）人。《清史稿》关外本列为协修，夏孙桐称其未到馆（朱师辙《清史述闻》，第 219 页）。六岁而孤。年十九，举顺天乡试。家贫多故，笔耕自给，又入河帅及东抚幕。光绪十六年（1890）进士。授编修。二十年（1894），充甘肃乡试正考官。官京邸八年，改江西知府，权抚州及南康。宣统初，补瑞州府。辛亥后，返乡里居，终不再出。著有《檗坞诗存》《庐岳集》等。因其祖、伯、父皆宦游山东，故生长于济南，少时即以诗名著历下，被誉为"明湖第一词流过客"。光绪二十一年（1895）尝游泰山，作七古《浴日亭观日出作歌》（后赵尔萃将此诗书丹渤石）。（汪辟疆撰，王培军笺证《光宣诗坛点将录笺证》，中华书局，2008 年；王乃徵《王梦湘墓志铭》，《碑传集三编》卷四一；周郢《新发现的泰安石刻考述七题》，柳建新主编《泰山文博研究》，山东画报出版社，2008 年）

吴昌绶（1856—1924）

字伯宛，号印丞（臣），又号松邻、甘遁，室名梅祖庵。浙江仁和（今杭州）人。光绪三年（1877）举人，官至内阁中书。民国后曾任司法部秘书。嗜校藏词籍，其藏书楼名双照楼。又好刻书，刻有《松邻丛书》三十五卷、《劳氏碎金》三卷等。自著收入《松邻遗集》，撰有《定庵先生年谱》。（伦明等撰，杨琥点校《辛亥以来藏书纪事诗》，北京燕山出版社，1999 年；杨传庆《董康诵芬室校定本〈于湖先生长短句〉考识——兼及朱祖谋、吴昌绶之批校》，《文献》2017 年第 4 期）

吴广霈（1855—1919）

字剑华，号瀚涛、剑华道人、琴溪道士等，安徽泾县人。由监生报捐县丞，官江苏候补道。光绪七年（1881），奉出使秘国大臣郑藻如奏调出洋，充随员。十年，随同郑藻如前赴秘鲁。后又奉出使日本国大臣蔡钧奏调出洋，为三等参赞。民国后为《清史稿》协修，为人豪侠不羁，精剑术，喜藏弄。所藏明万历许自昌刻《分类补注李太白诗》，藏于美国哈佛燕京图书馆；《分类补注杜工部诗》藏于郑州大学。著有《石鼓文考证》《天下大势通论》。（秦国经主编，唐益年、叶秀云副主编《清代官员履历档案全编7》，华东师范大学出版社，1997年；刘尚恒、郑玲《安徽藏书家传略》，黄山书社，2013年）

吴怀清（1863—?）

字廉期，号莲溪，一号慎初。陕西山阳人，祖籍湖北通山。光绪十六年（1890）进士，殿试二甲第三十名，朝考一等第十九名，钦点翰林院庶吉士。曾祖先榜，始迁陕西山阳，早亡。祖宗锜，因孤废举子业，事母至孝，授徒以养，乡里称之。父荫祥，早失怙恃，废读，精岐黄，活人甚众。性敦厚乐施，每遇荒岁，亲戚多赖以活。（《清代科举人物家传资料汇编》第17册）

吴士鉴（1868—1933）

字公詧，号絅斋，浙江钱塘（今杭州）人。光绪十八年（1892）进士，殿试一甲第二名，授编修。历充武英殿、国史馆、会典馆协修、纂修。二十三年（1897），奉命在南书房行走。明年，充会试同考官。又明年，充武英殿总纂，简江西学政。三十四年（1908），补授翰林院侍读。宣统二年（1910），充资政院议员。民国初，侍亲旅沪，与诸老结超社。民国三年（1914），任清史馆总纂。寻归里，专心著述。早岁即博极群书，嗜金石碑版考订，京师名士如黄绍箕、江标、王懿荣等，咸折节与交。尝得商钟九件，故名室曰"九钟精舍"。著有《补晋书经籍志》《晋书斠注》《九钟精舍金石跋尾》《含嘉室诗文集》等。曾祖振棫，历官云南、陕西巡抚，四川、云贵总督，兵部尚书，都察院右都御史。父庆坻，光绪丙子科亚魁，丙戌科进士，历官翰林院编修、国史馆协修、会典馆协修、湖南提学使等。（汪辟疆撰，王培军笺证《光宣诗坛点将录笺证》，中华书局，2008年；《清代科举人物家传资料汇编》第18册）

吴廷燮（1865—1947）

字景牧，号次夔。江苏江宁人。举人。光绪二十一年（1895）冬应聘入护理山西巡抚员凤林聘。二十二年至二十五年（1896—1899）应山西巡抚胡聘生聘，主抚院文案。著有《明督抚年表》《唐方镇年表》《东三省沿革表》《晋方镇年表》《北宋经抚年表》《南宋制抚年表》《山右石刻丛编》《历代封爵考》《春秋晋地考》等。光绪二十七年（1901）先后佐山西巡抚锡良、岑春煊幕；后又佐山西巡抚赵尔巽幕。历官太原府知府、民政部右参议、北洋政府统计局长、清史馆总纂。（尚小明《清代士人游幕表》，中华书局，2005 年；吴廷燮《景牧自订年谱》，《北京图书馆藏珍本年谱丛刊》第 188 册，北京图书馆出版社，1999 年）

伍元芝（1865—1923）

字兰荪，号忻甫，江苏上元人。光绪十八年（1892）科举中式，殿试三甲第九十二名，钦点内阁中书。曾为两江总督端方幕僚，支持辛亥革命。据称，"幸当时金陵名士伍兰荪先生曾充前任江督端方之军政幕宾，对革命深表同情……当日保全九镇新军，即保全革命之元气，伍兰荪、樊增祥、马相伯三公之功不可没也，光复南京三公实与有力焉。"与缪荃孙、樊增祥、李瑞清、屠寄、陈庆年均常往还。始迁祖儒，字德全，洪武二年（1369）由西域撒马尔罕应诏来金陵，掌钦天监事，精天文、算学。世袭其职。祖长松，举人，拣选知县。父承欢，邑增生。（《清代科举人物家传资料汇编》第 18 册；顾廷龙《清代朱卷集成（七四）》，成文出版社，1992 年；程家模《南京陆军第九镇起义始末》，收入《辛亥江苏光复》，《江苏文史资料》第 40 辑，1991 年；《陈庆年〈横山乡人日记〉的部分摘编》，《丹徒文史资料》第 4 辑，1987 年）

夏孙桐（1857—1941）

字闰枝，号悔生，晚号闰庵，室名观所尚斋。江苏江阴人。光绪十八年（1892）进士。授编修。历充会典馆协修、帮总纂、总纂，国史馆协修、纂修。先后典四川、广东乡试。三十三年（1907）简授浙江湖州府知府，到省选摄宁波府，兼护宁绍台道，旋履湖州府本任。宣统二年（1910），调署杭州府。后又回湖州本任，因故引疾去。辛亥后，无以为归计，乃挈眷回京，拟鬻文字自给。清史馆开,馆长赵尔巽聘任协修、纂修、总纂。徐世昌设晚晴簃选诗,搜采为多。复总修《清儒学案》。先后与朋辈结鸥隐词社、聊园吟社。著有《观所尚斋文存》《诗存》等。曾祖翼谋,太常寺博士。祖子龄,道光丙申恩科会元,官易州直隶州知州,《清史稿》循吏有传。父诒钰,官河南洧川、直隶永年知县。母姚若蘅,出身桐城名家,娴文史,工绘事。(伦明等撰,杨琥点校《辛亥以来藏书纪事诗》,北京燕山出版社,1999 年;《清代科举人物家传资料汇编》第 18 册;傅增湘、傅岳棻《江阴夏闰庵先生墓志铭》,卞孝萱、唐文权编《民国人物碑传集》卷一一,团结出版社,1995 年)

夏曾佑(1863—1924)

字穗卿,号碎佛,又号别士,浙江杭州人。父鸾翔,精算学,著有《致曲图解》。早孤。光绪十六年(1890)进士。授礼部主事。在京识梁启超、谭嗣同等,相与讨论新学。二十二年(1896),应邀赴天津,任育才馆教师。又与严复等创办《国闻报》,鼓吹新学。二十五年(1899),任安徽祁门知县。二十八年(1902),以直隶州知州用。三十二年(1906),会五大臣出洋考察宪政,为随员赴日本。三十四年(1908),署理安徽广德知州。辛亥后,任教育部社会司长,迁北京图书馆馆长。晚嗜酒耽佛。卒于北京。著有《中国古代史》。诗未刻,今人辑为《夏穗卿先生诗集》。(汪辟疆撰,王培军笺证《光宣诗坛点将录笺证》,中华书局,2008 年)

杨钟羲(1865—1940)

本姓尼堪氏,初名钟广,后任外官时冠姓杨,易名钟羲,字子勤,一作芷晴,号雪桥,晚号圣遗。正黄旗汉军籍,奉天辽阳人。盛昱表弟。光绪十五年(1889)进士,散馆授编修。二十年(1894),充顺天乡试考官。次年,充会试考官。二十五年(1899),保送知府,分发浙江。二十七年至三十年(1901—1904)应端方之聘,先后客其湖北巡抚、湖广总督幕。二十九年(1903)曾入京,荐试经济特科,不应。返湖北,权襄阳、安陆知府。复应聘客端方两江总督幕。三十四年(1908),补授淮安知府,又授江宁知府。清亡,避居上海,与诸遗老游。民国十二年(1923),被溥仪命为南书房行走。二十二年(1933),东游日本。返国后,受溥仪命,任"国立博物馆"馆长。晚岁息影都下。生平留心文献,与盛昱同辑《八旗文经》。著有《雪桥诗话》

《圣遗诗集》等。（汪辟疆撰，王培军笺证《光宣诗坛点将录笺证》，中华书局，2008年；尚小明《清代士人游幕表》，中华书局，2005年；《雪桥自订年谱》，《中和月刊》第1卷第10期至第2卷第2期）

姚永概（1866—1923）

字叔节，安徽桐城人。姚莹孙。徐宗亮婿。少承家学，治义理、辞章。光绪十四年（1888）举人。会试不第。以大挑二等，选授太平县教谕，又举博学鸿儒，皆不就。光绪末，诏各省兴学校，充安徽高等学堂教务长，旋改师范学堂监督。后应北京大学之聘。民国初，段祺瑞以高等顾问官聘，总统徐世昌招入晚晴簃选诗，皆不应。及徐树铮筑正志学校，延为教务长。又兼充清史馆协修，分任诸名臣传。晚年耽内典。著有《慎宜轩文集》《诗集》等。（汪辟疆撰，王培军笺证《光宣诗坛点将录笺证》，中华书局，2008年；姚永朴《叔弟行略》，《蜕私轩续集》卷三，1942年；马其昶《姚君叔节墓志铭》，《抱润轩文集》卷二〇，1923年；金天翮《姚永概传》，《皖志列传稿》卷六，1926年；《清代科举人物家传资料汇编》第43册）

姚永朴（1861—1939）

号仲实，晚自号蜕轩老人，安徽桐城人。曾祖骙，赠通议大夫。祖莹，进士，官至广西按察使。父浚昌，咸丰间佐曾国藩戎幕，保知县。年十六，补学官弟子。光绪二十年（1894），中式顺天乡试。后客天津、旅顺，得游同里吴汝纶之门。历就广东起凤书院山长，山东、安徽等省高等学堂教授。后任北京大学校暨公私立各大学国文经史教授、清史馆纂修。民国八年（1919）任宏毅学舍教务长。民国十四年（1925）任安徽大学教授。民国二十四年（1935），谢病归里。抗战爆发，挈家避难，由赣入湘，止于桂林。民国二十八年（1939）病终桂林寓舍。著有《蜕私轩集》《蜕私轩续集》。（姚埔《姚仲实行述》，《国史馆馆刊》第1卷第3号，1947年；《民国人物碑传集》卷一一，团结出版社，1995年；安徽省地方志编纂委员会编《安徽省志·人物志》，方志出版社，1999年）

叶尔恺（1864—1937）

号柏皋，字悌君。浙江杭州府仁和县贡生。殿试二甲第四十三名，钦点翰林院庶吉士。光绪二十三年(1897),简放陕西学政,三十年(1904)十二月充国史馆协修,三十一年(1905)五月充编书处协修,八月充编书处详校官。旋又以道员用,署理云南提学使。始祖逢春始由安徽歙县迁杭。祖树东(原名元复),历署宁远、夔州、嘉定、保宁、成都、叙州、龙安等府知府。父庆栒,官四川云阳县知县等。(秦国经主编,唐益年、叶秀云副主编《清代官员履历档案全编7》,华东师范大学出版社,1997年;来新夏主编《清代科举人物家传资料汇编》第18册,学苑出版社,2006年)

于式枚(1856—1915)

字晦若,小名穗生。广西贺县人。祖籍四川顺庆府营山县。殿试二甲第四十九名,朝考一等第五十名,钦点翰林院庶吉士。曾佐粤督张树声幕,光绪十一年(1885)至二十五年(1899)佐李鸿章幕府,主章奏书札。历官广东提学使,吏、礼、学部侍郎。父中立,历官广东补用同知、署潮州府通判等。母居庆,居巢长女,广东番禺(今广州)人,字玉徵,室名宜春阁,工花卉,仿恽南田,能诗,有《宜春阁吟草》。居巢亦能诗,有《今夕庵诗钞》。(尚小明《清代士人游幕表》,中华书局,2005年;《清代科举人物家传资料汇编》第11册;陈玉堂《中国近现代人物名号大辞典(全编增订本)》,浙江古籍出版社,2004年)

俞陛云(1868—1950)

字阶青,号乐静居士。浙江德清人,俞樾之孙,俞平伯之父。光绪二十四年(1898)进士,殿试一甲第三名。官翰林院编修。民国元年(1912),任浙江省图书馆馆长。民国三年(1914)被聘为清史馆协修。民国二十六年(1937)起,闭门以书画自娱,潜心学术。著有《绚华室诗忆》《蜀輶诗记》《小竹里馆吟草》《乐静词》《唐五代两宋词选释》和《诗境浅说》等。(孙玉蓉编《俞平伯年谱》,天津人民出版社,2001年)

余嘉锡(1884—1955)

字季豫,别署狷翁。湖南常德人。《清史稿》关外本列为协修。张尔田称"在馆长家",朱师辙称"曾到馆","对馆长于史稿有所建议,馆长未能用"(朱师辙《清史述闻》,第47页)。自幼由父教习督课,光绪二十七年(1901)

中乡试为举人,后以入赀选为吏部文选司主事。民国八年(1919)赴北平,馆于清史馆总裁赵尔巽家,并以柯劭忞为师。民国十七年(1928),结识辅仁大学校长陈垣,被聘为该校国文系讲师,主讲目录学,并兼课北京大学、中国大学、女子师大等。民国二十年(1931),被聘为辅仁大学教授兼国文系主任。民国三十一年(1942),兼任该校文学院院长。十七岁起攻读《四库全书提要》,一遇疑难,即予考证,每年录为一册,积五十余年之力,撰成《四库提要辨证》一书。民国三十七年(1948)当选中央研究院院士。中华人民共和国成立后,1949年11月被聘为中国科学院语言研究所专门委员。1952年,摔伤并患脑溢血而瘫痪。两年后故世。所著有《四库提要辨证》二十四卷、《目录学发微》四卷、《汉书艺文志索隐》稿本、《古书通例》四卷、《余嘉锡论学杂著》、《世说新语笺疏》等。(郑伟章、姜亚沙《湖湘近现代文献家通考》,岳麓书社,2007年)

袁嘉谷(1872—1937)

幼名廷和,字树五,一字南畊,行五。云南石屏人。光绪二十九年(1903)进士,殿试第二甲第六十二名。朝考第一等第九名。钦点翰林院庶吉士,召试经济特科,钦定第一等第一名,特旨授职编修,免其散馆。后派赴日本考察政学。光绪三十一年(1905)回国,先后任学部编译图书局局长、国史馆协修、功臣馆纂修、学部参议、宪政馆谘议官、实录馆纂修官。居京凡六年。宣统元年(1909)出任浙江提学使,旋兼布政使。于两浙十一郡设初级师范、中学、工校、医校、水产校、农校及各具小学,扩充至四千余校,建西湖图书馆。辛亥革命后赴上海,民国元年(1912)春返云南。民国二年(1913)当选参议院议员赴京。民国三年(1914)九月应清史馆之聘任协修。年底即返云南,居昆明。主修《云南丛书》。著有《卧雪堂文集》《滇绎》等。《袁嘉谷文集》已整理出版(云南人民出版社,2001年)。(《清代科举人物家传资料汇编》第22册;《袁屏山先生纪念集》,收入北京图书馆编《北京图书馆藏珍本年谱丛刊》第193册,北京图书馆出版社,1999年)

袁励准(1877—1935)

字珏生,号中舟,江苏常州人,寄籍顺天宛平。光绪二十四年(1898)成进士,改翰林院庶吉士,散馆授编修。召试经济特科,一等记名,遇缺题奏。

充甲辰(1904)会试同考官。后充京师大学堂提调。三十一年(1905)入直南斋。历充国史馆协修、德宗景皇帝实录纂修。宣统三年(1911),授翰林院侍讲。辛亥后,仍供职逊清皇室,进奉文字,不懈益勤。溥仪居天津后,派任驻京办事。著有《中秘日录》《墨品》《恐高寒斋诗集》《恐高寒斋游记》《历朝绝句正宗》等。民国二十四年(1935)卒于京寓。年甫六十。先世系出宋右文殿修撰、知江陵府机仲先生枢,事迹具《宋史》本传。元顺帝时,六世孙德麟,官常州路通判,家于常州北门三吉里,是为迁常始祖。祖绩懋,道光丁未科一甲二名进士及第,授编修,累官福建延建邵道,咸丰戊午殉难。父学昌,光绪己卯科举人,累官湖南辰沅永靖道、提法使。祖母左锡璇,外祖母左锡嘉,母曾懿,均能诗。(杨钟羲《皇清诰授光禄大夫南书房行走翰林院侍讲袁君墓志铭》,卞孝萱、唐文权编《辛亥人物碑传集》卷一四,团结出版社,1991年)

章钰(1866—1936)

谱名鸿钰,字式之,号坚孟、茗簃。江苏长洲(今苏州)人。先孤力学,后就学于"学左堂"。光绪十五年(1889)中举,二十九年(1903)成进士,官至外务部主事。入民国,任清史馆纂修。晚年居天津,以收藏、校书、著书为业。家有藏书处为"四当斋",储书万册。著有《四当斋集》《钱遵五读书敏求记校正》《胡刻通鉴正文校宋记》。(伦明等撰,杨琥点校《辛亥以来藏书纪事诗》,北京燕山出版社,1999年;《清代科举人物家传资料汇编》第22册)

张尔田(1874—1945)

一名采田,字孟劬,号遁庵、遁庵居士,又号许村樵人,杭县(今浙江杭州)人。出身于官宦世家,祖父张之杲,著有《初日山房诗集》《泰州保卫记》。父张上禾,曾从蒋春霖受词学。弟张东荪,著名哲学家。早年有文名,曾中举人,官刑部主事、知县、候补知府。辛亥革命后闲居。民国三年(1914)清史馆成立,参与纂修《清史稿》,主撰《乐志》,前后达七年。民国四年(1915)曾应沈曾植邀请,参加编修《浙江通志》。民国十年(1921)后,历任北京大学、北京师范大学、中国公学、光华大学、燕京大学等校中国史和文学教授。曾在燕京大学哈佛学社研究部工作,为燕京大学国学总导师。

以词闻名,叶恭绰评价为"具冷红(郑文焯)神理"。著述甚富。宣统三年
(1911)出版《史微》。负责编纂《清史稿》之《乐志》《刑法志》《地理志·江
苏》《图海、李之芳列传》《后妃列传》等卷。民国十一年(1922)开始整理和
诠释沈曾植有关蒙古史研究的遗稿,出版《蒙古源流笺注》《蛮书校补》《元
朝秘史注》《遯堪文集》等。另著有《槐居唱和》《遯庵乐府》《钱大昕学案》
《玉溪生年谱会笺》。(陈玉堂编著《中国近现代人物名号大辞典(全编增订
本)》,浙江古籍出版社,1993 年)

张仲炘(1857—?)

字慕京,号次珊、次山,一作友珊,又号瞻园,湖北江夏(今武昌)人。光绪
三年(1877)进士,授编修,官至通政司参议,江南道监察御史。又曾任江苏尊
经书院山长。中日甲午战争时,多次上书弹劾李鸿章妥协,继又反对签订《马
关条约》,力主不割台湾。光绪二十二年(1896)加入强学会,支持变法。光绪
二十四年(1898)戊戌政变后,转而攻击维新派。次年去职。光绪三十二年
(1906),随安徽巡抚恩铭到安徽,充为抚幕。光绪三十三年(1907),恩铭到巡
警学堂检阅,被革命党人光复会员徐锡麟刺杀。事发后,张仲炘曾向两江总
督报告详情。民国二年(1913)在武昌办《文史杂志》,任社长。著有《瞻园
词》,参纂《湖北通志》。父凯嵩(1820—1886),字云卿,湖北江夏人。道光二
十五年(1845)进士,官至云贵总督。(陈玉堂编著《中国近现代人物名号大辞
典(全编增订本)》,浙江古籍出版社,1993 年;《清代官员履历档案全编》,第
5—6 册;王道瑞《新发现的徐锡麟刺杀恩铭史料浅析——读恩铭幕僚张仲炘
给端方的信》,《历史档案》1991 年第 4 期)

朱孔彰(1842—1919)

字仲我,江苏长洲人。父骏声,官训导。年十五而孤,家徒四壁。咸丰
十一年(1861)入曾国藩祁门军营。同治三年(1864)至十一年(1872)春在
两江总督曾国藩幕。后应安徽按察使孙衣言、浙江巡抚梅启照之聘。光绪
二十九年(1903)至三十年(1904)应两江总督魏光焘聘,襄办江南编译局,
光绪三十三年(1907)至三十四年(1908)应安徽巡抚冯煦聘,纂《凤阳府
志》,并主淮南、荣城书院;稍后又应安徽布政使沈曾植聘,掌教安徽存古学
堂。入民国,应清史馆聘,与修《清史》。著有《咸丰以来功臣别传》《中兴将

帅别传》《中兴名臣事略》等。(尚小明《清代士人游幕表》,中华书局,2005年)

朱师辙(1879—1969)

字绍滨,一作少滨,别署充隐。江苏吴县(今苏州)人。朱孔彰之子。曾任清史馆纂修,中国大学教授。抗战胜利后任中山大学教授。晚年居杭州。整理删定《清史稿·艺文志》,著有《商君书解诂定本》《清史述闻》等。(伦明等撰,杨琥点校《辛亥以来藏书纪事诗》,北京燕山出版社,1999年;丁红《朱师辙生平及著作》,浙江省政协文史资料委员会编《浙江文史资料》第64辑《史海钩沉》,浙江人民出版社,1999年)

朱希祖(1879—1944)

字逷先,一作逖先,浙江海盐人。早年留学日本早稻田大学,又从章太炎受小学。回国后,历任北京大学教授、文学系和史学系主任,清华大学、辅仁大学教授,中央大学史学系主任、教授,中央研究院研究员。抗战爆发后入川,任国史馆总干事,考试院考选委员。病逝于巴中。著述有《伪楚录辑补》《伪七国志长编》《中国史学通论》等。(伦明等撰,杨琥点校《辛亥以来藏书纪事诗》,北京燕山出版社,1999年)

朱钟琪(? —1916)

字养田,晚号蜕庐,浙江杭州人。历任寿张、招远、兰山、清平、历城、泰安县令及青州知府等职,为官清明有政声,重气节。中日甲午战争时,尝变卖祖传地产支援北征军队。博学通识,尤深南北史,有《南史节抄》等著述传世。曾于历城设泽古文社,于泰安创仰德书院,又于光绪三十二年(1906)奉命建立山东高等农业学堂(山东农业大学前身)。民国三年(1914)清史馆开馆,为纂修兼总纂,撰《拟修清史目例》。家有兰笑楼藏书,凡千余种数万册。著述存世有《蜕庐先生日记》《蜕庐剩稿》《蜕庐读书丛录九种》与《蜕庐钟韵》等。(陈先行《兰笑楼与合众图书馆》,《藏书家》第15辑;柳和城编著《叶景葵年谱长编》,上海交通大学出版社,2017年)

三、清史馆主要成员一览表

姓名	任职	依据	备注
1.赵尔巽	馆长	关外本、关内本	1874 年进士,二甲
2.檀玑	协修	关外本、关内本	1874 年进士,二甲
3.缪荃孙	总纂	关外本、关内本	1876 年进士,二甲
4.张仲炘①	协修	关外本、关内本	1877 年进士,二甲
5.郭曾炘	总纂	关外本	1880 年进士,二甲
6.于式枚	总阅	关外本	1880 年进士,二甲
7.李岳瑞	协修	关外本、关内本、《清史馆职员》	1883 年进士,三甲
8.柯劭忞	兼代馆长、总纂	关外本、关内本、《清史馆职员》	1886 年进士,二甲
9.秦树声	总纂	关外本、关内本、《清史馆职员》	1886 年进士,二甲
10.王树枏	总纂	关外本、关内本、《清史馆职员》	1886 年进士,三甲
11.宋伯鲁	协修	关外本	1886 年进士,二甲
12.陈田	协修	关外本、关内本	1886 年进士,二甲
13.瑞洵	协修	关外本、关内本、《清史馆职员》	1886 年进士,二甲
14.杨钟羲②	纂修	关外本	1889 年进士,二甲
15.史恩培③	协修	关外本、关内本	1889 年进士,三甲
16.夏曾佑	纂修	关外本、关内本	1890 年进士,二甲
17.王以慜④	协修	关外本	1890 年进士,二甲
18.吴怀清	协修	关外本、关内本、《清史馆职员》	1890 年进士,二甲
19.刘树屏	协修	关外本、关内本	1890 年进士,三甲
20.夏孙桐	总纂	关外本、关内本、《清史馆职员》	1892 年进士,二甲
21.叶尔恺	协修	关外本、关内本	1892 年进士,二甲
22.吴士鉴	总纂	关外本、关内本、《清史馆职员》	1892 年进士,一甲二名

①夏孙桐云张仲炘"到馆即去,未有留稿"(朱师辙《清史述闻》,第 215 页)。

②章钰称杨钟羲未到馆(朱师辙《清史述闻》,第 215 页)。

③《清史稿》关外本及《明清进士题名碑录索引》均误作"史思培"。

④夏孙桐称王以慜未到馆(朱师辙《清史述闻》,第 219 页)。

续表

姓名	任职	依据	备注
23.顾瑗	纂修	关外本	1892 年进士,二甲
24.蓝钰	协修	关外本、关内本	1892 年进士,二甲
25.李哲明	协修	关外本、关内本、《清史馆职员》	1892 年进士,二甲
26.李家驹	总纂	关外本	1894 年进士,二甲
27.何葆麟	纂修	关外本、关内本	1894 年进士,二甲
28.齐忠甲①	协修	关外本	1894 年进士,二甲
29.秦望澜	协修	关外本、关内本	1895 年进士,二甲
30.胡嗣芬	协修	关外本、关内本	1895 年进士,二甲
31.吕钰	协修	关外本	1895 年进士,二甲
32.万本端	纂修	关外本、关内本、《清史馆职员》	1895 年进士,二甲
33.喻长霖	协修	关外本	1895 年进士,一甲二名
34.俞陛云	协修	关外本、关内本、《清史馆职员》	1898 年进士,一甲三名
35.袁励准	纂修	关外本、关内本、《清史馆职员》	1898 年进士,二甲
36.邓邦述	纂修	关外本、关内本、《清史馆职员》	1898 年进士,二甲
37.方履中	协修	关外本、关内本	1903 年进士,二甲
38.陈敬第	协修	关外本、关内本	1903 年进士,二甲
39.王大钧	纂修	关外本、关内本	1903 年进士,二甲
40.章钰	纂修	关外本、关内本、《清史馆职员》	1903 年进士,二甲
41.金兆丰	纂修	关外本、关内本、《清史馆职员》	1903 年进士,二甲
42.张书云	协修	关外本、关内本、《清史馆职员》	1903 年进士,三甲
43.刘焜	协修	关外本、《清史馆职员》	1903 年进士,二甲
44.商衍瀛	协修	关外本、关内本	1903 年进士,二甲
45.吴璆	协修	关外本、关内本	1903 年进士,三甲
46.袁嘉谷	协修	关内本	1903 年进士,二甲

---

①章钰称齐忠甲未到馆(朱师辙《清史述闻》,第 216 页)。

姓名	任职	依据	备注
47. 陈毅①	协修	关外本	1904 年进士，二甲
48. 张启后	协修	关外本、关内本、《清史馆职员》	1904 年进士，二甲
49. 李景濂	协修	关外本、关内本	1904 年进士，三甲
50. 金梁	办理史稿校刻②	关外本、关内本	1904 年进士，三甲
51. 马其昶	总纂	关外本、关内本、《清史馆职员》	
52. 吴廷燮	总纂	关外本、关内本、《清史馆职员》	
53. 金兆蕃	总纂（关外本） 纂修（关内本）	关外本、关内本、《清史馆职员》	
54. 刘师培	纂修	关内本	
55. 唐恩溥	纂修	关外本、关内本	
56. 陶葆廉	纂修	关外本	
57. 姚永朴	纂修	关外本、关内本、《清史馆职员》	
58. 张尔田	纂修	关外本、关内本、《清史馆职员》	
59. 袁克文	纂修	关外本	
60. 简朝亮	纂修	关外本	
61. 陈曾则	纂修	关外本、关内本	
62. 王式通	纂修	关外本、关内本	
63. 陈能怡	协修	关外本、关内本	
64. 陈延韡	协修	关外本、《清史馆职员》	
65. 陈曾矩	协修	关外本、关内本	
66. 戴锡章	协修	关外本、关内本、《清史馆职员》	
67. 傅增清	协修	关外本、关内本	
68. 韩朴存	协修	关外本、关内本	
69. 黄翼曾	协修	关外本、关内本	

① 章钰称陈毅未到馆（朱师辙《清史述闻》，第 216 页）。

② 金梁职名，《清史稿》关外本署"办理史稿校刻事宜总阅"，关内本署"办理史稿校刻"。关外本多出"事宜总阅"四字。

续表

姓名	任职	依据	备注
70. 李葆恂①	协修	关外本	
71. 李焜瀛	协修	关外本	
72. 李汝谦	协修	关外本	
73. 罗惇曧	协修	关外本、关内本	
74. 罗裕樟	协修	关外本	
75. 骆成昌	协修	关外本、关内本	
76. 邵瑞彭	协修	关外本、关内本、《清史馆职员》	
77. 奭良	协修	关外本、关内本、《清史馆职员》	
78. 唐邦治	协修	关内本、《清史馆职员》	
79. 田应璜	协修	关外本、关内本	
80. 王崇烈	协修	关外本、关内本	
81. 吴昌绶	协修	关外本、关内本、《清史馆职员》	
82. 吴广霈	协修	关外本、关内本	
83. 徐鸿宝	协修	关外本、关内本	
84. 杨晋	协修	关外本、关内本	
85. 姚永概	协修	关外本、关内本	
86. 余嘉锡	协修	关外本	
87. 赵世骏	协修	关外本、关内本	
88. 赵文蔚	协修	关外本	
89. 朱方饴②	协修	关外本	
90. 朱孔彰	协修	关外本、关内本	
91. 朱师辙	协修	关外本、关内本、《清史馆职员》	
92. 朱希祖	协修	关外本、关内本	

---

① 章钰称李葆恂未到馆(见朱师辙《清史述闻》,第 215 页)。又据马卫中、董俊珏编《陈三立年谱》(苏州大学出版社,2010 年),李葆恂 1915 年 8 月卒于天津。
② 其父朱祖谋,光绪九年(1883)癸未科进士,二甲。

姓名	任职	依据	备注
93.孟昭墉	校勘兼协修①	关外本、关内本、《清史馆职员》	
94.李经畲	提调	关外本	1890 年进士,二甲
95.陈汉第	提调	关外本、关内本、《清史馆职员》	
96.金还	提调	关外本、关内本、《清史馆职员》	
97.周肇祥	提调	关外本、关内本、《清史馆职员》	
98.邵章	提调	关外本、关内本、《清史馆职员》	1903 年进士,二甲
99.伍元芝	文牍科长	关外本	1892 年进士,三甲
100.尹良	图书科长	关外本	
101.刘济	会计科长	关外本、《清史馆职员》	
102.锡荫	庶务科长	关外本、《清史馆职员》	
103.张玉藻	收发处长	关外本、《清史馆职员》	
104.周仰公	校勘	关内本、《清史馆职员》	
105.诸以仁	校勘	关外本、《清史馆职员》	
106.奎善	校勘	关外本、关内本	
107.刘景福	校勘	关外本、关内本	
108.赵伯屏	校勘	关外本、关内本	
109.曾恕传	校勘	关内本、《清史馆职员》	
110.董清峻	收掌(关外本) 校勘(关内本)	关外本、关内本、《清史馆职员》	
111.秦化田	收掌(关外本) 校勘(关内本)	关外本、关内本	
112.史锡华	收掌(关外本) 校勘(关内本)	关外本、关内本	
113.尚希程	收掌	关内本、《清史馆职员》	
114.王文著	收掌	关内本	
115.惠澂	收掌	关外本	

①孟昭墉职名,《清史稿》关外本署"校勘",关内本署"校勘兼协修"。孟昭墉在清史馆辑有"俸饷经费"史料近 30 册,关内本署"校勘兼协修"更符实。参见《故宫博物院清代文献档案总目》,故宫博物院,1982年,第 115—117 页。

续表

姓名	任职	依据	备注
116.胡庆松	收掌	关外本、关内本、《清史馆职员》	
117.袁金铠	总理史稿发刊事宜①	关外本、关内本	

（按：本表据《明清进士题名碑录索引》《清史稿》各版本所载职名表及中国国家图书馆藏《清史馆职员》等资料编制）

四、清史馆同人戚属入传简况

清史馆成员	入传人	履历	字数（约数）	备注
赵尔巽	父文颖（卷四九一《忠义五》）	汉军正蓝旗人。道光二十五年进士。官山东蒙阴、阳信、商河、阳谷等县知县。到阳谷知县任方五日，太平军攻阳谷，身被七创而死。	400	附及：子四，三尔丰，自有传。
	弟赵尔丰（卷四六九）	汉军正蓝旗人。以山西知县累保道员。四川总督锡良疏荐其才，权永宁道。驻藏大臣凤全遇害，调建昌。充川滇边务大臣，护总督，改驻藏大臣。宣统元年，仍专任边务。署四川总督。四川保路运动中遇害。	2340 510	按：《赵尔丰传》，《清史稿》关内本及关外一次本内容相同，计2343字；关外二次本删减至506字。
柯劭忞	父柯蘅（卷四八二《儒林三》）	著有《汉书七表校补》《声诗阐微》《旧雨草堂诗集》《旧雨草堂札记》等。	280	
	母李长霞（卷五〇八《列女一》）	邃于选学，著《文选详校》八卷；工诗，有《锜斋诗集》。	40	
	兄柯劭憼（卷四七九《循吏四》）	历官贵池、太湖等地知县。	220	

---

① 袁金铠职名，《清史稿》关外本署"总理史稿发刊事宜总阅"，关内本署"总理史稿发刊事宜"。关外本多"总阅"二字。

清史馆成员	入传人	履历	字数（约数）	备注
瑞洵	祖父琦善（卷三七〇）	历官两江总督、四川总督、文渊阁大学士、两广总督。	2170	附及:子恭镗(黑龙江将军)、孙瑞洵(乌里雅苏台参赞大臣)、瑞澂。按:瑞澂自有传。
	兄瑞澂（卷四七一）	辛亥革命时任湖广总督,因处置失当,使事态激化。后弃城走,被清廷革职,仍令权总督事。后病卒于上海。	930	
	表兄志锐（卷四七〇）	历官杭州将军、伊犁将军。辛亥革命中,因属下兵变被枪杀。	680	附及:两妹瑾妃、珍妃。按:志锐祖父裕泰,官至陕甘总督,别有传。
	表兄志钧（卷四六八）	三等承恩公,满洲镶黄旗人。充散秩大臣。八国联军入京,设醴祭先,率妻子皆衣冠对缢于中堂。	50	
陶葆廉	父陶模（卷四四七）	官至陕甘总督、两广总督。	2730	
李焜瀛	父李鸿藻（卷四三六）	咸丰二年进士,官至礼部尚书、协办大学士。		
李葆恂	父李鹤年（卷四五〇）	历官河南巡抚、闽浙总督。	880	附及:李葆恂。
姚永朴姚永概马其昶	祖父姚莹（卷三八四）	官至广西按察使。师事从祖姚鼐,著有《东溟文集》《后湘诗集》《东槎纪略》《康𬨎纪行》等,汇为《中复堂全集》行世。	1190	附及:子濬昌。(按:马其昶妻系姚莹孙女)
邓邦述	曾祖邓廷桢（卷三六九）	历官两广总督、闽浙总督。	1460	
	祖父邓尔恒（卷三九六）	历官湖南辰州、云南曲靖知府。在任上被人杀害。	260	

清史馆成员	入传人	履历	字数（约数）	备注
袁励准	祖父袁绩懋（卷四九〇《忠义四》）	道光二十七年进士，以一甲二名授编修。署福建延建邵道。咸丰八年，太平军攻顺昌，死守城门，遭乱刃而死。	540	附及：父袁俊。
	祖母左锡璇（卷五〇九《列女二》）	事亲孝，父病，刲臂和药进。工诗善画，书法尤精，著有《卷葹阁诗集》。	60	
	母曾懿（卷五〇九《列女二》）	通史史，善课子，著有《古欢室诗集》《医学篇》《女学篇》《中馈录》。	50	附及：父袁学昌。
吴士鉴	曾祖吴振棫（卷四二四）	官至四川总督、云贵总督。	1310	附及：子吴春杰。
俞陛云	祖父俞樾（卷四八二《儒林三》）	道光三十年进士，简放河南学政。咸丰七年，以御史曹登庸劾试题割裂罢职。遂侨居苏州，主讲苏州紫阳、上海求志各书院。主杭州诂经精舍三十余年。著述多种，称《春在堂全书》。	830	
夏孙桐	祖父夏子龄（卷四七九《循吏四》）	道光十六年，会试第一，成进士。官易州直隶州知州。	680	提及：子夏诒钰。
	姑丈周家楣（卷四四二）	咸丰九年进士。历官总理各国事务大臣、署左副都御史、顺天府尹及礼、户、兵三部侍郎。	840	
金兆蕃	父金福曾（卷四五一）	李鸿章器其才，克苏州，檄办善后。捻事起，往赞徐州道张树声军务。积功至知县。光绪初，河南、山西大祲。吴人谢家福等倡义赈，推福曾董其事。李鸿章督直隶，奏留总办筹赈局。两署永定河道，塞决口，于下口别辟新道。又就大清河合流处别濬新河，永定河水始直达天津海河。	740	

清史馆成员	入传人	履历	字数（约数）	备注
金兆蕃	母李氏（卷五一〇《列女三》）	洪秀全大军攻杭州，围久食尽。城破，投姻家洪氏屋后池死。	240	
李经畬	父李瀚章（卷四四七）	字筱泉，安徽合肥人，大学士李鸿章之兄。以拔贡生为知县，铨湖南，署永定，调益阳，改善化。曾国藩出治军，檄主饷运，累至江西吉南赣宁道，调广东督粮道，就迁按察使、布政使。同治四年，擢湖南巡抚。六年，调抚江苏。未至，署湖广总督。七年，调浙江，再署湖广总督，旋实授。光绪元年，调四川。明年，还督湖广。督湖广最久，前后四至，皆与弟鸿章更迭受代，其母累年不移武昌官所。丁忧去官，家居六年，再起授漕运总督。未几，移督两广。	620	附及：子十人，经畬，翰林院侍讲。
	叔父李鸿章（卷四一一）	道光二十七年进士，改庶吉士，授编修。从曾国藩游，讲求经世之学。洪秀全据金陵，侍郎吕贤基为安徽团练大臣，奏鸿章自助。累功，用道员，赏花翎。后从曾国藩于江西，授福建延建邵道，仍留军。召募淮勇，特起一军，是为淮军。又署江苏巡抚、五口通商大臣、两江总督。又授湖广总督。东捻平，赏加一骑都尉世职。西捻平，加太子太保衔，以湖广总督协办大学士。旋兼署湖北巡抚。又调直隶总督兼北洋通商事务大臣。又授武英殿大学	5950	附及：父文安，刑部郎中。其先本许姓。

清史馆成员	入传人	履历	字数（约数）	备注
李经畬		士、文华殿大学士。在畿疆三十年，晏然无事。独究讨外国政学、法制、兵备、财用、工商、艺业。筹海防十余年，练军简器，外人震其名。国人以为北洋海军信可恃，争起言战，廷议遂锐意用兵。初败于牙山，继败于平壤，日本乘胜内侵，海军覆丧殆尽。命往日本议和。回京，入阁办事，直总理各国事务衙门。历充武英殿总裁、两广总督。八国联军入京，充议和全权大臣，兼督直隶，有"此行为安危存亡所系，勉为其难"之语。大乱之后，公私荡然。鸿章奏陈善后诸务。开市肆，通有无，施粥散米，中外帖然。并奉诏行新政，设政务处，充督办大臣，旋署总理外务部事。积劳呕血薨，年七十有九。		
	叔父李鹤章（卷四三三）	诸生。从父兄治本籍团练，屡出战有功，以州同用。从李鸿章援江苏，常率亲兵佐督战。诏嘉其"能与兄同心戮力，为国宣勤"。曾国荃疏陈："李鸿章平江苏，鹤章与程学启各分统一路。请将战绩宣付史馆，于立功地建专祠。"允之。	560	附及：子经羲，官到云贵总督。
	叔父李昭庆（卷四三三）	初从曾国藩军，淮军既立，曾国藩留五营，令李昭庆领之，驻防无为、庐江。同治元年，从李鸿章至上海，解常熟围，克嘉兴、常州，皆在事有功。四年，曾国藩督师攻捻军，李昭庆总理营务。后留防江、淮。	150	系李鹤章之附传。

清史馆成员	入传人	履历	字数（约数）	备注
邵章	祖父邵懿辰（卷四八〇《儒林一》）	与曾国藩、梅曾亮、朱次琦数辈游处，荐升刑部员外郎，入直军机处。咸丰十一年，太平军攻陷杭州，死于城。著《尚书通义》《礼经通论》《孝经通论》，颇采汉学考据家言，而要以大义为归。	510	附及：邵章为辑书刊行事："其所著书，遭乱亡佚，长孙章辑录之，为'半岩庐所著书'，共三十余卷。"又附及：懿辰之友，同里伊乐尧、秀水高均儒，皆知名。
朱师辙	祖父朱骏声（卷四八一《儒林二》）	嘉庆二十三年举人，官黟县训导。咸丰元年，以截取知县入都，进呈所著《说文通训定声》及《古今韵准》《柬韵》《说雅》，共四十卷。咸丰赏其国子监博士衔。	420	附及：子孔彰，字仲我。能传父业，著有《说文粹》三编、《十三经汉注》、《中兴将帅别传》。
金梁	嗣祖母王依氏（卷五〇九《列女二》）	图翰恰纳妻。图翰恰纳早卒，无子。王依氏劝图翰恰纳之父娶继室邵氏，生子观成。王依氏助邵氏抚孤。	180	附及：曾祖查郎阿、嗣祖父图翰恰纳。
	祖父观成〔卷四八六《文苑三》提及；卷四九二《忠义六》麟瑞（观成子）传中亦提及〕	官南川知县。著有《瓜亭杂录》《语花馆诗集》。	30	仅一句："道、咸以来，满洲如观成，字苇杭，瓜尔佳氏。有《瓜亭杂录》、《语花馆诗集》。"
	伯父麟瑞（卷四九二《忠义六》）	以笔帖式历官印务章京，乍浦驻防。咸丰十一年，太平军攻乍城，率众巷战，死于阵。	270	附及：父观成，弟云瑞，子柏梁。
	父凤瑞（卷四九九《孝义三》）	乍浦驻防，以笔帖式积功累保副都统。后调归杭州，隐居不仕。汇刻《浙江八旗殉难录》。	490	附及："子四，文梁年十三，母病危，剖心以救，母愈，文梁竟卒。"
	堂兄柏梁（卷四五三）	乍浦副都统，驻杭州。以劳卒于任。	310	

续表

清史馆成员	入传人	履历	字数（约数）	备注
张仲炘	父张凯嵩（卷四二四）	道光二十五年进士。同治六年擢云贵总督。	740	附及："子仲炘，光绪三年进士，由翰林院御史官至通政司参议，敢言有声。"
孙诒棫	伯父孙衣言	（按：据《孙诒让传》，知衣言原应有传，《清史稿》漏书。）		
	从兄孙诒让（卷四八二《儒林三》）	同治六年举人，官刑部主事。著有《札迻》十二卷、《周礼正义》八十六卷。光绪二十九年以经济特科征，不应。宣统元年礼制馆征，亦不就。未几卒，年六十二。	570	附及："父衣言，自有传。"

按：本表据《清史稿》及清史馆同人相关著述中提供的线索编制。

参考文献

A. 书籍

爱新觉罗·溥仪:《我的前半生》,北京:群众出版社,2007

爱新觉罗·胤禛:《大义觉迷录》,清内府刻本,北京:中国国家图书馆古籍馆藏

白一瑾:《清初贰臣士人心态与文学研究》,天津:天津人民出版社,2010

白蕉编著:《袁世凯与中华民国》,上海:人文月刊社,1936

卞孝萱、唐文权编:《辛亥人物碑传集》,北京:团结出版社,1991

卞孝萱、唐文权编:《民国人物碑传集》,北京:团结出版社,1995

曹经沅:《借槐庐诗集》,成都:巴蜀书社,1997

陈宝琛著,刘永翔、许全胜校点:《沧趣楼诗文集》,上海:上海古籍出版社,2006

陈东辉、程惠新编著:《缪荃孙致吴士鉴书札考释》,杭州:浙江古籍出版社,2023

陈夔龙著,李立朴、徐君辉、李然编校:《陈夔龙全集》(上、中、下),贵阳:贵州民族出版社,2013—2014

陈建华:《从革命到共和:清末至民国时期文学、电影与文化的转型》,桂林:广西师范大学出版社,2009

陈鸿森:《清代学术史丛考》,台北:学生书局,2019

陈怀著,胡珠生点校:《清史两种》,上海:上海社会科学院出版社,2006

陈捷先:《蒋良琪及其〈东华录〉研究》,北京:中华书局,2008

陈懋鼎:《槐楼诗钞》,福州:福建人民出版社,2017

陈三立著,李开军校点:《散原精舍诗文集》,上海:上海古籍出版社,2003

陈万鼐:《〈清史稿·乐志〉研究》,北京:人民出版社,2010

陈衍著,钱仲联编校:《陈衍诗论合集》,福州:福建人民出版社,1999

陈曾寿:《苍虬阁诗集》,上海:上海古籍出版社,2009

陈曾寿著,陈三立评点:《苍虬夜课》,北京:中国社会科学院文学所藏

成多禄著,成其昌、翟立伟编注:《成多禄集》,长春:吉林文史出版社,1988

程炎震辑:《漫社集》(二卷),北京:首都图书馆藏,民国间铅印本

戴锡章:《西夏纪》,银川:宁夏人民出版社,1988

戴执礼编:《四川保路运动史料汇纂》,台北:"中研院"近代史研究所,1994

邓邦述辑:《东斋酬唱集》,刻本,北京:首都图书馆藏,1936

邓之诚:《邓之诚日记》,北京:北京图书馆出版社,2007

东北沦陷十四年史总编室、日本殖民地文化研究会编:《伪满洲国的真
　　相——中日学者共同研究》,北京:社会科学文献出版社,2010

杜赞奇著,王宪明等译:《从民族国家拯救历史:民族主义话语与中国现代
　　史研究》,北京:社会科学文献出版社,2003;南京:江苏人民出版社,2009

杜正胜、王汎森主编:《新学术之路:"中央"研究院历史语言研究所七十周
　　年纪念文集》,台北:"中研院"历史语言研究所,1998

樊增祥:《樊樊山诗集》,上海:上海古籍出版社,2004

费行简:《近现代名人小传》(上、下),北京:北京图书馆出版社,2003

冯尔康:《清代人物传记史料研究》,天津:天津教育出版社,2004

冯尔康:《清史史料学》,沈阳:沈阳出版社,2004

冯明珠主编:《清史馆未刊纪志表传稿本》,台北:沉香亭企业社,2007

傅宇斌:《现代词学的建立:〈词学季刊〉与 20 世纪三、四十年代的词学》,北
　　京:商务印书馆,2013

傅增湘:《衡庐日录》,铅印本,天津:大公报社,1935

傅增湘:《藏园老人遗稿》,油印本,1962

耿传明:《决绝与眷恋:清末民初社会心态与文学转型》,上海:复旦大学出
　　版社,2010

耿云志:《胡适遗稿及秘藏书信》,合肥:黄山书社,1994

关爱和:《古典主义的终结——桐城派与五四新文学》,上海:上海文艺出版
　　社,1998

关爱和:《中国近代文学论集》,北京:中华书局,2006

郭影秋编著:《李定国纪年》,北京:中国人民大学出版社,2006

郭则沄撰,马忠文、张求会整理:《郭则沄自订年谱》,南京:凤凰出版
　　社,2018

郭曾炘著,谢海林校:《郭曾炘集》,北京:人民文学出版社,2018

郭曾炘著,窦瑞敏整理:《郭曾炘日记》,北京:中华书局,2019

郭曾炘:《匏庐诗存》,刻本,1927

郭曾炘:《再愧轩诗草》,刻本,1929

郭曾炘:《楼居偶录》,刻本,1927

郭曾炘:《邴庐日记》,《历代日记丛钞》第 183 册,李德龙、俞冰主编,北京:
学苑出版社,2006

郭曾炘(福庐山人):《亥既集》,铅印本,京华印书局,1919

国家清史编纂委员会体裁体例工作小组编:《清史编纂体裁体例讨论集》,
北京:中国人民大学出版社,2004

故宫博物院编印:《故宫博物院清代文献档案总目》,台北:故宫博物
院,1982

韩策:《科举改制与最后的进士》,北京:社会科学文献出版社,2017

和琳纂:《卫藏通志》,桐庐袁昶渐西村舍刻本,1896,北京:中国国家图书馆
古籍馆藏

和宁纂,孙文杰整理:《回疆通志》,北京:中华书局,2018

贺麦晓(Michel Hockx):《文体问题——现代中国的文学社团和文学杂志
(1911—1937)》,陈太胜译,北京:北京大学出版社,2016

贺培新著,王达敏、王九一、王一村整理:《贺培新集》,南京:凤凰出版
社,2016

胡平生:《民国初期的复辟派》,台北:学生书局,1985

胡全章:《近代报刊与诗界革命的渊源流变》,北京:北京大学出版社,2017

胡迎建:《民国旧体诗史稿》,南昌:江西人民出版社,2005

黄美娥:《重层现代性镜像:日治时代台湾传统文人的文化视域与文学想
象》,台北:麦田出版,2004

黄美娥:《古典台湾:文学史、诗社、作家论》,台北:台湾编译馆,2007

黄兴涛、朱浒主编:《清帝逊位与民国肇建》,北京:社会科学文献出版
社,2016

黄秀文主编:《中国年谱辞典》,上海:百家出版社,1997

姜胜利编:《〈明史〉研究》,《20 世纪二十四史研究丛书》,北京:中国大百科
全书出版社,2009

简朝亮:《读书草堂明诗》,铅印本,1929

江庆柏:《清代人物生卒年表》,北京:人民文学出版社,2005

蒋良琪:《东华录》,鲍思陶、西原点校,济南:齐鲁书社,2007

蒋廷黻:《蒋廷黻选集》,台北:传记文学出版社,1978

蒋寅:《清代诗学史》第一、二卷,北京:中国社会科学出版社,2012、2019

蒋寅:《清诗话考》,北京:中华书局,2005

金梁:《北京宫殿志》,金梁自刊,1955

金梁:《道咸同光四朝佚闻》,台北:广文书局,1978

金梁:《黑龙江通志纲要》,铅印本,1925,北京:中国国家图书馆藏

金梁:《满洲秘档》,编者刊,1933,北京:中国国家图书馆藏

金梁辑:《光宣列传》,铅印本,1934

金梁:《光宣小记》,上海:上海书店出版社,1998

金梁:《东庐吟草》,年份不详,北京:首都图书馆藏

金梁:《六十自述》,铅印本,金梁自刊,1937

金梁:《息庐咏史》,铅印本,金梁自刊,1937

金梁:《清史稿补》(附《清诗补》),1942,铅印本,北京:首都图书馆藏

金梁编纂:《雍和宫志略》,牛力耕校订,北京:中国藏学出版社,1994

金毓黻:《静晤室日记》,沈阳:辽沈书社,1993

金兆蕃:《安乐乡人诗》(四卷),《安乐乡人诗续》(不分卷),《乐梦词》(二
卷),《乐梦词续》(不分卷),北京:中国社会科学院文学所藏

金兆蕃:《安乐乡人诗集》,沈云龙主编《近代中国史料丛刊续编》第 12 辑,
台北:文海出版社,1975

金兆丰:《清史大纲》,上海:开明书店,1935

景元平:《王树枏传》,北京:中国文史出版社,2022

柯娇燕:《孤军:满人一家三代与清帝国的终结》,陈兆肆译,北京:人民出版
社,2016

柯劭忞著,崔建利校注:《柯劭忞诗集校注》,北京:中国社会科学出版
社,2017

柯劭忞:《蓼园诗钞》,刻本,1923

柯劭忞:《新元史》,《元史二种》之一,上海:上海古籍出版社、上海书
店,1989

柯劭忞:《新元史》,张京华、黄曙辉校,上海:上海古籍出版社,2018

柯愈春:《清人诗文集总目提要》,北京:北京古籍出版社,2001

孔定芳:《清初遗民社会:满汉异质文化整合视野下的历史考察》,武汉:湖北人民出版社,2009

来新夏:《近三百年人物年谱知见录》,上海:上海人民出版社,1983

李葆恂:《红螺山馆诗钞》,刻本,1917

李慈铭:《越缦堂日记》,扬州:广陵书社,2004

李芳:《清代说唱文学子弟书研究》,北京:社会科学文献出版社,2022

李皓:《赵尔巽与清末奉天政局》,北京:中华书局,2019

李慧、张泽林编:《清末民初名流书札》,北京:线装书局,2009

李开军:《陈三立年谱长编》,北京:中华书局,2014

李林:《最后的天子门生——晚清进士馆及其进士群体研究》,北京:商务印书馆,2017

李灵年、杨忠主编:《清人别集总目》,合肥:安徽教育出版社,2000

李瑞清:《清道人遗集》,沈云龙主编《近代中国史料丛刊》第42辑,台北:文海出版社,1966。另有段晓华点校整理本,合肥:黄山书社,2011

李宣龚著,黄曙辉点校:《李宣龚诗文集》,上海:华东师范大学出版社,2009

廉泉辑:《天荒地老录》,北京:良公祠铅印本,民国初

梁鼎芬著,黄云尔点校:《节庵先生遗诗》,上海:华东师范大学出版社,2012

梁济著,黄曙辉编校:《梁巨川遗书》,上海:华东师范大学出版社,2008

林志宏:《民国乃敌国也:政治文化转型下的清遗民》,台北:联经出版事业公司,2009

刘承干编:《明史例案》,刘氏嘉业堂刻本,1915

刘成禺:《世载堂杂忆》,沈阳:辽宁教育出版社,1997

刘大先:《八旗心象——旗人文学、情感与社会(1840—1949)》,北京:社会科学文献出版社,2021

刘凤云、刘文鹏编:《清朝的国家认同——"新清史"研究与争鸣》,北京:中国人民大学出版社,2010

刘海峰:《百年清史纂修史》,合肥:安徽人民出版社,2014

刘丽:《清初京师贰臣诗人研究》,哈尔滨:黑龙江人民出版社,2013

刘纳:《嬗变——辛亥革命时期至五四时期的中国文学》,北京:中国社会科

学出版社,1998

刘芹:《王树楠史学研究》,天津:天津人民出版社,2012

刘萱:《清初贰臣词人研究》,北京:中国社会科学出版社,2014

鲁勇:《逊清遗老的青岛时光》,青岛:青岛出版社,2006

路康乐(Edward J. M. Rhoads)著,王琴、刘润堂译:《满与汉:清末民初的
　　族群关系与政治权力(1861—1928)》,北京:中国人民大学出版社,2010

陆胤:《政教存续与文教转型——近代学术史上的张之洞学人圈》,北京:北
　　京大学出版社,2015

罗惇曧:《清宫之天朝遗事》,北京:中国三峡出版社,2010

罗福惠:《辛亥时期的精英文化研究》,武汉:华中师范大学出版社,2001

马其昶:《马其昶集》,《桐城派名家文集》第 8 卷,合肥:安徽教育出版
　　社,2014

马卫中、董俊珏编:《陈三立年谱》,苏州:苏州大学出版社,2010

马亚中:《中国近代诗歌史》,台北:学生书局,1992

马宗霍:《清史稿点勘札记》,北京:中华书局,2012

冒广生:《冒广生友朋书札》,上海:上海书画出版社,2009

冒怀苏编著:《冒鹤亭先生年谱》,上海:学林出版社,1998

《民国人物碑传集》,成都:四川人民出版社,1997

缪荃孙:《艺风堂诗存》,刻本,1939

缪荃孙:《艺风堂友朋书札》(顾廷龙校阅),上海:上海古籍出版社,1980

那桐:《那桐日记》,北京:新华出版社,2006

内藤湖南、赵尔巽等:《华甲寿言》,日本:宝许盦,日本大正十五年(1926)

内藤湖南:《内藤湖南汉诗文集》,南宁:广西师范大学出版社,2009

潘静如:《民国诗学》,北京:北京联合出版公司,2017

戚学民:《阮元〈儒林传稿〉研究》,北京:生活·读书·新知三联书店,2011

钱基博:《现代中国文学史》,上海:上海世纪出版集团、上海书店出版
　　社,2007

钱仲联主编:《广清碑传集》,苏州:苏州大学出版社,1999

钱仲联主编:《清诗纪事》,南京:江苏古籍出版社,1987—1989

乔治忠、朱洪斌编著:《增订中国史学史资料编年·清代卷》,北京:商务印
　　书馆,2013

桥川时雄编:《中国文化界人物总鉴》,北京:中华法令编印馆,1930

秦树声:《乖庵文录》,刻本,1908

秦燕春:《清末民初的晚明想象》,北京:北京大学出版社,2008

清史稿校注编纂小组:《清史稿校注》,台北:国史馆,1986

任竞主编:《重庆图书馆藏刘赞廷藏稿》,影印版,北京:国家图书馆出版社,2015

荣赫鹏(Francis Younghusband)著,孙煦初译:《英国侵略西藏史》,上海:商务印书馆,1934

桑兵:《晚清民国的学人与学术》,北京:中华书局,2008

桑兵:《晚清学堂学生与社会变迁》,桂林:广西师范大学出版社,2007

尚小明编著:《清代士人游幕表》,北京:中华书局,2005

沈洁:《民国的"失传":清末民初中国革命再阐释》,上海:上海社会科学院出版社,2019

沈卫荣:《大元史与大清史》,北京:北京师范大学出版社,2015

沈卫荣:《想象西藏:跨文化视野中的和尚、活佛、喇嘛和密教》,北京:北京师范大学出版社,2015

奭良:《野棠轩全集》,《近代中国史料丛刊》第17辑,台北:文海出版社,据1929年吉林奭氏排印本影印,1969

四川省地方志编纂委员会编:《刘赞廷康区36部图志点校》,成都:四川民族出版社,2017

宋濂等:《元史》,北京:中华书局,1976

宋小濂著,蒙秉书等编注:《宋小濂集》,长春:吉林文史出版社,1989

孙爱霞整理:《〈北洋画报〉诗词辑录》,天津:天津古籍出版社,2018

孙爱霞编著:《王树枏文献辑刊》,河北大学出版社,2020

孙之梅:《南社研究》,北京:人民文学出版社,2003

孙雄辑:《道咸同光四朝诗史》,上海:上海古籍出版社,2013

孙雄:《旧京诗文存》(十六卷),北京:中国社会科学院文学所藏

孙雄编:《漫社二集》(二卷)、《漫社三集》(二卷),民国间铅印本

天津市历史博物馆:《北洋军阀史料》,天津:天津古籍出版社,1996

佟佳江:《清史稿订误》,长春:吉林大学出版社,1991

田晓菲:《留白:写在〈秋水堂论金瓶梅〉之后》,天津:天津人民出版社,2009

屠寄:《蒙兀儿史记》,《元史二种》之一,上海:上海古籍出版社、上海书店,1989

万仁元、方庆秋主编,中国第二历史档案馆整编:《中华民国史史料长编》,南京:南京大学出版社,1993

汪孔丰:《麻溪姚氏与桐城派的演进》,合肥:安徽大学出版社,2017

汪辟疆著,王培军笺证:《光宣诗坛点将录笺证》,北京:中华书局,2008

汪辟疆著,张亚权编:《汪辟疆诗学论集》,南京:南京大学出版社,2011

汪辟疆:《汪辟疆文集》,上海:上海古籍出版社,1988

汪荣宝:《中国历史教科书》(原名《本朝史讲义》),上海:商务印书馆,1910

汪荣宝:《思玄堂诗》,沈云龙主编《近代中国史料丛刊》第 60 辑,台北:文海出版社,1970

汪荣祖主编:《清帝国性质的再商榷——回应"新清史"》,北京:中华书局,2020

汪宗衍:《读清史稿札记》,香港:中华书局,1977

王达敏:《姚鼐与乾嘉学派》,北京:学苑出版社,2007

王达敏:《中国现代化进程中的桐城派》,合肥:安徽大学出版社,2020

王鸿宾、卞直甫:《盛京轶闻》,长春:吉林文史出版社,1988

王记录:《清代史馆与清代政治》,北京:人民出版社,2009

王闿运:《湘绮楼日记》,上海:商务印书馆,1927

王闿运:《湘绮楼诗文集》,长沙:岳麓书社,2008

王珂:《从"天下"国家到民族国家:历史中国的认知与实践》,上海:上海人民出版社,2020

王绍曾:《清史稿艺文志拾遗》,北京:中华书局,2000

王式通:《志盦遗稿》,年份不详,北京:中国社会科学院文学所图书馆藏

王树枏:《故旧文存》,刻本,1927

王树枏:《陶庐百篇》,刻本,1925,吉林:成氏十三槐馆

王树枏:《陶庐文集》,"陶庐丛刻"之十六,刻本,1915

王卫民:《吴梅评传》,北京:社会科学文献出版社,1995

王秀华、朱虹:《善谋政客袁金铠》,收入胡玉海、张伟主编《奉系人物》,沈阳:辽海出版社,2001

王学斌:《清季民初的北学研究——基于谱系建构与学风交融视角》,北京:

人民出版社,2019

王昌宜:《清代循吏研究——以〈清史稿·循吏传〉为中心》,合肥:安徽大学出版社,2017

魏斐德(Frederic E. Wakeman)著,陈苏镇、薄小莹等译《洪业:清朝开国史》,南京:江苏人民出版社,2008

魏汝霖:《读史兵略补编——清史兵略》,台北:"国防"研究院,1961

温显贵:《〈清史稿·乐志〉研究》,武汉:崇文书局,2008

吴昌绶:《顾祠小志》,刻本,1922

吴昌绶:《梅祖庵杂诗》,刻本,约1937(有1937年跋)

吴昌绶:《清帝系后妃皇子皇女四考(附年表)》,铅印本,1917

吴昌绶:《松邻丛书》(甲编十四种,乙编六种),刻本,1917

吴昌绶:《松邻遗集》,刻本,1929

吴昌绶:《吴郡通典备稿》,铅印本,1928

吴昌绶:《吴松邻舍人遗札》,稿本,年份不详,北京:中国国家图书馆善本部藏

吴重憙、李葆恂合撰,李放辑:《津步联吟集》,刻本,1916

吴闿生:《北江先生文集》,刻本,朱印,1924

吴闿生:《晚清四十家诗钞》,刻本,朱墨套印,北京:文学社,1924

吴闿生著,白兆麟校点:《左传微》,合肥:黄山书社,2014

吴宓:《吴宓诗话》,北京:商务印书馆,2005

吴汝纶著,施培毅、徐寿凯校:《吴汝纶全集》,合肥:黄山书社,2014

吴汝纶著,朱秀梅校:《吴汝纶文集》,上海:上海古籍出版社,2017

吴盛青、高嘉谦编:《抒情传统与维新时代》,上海:上海文艺出版社,2012

吴士鉴:《含嘉室自订年谱》,《北京图书馆藏珍本年谱丛刊》第192册,北京:北京图书馆出版社,1999

吴士鉴:《吴士鉴著作集》,上海:复旦大学出版社,2019

吴天任:《梁鼎芬年谱》,广州:广东人民出版社,2018

吴天任:《梁鼎芬年谱》,广州:广东人民出版社,2018

吴廷燮:《东三省沿革表》,刻本,清宣统间,天津:徐世昌退耕堂

吴宗慈:《检校清史稿初步述略》,铅印本,1935

沃邱仲子:《民国十年官僚腐败史》,荣孟源、章伯锋主编《近代稗海》第8

辑,成都:四川人民出版社,1987

《西藏研究》编辑部编辑:《西藏志卫藏通志》(合刊),拉萨:西藏人民出版社,1982

夏孙桐:《观所尚斋诗文存》,铅印本,中华印书局,1939

夏孙桐:《悔龕词》,铅印本,1962

夏晓虹:《晚清女性与近代中国》,北京:北京大学出版社,2004

夏志兰、夏武康编著:《悔龕词笺注》,呼和浩特:内蒙古大学出版社,2001

星全成、陈柏萍:《藏传佛教四大活佛系统与清朝治理蒙藏方略》,西宁:青海人民出版社,2010

须社辑:《烟沽渔唱》,铅印本,须社,1933

徐成志、江小角主编:《桐城派与明清学术文化》,合肥:安徽大学出版社,2007

徐凌霄、徐一士:《凌霄一士随笔》,太原:山西古籍出版社,1997

徐萧霖著,夏闰生等编注:《徐萧霖集》,长春:吉林文史出版社,1989

徐世昌等:《晚晴簃诗汇》,北京:中华书局,1990

徐世昌等:《清儒学案》,北京:中华书局,2008

许承尧著,汪聪、徐步云点注:《疑庵诗》,合肥:黄山书社,1990

许纪霖等:《近代中国知识分子的公共交往(1895—1949)》,上海:上海人民出版社,2008

许全胜:《沈曾植年谱长编》,北京:中华书局,2007

许师慎辑:《有关清史稿编印经过及各方意见汇编》,台北:中华民国史料研究中心,1979

杨传庆:《词学书札萃编》,天津:南开大学出版社,2015

杨洪升:《缪荃孙研究》,上海:上海古籍出版社,2008

杨萌芽:《古典诗歌的最后守望:清末民初宋诗派文人群体研究》,武汉:武汉出版社,2011

杨念群:《儒学地域化的近代形态:三大知识群体互动的比较研究》,北京:生活·读书·新知三联书店,1997

杨天石、王学庄:《南社史长编》,北京:中国人民大学出版社,1995

杨义:《现代中国学术方法通论》,济南:山东教育出版社,2009

杨钟羲:《雪桥诗话》《雪桥诗话二集》《雪桥诗话三集》《雪桥诗话余集》,北

京：北京古籍出版社，1989—1992

姚永概著，沈寂等标点：《慎宜轩日记》，合肥：黄山书社，2010

姚永朴、姚永概：《姚永朴集 姚永概集》，《桐城派名家文集》第 11 卷，合肥：安徽教育出版社，2014

姚永朴：《文学研究法》，合肥：黄山书社，1989

叶景葵著，柳和城编：《叶景葵文集》，上海：上海科学技术文献出版社，2017

易顺鼎著，陈松青校点：《易顺鼎诗文集》，长沙：湖南人民出版社，2010

尹昌衡：《止园丛书》，上海：上海中华书局代发行，1918

于荫霖：《悚斋遗书》，刻本，1923，北京：中国社会科学院文学研究所藏

俞陛云：《诗境浅说》，北京：北京出版社，2003

俞陛云：《唐五代两宋词选释》，上海：上海古籍出版社，1985

俞陛云：《蜀輶诗记》，铅印本，1921，北京：中国国家图书馆藏

俞陛云：《广轮杂记》，民国间抄本，北京：中国国家图书馆数字方志

袁嘉谷：《袁嘉谷文集》，昆明：云南人民出版社，2001

袁金铠：《佣庐日记语存》《佣庐经过自述》，收入李德龙、俞冰主编《历代日记丛钞》第 137 册，北京：学苑出版社，2006

袁励准：《中秘日录》，邵锐据袁励准手稿抄录本，年份不详，北京：中国国家图书馆古籍馆藏

袁励准：《恐高寒斋诗》，刻本，朱印，1930，北京：中国国家图书馆古籍馆藏

恽毓鼎著，史晓风整理：《澄斋日记》，杭州：浙江古籍出版社，2006

曾恕传等辑：《瓝园延庆录》，铅印本，都门：筠连曾氏，1926

张伯桢：《篁溪存稿》，刻本，1913

张伯桢：《焚余草》，刻本，1932—1934

张伯桢辑：《篁溪归钓图题词》，刻本，1932—1934

张伯桢：《张勋康有为传》（附：《张彪传》），民国间铅印本，北京：中国国家图书馆藏

张朝墉：《戊午集》《己未集》《庚申集》《辛酉集》《壬戌诗集及癸亥诗集》《甲子集》《丁卯集》《戊辰集》《庚午集》，刻本，1918—1931，北京：首都图书馆藏

张尔田：《遯堪文集》，铅印本，1948

张尔田：《清列朝后妃传稿》，铅印本，1929

张尔田著,黄曙辉点校:《史微》,上海:上海书店出版社,2006

张尔田著,黄曙辉、张京华编:《张尔田著作集》,上海:上海大学出版社,2018

张尔田著,梁颖等整理:《张尔田书札》,上海:上海人民出版社,2021

张桂丽:《李慈铭年谱》,上海:上海古籍出版社,2016

张廷玉等:《明史》,北京:中华书局,1974

张旭、车树昇、龚任界:《陈宝琛年谱》,福州:福建人民出版社,2017

张寅彭:《民国诗话丛编》,上海:上海书店出版社,2002

章钰、武作成等编:《清史稿艺文志及补编》,北京:中华书局,1982

章钰著,石立善、邓盼编:《章钰著作集》,上海:复旦大学出版社,2019

赵晨岭:《〈清史稿·本纪〉纂修研究》,新北:花木兰文化出版社,2013

赵尔巽、柯劭忞等:《清史稿》,北京:中华书局,1977

赵稀方:《后殖民理论》,北京:北京大学出版社,2009

赵园:《明清之际士大夫研究》,北京:北京大学出版社,1999

赵园:《制度·言论·心态:〈明清之际士大夫研究〉续编》,北京:北京大学出版社,2006

郑孝胥著,黄坤、杨晓波校点:《海藏楼诗集》,上海:上海古籍出版社,2003

郑孝胥著,劳祖德整理:《郑孝胥日记》,北京:中华书局,1993

中国第一历史档案馆、福建师范大学历史系编:《清季中外使领年表》,北京:中华书局,1985

中国国家图书馆古籍馆编:《国家图书馆藏王国维往还书信集》,北京:中华书局,2017

中华民国建国文献编辑委员会编辑:《中华民国建国文献》,台北:国史馆,1995—2001

周焕卿:《清初遗民词人群体研究》,上海:上海古籍出版社,2008

周明之:《近代中国的文化危机:清遗老的精神世界》,济南:山东大学出版社,2009

周秋光编:《熊希龄集》,长沙:湖南人民出版社,2008

周肇祥:《琉璃厂杂记》,北京:北京燕山出版社,1995

周肇祥:《东游日记》,民国间铅印本,北京:京华印书局,中国国家图书馆藏

朱保炯、谢沛霖编著:《明清进士题名碑录索引》,上海古籍出版社,1980

朱重圣主编:《清史稿校注》,台北:台湾商务印书馆,1999

朱彭寿:《清代人物大事纪年》,北京:北京图书馆出版社,2004

朱师辙等编:《清史稿艺文志》,铅印本,清史馆,1927

朱师辙:《清史述闻》,上海:上海书店出版社,2009

朱希祖:《史馆论议》,台北:学生书局,1978

朱兴和:《现代中国的斯文骨肉:超社逸社诗人群体研究》,上海:上海三联
书店,2014

庄吉发:《故宫档案述要》,台北:台北故宫博物院,1983

庄士敦:《紫禁城的黄昏》,南京:江苏古籍出版社,1990

B. 论文

蔡炯昊:《共和时代的清代历史记忆与政治文化——以清史馆、〈清史稿〉、
故宫为中心》,华东师范大学博士学位论文,2017

陈引驰:《从新英格兰到六朝故都:一个现代知识群体的聚散——以〈吴宓
日记〉为中心的描述》,《云南大学学报》2007 年第 2 期

方慧勤:《夏孙桐诗词研究》,苏州大学硕士学位论文,2016

冯佳:《"国"与"君"——政治文化视角下的隆裕太后葬礼》,《中国农业大学
学报》2009 年第 3 期

伏传伟:《进入民国——清史馆的机构与人事》,中山大学历史系博士学位
论文,2006

刘勇:《柯劭忞诗歌论稿》,苏州大学硕士学位论文,2016

秦翠红:《清代忠义研究:以〈清史稿·忠义传〉为中心的考察》,南京大学历
史系博士学位论文,2007

沈松侨:《我以我血荐轩辕——黄帝神话与晚清的国族建构》,《台湾社会研
究季刊》第 28 期,1997

苏晓方:《〈清史稿·文苑传〉研究》,陕西师范大学硕士学位论文,2018

陶亚敏:《论金梁入馆与〈清史稿〉版本之争》,《北京社会科学》2019 年第
6 期

王达敏:《桐城派与北京大学》,《安徽大学学报》2017 年第 6 期

王涛:《〈清史稿〉批评之再研究:以〈清史稿·德宗本纪〉〈甲午前后史事〉为
样本》,浙江大学硕士学位论文,2003

萧启庆:《元明之际的蒙古色目遗民》,收入《庆祝邓广铭教授九十华诞论文集》,石家庄:河北教育出版社,1997

薛玉坤:《章式之先生编年事辑稿》,《版本目录学研究》第 10 辑,北京:国家图书馆出版社,2019

衣若兰:《旌表制度、传记体例与女性史传——论〈清史稿·列女传〉贤母传记之复兴》,《台大历史学报》第 41 期,2008

袁家刚:《旧人物入新世界——民国初年上海遗民摅论(1911—1917)》,上海社会科学院历史研究所硕士学位论文,2009

曾重凯:《晚清科举废除后传统士人的动向(1905—1926)》,台湾政治大学硕士学位论文,2006

张秀玉:《姚永概〈清史拟稿〉考论》,《湖南人文科技学院学报》2015 年第 3 期

张妍:《何以"外民国"——〈清史稿〉反动成因探析》,《贵州文史丛刊》2017 年第 4 期

周海建:《南京国民政府对〈清史稿〉的审查及其社会因应》,《南京大学学报》2017 年第 1 期

周明之:《由开明而保守:辛亥政局对王国维思想和心理的冲击》,《汉学研究》第 11 卷第 1 期,1993

朱曦林:《清史馆与清学史研究之风的形成——以缪荃孙〈清史稿〉〈儒学传〉〈文学传〉的编纂为中心》,《汉学研究》第 37 卷第 1 期,2019

C. 档案

赵尔巽档案全宗,北京:中国第一历史档案馆藏

D. 碑传

(清史馆同人撰或书,均为拓片。北京:中国国家图书馆藏)

陈光远墓志

冯恕母俞太夫人诔辞

冯恕母俞太夫人赞

傅锡畴墓表

耿苍龄墓志

郝云乔妻傅氏墓志

孔令贻及妻孙氏陶氏妾王氏合葬志

李静仪墓碣

李士铭墓志

李学铭墓志

林东郊墓志

林钟桢墓志

卢福基墓志

吕海寰墓志

吕相周及妻全氏合葬志

罗氏(尹君妻)墓志

马庆升及妻沈氏合葬墓表

潘矩从墓表

孙志峻墓志

田应璜墓志

汪大燮及妻王氏沈氏合葬志

王得庚墓表

王名甲墓志

王永江墓志

王泽春墓志

徐坊墓志

徐庆及妻赵氏张氏墓碑

徐树铮墓志

薛小农侧室吴氏墓志

晏安澜墓表

姚华墓碑

于凌辰神道碑

张仁芬墓志

张绍曾墓志

张王熙墓志

张宗昌墓志

E. 英文著作

Crossley, Pamela Kyle. *A Translucent Mirror: History and Identity in Qing Imperial Ideology*. Berkeley, CA: University of California Press, 1999

Crossley, Pamela Kyle. *Orphan Warriors : Three Manchu generations and the End of the Qing World*. Princeton, N. J. : Princeton University Press, 1990

Elliott, Mark C. (欧立德). *The Manchu Way: the Eight Banners and Ethnic Identity in Late Imperial China*. Stanford, Calif. : Stanford University Press, 2001

Kowallis, Jon Eugenevon. (寇致铭). *The Subtle Revolution : Poets of the "Old Schools" during Late Qing and Early Republican China*. Berkeley, Calif. : Institute of East Asian Studies, University of California, 2006

Perdue, Peter C. . *China Marches West: the Qing Conquest of Central Eurasia*. Cambridge, Mass. : Belknap Press of Harvard University Press, 2005

Rhoads, Edward J. M. . *Manchus & Han : Ethnic Relations and Political Power in Late Qing and Early Republican China , 1861—1928*. University of Washington Press, 2000

人名索引

[编按]本《索引》主要收录书中出现频次较多的清代人物,并酌收包括清史馆同人在内的部分民国人物(出生于 1912 年之前)。以字号、官名、谥号、里籍等出现者,合并入本名条目。一人多名者,合并为同一条目。旗人均以名字为条目,不增补姓氏。各条目以首字汉语拼音排序。

后　记

　　如书名所标示的,这是一项"文人群体"研究。清史馆成立于1914年,距今未远,不过百年而已。清史馆内这群老辈文人通常被视为"清遗老",本书称之"光宣文人"。

　　作者尽可能多地参考了清史学界的最新研究成果,尤其是其中有关《清史稿》纂修经过、成败得失方面的成果。当然,对清史研究成果的汲取,又必须与个人的研究旨趣保持协调。故本书不以清代史事之考证为重点,而是通过翻阅赵尔巽个人档案、搜检清史馆同人诗稿及书札、对比《清史稿》稿本与刊本等,考察清史馆同人对清代一些典型史事的编纂过程,包括史例的商讨、史事的删削、字句的斟酌等。

　　欲知其"人",必先明了其所处之"世"及所行之"事"。前者涉及时代背景,后者则要求研究者既注意到清史馆内的纂修生活,也要注意到清史馆外的政治生活、社会生活、文化生活。故本书也勾勒了清史馆同人的教育背景、社会身份、师友唱酬、代际交涉等,意在通过描述清史馆同人所处的时空脉络,以呈现这一历史人物群体在现代文化转型过程中曾经发挥过的"群枢"作用。

　　既以"光宣文人"作为清史馆主要成员的身份标识,当然需要提取清史馆同人的内在同一性。更重要的,则是揭示其内部差异。而人物群体的研究又不能不以具体的个案为支撑,所以本书尝试采取了人物个案与话题个案相结合的方式切入论题,并尽可能发掘、使用更丰富多样的文献资料。

　　记得读檀玑的《菉竹斋诗》、袁励准的《恐高寒斋诗》、吴昌绶的《松邻遗集》、赵尔巽的族谱等是在中国国家图书馆的古籍馆。古籍馆就在北海的西侧,二楼的阅览大厅幽雅而又寂静。阳光透过古朴木窗的细小方格照射进来,落在深色的木桌上。细细碎碎的光影,让人感慨岁月的斑驳。

　　赵尔巽档案收藏于中国第一历史档案馆。一史馆在故宫一侧的西华门内,我连续去了五六个星期。清史馆内错综复杂的人事关系,直到我翻完赵尔巽档案内的来往书信、函电、奏稿之后,才变得相对清晰。印象最深的,要数赵档内的家信。赵尔巽之弟赵尔丰在四川遇变身亡之后,赵家人的悲伤恐惧让我久久不忘。赵尔巽儿媳袁祚彦在给赵尔巽的信中说:"伏念四叔大人(按即赵尔丰)服官多年,勤劳王事,自壬寅入川,于今十年。蛮烟瘴雨,未尝一日安宁,以为辛苦数年,便可优游林下。不料时局如斯,天妒才人,竟遭惨害。闻信之下,惊痛万分。"(赵尔巽档案全宗,胶片号113)这封信很长,我一气抄完,泪已盈眶。大历史自有它的宏阔全景,类似赵尔丰这样在政治舞台上曾经纵横捭阖且以负面形象示人的封疆大吏,因意外身故而带给家庭的创伤也是惨痛、深重的。

　　读金梁的《息庐咏史》《清史稿补》及夏孙桐、王树枏、瑞洵、奭良、姚永朴、姚永概、马其昶、柯劭忞、张仲炘等人的集子,是在首都图书馆的历史文献部。历史文献部在地下一层,见不到阳光,但是非常安静舒适。那儿读者不很多。我去首都图书馆最勤的一段时间,是2010年夏天。那时天气太热,馆方为避免珍贵文献骤冷骤热以致变形,遂将阅览室内的空调温度打得很低。这使我一进馆便冷得发抖,一出馆便热得流汗。终于引来了不大不小的一场感冒。现在想来,已是美好的记忆了。我在首图的这段读书经历,后来写成《书比人长寿,书香解馋忧——首图读书琐记》一文,被首都图书馆编入《启迪民智、书脉传承——首都图书馆建馆百年纪念文集》书中。

　　文献是冷的、静的。研究者借助文献与历史中的人物相遇,历史和历史中人因此而"活"了起来。这是研究者的乐事与幸事。当然,解读古人留下的只言片语或大块文章并不容易。文章千古事,所谓"幽微藉之以昭告",其实"幽微"并不能"昭告",需要后人细心辨读之、阐发之。古人将其"幽微"深埋于字里行间,这是对后人的馈赠,也是召唤,更是考验。

　　历史不断向前流动、延展。一代又一代新人登上旧人曾经驰骋的政治文化舞台。新人如何作为? 对于旧人、旧事、旧秩序,要么继承,要么调整,要么变革,甚至颠覆。一个多世纪以来,人们已经习惯于从历史进化的眼光来看待发展和变化。线性进步观告诉人们:新的选择总是更值得赞许,更激荡人心,更令人期待。在崇尚新变的竞争性代际关系中,无论后继者何种作为,他们都很容易被视为新方向的引领者、新力量的代表者,从而获得更多的正向评价。前一代人因此更多地成为后一代人的负面背景。次进步成为最进步的对立面,守成者于是在历史上留下了较多的恶名。《论语·子张》记子贡之言曰:"是以君子恶居下流,天下之恶皆归焉。"诚哉斯言!单就一代人尤其是一代旧人而言,这似乎有失公平。若就人类文明的发展、社会文化的新陈代谢这一宏观进程而言,代际差异、新旧递变又是难以避免的。这意味着,每一代新人都将成为旧人。无论新人旧人,每一代人都需要审慎看待自身的文化主张,妥善担当自身的文化使命,深刻反思线性进步观的局限。

　　当然,这并不意味着对光宣文人文化贡献的评价,仅靠摆脱二元对立思维、重新肯定他们的历史地位就可以走出困境。我们已经发现,新派知识人也会以旧道德的标尺来衡量与评判老辈文人。类似情感、处境、进退抉择,尤其是传统道德体系中的忠与诚、仁与爱、真与善等,都不是或不仅仅是新旧属性问题,也常常杂糅着公私、真伪、善恶等多重属性。新未必尽善,旧未必尽恶。反之亦然。文化与政治、言说与行为、愿望与现实,都存在着形形色色的交织、扭曲与错位。若再考虑到现实政治格局及政治人物的泥沙俱下、鱼龙混杂,则知识人与政治、与时代、与权力的关系,就变得格外纷纭繁复、光怪陆离。

　　光宣文人遭遇的是三千年之大变,是封建君主专制政体在君主立宪、共和立宪、民族国家、科学技术、民主自由、男女平等现代思潮的冲击下,变得千疮百孔以至土崩瓦解的剧变时代。他们经受过旧学问与旧道德的熏陶浸润,又经历着新思潮的冲刷洗礼,新旧文化在个体内部激烈碰撞,甚至断裂,这是绝大多数光宣文人遭遇的共同难题。清史馆同人的命运遭际及其经历的文化变迁,留给我们巨大的研究空间,值得做更深入详实的开掘。

　　2008年,我考到中国社会科学院研究生院,在杨义、赵稀方两位老师指导下攻读博士学位。我那时对老辈文人的现代命运很感兴趣,拟以"辛亥以后的光宣文人"为题做博士论文,得到了两位导师的支持。杨义老师进而说:"做清史馆吧。"这便是我与清史馆结缘的由来。以清史馆同人为中心考察光宣文人,不仅话题相对集中,而且由于有了《清史稿》、清史馆未刊稿本、赵尔巽档案等基础文献可供研读分析,从而增加了研究的宽度与厚度,当然也增加了难度。

　　答辩前夕,赵稀方老师提醒我注意论文的结构。在论文开题、成稿后的外审及答辩时,孙郁、张中良、黎湘萍、赵京华、吴义勤、邢少涛、耿传明、张林杰等师长给以了鼓励与指导。毕业后,又承张媛老师相告,论文获得研究生院优秀博士论文奖。论文也曾先后得到刘跃进、陈尚君、朱寿桐、王达敏、邓骏捷等先生的关心指教。

经过几年的修改增补，这部书稿于2020年申报国家社科基金后期资助项目，幸获批准，立项为重点项目。感谢立项、结项评审专家们的宽爱。徐俊、罗华彤两位先生为书稿出具了出版社推荐意见。李超、刘枫雪两位老师在申报和结项过程中热心指示流程。成稿后曾请学生孙紫梦、张溶芳校读一过。我自己后来也有一些新的修改。

在修订书稿的这几年中，生活中的意外接踵而至。大哥刚刚退休，正待四方优游，竟遽然告别人世。大哥去世的第二年，母亲也在心情郁郁中离我们而去。去年6月，恩师杨义先生因病与世长辞。迭遭变故，苦痛何极！去年2月，我曾去珠海人民医院看望杨义老师。杨老师很关心我书稿的情况，嘱咐尽快出版。5月份再去探望时，杨老师已转到横琴院区，静卧在重症监护室的病床上。老师去世后，师母给我看一个文件袋，上有杨老师手写的贴签"学生论文"，我的博士论文就装在里面。手捧论文，我难过极了。杨老师用铅笔在论文上做了不少批注和改动，如今我均已照改。书要出版，遗憾杨老师再也看不到了。

感谢父母，是他们哺育我成长，给我最深厚、坚定的爱。父亲身体尚健，祈愿他平安长寿。在我读书求学时代，两位兄长远居辽宁、江苏，打拼事业，接济家庭，对我的学业大力支持，难忘兄嫂们给过的帮助。岳父、岳母在各方面都是我们小家庭的坚强后盾，帮我们带孩子的那几年尤其辛劳。感谢他们！

在北京的这些年，我和妻子搬过七次家，或住郊区，或住乡下。石景山古城、七里渠农场、西北六环外的村庄，好几块田地里留下我们耕耘播收、挥汗如雨的身影。妻子的主业是音像出版，她接触到的学术界面比我宽，策划过不少在我看来较有难度的文史哲选题，也获过几次中华优秀出版物奖项或国家出版基金这样的项目。和享受过程相比，她对得奖并不在意。她策划的名家讲堂，我常趁她审片时在旁聆听，从中受益。如今儿子已读高中，爱好音乐，读书认真，祝愿他有美好的未来。

这些年中，我先后在烟台、南京、北京、澳门等地求学或就职，后又有幸进入现在的单位工作。感念这一路上遇到的良师益友。

最后，衷心感谢中华书局罗华彤兄对书稿的热心举荐，感谢吴爱兰老师费心审校。本书之写作，从 2009 年初定选题至今，历时已近 15 年。这个题目牵涉的方面较多，我所做的有限。书中疏误之处，恳请方家不吝教正。

李思清

2024 年 2 月 16 日